Susan Griffith - Jobben Unterwegs

D1666679

interconnections

Jobben Unterwegs

Susan Griffith

interconnections

Georg Beckmann

Impressum

Reihe Jobs und Praktika

Susan Griffith, Jobben Unterwegs
Umschlagentwurf: Anja Semling, Oberrotweil
Copyright Vacation Work, Oxford

Verlag *interconnections,* 1992
D-7800 Freiburg i.Br.

ISBN 3-924586-22-5

Allgemeines

Vorwort

Ob am Fließband, im Großraumbüro, im Schuldienst und an den Universitäten, bei der Post oder im Kaufhaus: überall träumen unglaublich viele Menschen davon, lieber noch heute als morgen ihre Sachen zu packen, auszusteigen, abzuhauen, sich einige Zeit in der Welt umzusehen. Obwohl zahllose Leserzuschriften auf reichlich vorhandene Abenteuerlust schließen lassen, fällt es natürlich den wenigsten Wohlstandsmenschen leicht, ein geregeltes Einkommen aufzugeben – selbst wenn es sich nur um die Arbeitslosenunterstützung handeln sollte. Fast einstimmig trudeln aber aus allen Ecken und Enden dieser Welt die Bestätigungen derer ein, die trotzdem losgezogen sind, daß sie ihre Entscheidung nicht bereuen mußten. Gerne sind diese Reisenden bereit, ihre Erfahrungen nicht nur mit dem Verlag, sondern vor allem mit künftigen Reisewilligen zu teilen. Die meisten Zuschriften strotzen geradezu vor ansteckender Begeisterung und sind hervorragend geeignet, Zweifler und Zauderer zu überzeugen: wagt endlich den Sprung ins kalte Wasser! Zugegeben: die Arbeitsmarktlage muß allgemein, nach wie vor und nahezu überall auf der Welt als schwierig bezeichnet werden. Dennoch finden sich immer wieder Gelegenheitsjobs und Beschäftigungen auf Zeit. Überwiegend sind dies natürlich eher Angebote, die kein langfristiges geregeltes Einkommen versprechen oder gar zu einer neuen Existenzgründung einladen. Für alle, die unterwegs sind, erfüllen sie jedoch ihren Zweck: mit ihrer Hilfe sollte es möglich sein, sich von Kreta über Mexiko, von London bis Tokyo, in der großen weiten Welt durchzuschlagen. Allein die Perspektiven, die sich mit der Öffnung der Grenzen, dem Wegfall von Mauern innerhalb der Europäischen Gemeinschaft oder auch zwischen Ost und West auftun, dürfen Jobber unterwegs zuversichtlich stimmen. Darum haben wir uns entschlossen, diese Vielzahl an Möglichkeiten auch deutschsprachigen Interessenten zugänglich zu machen. Wie wertvoll und beliebt die englische Ausgabe in einschlägigen Kreisen jedenfalls längst ist, verdeutlicht am besten der hochzufriedene Ratschlag von Kevin Boyd:

Unterwegs habe ich sooo viele Reisende kennengelernt, die für eine einzige Ausgabe dieses Buchs sogar ihre Großmutter an den Teufel verkauft hätten! Ihr solltet allen Gleichgesinnten empfehlen, so viele Exemplare wie möglich auf die Reise mitzunehmen.

Auf über 350 Seiten wurde versucht, so viele aktuelle und handfeste Informationen wie möglich zusammenzupacken, dazu alle nützlichen Adressen, aufschlußreiche Beschreibungen, wichtige Einblicke, Empfehlungen und Warnungen auszusprechen – und schließlich mit allen Mitteln die optimistische Einstellung und Eigeninitiative des arbeitsgierigen Weltenbummlers zu unterstützen. Die meisten Reisenden, deren Berichte entscheidend zum Entstehen und Gelingen dieses Führers beitrugen, machten sich ohne besondere Ausbildung oder Begabung auf den Weg. In vielen Fällen waren eine stabile Gesundheit und reichlich gute Vorsätze die besten Marschbegleiter. Und das Ergebnis? Die Erlebnisse und positiven Erfahrungen während der Reise geben ihnen auf alle Fälle recht. Wer sich also vergewissern möchte, daß in aller Herren Länder tatsächlich noch Abenteuer zu bestehen sind, dem möge »Jobben Unterwegs« zur wahren Fundgrube werden. Wir möchten ausdrücklich darauf hinweisen, daß die meisten genannten Stellen für Sprachlehrer sich auf Englischunterricht beziehen. In diesem Bereich sind die Jobaussichten weltweit nach wie vor rosig, wie zahllose Zuschriften britischer, amerikanischer oder australischer Weltenbummler bestätigen. Inwieweit auch deutschsprachige Jobber von dieser Nachfrage profitieren oder womöglich gar Unterricht in ihrer Muttersprache erteilen können, blieb häufig unklar. Erneut kommt es stark auf die Eigeninitiative an – und darauf, uns für die nächste Auflage von »Jobben Unterwegs« die Ergebnisse mitzuteilen.

Obwohl wir alles unternahmen, um diese Angaben auf dem neuesten Stand zu halten, ändern sich naturgemäß laufend irgendwelche Einzelheiten. Insbesondere die Höhe der Löhne, die Wechselkurse und politischen Verhältnisse sind starken Schwankungen unterworfen. Daher unsere Bitte, solche Angaben eher als grobe Richtlinien aufzufassen. Eigene Erlebnisberichte oder Kritik, Anregungen und Informationen sind stets hochwillkommen: dieser Führer ist in hohem Maße auf vor Ort gesammelte, aktuelle Angaben und Daten angewiesen.

Und jetzt wünschen wir viel Spaß und noch mehr Glück!
Wolfgang T. Klein und G. Beckmann

Einführung

Die Entscheidung zum Aufbruch

Für die meisten ist dieses bereits der größte Stolperstein: die Entscheidung, für längere Zeit die festen und geordneten Bahnen zu verlassen. Nicht weniger schwer fällt es dann, den Abreisetag endgültig festzulegen. Wenn man jedoch erst einmal das Flugticket in der Tasche hat, die Möbel und anderen Besitztümer verpackt oder zwischengelagert sind, alle kritischen Geister in Bekanntenkreis und Familie über die unverrückbare Absicht aufgeklärt sind, daß man sich jetzt aufmachen wird, um die Welt ein wenig auf den Kopf zu stellen – dann erledigt sich der Rest von selbst. In dem besonderen Fall, daß damit die erste größere Auslandsreise bevorsteht, ist mit einem unvermeidlichen Anflug von Heimweh zu rechnen. Natürlich fällt es schwer, die eingefahrene, bequeme Routine hinter sich zu lassen. Darum an dieser Stelle die Erfahrung so vieler Weltenbummler: wenn sie später Rückschau hielten, war der Aufbruch häufig nicht halb so schlimm, wie anfangs vorgestellt. Genügend Lebenslust und Vorfreude, dazu ein wenig Geld sowie ein Exemplar dieses Buches im Reisegepäck – und eine unvergeßliche Zeit im Ausland ist gesichert.

Manche fahren einfach mit dem dringenden Bedürfnis nach Tapetenwechsel ins Blaue los, andere planen Jobs und Reiserouten weitgehend im voraus. Für die einen ist das Jobben unterwegs einfach nur ein effektives Mittel zu dem Zweck, die Reisekasse für die Weiterfahrt aufzustocken. Für andere kann es den eigentlichen Anlaß darstellen, eine Möglichkeit, fremde Kulturen kennenzulernen, die Neugierde zu befriedigen, selbst nachzuprüfen, ob die Vorurteile über andere Länder und Völker tatsächlich stimmen. Oft genug wird das Reisen zur besten Gelegenheit, die Langeweile abzuschütteln, die mit dem Alltagstrott am angestammten Arbeitsplatz einhergeht. Anne Weichbrodt beispielsweise empfand eine ungeahnte Freiheit, als sie zu einer langen Arbeitsreise durch viele europäische Länder aufbrach und dafür zeitweilig alles aufgab: ihren Schreibjob, die Kundenkarte im Kaufhaus, die Stöckelschuhe, die sie an Wochenenden auf der Jagd nach ihrem Traumprinzen trug.

Wer ernstlich daran zweifelt, daß er oder sie überhaupt der richtige Typ für die Arbeitssuche im Ausland ist, braucht sich gar nicht der Illusion hinzugeben, damit ein Einzelfall zu sein. Es sind nicht nur Studenten oder Lehrlinge, Schulabgänger oder Arbeitslose, welche die Gelegenheit nutzen und Reisen mit Jobben verbinden. Dazu zählen auch viele Menschen, die ihre Ausbildung abgeschlossen oder schon im Berufsleben gestanden haben. Uns sind unzählige Beispiele zu Ohren gekommen, so vom wohlsituierten, städtischen Angestellten, der in London Spaß am Tellerwaschen fand; vom Physiotherapeuten, der auf Island Pakete ausfährt; vom Hafenarbeiter, der in Australien bei der Weinlese hilft; von der Steuerberatergehilfin, die am Skilift Karten kontrolliert; von den Sozialarbeiterinnen, die spanische Studenten betreuen; vom Bankangestellten, der sich in den USA um Kinder kümmert; von Landvermessern, die ihren angestammten Beruf zweieinhalb Jahre an den Nagel hängten, um die Welt zu bereisen, und schließlich vom Journalistin-/Reiseveranstalterpärchen, welches auf seiner »Schnöden Mammon-Tour 90/92« alle Jobangebote annahm, um die Weiterreise zu finanzieren. Selten stand der Wunsch des Geldverdienens an erster Stelle, immer jedoch die Sehnsucht nach neuen Erfahrungen, und vor allem die Überzeugung, daß Sinn und Zweck des Lebens nicht nur von Karriereleitern oder Erfolgskurven abzuleiten sind.

Vorbereitungen

Zögern und Abwarten sind natürlich denkbar ungünstige Voraussetzungen, um einen reizvollen Posten zu ergattern. Wer den ganzen Tag in der Pension hockt, sich Sorgen über das Zerrinnen der Peseten oder Drachmen macht und darauf vertraut, daß »irgendwas schon passieren wird«, erweist seiner schwindsüchtigen Reisekasse keinen allzu großen Dienst. Nieder mit dem Einwand, daß ja ohnehin die nötigen Papierchen für die Arbeitssuche fehlen! Denn jede im Nachhinein erfolgreiche Unternehmung dieser Art besteht aus einer Kombination kühner Gedankenspiele und methodischer Planung. Was in den meisten Fällen fehlt, ist nur ein bißchen Courage und die Unbekümmertheit, einfach auf und davon zu ziehen. Fleißige Hausarbeit bei den Vorbereitungen zahlt sich nachträglich immer aus, und sei es nur durch Hebung des Selbstvertrauens. Ein enttäuschter Reisender berichtete nach einer frustrierenden Jobsuche in der Schweiz: »Nie wieder werde ich einen Job im Ausland suchen, ohne mich vorher genauestens zu haben!« Hier taucht bereits ein Hauptproblem auf, die Suche nach einem ausgewogenem Verhältnis zwischen blindem und sturem Festhalten an der vorher festgelegten Planung, welche unter Umständen den Blick auf tolle Chancen verstellt – und überstürztem Losfahren, ohne vorher den einen oder anderen Gedanken an die wichtigsten Erwartungen verschwendet zu haben.

Regelmäßig stellen die knappen Finanzen einen wichtigen Beweggrund dar. Noch ausgesprochen rar sind aber Leute wie Jan Arthur, unser Fachmann für hoffnungslose Aussichten, der einmal mit umgerechnet gerade noch 15 Mark in Istanbul ankam, die letzten 30 DM in Kairo noch mit einem Freund teilen mußte, und sage und schreibe 1,60 DM nach New York herüberretten konnte. Verständlich daher der Wunsch, vor dem Aufbruch erstmal ein dickes Polster auf dem Konto anzusammeln. Das gewährt natürlich die beruhigende Entscheidungsfreiheit, ob und wann eine Jobpause angebracht ist. Geldknappheit kann andererseits auch ein kräftiger Ansporn sein, wie das Beispiel von David Jansen beweist: er zögerte sich so lange durch die Lande, bis ihm in Nizza dämmerte, daß er bis auf 100 Francs abgebrannt war – und plötzlich stand der Entschluß fest, weniger wählerisch mit den Restaurants zu sein, in denen er sich nach Arbeit erkundigte. Am nächsten Tag hatte er eine Stelle.

Wer längere Zeit unterwegs sein möchte, benötigt durchaus ein gewisses Grundkapital für Fahrkarten, Visa, Versicherungen (siehe dazu auch weiter unten) und dergleichen mehr. Es überrascht aber immer wieder, wie sehr auch kleine Reserven große Sprünge erlauben. Einzige Voraussetzung bleibt die Bereitschaft, die verschiedensten Gelegenheitsjobs entlang der Reiseroute anzunehmen, um nicht bei der ersten finanziellen Flaute die Segel streichen zu müssen. Lorenz Kohn fuhr mit knapp 500 DM los und kehrte erst zwei Jahre später wieder nach Deutschland zurück: er hatte Dutzende von Ländern bereist und sein Reisegeld immer wieder aufgestockt. Markus Schade verabschiedete sich von zuhause mit einem Hinflugticket nach Sydney und 1500 DM in der Tasche, kehrte im übernächsten Jahr aber mit dem doppelten Betrag zurück. Trotzdem bleibt die berühmte Notreserve eine gute Idee; ansonsten ist es wichtig, bei ernstzunehmenden Schwierigkeiten Geld von zuhause anfordern zu können. Während der Akkumulationsphase für das Reisekapital kann man ja die Zeit gewinnbringend nutzen und über sinnvolle Vorbereitungen nachdenken: was mitnehmen, wie krankenversichern, welche Anschriften und Kontakte, wo handwerkliche und andere Fähigkeiten ausbauen, usw.

Gepäck

Obwohl es sicher richtig ist, das Reisegepäck auf Mindestmaße zu beschränken, lieber nur eines statt zweier Paar Jeans mitzuschleppen, lohnt sich gelegentlich das bescheidene Opfer zusätzlichen Gewichts: Schlafsack und Zelt ermöglichen Unabhängigkeit und Flexibilität, und manch einer fand schon Anstellung bei einem Bauern oder sonstigen Arbeitgeber, der für die Unterbringung nicht hätte sorgen können. Grundsätzlich empfiehlt sich ein zweites Paar Schuhe im Gepäck, da die Götter vor den Job nicht selten lange Märsche gelegt haben. Stephan Hintz, dessen Schuhe während eines nächtlichen Bades im Mittelmeer geklaut wurden, kann ein Lied davon singen, wie sehr blutige Füße doch den Spaß an Arbeitssuche und erst recht -ausübung trüben. Je nach Typ und Fähigkeiten erlangen auch andere Dinge Bedeutung, so etwa für den Straßenmusiker die Gitarre, für den potentiellen Sprachlehrer ein Anzug, oder für die Traubenlese bei kaltem Wetter Handschuhe. Persönliche Wertsachen dagegen haben auf derlei Touren nichts zu suchen. Bei absehbaren längeren Aufenthalten an einem Ort, etwa in einem Kibbuz, darf man sich natürlich den leichtgewichtigen Luxus seiner Lieblingskassetten, vielleicht auch Wanddekorationen durchaus erlauben. Allgemeine Regel sollte aber die rigorose Beschränkung auf das unbedingt Notwendige sein. Eine Zuschrift erzählt von einer Frau, die allen Ernstes den Diebstahl ihres Rucksack als das Beste bezeichnete, was ihr unterwegs passieren konnte. Gute Karten und Führer verschaffen stets den entscheidenden Vorteil. Wer genaue Ziele im Auge hat, beschaffe sich die nötigen Karten möglichst daheim. Spezialist für Karten aller Art ist das *Internationale Landkartenhaus*, Schockenriedstraße 40, 7000 Stuttgart, Tel. (0711) 788 9345, wo jeder sich gern erkundigen kann. Bezogen werden die Karten dann über den Buchhandel.

Geld

Eine erstaunlich große Zahl von Zuschriften rät von der Zeitverschwendung, zu Hause Geld sparen zu wollen, ernstlich ab. Adrian Mathei steht nicht allein mit der Auffassung, daß man seine Sachen auch dann packen sollte, wenn man »nur noch 20 Mark« besitzt. Diese Entscheidung hängt vor allem davon ab, ob versteckt eine Spielernatur schlummert, und ist von jedem bevorstehenden Weltenbummler selbst zu treffen. Bei wenig Bargeld in der Tasche empfiehlt sich natürlich der frühzeitige Erwerb einer Rückfahrkarte.

Die Einstellungen zum Sparen sind ebenso unterschiedlich. Der Malaier T.P. Lye beispielsweise schwärmt von dem herrlichen Gefühl, eine Reise zu planen, während man dafür spart. Jan Arthur hingegen empfindet langwieriges Sparen als bedrückend – nicht verwunderlich bei jemandem, dem es nichts ausmacht, am New Yorker JFK-Flughafen mit einem einzigen Dollar anzukommen. Sogar er gibt aber zu, daß ein solches Leben auf nicht vorhandenen Kohlen dann wenig Spaß macht, wenn zwischen ihm und dem ersehnten Flugticket eine bescheidene Kluft von mehreren hundert Märkern steht. Michael Tanner gab auf seiner Weltreise zwar mehr aus als ursprünglich geplant, bereut aber keinen Pfennig:

An sich hatte ich geplant, mich ein Jahr lang mit Gelegenheitsarbeiten über Wasser zu halten und dann nur das Geld für das Ticket ausgegeben zu haben. Am Ende hatte ich dann doch meine Ersparnisse ziemlich aufgebraucht; andererseits kann ich mich glücklich schätzen, überhaupt Ersparnisse besessen zu haben. Und irgendwann hatte ich mich sowieso entschlossen, das Jahr auf Reisen voll und ganz zu genießen.

Ist der Entschluß zur Reise erst einmal gefaßt, sollte man sich eine realistische Zielsumme setzen und munter drauf los sparen, sich eine Frist überlegen und diese auf Biegen und Brechen einhalten. Bei Verletzung dieser Dogmen droht nämlich umgehend der Weltuntergang! Zu diesem Zweck besorgt man sich nicht irgendeinen Job, sondern einen *gutbezahlten* (leichter gesagt als getan, logo!) – oder wenigstens einen, der massenhaft Überstunden ermöglicht. Eine 70-Stundenwoche, von wildentschlossenen Reisenden als machbar betrachtet, bietet überdies den Vorteil, daß vor lauter Müdigkeit wenig Lust auf kostspieliges Nachtleben aufkeimt. Das gilt selbstverständlich auch für den Fall, daß man schon losgezogen sein sollte: Adam Koch verbrachte in Frankreich acht schreckliche Wochen damit, für einen bärbeißigen Bauern Pfirsiche zu lesen. Wie auch immer: am Schluß der Tortur hatte er zwar Rückenschmerzen, aber nicht weniger als 3000 DM gespart. David und Greeba Hughes häuften in Taipei soviele Englisch-Unterrichtsstunden, wie bei halbwegs klarem Bewußtsein möglich waren, und konnten mit den Einnahmen aus vier Monaten anschließend ein ganzes Jahr in Indien verbringen.

Unabhängig vom Umfang der Reisekasse: stets empfiehlt sich eine genaue Überlegung, in welcher Form sie mitzuführen ist. Reiseschecks, von denen *American Express*, *Thomas Cook* und *Citibank* weltweit die größte Akzeptanz besitzen, sind zwar oft nur mit Zuschlag einzulösen, aber erheblich sicherer als Bargeld. Ein paar Scheine können dennoch nicht schaden, vorzugsweise in der Form von Deutscher Mark, britischem Pfund oder US-Dollar. Letztere Währung wird vor allem in Israel, den osteuropäischen und lateinamerikanischen Ländern bevorzugt. Im Zweifelsfall vor dem Umtausch immer erst in einer größeren, überregionalen Zeitung, etwa der *Frankfurter Allgemeinen* oder der *Neuen Zürcher Zeitung*, den Wechselkurs nachschlagen.

Kreditkarten sind in vielfacher Weise nützlich, solange man nicht der Versuchung erliegt, sie zu mißbrauchen. Die angenehmste Wirkung erzielen sie insbesondere an Grenzen, wo »abgebrannt« aussehende Rucksacktouristen oft genug argwöhnisch auf ihre Finanzkraft geprüft oder gar abgewiesen werden, und natürlich in Notfällen. Natürlich steht der Einrichtung eines Kontos bei einer Bank im angepeilten Land wenig entgegen. Einerseits entsteht dadurch ein starker Zugzwang, tatsächlich in die Ferne zu streben und auch dort anzukommen; andererseits werden dank wenig Bargeld unnötige Risiken vermieden.

Es ist nämlich verdammt frustrierend, wenn nach wochenlanger Abplackerei bei der Obsternte die mühsam zusammengekratzten Groschen alsbald geklaut werden. Zwischen Lusaka und La Paz liegen Diebe und Gauner jederzeit auf der Lauer, um sich auf den nichtsahnenden Reisenden zu stürzen. Diebstahl tritt in vielerlei Formen auf, von den raffiniert vorgehenden Banden von Zigeunerkindern, die sich in ganz Europa auf kunstvolle Weise dem Taschendiebstahl widmen, bis zu gewalttätigen Raubüberfällen in amerikanischen Großstädten. Noch deprimierender ist der inzwischen weit verbreitete Diebstahl unter Reisenden in Jugendherbergen und an Stränden. Derlei Gefahren werden zumindest gemindert, wenn die Reichtümer immer an verschiedenen Stellen am Körper plaziert werden, etwa in einem Geldgürtel unter der Kleidung – oder auch, indem man sich in dunklen Ecken und auf übervölkerten Plätzen vorsieht, durch Mäßigung beim Alkoholkonsum usw. Der gesunde Menschenverstand sollte auf jeden Fall mitreisen.

Wer einmal dennoch bestohlen wurde, dem ersetzt die Reisegepäckversicherung kein Bargeld. Wertsachen, beispielsweise Fotoapparate, werden lediglich mit 10-20% ihres tatsächlichen Wertes veranschlagt. Um überhaupt einen Teil des Verlustes ersetzt zu bekommen, ist Anzeige zu erstatten und auf jeden Fall ein Polizeiprotokoll zu besorgen, für das häufig eine Gebühr fällig ist.

Gesundheit

Welches Land auch immer anvisiert wird, besonders aber für EG-Staaten gilt: vor der Abreise auf jeden Fall bei der Krankenkasse Erkundigungen einziehen und die erforderlichen Formulare besorgen. Da unerfreulicherweise (noch) keine generell gültigen Vorsorgescheine existieren, muß man sich also über das Reiseziel im klaren sein. Deutsche Staatsbürger sind wie alle EG-Angehörigen im Krankeitsfall in den anderen EG-Ländern durch zwischenstaatliche Sozialversicherungsabkommen abgesichert, sollten sich aber vor der Abreise das Formular E 111 besorgen. Dessen Versicherungsschutz endet nach zwölf Monaten, danach ist E 106 zu beantragen. Da für sie das Gesagte nicht gilt, sollten sich Schweizer und Österreicher bei der zuständigen Krankenkasse nach besonderen Regelungen erkundigen. Kein Versicherungsschutz besteht bei Reisen in Länder, mit denen kein Sozialversicherungsabkommen besteht (siehe dazu das Kapitel »Versicherungen« weiter unten).

Für Reiseziele in Übersee und der »Dritten Welt« empfehlen sich besondere Vorsichtsmaßnahmen, insbesondere Impfungen gegen Typhus, Cholera, Malaria, Hepatitis usw. Der Hausarzt weiß Bescheid, was sinnvoll oder gar notwendig ist. Im Zweifelsfall erteilen auch die Gesundheitsämter Auskunft. Die Kosten der Impfungen, zwischen zwanzig und fünfzig Mark, sind selbst zu übernehmen. Grundsätzlich gilt in allen Ländern außerhalb Westeuropas: kein Leitungswasser trinken, rohes Obst und Gemüse erst gründlich abwaschen, Wasser vor dem Trinken abkochen oder mit Hilfe von »Mikropur«-Tabletten oder ähnlichen Präparaten sterilisieren. Solche Tropfen oder Tabletten bekommt man in Globetrottershops, bei Campingausrüstern oder in Apotheken.

Malaria ist seit kurzem weltweit wieder auf dem Vormarsch, da sich etliche Malariamückengattungen inzwischen als resistent gegenüber Pestiziden erweisen. Die verschiedenen im Handel erhältlichen vorbeugenden Präparate wirken stets nur gegen einige wenige Malariaarten: also genauere Erkundigungen einholen! Ansprechpartner sind auch hier die Gesundheitsämter. Trotz aller Vorsichtsmaßregeln kann es natürlich dennoch vorkommen, daß die Krankheit ausbricht. In Malariagebieten ist es sinnvoll, sich zusätzlich durch feinen Gaze- oder Gardinenstoff zu schützen, der zusammengeknüllt kaum Platz im Gepäck wegnimmt. Aus solchen Materialien kann man sich leicht einen Fensterschutz oder ein Moskitonetz basteln. Wer diese Stoffe zu Hause vergißt und sie auch vor Ort nicht aufzutreiben vermag, sollte zumindest Beine und andere Körperteile mit hellen Kleidungsstücken schützen und bei eingeschaltetem Ventilator schlafen.

Die *International Association for Medical Assistance* (IAMAT), Europa-Anschrift: Gotthardstraße 17, CH – 6300 Zug, Nordamerika: 88 Nicklin Road, Guelph, CAN – Ontario N1H 7L5, koordiniert weltweit zwischen entsprechend qualifizierten Ärzte und Kliniken. Auf Anfrage werden Listen der IAMAT-Zentren und ausführliche Angaben über Tropenkrankheiten, klimatische Verhältnisse und Hygienevoraussetzungen in den verschiedenen Ländern zugesandt. Es gibt keinen festen Mitgliedsbeitrag, Spenden werden aber gerne angenommen und erhöhen überdies die Chancen eines wohlwollenden Engagements. Der Unkostenbeitrag für einen Arzt- oder Klinikbesuch in einem der Zentren beträgt für Mitglieder zur Zeit 75 DM.

Versicherungen

Wir raten auf jeden Fall zum Abschluß einer Reisegepäck- und Auslandskrankenversicherung. So ist man vor Schäden durch Diebstahl und im Krankheitsfalle, nicht aber vor unangenehmen Überraschungen gefeit. Versicherungen berechnen ihre Ausgleichszahlungen nämlich nach Zeitwerttabellen, die im allgemeinen von der eigenen Einschätzung der Schadenshöhe stark abweichen. Wen wundert's? Die Policen der Krankenversicherer schließen zudem Arbeitsunfälle manchmal nicht ein – wer sich also das Kreuz beim Pflaumenpflücken ausrenkt oder sich in der Restaurantküche schneidet, muß eben leiden. Andererseits ist kaum zu erkennen, wie ein Versicherer herausfinden sollte, auf welche Weise ein solcher Unfall *wirklich* vonstatten ging! Wird man ernsthaft krank, ist fast immer wenigstens der Rücktransport nach Hause per Krankenwagen, aus Übersee auch per Jet gesichert.

Versicherungspolicen und zu berappende Prämien weisen zum Teil erhebliche Unterschiede auf: eifriges Herumtelefonieren und genaues Nachfragen zahlen sich immer aus. Zu berücksichtigen sind dabei die eigenen Bedürfnisse, das Reiseziel und die Hintergedanken, die mit dem Aufenthalt dort verbunden werden. Für solche Erkundigungen sind die Verbraucherzentralen und vor allem die Versicherten-Schutzverbände geeignete Ansprechpartner, deren Adressen sich im Branchenverzeichnis finden. Aber Vorsicht: es gibt nicht nur Kredit-, sondern auch Versicherungshaie! Reisebüros bieten oft günstige Versicherungen an, also bei der Ticketbeschaffung gleich daran denken und nachfragen. Verschiedene Kreditkarten beinhalten weltweit gültige Reisegepäck- und Krankenversicherungen auch für längere Zeiträume. Wir raten aber zu peniblen Vergleichen der Bedingungen verschiedener Gesellschaften. Denn natürlich geht's auch den Versicherungen letztendlich um Gewinn, also darum, möglichst viele Risiken auszuschließen. Teure Fotoausrüstungen werden wie erwähnt nur mit wenigen Prozent des Kaufpreises versichert. Insgesamt gesehen treiben Wertsachen die Versicherungssumme leicht hoch, und plötzlich ist man unterversichert. Ganz wesentlich für eine Antragstellung ist das Polizeiprotokoll über die Aufnahme des Vorfalles.

Qualifikationen

Sinnvolle Reisevorbereitungen, etwa der Kauf von Kartenmaterial oder der Abschluß von Versicherungen, sind ja meist problemlose Angelegenheiten. Schwieriger wird es erst bei der Entscheidung, ob irgendwelche Fertigkeiten zu erlernen sind: Sprachkurse, Segelschein, Führerschein, Übungsleiter- oder auch die Ausbildung in einem ausgefalleneren Bereich. Wer für seine Jobsuche etwas Bestimmtes im Auge hat, ist gut beraten, wenn er sich hierfür frühzeitig schult. Nützlich wäre ein Nachweis über die Fähigkeit, Englisch (*Toefl*) oder Deutsch für Ausländer unterrichten zu können, den man als Student zum Beispiel an der Uni bekommt. Leute mit einer abgeschlossenen Ausbildung kommen naturgemäß leichter unter, sei es als Koch, EDV-Programmierer, Schwesternhelferin oder dergleichen mehr. Manchmal nützt schon der Erste-Hilfe-Schein. Verfügt man über entsprechende Dokumente, womöglich auch persönliche oder arbeitsbezogene Empfehlungsschreiben, so sollte man sie in jedem Fall, vorsichtshalber aber nur als beglaubigte Fotokopie mitführen. Wie nützlich diese wenigen zusätzlichen Gramm im Gepäck sein können, beweist Karin Heinings Fall:

Ich präsentierte in einer Strandhotelanlage in Südafrika zunächst Lebenslauf und Referenzen, die ich auf Reisen immer bei mir führe, wurde zum kurzen Gespräch mit dem Eigner gebeten und erhielt dabei schon die Mitteilung, ich könne sofort mit der Arbeit beginnen.

Sprachen

Selbst bescheidene Kenntnisse einer Fremdsprache erweisen sich bei der Jobsuche als wertvoll. Häufig hat man ohne Sprachkenntnisse dagegen gar keine Chance. Möglichkeiten, diese Lücken zu schließen und eine Sprache zu erlernen, gibt es selbstverständlich viele, vom Selbststudium mit dem Lehrbuch in der Hand, über Volkshochschulkurse und Fernstudienlehrgänge, bis zu Intensivkursen an Sprachinstituten, wobei die einzelnen Gebühren die Wahl sicher beeinflussen werden. Die Volkshochschule ist am günstigsten, Sprachinstitute langen am kräftigsten zu. Eine kostensparende Möglichkeit findet sich an Universitäten: die hier angebotenen Sprachkurse kann man nicht nur als Student kostenlos besuchen, da in der Regel niemand die Einschreibung an der Uni nachprüft. Eine umfassende, übersichtliche und aktuelle Zusammenstellung bietet Antje Boesinghaus' »Sprachenlernen in Europa und den USA«, für DM 24,80 beim Verlag *interconnections* oder im guten Buchhandel erhältlich. Wer sich für eine eher außergewöhnliche Sprache interessiert und nicht weiß, wo diese zu erlernen sei, erhält Rat von der Londoner CILT-Agentur, Tel. (071) 486 8221.

Mehr Spaß macht es natürlich, die Sprache gleich im Ausland zu erlernen, beispielsweise als Au Pair mit dem Jobben anzufangen. In größeren Tageszeitungen und den in letzter Zeit blühenden Kleinanzeigern finden sich unter den Stellenangeboten des öfteren Anzeigen von Familien, die für die Kinderbetreuung und andere Aufgaben Helferinnen suchen. Auch in diesem Fall bietet *interconnections* entsprechendes Rüstzeug: das »Au Pair-Handbuch« von Claus Stefan Becker ist eine nützliche Quelle, vor allem, was Vermittlungsstellen in den anvisierten Ländern betrifft. Au Pair-Stellen sind sicher ein Sprungbrett für weitere Kontakte und häufig für eine längerfristige Tätigkeit. Zahllose Agenturen vermitteln Aufenthalte für zahlende Gäste, die im Ausland ihre Sprachkenntnisse innerhalb eines Familienkreises auffrischen oder erweitern wollen.

Kontakte knüpfen vor der Abreise

Die Vorteile einer näheren Bekanntschaft mit einflußreichen, aber auch anderen Leuten liegen auf der Hand. Manche Glückspilze verfügen über Verwandte oder Freunde (von Freunden von Freunden), die nicht nur über die ganze Welt verteilt, sondern darüber hinaus auch in der Lage sind, ihnen Arbeit zu verschaffen. Alle anderen müssen sich ihre Kontakte selber knüpfen, wobei der Phantasie keine Grenzen gesetzt sind. Dominik Birn, über ein Jahr in Südamerika umhergereist, nennt seine eigene Variante, wie man dies anstellen kann:

In Bolivien werden wir unsere neue Überlebenstechnik namens »Adressenvorrat» starten. Das funktioniert ganz simpel. Vor der Abfahrt wird einfach jedem aus Familie oder Freundeskreis mitgeteilt, daß man demnächst nach Südamerika gehen will. Mit etwas Glück und nimmermüdem Nachfassen gelangt man irgendwie an erste nützliche Adressen. Irgend jemand hat bestimmt mal im Studentenheim Kontakt zu einem Südamerikaner gehabt, oder ein entfernter Verwandter ist vor Jahren dorthin ausgewandert usw. Man stellt sich also bei diesen Adressen als naher Verwandter oder enger Freund derjenigen Person vor, von der man die Information hat und ja soviel zu erzählen weiß. Gelegentlich besteht der Empfang zwar nicht gerade aus offenen Armen, die Chancen stehen aber gut, daß der eine oder andere neugierig wird. Unter Umständen winkt dann schon bald ein Gelegenheitsjob in der Landwirtschaft, beim Sprachunterricht von Bekannten und so fort.

Paul Rohlatt bekam eine ganze Liste von Adressen in Brasilien zusammen, einfach indem er hemmungslos alle Leute ansprach, die ihm über den Weg liefen. Ein paar eigene und subtilere Ideen zum Aufbau solcher Kontakte hat bestimmt jeder. Bei genauerem Nachdenken erwacht vielleicht die Erinnerung an Nichten dritten Grades, an ausländische Studenten, denen man mal an der Uni begegnet ist, oder Leute aus Partnerstädten seiner Heimatgemeinde. Toni Dallmann, der sich auf einen Japan-Aufenthalt vorbereitete, schrieb einfach an die Honda-Niederlassung in seiner Heimatstadt, bat um Anschriften, um die japanische Kultur, Sprache und Lebensweise aus erster Hand mitzubekommen, und konnte wenig später mit einer japanischen Familie Verbindung aufnehmen.

Der Schüler- und Studentenaustausch führt oftmals zu langwährenden Kontakten; ähnliches gilt nicht selten für Brieffreundschaften. Eine Reihe von Vereinen bietet diesbezüglich ihre Dienste an, darunter der *Katholische Korrespondenz- und Austauschdienst*, Veilchenweg 2, D – 6634 Wallerfangen, Tel. (06831) 60638, und *International Pen Friends*, PO Box 42232, USA – Philadelphia PA 19101-2232. Fruchtbar kann der Beitritt zur *Deutschen Zentrale für Globetrotter* (dzg), Birkenweg 19, D – 2359 Henstedt-Ulzburg 1, Tel. (04193) 3914, sein, die eine Aufnahmegebühr von 30 DM und einen Jahresbeitrag von 40 DM erhebt. Dreimonatlich erscheint ein Rundbrief mit Neuigkeiten, Erfahrungs- und Informationsaustausch und unentbehrlichen Tips. *Servas International*, der von einem amerikanischen Quäker gegründete Verein für die Entwicklung und Verbreitung des Friedens in der Welt, führt weltweit ein Programm kostenloser Gastfreundschaft auf der Basis von Gegenseitigkeit durch – wobei man jedoch selten mehrere Wochen bei einem Gastgeber bleiben kann. Interessenten wenden sich an The National Secretary, 47 Edgeley Road, Clapham, GB – London SW4 6ES, oder 11 John Street, Room 706, USA – New York, NY 10038. Die Beitrittsgebühr beträgt $45; die Kaution in Höhe von $15 für die Adressenliste wird erstattet. Jeanette Reinhard wohnte innerhalb der sechs Monate, die sie in den USA verbrachte, bei 21 verschiedenen Gastgebern:

Jeder Aufenthalt war ein neues tolles Erlebnis – wir nennen es die »Servas-Magie«. Einmal war ich auf einem alten Bauernhof aus dem 18. Jahrhundert, das nächste Mal in einem engen Wolkenkratzer-Appartment in Miami. Am schönsten jedoch empfand ich die Zeit im Sommer am Eriesee: wir schwammen, fischten, gingen auf die Jagd und erzählten uns abends am offenen Kamin gar schauerliche Geschichten.

Kräftiger langt das *Experiment in International Living*, Otesaga, Upper Wyche, Malvern, GB – Worcestershire WR14 4EN, in die Tasche. Von diesem Verband werden Familienaufenthalte in über dreißig Ländern durchgeführt. Die Gebühren schwanken zwischen DM 330 für zwei Wochen in Indien und fast 1500 DM für einen Monat in Italien. Deutsche Anschrift: *Experiment*, Ubierstraße 30, D – 5300 Bonn. Tel. (0228) 358 242.

Reisebegleiter

Viele Leute fühlen sich ausgesprochen unwohl bei dem Gedanken, ganz alleine eine lange und weite Reise zu unternehmen. Allerdings gehört schon eine satte Portion Glück dazu, einen zuverlässigen Reisegefährten zu finden, der für die geplante Unternehmung sowohl willens als auch abkömmlich ist. Falls sich niemand auftreiben läßt, versuche man doch mal eine kurze Fahrt alleine. Häufig steht an deren Ende die Überraschung, welche Vorteile das Soloreisen bietet: Freunde und Kontakte zu Einheimischen finden sich eher, Einsamkeit ist nicht zu befürchten, da unterwegs in Herbergen, Kibbutzim usw. immer wieder neue Bekanntschaften winken. Manchmal bilden sich gar richtige Gruppen, die länger oder kürzer zusammenbleiben. Schwierig wird's nur, wenn man irgendwo auf einem abgelegenen Bauernhof als einziger »Auswärtiger« jobbt. Wen diese Aussicht belastet, der sollte baldmöglichst sein Ränzlein schnüren und sich in belebtere Gegenden aufmachen.

Will man nun aber trotzdem unbedingt schon vor der Abreise einen Mitreisenden finden, so bleibt die Möglichkeit des Inserierens in einem der großen deutschsprachigen Reisemagazine. Wer sich erst unterwegs mit dem Gedanken anfreundet, findet Gehör und bald auch Weggefährten bei *Odyssey's International*, 21 Cambridge Road, Waterbeach, GB – Cambridge CB5 9NJ; *Travelmate*, 6 Hayes Avenue, GB – Bournemouth BH7 7AD; *Travel Partners Network*, 610 Victoria Street, USA – San Francisco CA 94127; *Travel Companion Exchange*, PO Box 833, USA – Amityville NY 11701. Eine Notiz am Schwarzen Brett in den Büroräumen der australischen Zeitschrift *Law*, 5 Mallow Street, GB – London EC1Y 8RQ, hat gerüchteweise schon Wunder bewirkt. Ein Reihe weiterer Tageszeitungen und Anzeigenblättern bietet gerade in Universitätsstädten eine Spalte »Reise-Reisebegleiter«, in der nach Herzenslust Mitfahrer zu erfahnden sind. Die erfolgversprechendste aller Methoden beschreibt aber Sara Klippen:

Ich denke, ihr solltet die Leute warnen, wie ansteckend »Jobben Unterwegs« wirken kann. Selbst Freunde, denen ich niemals auch nur kleinere Tapetenwechsel zugetraut hätte, blättern mit steigendem Interesse durch die Seiten, vertiefen sich in den Text, werden von ungehemmter Begeisterung befallen – und wollen schon mit mir in die weite Welt aufbrechen!

Pässe und sonstige Dokumente

Unbedingt notwendig für alle, die länger unterwegs sein werden, besonders wenn sie sich auch in Ländern außerhalb der EG aufhalten und dort arbeiten wollen, ist der Reisepaß, der solange wie möglich gültig sein sollte. Der Antrag kostet eine Kleinigkeit; realistischerweise sind bis zur Aushändigung zwei Monate einzuplanen. Beim Weiterlesen wird rasch klar werden, daß Arbeitserlaubnis und Visum mit Arbeitserlaubnis für gewöhnliche Sterbliche nur schwer erhältlich ist. Da viele Reisende nicht gerade an einem organisierten Austausch oder Programm teilnehmen, auch nicht zufällig Auslandskorrespondent einer Zeitung sind, geschweige denn einen Arbeitgeber im Zielland benennen können, der sich seinerseits für diese Papiere einsetzt, liegt die Befürchtung nahe, daß man von der jeweiligen Botschaft nicht mehr als ein gewöhnliches Touristenvisum erhält. Nähere Angaben zum Thema Visum im Kapitel »Reisen«.

Der Internationale Studentenausweis (ISIC) verschafft manchmal ermäßigte Fahrkarten für Zug, Flugzeug und Bus und ist in allen studentischen Reisebüros zu haben. Ohne den Nachweis eines gültigen, von der heimischen Universität ausgestellten Studentenausweises ist es hierzulande allerdings ausgeschlossen, diese »ISIC«-Karte zu erhalten. Zur Ausstellung werden der Personalausweis sowie ein neueres Paßfoto benötigt. Wer Schwierigkeiten bei dessen Beschaffung hat, besorgt sie sich eben irgendwo zwischen Athen und Bangkok; die Kairoer Universität soll hierfür am geeignetsten sein. Kleine Warnung am Rande: wir empfehlen, sich vorher den Originalausweis gut anzuschauen, um nicht einer billigen Fälschung aufzusitzen.

Die leidige Bürokratie

Das Problem aller erforderlichen Papiere taucht für reisende Jobber an jeder Grenze erneut auf. Andreas Wintruff warnt davor, die möglichen Schwierigkeiten nicht zu unterschätzen:

Ich wünschte mir, daß ihr ein wenig mehr Tacheles reden würdet über Einreiseprobleme in bestimmte Länder, Visumszwang usw. Ich wäre wirklich kaum aufgebrochen, wenn ich gewußt hätte, wie schwer das alles werden würde.

Grundsätzlich ist es ja zu verstehen, daß fast alle Länder eine Einwanderungspolitik einschlagen, die im Grunde nichts als ein Schutzwall für die eigenen Bürger vor Arbeitslosigkeit sein soll – nicht zuletzt gegen Fremdarbeiter. Trotzdem frustrierend, wenn man sich für einen vierwöchigen Job als Deutschlehrer in die Mühlen der Bürokratie begeben muß, auch wenn kein einheimischer Bewerber mit gleichen Vorzügen in Sicht ist. Für alle Länder, die wir in diesem Buch behandeln werden, haben wir die offiziellen Bestimmungen hinsichtlich Visum, Arbeits- und Aufenthaltserlaubnis so klar wie möglich zusammengestellt, denn sogar innerhalb der EG, die ja eigentlich gesetzliche Beschränkungen aufgehoben haben sollte, kann es zu gewissen Irritationen kommen.

Vorsichtige Naturen werden zögern, gesetzliche Bestimmungen zu übertreten, sich stattdessen sicherer fühlen, wenn all diese Dinge auf offiziellem Wege geregelt sind. Sie sollten sich an eine anerkannte Agentur oder Austauschorganisation wenden, welche die Genehmigungen einholt oder einen Arbeitgeber sucht, der sich um die Arbeitserlaubnis kümmert. Diese muß nämlich in aller Regel bereits außerhalb des betreffenden Landes beantragt werden. Für diesen Weg sind jedoch entschieden mehr Zeit und Geduld vonnöten. Offenbar hängen viele Genehmigungen ganz von Lust und Laune des bearbeitenden Beamten ab. Lenka Klitzing unterwarf sich der langwierigen offiziellen Prozedur, um in Norwegen arbeiten zu dürfen. Nach einiger Zeit sollte sie noch ihren Paß zum Abstempeln bei der Polizei vorbeibringen. Auf dem Revier wurde ihr mitgeteilt, daß dies mindestens zwei Wochen dauern würde, sie in der Zwischenzeit unter keinen Umständen arbeiten dürfe. Als sie am nächsten Tag erneut hereinschaute, erhielt sie den Stempel sofort. Ihre Schlußfolgerung:

Die linke Hand wußte offenbar nicht, was die rechte tat. Das ist natürlich in jedem Land der Erde genau gleich: hat man es mit Beamten zu tun, dann zwar immer ruhig und höflich, aber auch hartnäckig bleiben. Bekomme ich nicht gleich, was ich will, dann traue ich mich eben, öfter vorzusprechen und nachzufragen. In den meisten Fällen klappt's am Schluß nämlich doch irgendwie. Verliert man allerdings die Geduld und wird unhöflich oder gar frech, führt das mit Sicherheit nicht weiter. Denn schließlich kann niemand einen Beamten zwingen.

Andere Reisende sind jederzeit bereit, sämtliche Vorsichtsmaßnahmen in den Wind zu schreiben und stimmen mit Ellen Welk überein:

Bürokraten sind überall auf der ganzen Welt gleich, und zwar notorisch langsam. Bis die herausbekommen, daß ein Fremder ist, ist man in der Regel schon längst abgereist.

In einigen Ländern erweist sich diese amtliche Entdeckung als folgenschwer, in anderen weniger. Wir wollen mit diesem Buch eine ungefähre Vorstellung davon vermitteln, wie unterschiedlich die Einwanderungsgesetze gehandhabt werden und mit welchen Konsequenzen Arbeitnehmer wie -geber widrigenfalls rechnen müssen. Generell drücken die Behörden in Gegenden mit Arbeitskräftemangel bereitwilliger ein Auge zu. Wo illegale ausländische Arbeiter massiert auftreten, ist es genau umgekehrt. Bei vor Ort ergatterten Jobs, wie der Mithilfe beim Bau einer Taverne auf einer griechischen Insel, dem Pflücken von Kiwis in Neuseeland oder dem Pflegedienst in einem zentralafrikanischen Waisenhaus, empfehlen wir, sich so diskret wie möglich zu verhalten und die neue Finanzquelle nicht an die große Glocke zu hängen. Allzu leicht wird nämlich ungebetene Aufmerksamkeit erregt. Am besten beraten ist, wer sich bedenkenlos den lokalen Gegeben- und Gepflogenheiten anpaßt. Eines darf aber niemand vergessen: schenkt man den offiziellen Verlautbarungen zuviel Glauben, dann wird man oft ordentlich entmutigt. Angeblich existieren beispielsweise in Frankreich weder Stellen für Ausländer als Lehrer noch Jobs in der Landwirtschaft, und trotzdem hatten eine ganze Reihe unserer Reisenden in den vergangenen Jahren wenig Mühe, sich derartige Jobs zu besorgen. Es gilt abzuwägen und nicht zu ängstlich vorzugehen – ansonsten kann man auch gleich zu Hause bleiben.

Jobsuche vor der Abfahrt

Die folgenden Absätze enthalten Hinweise, Ratschläge und nützliche Anschriften für alle, die schon von zuhause aus einen Job an Land ziehen möchten. Leute mit Facharbeiterausbildung besitzen naturgemäß die besten Chancen. Wer schon mal für eine Firma mit Zweigstellen im Ausland gearbeitet hat, sollte die Hauptvertretung im eigenen und im Ausland anschreiben und sich nach den Aussichten erkundigen. Ziemlich leicht gestaltet sich die Angelegenheit, wenn man sich an ein Workcamp mit Freiwilligen oder einen Kibbuz binden will: ein solcher Auslandsaufenthalt läßt sich problemlos von zu Hause aus arrangieren. In anderen Bereichen ist es ungemein hilfreich, wenn man eine besondere Qualifikation oder eine abgeschlossene Ausbildung vorweisen kann. Krankenschwestern, Installateure, Automechaniker, Architekten, Klavierstimmer, Lehrer, Taucher, Sekretärinnen und EDV-Personal haben keine schlechten Chancen, einen öffentlich ausgeschriebenen Job auch im Ausland zu bekommen – oder von der Auslandsstelle der *Zentralstelle für Arbeitsvermittlung*, Feuerbachstraße 42-46, 6000 Frankfurt/Main 1, Tel. (069) 711 11-0, vermittelt zu werden. Die Mehrzahl der Arbeits- und Reisewilligen kann aber wohl von einer abgeschlossenen Ausbildung nur träumen, handelt es sich doch überwiegend um Studenten, die ihren Horizont erweitern wollen, bevor sie ihr Studium abschließen. Gefragt ist nicht zuletzt Zähigkeit: Denis Brickow verschickte immerhin hundertvierzig Briefe auf der Suche nach einer Arbeitsstelle in einer Jugendherberge in den Alpen, bevor's endlich klappte.

Idealerweise bräuchte man nur zum heimischen Arbeitsamt zu tigern, die Mannschaft dort mit seinen wahrlich universellen Fähigkeiten zu beeindrucken – und schon findet man sich auf einem Kreuzfahrtschiff in der Karibik oder an einem neuseeländischen Skilift wieder. Nun, ganz so ist's leider nicht: wer erwartet, daß ihm oder ihr die Stellen im Ausland auf einem silbernen Teller präsentiert werden, täuscht sich gewaltig. Nur wenige Arbeitgeber werden Bewerber unbesehen einstellen. Manchmal ist sogar gesundes Mißtrauen angebracht, wenn bestimmte Stellen nicht mit Einheimischen besetzt werden können. Hannes Linnemaier jobbte in Norwegen vorübergehend für einen Hotelbesitzer, dessen Renommée vor Ort so mies war, daß keiner der Einheimischen für ihn arbeiten wollte. Steffen Hanke stellt sich folgendes vor:
Wäre es nicht fantastisch, wenn irgendwo eine Agentur bestünde, mit deren Hilfe Leute, die im Ausland gearbeitet haben oder zu arbeiten beabsichtigen, wichtige Adressen untereinander austauschen könnten? Man könnte auf diese Weise erfahren, ob der künftige Chef ein blutrünstiges Ungetüm, der Manager ein besessener Workaholic oder die Unterkunft ein modriges Loch ist. Damit könnte man einen weiten Bogen um potentielle Ausbeuter schlagen, oder um Gegenden, in denen absolut keine Arbeitsmöglichkeiten winken.
Blutrünstige Ungetüme werden aber von Zeit zu Zeit verhaftet, modrige Löcher fallen gelegentlich in sich zusammen. Derlei Informationen auf dem neuesten Stand zu halten, stellt sich also als ungemein schwierig heraus. Solange die beschriebene Agentur nicht in Sicht ist, will »Jobben Unterwegs« diese empfindliche Lücke schließen – und hofft auf tatkräftige Unterstützung aus der verehrten Leserschaft.

Internationale Organisationen

Organisationen und Agenturen, die speziell in den verschiedenen Ländern tätig sind, haben wir in den betreffenden Kapiteln aufgelistet. Junge EG-Bürger zwischen 18 und 28 Jahren, die über eine abgeschlossene Berufsausbildung verfügen, vorzugsweise ohne akademischen Abschluß, sind zur Teilnahme an den Programmen des »Jungarbeiter-Austausches« der Europäischen Gemeinschaft berechtigt. Angeboten werden kurze Projekte von drei Wochen bis zu drei Monaten, aber auch länger, bis zu sechzehn Monaten dauernde mit Sprachkurs, wobei die Unkosten und ein Teil der Reisekosten erstattet werden. Michael Thun besuchte zunächst für sieben Wochen einen Sprachkurs und arbeitete dann zehn Wochen lang in Straßburg. Die entsprechenden Anschriften: *Kommission der Europäischen Gemeinschaft*, CEC, rue de la Loi 200, B – 1049 Brüssel, Tel. (02) 235 1111; *European Federation for Intercultural Learning* (EFIL), rue de la Montagne 36, B – 1000 Brüssel, Tel. (02) 514 5250. Die größten deutschen Workcamp-Anbieter sind der *Service Civil International* (SCI), Blücherstraße 14, 5300 Bonn, Tel. (0228) 212 086; *Nothelfergemeinschaft der Freunde*, Auf der Körnerwiese 5, 6000 Frankfurt/Main 1, Tel. (069) 599 557; *Pro International*, Aufbauwerk der Jugend, Bahnhofstraße 26, 3550 Marburg 1, Tel. (06421) 65 277; *Internationale Jugendgemeinschaftsdienste* (IJGD), Kaiserstraße 43, 5300 Bonn 1, Tel. (0228) 221 001; *Internationaler Bauorden*, Liebigstraße 23, Postfach 1438, 6520 Worms 26, Tel. (06241) 3195.

Nützliche Veröffentlichungen

Für einzelne Länder wichtige Publikationen stehen wiederum unter den betreffenden Abschnitten. Von generellem Nutzen ist die mittlerweile umfangreiche »Ferienjobs und Praktika«-Reihe von *interconnections* (siehe auch das Gesamtverzeichnis im Innenumschlag). Die *Zentralstelle für Arbeitsvermittlung*, Anschrift siehe oben, versendet kostenlose und ausführliche Broschüren über »Jobben im Ausland« für Abiturienten und Studenten, aber auch über die praktische Aus- und Fortbildung im Ausland. *Transitions Abroad: The Magazine of Opportunities* ist zu beziehen bei: 18 Hulst Road, Box 344, USA – Amherst, Massachusetts 01004. Das Jahresabonnement für fünf Ausgaben beläuft sich außerhalb der Staaten auf $20. An Australien interessierte Weltenbummler dürfen der noch für dieses Jahr angekündigten Marktpremiere der Vierteljahreszeitschrift *New Traveller Access* entgegensehen. Im Untertitel werden »living, learning, work and adventure travel« versprochen.

Im Ausland inserieren

Eine Anzeige in einer weltweit verbreiteten Zeitung wird kaum Erfolg zeitigen, es sei denn, man verfügt über eine besonders gefragte Spezialausbildung. Schließlich wollen die allermeisten Arbeitgeber auf persönliche Vorstellungsgespräche nicht verzichten. Der erste wichtige Schritt wäre also eine regionale Vorauswahl. Bedeutende überregionale und internationale Blätter lassen sich in unseren Landen gemeinhin durch eine Presse- oder Anzeigenagentur vertreten, etwa die *Publicitas GmbH* mit Büros in Hamburg, Frankfurt, Basel, Bern und Wien. Billig sind diese Anzeigen nun wahrlich nicht, liegen immerhin zwischen 150 und 600 DM. Über die wichtigsten Zeitungen und Zeitschriften gibt der sogenannte *Stamm* Auskunft, der jährlich neu aufgelegte Presse- und Werbungsleitfaden aus dem Essener Stamm-Verlag, den man sicher bei einer Zeitungsredaktion mal einsehen, vielleicht gar das Vorjahresexemplar mitnehmen darf. Es macht übrigens wenig Sinn, unter einer Chiffre zu inserieren, da die eingehenden Offerten nicht ins Ausland weitergeleitet werden. Etwa ein bis zwei Monate vor dem angestrebten Reisebeginn sollte somit die Anzeige plaziert sein. Bei Erhalt eines Angebots empfiehlt es sich, per Telefon oder Brief unbedingt so viele Einzelheiten wie möglich mit dem Arbeitgeber abzuklären, um einen Reinfall zu vermeiden, wie er Kevin Gollrad passierte:

Im letzten Sommer hatte ich mich entschlossen, den Winter über in Hawaii zu arbeiten. Vom dortigen Fremdenverkehrsbüro erhielt ich auch die Anschriften einiger Zeitungen, doch auf meine Anzeigen, in denen ich nach einem Job auf einer Farm oder Ranch bei freier Kost und Logis sowie geringer Bezahlung suchte, bekam ich lediglich fünf Antworten, von denen mir eine einzige akzeptabel erschien. Im November dann flog ich nach Maui, wo ich vereinbarungsgemäß abgeholt werden sollte. Weit und breit war keine Menschenseele zu sehen. Nach sechs Stunden erschien endlich die Mutter und holte mich ab, wobei sie beiläufig erwähnte, daß die Fahrt 15 Dollar kosten sollte. Als wir angekommen waren, zeigte man mir mein »Zimmer«, eine häßliche, vergammelte Bude hinter der Garage, die 150 Dollar kosten sollte. Von Farm konnte kaum die Rede sein, von den wenigen Obstbäumen abgesehen, die im Hof herumlungerten. Nach kurzer Zeit bereits war offensichtlich, daß die Leute nur hinter meinem Geld her waren und mich hereingelegt hatten. Per Anhalter fuhr ich zur Stadt zurück, doch nach einer Woche erfolgloser Arbeitssuche gab ich auf und flog nach Hause zurück.

Natürlich muß so ein Reinfall nicht bei allen von zuhause aus arrangierten Jobs vorprogrammiert sein. Offenbar kommt er aber doch hin und wieder vor.

Jobsuche nach der Ankunft

Wer spontan handelt und ohne feste Vereinbarungen in der Hand losfährt, benötigt eine Menge Initiative und Ausdauer. Viele Reisende empfehlen, Gelegenheitsjobs in ländlichen Gebieten und außerhalb der Semesterferienzeit zu suchen. Doch auch in den Städten gibt es immer wieder Möglichkeiten, so auf Großbaustellen, in Restaurants und Kindertagestätten. Die Vorweihnachtszeit stellt sich meist als günstig heraus, da sich das Personalkarussell dann besonders rasch zu drehen scheint. Die Aussichten auf eine schnelle Einstellung sind bei gemeinhin unbeliebten Jobs natürlich am höchsten, etwa als Krankenpfleger in einem Hospital für Geisteskranke, als Reinigungspersonal, Anstreicher, Helfer auf Hühnerfarmen, Enzyklopädieverkäufer und dergleichen. Ein passables, adrettes Erscheinungsbild zahlt sich immer aus, ebenso ehrliches Interesse und demonstrative Ausdauer. Manchmal lehnt ein Arbeitgeber die Bewerbung zuerst ab, und wenn man am nächsten Tag dennoch wieder auf der Matte steht, läßt er sich noch umstimmen, diesen hartnäckigen Menschen als Zusatzkraft zu engagieren. Standhaftigkeit gepaart mit Höflichkeit zahlt sich eben aus. Gibt es zum Beispiel beim ersten Anlauf keine Arbeit am Hafen, so sollte man unbedingt am folgenden Tag wiederkehren. Nach einer Woche ist man dort bekannt, und potentielle Arbeitgeber wissen um das ernsthafte Interesse und die stetige Verfügbarkeit. Tut sich dann immer noch nichts, so bietet man seine Hilfe eben zunächst auf freiwilliger Basis an: man flickt die Netze und erwirbt eine Fähigkeit, die später sehr nützlich ist. Wer den Bogen erst einmal raus hat, gehört bald schon zur Bruderschaft der welterfahrenen Jobber, deren Mitglieder sich auch längere Zeit unterwegs gut über Wasser halten können.

Gelegenheitsarbeiten mit ihren naturgemäß starken, unvorhersehbaren Veränderungen sind am besten stets vor Ort zu recherchieren. Dabei dürfen Sie unseren Hinweisen wortwörtlich folgen, beispielsweise dem, daß es im August bei Avignon in Frankreich Pflaumen zu pflücken oder auf dem Hamilton Island vor Australien zahlreiche Barjobs gibt. Natürlich mag dennoch vorkommen, daß man dort nach der Ankunft eine herbe Enttäuschung erlebt: die Ernte hat dieses Jahr außergewöhnlich früh eingesetzt, oder es bewarben sich schon zu viele Arbeitskräfte. Möglicherweise erfährt man aber gleichzeitig, daß in zwei Wochen Arbeitskräfte zur Traubenlese gebraucht werden oder daß auf der nächsten Insel am Barrier Reef Servicepersonal fehlt. Anders gesagt: nicht gleich den Kopf hängen lassen, denn oft führt eins zum anderen. Unsere Aufgabe sehen wir in der Hauptsache darin, Ideen zu vermitteln, wie man sich bei der Jobsuche geschickt anstellt. Eine gute Portion Selbstvertrauen und die Fähigkeit zu übertreiben wird dabei fraglos auf das Dringendste benötigt. Für durchaus legitim halten wir es, wenn man auf Fragen nach den Kenntnissen, der Erfahrung und der voraussichtlichen Arbeitsperiode etwas übertreibt (manche mögen es schwindeln nennen), um die begehrte Stelle zu ergattern. Sein Licht schüchtern unter den Scheffel zu stellen ist völlig fehl am Platze. Dieter Reinbeck faßt seine Erfahrungen nach einer Umrundung des Globus und der Arbeit in fernen Ländern zusammen:

Alle Informationen und Kontaktadressen, vielleicht in noch so mühevoller Kleinarbeit zusammengesucht, sind ohne eigene Willens- und Überzeugungskraft völlig nutzlos. Ideenreichtum und Energie sind gefordert. Wäre ich Manager einer großen Firma, würde ich all die Leute anheuern, die in diesem Buch über ihre Erfahrungen berichten. Denn die haben nicht zuletzt gelernt, mit jeder Situation fertigzuwerden und sich mit jedermann zu verständigen, gleichgültig in welcher Sprache.

Leute kennenlernen

Die ergiebigsten Quellen sind ohne Zweifel andere, erfahrenere Reisende. So mancher hat auf seinem Weg zwischen Mailand und Miami überraschend großzügige Hilfe von Landsleuten erfahren. Die Fortbewegung per Anhalter stellt eine vorzügliche Methode dar, während der Reise Tips zu erhalten oder an Jobs zu gelangen – vorausgesetzt man spricht die Fahrer gezielt darauf an. Nicht wenige Reisende haben auf diese Weise schon Arbeit erhalten. Trifft man in einer neuen Stadt ohne vorherige Arrangements ein, sollte man mit Ortsansässigen und anderen Reisenden Bekanntschaft schließen. Jugendherbergen sind hervorragende »Informationsbörsen«, besonders außerhalb der Saison. Die Herbergseltern kennen sich in der Gegend aus und können nützliche Ratschläge erteilen. Klar, daß niemand ohne den Internationalen Jugendherbergsausweis aufbrechen wird, zu beantragen beim *Deutschen Jugendherbergswerk* (DJH), Bismarckstraße 8, Postfach 1455, 4930 Detmold, Tel. (05231) 740 118.

Universitäten und Fachhochschulen sind ausgezeichnete Treffs für Jobber. Gerade in den Semesterferien bieten abwesende Studenten oft genug durch zeitweilige Untervermietung billige Unterkunftsmöglichkeiten. In Clubs oder Treffpunkten ausländischer Studenten ist wie in deren Lieblings-Cafés und Kneipen so manches Wissenswerte zu erfahren. Wer ein Hobby hat oder eine bestimmte Sportart betreibt, nimmt in den entsprechenden Clubs Verbindung mit Gleichgesinnten auf. Je engagierter oder ausgefallener das Steckenpferd (Anti-Atomkraft, Höhlenforschen, Radfahren oder Jazzmusik), desto eher lassen sich Kontakte knüpfen. Wer eine Ader fürs Pädagogische hat, findet vielleicht in Abendkursen für Deutsch die Möglichkeit, Privatstunden zu erteilen. Deutsche oder englische Buchläden am Ort bieten oft ein Schwarzes Brett mit nützlichen Tips und Stellenangeboten. Hilfreich sind die Goethe- oder andere Kulturinstitute, sowie die konfessionellen Auslandsgemeinden. Wenn all diese Räder in Bewegung gesetzt sind, erreicht man über kurz oder lang sein Ziel. Die neuen Freunde können Telefonanrufe in der von Ihnen mangelhaft beherrschten Sprache erledigen, Anzeigen aus der Zeitung übersetzen oder kurze Mitteilungen für eventuelle Arbeitgeber verfassen. Andreas Wintruff erhielt wohl nur durch Vermittlung seiner dänischen Freundin den Posten in einer Firma in Kopenhagen. Beim Vorstellungsgespräch hatte er noch so gut wie nichts verstanden, sechs Monate später hatte er nicht nur genug Geld für einen ausgedehnten Urlaub im Himalaya zusammengespart, sondern sprach darüberhinaus auch noch fast fließend Dänisch. Ein anderer junger Deutscher wurde von seinen Gastgebern bei einem Radiosender als Assistent für deutschsprachige Nachmittagssendungen untergebracht. Der Eigentümer des Kairoer Hotels, in dem sich Markus Zimmermann einige Monate aufhielt, übersetzte ihm eine Anzeige ins Arabische, in der Markus »didaktisch fundierten und pädagogisch wertvollen« Deutschunterricht anpries. Ist nicht sofort eine Arbeitsstelle in Sicht, so kommt man vielleicht zumindest für einige Zeit bei freier Kost und freiem Logis in einer Familie unter, betreut die Kinder, erledigt Gartenarbeiten oder erteilt Sprachunterricht.

Zufälle

Bei der Abfahrt wäre sicher niemand auf den Gedanken verfallen, irgendwann als Brunnengräber im Sudan oder in San Francisco als Französischlehrer zu landen. Gerade der Zufall ist aber einer der wichtigsten Verbündeten eines Reisenden. In der Rückschau überrascht es oft, welch wundersame Kette von Zufällen so manchen mal wieder aus einer mißlichen Lage gerissen hat ...
Bernd Weber erhielt in einer kleinen holländischen Stadt beim Musizieren auf der Straße das Angebot, ein paar Nächte gegen Bezahlung in einer Kneipe zu spielen. Karin Heining, per Anhalter in Südmexiko unterwegs, wurde eines heißen Tages von einem Fischer mitgenommen, der gerade vom Markt kam. Alsbald fand sie sich in einem kleinen Dorf an der Pazifikküste wieder, wo sie dank guter Spanischkenntnisse eine Zeitlang als Hauslehrerin für die halbe Bevölkerung tätig war. In der Schlange an einem Postschalter in Südfrankreich hörte Rüdiger Lehmann, wie sich zwei Frauen vor ihm über »boulot« (das Wort für Aushilfsjob) und »cerises«, also Kirschen, unterhielten. Er schaltete schnell und bot sich sofort an. Während der erfolglosen Suche nach der ihm genannten Anschrift begegnete ihm ein Bauer, der ihn vom Fleck weg zum Obstpflücken engagierte. Auf dem Flug nach Reykjavik saß Carolin Rebmann neben der Frau des Managers einer Fischverarbeitungskooperative, welche ihr erfreut mitteilte, daß dort immer Personal gesucht werde. In ihrem Hotel in der Nähe des Kairoer Marktplatzes wurde Katharina Bremer gefragt, ob sie nicht eine Statistenrolle in einer ägyptischen Fernseh-Seifenoper übernehmen wolle. André Kaiser schrak aus seinem Schlaf auf einer Bank im Hauptbahnhof von Liverpool hoch, als eine Frau ihm anbot, mit ihrem Karussellgeschäft auf Jahrmarkttour zu gehen. Als sich Willi Grüner in einer Jugendherberge in der Bay of Islands in Neuseeland aufhielt, schauten regelmäßig einheimische Farmer auf der Suche nach Pflückern für ihre Obstplantagen vorbei. Rainer Hinrichs erkundigte sich bei einem kleinen Fremdenverkehrsamt in Lappland nach Jobmöglichkeiten und wurde gleich gefragt, ob er nicht bei der Anfertigung von Silberschmuck helfen wolle. Corinna Bergmann teilte sich mit einer amerikanischen Krankenschwester in Bangkok ein Taxi vom Flughafen in die Stadt und erfuhr von dieser über eine freie Stelle in einem Flüchtlingslager.
Solche Beispiele könnten wir seitenlang auflisten. Wer Augen hat zu sehen, Ohren hat zu hören und dazu seine Bereitschaft signalisiert, stolpert allzu leicht über Arbeit. Einer der

Schlüssel zum Erfolg liegt in vollkommener Flexibilität. Innerhalb von zehn Minuten, während einer Unterhaltung am Frühstückstisch in einem Amsterdamer Hotel hatte Dorothea Kienzler ihre Rechnung bezahlt, ihre Sachen gepackt und war mit einer Familie als Haushaltshilfe auf dem Weg nach Portugal.

Vorherige Planung

Auf glückliche Zufälle allein ist kein Verlaß, denn auch für sein Glück muß man hin und wieder etwas tun. »Zur richtigen Zeit an der richtigen Stelle« trifft den Nagel auf den Kopf. Vielleicht ist zunächst mal bei zwanzig verschiedenen Hotels vorzusprechen. Oder - zig Bekannte sind von den Reiseplänen in Kenntnis zu setzen, bevor eine verwertbare Kontaktadresse auftaucht. Natürlich schaut man immer wieder an den Schwarzen Brettern nach, in den einschlägigen Rubriken der Zeitungen und benutzt die altgediente, wiewohl plumpe »Einfach-Reingehen-und-Fragen-Methode«. Altgediente Jobber beschreiben ihre Vorgehensweise:

Annecy in den französischen Alpen gefiel mir so gut, daß ich mir dort eine billige Pension suchte. Als nächstes machte ich die »Runde« bei den privaten Jobagenturen, dem Arbeitsamt, an Schwarzen Brettern und in Cafés. Nach kurzer Zeit schon füllten sich meine Taschen mit Stadtplänen, Informationsmaterial, Adressen. Es bereitet fast mehr Spaß, sich auf die Suche nach Arbeit zu begeben, als sich niederzulassen, tatsächlich zu arbeiten und sich Sorgen über die zu bezahlenden Rechnungen machen zu müssen.

Ein Hotelangestellter auf Zypern:

Im letzten Sommer fragte ich während der Ferien in einem Hotel auf Zypern, ob nicht im nächsten Jahr ein Posten zu bekommen sei. Auf der Stelle erhielt ich eine Zusage.

Ein Farmarbeiter auf einem dänischen Hof:

Ich inserierte im Landsbladet *und konnte daraufhin aus vier Angeboten auswählen.*

Ein Au Pair bei einer Familie in Helsinki:

Den Job bekam ich durch entsprechende Zettel in einigen Kindergärten der Stadt.

Ein Deutschlehrer an einer Sprachschule in der Nähe von Mailand:

Ich nahm mir einfach die »Gelben Seiten« zur Brust und schrieb insgesamt dreißig Adressen an. Vier Schulen sagten umgehend zu, ohne ein Vorstellungsgespräch abzuwarten!

Ein Helfer in einem Weinkeller in Spanien:

Auf einen vorsichtigen und höflichen Brief an die Adresse auf dem Etikett einer alten Weinflasche meines Vaters erhielt ich zu meiner großen Überraschung einen zusagenden Bescheid.

Ein Angestellter einer Fabrik in Ghana:

Der örtliche Vertreter von Amnesty International gab mir auf meine Frage nach Hilfe den entscheidenden Tip.

Der springende Punkt bei allen diesen Berichten ist die positive Einstellung und die Bereitschaft, sich zu rühren.

Positiv und Negativ

Was macht denn den Reiz des Reisens aus? Sind es die interessanten Begegnungen, die reiche Fülle an Erfahrungen, von denen in der Zukunft profitiert wird, ist es das gesteigerte Selbstbewußtsein, eine durchdachtere Einstellung zur Heimat und zu ehemaligen Gewohnheiten? Die Liste ließe sich beliebig verlängern. Einer der schönsten Aspekte des Daseins als reisender Jobber ist natürlich, sich frei und ohne Zwang bewegen zu können. Schon der berühmte Albert Schweitzer schreibt über die Äquatorialafrikaner:

Unter bestimmten Umständen arbeiten sie gut und willig, eben solange, wie die Umstände es erfordern. Sie sind nicht arbeitsscheu, aber freie Männer: mithin Gelegenheitsarbeiter. Gefahren lauern natürlich überall. Im schlimmsten Fall wird man bestohlen, verliert das Reisegepäck, wird von einer Pechsträhne verfolgt, findet keine Stelle – und das Geld geht auch langsam zur Neige. Dann verweisen wir auf das Abschlußkapitel »Wenn alle Stricke reißen«. Irgendwelche religiösen Sekten könnten versuchen, den Traveller an sich zu binden. So erging es nämlich um ein Haar Markus Steiner in Amsterdam: glücklicherweise unterschrieb er den angebotenen »Vertrag« nicht sofort, wie der ihn bequatschende Guru verlangte, sondern verzichtete nach genauem Durchlesen des Kleingedruckten. Vielleicht gerät man unversehens in ein ausbeuterisches Arbeitsverhältnis und findet so die eigene Schmerzgrenze heraus, bevor letztendlich der Kragen doch platzt. Die Möglichkeit der fristlosen Kündigung steht Reisenden in aller Regel zur Verfügung; aber warum nicht auch mal vors Arbeitsgericht gehen?
Nur wenige Reisende berichteten von Diskriminierung am Arbeitsplatz. Wenige Manager und Bosse hacken auf Ihnen herum, weil Sie der einzige Ausländer sind. Wenn man sich mal aufziehen lassen muß, ist das meist nicht böse gemeint, eher im Gegenteil. Als einem »Exoten« stehen Ihnen viele Einheimische oft positiver gegenüber, kümmern sich um Sie und helfen bereitwillig weiter. Als Jobber im Ausland sollte man selbstverständlich auch eine gewisse Verantwortung gegenüber künftigen Jobsuchern erkennen. Richard Weingärtner fühlte sich einem zypriotischen Farmer verpflichtet und arbeitete besonders hart, weil der Bauer seinem Vorgänger 200 Pfund geliehen hatte, kurz bevor dieser sang- und klanglos verschwand. In der Arbeitswelt ist Sensibilität und Achtung vor der fremden Kultur wichtiger als auf einer bloßen Ferienreise. Nicht nur Karierrediplomaten repräsentieren das eigene Land in der weiten Welt, das sollte man immer im Hinterkopf haben.
Viele ziehen allerdings »inoffizielle« Jobs ein gerüttelt Maß an Unsicherheit nach sich. So fehlt beispielsweise der Schutz durch Arbeitsgesetze. Bei Auseinandersetzungen mit dem Arbeitgeber existiert keine gesicherte Grundlage. Oft bekommt man die Arbeit nur, weil die Bedingungen für die lokale Bevölkerung nicht akzeptabel sind, oder weil die Gegend so abgelegen ist, daß gar keine Arbeitskräfte vorhanden sind. Philip Neumann hat wahrscheinlich gar nicht so unrecht damit, daß die ständige Befürchtung, keine Arbeit zu finden oder am Ende nicht bezahlt zu werden, bestimmt tatsächlich solche oder ähnliche Probleme nach sich zieht. Entwickeln Sie eine positive Einstellung! Zögern Sie nicht, die nächste Chance wahrzunehmen, wenn eine bestimmte Situation unerträglich wird!
Lorenz Kohns Einjahresabenteuer Marke »rund um die Welt« lehrte ihn, die Dinge einfach geschehen und sich durch nichts aus der Ruhe bringen zu lassen. Mario Weimar kehrte mit dem beruhigenden Gefühl nach Hause zurück, als stabiler Typ auch eventuell auftauchende Krisen und Probleme bewältigen zu können, und ist nunmehr der Überzeugung, daß sich die meisten Schwierigkeiten am Ende ganz von alleine lösen.
Viele ziehen allerdings mit falschen Vorstellungen über das Dasein als Jobber unterwegs los. Armin Birrer, lange genug einer davon, um sich generelle Aussagen erlauben zu können, möchte allzu übertriebene Erwartungen dämpfen: viele Unsicherheiten und Unannehmlichkeiten warten am Wegesrand, es bleibt aber die innere Befriedigung durch sich ständig verändernde Lebensumstände und allgegenwärtige Unvorhersehbarkeiten. Dies dürfte der Hauptgrund für eine Reihe von Leuten sein, ihre gutbezahlte Stellung aufzugeben und für eine Weile das ungebundene Leben auf der Straße zu genießen. Selbst wenn es am Ende nicht so war wie vorgestellt, wird sich die gesammelte Erfahrung irgendwann als äußerst wertvoll erweisen. Reisen ist nie langweilig – ein Job, den man gezwungenermaßen annimmt, um die Reisekasse zu füllen, kann sehr wohl nervtötend sein. Nach der Arbeit auf einer dänischen Farm rät Didi Andersen, sich Zeit zu lassen,

bevor man einen Job annimmt, zweitens stets ein Exemplar von Tolstois »Krieg und Frieden« bei sich zu haben und schließlich genug Geld in Reserve zu halten, um eventuell fristlos kündigen zu können. Am sinnvollsten ist es daher, erst von zu Hause aufzubrechen, wenn genügend Finanzkraft eine Entscheidung, ob, wann, wie und wo eine Tätigkeit aufgenommen wird, ohne äußeren Zwang garantieren kann.

Rückkehr

Erst einmal unterwegs, trifft man allerorten auf erstaunliche Exemplare jener ruhelosen Gattung, für die ein fester Wohnsitz, ein geregeltes Leben Horrorvisionen darstellen, und für welche die Bezeichnung »Vagabund« ursprünglich mal erfunden wurde. Bei den meisten stellt sich aber nach einer gewissen Zeit doch Heimweh ein: urplötzlich ist die Sehnsucht nach der Stammkneipe, der gewohnten Tageszeitung, der Sportschau, grünen Feldern oder Mutters Apfelkuchen da. Dann wird es Zeit zu packen, alles Überflüssige zu verkaufen und nach Hause zu fahren. Wenn dort inzwischen nichts mehr so ist wie erhofft, macht man eben einfach auf dem Absatz kehrt ... Die Rückkehr wird durch unterwegs zusammengespartes Geld etwas erleichtert. Mit leeren Taschen voll ins neue Leben einzusteigen, ist wahrlich keine leichte Übung. Das Leben daheim langweilt wohl bald schon mit zuviel Routine; die Ansichten der Familie, der Freunde wirken nach den gemachten globalen Erfahrungen engstirnig und beschränkt. Wer zwischen Schulabschluß und Aufnahme des Studiums unterwegs war, dem fällt es oft schwer, Anschluß an Kommilitonen oder alte Schulfreunde zu finden, die sich durch dessen größeren Erfahrungshorizont möglicherweise bedroht oder zurückgesetzt fühlen. Normalerweise geht dieser »verdrehte« Kulturschock aber rasch vorbei, irgendwann fühlt man sich dann wieder völlig in Beruf oder Ausbildung integriert. Manchmal ergeben sich durch Reisen auch andere als nur psychologische Veränderungen: Klaus Brinkmeier, bei der Abreise noch Junggeselle, heiratete in einem Kibbuz eine Mitstreiterin aus Brasilien, sie bekamen ein Kind und versuchten noch vor dessen erstem Geburtstag aus dem Winzling bei Werbeaufnahmen in den USA einen richtigen reisenden Jobber zu machen ...
Häufig befürchten Weltenbummler durch eine lange Abwesenheit negative Auswirkungen auf die Berufschancen zuhause. Meist ist aber genau das Gegenteil der Fall, da man aus der grauen Masse der wenig beweglichen, kaum abenteuerlustigen Bewerber herausragt. Wolf Mengers stellte fest, daß Arbeitgeber in seinem Beruf als Landvermesser einem Bewerber, der den Mut aufbringt, für eine Weile fortzugehen, ausgesprochen aufgeschlossen gegenüber standen. Er bedauerte daher niemals seinen Entschluß, das Risiko gewagt zu haben. Nicolas Ortlieb ging nach seiner Rückkehr ins Computergeschäft und bestätigt, daß er keine einzige negative Reaktion hinsichtlich seiner zweijährigen Berufsunterbrechung bemerkt habe. Noch vorteilhafter ist es natürlich, die Erfahrungen aus der Auslandsarbeit in die neue Tätigkeit einzubringen. Kein Arbeitgeber wird sich dann die Abwesenheit als zwölfmonatigen Faulenzerbadeurlaub auf Goa vorstellen. Man sollte den Auslandsaufenthalt unter allen Umständen als konstruktiv darstellen, auf gar keinen Fall als »Erholung«, »Zeit zum Überlegen« oder dergleichen.
Eine gewisse Skepsis ist in manchen Fällen aber unvermeidlich. Julia Dietrichs wußte schon im voraus, daß eine Wiedereingliederung in ihren angestammten Beruf sich schwierig gestalten würde. Tatsächlich wurde die Stellensuche nach ihrer Rückkehr dann noch wesentlich problematischer als in ihren schlimmsten Träumen. Bei Vorstellungsgesprächen wurde ihr bedeutet, daß ja nicht sicher sei, ob sie sich nicht nach kurzer Zeit wieder auf und davon machen würde. Genau das hatte sie damals auch schnell wieder

vor. Es fanden sich dann aber doch einige Vertretungsjobs, und mittlerweile kam Julia sogar bei einem Rundfunksender unter.

Zusammenfassung

Die einen finden die anfängliche Entscheidung fortzugehen am schwierigsten, andere kommen mit Problemen unterwegs schlechter zurecht, wenn sie sich an Weihnachten alleine in irgendeinem schäbigen Hotelzimmer irgendwo in Schwarzafrika wiederfinden oder bei rasant dahinschwindender Reisekasse irgendwo im Himalaja ohne Aussicht auf Beschäftigung rumhängen. Unübersehbar andererseits ist die Zahl derer, die schöne Erinnerungen an ihre Fahrt »für ihr ganzes Leben bewahren und schätzen«. Da die Berichte jobbender Reisender in diesem Buch die wichtigste Stelle einnehmen, schließen wir die Einführung mit den Ratschlägen Paul Traxlers, der sich unter anderem durch fast ganz Australien gearbeitet hat:

Ich zog mit dreihundert Mark in der Tasche und ohne Rückflugticket los, verbrachte dann zwei Jahre in Israel, drei in Thailand und eins in Japan, genoß die Sonne südlicher Länder, den Umgang mit arabischen Fischern und stinkreichen Japanern. Wenn ich dazu in der Lage war, warum dann nicht auch Sie? Ich habe unterwegs unheimlich viel gelernt; Reisen bildet nicht nur, es macht auch noch einen Heidenspaß. Auf was warten Sie denn eigentlich noch?

Fahrtkosten erarbeiten

Nicht ganz unberechtigt ist die verbreitete Befürchtung, ein Großteil des Budgets werde von den Kosten für Flug-, Bahn und Schiffstickets aufgezehrt. Dem muß aber nicht unbedingt so sein. Mit guter Planung, Selbstvertrauen und Glück kann man dem Beispiel vieler Reisender folgen, die den Globus fast kostenlos umrundeten.

Per Anhalter lassen sich ganze Kontinente durchqueren, vor den Weltmeeren versagt diese Lösung jedoch leider kläglich. Da die Reise oft nur gemächlich vonstatten geht und man unterwegs ja auch leben muß, wird die Reisekasse zusätzlich belastet. Auch das Reisen als »blinder« Passagier auf Überseefrachtern ist nicht mehr das, was es einmal war. Die kommerziellen Realitäten moderner Seefahrt schließen die Tolerierung ungebetener Gäste als romantisches Abenteuer aus. Gerüchte aus gewöhnlich gut unterrichteten Seefahrtskreisen erzählen von blinden Passagieren, die in haiverseuchten Gewässern über Bord geworfen oder bei lebendigem Leibe verbrannt wurden. Seemannsgarn diente eben schon immer der Abschreckung ...

Auf Hoher See: Handelsschiffahrt

Leider sind die goldenen Zeiten endgültig vorbei, in denen man einfach zum Hafen in Hamburg, Southampton, New York oder San Francisco pilgern und auf dem ersten Richtung Orient auslaufenden Dampfer anheuern konnte. Der Versuch, eine Schiffahrtsgesellschaft offiziell um eine Passage gegen Arbeitsleistung zu bitten, wird dieser Tage durchgängig mit Bedauern ablehnend beschieden. Nach den neuen Seefahrtrichtlinien dürfen die Gesellschaften nur noch registrierte Seeleute beschäftigen. Werner Hinrichs vom Seefahrtbundesamt:

Die großen Passagierlinien, die vor langer Zeit zahlreiche Beschäftigungen bei langer Arbeitszeit und schlechter Bezahlung boten, sind alle längst aufgelöst. Dasselbe gilt für den alten Frachtdienst, der Handelsgüter nach Afrika, Asien usw. brachte und dort Rohmaterialien aufnahm. Die Luftkonkurrenz hat eine Modernisierung und Vergrößerung bei gleichzeitiger Verringerung der Schiffszahl mit sich gebracht. Die Liege- und Umschlagszeiten in den Häfen werden heute äußerst kurz gehalten. Gefragt ist einzig und allein Effektivität. Benötigt werden Spezialisten, so daß für ungelernte Kräfte kaum noch Möglichkeiten existieren.

Hat man weder die Zeit noch die Absicht, sich als Seemann ausbilden zulassen, lohnt sich die Suche nach Arbeit bei einer deutschen Schiffahrtslinie also nicht. Gleiches gilt für englische, französische, amerikanische und kanadische Gesellschaften. Mehr Erfolg versprechen Schiffe, die unter skandinavischen, fernöstlichen oder den Fahnen von Panama, Liberia oder der bedeutenden Seefahrernation Liechtenstein (!) die Weltmeere befahren. Immer mehr Reedereien lassen ihre Schiffe in diesen Ländern registrieren, um den hohen Kosten der gewerkschaftlichen Kontrolle zu entgehen. Besatzungen werden entsprechend mies bezahlt und setzen sich meist aus Seeleuten aus der »Dritten Welt« zusammen. Fühlt man sich in Manila, Sao Paulo oder Piräus in die Ferne gezogen, hat es verständlicherweise wenig Sinn, sich an das Büro einer Reederei in Liberia zu wenden. Handeln ist gefragt! Am besten wendet man sich unmittelbar an den Kapitän eines Frachters mittlerer Größe, weil sich hier eher Chancen bieten als auf Riesentankern, die nur hochqualifiziertes Personal anheuern. Mit guter Hoffnung kann man sich an *Columbus Maritime Services*, Ost-West-Straße 59, 2000 Hamburg, wenden, welche gelegentlich arbeitende Passagiere für ihre Fahrten zwischen den beiden Amerikas und Australien verdingt. Für die zwei- bis dreiwöchige Reise zwischen Los Angeles, Seattle oder Vancouver nach Auckland oder Wellington benötigt man ein Visa für alle angelaufenen Länder, ein Gesundheitszeugnis mit Impfbestätigungen und 400 US-Dollar. Der Kapitän ist alleinverantwortlich für die Anstellung; Arbeitszeit sind zehn Stunden an sechs Tagen pro Woche. Carola Esers hatte gehört, daß man hierbei relativ locker zu einem Job gelangen könne, und traf im Hafen von Wellington zehn Minuten nach dem Anlegen des Schiffes ein. Zielstrebig trat sie mit allen erforderlichen Unterlagen an Bord, wo ihre Hoffnungen jedoch rasch verflogen:

Ich konnte den Kapitän nicht finden, weswegen ich mich mit einem Mitglied der Crew unterhielt. Dieser rief den Kapitän und fragte, ob ich nicht für die Fahrt in die Karibik arbeiten könne. Nach herzlichem Gelächter lautete die Antwort wenig überraschend »nein«. Sie erklärten mir, daß schon zwei Interessenten an Bord seien. Im Grunde glaube ich aber, daß es daran lag, weil ich eine Frau bin. Ich kann gar nicht beschreiben, wie sehr mich das nervte.

Carola fand dann nicht mehr den Mut, es mit dem nächsten »Columbus«-Schiff zu versuchen, welches einige Wochen darauf in Wellington andockte. Verständlicherweise ist die Reederei nicht scharf darauf, ihre freien Stellen der Öffentlichkeit mitzuteilen, da dies unter Umständen bei jedem Anlegemanöver der »Columbus«-Schiffe ganze Heerscharen von Rucksackreisenden bewirken könnte.

Wer sich unmittelbar an einen Kapitän wendet, sollte zumindest irgendwelche Referenzen oder in Küche oder Werkstatt brauchbare Fertigkeiten vorweisen können. Mediziner, Elektriker und Ingenieure haben gar nicht mal so schlechte Chancen. Als Mitglied einer Besatzung ist man oft letztes Rad am Wagen und darf die Tätigkeiten ausführen, um die sich sonst niemand reißt. Üblich sind zwölf Arbeitsstunden oder Wechselschichten mit sechs Stunden Dienst und anschließend sechs Freistunden. Wir haben allerdings nur von einer Handvoll Reisender gehört, die mit dieser Methode Erfolg hatten. Nach sechsmonatigem Aufenthalt in Indien erkundigte sich Stefan Schmidt im Hafen von Bombay beim Kapitän eines Frachters aus Ghana, ob er ihn nicht als Hilfskraft mitnehmen könne: eine Stunde später befand er sich auf dem Weg nach Ägypten, mußte lediglich Meldungen überbringen, ein wenig Wachdienst und Aushilfe in der Küche schieben. Während seiner Reisen in Afrika versuchte Stefan dieselbe Technik erneut in Konakri, der Hauptstadt Guineas an der westafrikanischen Küste. Nachdem er sich beim weitestgelegenen Liegeplatz am Ende des Hafens durchzufragen begonnen hatte, erklärte sich schon der Kapitän des fünften Schiffes bereit, ihn nach Casablanca mitzunehmen. Die Überfahrt sollte gegen Arbeitsleistung kostenfrei sein, für Essen und Trinken waren lediglich 100 DM fällig. Die Reise selbst war nicht halb so erfreulich wie die vorherige über den Indischen Ozean, da ihm unbeliebte Tätigkeiten wie das Reinigen des Frachtraumes oder das Auslenzen der Bilge und dennoch keine ordentliche Koje zugewiesen wurde. Nach Stefans Erfahrungen können die Hafenbehörden sehr hilfreich sein, wenn sie nicht mit dem Zolldienst verwechselt werden. Manchmal wird die Liste der ankommenden und abfahrenden Schiffe ausgehändigt.

Frachtschiffe unterliegen heutzutage fast genauso strengen Reglementierungen wie der Flugverkehr. Oft kann man den Hafen ohne Erlaubnis gar nicht betreten. Es ist daher durchaus sinnvoll, sich mit den Beamten freundlich zu stellen, da die Kapitäne Zusatzpersonal gerne über die Hafenbehörden suchen. Zumindest sind dort die Gezeiten zu erfahren: nähert sich die Flut, legen die Schiffe ab. Stefan rät von Hafenkneipen als Stützpunkt für die Suche ab, denn Kapitän und Offiziere gehen dorthin ausschließlich in der Absicht, sich zu entspannen. Jobsucher nehmen sie an Bord ihrer Pötte viel ernster. Trotzdem kann es sich auszahlen, dem Barkeeper in der örtlichen Kneipe mit der Bitte, die Ohren zu spitzen, einen auszugeben. Eine gründliche Vorbereitung für Möchtegern-Seefahrer ist dringend anzuraten: *Die Informationen aus ein paar Segelbüchern der örtlichen Bibliothek bringen unschätzbare Vorteile. Zumindest die gängigen Seemannsausdrücke sollte man kennen. Grundkenntnisse der Navigation, Leuchtzeichen und allgemeine Seefahrtsregeln sind nützlich. Es ist zwar unwahrscheinlich, sich alleine auf der Brücke zu finden; aber es kann vorkommen, daß man in ruhigen Nächten zweite Wache schieben muß.*

Privatjachten

Wer einzig zu seinem Vergnügen auf See umhergondelt, unterliegt nicht denselben Vorschriften wie die Handelsmarine. »Freizeitkapitäne« können ihre Besatzung nach Belieben heuern und feuern; eine Arbeitserlaubnis wird nicht benötigt. Wer einigermaßen gute Manieren zeigt und sich an das Bordleben anzupassen weiß, sollte einen Bootsbesitzer davon zu überzeugen versuchen, daß man ein Gewinn für seine Besatzung wäre. Segelerfahrung ist vorteilhaft und vereinfacht die Sache, ist aber bei mehreren Personen an Bord selten ein Muß. Das Vorhaben, an einer Weltumseglung in einer Nußschale teilzunehmen, könnte den Erwerb eines Segelscheines wert sein. Andernfalls sind gute Gesundheit und Kontaktfreude viel wichtiger. Wer durch seine Künste als Koch, Zimmermann, Segelflicker, Medizinmann u.ä. überzeugt, hat einen erheblichen Vorteil. Wer nicht darüber verfügt, kann sein Interesse aber auch dokumentieren, indem er sich ein Paar originaler »Wellington«-Gummistiefel zulegt (Neupreis nicht unter 500 DM). Wenn die Fahrt in die Tropen geht, wird aber bestimmt eine ganz andere Ausrüstung benötigt. Kommentar eines Skippers: *Jemand ist dann kein Anfänger mehr, wenn er ein halbes Dutzend Knoten beherrscht, wenn er weiß, wie man nachts die Positionslichter anderer Schiffe liest und wenn er nicht mehr pausenlos seekrank ist.*
Die Vereinbarungen bewegen sich zwischen reellem Arbeiten und Hitchhiking. Manchmal gibt es an Bord nicht viel zu tun. Dann sollte man sich nützlich machen, Kaffee kochen, Deckstühle schleifen und streichen usw. Frauen sollten übrigens vor dem Segelsetzen ihre Position auf das Deutlichste klarstellen, um eventuellen Mißverständnissen vorzubeugen. Es gibt verschiedene Methoden, Jachteigner auf sich aufmerksam zu machen. Die vielversprechendste ist der Gang zum nächsten Anlegeplatz und das unmittelbare Ansprechen der Schiffer. Die meisten Boote gehören Einheimischen, deshalb ist auf fremde Flaggen zu achten. Manche Jobsuchende empfehlen, geradewegs mit dem Anliegen herauszurücken; andere halten ein diplomatisches Vorgehen für angebracht.
Kerstin Fleschauer, die schon auf etlichen Booten mitgesegelt ist, meint:
Durch Fragen verliert man nichts, man kann nur gewinnen!
Alexander Müller hat ebenfalls schon reichlich Erfahrung gesammelt:
In jedem größeren Jachthafen gibt es Leute, die längere Touren planen. Falls sie Besatzungsmitglieder suchen, werden üblicherweise Angebote im Geschäft für Bootsbedarf oder im Jachtklub ausgehängt. Manchmal werden Anzeigen in Jacht oder andere Zeitschriften gesetzt, wobei die Teilnehmer sich aber oft an den Kosten beteiligen sollen. Also vor einer Zusage aufpassen und die Bedingungen abklären.
Die *Cruising Association* behauptet, vom Drei-Wochen- bis zum Transatlanik-Törn für jedes Niveau und jeden Schwierigkeitsgrad Segler vermitteln zu können. Die Gebühr beträgt rund 35 DM, die Anschrift lautet: Ivory House, St. Katharine's Dock, GB – London E1 9AR, Tel. (081) 481 0881. Der andere Verband, *Crewit*, führt weltweit Schiffseig-

ner und Crews zusammen, vermittelt von jedem Abfahrtshafen zu jedem Ziel auf der ganzen Welt. Die Einschreibegebühr beträgt hier umgerechnet 90 DM, weitere Auskünfte bei Cobbs Quay, Hamworthy, Poole, GB – Dorset BH15 4EL, Tel. (0202) 678 847.

Von Besatzungsmitgliedern wird in der Regel ein täglicher Kostenbeitrag für Verpflegung, Trinken, Benzin, Hafengebühren usw. erwartet. Bezahlte Stellen sind selten und ausschließlich versierten Seeleuten vorbehalten. Frank Schiller einigte sich mit dem neuseeländischen Ehepaar, das ihn als kompletten Neuling auf Fahrt mit nach Tonga nahm, darüber, die anfallenden Unkosten zu teilen. Die viermonatige Überfahrt kostete ihn so nur 400 neuseeländische Dollar, weniger als 600 DM. Segeltörnangebote in Zeitschriften gehen in der Regel aber von einer höheren Kostenbeteiligung der Teilnehmer aus. Ein typisches Beispiel ist die Welttour von Kris van de Yijver, der mit seinem 18-Meter-Boot im April 1990 in Sydney aufbrach und im Dezember 1992 in Neuseeland ankommen will. An Bord sind neun Kojen vorhanden und an den unterschiedlich langen Strecken und Zeitabschnitten können auch Landratten teilnehmen. Die Kosten betragen ungefähr 60 DM (£ 20) pro Tag. Auf keinen Fall dürfen vor dem Ablegen die finanziellen Details vergessen werden: viele Eigner erwarten von den Mitreisenden auf längeren Törns eine Kaution von bis zu 1.500 DM!

Jachten erfordern übrigens ein ordentliches Maß an Wartung und Pflege, so daß Deckschrubben und Anstreichen zur Tagesordnung zählen. Risikoreich kann sich eine solche Fahrt dann gestalten, wenn es sich beim Skipper, dem man Leib und Leben anvertraut hat, nicht gerade um einen Wind und Wetter gewachsenen Segelveteranen handelt. Ein Boot, das gut gepflegt, aber nach intensivem Gebrauch aussieht, flößt mehr Vertrauen ein als das hochglanzpolierte Steckenpferd eines Wochenendkapitäns. Bevor man sich auf Gedeih und Verderb einem Skipper anvertraut, sollte man unbedingt ausprobieren, ob mit dem Käpt'n auszukommen ist: wenn Charakter und Persönlichkeit nicht harmonieren, kann's problematisch werden. Erfahrene Reisende werden immer auf einem schriftlichen Vertrag bestehen, weil es nicht ungewöhnlich ist, daß sich Besatzungsmitglieder nach persönlichen Auseinandersetzungen unvermittelt auf abgelegenen Inseln ausgesetzt wiederfinden. Grundsätzlich darf man den Streß an Bord nicht unterschätzen. Nehmen Sie auf gar keinen Fall harte Drogen mit an Bord: das könnte den Kapitän in erhebliche Schwierigkeiten bringen, da ein Schiff, auf dem solche Rauschmittel gefunden werden, von den Behörden sofort beschlagnahmt wird. Edgar Dirks, zuletzt im südlichen Pazifik unterwegs, listet noch weitere Negativaspekte auf:

Es ist schon eine tolle Sache, mit einer Jacht unterwegs zu sein. Neulinge sollten jedoch folgendes bedenken: Segeln ist eine ausgesprochen lahme Angelegenheit. Etwa 120 Seemeilen sind am Tag zu schaffen, mehr kaum. Es hat also keinen Sinn, in Eile zu machen. Gesegelt wird meist rund um die Uhr. Es überrascht, wie viele Neulinge glauben, daß eine Segeljacht bei einer Ozeanüberquerung nachts ankert. Das Wetter auf den Weltmeeren kann verdammt rauh sein: wir hatten einmal einen Sturm mit haushohen Wellen, da kann's einem schon bange werden. Mit Seekrankheit ist außerdem zu rechnen. Schließlich herrschen auch auf einer großen Jacht recht beengte Raumverhältnisse, es gibt nur wenig Platz für Individualität. Vielleicht habe ich jetzt ein zu negatives Bild gemalt, denke aber, daß es besser ist, beizeiten ein paar eindringliche Worte zu sagen, als nachher hören zu müssen, man hätte nicht gewarnt. Ich habe schon einige große Fahrten hinter mir und die dabei bestandenen Abenteuer zählen zum beeindruckendsten, was ich bisher erlebt habe.

Petra Horowitz schlägt vor, sich bei Schiffsmaklern als gutbetuchter Tourist vorzustellen und viele Broschüren mit den Adressen von Charterfirmen zu sammeln.

Den Käpt'n umgarnen

Eine Jacht ist für den Eigentümer oft ein zweites Zuhause, ein ungebetener Eindringling deshalb meist unwillkommen. Einmal an Bord, sollte man sich also so höflich und zurückhaltend benehmen wie in einem fremden Haus.

Mario Wagner fragte in vielen Häfen an der englischen Südküste um Arbeit nach, bevor er die Anschrift eines Eigners erhielt, der ihn anheuerte, die Garantiearbeiten am gerade fertiggestellten Schiff zu überwachen und Holz, Aluminium sowie Fiberglas zu reinigen bzw. zu lackieren. Dafür bekam er einen anständigen Lohn und durfte auf dem Schiff wohnen. Seine Arbeit dauerte einen Monat; nach deren Abschluß wurde er gefragt, ob er an der Überführung nach Mallorca teilnehmen wolle, wo das Schiff überwintern sollte. Nach Ende der zweiwöchigen Fahrt bekam er sogar den Heimflug bezahlt. In allen Häfen unterwegs traf er etliche Deutsche, Engländer und Amerikaner, die genauso vorgegangen waren wie er.

Ohne ein Abonnement auf glückliche Fügungen sollte man sich auf zahlreiche Mitbewerber um die Stellen einrichten, wiederholte Absagen und gar Demütigungen. Einen Zettel am Hafen aufzuhängen ist in der Regel nicht genug. Man muß die einzelnen Kais schon ablaufen und sich persönlich verkaufen. Deutsche sollten sich vordringlich an Schiffe mit der Flagge ihres Landes halten. Frauen besitzen deswegen gute Chancen, weil sie in der von Männern dominierten Seefahrt noch immer Raritäten sind. Allerdings gelten für die Weiblichkeit gewisse Vorbehalte, wie Miriam Kögel klarstellt:

Ich möchte an dieser Stelle ein warnendes Wort an weibliche Seeleute richten: die meisten Kapitäne sind nicht daran interessiert, eine kompetente Crew zusammenzustellen, sondern nur an einer attraktiven Gesellschaft für tags und nachts! Jede Frau sollte darüber nachdenken, bevor sie sich auf ein Boot begibt. Elisa und ich machten mit einem sonderbaren Schiffer die Reise auf die Kanaren. Eigentlich darf ich mich nicht allzusehr beklagen, da wir die Fahrt als eines von wenigen Segelbooten in jenem Jahr ohne Schaden hinter uns gebracht haben. Und dennoch waren wir ziemlich froh, als wir in Las Palmas endlich von Bord konnten.

Ganz offensichtlich hat diese Erfahrung Miriam aber doch nicht so sehr geschreckt, daß sie die Seglerei ganz aufgegeben hätte. Bald danach befand sie sich schon wieder auf einer 18-Meter-Jacht mit Ziel Barbados.

Auf dem Mittelmeer

Im allgemeinen nehmen Jobber während der Chartersaison im Sommer einen Arbeitsplatz auf einem Schiff im Mittelmeer an (vgl. hierzu auch das Kapitel »Frankreich«), um dann möglichst mit derselben Mannschaft im Herbst in Richtung Amerika, Karibik oder nach Südafrika aufzubrechen: Hunderte von Schiffen verlassen am Jahresende mit diesen Zielen die französische Riviera, die Costa del Sol usw.

Aber auch im September und Oktober verbringen noch genügend Bootseigner ihre Ferien im Mittelmeer. Da hilft's dann, sich von Boot zu Boot durchzufragen, wobei man mit Deutsch oder Englisch ganz gut zurechtkommt. Interessierte nehmen einfach den billigsten Flug in einen Mittelmeeranrainerstaat und beginnen umgehend mit der Suche nach einer Arbeit als Crewmitglied. Falls das nicht klappt, bleibt der Trost ein paar schöner Wochen in der Sonne am Strand. Eine der bevorzugten Routen vom östlichen Mittelmeer zum Atlantik führt von Rhodos nach Malta, Mallorca, Alicante, Gibraltar, Las Palmas auf den Kanaren und die Azoren, bevor es Richtung Brasilien, Karibik oder US-Ostküste weitergeht. Die einmonatige Atlantiküberquerung wird meist im Oktober oder November begonnen, um die Westindischen Inseln spätestens Weihnachten zu erreichen. Der traditionell letzte Halt für die rund 400 Boote vor der Atlantiküberquerung ist Gran Canaria.

Die Aussicht auf die vor ihnen liegenden Seemeilen veranlaßt viele Kapitäne, hier zusätzliche Besatzung an Bord zu nehmen. Manchmal hat sich auch jemand, der vielleicht in Antibes (wo's zur Zeit mehr Arbeit gibt denn je!) an Bord ging, als gänzlich seeuntauglich herausgestellt und muß kurzfristig ersetzt werden. Wem der Kampf um die Plätze in Las Palmas mit zu harten Bandagen geführt wird, nimmt einfach den Bus zu den anderen Anlegestellen auf der Insel, etwa Puerto de Mogan. Viele Skipper warten mit der Besatzungssuche nicht bis zur letzten Minute, so daß wir deshalb schon Gibraltar nachdrücklich für die Suche ans Herz legen: mal einen Blick auf die Schwarzen Bretter in der *Marina Bay* oder *Sheppard's Marina* werfen (siehe Gibraltar-Kapitel). In *Charlie's Tavern* lassen sich wie auch in der *Aragon Bar* ebenfalls leichthin Kontakte knüpfen.

Der Bedarf an Besatzung auf Booten mit Westkurs ist verhältnismäßig hoch. Etliche unserer Leser machten ihr Bootsglück ziemlich weit im östlichen Mittelmeer, in Piräus, auf Mykonos und in den türkischen Häfen Marmaris und Antalya. In Rhodos sind Jachteigner häufig in *Maria's Café*, *Popeyes* und im *Mango* in der Altstadt, auf Malta im Jachtclub des *Sliema Harbour* oder in der *Britannia Bar* anzutreffen. Abgesehen vom tiefen Winter scheint stets Bedarf an Englisch sprechenden Besatzungsmitgliedern zu existieren. Karl Wintzer versuchte sein Glück in Marokko:

In Agadir brachte ich jeden Tag einige Stunden in der Touristenzone in der Hoffnung zu, die Bekanntschaft eines Bootseigners zu machen. Von Agadir wollte ich unbedingt baldmöglichst weg, denn rund um die Stadt gab es nichts als Sandwüste. Zwar war es die falsche Jahreszeit, aber ich hatte das Glück, ein holländisches Schiff mit Kurs auf die Kanaren zu finden. Gesegelt war ich noch nie, brauchte aber nicht lange, um mir die nötigsten Grundkenntnisse anzueignen. Die Zweiwochenreise mit Halten in Lanzarote, Fuerteventura und Gran Canaria wurde dann zur unvergeßlichen Erfahrung.

Nordamerika und die Karibik

Von der Ostküste Nordamerikas brechen die meisten Jachten ohne größere Ankündigung zur Fahrt über den Atlantik auf. Die besten Chancen hat man bei der Suche in Miami und Fort Lauderdale, Florida, auf dem City Island von New York oder in Newport, Rhode Island. Ratsam wäre eventuell eine Anzeige in der Zeitschrift *Cruising World*, 524 Thames Street, USA – Newport RI 02840. Boote aus Europa legen aus der Karibik in Richtung Heimathafen meist im Frühsommer wieder ab. Viele dieser Jachten versammeln sich während der Segelwoche in Antigua. Von der Westküste geht's im Herbst und Frühwinter nach Hawaii, Tahiti oder auf die Fidji-Inseln. Im Oktober werden in Kalifornien viele Treffen von Bootseignern veranstaltet, bei denen ausgezeichnete Stellen als Crewmitglied zu ergattern sind. Die monatlich erscheinende Zeitschrift *Latitude 38*, PO Box 1678, USA – Sausalito CA 94966, Tel. (415) 383 8200, stellt für jede Oktoberausgabe eine Liste interessierter Mexikosegler zusammen; der Eintrag kostet fünf Dollar, Stichtag ist der 15. September. Die Eingetragenen werden zur »Crew List«-Party geladen. An einer ähnlichen Gratisparty des *Marine Supply Store* in San Diego am letzten Oktobersamstag nahm auch Anne Wachters Acht-Monate-Segelabenteuer seinen Anfang:

Mehrere hundert Segler waren auf dem Fest, aßen, tranken und diskutierten ihre Reisepläne. Bei dieser Gelegenheit wurde mir der Job auf einem Schiff angeboten, das am nächsten Tag Richtung Mexiko auslaufen würde. Man muß sich für die Party übrigens voranmelden.

In Kalifornien kann man es überdies im *San Francisco Yacht Club* oder der *Marina del Rey* in Los Angeles versuchen. Empfohlen für Westreisen wird im Januar und Februar Panama. Das Helfen an den Schleusen des Panamakanals bietet eine prima Gelegenheit, geeignete Skipper anzusprechen. Außerdem gibt es in Panama City die Yachtclubs *Eden* und *Balboa*. Die meisten von Europa westwärts in die Karibik segelnden Jachten nehmen Kurs auf Antigua, Martinique oder Barbados (siehe das Kapitel »Karibik«). Markus Lieberding berichtet:

Nach der Ankunft wird man oft eingeladen, auf dem Boot zu bleiben. Nach 28 Tagen auf einer 20 Meter langen Fiberglas-Nußschale hat man aber meist die Nase voll und will so schnell wie möglich weg. Die Einreise wird allerdings erheblich erleichtert, wenn man als Mannschaftsmitglied eintrifft. Vor Verlassen des Hafens gilt's auf jeden Fall, die Notizbretter durchzusehen. Fort de France auf Martinique, Port of Spain auf Trinidad, der English Harbour auf Antigua, Castries und Vigie Cove auf St. Lukas und Philipsburg auf St. Maarten gelten als besonders geeignete Orte für die Jobsuche. Allerbeste Zentren für Chartertörns in der Karibik sind vermutlich die Häfen »Road Town« auf Tortola auf den British Virgin Islands und der Jachthafen auf St. Thomas. Hier und im English Harbour auf Antigua bieten sich im April oder Mai auch Passagen zurück über den Atlantik. Mit ein wenig Erfahrung auf einem Boot ist es leicht, eine Passage zurück ins Mittelmeer zu finden. Ich habe Reisende getroffen, die ihren Weg in die Staaten, nach Südamerika und in den Südpazifik fortgesetzt haben. Nach Bewältigung der ersten Hürde tummelt man sich sicher bald auf der ganzen Erdkugel. Segeln in der Karibik ist nicht ganz ungefährlich. Eine Menge Boote sind von und nach Florida unterwegs, auf denen man wegen des weitverbreiteten Drogenschmuggels besser nicht anheuern sollte. Vorsicht ist auch gegenüber Fremden geboten, die allzu bereitwillig kostenlose Überfahrten in die Staaten offerieren. Daneben nimmt die Piraterie ständig an Umfang zu. Moderne Piraten kann man leider nicht mehr am Holzbein und der Augenklappe des Anführers erkennen; sie flaggen heutzutage leider auch keinen Totenkopf mehr. Beliebt ist das Vortäuschen eines manövrierunfähigen Bootes. Hilfsbereite Segler, die längsseits gehen, werden dann gelegentlich schon mal ruck-zuck erschossen. Und schließlich gibt es da ja noch das berüchtigte Bermudadreieck, in dem jahrjährlich unzählige Schiffe auf Nimmerwiedersehen verschwinden ...

Markus hält das Wagnis trotz dieser vielfältigen Risiken für lohnend:

Ich habe fast ein ganzes Jahr als Besatzungsmitglied auf verschiedenen Schiffen, englischen, französischen, amerikanischen, verbracht. Für Sonnen-, See- und Sandhungrige ohne Geld ist das eine fantastische Möglichkeit, etwas von der Welt zu sehen, gnadenlos geröstet zu werden und sich zu amüsieren, während man nebenbei Geld verdient.

Im Südpazifik

Nach anstrengenden, aber ziemlich gewinnbringenden Monaten, in denen Frank Schiller australisches Obst geerntet hatte, ging er an die Verwirklichung eines alten Traumes: eine Zeitlang mit einem Segelschiff im Pazifik zu kreuzen.

Im Juni stand ich eines Tages müßig vor einem Schaufenster in Russell in der Bay of Islands auf Neuseeland, als just in diesem Augenblick ein Zettel ausgehängt wurde: »Besatzung für Fahrt nach Tonga gesucht!« Ein Telefonanruf genügte, und ich hatte den Job, obwohl ich vorher noch nie einen Fuß auf ein Segelschiff gesetzt hatte. Eine Woche lang erledigte ich irgendwelchen Kleinkrams auf dem Schiff, dann ging es endlich los, Richtung Nukualofa. Die neuseeländischen Schiffseigner hatten zwei kleine Kinder und brauchten deshalb dringend Hilfe. Binnen kurzem schob ich Nachtwache, ging mit dem Sextanten um – der Käpt'n erteilte mir etliche Stunden Unterricht in Navigation, worauf ich ganz versessen war – wusch Geschirr und, was am wichtigsten war, wurde für die Kinder langsam der liebe »Onkel

Frank«. Problematisch wird's erst, wenn man nicht mit allen an Bord gut auskommt. Selbst auf einem 30-Meter-Boot gibt es kein Entrinnen bei Streit und mieser Stimmung. Der günstigste Ausgangsort für die Jobsuche auf einem Boot in Neuseeland ist Westham Marina im Hafen von Auckland, einer der bedeutendsten Jachthäfen auf der Südhalbkugel. Man stößt überall auf Suchanzeigen für Besatzungen, für Fahrten Richtung Australien, Tonga, den Fijis und in die Staaten. Die überwiegende Zahl der Angebote erfolgt allerdings auf der Grundlage der Kostenbeteiligung. Zur Zeitplanung: von April bis Mitte Juni stechen die Boote von Westhaven oder der Bay of Islands in See. Die frühen Abfahrten führen meist in Richtung Osten nach Tahiti, die späteren nach Tonga, Samoa und auf die Fidji-Inseln. Viele Segler beenden die Saison Ende Oktober in Australien, wenn sie im Südpazifik Schutz vor den gewaltigen Taifunen suchen. Frank Schiller macht dazu weitere Angaben:

Genauso gut wie der Neiafu Harbour auf Tonga im Juli ist Malolo-Laila im September, wenn das jährliche Segelrennen nach Port Vilal/Vanuatu steigt: dort habe ich neulich erst etliche Suchanzeigen gelesen.

In Australien lohnt der Versuch am ehesten in Cairns, Townsville oder Darwin. Übliche Zwischenhalte im Pazifik sind Mauna Kea und Ala Wai auf Hawaii, Majuro auf den Marshall Inseln, Papeete auf Tahiti oder Suva auf den Fidschi-Inseln, wo unbedingt der *Royal Suva Yacht Club* oder *Tradewinds Marina* aufzusuchen wären. Wer von Guam auf die nördlichen Marianen möchte, kann die Fähre vom Agana Boat Basin umsonst benutzen gegen Hilfe beim Verladen. In die andere Richtung, von Australien nach Mauritius, Südafrika oder ins Mittelmeer legen die Schiffe üblicherweise zwischen Juni und August ab. Die 18-Meter-Jacht Orka verfügt für unerfahrene Landratten über neun Kojen, die am Tag 20 Dollar kosten. Interessenten für die Törns im Pazifik senden einen adressierten und frankierten Rückumschlag (Angabe Ihrer Telefonnummer nicht vergessen!) an: Kris van de Vijver, Yacht Orka, Poste Restante, GPO, Cairns, Australia.

Andere Länder

Zahlreiche Boote, die Afrika umschiffen, lassen ihre Besatzung in Kapstadt und heuern dann neue Leute für die Weiterfahrt an. Von der ostafrikanischen Küste legen Jachten im Januar und Februar mit Ziel Seychellen ab, im August und September in Richtung Madagaskar oder Südafrika. Vielversprechend die Jachtclubs von Dar es Salaam und Mombasa. Kleinere Boote, die vom indischen Subkontinent kommen und in Sri Lanka zwischenhalten, benötigen oft zusätzliche Leute und geben dies am ehesten im *Visitor's Yacht Bassin* in Colombo und Galle bekannt. Beide Häfen sind Anlaufstellen der im September und Oktober beliebten »Südostasien-Segeltour«, die auch Bali (Port Benoa), Singapur (dort in den *Changi Sailing Club* oder den *Sembawang Yacht Club* gehen), Penang und Phuket berührt. Westlich von Sri Lanka bieten sich im Frühling Reisegelegenheiten ins Rote Meer, nach Mauritius, auf die Seychellen und nach Ostafrika. Ohne festen Zeitplan hat man endlos viele Möglichkeiten. Bernd und Gisela aus Bremen trafen im Postamt von Cochin in Südindien einen, wie sie schreiben, »richtig netten« Bootseigner und hätten quer über den Indischen Ozean nach Dar es Salaam mitsegeln können, wäre da nicht das anstehende Semester gewesen ...

Jachtüberführung

Hat man erstmal seemännische Grundkenntnisse erworben, so besteht Aussicht auf eine Verbesserung der Position an Bord und auf Jobs bei der Überführung und Auslieferung von Schiffsneubauten. Deutschland, England, Holland sind immer noch die traditionellen Herstellerländer von Segel- und Motorjachten. Und der billigste Weg für deren Auslieferung ist eben die Überführung mit eigener Segel- oder Motorkraft. Dafür werden Besatzungsmitglieder gebraucht, vorzugsweise natürlich solche, die eine Reise an sich als ausreichende Bezahlung ansehen. In der Regel ist es Sache des Käufers, das Schiff beim Hersteller abzuholen. Daher finden sich entsprechende Anzeigen in Zeitschriften wie *Jacht* bzw. im englischen *Yachting Monthly*. In den Wintermonaten erkundige man sich nach demnächst anstehenden Überführungen bei Charterfirmen.

Binnenschiffahrt

Die Chancen, im europäischen Binnenland als Anhalter auf einem Schiff mitgenommen zu werden, stehen gut: versuchen Sie es einfach an einem Kanal oder den schiffbaren Hauptflüssen. Natürlich kommt man per Autostop fixer ans Ziel, doch wer die Muße hat, genießt eben ein paar Tage lang eine friedlich vorbeiziehende Kulisse.

An Land

Inhaber eines Lastwagenführer- oder Personenbeförderungsscheines sind fast überall im Vorteil: Stellen für erfahrene Fahrer gibt es auf der ganzen Welt, ob nun auf der Route zwischen Johannesburg und Kinshasa oder zwischen Lima und Montevideo. Besonders Fahrer mit ausreichenden Mechanikerkenntnissen, die unterwegs auch mal kleine Reparaturen ausführen können, werden immer gebraucht. Lästig ist eigentlich nur die allgemein übliche Vorgehensweise, daß Touren immer hin- und zurückführen. Reisebegleiter kommen in Speditionen als Aushilfe beim Be- und Entladen unter, wenn sie sich die Anschriften in den jeweiligen Branchenverzeichnissen heraussuchen und ein wenig herumtelefonieren. Seltener werden Aushilfen gesucht, die mitfahren und am anderen Ende entladen. Dafür werden dann die ortsüblichen Spesen zwischen 40 und 100 DM am Tag erstattet. Vorher jedoch klarstellen, daß man nach Erledigung des Jobs auch wirklich am Zielort bleiben darf und nicht wieder zurück muß!

Naht das Ende der Reise mit großen Schritten, so fragt man bei seiner Transportfirma wieder nach, ob in absehbarer Zeit ein Wagen fährt und jemand zur Unterstützung gebraucht wird. Jakob Knecht schaffte es, sich mit dem Personalchef einer Spedition anzufreunden und konnte mehrere Strecken in Europa abgrasen. Voraussetzung war lediglich genügend Flexibilität bei der Termingestaltung. Unterwegs sollte man die großen Trucker-Parkplätze ansteuern und dort herumfragen: zum Beispiel südlich von Barcelona bei Vilanova y la Geltru, an Grenzen, Häfen usw.

Hier einige reizvolle Adressen: *Encounter Overland*, 26 Old Brompton Road, GB – London SW5 9JA; *Guerba Expeditions*, 101 Eden Vale Road, Westbury, GB – Wilts. BA13 3QX; *Dragoman Adventure Travel*, Camp Green, Kenton Road, Debenham, GB – Suffolk IP14 6LA, suchte vor kurzem Fahrer für Expeditionen durch Afrika und Südamerika; *Tracks*, The Flots, Brookland, Romney Marsh, GB – Kent TN29 9TG, sucht ständig Fahrer und Begleiter für sein Europaprogramm. In den USA sollten Inhaber des Lkw-Führerscheins Mike Cobekey ansprechen, bei *Green Tortoises's Alternative*, Box 10, Lowell,

Oregon 97452. Wer lediglich den Pkw-Führerschein besitzt, muß dennoch nicht gleich verzweifeln, denn es bleibt ja die folgende Möglichkeit.

»Drive-Away« in Nordamerika

Der Ausdruck »Drive-Away« bezeichnet die in Amerika übliche Praxis der privaten Autoüberführung über weite Entfernungen. Reiche Amerikaner und Kanadier zahlen an Firmen wie *All American Auto Transport* oder *Auto Driveaway* mehrere hundert Dollar, um ihre Fahrzeuge anläßlich eines Umzuges, einer Versetzung usw. in eine andere Stadt überführen zu lassen. Die Firmen besorgen dann die Fahrer, arrangieren Versicherung und Kasko. Das Auto selbst kostet nichts, die erste Tankfüllung wird gestellt, die restlichen Benzin- und Ölkosten sind selbst zu tragen. In der Regel wird ein fester Abgabetermin gesetzt, manchmal auch eine Kilometerbegrenzung bei Zugrundelegung einer Fahrleistung von drei- bis vierhundert Meilen pro Tag. In der Sommersaison ist das Interesse an solchen Fahrten leider so groß, daß dann die Verträge weniger flexibel gehalten sind. Folgende Vorgehensweise ist am ratsamsten: erst die Entscheidung treffen, wohin die Reise gehen soll; dann in den Gelben Seiten größerer Städte die »Automobile Transporters and Driveaway Companies« heraussuchen, die allesamt ein Mindestalter von 21 Jahren voraussetzen. Aushänge für solche Fahrten wurden auch schon in Jugendherbergen gesichtet. Umgangssprachlich heißen die zu überführenden Wagen übrigens »Deadheads«. Hat momentan keine Firma ein Angebot, unbedingt Adresse oder Telefonnummer hinterlassen − oder täglich selbst anrufen. Je größer die Stadt, desto mehr Wagen sind zu vergeben. Für Fahrten von Küste zu Küste lohnt sich das Warten auf eine günstige Gelegenheit. Bei entsprechendem zeitlichem Spielraum und ausreichend Anschriften von Bekannten im Inland stückelt man dann kürzere Etappen zusammen. Bei einem oder mehreren Mitfahrern werden die Benzinkosten geteilt, was sich zumal bei den niedrigen Spritpreisen in den Staaten erfreulich auswirkt. Die Agenturen gestatten grundsätzlich die Mitnahme von Beifahrern, wenn sie für die Versicherung registriert werden, was das Mitnehmen von Anhaltern ausschließt. Sie können auch nach Teilnehmern inserieren − aber wie gesagt nur im voraus. Der Autotyp entscheidet über die Gesamtkosten. Ein sparsames Modell lohnt sich immer. Wer den Auftrag zum Transport seines Wagens erteilt, fährt aber leider selten eine Billigkutsche. Ein Cadillac läßt sich dennoch meist vermeiden. »RVs«, Hat unangenehm die Abkürzung für »Recreational Vehicle« (also Camper und Wohnmobile), schlucken gewaltige Benzinmengen; andererseits entfallen natürlich die Übernachtungskosten. Findet sich ein Auto in der gewünschten Fahrtrichtung, wird die Agentur anrufen, den Fahrer ins Büro bestellen und ihm Einzelheiten zu Übergabe- und Abgabetermin, Zeit- und Kilometerlimits usw. mitteilen. Zwei Paßfotos müssen vorgelegt werden. Europäer irritiert vermutlich die obligatorische Abnahme der Fingerabdrücke. Eine Kaution bis zu 150 Dollar ist fällig, wird nach Überreichung des Wagens aber erstattet. Zwei Kopien des Vertrages, die Versicherungsbestätigung und ein Vordruck mit angedrohten Strafen bei Verspätungen, Umwegen und Verstößen werden ausgehändigt − und los geht's!

Das Fahrzeug ist mit dem Eigentümer auf Schäden und rostige Stellen durchzugehen, das Untersuchungsergebnis schriftlich festzuhalten. Auch ohne großartige technische Kenntnisse kann jeder Sicherheitsgurte, Batterie, Ölstand, Keilriemen sowie die korrekte Funktion von Bremsen und Lampen kontrollieren. Diese zehn Minuten am Anfang ersparen im Zweifel größeren Ärger auf der Fahrt. Nicht vergessen, wie vertraglich vereinbart den Tank vom Eigentümer füllen zu lassen! Dieses System ist ideal für alle, denen bei der

Aussicht auf eine dreitätige Busreise im »Greyhound« schlecht wird und die nicht per Anhalter fahren mögen. Die Benzinkosten für die Fahrt von New York nach San Francisco liegen mit 150 Dollar etwa so hoch wie ein Flugticket. Wenn dann die Kosten unter mehreren Mitfahrern geteilt werden, gerät die Durchquerung des Kontinents zum preiswerten Abenteuer.

Expeditionen

Die Teilnahme an einer Forschungsexpedition in entlegene und unberührte Gegenden, wie Feuerland oder das Hinterland von Java, stellen sich viele als die romantischste Form vor, die Welt kennenzulernen. Es wäre nur zu schön, gegen Ableistung einfacher Dienste, etwa Kochen oder Gepäcktragen, bei einer solchen Unternehmung mitmachen zu dürfen. Leider setzen aber heutzutage Veranstalter und Expeditionsleiter bei den Teilnehmern neben Begeisterung für die Sache hochspezialisierte Fähigkeiten und Kenntnisse voraus. *Earthwatch*, 680 Mt. Auburn Street, Box 403, Watertown, USA – Massachusetts 02172, eine internationale gemeinnützige Gesellschaft, vermittelt weltweit über 2500 freiwillige Teilnehmer und finanziert selbst Expeditionsprojekte. Der Haken an der Sache liegt darin, daß man die Teilnahme selbst bezahlen muß: momentan liegen die Kosten zwischen 775 und 1700 Dollar. Bei Interesse wenden Sie sich an das europäische *Earthwatch*-Büro, Belsyre Court, 57 Woodstock Road, GB – Oxford OX2 6HU, Tel. (0865) 311 600. Als vergleichbare Organisationen wären zu nennen: *Foundation for Field Research*, PO Box 2010, USA – Alpine CA 92001-0020; *Research Expeditions Program*, University of California, USA – Berkeley CA 94720; die Kosten pro Platz betragen bei den REP-Projekten zwischen 600 und 1600 Dollar. *Operation Raleigh*, Alpha Place, GB – London SW3 5SZ, Tel. (071) 351 7541, sucht für seine zehnwöchigen sozialen und wissenschaftlichen Forschungsexpeditionen junge Menschen zwischen 17 und 25 Jahren. Die Auswahl erfolgt an einem Bewerbungswochenende; jüngste Ziele waren Chile, Zimbabwe, Botswana sowie der australische »Outback«. *World Expeditionary Association* (WEXAS), 45 Bromton Road, GB – London SW3, unterstützt ebenfalls weltweit Expeditionen. Für Forschungswillige sind die kostenlosen Anzeigen im vierteljährlich erscheinenden Magazin des Vereins von Belang, wo man seine Fähigkeiten anbieten kann. Warum sollte nicht irgendein berühmter Expeditionsleiter gerade über Ihre Annonce stolpern? Wird man als Mitglied in ein Team aufgenommen, so kommt man um eine Teilnahmegebühr kaum herum. Die heftigsten Kopfschmerzen bereitet bei jedem derartigen Projekt nämlich die Finanzierung und Sponsorensuche. Aus diesem Grunde müssen Teilnehmer die Initiative ergreifen, endlos Briefe schreiben und sozusagen mit dem Hut in der Hand Dutzenden von Unternehmen und Firmen Bittbesuche abstatten. Zuwendungen eines Sponsors sind immer abhängig von Zielen, Ergebnissen und Vorteilen, die das Projekt abwirft. Finden sich also Sponsoren, dann fließen zwar Gelder und Ausrüstung, das ganze Vorhaben verliert aber an Spielraum.

Luftkuriere

Da die alte Idee des Kohleschippens auf einem Passagierdampfer gegen freie Überfahrt leider (?) nicht in moderne Zeiten herübergerettet werden konnte, scheint es nur logisch, entsprechende Alternativen im Flugverkehr zu suchen. Und die gibt es erstaunlicherweise tatsächlich. Nicht-Zauberern bleibt der profanere Dienst als Flugkurier. Während ideenlose Reisende allerdings in Frankfurt, Heathrow oder Zürich-Kloten stehen und die normalen Preise für reguläre Linienflugtickets berappt haben, sonnen sich raffiniertere Geister im schönen Gefühl, für 35.000 Flugmeilen nur einen Bruchteil des festgelegten IATA-Tarifs entrichten zu müssen. Das Geschäft mit der Auslieferung termingebundener Eilsendungen explodiert derzeit förmlich.

Meist handelt es sich um juristische Dokumente oder Computerdaten, dringend benötigte Medikamente oder Ersatzteile, Delikatessen für irgendwelche Nobelrestaurants oder die ersten Exemplare der neuen Phil-Collins-Single. Wegen der Bestimmungen kann bei vielen Fluggesellschaften und in manchen Ländern nämlich kein Gepäck ohne Begleitpassagier befördert werden, der die Fracht am Zoll als »Sonder-Reisegepäck« deklariert.

Die meisten Firmen in dieser Branche arbeiten mit Gelegenheitsjobbern. Vor einigen Jahren bekam man noch Freiflüge, wegen der hohen Nachfrage muß inzwischen allerdings ein Teil des Flugpreises selbst beglichen werden. In London stehen die Chancen am besten, einen Auftrag zu ergattern. Das Motto »Probieren geht über Studieren« lohnt sich aber in der Nähe jedes anderen Großflughafens, in Frankfurt, Paris, Rom usw. In den Gelben Seiten die Kurierdienste heraussuchen und herumtelefonieren! Im Januar und Februar fliegt man am billigsten, während es an Weihnachten und in den Sommermonaten sündhaft teuer werden kann. Die folgende für London geltende Adressenliste verändert sich ständig und sollte daher nur als grober Anhalt benutzt werden: *CPJ Travel*, Tel. (081) 890 9393, App. 3473, besorgt für eine der größten Kurierfirmen Jobber, bietet zur Zeit nur Rückflugtickets mit maximal 35 Tagen Aufenthalt in Ägypten für £ 150. *Nomad Couriers*, Tel. (081) 570 9277, bietet ausschließlich New York für 480 bis 600 DM. Eine Kaution von umgerechnet 1500 DM (Scheck) muß hinterlegt werden. *Polo Express*, Tel. (081) 759 5383: Zielorte mit Rückflugtickets sind New York und Washington für £ 125, Amsterdam für £ 40, Nairobi für £ 300, Hong Kong für £ 400 und Auckland für £ 700; Freigepäck: 23 kg. *Courier Travel Services* (CTS), Tel. 569 2548, arbeitet für »TNT Skypack« und bietet neben den gängigen Zielen zum Beispiel Rückflüge nach Houston oder Miami ab £ 200, nach Singapur für £ 350, nach Harare für £ 300 und nach Lissabon für nur £ 40; Telefonnummern der Agentur in Sydney: 317 3193 oder 698 3753; in Hong Kong (3) 718 1332 oder (852) 305 1413; in Los Angeles 568 3381; Flüge können bis zu drei Monaten im voraus gebucht werden. *Shades International Travel*, Tel. (0274) 814 727: Ziele wie New York für £ 222, Nairobi für £ 230 (nur Hinflug), Sydney für £ 650 (maximal drei Wochen Aufenthalt) und Amsterdam für £ 50. *Linefast*, Tel. (081) 878 3284, bietet Perth, Sydney und Melbourne für £ 500, Auckland für £ 600.

Nach der Buchung läuft ein Kurierflug folgendermaßen ab: Sie erscheinen mit Paß, Visa (sofern nötig) und Gepäck mehrere Stunden vor dem Abflugtermin am Flughafen oder beim Kurierbüro, treffen dort den Beauftragten der Firma, der gewöhnlich in allerletzter Minute erscheint, so daß man vor allem beim ersten Mal schlimmsten Befürchtungen ausgesetzt ist. Gemeinsam werden dann die Begleitpapiere durchgegangen, die Dokumente oder Objekte übergeben und der Gang durch den Zoll angetreten. Am anderen Ende wartet wieder ein Beauftragter, der mit durch den Zoll marschiert und dann mit der Eilsendung entschwindet, während Sie zu Ihrer Geschicklichkeit beglückwünschen dürfen. Weiter oben wurde bereits erwähnt, daß in der Regel bei weit entfernten Orten ein Rückflug gebucht werden muß, wobei meist nur zwischen zwei und 28 Tagen Aufenthalt gewählt wird. Kurierdienst als billige Fortbewegungsmöglichkeit bietet sich auch an, wenn man schon unterwegs ist, wie Claus Bolltäscher schreibt:

Während meiner Weltreise sind mir eine ganze Reihe von Suchanzeigen nach Luftkurieren untergekommen. Der einfachste Weg ist: im Branchenverzeichnis unter »Internationale Kurierdienste« nachschlagen, anrufen oder gleich persönlich vorbeigehen. Die Firmen liegen immer ganz in Flughafennähe: in Mascot bei Sydney gibt es zum Beispiel über zwanzig Agen-

ten, und ich bekam bei Airpack Couriers, *1/221 O'Riordan Street, Mascot, Tel. 693 1502, einen Rückflug nach Neuseeland für 200 Dollar, also für die Hälfte des regulären Preises. Die Firma hat auch Angebote für Flüge in die USA, nach Singapur und Hongkong. In Auckland befinden sich die Kurierdienste in Mangere, wo auch der Flughafen liegt.*

Im Fernen Osten finden sich Angebote für Kurierflüge wie etwa die der *International Courier Co.*, Tel. (3) 735 1046, in Hongkong (Flug für DM 240 nach Tokyo oder DM 480 nach Los Angeles) in der »South China Morning Post«. Am »John-F.-Kennedy-Airport« von New York werden wie in London Kurierdienste geboten. Es ist dort aber einfacher, einen Auftrag mit einem Inlandflug zu ergattern als einen internationalen. Nach etlichen unbefriedigenden Sommerjobs in Dallas rief Anka Hommes die große Kurierfirma *DHL* an und konnte bald darauf völlig umsonst nach Los Angeles fliegen, hatte dort aber nur drei Tage Zeit. Robert Meindl ging ähnlich vor, mußte zunächst »Übungsflüge« nach Tulsa, Oklahoma, absolvieren, bevor er schließlich von Houston nach London düsen durfte.

In New York sind derzeit Frankfurt, Genf und Amsterdam für etwa 350 bis 600 DM ($250 - 400) im Angebot bei folgenden Anschriften: *DHL*, Tel. (718) 995 8132; *IBC*, Tel. (718) 262 8058 in New York und (1-800) 848 9954 in Los Angeles; *Priority*, Tel. (718) 322 8600; *Intermail Courier*, Tel. (718) 898 9557, oder *Holbert*, Tel. (718) 656 8279. In San Francisco wendet man sich an *Skypack*, Tel. (415) 692 9600, in Los Angeles an *International Bonded Courier*, Tel. (213) 216 1637, zumal für Flüge über den Pazifik.

Relativ neu in der Branche sind Makler, die für eine Gebühr zwischen den Kurierfirmen und Reisewilligen vermitteln. Der mittlerweile in den Vereinigten Staaten größte, *Now Voyager*, 74 Varick Street, Suite 307, New York NY 10013, Tel. (212) 431 1616, verlangt für Vermittlungen eine Jahresgebühr von nur 50 Dollar. Im Angebot waren zuletzt New York nach L.A. oder umgekehrt für $89-99. Einwegflüge nach Helsinki werden mit $250 berechnet, mit $299 nach Athen, $199 nach Caracas und $150 nach Mexiko-City. Interessierte abonnieren die Monatszeitschrift mit den neuesten Nachrichten von *Travel Secrets*, PO Box 2325, New York NY 10108; Jahresbezugspreis $35 bei Auslandsversand. Für jährlich $30 erhält man eine vergleichbare Publikation von *Travel Unlimited*, PO Box 1058, Allston MA 02134. Entsprechende Verzeichnisse auch bei *Owen Publications*, Box 16845, St. Petersburg FL 33733, für $7.95; *Big City Books*, Box 19667, Sacramento CA 95819, für $7.95; *Pacific Data Sales Publishing*, 2554 Lincoln Boulevard, Suite 275-D1, Marina del Rey CA 90291, für $5.

Bereits nach dem ersten erfolgreich durchgeführten Kurierflug ist es bedeutend einfacher, weitere derartige Aufträge an Land zu ziehen. Ein Reisender verbrachte traumhafte vierzehn Tage Urlaub in Brasilien für 900 DM. Einige Wochen später erkundigte sich die Agentur, ob er dieselbe Tour noch einmal machen wolle, diesmal für nur noch 600 DM. In der Nebensaison sind kurzfristige Arrangements möglich, ansonsten sollte wenigstens zwei Monate im voraus mit der Suche begonnen werden. Es gibt natürlich auch selbsternannte »ehrenwerte« Firmen, die nicht unbedingt in den Gelben Seiten aufgeführt sind und es nur zu gerne sehen würden, daß man – sagen wir mal – »ausgefallene« Dinge befördert. Wer jedoch nicht gerade ausgedehnte Ferien in Sing-Sing verbringen möchte, dem empfehlen wir die Ablehnung solcher »Angebote« auf das Nachdrücklichste.

Reisen

Nicht jeder hat die Zeit oder die Nerven, sich die Reisekosten zu erarbeiten. Natürlich wollen wir niemandem unterstellen, ein langweiliger oder fauler Zeitgenosse zu sein, wenn er *nicht* unterwegs jobbt: der junge Finne, der mit Hilfe eines Segels und viel Rückenwind quer durch Amerika geradelt war, ist bestimmt weder faul noch langweilig. Darum folgen einige generelle Spartips für die Benutzung von Zug, Bus, Schiff und Flugzeug. Zuerst jedoch die günstigste aller möglichen Reisearten:

Per Anhalter

Möchte jemand sein Mißfallen darüber ausgedrücken, daß wir das »Hitch-Hiking« nachdrücklich empfehlen? Es ist und bleibt eine billige, verhältnismäßig sichere und ungemein faszinierende Art des Reisens. Die Ungewißheit, wo man landen wird, zählt wohl zu den größten Reize dabei. Erwin Berndt wurde einst von einem russischen Lastwagenfahrer mitgenommen, dessen Ziel Leningrad war. Erst nachdem dieser auf der Autobahn permanent mit Tempo 60 daherzockelte, gab Erwin seinen spontan gefaßten Plan auf, bis dorthin mitzufahren. Peter Gantz hielt in den Händen ein Schild mit der Aufschrift »Zum Mond« – und tatsächlich hielt ein Priester an, vermutlich aufgrund bestehender Kontakte nach oben. Trampen birgt natürlich gewisse Gefahren, die bei Befolgung einiger Grundprinzipien aber zu minimieren sind: niemals bei einem aufgedrehten oder anderswie auffälligen Fahrer einsteigen; Frauen sollten grundsätzlich nicht alleine unterwegs sein; Obacht bei Fahrern, die nicht herauskriegen, wohin sie eigentlich wollen oder von günstigen Abkürzungen erzählen; ein Fläschchen Tränengas in der Tasche ist als vorletzter Ausweg sehr beruhigend. Häufig erfährt man im Gespräch mit dem Fahrer von befristeten Arbeitsmöglichkeiten, manche von ihnen nehmen sogar weite Umwege in Kauf oder fragen in den Ortschaften nach einem Job für ihren Mitfahrer. So geschehen im Fall von Andi Winter während der »Vendange« (Weinlese) in der Schweiz. »Hitch-Hiking« stammt ursprünglich aus Amerika und verbreitet auch heute noch einen Hauch von Abenteuer. Streckt man den Daumen in Nordamerika, Europa und Australien raus, so wird man mit Sicherheit irgendwann mitgenommen. High-Tech-Tramper benutzen oft Hilfsmittel: Pappschilder mit dem gewünschten Zielort; Fähnchen als Signal für eine exotische Nationalität, um deutlich zu zeigen, daß man von weither stammt (und noch weit will); auffällige Aufmachungen, wie schwarze Anzüge oder Schottenröcke. Wenn man die Zeit für seinen 2190 km langen »Lift« von Thessaloniki bis Köln als Maßstab nimmt, scheint Bernd Wilanders Jonglieren genau die richtige Methode zu sein. Ins Auge fallende Schilder versprechen Erfolg, wie das von Axel Greiner, der einen Job bei der Traubenlese in Australien suchte: Hamburger sucht Lift nach Mildura! Der Versuch, ordentlich, aber nicht zu betucht auszusehen, lohnt sich. In vielen Ländern gibt es aber (noch) keine Trampertradition. Wird man dort mitgenommen, sind kleine Beteiligungen an den Benzinkosten üblich. Da Einheimische bei anderen Autobesitzern gegen Bezahlung mitfahren, ist nicht einzusehen, warum ausländische Anhalter umsonst reisen sollten. Einige Länder haben dieses Vorgehen, ähnlich wie bei uns, über Mitfahrzentralen organisiert, die gegen Zahlung einer geringen Gebühr zwischen Fahrern und Suchenden vermitteln (mehr hierzu im Kapitel »Europa«). Eine überaus erfolgreiche Variante des Trampens bietet sich an großen Zollstationen, internationalen Halteplätzen und

Fernfahrertankstellen (z.B. Longa Mocamp kurz vor Istanbul), an der Autobahn oder in Häfen an: mit Lastwagenfahrern ist hier recht leicht eine Fernfahrt abzusprechen.

Anton Huber beschreibt seine Methode an der Autobahn bei London:
Am Rasthof Scratchwood Services stieß ich auf einen deutschen Laster, der Richtung Heidelberg fuhr. Ich bekam die Kanalüberfahrt, einen Kabinenplatz und ein Abendessen umsonst. Der Fahrer gab mir sogar seine Telefonnummer, da er die Tour nach Manchester regelmäßig fährt.
Bei der Planung nicht vergessen: Lasterparkplätze wie die »SVG-Tankhöfe« sind zum Teil am Wochenende geschlossen. Bis vor kurzem noch boten alle Lastwagen auf den Kanalfähren nach Großbritannien standardmäßig Fahrkarten für Fahrer und Begleitung. Nach neuesten Angaben jedoch soll sich das geändert haben, so daß die Chancen, kostenlos über den Kanal zu hüpfen, sich dramatisch verschlechtert haben.

Auto

Um möglichen Gefahren beim Trampen zu entgehen, kann man die Fahrt über eine Mitfahrzentrale arrangieren. Neben der festgelegten Beteiligung an den Fahrtkosten fällt noch eine entfernungsabhängige Gebühr zwischen DM 4 und einer Obergrenze von etwa 25 DM an. Von *interconnections* ist hierzu das nützliche Taschenbuch *Mitfahrzentralen Weltweit* erschienen, das für 16,80 DM über den Buchhandel oder gegen Scheck unmittelbar vom Verlag bezogen werden kann. An vielen Universitäten und Fachhochschulen finden sich Zettelkästen oder Aushangbretter mit Suchanzeigen und Angeboten. In manchen Ländern lohnt sich die Anschaffung eines billigen Autos, das hoffentlich bis zum Ende der Reise durchhält und danach eventuell sogar mit Gewinn losgeschlagen werden kann. Bei Frank Schiller hat das in Australien prima geklappt:
Nach zwei Monaten Trampen in Tasmanien, einschließlich einer Fahrt im Landrover und einer kurzen Strecke per Segelboot, beschlossen meine drei Mitreisenden und ich, unsere Fortbewegungsart zu ändern. Wir erstanden von einem Kanadier für 500 Dollar einen Kleinlaster, wobei Versicherung, ein paar Ersatzteile, Werkzeuge und Schnorchelausrüstung im Preis enthalten waren. Ich rate übrigens eher zu einem Durchschnittsmodell als zu einem »Jaguar« E-Typ: die Ersatzteilbeschaffung ist einfacher. Zehn Wochen und 10.000 km später verscherbelten wir den Wagen für 200 Dollar an einen Schrotthändler. Jeder von uns hatte also nur 75 Dollar für das Auto, plus 120 Dollar für Benzin ausgegeben. Auf jeden Fall war die Geschichte günstiger als ein Rundreiseticket mit dem Bus und zudem wesentlich bequemer!
Wer zuhause einen Wagen besitzt, sollte sich vielleicht überlegen, ob sich die Mitnahme des Fahrzeugs lohnt. Nicht nur innerhalb der Grenzen Europas erleichtert ein Auto das Leben, macht beispielsweise das Aufsuchen von möglichen Arbeitgebern in ländlichen Gebieten unproblematischer. Die Benzinpreise liegen allerdings in vielen Ländern noch wesentlich höher als bei uns. Auf jeden Fall vorher Auskünfte über die nationalen Bestimmungen beim ADAC oder anderen Automobilclubs einholen: wie lange ein Wagen in einem fremden Land verbleiben darf, ob eine Zusatzversicherung ratsam ist usw.

Eisenbahn

Nach mancher Einschätzung wird die Eisenbahn dem Bus vorgezogen, weil man während langer Fahrten umherlaufen und sich auch mal hinlegen kann. Jeder der schon einmal im Hochsommer ohne Platzreservierung mit einem indischen oder italienischen Fernreisezug gefahren ist (wo zusätzlich noch geklaut wie bei den Raben!), kennt die Grenzen des gepriesenen Eisenbahnkomforts. Jobbern sind indes die finanziellen Aspekte meist wichtiger als Bequemlichkeitsüberlegungen: lieber ein langsamer und billiger Bus als ein luxuriöser Schnellzug. In Lateinamerika und anderen Gegenden mit unterentwickelter Infrastruktur, in denen es nur veraltete und hoffnungslos überlastete Bahnverbindungen gibt, die zudem eher nach dem Mond als nach irgendeinem Fahrplan zu verkehren scheinen, bleibt nach wie vor der Zug das billigste Verkehrsmittel. Wer außerdem noch die Ermäßigungen eines Junior-Passes oder Vergleichbares in Anspruch nehmen kann, wird zwischen Zug- und Bustarifen auch in Europa wenig Unterschiede entdecken. Auf weiten Strecken empfiehlt sich ein Liegewagenplatz: man kommt ausgeruht und einfach in besserer Verfassung für die Arbeitssuche an. Innerhalb Europas stehen alle Bahnverbindungen im »Internationalen Kursbuch«. Bei Reisebüros bekommt man eventuell ein ramponiertes Exemplar umsonst. Ansonsten ist »Thomas Cook's Overseas Timetable« für £ 5.95 die Bibel des Reisenden. Dort erfahren wir in nützlichen Randbemerkungen, daß die dritte Klasse der staatlichen thailändischen Eisenbahn zwar äußerst spartanisch ausgestattet, aber gerade noch zu ertragen ist, oder daß Personen unter zwölf Jahren und unter 1,50 m Körpergröße nur den halben Fahrpreis zu entrichten haben ...

Busse

Das Reisen per Bus scheint eine ähnliche Gewissensfrage zu sein wie das Thema Opern oder schwarze Oliven: entweder man mag sie – oder nicht. Wer Busreisen haßt, wird sie als lahm, unzuverlässig, klaustrophobisch und nervtötend bewerten – ob es sich nun um die Busverbindung zwischen Hamburg und Buxtehude oder den »Rajasthan-Express« handelt. Ein überzeugter Busfan hingegen genießt die zweitägige Fahrt mit dem Europabus nach Athen mit ihrer Reduzierung des täglichen Lebens auf die Grundfreuden Schlafen, Essen, Lesen und Pflege sozialer Kontakte.

In Afghanistan, Nepal oder Papua-Neuguinea stellen neben dem Flugzeug Busse das einzige öffentliche Transportmittel dar. Erfreulicherweise schlägt sich dieses Monopol wegen der miteinander konkurrierenden Busgesellschaften nicht in überhöhten Preisen nieder. Die Auswirkung der freien Marktwirtschaft kann man wunderbar am Topkapi-Busbahnhof in Istanbul beobachten, wo sich Marktschreier der Busfirmen im Herausbrüllen von Preisen und Fahrzielen gegenseitig überbieten. In der »Dritten Welt« kostet der Buskilometer oft weniger als fünf Pfennige – als kleiner Ausgleich für das Fegefeuer der in vielen Kneipen anscheinend rund um die Uhr laufenden Kung-Fu-Videos. Dieser Preis steigt kontinuierlich Richtung Zentraleuropa und erreicht in London über zwei Mark für den Kilometer. Busfahren ist fast immer billiger als die Bahn, wenn man vom Vergleich zwischen vollklimatisierten Überlandbussen mit Video und WC und Zügen dritter Klasse absieht. Für Busse übrigens genauso brauchbar: »Thomas Cook Overseas Timetable«.

Schiff

Irgendwann benötigt jeder Reisende mal eine Schiffsverbindung, ob nun zum Hin- und Herhopsen zwischen den griechischen Inseln oder für die Fahrt von Bombay nach Kapstadt. Die beste Informationsquelle für alle internationalen Routen, Fahrpläne und Preise ist der »ABC-Shipping Guide«, erhältlich beim *World Timetable Center*, Church Street, Dunstable, GB – Beds. Bevor die letzten Devisen beim Verlassen eines Landes für den Kauf einer Schiffsfahrkarte aufgebracht werden, sollte man unbedingt nachfragen, ob Ein- und Ausschiffungsgebühren im Preis eingeschlossen bzw. wie hoch diese sind. Schon mancher mußte gezwungenermaßen einen Reisescheck zu unglaublich miesen Wechselkursen einlösen, weil beim Betreten der Fähre noch die Bezahlung der Hafengebühren anfiel. Schiffe bieten vermutlich die günstigste Gelegenheit, Bekanntschaft mit anderen Reisenden zu machen. Auf einem Luxuskreuzer im Mittelmeer sind bestimmt wohlhabende Passagiere anzutreffen, die bei einer Jobsuche in Frage kommen könnten. In der Deckklasse im Chinesischen Meer kommt man mit anderen Jobsuchenden zusammen und kann Erfahrungen und Tips austauschen, wie, wann und wo es sich lohnt, nach der Landung in Hong Kong auf Arbeitsuche zu gehen. Oft wird fälschlicherweise angenommen, daß Passagiere auf Frachtschiffen billig reisen könnten. Tatsächlich aber fallen solche Angebote meist teurer aus als Fliegen, da Frachtschiffreisen inzwischen zu so etwas wie alternativen Luxuskreuzfahrten geworden sind. Ständig preiswerte und abenteuerliche Kurz- und Langreisen bietet Kapitän Peter Zylmann von *Frachtschiff-Touristik*, Exhöft 12, D – 2341 Maasholm, Tel. (04642) 6202. Für die einfache anderthalbwöchige Überfahrt von Antwerpen nach Montreal in der Einzelkabine sind knapp 1500 DM zu berappen, unter den weiteren Angeboten ragt eine 85-tägige Rundreise um die Welt heraus. Bei Interesse lasse man sich auch das »Freighter Travel Club of Americas Monthly Magazine« zuschicken, eine monatlich erscheinende Klubzeitschrift, deren Jahresabo bei Versand nach Übersee $20 kostet. Bezugsadresse: 3524 Harts Lake Road, Roy, USA – Washington 98580.

Flugzeug

Wer nicht wie beschrieben als Luftkurier tätig sein kann oder will, wird sicher nach verbilligten Flugtickets dürsten. Die regulären Preise, die von der »IATA«, dem internationalen Dachverband der Fluggesellschaften offenbar vor allem für spesengeile Geschäftsleute festgelegt werden, sollte man möglichst umgehen und stattdessen nach »Standby«-, günstigen Charter- und Billigflugangeboten in Reisebüros Ausschau halten. Der Inlandflugverkehr, z.B. in den Vereinigten Staaten, ist oftmals von derartigen Angeboten leider ausgenommen. Touristen können jedoch schon vor der Abreise zuhause verbilligte, nur in einem bestimmten Land gültige Tickets ohne Kilometerbegrenzung erstehen. Gerade Fernflüge werden in hoher Zahl in zahlreichen Städten von studentischen Reisebüros verbilligt angeboten. In Frankfurt, London, Amsterdam und New York konkurrieren eine ganze Reihe spezialisierter Billigagenturen. Man muß dort nur ungeniert herumfragen und -telefonieren oder die Anzeigen in der Lokalpresse studieren. Londoner Dumpingpreisanbieter inserieren in »City Limits«, »TNT«, »Time Out« oder im »Standard«. Die Anschriften einiger auf bestimmte Gebiete und Ziele spezialisierter Agenturen stehen unten. Das *Air Travel Advisory Bureau* in London, Tel. (071) 636 5000, erteilt Auskunft über weitere Anschriften, die ein gewünschtes Ziel im Programm haben. Dann gilt nur noch eines: herumtelefonieren und den besten Preis in Erfahrung bringen! Osteuropäische, afrikanische und asiatische Fluggesellschaften wie »Aeroflot«, »Bangladesh Biman«, »Gulf Air« oder »Garuda« sind nach wie vor am preiswertesten. Vorbehalte wegen nicht selten dubios klingender Namen werden dadurch leichter vergessen. Der Flug mit einer exotischen Linie ist bestimmt erlebnisintensiver als mit Lufthansa oder Swissair. Möglicherweise muß man am Sonntagmorgen um 7 Uhr abfliegen und hat zwölf Stunden Zwischenhalt in Dakar; solche kleinen Unannehmlichkeiten sind aber immerhin einige hundert eingesparte Mark wert. Manche der kleineren Gesellschaften befördern Passagiere und Gepäck nicht mit demselben Flugzeug. Daher empfiehlt sich der Versuch, die ganze Habe als Handgepäck mitzuführen, um nicht das Risiko eines eventuellen

Totalverlusts einzugehen. Wer das günstige Billigangebot eines Reisebüros akzeptiert, muß sicherstellen, daß der vereinbarte Preis nicht zwischen Buchung, Anzahlung und Abholung des Tickets nachträglich angehoben wird. Kann oder will das Reisebüro keine derartige Garantie geben, sollte man sich schriftlich bestätigen lassen, daß die Anzahlung in voller Höhe erstattet wird, falls das Ticket wegen eines unakzeptablen Aufpreises zurückgereicht wird. Jede seriöse Agentur wird auf ein solches Ansinnen eingehen. Bei Aushändigung des Flugscheins genau kontrollieren, ob das Ticket auch auf die gewünschten Termine ausgestellt ist. Spätere Reklamationen, Umbuchungen oder Stornierungen sind meist ausgeschlossen.

Der Kauf von Billigflugtickets ist immer mit gewissen Unsicherheiten behaftet, da es für Laien und auch für viele Fachleute schwierig ist, die komplexen Regelungen des internationalen Flugverkehrs zu durchschauen. Thomas Fischer erstand in Athen ein überraschend preiswertes Ticket von Istanbul nach Bangkok mit einer Reihe attraktiver Unterbrechungsmöglichkeiten. Später fand er heraus, daß er einen speziellen, verbilligten Flugschein für »internationale Fischereikaufleute« erworben hatte. Wessen zur Verfügung stehende Reisezeit begrenzt ist, sollte sich ein »Einmal-um-die-Welt-Ticket« mit einjähriger Gültigkeit zulegen. Die billigsten Angebote für solche Tickets liegen bei rund 2700 DM. Zahlt man etwas mehr, wird eine breitere Auswahl an Flugrouten und Unterbrechungsmöglichkeiten geboten. Die Londoner Agenturen *Trailfinders*, 42-50 Earl's Court Road, Tel. (071) 938 3366, und *STA*, 74 Old Brompton Road, Tel. (071) 937 9962, haben stets eine große Auswahl an Round the World-Flugscheinen auf Lager. Telefonische Buchungen sind bei diesen Büros möglich; allerdings kommt man schwer durch, da die Leitungen häufig belegt sind. In den USA wende man sich an *Council Travel Services*, eine Unterabteilung des »Council on International Educational Exchange«, die stets günstige, auch weltweite Flüge anbietet. Falls man nicht an einem bestimmten Tag zurückzufliegen gedenkt, lohnt sich die Agentur *Air Hitch*, 2901 Broadway, St 100, New York NY 10025, Tel. (212) 864 2000, die jüngst Flüge von der amerikanischen Ostküste nach Europa für $ 160 anbieten konnte. Auf ähnlich niedrigem Preisniveau liegt die Firma *Travel Links*, Tel. (800) 992 1903.

Während in Europa und Nordamerika der Markt für Diskontpreisflüge recht gut entwickelt ist, sucht man in vielen anderen Ländern vergleichbare Angebote vergebens. Von Deutschland kann man problemlos zu einem Dumpingpreis nach Rio fliegen, in Brasilien selbst ist es jedoch fast unmöglich, den Linienflug zum regulären Preis zu umgehen. Obacht also, daß Sie nicht irgendwo stranden, von wo niemand so leicht wieder wegkommt! Ein Freund zu Hause kann zwar einen günstigen Flug besorgen: die »IATA«-Regeln schreiben aber vor, daß der Flug von dem Land aus angetreten werden muß, in dem das Ticket gekauft wurde. Da bleibt dann oft nur noch der Kauf eines Hin- und Rückflugscheins, den man sich zuschicken läßt, um wenigstens den Rückflug zu nutzen – ein teurer Spaß.

In folgenden Städten werden besonders billige Fernflüge angeboten: in Athen bei *Himalaya Travel*, Tel. 322 5159, *Arcturus Travel*, Tel. 324 8001, *Consolas Travel*, 100 Eolou Street, Tel. 321 9228, und allen anderen Agenturen, die südwestlich vom Syntagma-Platz ansässig sind; in Colombo *George Travel*, 68 Bristol Street, Tel. 422 937; in Singapur *Air-Master Travel*, Centre, 36b Prinsep Street, Tel. 338 6383; in der Kronkolonie *Hong Kong Student Travel*, Room 1021, Star House, Tsimshatsui, Kowloon, Tel. 730 3269; in Bangkok *Onward Travel Service*, 42-44 Khao San Road, Banglamphee, Tel. 282 7272. Unter Umständen wird es preiswerter, mehrere Einwegtickets aneinanderzureihen als ein weltweit gültiges Ticket zu kaufen. Es bleiben dann allerdings die schon geschilderten prinzipiellen Unsicherheiten bei Billigflügen. Beispiel für ein außergewöhnlich günstiges Angebot: Ende letzten Jahres bot *George Travel* ein Weltticket ab/bis Colombo für nur 2400 DM an, mit Unterbrechungsmöglichkeit in Istanbul, Frankfurt, New York, Anchorage, Hong Kong, Bangkok, Taipei und Manila.

Oftmals sind an den Schwarzen Brettern in Jugendherbergen und anderen Unterkünften für junge Leute verlockende Angebote für Flugtickets ausgehängt, die Reisende aus irgendwelchen Gründen weiterverkaufen. Bevor Sie jemandem einen Flugschein abkaufen, ist zu berücksichtigen, daß Flugscheine im allgemeinen und Billigtickets im besonderen nicht übertragbar sind. Bei den Sicherheitsüberprüfungen am Flughafen wird spätestens seit Lockerbie genauestens und rigoros kontrolliert, ob die Namen im Paß und auf dem Flugschein übereinstimmen. Dies gilt neuesten Informationen zufolge mittlerweile sogar für Inlandsflüge in den USA. Auch für Besitzer von Tickets, die völlig okay sind, bleiben noch genügend Stolpersteine, die tunlichst zu vermeiden wären: bestätigen Sie 72 Stunden vor Abflug telefonisch Ihre Reservierung bei der Fluggesellschaft; und fragen Sie, sofern bei der Buchung nicht daran gedacht wurde, spätestens bei dieser Gelegenheit nach, ob im gezahlten Preis die Flughafengebühren enthalten sind.

Fahrrad

Fahrradfahren ist in dieser Zeit verstärkten Umweltbewußtseins wieder groß in Mode gekommen. Bis vor einiger Zeit noch die Domäne exzentrischer Flippies oder Eddy Merckx-Verschnitte, radeln heute selbst Journalisten der FAZ und Manager der Deutschen Bank mit dem Mountain Bike ins Büro. Vielleicht steht ja auch bei Ihnen im Keller ein Fünf- oder Zehngangrennrad. Denken Sie dann doch ruhig mal darüber nach: warum *nicht* das Fahrrad benutzen und die offensichtlichen Vorteile gesunden Reisens abseits von Hauptverkehrsstrecken, sportlicher Betätigung, Unabhängigkeit von Fahrplänen, nicht zuletzt den Nulltarif genießen?

Vor Antritt der Reise raten wir jedoch zu etwas Training: so findet jeder selbst heraus, ob Fahrradfahren wirklich die geeignete Fortbewegungsart für seinen Modellkörper ist. Wer keine Übung mit dem Rennrad hat, scheut zu oft vor der Bedienung der vielen Gänge zurück. Fünf- oder Dreigangräder wiederum sind eigentlich nur da geeignet, wo es verhältnismäßig topfeben ist. Wer nicht gerade den Lockruf steiler Bergpässe verspürt, kann über den Kauf eines Klapprades nachdenken, da damit durch bergige Regionen getrampt werden kann. Eine Reise per Fahrrad wird außerdem mehr Vergnügen bereiten, wenn man sich vorab mal wieder im Flicken geübt habt. Ein Fahrrad kann die Arbeitssuche aufs angenehmste erleichtern, wie Albert Koch aus Frankreich schreibt:

Mit dem Fahrrad die Suche nach einem Job aufzunehmen, ist meiner Ansicht nach die beste Methode überhaupt, da sie mir gestattete, weitab von der Stadt und der dort zahlreich versammelten Konkurrenz abgelegene Landstriche abzuklappern.

Überdies werden Bewerber, die schon eine Weile per Drahtesel unterwegs sind, von vornherein für fitter gehalten, als der schlappe, mit dem Auto angereiste Jobber. In vielen Gegenden dieser Welt ist ein Radfahrer immer noch etwas derartig Spektakuläres, daß sich dadurch gleichzeitig die Chancen auf Arbeit erhöhen.

Außer der Reise im Handstand oder per Dromedar haben wir uns jetzt so ziemlich allen Fortbewegungsarten gewidmet. Der Rest dieses Abschnitts soll nun allgemeine Fragen behandeln, die einzelne Kontinente betreffen.

Europa

Der alte Kontinent zählt zu den Gebieten der Erde, in denen Reisen verhältnismäßig teuer zu stehen kommen. Als Ausgleich stellt hier das Fortkommen per Anhalter kein Problem dar. Natürlich sind nicht alle europäischen Länder gleich gut geeignet für den Auto-Stop: Griechenland ist prima – für das weibliche Geschlecht; Jugoslawien und die aus seinem Zerfall hervorgegangenen neuen Staaten hingegen zumal wegen des Bürgerkriegs völlig ungeeignet; Portugal okay; in Deutschland ist es einfacher als in Frankreich; die Schweiz und Belgien sind wahre Tramperparadiese usw. Einige unserer Leser haben schon beeindruckend kurze Fahrtzeiten erzielt: Jarko Nikolic beispielsweise trampte in dreieinhalb Tagen von Barcelona nach Kopenhagen; in der Gegenrichtung benötigte Vera Olsen von Dänemark bis nach Avignon gerade mal 24 Stunden; Karl Wintzer schätzt, daß er den Negativ-Weltrekord hält, mit neun Tagen von Cadiz nach Barcelona für insgesamt weniger als 1500 Kilometer. Die Autobahnmautstellen in Frankreich und Italien werden von erfahrenen Anhaltern wärmstens ans Herz gelegt. Wer das oft stundenlange Warten an der Autobahn nicht durchzuhalten gedenkt, wendet sich in Deutschland an eine »Mitfahrzentrale«, in Frankreich an eine »Allostop«-Agentur. Für die Vermittlung werden entfernungsabhängige Gebühren verlangt; mit dem Fahrzeuglenker teilt man sich dann die Benzinkosten.

Allen unter 26 Jahren bieten die europäischen Eisenbahnen verbilligte Fahrkarten, die zum Teil preisgünstiger als Bustickets ausfallen und auch über Reisebüros erhältlich sind. Der »Interrail«-Paß ist für einen Monat ohne Kilometerbegrenzung innerhalb Europas gültig und kostet derzeit 450 DM: ein Spitzenangebot, sofern man sich nirgendwo länger aufhalten oder arbeiten will. Für detaillierte Reisevorstellungen stehen die »Wasteels/ Transalpino«- und »Euro-Domino«-Tickets zur Verfügung. Leider gelten die meisten Ermäßigungen nur für Fahrten ins Ausland. Innerhalb des Heimatlandes müssen auch Studenten und Jugendliche den vollen Fahrpreis entrichten, können aber für 110 DM auf die »BahnCard« zurückgreifen, die ein Jahr lang alle Bahnpreise halbiert. Auch in anderen Staaten erhalten Studenten und Jugendliche mit besonderen Bahnpässen Vergünstigungen. Die Bahnen der Schweiz, Italiens, Frankreichs, der Benelux- und der skandinavischen Länder bieten solche Pässe mit unterschiedlicher Gültigkeitsdauer. Ob ein Angebot im Einzelfall attraktiv ist, hängt davon ab, wie lange man sich im Land aufzuhalten gedenkt und wieviel währenddessen herumgereist werden soll. Eine unserer Leserinnen rät vom Kauf einer Transeuropa-Fahrkarte ab: sie hat für die Fahrt nach Griechenland stattdessen nur ein Ticket von Köln bis Maribor kurz hinter der slowenischen Grenze erstanden. Die Weiterfahrt von dort bis nach Athen betrug gerade noch lächerliche 80 DM. Der Preis für den Eisenbahnkilometer liegt in Frankreich oder Deutschland bei über zwanzig Pfennigen, in Osteuropa hingegen fällt er auf bis zu drei Pfennige ab.

Das undurchdringliche Dickicht im Bereich der Flugpreise wurde schon angesprochen. Unterhalb des Preisniveaus der offiziellen Linienflüge befindet sich die Ebene der Billigfluganbieter. Darauf folgen Charterflüge, die ebenfalls im Sonderangebot verkauft werden. Etliche Reisebüros offerieren außerdem Sonderkonditionen für verschiedene Ziele und Reisetermine, die sich bis zu einem bestimmten Termin, etwa zwei bis vier Wochen vor dem letztmöglichen Buchungstag, nicht haben losschlagen lassen. Bei derartigen Angeboten bucht man pro forma Flug und Unterkunft zusammen, oft im Sechsbettzimmer, wobei davon ausgegangen wird, daß der Käufer die Unterkunft *nicht* in Anspruch nimmt. Die Gründe für dieses komplizierte Verfahren liegen in den gesetzlichen Regelungen, denen Fluglinien und -preise unterworfen sind. Allerdings scheinen einzig die Behörden in Griechenland die einschlägigen Bestimmungen wirklich ernstzunehmen.

Nordamerika

Nach den Vereinigten Staaten von Amerika und nach Kanada werden viele günstige Flüge angeboten. Wer nicht im voraus buchen kann, versucht eben als »Standby«-Passagier mitzufliegen: abgesehen von der Hochsaison im Sommer und an Weihnachten bekommt man in der Regel immer so einen Platz über den Wolken. Eine verläßliche Alternative bieten Billigflugagenturen, die übriggebliebene Plätze auf Linienflügen bei weniger renommierten Gesellschaften wie »Air India« oder »El Al« verscherbeln. Die USA und Kanada haben die längste gemeinsame Grenze zwischen zwei Ländern auf dieser Welt, was sicher eine Vorstellung von Problemen und Kosten des Reisens auf dem nordamerikanischen Kontinent vermittelt. Die Überlegung lohnt also, ob man nach der Ankunft seinen Weg nicht wie oben beschrieben per »Driveaway« fortsetzen sollte. Aber auch mit Bus oder Flugzeug ist die Fortbewegung deutlich billiger als in Europa. Die Zeitung »Economist« hat neulich in einem Vergleich pro Flugmeile für Paris-Athen 83 Pfennige, für New York-Los Angeles ca. 23 Pfennige berechnet. Trampen kann in den Staaten problematisch werden, nicht etwa wegen sonderbarer Fahrer, sondern vielmehr dank des generellen Hitch-Verbotes in einigen Staaten. Das erkennt man leicht an den überall plazierten Verbotsschildern. In Kanada stellt das »Anhalten« eine passable Alternative zu traditionelleren Fortkommensweisen dar.

Südlich der kanadischen Grenze gibt es erfreuliche Sonderbedingungen für Buspässe, was gerade Leute freuen wird, die weite Strecken bewältigen wollen. Erkundigen Sie sich insbesondere nach den *Greyhound*-Bussen. Diese Gesellschaft bietet Pauschaltickets für sieben, fünfzehn und dreißig Tage an, deren Preise 1991 etwa 225, 360 bzw. 450 DM betrugen. Alle diese Pässe können jedoch nur außerhalb der USA erworben werden. Die gebührenfreie Greyhound-Rufnummer in den USA: (1-800) 237 8211. Andere Bus-Möglichkeiten in den Staaten sind wohl teurer, dafür aber bestimmt reizvoller und abwechslungsreicher, wie die Fahrten der *Green Tortoise*, PO Box 24459, San Francisco, California 94124, mit umgebauten Schlafbussen, in denen fünfundzwanzig Personen untergebracht werden können: ausgefallene Orte werden über Nebenstraßen angefahren. Bei dieser Gesellschaft kann man sogar gegen entsprechende Arbeitsleistung mitfahren; näheres im USA-Kapitel.

Der scharfe Wettbewerb zwischen den amerikanischen Fluglinien hat die Flugpreise derartig gedrückt, daß es viele vorziehen, zu fliegen, zumal sie auch die Zeitersparnis und den erheblich höheren Komfort gegenüber dem Bus berücksichtigen. Die günstigsten Flüge finden sich auf den Routen entlang der Ost- und Westküste sowie von einer Küste zur anderen. Längergültige Flugpässe müssen ebenfalls schon außerhalb der USA gekauft werden. Im Angebot sind unbegrenzt viele »Standby«-Flüge innerhalb eines Monats auf allen *Delta*- oder *Northwest Airlines*-Linien zum Preis von ca. 500 DM. Die Preiskämpfe im Luftverkehr der Staaten werden übrigens mit ganzseitigen Anzeigen in der Tagespresse ausgefochten.

Fernreisezüge sind in den Staaten ein kostspieliger Luxus und daher nahezu ausschließlich die Domäne betuchter Touristen. Die Eisenbahngesellschaft *Amtrak* hat inzwischen einige passable Bahnpässe eingeführt, die 45 Tage gelten und sich zwischen $66 für Fahrten in Florida und $299 für das gesamte nationale Schienennetz bewegen. Die Viertagesreise von Toronto nach Vancouver beläuft sich auf $363 und ist damit genauso teuer wie ein günstiger Flug. *Amtrak* kann innerhalb der Staaten gebührenfrei unter folgender Nummer erreicht werden: (1-800) USA-RAIL. Mit dem Bus geht es da schon erheblich billiger, kostet dieser mit knapp 200 Dollar doch gerade die Hälfte. Sowohl in den Staaten als auch in Kanada bleibt die Alternative, preisgünstiger mit dem Zug zu fahren, wie Markus Staib berichtet:

Amerika mit dem Zug ist ein tolles Erlebnis. Hat man einmal nicht das Geld für eine reguläre Fahrkarte, nimmt man eben den illegalen Weg und fährt als sogenannter »Hobo«. Ich habe alles bis auf das nötigste Handgepäck in der Gepäckaufbewahrung gelassen und bin kreuz und quer durch die USA gereist. »Hoboing«, auch »Freight-hopping« genannt, heißt das Mitfahren auf Güterzügen, wobei das vom Film bekannte Vagabundenflair der 40er und 50er Jahre inzwischen verschwunden ist. Die Sicherheitskontrollen sind viel strenger, einschließlich regelmäßiger Überprüfungen und Vorhängeschlösser an den Waggontüren. Trotzdem bestehen auch dieser Tage noch genügend Möglichkeiten, auf Güterzügen mitzufahren.

Der einschlägige Ratgeber »Freighthopper's Manual« liegt unterdessen schon in der dritten Auflage vor und kann beim Autor, Daniel Leen, PO Box 191, Seattle WA 98111, für 7,95 Dollar angefordert werden. Daniel erklärte uns, daß man kaum genaue Angaben darüber wagen kann, wo »Freighthopping« toleriert wird und wo nicht, da das von Ort zu Ort verschieden gehandhabt wird und auch noch ständigen Änderungen unterworfen ist.

Lateinamerika

Per Billigflug gelangt man schon für unter 700 DM pro Strecke nach Südamerika. Wie schon erwähnt gibt es dort jedoch keine Chance, einen verbilligten Flug zurück nach Hause zu buchen. Auf Lateinamerika verlegt hat sich das Reisebüro *Journey Latin America*, 14-16 Devonshire Road, GB – London W4 2HD, Tel. (081) 747 3108. Diese Agentur bietet schon seit geraumer Zeit die günstigsten Flugpreise an und erteilt dank der Spezialisierung äußerst nützliche und vor allem aktuelle Reiseauskünfte. Mögliche Routen führen von Paris nach Cayenne oder Recife, von Amsterdam nach Buenos Aires, über Moskau nach Managua, über Havanna oder Miami nach Mexiko oder Mittelamerika. Im Besitz eines Rückflugtickets fallen die Grenzformalitäten deutlich unproblematischer aus. Auf internationale Flugreisen innerhalb Südamerikas werden erhebliche Zölle erhoben, so daß man bei entsprechenden Zeitreserven am besten einen Inlandflug möglichst nah an die Grenze nimmt, diese auf dem Landwege überquert und anschließend wieder ein Flugzeug innerhalb des neuen Gastlandes besteigt.

Für Weltenbummler mit schmalerem Geldbeutel bleiben als Ausweichmöglichkeiten das völlig veraltete, einst von den Briten erbaute Eisenbahnnetz und der in Lateinamerika allgegenwärtige Bus. Beide Transportmittel sind verhältnismäßig günstig und bieten wahrlich genug Abenteuer fürs Geld. Auch Trampen ist eine unsichere Sache: wieviel man fürs Mitgenommenwerden zahlt, hängt ganz von den Fähigkeiten beim Feilschen ab. Zuverlässigkeit des Fahrers und Sicherheit des Wagens bleiben völlig dem Zufall überlassen, doch auch die öffentliche Verkehrsmittel garantieren keineswegs höhere Vertrauenswürdigkeit. Johannes Vogel schrieb über den Busverkehr in Rio de Janeiro:

Die Bezahlung der Busfahrer richtet sich nach dem Fahrgastaufkommen, folglich rasen die Fahrer wie die Verrückten. Das erste Problem besteht darin, eines dieser Monster anzuhalten, die zehn Zentimeter von der Bordsteinkante vorbeifliegen, alte Frauen und kleine Hunde erschrecken und herumliegenden Müll aufwirbeln. Gerade wenn man versucht, dem Schaffner seine Cruzados in die Hand zu drücken, wird man von der Beschleunigung einer mittleren Apollorakete gegen den Notausgang an der Rückwand geschleudert. Beim zweiten Versuch findet man sich beinahe zur offenen Einstiegstür hinauskatapultiert. Schließlich schafft man es in einen der rettenden Sitze und fühlt sich wie ein Fisch auf dem Trockenen. Außerdem sitzt man garantiert in urgemütlicher Nachbarschaft zu der unvermeidlichen, unförmigen, schwitzenden Señora auf dem Fensterplatz. Der Panik nahe, verkrampft man in seinem Sitz und schwört, das nächste Mal lieber eine DC-10 zu besteigen. Folgende Schlagzeilen sind in Rio fast an der Tagesordnung: *»Onibus no Canal«* (*»Bus in Kanal gestürzt«*) oder *»Onibus mergulho da Ponte, 50 Mortos«* (*»Bus von Brücke gestürzt, 50 Tote«*). Informationen über das Reisen in Lateinamerika erteilt auch der *South America Explorers' Club*, Av. Portugal 146, Breña, Casilla 3714, Lima 100, Peru, Tel. 314 480.

Afrika

Nach Afrika gelangt man von Europa aus relativ günstig, indem man einen Charterflug nach Malaga mit einer Fährenüberfahrt zur spanischen Enklave Ceuta vor der marokkanischen Küste (30 DM) kombiniert. Ein Billigflug kann einen auch nach Marrakesch bringen (etwa 300 DM für Hin- und Rückflug). Die östlichen Regionen des schwarzen Kontinents erreicht man per Flugzeug über Kairo (ab 400 DM). Noch billiger wird der Flug nach Tel Aviv und dann mit Auto oder Bus über die Sinai-Halbinsel nach Ägypten. Durch den Sudan nach Süden reisen zu wollen, ist derzeit höchst problematisch, wenn nicht sogar unmöglich. Man fliegt daher besser gleich nach Nairobi (Hinflug ab 600 DM). Zur Durchquerung der Sahara in Richtung Westafrika kann man auf höchst unregelmäßig verkehrende Lastwagen zurückgreifen; Einzelheiten sind nur vor Ort zu erfahren. Als einzige Alternative bliebe noch das Fliegen, das in Afrika aber so gut wie nie preiswert ist. Nebenbei bemerkt: Trampen durch die Sahara ist wenig empfehlenswert ... Von besonders zähen Reisenden wird berichtet, daß sie die Sahara mit dem Fahrrad bewältigt hätten! Jennifer Kiebig hat einige Zeit in Ostafrika verbracht und empfiehlt, sich einen der gerade noch erschwinglichen Teilnehmerplätze bei einer der privaten Saharaexpeditionen zu besorgen. Sie vermutet, daß die Hälfte dieser Zugvögel ihre Fahrt als Busreisende begonnen haben und die Transportverhältnisse irgendwann einfach nicht mehr ertragen konnten. Wichtig ist dann, daß die Expeditionsleitung genug Menschenverstand beweist, beispielsweise ausreichende Wasservorräte mitführt und die simpelste aller Vorsichtsmaßnahmen beachtet: vor Antritt der Fahrt durch die Wüste vorschriftsmäßige Abmeldung bei einer Polizeiwache, bei der Ankunft am anderen Ende wieder Rückmeldung. Falls etwas passiert, wird dann sofort eine Suchaktion veranlaßt – und nicht erst, wenn irgendwelche Verwandte nach Monaten jemanden vermissen ...

Asien

In den letzten Jahren hat die aus besten Hippiezeiten bekannte Überlandstrecke nach Nepal durch die Schwierigkeit, für den Iran ein Touristenvisum zu erhalten, an Reiz verloren, zumal Afghanistan für Durchreisende sogar ganz gesperrt wurde. Man kann aber durch den Iran nach Pakistan einreisen: strapaziös, aber preiswert. In Pakistan angekommen, glaubt man, die Weite des ganzen Subkontinentes frei atmen zu können. Durch die politischen Unruhen im Punjab darf niemand hundertprozentig davon ausgehen, die indisch-pakistanische Grenze offen zu finden. Als Ausweichmöglichkeit kann die Fahrt mit einem konzessionierten Überland-Transportunternehmen empfohlen werden, dessen Fahrtkosten zwischen 300 und 350 DM liegen; Verpflegung unterwegs wird zusätzlich berechnet. Wegen der Unwägbarkeiten der Reise über Land und der verhältnismäßig günstigen Billigflugangebote bevorzugen viele einen Direktflug von London oder Frankfurt nach Delhi (ab 1000 DM) oder Karachi (DM 900).

In Asien selbst ist fast jede Form des Transportes spottbillig und Fahrten mit der Eisenbahn strahlen eine gewisse Exotik aus. Man befindet sich plötzlich mitten im Leben der kleinen Leute. Auch Fliegen innerhalb Asiens ist speziell im Sonderangebotsdreieck Bangkok, Hong Kong und Singapur nicht teuer. Als Mitfahrer in privaten Lastern und Autos besitzt man beste Chancen, übers Ohr gehauen zu werden. Sinnvoller ist, sich an die öffentlichen Transportmittel zu halten. Japan bildet eine Ausnahme: die kostensparende und dort unproblematische Möglichkeit des Trampens entschädigt ein bißchen für schier unglaublich hohe Lebenshaltungskosten. Für 1700 DM sind im günstigsten Fall Hin- und Rückflüge mit *Aeroflot* nach Japan zu bekommen. Die reizvollere Reiseroute per Schiff über Bombay oder Karatschi ist heute kaum mehr möglich, weil die Visaprobleme in Saudi-Arabien fast unüberwindlich geworden sind.

Innerhalb der Volksrepublik China kann Reisen nervtötend sein, weil an Flughäfen und Bahnhöfen keinerlei Zugeständnisse an Nichtkundige der chinesischen Sprache und Schrift gemacht werden. Wie bei allen Dingen des täglichen Lebens und Reisens im Fernen Osten gilt auch in China die Devise: sobald man sich an die Art des Umgangs und die Sichtweise der Einheimischen gewöhnt hat, wird das Reisen zum Vergnügen. Die billigste Art, aus China wieder rauszukommen, ist die Transsibirische Eisenbahn. Zuletzt kostete die einfache Fahrt Peking-Frankfurt knapp über 500 DM. Buchungen möglich bei *Poor Farms*, Box 9012, Ic PO, Beijing 100600.

Australien und Neuseeland

Flüge nach Australien sind zwar preiswerter als in den letzten Jahren; schwierig bleibt es aber dennoch, erst einmal die mindestens 2100 DM für das Hin- und Rückflugticket in der Nebensaison aufzubringen. Die Verkehrsprobleme sind bei der Landung in Perth oder Sydney aber noch längst nicht bewältigt, denn die gewaltigen Entfernungen innerhalb Australiens erfordern genaue Überlegungen, wie man im Land herumkommen will. Fliegen ist teuer auf dem Fünften Kontinent; Touristen aus Übersee erhalten jedoch bei den bedeutendsten Gesellschaften *Ansett* und *Australian* 30% Rabatt. 45% Nachlaß erhält, wer die Buchung bis einen Tag vor Abflug offenläßt und dann irgendwann im Laufe des gewünschten Reisetages einen von der Fluglinie angebotenen Platz akzeptiert. »Standby« erbringt 20% Ermäßigung. Für eine Rundreise ist der Kauf eines *Greyhound-*, *Ansett-* oder *Deluxe*-Buspasses mit Gültigkeitsdauer zwischen 15 und 60 Tagen zu erwägen; die Karten müssen schon außerhalb Australiens erworben werden. Der landesweit gültige »Aussie-Paß« von *Ansett* bietet für etwa 900 DM zwei Wochen lang freie Fahrt, für 2100 DM zwei Monate Gültigkeit. Will man nur möglichst schnell von einer Küste zur anderen gelangen, ist man mit knapp 600 DM dabei. Bus und Zug unterscheiden sich preislich nur wenig, in letzterem müssen Schlaf- oder Liegeplätze zusätzlich bezahlt werden. Wer sich den Luxus öffentlicher Transportmittel oder die Anschaffung eines eigenen Fahrzeuges nicht leisten kann, bleibt zunächst beim Anhalten. Für die Fahrt von Küste zu Küste sollte gut eine Woche eingeplant werden. Vorsichtige sind auf der Hut und lassen sich nicht an einsamen Stellen, etwa in der Nullarbor-Ebene absetzen: ohne Wasser verdurstet man hier unweigerlich, bevor das nächste Auto überhaupt am Horizont Staub aufwirbelt. Andererseits kann man auch Glück haben und eine der nicht allzu seltenen Expreßfahrten der Speditionen erwischen, die 3200 Kilometer in vier Tagen bewältigen. Die Fernlaster fahren von großen Betriebshöfen in den Außenbezirken größerer Städte los. Man kann natürlich bei der Abfertigung anrufen, generell ist jedoch persönliches Vorbeimarschieren erfolgbringender. Die Fahrer nehmen im allgemeinen gerne Passagiere mit, insbesondere »echte« Ausländer, denen sie die Sehenswürdigkeiten am Straßenrand zeigen können. Auf diese Art können die Anti-Anhaltergersetze in Queensland umgangen werden, wo es illegal ist »als Anhalter an der Straße den Verkehr aufzuhalten«. Vom Lastersammelplatz bei Brisbane gelangt man leicht bis an die Küste von Queensland. Die meisten Anhalter ignorieren das Trampverbot, achten aber genauestens darauf, ihren Daumen bei Auftauchen eines Polizeiwagens in Nullkommanix verschwinden zu lassen. Für Frauen ist es weniger empfehlenswert, alleine mit einem Lasterfahrer durch abgelegene Gebiete zu fahren. Notorisch bekannt ist die Küstenstraße Queenslands für immer wiederkehrende Zwischenfälle: Gewalt ist allerdings selten im Spiel. Werden die Wünsche des Fahrers nicht erfüllt, finden sich Frauen bisweilen einfach rausgeschmissen am Wegesrand wieder, so daß alleinreisende Frauen schon ihre sechs Sinne zusammenhalten müssen, wenn sie per Anhalter unterwegs sind. Das Trampen ist übrigens nicht auf Privatwagen und Laster beschränkt. Adrian Wießmer gelang es, in einem Privatflugzeug vom provinziellen Kununurra bis Mildura mitgenommen zu werden, und während der Arbeit auf einer abgelegenen Farm in West-Australien wurde David Illmers mehrere Male vom »Flying Doctor Service«, den fliegenden Medizinmännern Australiens, zum »Zivilisationstrip« in die Stadt und wieder zurück transportiert. Auf einer vorangegangenen Reise war er nach einer Fahrt durch den Nullabor gestrandet: er traf allerdings einen Stammesführer der Ureinwohner, der ihm empfahl, auf einen Güterzug aufzuspringen und ihm eine dafür günstige Stelle zeigte. Während der Fahrt brach dann natürlich einer der äußerst seltenen Regenstürme los und verwandelte den trockenen Kohlestaub, auf dem David saß, in eine schmierige Matsche.

Im *Travelmate Hostel* von Perth, 496 Newcastle Street, Tel. (09) 328 6685, organisieren die Jugendherbergsbewohner ein Mitfahrprogramm in Eigenregie, mithin ohne Vermittlungsgebühren. An einem besonderen Schwarzen Brett werden Zettel unter den Rubriken »Suche« und »Biete« ausgehängt. Man muß sich hierzu allerdings in Perth aufhalten und wohl einige Tage einkalkulieren, bis sich eine passende Gelegenheit findet. Leider ist der Flug von Australien nach Neuseeland mit rund 750 DM nicht besonders preiswert. Glücklicherweise bestehen jedoch genügend Möglichkeiten, als »Aushilfsmannschaftsmitglied« auf einem Segelschiff über die Tasmanische See zu fahren. Neuseeland dürfte das zum Trampen geeignetste Land überhaupt sein. Ist man per Anhalter unterwegs und übernachtet in Jugendherbergen, so sollte man im Schnitt mit 500 DM im Monat locker auskommen. Ein Saisonticket, zweiundzwanzig Tage lang für das gesamte Eisenbahnnetz, die Fähren und etliche Busse gültig, kostet in der Hauptferienzeit rund 625 NZ-Dollar. Die Tagesrückfahrkarte für das Schiff zwischen der Nord- und Südinsel ist übrigens nur wenig teurer als die einfache Fahrt, so daß der Versuch lohnt, die unbenutzte Rückfahrt zu verkaufen. Auf der Fähre bietet sich die Möglichkeit, Autofahrer anzuhauen, in welche Richtung sie fahren und ob sie einen vielleicht mitnehmen würden.

Grenzformalitäten

Gleichgültig, für welches Transportmittel man sich letztendlich entscheidet: es gibt eine ganze Reihe von Formalitäten, die vor der Abreise erledigt werden müssen, um eventuelle Katastrophen zu vermeiden. Bleibt die Reise auf Europa beschränkt, so sind natürlich wenige Besonderheiten zu bedenken. Nach der Einführung des roten Europapasses als Ersatz für die nationalen Pässe sollten Grenzübertritte spätestens seit 1992 unproblematisch sein. Außerhalb Europas jedoch müssen gewisse Vorsichtsmaßnahmen ergriffen werden. Da über 150 verschiedene Staaten auf unserem vergleichsweise winzigen Planeten zusammengepfercht sind, kann man selten sonderlich weit in eine Richtung reisen, ohne früher oder später auf Grenzbeamte zu stoßen, die unweigerlich irgendwelche Papiere sehen wollen. Wir wollten den Versuch gar nicht erst unternehmen, sämtliche Grenz- und Visabestimmungen in diesem Buch komplett zusammenzufassen. Da die jeweiligen Bestimmungen zusätzlich einem ständigen Wandel unterworfen sind, sollte man stets bei den jeweiligen Konsulaten oder einem Reisebüro genauer nachforschen. Einzelheiten zu allen Fragen hinsichtlich der Arbeitserlaubnis stehen in den Abschnitten zu den einzelnen Ländern.

Weite Teile der Arabischen Welt im Mittleren Osten und des moslemischen Afrika bleiben Reisenden verschlossen, wenn der Paß israelische Einreisestempel aufweist. Israelische Grenzer sind in der Regel auf entsprechende Bitte gerne bereit, ihre Stempel auf einem losen Einlegeblatt anzubringen, worauf also achten sollte, wer nach Afrika weiterreisen will. Möchte man aus einem arabischen Land nach Israel einreisen, hat man sich taktvoll zu verhalten: das Innenministerium erteilt Genehmigungen, wenn man von Jordanien kommend in Richtung Westbank und Palästina reisen möchte. Erbitten Sie die Durchreisegenehmigung nach Jerusalem (arabisch: Al Khodz) über die König-Hussein-Brücke. Vermeiden Sie zudem nach Möglichkeit, in Taba einen aussagekräftigen Stempel in den Paß gedrückt zu kommen, wenn Sie dort vom israelischen Eilat an der Südspitze der Sinai-Halbinsel kommend nach Ägypten einreisen. Andere Staaten verweigern die Einreise, wenn aus dem Paß ein Besuch Südafrikas ersichtlich ist. Die Probleme beim Überschreiten der griechischen Grenzen, wenn man sich vorher in Nordzypern aufgehalten hat, scheinen glücklicherweise der Vergangenheit anzugehören. Eine Lösung solcher Probleme besteht in einem zweiten Paß; Ordnungsämter weigern sich meist, derartigen Wünschen nachzukommen, es sei denn, der Paß weist schon einen der aufgeführten verfemten Stempel auf.

Der Besitz eines Zweitpasses vermeidet auch etwaige Schwierigkeiten, wenn unterwegs in einem der Problemländer ein Visum für die Weiterreise beantragt werden muß, da der Stempel natürlich auch den Ort nennt, an dem das Visum erteilt wurde (z.B. Tel Aviv oder Pretoria). Soweit irgend möglich, sollte man sich daher alle Visa schon vor der Abreise zu Hause besorgen. Es ist ohnehin anzuraten, stets genügend Platz im Reisepaß übrig zu haben. In Afrika ist es schon vorgekommen, daß ein Visum deswegen versagt wurde, weil der Einreisebeamte sich weigerte, den Stempel seines Landes auf eine Seite zu drücken, auf der sich schon ein anderer befand. Wer in Krisengebiete reisen will, kann beim Auswärtigen Amt in Bonn Erkundigungen über die aktuelle Lage einziehen. Denken Sie daran, daß auf einigen Flughäfen eine Ausreisesteuer erhoben wird, was im günstigsten Fall ärgerlich ist, für andere eine finanzielle Katastrophe darstellt. Beispielsweise zahlt man bei der Ausreise aus Pakistan 350 Rupien; Kenia zu verlassen kostet DM 30 und Ecuador DM 40.

Reisekasse

Die leidigen Finanzen können an Grenzen enorm wichtig werden: Schwierigkeiten entstehen allen ohne genügende Reserven, um sich finanziell einige Zeit über Wasser zu halten, oder ohne frei konvertierbare Währung. Grenzbeamte dürfen grundsätzlich von Einreisenden den Nachweis fordern, daß sie über genügend Geld verfügen, um sich für die Dauer des geplanten Aufenthaltes selbst zu finanzieren, und daß zweitens ihre Aus- bzw. Weiterreise aus eigenen Mitteln gesichert ist, ohne daß sie Gesetze des jeweiligen Landes verletzen, indem sie Arbeit annehmen, Geld auf dem Schwarzmarkt tauschen, schmuggeln usw. Die Grenzbehörden bestehen manchmal auf dem Nachweis aberwitzig hoher Summen: 500 Dollar beispielsweise, bevor das Schiff von Griechenland nach Israel bestiegen werden kann, oder gar 1000 Dollar für jeden Monat, den man in Neuseeland verbringen will. Gut gekleidete Reisende mit Koffern statt Rucksäcken werden seltener aufgefordert, finanzielle Sicherheiten nachzuweisen. Wer Namen und Anschrift eines Einheimischen nennt, den man (angeblich) besuchen will, dem reichen geringere Summen. Dieses Problem kann auf mehrfache Weise umgangen werden, etwa indem man seine Reiseschecks in kleinen Stückelungen kauft: der dicke Packen Scheine beeindruckt seltsamerweise weit mehr als wenige Fetzchen Papier mit großen Zahlen drauf. Kreditkarten, vorzugsweise mehrere, wirken ebenso überzeugend auf Einreisebeamte und sind gerade in Nordamerika ein wahres »Sesam-Öffne-Dich«-Mittel. Ein »IATA Miscellaneous Order« in beliebiger Höhe, bei jeder angeschlossenen Fluglinie zu erstehen, weist auf beeindruckende Art und Weise nach, daß das besuchte Land in jedem Fall auch wieder verlassen wird, denn das Ding stellt im Grunde einen Scheck dar: man zahlt eine bestimmte, beträchtliche Summe und erhält dafür ein Blankoticket, das bei jeder »IATA«-Gesellschaft zum ausgewiesenen Wert gegen einen Flug eingetauscht wird. Nicht benutzte Order können zu Hause wieder zum vollen Wert zurückgereicht werden; nur abseits der ausgetretenen Touristenpfade kommt es vielleicht vor, daß ein Zöllner dieses Dokument nicht kennt.

Die Währungen einiger Staaten in Osteuropa, Afrika und Asien sind nicht frei konvertierbar. Zudem ist oft die Geldmenge einheimischer Währung begrenzt, die ein- oder ausgeführt werden darf, bzw. beides ganz untersagt. Deshalb sollte man die Reisekasse in einer harten westlichen Währung, in Dollar oder D-Mark etwa, mitführen. Wenig bekannt ist der in einigen Ländern vorgeschriebene Zwangsumtausch einer bestimmten Summe in die jeweilige Landeswährung, z.B. in Algerien. Diese Summe kann zum Teil weit über den eigenen Möglichkeiten, sicher aber den eigenen Wünschen liegen.

Physisches und psychisches Wohlergehen

Grenzbeamte können Reisenden die Einreise verweigern, wenn sie deren sittliche und moralische Einstellungen als zu bizarr oder schlicht unpassend für das von ihnen zerberusmäßig bewachte (und ach! so kostbare) Land einschätzen. Insbesondere Singapur ist dafür berüchtigt, Reisende kommentarlos zurückzuweisen. Beim Nähern einer Grenze versuchen Sie also, sich so nett und adrett herauszuputzen wie mit den eigenen Prinzipien eben noch zu vereinbaren. Zeitschriften, Bücher und andere Themen, die im Gastland Anstoß erregen könnten, sollte man ohnehin besser nicht bei sich tragen. So haben wir von einem unglücklichen Reisenden gehört, der in den Vereinigten Staaten nur deshalb an der Grenze festgehalten wurde, weil er einen Revoluzzerbart und Ohrgehänge trug. Banale Gesundheitsfragen, notwendige Impfungen usw. können an den Grenzen zu Stolpersteinen werden. Vor der Abreise sind daher nicht nur mit dem Hausarzt die notwendigen Fragen zu klären, sondern darüberhinaus zusätzlich beim Gesundheitsamt die Prüfung nötig, daß alle Voraussetzungen für die Reise ins Zielland wirklich erfüllt sind. Einen Impfpaß benötigt man in den wenigsten Ländern.

Geschäftliche Unternehmungen

Man muß nun wirklich nicht unbedingt acht Stunden am Tag Geschirr waschen, um sein Brot zu verdienen. Viele Reisende haben andere Wege gefunden, um statt banaler regelmäßiger Lohntüten weniger vorher- und absehbare Einkommensquellen aufzutun. Die mit solchen Unternehmungen Erfolg haben, beweisen damit ein hohes Maß an Unternehmungslust, Initiative, Ideenreichtum und Risikobereitschaft: sie sind wachen Geistes auf lokale Bedürfnisse gestoßen und haben diese umgehend vermarktet. Manchmal liegen solche Aktivitäten jedoch am Rande der Legalität. Das Malen eines Sonnenuntergangs über dem Hafen macht jeden zum Künstler. Der Verkauf des wertvollen Stückes an einen vorbeigehenden Bewunderer könnte den neuen Picasso hingegen streng juristisch genommen zum Straßenhändler machen, wofür an sich ein Gewerbeschein notwendig wäre. In der Regel nimmt niemand an solchen Kinkerlitzchen Anstoß, und schlimmstenfalls fordert die Polizei zum Weitergehen auf.

Das folgende Kapitel befaßt sich zunächst mit Im- und Export: wie man in einem Land etwas günstig einkauft und es in einem anderen mit Gewinn weiterveräußert. Der zweite Teil des Kapitels handelt von verschiedenen geschäftlichen Aktivitäten: etliche drehen sich um die Sehnsüchte heimwehkranker Touristen, und die beiden letzten Abschnitte um Gelegenheitsarbeiten und Glücksspiele.

Import/Export

Jeder erfahrene Reisende entdeckt unterwegs Dinge, die preiswert eingekauft, in einem anderen Land mit erheblichem Gewinn wieder losgeschlagen werden können. Bei Reisen in entfernte Ecken der Welt deckt er sich zu Hause mit Whisky, Zigaretten und Taschenrechnern ein, weil diese Dinge am Zielort gesucht sind. Je nach angestrebtem Ziel werden bestimmte Marken bevorzugt: in der Türkei »Marlboro«-Zigaretten, in Südostasien »State Express 555«-Whisky, wobei weltweit jedoch »Johnny Walker Red Label« die Säufernase vorn zu haben scheint. Markenfabrikate wie ein »Sony Walkman«, »Canon«-Kameras usw. erzielen höhere Preise als unbekanntere Marken. Im Fernen Osten ist der Handel dieser Art weit verbreitet (siehe dazu auch das Kapitel »Asien«). Bestimmte Lebensmittel sind in Japan unerschwinglich: so kosten etwa Pfirsiche bis zu 4 DM das Stück! Auch Reis ist im Lande des Lächelns teurer als bei uns: übrigens dürfen davon gut 90 Kilogramm pro Person eingeführt werden, doch das soll erst mal einer schleppen. In den Elektro-Ramschläden der USA dürfte so ziemlich jede High- (und Low-)Tech-Erfindung für höchstens die Hälfte des deutschen Preises zu haben sein, vom Radarwarngerät über Laptops bis zu Videokameras.

Manche Reisenden halten es für gewinnbringend, sich mit Silber- und Kupferschmuck, Alpacapullovern, Jadeschnitzereien, Sandel- und Rosenholzdosen, Orientteppichen und allem möglichen anderen einzudecken: Dinge eben, von denen sie genau wissen, daß sie woanders oder zuhause teurer weiterveräußert werden können. Vor dem Einkauf sollte man die Kunst des Feilschens ausreichend beherrschen, was eine gehörige Portion Geduld, viel Humor und spielerisches Talent verlangt. Ein- und Ausfuhrbestimmungen sollten im wesentlichen bekannt sein. Unsere Warnung: nicht jedem fremden Händler glauben, der einen immensen Gewinn beim Verkauf tahitischer Perlen oder ceylonesischer Saphire verspricht und Probleme am Zoll kategorisch bestreitet. Oft werden von

diesen Schurken nämlich beeindruckende Geschichten erfunden, um gute Verkäufe in die Wege zu leiten. Doch die Veräußerung von exotischen Gegenständen kann zum Teil auch durchaus lukrativ sein, wie Kirsten Müsser zu berichten weiß:
Letzten Sommer verkaufte ich auf Korfu Schmuck, den ich mir in Indien, Nepal, Thailand und China besorgt hatte. Viele meiner Freunde verfuhren ähnlich und mußten eigentlich nur darauf achten, beim Ankauf in den Ursprungsländern nicht übers Ohr gehauen zu werden.
Möglicherweise wird versucht, jemanden zu schwerwiegenden Fehlern zu verleiten, etwa zum Transport illegaler Dinge oder Drogen. Da jedoch wirklich genügend Möglichkeiten existieren, auf vernünftige Art und Weise Geld zu verdienen, muß man sein Geld nicht mit dem Leid anderer Menschen machen und gleichzeitig ein Risiko für Leib und Leben eingehen! Ebenso illegal ist der Export von Antiquitäten, weswegen wir es auch nicht empfehlen können, dem Beispiel jenes Italieners zu folgen, der in Athen altägyptische Papyrusschriften zum Kauf feilbot.

Duty-Free-Shops

Der Weiterverkauf zollfrei eingekaufter Zigaretten, Spirituosen oder anderer Verbrauchsgüter zählt zu den einfachsten und naheliegendsten Möglichkeiten, die Kasse aufzubessern. In einigen asiatischen Ländern sind amerikanische und europäische Zigaretten sowie schottischer Whisky derartig gesucht, daß Touristen in den Straßen darauf angesprochen werden. In anderen Ländern sind solche Waren zwar in den Geschäften im Angebot, aber nur zu horrenden Preisen. Sein Geld kann man beispielsweise durch den Verkauf von Cognac, Wodka oder Whisky aus dem »Duty-Free«-Shop in Skandinavien vervielfachen. Enorme Gewinne lassen sich mit der Einfuhr von originalen »Havanna«-Zigarren aus Kuba erzielen. Höchste Vorsicht ist bei der Einfuhr von Spirituosen in islamische Länder geboten; sollte die Sache dennoch gelingen, winkt reichlicher Gewinn. Halten Sie sich gegenüber der organisierten Konkurrenz bedeckt! Die Lastwagenfahrer auf den internationalen Transportstrecken kennen alle Tricks.
Die einen begnügen sich mit moderaten Gewinnmargen und halten sich an die vorgeschriebenen Höchsteinfuhrmengen für Touristen, üblicherweise eine Flasche Alkoholisches und 200 Zigaretten. Andere wiederum überschreiten das Limit um das Zehn- oder Zwanzigfache. In gewissem Umfang ist das Mitbringen wertvoller Gegenstände im Rahmen des persönlichen Bedarfs gestattet: eine Kamera plus fünf Filme, ein Plattenspieler, in Bangladesch auch ein Haartrockner, allerdings nur für Touristinnen. Wohl nur wenige Zöllner werden ein ganzes Dutzend, in Hongkong erstandener Kassettenrecorder als persönlichen Bedarf akzeptieren; gegen eine Handvoll Opale, als Geschenke deklariert, kann hingegen niemand etwas einwenden. In Ländern, in denen solche dubiosen Zoll- und Handelspraktiken gang und gebe sind, bestehen die Behörden häufig darauf, wertvolle Bestandteile des Reisegepäcks in den Reisepaß einzutragen oder die Ausfuhr durch ein Formular, auf dem der Besitz aufgelistet ist, zu erzwingen. Aber da gibt's ja nun auch Leute, die im Paß notierte Gegenstände verkaufen, nachdem sie diese als gestohlen gemeldet und über die Anzeige eine Bestätigung bei der Polizei eingeholt haben, um später an der Grenze Schwierigkeiten zu vermeiden. Manchmal erzielen schon regulär im Laden an der Ecke erstandene Waren einen höheren Gewinn als solche aus dem »Duty-Free-Shop«. In Belgien etwa kosten 50 Gramm Tabak fast gar nichts, auf der Kanalfähre werden die Päckchen für etwa 6 DM angeboten und in England liegt der Preis dann umgerechnet bei 12 DM. Auch bei Selbstbeschränkung auf die erlaubten acht Päckchen Tabak läßt sich damit ein hübscher Gewinn erzielen.

Devisenumtausch

In Ländern mit einer wenig stabilen Währung oder in denen die Regierung einen ungerechtfertigt hohen Kurs für ihre Valuta ansetzt, entwickelt sich schnell ein Schwarzmarkt. Es ist ja noch gar nicht solange her, daß in der ehemaligen DDR hinter vorgehaltener Hand Ost- zu Westmark im Verhältnis 4:1 den Besitzer wechselten, während die offizielle Umtauschrate 1:1 betrug. Allgemein hat sich die Situation in den osteuropäischen Staaten entscheidend gewandelt, wenn man auch vernimmt, daß in der Sowjetunion noch immer ein Schwarzmarkt existiert. Gleiches gilt für viele südamerikanische und afrikanische Länder. Das Risiko, hereingelegt oder erwischt zu werden, ist bei solchen »Transaktionen« allerdings nicht eben gering. Auch die Gewitztesten standen eines Tages schon auf der Straße und hielten statt des getauschten Geldes einen Umschlag voller Zeitungspapier oder ein Bündel vermeintlich großer Geldscheine, in dem jedoch lediglich zwei große Banknoten sorgfältig viele kleinere Scheine kaschierten, in der Hand. Die Chancen, von einem »Agent Provocateur«, einem Polizeispitzel, angesprochen zu werden, stehen nicht schlecht. Der Umtausch in einem Reisebüro oder Geschäft ist zwar weniger einträglich, dafür aber sicherer als auf offener Straße. Empfehlenswert ist es, sich von einem Freund begleiten zu lassen und mit den Banknoten eines Landes auf das Genaueste vertraut zu machen, bevor man sich ans Feilschen macht.

Spielzeuge und andere Kleinigkeiten

Auch außerhalb der westlichen Konsumgesellschaft existiert hoher Bedarf an modischen Artikeln, der allerdings starken Schwankungen unterworfen ist. Solartaschenrechner sind in zahlreichen lateinamerikanischen Ländern in höchstem Maße begehrt. Bob Marley-T-Shirts bringen in Marokko größere Dirham-Beträge ein, je nachdem, wie gut jemand feilschen kann. Mit irgendwelchen Logos bedruckte T-Shirts scheinen in Indonesien vorzüglich absetzbar zu sein. Wenn man seinen Krempel nicht gegen Bargeld loswird, lassen sich oft gewisse Gegenleistungen heraushandeln: so soll schon vorgekommen sein, daß gebrauchte Kleidungsstücke gegen Benzin eingetauscht wurden. »Levis«-Jeans brachten bis vor kurzem erkleckliche Summen ein, doch inzwischen sind vielerorts passable Nachahmungen zu finden, die den Bedarf günstiger decken. Diese Hinweise können jedoch längst schon wieder durch eine neue »Crazy«-Welle überholt sein. Prinzipiell empfiehlt es sich, Erkundigungen vor dem Investieren größerer Summen in Einkäufe einzuziehen. Hans Bick traf in Südamerika Reisende, die sich offensichtlich verkalkuliert hatten: *Überraschend viele »Gringos« kommen in Lima mit Rucksäcken voller billiger Taschenrechner, Digitaluhren usw. an und stehen dann auf dem Marktplatz völlig konsterniert vor den Ständen mit Hunderten derartiger Geräte, die zu Preisen angeboten werden, bei denen ihre eigenen Lieferanten vor Neid erblassen würden.*
Hochwertige Stereo- und Fotoausrüstungen hingegen wird man immer zu Spitzenpreisen los. Auch in nicht gerade unterentwickelten Ländern wie Neuseeland oder Australien erzielt man ordentliche Gewinne mit in Hongkong oder Bangkok günstig eingekauften Kameras. Ebenfalls problemlos lassen sich hochwertige Marken-Trainings- und Joggingschuhe an den Käufer bringen, speziell in Neuseeland. Weniger mondäne und somit leichter finanzierbare Waren, an denen gut verdient werden kann:
Wegwerffeuerzeuge kosten im Supermarkt in Deutschland oder Frankreich rund eine Mark, in Großbritannien muß man dafür schon über ein Pfund hinlegen. Wird man also in Londoner Pubs eine Handvoll Feuerzeuge und ein paar Päckchen Tabak los, kann man zumindest einen Tag lang davon leben. Zigarettenpapierchen sind in jedem Fall eine gute

Investition, da sie in Skandinavien geradezu aberwitzig teuer und in Brasilien oder Griechenland beispielsweise fast nicht zu bekommen sind. Und bei einem Einsatz von etwa fünfzig Pfennig pro Päckchen kann eigentlich nicht viel schiefgehen, oder? Letzteres dachte sich auch Thomas Belbi und nahm einen halben Rucksack der begehrten Blättchen mit nach Goa, wo er sie binnen kürzester Frist mit einer ansehnlichen Gewinnspanne von 400% abstieß. Möchtegernunternehmer finden vor allem in Osteuropa ein weites Betätigungsfeld, wo sich allenthalben ein Markt für westliche Konsumgüter auftut. Die Behörden versuchen, den Handel zu unterdrücken, indem sie Erklärungen über den mitgeführten persönlichen Besitz bei Ein- und Ausreise ausfüllen lassen. Abweichungen vom Eingetragenen können zu erheblichen Schwierigkeiten führen. Ähnliche Regelungen gelten für Devisen: eventuell werden Nachweise über Umtausch, Ausgaben und etwaige Einkäufe gefordert. Der Anreiz zu einer Umgehung dieses Systems ist zugegebenermaßen hoch, sind doch bis zu vierhundert Prozent Gewinnspanne beim inoffiziellen Geldumtausch in Rumänien und der Sowjetunion drin. Die Einheimischen verwenden das westliche Geld zum Einkauf in den bekannten Valuta-Läden, die hochwertige einheimische oder importierte Güter führen.

Second-Hand-Artikel

Dieser Tage muß man sich kaum fragen, ob der durchschnittliche Sowjetbürger lieber eine Dose Würstchen als ein Paar Jeans kaufen würde, käme er in die Verlegenheit, sich zwischen diesen beiden Dingen entscheiden zu müssen. Durch die wirtschaftliche Krise in nahezu allen osteuropäischen Ländern ist es reichlich unwahrscheinlich geworden, daß man auf der Straße auf»Lacoste«-Hemden oder»Calvin Klein«-Jeans angesprochen wird und dafür größere Rubel-, Zloty- oder Kronenbeträge bekommt. Durch die Hinwendung zur freien Marktwirtschaft schwindet die Notwendigkeit für einen Schwarzmarkt mit vormals westlichen Gebrauchs- und Luxusgütern immer mehr. In Großbritannien kann man an Wochenenden an»Aus-dem-Kofferraum-heraus«-Verkäufen teilnehmen (Standgebühr £ 5).

Autohandel

Wegen der Probleme mit dem Rost sind gut erhaltene Gebrauchtwagen im Nordosten Amerikas teurer als im Süden und in Kalifornien. Es kann sich also durchaus lohnen, einen Wagen von Los Angeles ostwärts zu fahren und in Boston oder Chicago zu verhökern. In Europa lohnt sich die Reise auf die Britischen Inseln, da Neuwagen dort um ein erhebliches teurer sind als in allen anderen EG-Staaten (und dies trotz der Gemeinschaftsbestimmung, daß die Preise von Mitgliedstaat zu Mitgliedstaat um nicht mehr als 12% differieren dürfen). Andererseits sind britische (und amerikanische) Autos speziell in Schweden ungemein begehrt, da man hier zwar im Winter gerne seinen braven Volvo oder Saab fährt, im Sommer hingegen lieber etwas Aufregenderes, etwa einen MG oder noch besser eine offene Corvette seinen Nachbarn präsentiert. Das Risiko hierbei ist gering, denn Exoten gehen weg wie die warmen Semmeln. Campingbusse verkaufen sich in Italien besser als in Griechenland. In Nigeria und Togo veräußert man gewinnbringend seine alte Mühle, die gerade mal noch so eben die Saharadurchquerung überlebt hat. In den 80ern gab es in den meisten Staaten des Mittleren Ostens einen großen Markt für deutsche Autos und Lastwagen. Die Überführungsaufträge wurden in jener Zeit im »Café Sharazad« vergeben, doch momentan scheint nicht viel zu gehen. Die Golfkrise hat ihre Spuren hinterlassen ...

Ausnutzen lokaler Gegebenheiten

Gelegenheiten des Geldverdienens durch Verkäufe finden sich praktisch überall. Wir können an dieser Stelle nur ein paar Ideen weitergeben und Anregungen vermitteln. Der Rest bleibt dann persönlicher Initiative überlassen. Einige Jobber finanzieren ihre Reisen durch den Verkauf sebstgefertigter Gegenstände, wobei sich gründliche Vorbereitung und Vorausdenken stets ausgezahlt haben: Jennifer Herrmann beispielsweise sammelte am Strand von Eilat ausgefallene Muscheln und steckte 20 DM in die Anschaffung von etwas Silberdraht, einigen bunten Perlen und einer Zange. Aus den erstandenen Materialien fertigte sie sodann einfache Ohrringe, welche sie für sechs Mark das Paar an Touristen verkaufte. Andere drehten in Israel aus bunten Seidenbändern Armreifen, eine Arbeit von fünf Minuten: das Stück ging für acht Schekel weg. Stefan Preis brachte in Madrid Ohrgehänge, aus billigen Glitzersteinen gebastelt, an die Frau bzw. auch den Mann. In vielen Gegenden lohnt sich die Suche nach kostengünstigen ausgefallenen Materialien, etwa Korallen in Südamerika, bunten Perlen in Marokko, Muscheln in Papua-Neuguinea oder Bambus auf Kreta. Gregor Gulda lernte selbst aus Bambus Panflöten zu fertigen, die er anschließend für 20 Mark an amerikanische Touristen veräußerte: eine knappe Schilderung des Pan-Mythos gab's gratis dazu. Wer zeichnen oder malen, stricken oder nähen, mit Holz oder Leder arbeiten kann, dem fällt es sicher nicht schwer, Souvenirs herzustellen, die in Urlaubergebieten leicht zu vermarkten sind.

Strände und andere belebte Orte

Stellen mit viel Betrieb stellen vorzügliche Standplätze für Verkaufsaktivitäten dar. Touristen, die frühmorgens aus der Diskothek wanken, gelüstet es dann gerne nach Sandwiches. Skifahrer am Lift könnten auf zu verkaufende Schokolade angesprochen werden. An abgelegenen Orten in Nepal oder Neuseeland, am Ende der Trekkingpfade, sind Touristen meist ganz verrückt nach Coca Cola oder anderen langentbehrten Dingen. Sonnenanbeter an Stränden verlangt es nach kaltem Bier, Sonnencreme, Eßbarem, vorfrankierten Postkarten oder einem Kugelschreiber, wobei leicht erhöhte Preise in den seltensten Fällen übelgenommen werden. Man suche sich den Strand jedoch sorgfältig aus, denn wenn bereits Dutzende von anderen Verkäufern umherschwärmen wie an den meisten spanischen und französischen Küsten, stehen die Chancen offenkundig eher schlecht. Ist hingegen weit und breit kein Anbieter zu sehen, darf man dort vermutlich grundsätzlich nichts verkaufen, wie ein Leser am Bondi's Beach in Sydney erfahren mußte: schon nach wenigen Minuten wurde er von einem Aufseher verscheucht. Je nach Umfeld ist auch mal Besonderes gefragt: die Niagarafälle stehen bei Hochzeitsreisenden in der Beliebtheitsskala an der Weltspitze, so daß sich dort rote Rosen prima absetzen lassen. Eine weitere Möglichkeit wäre die Vermietung von Beinkleidern vor Kirchen an permanent kurzbehoste amerikanische Touristen. Das richtige Produkt kann auch an einen größeren Kreis von Kunden verkauft werden. Ein Leser stellte aus örtlich angebauten Erdnüssen »Peanutbutter« her und schlug diese vor den Eingängen archäologischer Sehenswürdigkeiten in Lateinamerika an nordamerikanische Touristen los. Skibegeisterte verdienen sich in Wintersportgebieten mit dem morgendlichen Ausliefern von Croissants an Bewohner von Ferienwohnungen ein Taschengeld. Angler bieten ihren Fang ebenfalls Urlaubern an. Theresa Schütz sammelte nachts am Ufer der Ardèche in

Südfrankreich Schnecken und errichtete auf dem Wochenmarkt in Carpentras einen kleinen improvisierten Stand, wo sie besonders freitags zufriedenstellende Umsätze erzielte, da an jenem Tag die Einkäufer der Geschäfte und Restaurants aus Paris kamen. Wer Tarotkarten legen und deuten kann, müßte seine Kenntnis gewinnbringend einsetzen können. Gabi Rüscher beobachtete in Florenz und Avignon einige Tarotkartenleger, die für eine Sitzung rund zehn Mark gezahlt bekamen. Sie selbst plazierte sich dann auf der Fähre nach Griechenland an einem Tisch mit zwei Stühlen und stellte ein englischsprachiges Hinweisschild auf. Jürgen Weber fand einen Job als Aushilfe in einer Jugendherberge in Marseille, wo er sein Einkommen nebenher durch den Verkauf von Getränken und Süßigkeiten an die Bewohner aufstockte. Im Geschäft kostete die Cola 1 DM. Obwohl den Käufern also bewußt war, daß Jürgen bei seinem Verkaufspreis von 3 DM satten Gewinn machte, freuten sie sich über die Gelegenheit, spät abends noch Nachschub zu bekommen, wenn die eigenen Vorräte aufgebraucht waren.

Fotografieren und Berichten

Glückliche schaffen es, nach Abschluß ihrer Reise darüber Berichte in heimatlichen Zeitschriften und Magazinen zu veröffentlichen. Hat man Derartiges ernsthaft vor, sollten die einschlägigen Zeitungen schon vor der Abreise genauestens studiert werden, damit man eine Vorstellung bekommt, was gefragt sein könnte. Bei Fotos sind eher darstellende als »schöne« Aufnahmen gesucht. Manchmal zahlt es sich aus, die Zeitungsstände in den bereisten exotischen Ländern nach ausgefallenen Journalen durchzusehen. Findige Leser haben schon Artikel an die Mitteilungsblätter von ausgewanderten Europäern in Lateinamerika oder Afrika verkauft.

Das Korrigieren grammatischer Fehler in deutsch- oder englischsprachigen Restaurantspeisekarten kann unter Umständen eine Einladung zum kostenlosen Zuschlagen einbringen – obwohl das eigentlich schade ist, weil anderen Reisenden die Gelegenheit zum herzhaften Lachen genommen wird. Auch in Museen und Ausstellungen lohnt sich die Nachfrage, ob die Beschriftungen nicht vielleicht verbessert werden sollten, wobei natürlich äußerst taktvolles Vorgehen angeraten ist. Wer den Bogen für einprägsame Slogans raus hat, wird vielleicht zu diesem Zwecke eingestellt: Anne Weichbrodt ersann für einen taiwanesischen Geschäftsmann pfiffige Sprüche, die anschließend auf Buttons für den deutschen Markt gedruckt wurden.

So gewitzt muß man aber gar nicht unbedingt sein: dem Sportangler Werner Wilmers fiel auf, daß in den deutschen Fischereimagazinen nur selten über das Angeln in anderen Gewässern Europas berichtet wurde. Auf seinen Fahrten in Südeuropa und im Mittelmeergebiet sammelte er also alle nützlichen Angaben zu dem Thema und machte entsprechende Fotos. Seine Artikel verkaufte er hinterher an verschiedene Fachzeitschriften zu Hause. Auch ohne besondere Begabung im Umgang mit Kamera oder Bleistift kann man davon profitieren, zur richtigen Zeit am richtigen Ort zu sein: der Tourist, der zufällig Bing Crosbys Herzanfall auf einem spanischen Golfplatz fotografierte, lebte sicher eine ganze Zeitlang bequem von den Tantiemen. Gelingt zufällig ein Schnappschuß von einem international wichtigen Ereignis, einem Terroranschlag, einem Attentat, der neuesten Peter-Graf-Affäre usw., so zögere man keine Sekunde, die Aufnahme einer internationalen Agentur wie *Reuter*, *dpa* oder *AP* anzubieten. Wird das Foto nämlich tatsächlich veröffentlicht, sind damit ordentliche Summen einzusacken. Doch auch weniger spektakuläre Fotografie bringt etwas ein: mit der Hilfe einer Polaroidkamera an Stränden, vor Cafés und an Sehenswürdigkeiten beispielsweise. Nacktbadestrände werden erstaunlicherweise als besonders gute (und spannende) Jagdgründe gelobt. Dabei ist vorher aber unbedingt abzuklären, ob eine Aufnahme wirklich gewünscht wird, bevor man als Perversling davongejagt wird. Michael Jensen hatte eines Tages die Idee, auf Korfu Aufnahmen von Touristen bei ihrem ersten Hanggleitflug zu machen. Das geringe Interesse stieg erheblich, als er die in der Stadt entwickelten Farbfotos vorzeigte; anschließend waren die meisten bereit, die verlangten 1200 Drachmen für drei Abzüge hinzublättern.

Straßenmusik

Alle von der Muse geküßten Leser, die ein Instrument spielen, stepptanzen, jonglieren, zaubern, zeichnen oder schauspielen können, sollten sämtliche Hemmungen ablegen, auf die Straße gehen und dort ihre Künste vorführen. Benötigt wird natürlich eine gewisse »berufliche Ausstattung«, vielleicht ein Kompagnon, der mit dem Hut herumgeht und, am allerwichtigsten natürlich, ein geneigtes Publikum. Ein sonniges warmes Klima erweist sich in der Regel als förderlich, wobei allerdings die erfolgreichsten Straßenmusiker, von denen wir gehört haben, mitten im Winter in Nordeuropa spielten. Die Einnahmen hängen nicht nur vom individuellen Talent ab, sondern auch vom originellen Auftreten. Zuhörer in den einzelnen Ländern sind offenbar unterschiedlich großzügig, wobei Deutsche und Schweizer gemeinin als spendabel gelobt werden; die Briten hingegen gelten als knausrig. In Mitteleuropa gibt es im Normalfall wenig bürokratische Schwierigkeiten: jedermann kann auch in Kneipen und Cafés auftreten. Im schlimmsten Fall wird man von der Polizei zum Weitergehen aufgefordert. Rebecca Peinerzhagen bedauerte außerordentlich, ihr Akkordeon zu Hause gelassen zu haben, da sie in Griechenland damit ihre Brot-mit-Schafskäse-Diät erheblich hätte aufbessern können. Muß man sich entscheiden, entweder mehr Gepäck oder ein Instrument auf Reisen mit sich herumzuschleppen, so gebe man unbedingt der Kunst den Vorzug! Je beliebter und bekannter ein Platz, desto größer auch die Konkurrenz. Armin Birrer schreibt, daß er sich durch Norwegen, Wales, Irland und Neuseeland musiziert hat, einschließlich einer fünfzehnstündigen »Session« in einem Haarstudio. Er hat es mit seiner Musik sogar geschafft, den Flug nach Neuseeland zusammenzusparen: in Australien wirkte Armin bei Filmaufnahmen mit. Seiner Ansicht nach sind kleinere Städte fürs Tingeln eher geeignet als größere, da in ihnen nur selten ein Straßenmusikant auftaucht. Die einzigen natürlichen Feinde des Pflasterstein-Bob-Dylans sind das Wetter und die örtliche Polizei. Doch auch die lokale Kleinmafia kann das Leben schwer machen, wenn es dieser nicht gefällt, wo man seine Antwort im Wind blasen läßt. Dies jedenfalls ist die Erfahrung von Dieter Häberle in Taipei, wo er sich nach ersten unterschwelligen Drohungen lieber rasch entfernte als auszutesten, ob diese denn ernstgemeint waren. Die Vorschriften über Straßenmusik und -theater unterscheiden sich von einem Land zum anderen deutlich, teilweise sogar von einer Stadt zur andern. Manchmal wird Straßenkunst von den Stadtvätern sogar regelrecht unterstützt: am »Covent Garden« in London und um das »Centre Pompidou« in Paris herum wird man von behördlicher Seite vollkommen in Ruhe gelassen, muß andererseits aber auch ein erklecklich hohes Niveau unter Beweis stellen, um mit den Konkurrenten mithalten zu können. Laut Gesetzestext kann man für das Musizieren in der Londoner Untergrundbahn bestraft werden, in der Regel droht aber lediglich der Rauswurf. Manchmal führt die Straßenmusik zu einem besseren Job: ein Leser beispielsweise bekam aufgrund seines mitreißenden Spiels einen Vertrag in einer holländischen Kneipe, ein anderer wurde von der Straße in St. Tropez weg in einen Top-Nachtclub hinein engagiert. Wenn sich die Möglichkeit ergibt, sollte man unbedingt auch in all den Bars und Cafés besonders in Griechenland und der Türkei auftreten, die vom »Marlboro-, Levis- und Coca-Cola-Publikum« frequentiert werden.

Straßenkunst

Wer ein annähernd erkennbares Porträt oder eine örtliche Straßenszene aufs Papier zaubern kann, etabliere sich doch als Straßenmaler: zwei Freundinnen, Belinda und Greta, empfanden es als nicht weiter schwer, mit ihrer Begabung die Reisekasse zu füllen. Die beiden verwandten braunes Packpapier von der Rolle, Pastellfarben aus der Tube und Buntstifte. Da es natürlich recht unbequem ist, ständig zwei Stühle mit sich herumzuschleppen, borgten sie sich jeweils Sitzgelegenheiten in einem nahen Café oder einer Kirche. Vom künstlerischen Standpunkt sollte man nicht so empfindlich sein: fragt ein »Opfer« mal, ob es denn wirklich so alt aussehe, entfernt man eben seelenruhig die eine oder andere Falte aus der Zeichnung. Hat sich vor Ort erst einmal das Talent des Künstlers herumgesprochen, erhält er vielleicht sogar lukrative Aufträge von Einheimischen. Gerade Bootseigner scheinen besonders erpicht darauf zu sein, ihr Schiffchen in Öl oder Aquarell verewigt zu sehen: also auf zum Hafen und mit dem Zeichenblock zwischen den Booten herumgestrolcht! Auch wohlhabende Hauseigentümer sehen sich ihr Eigentum gern noch einmal »en miniature« an der Wand an. Dieter Meiers Wandgemälde in einem Kibbuz wurden in einer israelischen Zeitung in den höchsten Tönen gepriesen, worauf er prompt Aufträge von Privatleuten erhielt.

Filmstatist

Die Vorstellung, flott bei den Stars und Sternchen in Hollywood mitzumischen, kann man sich ruhig abschminken. Auch der letzte Statist gehört dort einer Gewerkschaft an, die Fremde ausschließt. Bei Filmaufnahmen vor Ort an anderen Stellen gibt es schon eher, wenn auch immer noch geringe Chancen, als »der zwielichtige Typ in der Ecke« oder »gelangweilter Vamp am Tresen« unterzukommen. In den asiatischen Ländern suchen Regisseure des öfteren ein weißes Gesicht als zusätzlichen Blickfang im Hintergrund. Agenten von Filmgesellschaften schauen sich nicht selten in den billigen Hotels in Bombay oder Hong Kong um, wo sie sicher sind, jemanden aufzutreiben, der »für eine Handvoll Dollar« einige Tage bei Filmaufnahmen mitmischt, denn im Vergleich zu den ortsüblichen Löhnen ist diese Bezahlung wirklich großzügig. In jener Stadt sei man jedoch vor unüblichen Arbeitszeiten gewarnt, da die ersten Klappen oft um Mitternacht geschlagen werden. Armin Birrer erhielt in Melbourne den Tip, sich wegen eines Jobs einfach an die lokalen Filmstudios zu wenden und verdiente anschließend an einem Tag, der im wesentlichen aus Herumstehen bestand, 120 Dollar:

In Melbourne werden laufend Fernsehfilme und Werbespots gedreht. Man muß eine Runde durch die Studios machen. Die meisten machen ein Foto und legen eine Akte an, was soviel heißt wie »bitte warten«. Ist man jedoch der gerade gesuchte Typ, wird man auch schon mal vom Fleck weg engagiert.

Ein anderer Reisender rief verschiedene Werbeagenturen an und erfuhr so, daß im Northern Territory noch Statisten gesucht wurden. Die Aufgaben eines Statisten beim Film verlangen kaum großartige, schauspielerische Fähigkeiten, und trotzdem ist diese Tätigkeit anstrengend. Vor Beginn der Filmarbeiten frühmorgens stehen die Sitzungen bei den Maskenbildnern an. Oft dauern die Dreharbeiten bis zur Dämmerung. Armin Birrer schwört, keinen anstrengenderen Job zu kennen. Hört man gerüchteweise, ein Filmteam sei in der Nähe, so versuche man, den Verantwortlichen für die Einstellungen ausfindig zu machen, um wegen eventuell zu besetzender Stellen vorstellig zu werden. David Balbeck erkundigte sich bei der Polizei in Genf nach den Dreharbeiten für »Die unerträgliche Leichtigkeit des Seins«. Leider taugte dann die Wegbeschreibung nicht das Geringste. Am nächsten Tag stieß er durch bloßen Zufall auf die Wagen der Filmleute, tauchte für umgerechnet 120 DM kurz im Hintergrund auf und wurde zu einem opulenten Essen im Hotel eingeladen, wo er nützliche Kontakte knüpfen konnte.

Verschiedenes

Will oder kann jemand keinen längerfristigen Job annehmen, so ist ein Gelegenheitsjob das Richtige. Fast überall auf der Welt gibt es für Installateure und Elektriker, für Auto- und Fahrradmechaniker oder Klavierstimmer etwas zu tun, so daß mithin jeder in einer besonderen Richtung Ausgebildete einen bezahlten Kurzzeitjob finden sollte. Aber auch ungelernte Kräfte können durchaus gutes Geld verdienen: es erfordert schließlich wirklich keinen Dalì, um einen Gartenzaun zu streichen. Vielleicht ist der Lohn nicht üppig, aber die Bezahlung erfolgt bar und prompt, ohne lästige Fragen nach Woher und Wohin. Es dürfte hierbei keine Probleme mit Arbeitspapieren geben, solange man nicht ausgerechnet an die Tür eines Beamten vom Arbeitsamt oder der Fremdenpolizei klopft.
Es begann in New York, doch inzwischen trifft man sie in allen größeren europäischen Städten: die (meist) jungen Leute, die während der Rotphase einer Ampel die Windschutzscheiben der zwangsweise stehenden Wagen reinigen. In London lassen sich damit offenbar bis zu 70 Pfund am Tag einheimsen. Gestreßte Hausbesitzer reagieren oft positiv darauf, wenn taktvoll vorgeschlagen wird, daß vielleicht der Vorgarten gejätet oder die Türangeln am Gartentor ins nächste Jahrtausend hinüber gerettet werden könnten. Die Bequemlichkeit vieler Leute wird zumeist unterschätzt: im Sommer müssen der Rasen gepflegt, die Garagen gereinigt, das Auto gewaschen, im Winter muß der Schnee geräumt werden. Die Spezialisierung auf eine bestimmte Tätigkeit, beispielsweise die Fensterreinigung, erfordert eine bescheidene Investition in Arbeitsgeräte. Auftraggeber bevorzugen Fensterputzer, die zumindest einen eigenen Eimer, Lappen und eventuell eine Leiter mitbringen. Man kann die Aufmerksamkeit potentieller Kunden auch durch Gags auf sich ziehen, etwa indem man auf Rollschuhen um Aufträge als Bote nachfragt.
Die besten Wohngebiete für Gelegenheitsarbeiten sind die Randbezirke der Städte mit ihren Eigenheimen: je ärmlicher die Gegend, desto weniger Geld ist für mögliche Aushilfsarbeiten vorhanden. In betuchten ländlichen Bezirken müssen zum Teil lange Fuß- oder Radwege in Kauf genommen werden, bevor sich schließlich etwas bietet. Richard Adamski machte die besten Erfahrungen in den Neubausiedlungen der ländlichen Einzugsgebiete amerikanischer Großstädte, wo die Bewohner es weniger eilig haben, unbequeme Fragesteller sofort wegzuschicken, als dies in den Städten der Fall war. Über sein Aussehen sollte man sich zudem Gedanken machen, denn ein Pensionär in Salzburg wird kaum jemanden beschäftigen, der frisch nach algerischer Wüste riecht. Eine Hausfrau in Los Angeles dürfte zurecht jemandem mißtrauen, der sich im Dreiteiler zur Reinigung des Swimmingpools anbietet.
Susanne und Erich Brenner unterbrachen ihre Reise nach Australien auf der kleinen griechischen Insel Halki. Sie kamen im April, also deutlich vor den Touristenhorden, dort an. Weit und breit war kein Job in Sicht, und dennoch taten sie schließlich etwas auf:

Der Strand war in einem entsetzlichen Zustand, da die Winterstürme eine Menge Unrat ange-
spült hatten. Wir stellten uns die Aufgabe, den Strand zu reinigen und fragten beim Bürger-
meister nach, ob wir dafür Müllsäcke bekommen könnten. Nach fünf Wochen Aufenthalt
war unsere Reisekasse fast aufgebraucht, doch da wurde Erich gefragt, ob er nicht den Posten
des Hafenreinigers haben wolle. Die Arbeit bestand darin, dreimal wöchentlich die Hafenmo-
le und die Straßen zu fegen. Eine Frau aus Athen hatte das bisher mehr oder weniger zufrie-
denstellend erledigt, war jetzt aber mit ihrer Familie heimgekehrt. Der Job war seit Monaten
nicht richtig erledigt worden und somit zunächst eine unerfreuliche Angelegenheit. Ich half
Erich am Anfang dabei. Nach einiger Zeit gab es nicht mehr so viel zu tun, dafür hatten wir
reichlich freie Zeit. Der monatliche Lohn betrug 15.000 Drachmen, also etwa 350 DM. Da
keiner der Einheimischen diesen Job übernehmen wollte, stieg Erich in deren Beliebtheit und
bekam zusätzlich eine Menge Aufträge von Privatleuten, wohl weil es wenige Arbeitskräfte auf
der Insel gibt oder die Einwohner einfach zu bequem sind. Offensichtlich existierte sogar ein
nicht geringer Posten im Gemeindebudget für derartige Arbeiten. Es könnte sich lohnen, auch
in anderen griechischen Orten den Bürgermeister hierauf anzusprechen.

Die Strände Halkis sind inzwischen also in Ordnung gebracht. Nach der Aussage Bern-
hard Hansers dürfte aber insbesondere Gibraltar von einer ähnlichen Aktion nicht wenig
profitieren. Das Aufsammeln von Pfandflaschen und -dosen ist in manchen Ländern so
lukrativ, daß man es durchaus als eigenständige Erwerbsmöglichkeit erwähnen sollte (und
der globale Trend zur Wiederverwertung wird dies in Zukunft sicher bestätigen). In Australien erhält man für ein Kilo Aludosen einen Dollar. Christiane Schmidt verdiente während des schwedischen Karnevals nicht weniger als 450 DM durch das Aufsammeln und
Zurückbringen von Pfandflaschen.

Glücksspiel

In den meisten Ländern dieser Welt kann man auf staatliche Lotterien stoßen, doch sind
die Gewinnchancen wohl überall zu niedrig, als daß man hoffen dürfte, damit bei finanziellen Engpässen die Reisekasse auffüllen zu können. Wetten beim Pferderennen oder
Kasinobesuche empfehlen sich nicht ohne Einschränkung. Beim Roulette biete man in
der Sprache der Zocker »mit dem Rad«, nie dagegen, denn ein mechanischer Defekt, der
bestimmte Zahlen öfter vorkommen läßt als von der Wahrscheinlichkeitsrechnung
erlaubt, ist immer möglich. Werden im Spiel hohe Summen gesetzt, so bietet man gegen
Ende und stets gegen eben diese Spieler. Weil manipulierte Tische in einigen Ländern
gang und gebe sind, sollte man stets Vorsicht walten lassen.
Versierte Spieler haben mit einem Pack Spielkarten, einem Backgammonbrett oder
Pokerwürfeln weitaus bessere Chancen, ihr Einkommen aufzustocken. Bridge, Backgammon und ganz besonders Poker sind weitverbreitete Spiele, die um Geld ausgetragen werden. Kennt man die Tricks und Kniffe, so gibt es keinen logischen Grund, seine Fähigkei-
ten *nicht* einzusetzen. Bei Poker und Backgammon kann man in jedem Stadium seine
Chancen rein mathematisch ausrechnen. Die meisten Amateure machen sich jedoch
nicht die Mühe, über derlei Zusammenhänge nachzudenken. Wer seine Chancen
dagegen gut kalkuliert und sich von ausgesprochenen Profis fernhält, hat gute
Gewinnchancen. Falschspielen erhöht die eigenen Gewinnchancen, wirkt sich aber unter
Umständen negativ auf Ihre Lebenserwartung aus ...
Man kann sich natürlich auch in einem der weniger bekannten Kartenspiele wie »Cribba-
ge« oder »Bezique« perfektionieren, vertrauensselige Mitmenschen, die das Spiel weniger gut beherrschen, zum Mitbieten einladen und dann auf den Leim gehen lassen. Das

Spiel ist aber schleunigst zu beenden, wenn die Mitspieler sich dem eigenen Kenntnisstand annähern. Der »Drei-Karten-Trick«, auch Kartenraten genannt, erfordert ein gewisses Geschick, das man sich aber mit wenigen Wochen Übung durchaus aneignen kann. Voller Selbstvertrauen bieten Sie potentiellen Mitspielern an, ihr Geld auf eine Karte zu setzen, die dann hoffentlich nicht gezogen wird. Als ob Sie das Kartenpaket teilen wollten, wird eine Karte mit dem Bild nach unten zwischen Daumen und Mittelfinger der linken Hand gehalten: ähnlich halten Sie zwei andere Karten mit der rechten. Beim Ablegen der Karten in der rechten Hand auf den Tisch wird die obere Karte zuerst losgelassen, wodurch sich die für den Betrachter offensichtliche Reihenfolge der Karten umkehrt. Vergessen Sie nicht, die ganze Zeit die Ellbogen hochzuhalten und die Handgelenke locker hängenzulassen. Nach einer Weile wird auch das dümmste Publikum auf den Trichter kommen: höchste Zeit, sich zu verabschieden. Beim Spielen mit nur einem Gegner sollten Sie diesem anbieten, ihn die Karten legen zu lassen und das Doppelte des bisher erzielten Gewinnes zu setzen. Der Versuch des Gegners, das zu vollbringen, was Sie seit Wochen geübt haben, ist naturgemäß zum Scheitern verurteilt.

Ein guter Trick ist das Schröpfen eines Spielbetrügers: das funktioniert immer, ist aber nicht ganz ungefährlich. Überall auf der Welt in Poolbilliard-Hallen, Kneipen oder südlichen Arkaden warten lauernde Spielhaie nur darauf, ahnungslose Opfer über den Tisch zu ziehen. Sie sollten sich die besten Klamotten anziehen und für das Vorhaben einen geeigneten Ort aufsuchen, wo Sie dann ruhig vor sich hinspielen, ohne aus Ihrer Ungeübtheit einen Hehl zu machen. Ein Berufsspieler wird sicherlich über kurz oder lang auf Sie als vermeintlich leichten Fang aufmerksam. Da diese Menschen von Natur aus gierig sind, wollen sie nicht nur den ersten mickrigen Einsatz an Land ziehen, so daß man sie die ersten Spiele gewinnen lassen kann, um sie in scheinbarer Sicherheit zu wiegen und auf die Erhöhung des Einsatzes zu warten. Dann rasch den Gewinn der fetten Spiele einsacken und nichts wie weg – nachdem Sie natürlich den Notausgang erkundet haben. Nach demselben Prinzip kann man die großen Kasinogesellschaften in Las Vegas und Atlantic City in den USA sowie an der Gold Coast in Australien schröpfen. Auf der Suche nach Spielern werden Busfahrten in die einzelnen Kasinos organisiert, wobei der Fahrpreis in der Regel rund fünf Dollar beträgt. Bei der Ankunft bekommen alle Mitreisenden zur Animation Chips im Wert von zwanzig Dollar ausgehändigt: diese tauscht man möglichst unauffällig an der Kasse in Bargeld zurück und ist schon zumindest für einen Tag finanziell saniert ...

Arbeit und Steuern in der EG

Gemäß Artikel 8 des Vertrags von Rom existiert ab Januar 1993 der Binnenmarkt, ein Gebiet ohne interne Grenzen, in welchem die freie Bewegung von Menschen, Waren, Kapital und Dienstleistungen gewährleistet ist. Doch auch die bisherige Gesetzgebung garantiert schon das Recht jedes EG-Bürgers, sich in allen Ländern der Gemeinschaft (mit Ausnahme von Spanien und Portugal) um eine Arbeit zu bewerben, so daß das genannte Datum für Jobber wohl kaum nennenswerte Umstellungen mit sich bringt. Nun schleicht der Bürokratie gemeinhin der Ruf voraus, einer progressiven Gesetzgebung grundsätzlich den Weg zu verbauen. Im Jahr nach seinem Hochschulexamen arbeitete Michael Leneberg in Frankreich und England. In der Theorie sollte er mit den Verwaltungsapparaten beider Länder keine Probleme haben – was er tatsächlich hatte, waren *nur* Schwierigkeiten. Es dauerte geschlagene zwölf (!) Monate, bis er eine französische Sozialversicherungsnummer erhielt. Da er in der Zwischenzeit in einem Hotel in den Bergen eine Arbeit gefunden hatte, mußte er sich jedesmal unter dem Bett verstecken, wenn die Inspektoren des Arbeitsamts unterwegs waren. In Großbritannien kam es faustdick: er fand sich in dem Teufelskreis »Keine Arbeit – keine Papiere – keine Wohnung« wieder. Mit seinen Problemen steht Michael beileibe nicht alleine da und kann nur hoffen, daß Europa im Aufbruch hier Besserung bringt.

Lohnsteuererstattung

Obwohl die Einzelheiten der Einkommenssteuergesetze je nach Land stark variieren, gibt es grundsätzliche Übereinstimmungen. Ein Reisender, der weniger als ein volles Jahr in einem Staat arbeitet, zahlt in der Regel zuviel Steuern. Dieser Abschnitt klärt darüber auf, wie und unter welchen Umständen man seine Zahlungen zurückfordern kann. Bis zu einem bestimmten Verdienst erheben die meisten Länder keine Einkommensteuer. Die Höhe des persönlichen Freibetrags ist von Staat zu Staat unterschiedlich, liegt jedoch durchschnittlich bei zwanzig Prozent des Einkommens. Praktisch berechnen die Finanzämter die Steuer jedoch nach dem wöchentlichen oder monatlichen Einkommen, das für das ganze Jahr verbindlich zugrunde gelegt wird. Die entsprechenden Steuersätze zieht der Arbeitgeber gleich vom Lohn ab und führt das Geld unmittelbar an das Finanzamt ab. In Zahlen: beträgt der Wochenlohn 300 DM, legt das Finanzamt einen Jahresverdienst von 15.600 DM zugrunde und zieht, da man ja als Jobber in der Regel nur für eine kurze Zeit beschäftigt ist, zuviel an Steuern ab. In vielen Fällen besteht deshalb ein Recht auf Rückzahlung der zuviel gezahlten Steuern. Doch dazu müssen entsprechende Anträge gestellt werden, entsprechend dem Lohnsteuerjahresausgleich in Deutschland: entweder wenn man das Land verläßt oder zum Ende des Steuerjahres. Leider unterbinden in manchen Staaten Bestimmungen hinsichtlich des Wohnsitzes oder anderer Voraussetzungen eine solche Rückerstattung. Nur auf den ersten Blick sieht es so aus, als ob die Besteuerung umgangen werden könnte, indem in verschiedenen Ländern jeweils nur kurze Zeit gearbeitet und der steuerfrei mögliche Verdienst nicht überschritten wird, denn zwischen vielen Ländern bestehen sogenannte Doppelbesteuerungsabkommen, nach denen der gesamte Verdienst aus verschiedenen Staaten zusammengezogen und bewertet wird, als ob er am heimatlichen Wohnsitz ausbezahlt worden wäre. Dadurch wird außerdem sichergestellt, daß die Steuerbehörden jeden Steuerpflichtigen immer bis zu seinem

Hauptwohnsitz zurückverfolgen und dort veranlagen können. So erklärt sich nicht zuletzt auch die allgemeine Beliebtheit der sogenannten Steuerparadiese mit äußerst niedrigen Steuersätzen wie Monaco oder Liechtenstein.

Minimalisierung des Steuersatzes

In den meisten Ländern, in denen Ausländer legal arbeiten dürfen, erwarten Arbeitgeber, daß sich ihre Arbeitnehmer wegen der Besteuerung selbst mit der zuständigen Behörde in Verbindung setzen. Das Unterlassen respektive Hinauszögern dieses Behördengangs wirkt sich prinzipiell nachteilhaft aus: in Dänemark z.B. wird man ohne Steuerkarte automatisch in eine Steuerklasse eingeordnet, in der die Arbeitgeber fünfzig Prozent vom Lohn abziehen. Marlies Evers war dort bei der Apfelernte beschäftigt und sprach etliche Male beim örtlichen *Radhus*, um sich über die überhöhte Besteuerung zu beschweren. Schließlich erhielt Sie eine *Skattekort*, wodurch sich die Steuer endlich auf dreißig Prozent reduzierte. In Deutschland bekommt jeder, ob Einheimischer oder Ausländer aus dem Bereich der EG, problemlos eine Steuerkarte auf dem zuständigen Ordnungsamt oder Rathaus, sofern er einen festen Wohnsitz nachweist. Außerdem werden unterhalb eines gewissen monatlichen Einkommens bei sogenannten Minderbeschäftigten keine Steuern vom Lohn einbehalten. Diese führt der Arbeitgeber pauschal beim Finanzamt ab. Zur Zeit liegt die Grenze bei 470 DM. In Holland ist ohne Steuernummer keine amtliche Registrierung möglich, doch eine Steuernummer wird nur an Antragsteller mit festem Wohnsitz vergeben; ein Teufelskreis mithin für Jobber.

Das französischen Steuersystem ist wiederum völlig anders aufgebaut: rückwirkend werden vom bezahlten Lohn die vom Finanzamt für das vergangene Jahr errechneten Steuern abgezogen. Ein Kurzzeitarbeiter schlüpft im Land der Gallier also mit einiger Sicherheit durchs Netz, es sei denn, sie oder er jobbt unglücklicherweise über den Wechsel zwischen zwei Steuerjahren hinaus (1. Januar). Fünfzehn Prozent Sozialabgaben werden dann wohl oder übel unumgänglich.

Studenten sollten ihrem Arbeitgebern ihren Status stets durch eine Immatrikulationsbescheinigung belegen, was in vielen Fällen von Steuerpflicht und Sozialabgaben befreit. Die Obergrenze liegt bei 560 DM im Monat bzw. 7200 DM im Jahr. Wird mehr verdient, z.B. je 3000 DM während zweier Monate, so sind darauf ganz normal Steuern fällig, die aber durch den Lohnsteuerjahresausgleich erstattet werden. In Deutschland dürfen ausländische Studenten bis zu 183 Tagen steuerfrei arbeiten. In Amerika werden Studenten (vorausgesetzt sie studieren im Land) ebensowenig zur Besteuerung herangezogen. In Großbritannien umgehen Studenten dieses unangenehme Thema geschickt durch »ungenaues« Ausfüllen der Steuererklärung.

Wie Steuern zurückfordern?

Bei Beendigung eines Arbeitsverhältnisses sollte der Arbeitgeber ein Formular aushändigen, auf dem genaue Beschäftigungszeiten, Höhe des Lohnes und Umfang der Steuerabzüge bestätigt werden. Weigert sich ein Arbeitgeber dazu, so besteht eine hohe Wahrscheinlichkeit, daß er die abgezogenen Beträge nicht ans Finanzamt abgeführt, sondern in die eigene Tasche gesteckt hat. Dann hat es natürlich auch wenig Sinn, eine Steuerrückzahlung zu beantragen ...

Mit dieser Bestätigung marschiert man also zum Finanzamt und gibt eine Steuererklärung ab, muß möglicherweise unterschreiben, daß man in dem betreffenden Land in diesem Jahr nicht wieder arbeitet und an welchem Tag die Abreise stattfindet. Manchmal wird die Rückgabe der Aufenthalts- und Arbeitserlaubnis verlangt oder die Vorlage eines Rückreisetickets. Bürokratische Vorgänge brauchen ihre Zeit: so dauert es meist Wochen, manchmal Monate, ehe ein Antrag abschließend bearbeitet ist. Sie sollten daher am besten eine Anschrift angeben, wohin der Bescheid und die eventuelle Zahlung geschickt werden, und sicherstellen, daß Sie sich an der angegebenen Adresse lange genug aufhalten, ansonsten lieber die Anschrift von Verwandten oder Freunden nennen. Deutschland und Dänemark erlauben Rückerstattungsanträge erst zum Ende des Steuerjahres am 31. Dezember. In England und der BRD ist ein Mindestaufenthalt von sechs Monaten im Land während eines Steuerjahres Voraussetzung für eine Steuererstattung. In Dänemark können Erstattungen spätestens sechs Monate nach Ablauf eines Steuerjahres beantragt werden. In den USA muß der Arbeitgeber das Formular W2 aushändigen, auf dem alle Zahlungen und Abzüge bestätigt sind. Wieder zuhause, besorgt man sich von der nächstgelegenen amerikanischen Botschaft das Formular 1040NR und schickt es ausgefüllt an den »US Internal Revenue Service«, und zwar zusammen mit dem W2. Einige Staaten wie die Niederlande gewähren Kurzzeitarbeitern überhaupt keine Steuererstattungen. Die Situation in Australien ist so kompliziert, daß man sich gar nicht so recht an den Antrag traut. Im übrigen ist nicht zwingend vorgeschrieben, die Steuererstattung auch tatsächlich bei den Behörden des Landes zu beantragen, in dem man gearbeitet hat. Die erwähnten Doppelbesteuerungsabkommen bewirken, daß auch im Ausland geleistete Steuerzahlungen auf die Steuerpflicht des Heimatlandes angerechnet werden, so daß man also die Erstattung zu Hause beantragen kann. Praktisch erweist sich das aber als eine langwierige Geschichte, da zwei schwerfällige Behörden in verschiedenen Ländern erst einmal miteinander kommunizieren müssen. Lisa Nahrendorfs Antrag war zwei volle Jahre in Bearbeitung, bis die in Dänemark entrichtete Steuer in Deutschland erstattet wurde. Wir empfehlen daher dringend, sich gleich mit den Steuerbehörden des Landes, in dem eine Tätigkeit ausgeübt wurde, in Verbindung zu setzen.

Die einzelnen Arbeitsämter in den EG-Staaten

Theoretisch legen die Gesetze der Europäischen Gemeinschaft verbindlich fest, daß EG-Bürger in jedem Mitgliedstaat wie die eigenen Staatsbürger zu behandeln sind. Wörtlich: »Bürgern von EG-Staaten ist es gestattet, in anderen EG-Staaten zu leben und zu abeiten, solange sie möchten.« Jedes EG-Land besitzt auch tatsächlich dem deutschen Arbeitsamt vergleichbare Einrichtungen. Obwohl also alle EG-Bürger gleichgestellt sein sollen, existieren in den einzelnen Ländern doch noch etliche Ungerechtigkeiten. Daß ein Arbeitgeber einen Bewerber ablehnt, weil er die Landessprache nicht genügend beherrscht, ist verständlich. Aber auch weitere EG-Gesetze werden die Einstellung eines Arbeitsamtes nicht ändern können, wenn es Ausländern mitteilt: »Wie könnten wir Jobs an Ausländer vermitteln, wenn nicht einmal für unsere eigenen Staatsangehörigen genügend Stellen vorhanden sind?« In Frankreich bekommt man des öfteren zu hören, daß eine freie Stelle eher an Marokkaner oder Algerier vergeben wird als an einen Deutschen oder Engländer.

In Zeiten der Vollbeschäftigung holten die Regierungen der BRD oder der Niederlanden massenweise zusätzliche ausländische Arbeitskräfte heran, vor allem für Tätigkeiten, zu denen sich die eigenen Landsleute nicht bereit fanden. Inzwischen hat sich die wirtschaftliche Lage jedoch geändert und Studenten übernehmen häufig diese Aufgaben. Innerhalb der Europäischen Gemeinschaft existiert ein internationales Kooperationssystem

(EDOC), das alle in den EG-Staaten freibleibenden Stellen zentral erfaßt. Im allgemeinen erhält man dort aber nur die Auskunft, daß ohne Kenntnis der jeweiligen Landessprache, ohne Fachausbildung und ohne Bindung für eine längere Zeit (mindestens sechs Monate) nur geringe Chancen im Ausland bestehen. Besser aufgehoben sind Sie bei »SEDOC«, das zwischen den nationalen Arbeitsämtern Angebote und Nachfragen austauscht. Auch diese Behörde vermittelt vornehmlich Fachkräfte auf der Suche nach langfristigen Stellen im Ausland. Die Adressen nennt das nächste Arbeitsamt.

Arbeitslosenunterstützung in EG-Staaten

Ist es nicht erfreulich, von zwei Wegen zu vernehmen, auch in anderen EG-Staaten Arbeitslosenunterstützung zu beziehen? Beide sollen im folgenden beschrieben werden; um sie zu verstehen, muß man aber das der Arbeitslosenunterstützung zugrundeliegende Prinzip begriffen haben. Arbeitslosengeld wird nicht automatisch an jeden Arbeitslosen gezahlt. Man erwirbt einen Anspruch darauf, wenn über einen bestimmten Zeitraum Zahlungen für Sozialleistungen vom Lohn abgeführt wurden. Hat man einen entsprechenden Anspruch, so ist dieser zwischen den EG-Staaten übertragbar. Ohne diesen Anspruch wird gegebenenfalls Einkommensunterstützung oder Sozialhilfe geleistet, wobei angemerkt werden sollte, daß durchaus nicht alle Länder solche Hilfen gewähren, und diese auch nicht so leicht zwischen den Staaten zu übertragen sind. Die zuständigen Behörden heißen in Deutschland »Arbeitsamt«, in England »Department of Social Security«; in den Niederlanden wird die Angelegenheit von den städtischen Behörden erledigt.

Die Antragstellung

Wer bereits vier Wochen Arbeitslosengeld bezogen hat, kann sich diese Leistung für weitere drei Monate auch in einem anderen EG-Land auszahlen lassen. Der Antragsteller sollte jedoch vor der Abreise sein heimisches Arbeitsamt darüber unterrichten, daß er beabsichtigt, in einem anderen EG-Staat Arbeit zu suchen. Das Amt unterrichtet dann die zuständige Stelle, die dem Reisewilligen ein EG-weit gültiges Formular E303 sendet, mit dem im Ausland die Gelder zu beantragen sind. Zusätzlich erhält man einige Hinweise, an wen man sich »in der Fremde« zu wenden hat. In der Regel wird das Arbeitsamt wissen wollen, in welchem Land eine Arbeitsaufnahme beabsichtigt ist, da das Formular dann unmittelbar an die zuständige Stelle gesandt wird. Werden die eben geschilderten Vorbereitungen versäumt, wendet man sich also unmittelbar an das fremde Arbeitsamt, so können leicht Monate bis zur Klärung der Zuständigkeiten verstreichen. Aber auch bei korrekter Einhaltung aller Vorschriften können Verzögerungen eintreten, so beispielsweise alle Briefe und Dokumente übersetzt sind. Die EG-Vorschriften zur Gleichbehandlung aller Bürger von Mitgliedstaaten bewirken, daß in jedem Land auch an Fremde der für die Staatsbürger gültige Satz gezahlt wird, der um einiges höher oder auch niedriger liegen kann als zuhause. Findet sich nach drei Monaten keine Arbeitsstelle, erlischt der Anspruch: man muß nach Hause zurückkehren. Trotz der offenbaren Attraktivität dieser Regelungen scheint sie kaum jemand in Anspruch zu nehmen. Thomas Peter stellte im letzten Winter in Italien einen solchen Antrag:

Da ich immerhin schon vier Wochen arbeitslos war, entschloß ich mich, nach Italien zu fahren und dort Arbeitslosengeld zu beantragen. Offenbar war ich der erste in meiner Heimatstadt, der sich beim Arbeitsamt nach den dazu nötigen Papieren erkundigte. In Italien sind die Regelungen etwas anders als bei uns: mindestens sechs Wochen vergehen nach Abgabe des Antrags, bis die erste Zahlung eintrifft. Die Gelder für die Dreimonatsperiode werden in zwei Raten entrichtet. Das ermöglichte mir, zunächst über einen Monat lang umherzufahren, dann zurückzukehren und die erste Rate in Empfang zu nehmen, einen weiteren Monat zu reisen und die zweite Teilzahlung einzukassieren!

Italien, Griechenland und Belgien gelten als die Länder, in denen es am leichtesten ist, sich Arbeitslosengelder weiterzahlen zu lassen, doch Robert Jensen hatte auch in den Niederlanden damit keine Probleme. Nebenbei bemerkt ist es zwecklos, seinen Job freiwillig aufzugeben, sich arbeitslos zu melden, um dann drei Monate im europäischen Ausland zu reisen und Arbeitslosengeld beziehen zu wollen. Denn wer seine Arbeitslosigkeit selbst verschuldet hat, kann erst nach einer längere Sperre Leistungen empfangen.

Ansprüche auf Arbeitslosengeld aus anderen EG-Staaten

Von anderen als dem eigenen EG-Staat erhält man nur dann Unterstützung, wenn man eine je nach Land unterschiedlich lange Zeit dort gearbeitet und Sozialleistungen abgeführt hat. Wie für die Ansprüche zuhause gilt auch für im Ausland erworbene Anrechte die Übertragbarkeit zwischen den EG-Ländern. Wer zum Beispiel zwei Wochen bei der Traubenernte in Frankreich gearbeitet hat, besitzt ein Recht auf französische Leistungen, wenn er daheim in Deutschland oder irgendeinen anderen EG-Staat bereits genügend Beiträge entrichtet hat. Die folgende Liste enthält Leistungen, die bei Stellenverlust ausbezahlt werden. Nicht berücksichtigt haben wir nationale Besonderheiten, die lediglich für einheimische Bürger von Bedeutung sind: so gibt es in Italien beispielsweise vier verschiedene Klassen der Unterstützung, je nach Berufsgruppe. Bauarbeiter erhalten eine besondere Hilfe ähnlich unserem Schlechtwettergeld, da zeitweilige Arbeitslosigkeit in dieser Branche zum typischen, saisonal bedingten Berufsbild zählt.

Voraussetzungen für den Bezug von Arbeitslosengeld in EG-Staaten; Mindestarbeitszeit (angerechnet wird jede in einem Mitgliedstaat geleistete Arbeits- und Beitragszahlung):
Belgien: Allocations de Chomage
18-20jährige: 150 Tage, 26-36jährige: 100 Tage, jeweils in den letzten 10 Monaten
Dänemark: Dagpenge
26 Wochen im den vergangenen drei Jahren
Frankreich: Allocation d'Assurance chomage (ASSEDIC)
Drei Monate oder 520 Arbeitsstunden im vergangenen Jahr
Deutschland: Arbeitslosengeld
26 Wochen in den letzten drei Jahren
Großbritannien: Unemployment Benefit
Seit Oktober 1988 müssen mindestens 25mal Class One-Beiträge entrichtet worden sein
Irland: Unemployment Benefit
39 Wochen
Italien: Indemnita Ordinaria
52 Wochen in den vergangenen zwei Jahren; Antragsteller müssen seit mindestens zwei Jahren Mitglied in einer Arbeitslosenkasse gewesen sein
Luxemburg: Allocations de Chomage
26 Wochen in den vergangenen zwölf Monaten
Niederlande: Werkloosheidswet (WW)
26 Wochen in den vergangenen zwölf Monaten.

Die Behörden Englands und Irlands zahlen zur Zeit der Drucklegung einen festen Betrag von £ 38 pro Woche und Person. Andere EG-Staaten stufen die Leistungen nach dem zuletzt bezogenen Lohn ein und zahlen einen unterschiedlichen Prozentsatz (zwischen 42 Prozent in Frankreich und 90 in Dänemark). Es gibt sowohl festgesetzte Mindest- als auch Höchstzahlungen, um sicherzustellen, daß weder Geringverdienende benachteiligt noch gut Verdienende bevorzugt werden. Zwischen allgemeinen Lebenshaltungskosten und Arbeitslosengeldern besteht ein unmittelbarer Zusammenhang: der Durchschnittslohn steigt in der EG, je weiter nördlich das Land liegt, wobei Dänemark mit einem Mittel von 600 DM wöchentlich die Spitze hält. Am unteren Ende rangiert Griechenland mit einem Schnitt von rund 230 DM. Dennoch steht man mit der Arbeitslosenunterstützung der nördlichen Länder nicht unbedingt besser, da die Leistungen vom letzten Verdienst abhängig sind.

Die Antragstellung

In allen EG-Staaten liegt dem Antragsverfahren ein ähnliches Prinzip zugrunde, wobei lediglich der genaue Ablauf leicht variieren kann. Für einen erfogreichen Antrag muß man in dem betreffenden Land ohne eigenes Verschulden arbeitslos geworden sein; gesundheitlich uneingeschränkt zu arbeiten in der Lage sein; Nachweise über die zuletzt ausgeübte Tätigkeit vorlegen können; als arbeitslos gemeldet und unter 65 Jahren sein; schließlich ausreichende Zahlungen an Sozialbeiträgen bzw. Arbeitslosenversicherung abgeführt haben. Die Arbeitslosenkassen der einzelnen Staaten sind jeweils folgenden Behörden zugeordnet:

Belgien: Gewerkschaftsmitglieder wenden sich an das zuständige Gewerkschaftsbüro, Nichtmitglieder an die *Caisse Auxiliaire de Paiement des Allocations de Chomage.*
Dänemark: Zahlungen leisten die Gewerkschaften. Nichtmitglieder können einer Arbeitslosenkasse, der sogenannten *A-Kasse,* beitreten.
Deutschland: das staatliche *Arbeitsamt.*
Frankreich: zuständig ist die *Agence Nationale pour l'Emploi,* bzw. in kleineren Gemeinden das örtliche Rathaus *Mairie.*
Griechenland: das *OAED*-Arbeitsamt.
Großbritannien: das nationale örtliche Büro des *Unemployment Benefit Office.*
Irland: das lokale *Employment-Office* oder *Employment-Exchange.*
Italien: das lokale Arbeitsamt oder das Büro der nationalen Sozialbehörde *Istituto della Previdenza Sociale.*
Luxemburg: das nationale Arbeitsamt *Office National du Travail* bzw. das Rathaus.
Niederlande: die für den letzten Arbeitgeber zuständige Berufsgenossenschaft.

In allen Ländern ist es überaus wichtig, sich nach der Ankunft umgehend als Arbeitsloser registrieren zu lassen, da die Zahlungen rückwirkend ab dem Tag der Meldung erfolgen. Bei Erhalt einer Unterstützung hat man sich in der Regel wöchentlich beim Amt zu melden. Sollen Arbeitszeiten aus einem anderen EG-Staat anerkannt werden, erfordert dies den Nachweis mit dem schon erwähnten Formular E301, das die Arbeitslosenversicherung oder -kasse der Landes ausstellt, in dem Beiträge entrichtet wurden. Sollte das Formular nicht vorzeitig ausgestellt worden sein, kümmert sich im Regelfalle diejenige Stelle darum, bei welcher der Antrag gestellt wurde. Normalerweise entstehen hierdurch aber erhebliche Verzögerungen bei der Bearbeitung.

Obwohl die EG-Behörden in Brüssel Arbeitssuchende darin bestärken, sich auch in anderen Mitgliedsländern umzuschauen, kann die Bürokratie vielerorts entmutigen. Der Engländer Richard Gowing versuchte, vom Arbeitsamt in Frankfurt Unterstützung zu erhalten, hatte einen Anspruch, folgte korrekt den Vorschriften, bewaffnete sich mit dem Formular E301 und erhielt dennoch die deprimierende Auskunft, daß eine Zahlung unmöglich sei, solange er keine Aufenthaltserlaubnis vorlegen könne, womit er sich in einem klassischen Teufelskreis befand: für die Erlaubnis brauchte er eine feste Wohnung, doch bekam er als Arbeitsloser keine. Daniel Laubenberger beschreibt sein Unternehmen, von einer dänischen Stadtverwaltung Unterstützung zu bekommen, als Versuch, Wasser aus einem Stein zu pressen. Leider sind die Anträge häufig mit übermäßigem Zeit- und Energieaufwand verbunden. Ablehnungen beruhen nicht selten nur auf bürokratischer Engstirnigkeit. Das deutsche Arbeitsamt kann die Ansprüche eines Antragsstellers nur ins Ausland weiterleiten: unmittelbaren Einfluß kann es auf ausländische Behörden nicht ausüben, selbstverständlich auch keinen Erfolg garantieren. Da etliche Unternehmungsflustige aber am Schluß, allen Widerwärtigkeiten zum Trotze, eine glückliche Entscheidung getroffen hatten, sollte man im Zweifelsfall den Kampf entschlossen aufnehmen und alle Unkenrufe einfach überhören.

Tätigkeitsfelder

Tourismus

Im Jahr 2000 werden rund 600 Millionen Touristen irgendwo auf dem Globus auf Reisen sein. Unter Umständen könnte die Tourismusindustrie bis dahin zum größten Weltwirtschaftsfaktor angewachsen sein. Auch heute schon bildet sie zusammen mit der Landwirtschaft den Hauptaktionsbereich jobsuchender Reisender. Da die Branche aber saisonalen Schwankungen unterliegt, gelingt es lediglich wenigen Arbeitnehmern, das ganze Jahr über in ihren Berufen Beschäftigung zu finden: Hotelbesitzer greifen deshalb in großem Umfang auf ausländische Kräfte zurück. Auch befinden sich viele Reiseziele in entlegenen Gebieten, wo der lokale Arbeitskräftemarkt den Bedarf nicht immer decken kann, so daß sich Jobber nicht selten in einigen der reizvollsten Ecken dieser Erde wiederfinden: das kann die Südspitze Neuseelands sein oder irgendwo an der Polarmeerküste Alaskas.

Hotels und Restaurants

Wer's schafft, einen Job in einem Hotel zu ergattern, ohne die Landessprache zu beherrschen, wird sich fraglos am Ende der häuslichen Hackordnung wiederfinden, in der Wäscherei etwa oder beim Spülen der Teller. Arbeit am Empfang oder an der Bar ist nicht nur höher bezahlt, sondern auch insgesamt begehrter. Die Jobs ganz unten auf der Leiter haben aber auch ihre Vorteile: so mancher hat nicht gern dauernden Kontakt mit Hotelgästen und arbeitet lieber still im Kämmerchen vor sich hin, nicht nur wegen fehlender Sprachkenntnisse, sondern weil er eben gern in seinem eigenen Rhythmus Zimmer reinigt, Gemüse putzt oder Betten bezieht. Leseratten arbeiten gern als Nachtportiers: die Tätigkeit ist deutlich unhektischer als tagsüber, lediglich einige Nachtschwärmer sind zu früher Stunde hereinzulassen. Der allseits verschriene Spüldienst sollte nicht zu übereilt abgelehnt werden. So gefiel Nikolaus Lang eine entsprechende Tätigkeit in München weit besser als sein vorhergehender Job als Angestellter in einer deutschen Amtsstube. Simon Amrein sparte in fünf Monaten in einem Amsterdamer Hotel 4000 DM zusammen; genug zur Finanzierung einer ausgedehnten Asienreise. Benjamin Frey verbrachte zwei vergnügliche Wochen in der Spülküche des *Land's End Hotel* in Alaska und verdiente dabei mehr, als er je in Deutschland für eine vergleichbare Tätigkeit bekommen hätte. Sean McNamara fand einen passablen Hoteljob in Chamonix:
Nach einem kurzen Vorstellungsgespräch bekam ich einen Job als Tellerwäscher. Die Bedingungen waren gut: 6000 Francs Lohn im Monat, freie Unterkunft, erstklassiges Essen und Wein nach Belieben. Allerdings war die Sache ein wenig anstrengend: sechs Tage die Woche jeweils von 8 bis 22 Uhr, mit drei Stunden Mittagspause. Ich war der einzige Ausländer im Haus und wurde wohl deswegen von allen Mitarbeitern überaus freundlich behandelt. Der Dienst in der Küche hat mir seltsamerweise Freude bereitet, zudem sorgte der Gedanke an die verhältnismäßig hohe Vergütung für eine gute Arbeitsmoral meinerseits.
Attraktiver sind natürlich die Topjobs als Schwimm- oder Tennislehrer, Kinderbetreuerin usw., für die allgemein aber hohe Anforderungen gestellt werden. Manche Hotels stiften Verwirrung, indem für unbeliebtere Tätigkeiten beschönigende Namen benutzt werden:

»Hoteldiener« bedeutet ungeachtet des wohlklingenden Titels das Einsammeln schmutziger Wäsche, und auch »Küchenpagen« waschen nichtsdestotrotz Teller und Pfannen! Der Großteil der Hotels ist zu klein für nur in einem genau umrissenen Bereich tätige Bedienstete. Eine Anstellung als »Aushilfe« schließt gemeinhin so ziemlich alles ein, vom Spülen bis zum Empfang neuer Gäste. In Westeuropa jedoch hat sich das Rennen um solche Stellen in letzter Zeit durch die Legionen von Ostdeutschen, Polen, Rumänen usw., die auf der Suche nach Arbeit und Wohlstand durch den ehemals so eisernen Vorhang geschwappt sind, erheblich verschärft. Wer Hotels bisher nur aus dem Blickwinkel des Gastes kennt, wird überrascht sein, wie es hinter deren Fassaden teilweise aussieht. Selbst ausgesprochene Luxushotels besitzen nicht selten chaotische, dreckige Küchen, stickige Waschküchen und entsetzliche Dienstbotenquartiere. Uns erreichte unlängst die Schilderung des Küchenlebens in einem gehobenen Hotel in St. Anton am Arlberg:

Ich mußte Kartoffeln schälen, abwaschen, Salate anrichten, die Küche putzen, manchmal noch im Restaurant servieren – alles mit ungeheurer Geschwindigkeit. Von jedem von uns wurde perfektes Handeln erwartet. Ein 17 Jahre alter Kochlehrling wurde wegen seiner Versäumnisse dreimal vom Hotelbesitzer ins Gesicht geschlagen. Bei einer anderen Gelegenheit leerte der Chefkoch einen Topf heißer Karotten über den Kopf einer Aushilfe, weil das Essen von einem unzufriedenen Gast zurückgeschickt wurde. Während meiner drei Monate dort verließen unzählige Aushilfskräfte das Hotel, konnten aber stets rasch durch neues, unerschrockenes Personal ersetzt werden.

Sensible und zerbrechliche Typen halten sich besser von der Küchenarbeit ganz fern, wohingegen anderen gerade die Atmosphäre dabei gefällt. Ein Leser, der in einer deutschen Restaurantküche gearbeitet hatte, rät:

Sobald man einigermaßen eingearbeitet ist, sollte man allen anderen sofort Paroli bieten, abgesehen von dem unangreifbaren Küchenchef natürlich. Eventuell während des Tages erhitzte Gemüter kühlen sich erfahrungsgemäß nach Feierabend schnell bei einem gemeinsamen Bier ab.

Je früher Bewerbungen losgesandt werden, desto aussichtsreicher die Chancen. Hotels in klassischen Urlaubsländern wie der Schweiz rekrutieren ihr Personal schon Monate vor der Sommersaison. Es empfiehlt sich daher, bereits im Februar oder März soviele Anschriften wie möglich anzuschreiben, vorzugsweise in der Landessprache. Die Beherrschung mehrerer Sprachen ist ein immenser Vorteil. Ganze Reihen von Hotelanschriften finden sich in den *Ferienjobs & Praktika*-Bänden, von denen bislang die Titel *Europa und Übersee* (24,80 DM), sodann *Großbritannien* (29,80 DM), zuletzt *Frankreich* (29,80 DM) und *USA* (34,80 DM) erschienen sind. Diese wertvollen Ratgeber sind zum genannten Preis direkt beim Verlag *interconnections* oder im Buchhandel erhältlich.

Zur Stellensuche in einem bestimmten Land schreibt man am zweckmäßigsten dessen offizielle Tourismusvertretung wegen einer Hotelliste an: die Anschriften der einzelnen Vertretungen sind in jedem Reisebüro erhältlich. Anschließend richtet man seine Bewerbung vorzugsweise an größere Betriebe mit über hundert Betten. Nicht vergessen: auch Bekannte, die sich vor der eigenen Abreise im gewünschten Land aufhalten, darum bitten, von dort Zeitungen mitzubringen und dann deren Stellenanzeigen studieren. Anne Weichbrodt schrieb 20 Hotels in Tirol an und kam auf die erstaunlich hohe Quote von sieben Zusagen bei 15 Rückantworten insgesamt. Einige Hotelbesitzer und Geschäftsführer hingegen sind eher bereit, jemanden zu engagieren, der sich persönlich vorstellt, als eine schriftliche Bewerbung aus dem Ausland zu beantworten. Ein Leser empfiehlt, am frühen Morgen, so um acht Uhr, putzmunter auf der Hotelschwelle zu erscheinen, um durch dieses wahrhaft heroische Vorgehen potentielle Arbeitgeber nachhaltig zu beeindrucken. Großes Durchhaltevermögen ist unbedingt erforderlich, wenn man von einer

Tür zur nächsten zieht. Eine Leserin wurde in Amsterdam überall fortgeschickt, weil es im August angeblich schon zu spät war. Und so blieb zuletzt nur noch das »Hilton«: sie entschloß sich bangen Herzens, es einfach mal zu probieren, vielleicht auch nur, um diese Nobelherberge einmal von innen zu sehen. Zu ihrem Erstaunen wurde sie umgehend eingestellt. Wer beim ersten Mal nicht in Bausch und Bogen abgelehnt wurde, marschiert ruhig mehrmals zum Hotel oder Restaurant seiner Wahl. Kathrin Hallwag beschreibt ihre Jobsuche in Les Gets in Hochsavoyen:
Ich fragte geschlagene drei Tage lang bei den Hotels herum, bevor ich endlich eine Anstellung erhielt. Meine Erfahrung deckt sich übrigens mit den Berichten anderer Reisender, die ich unterwegs getroffen hatte: beim ersten Nachfragen teilte mir der Besitzer kategorisch mit, er habe keine freie Stelle, doch beim Weggehen fragte er so ganz nebenbei, was ich denn eigentlich genau suchen würde. Meine Antwort war: egal was!, woraufhin er meinte, ich solle doch am nächsten Tag nochmal wiederkommen. Das tat ich selbstverständlich und erhielt die Auskunft, der Besitzer sei heute nicht da und ich möge morgen zurückkehren: tatsächlich bekam ich tags darauf eine Arbeit. Ich vermute, daß der Chef nur mein Durchhaltevermögen testen wollte und offenbar mit anderen Interessenten ebenso verfuhr.

Es gilt also bei der Suche, mit den großen Hotels anzufangen und möglichst den Geschäftsführer persönlich anzusprechen, nicht bloß den Empfangschef. Bei Erfolg sollten Sie unbedingt auf einem schriftlichen Vertrag mit Arbeitszeiten, Lohn, usw. bestehen. Widrigenfalls sind diese Punkte mit dem Chef mündlich zu vereinbaren.

Oftmals sind die Vertreter großer Reiseunternehmen in Urlauberzentren die richtigen Ansprechpartner. Oft erhalten sie nicht nur Kenntnis von freien Stellen, sondern pflegen zudem noch zu einer Reihe von Hoteliers und Restaurantbesitzern am Ort neben geschäftlichen Beziehungen auch persönliche Kontakte. Hierbei ist jedoch äußerst taktvoll vorzugehen, da die Vertreter im Grunde laufend um irgendwelche Gefälligkeiten gebeten werden und dies möglicherweise leid sind: wenn nicht, kann man als Aushilfe für krankgewordene Gruppenbetreuer oder ähnliches einspringen. Lisa Brunner freundete sich in einem österreichischen Skigebiet mit einem Reiseführer an und lernte dadurch bald einen Restaurantmanager kennen, dem gerade Personal fehlte. *Expectations Achieved Limited*, 110 Trafalgar House, Grenville Place, GB – London NW7 3SA, ist spezialisiert auf die weltweite Vermittlung von Arbeitskräften in der Tourismusbranche, insbesondere von Gebietsvertretern, Sportlehrern, Köchen und Kinderbetreuern.

Vor- und Nachteile der Hotel- und Restaurantarbeit

Man hört im Grunde immer dieselben Klagen von Reisenden, die im Hotel- und Gaststättengewerbe tätig waren: lange und ungünstige Arbeitszeiten, meist zwischen 8 und 22 Uhr, zu wenige Pausen, ständige Wochenenddienste, niedrige Löhne, unzumutbare Unterbringung und Verpflegung, generell miserable Arbeitsbedingungen. Ein Beispiel: die schweißtreibende, höchst ungesunde Tätigkeit in Nylonkleidung, die zum Teil sogar noch selbst angeschafft werden muß. Viel hängt da von der Empfindlichkeit des Einzelnen ab, wiewohl Arbeitsbedingungen und -atmosphäre von einem Hotel zum anderen unterschiedlich ausfallen können. Die Glücklichen, die in einem kleinen Familienbetrieb unterkommen, sind unserer Erfahrung nach weitaus zufriedener mit ihrer Tätigkeit als Angestellte in einem anonymen Großbetrieb. Es kann passieren, daß man bis zur Erschöpfung schuften muß. Manchmal aber kommt es auch vor, daß man konstant unterbeschäftigt ist, wie dies Carmen Musiol in einem Hotel am Zürichsee widerfuhr:

Das Hotel war das zweitgrößte am Platze. Als ich die Treppe zur hohen Empfangshalle mit ihrem Marmorboden hinauflief, war ich schon ziemlich stolz darauf, in diesem vornehmen Etablissement eine Stelle angeboten bekommen zu haben. Doch das Hochgefühl hielt nicht lange vor: man brachte mich auf mein Zimmer und sagte mir, ich solle am nächsten Morgen um elf Uhr zum Dienst erscheinen, auf den ich mich zu jenem Zeitpunkt noch freute. Ich wußte damals ja nicht, daß ich die nächsten drei Wochen damit verbringen würde, herumzustehen und vergeblich auf Gäste zu warten, oder alles mögliche zu polieren: scheint es doch in der Schweiz eine eherne Regel zu geben, welche besagt, daß es nichts und niemandem erlaubt sei, müßig in der Ecke zu stehen und Staub auf sich sammeln zu lassen; schon gar nicht naiven deutschen Mädchen, die ankommen und sofort in der Lage zu sein glauben, das zu tun, wofür Schweizer »Maidli« immerhin eine dreijährige Ausbildungszeit benötigen: Gästen die Speisekarte zu überreichen, beispielsweise.

Ungemein aufreibend kann es hingegen sein, wenn man gebeten wird, Dinge außerhalb des eigentlichen Zuständigkeitsbereiches mitzuerledigen. Insbesondere deutsche und französische Hotelbesitzer stehen im Ruf, unbezahlte Überstunden zu erwarten, ohne diese später mit Freizeit abzugelten. Wird ein Arbeitsvertrag auf diese Weise gebrochen, darf niemand zögern, die Sache mit dem Arbeitgeber zu bereden! Bleibt dies ohne Erfolg, wendet man sich an die Niederlassung des Berufsverbandes oder das nächstgelegene Arbeitsamt. Natürlich verspricht eine offizielle Beschwerde mehr Erfolg, wenn ein schriftlicher Arbeitsvertrag vorgelegt werden kann. Beileibe nicht alle Hotels sind schlechte Arbeitsstätten. Viele Jobber lobten die Arbeit, den Teamgeist des Personals, die Gelegenheit, sich in einer fremden Sprache zu üben und den guten Verdienst, welcher manchmal sogar am Saisonende in einen ausbezahlten Bonus gipfelt. Kathrin Hallwag denkt gerne an ihre Zeit auf Korsika zurück, obwohl sie ihr fensterloses Zimmer mit undichtem Dach, von dem das Regenwasser in andauernd überlaufende Eimer tropfte, noch teilen mußte:

Da die meisten Angestellten jedoch wie ich unter dreißig Jahren waren, entstand ein prima Zusammengehörigkeitsgefühl: Strandparties, Grillfeste, Disco- und Schwimmabende nach einem langen heißen Tag waren nichts Ungewöhnliches. Die Lebenslust meiner Mitarbeiter entschädigte für alle Unannehmlichkeiten.

Andere Dienstleistungsbereiche

Hotels bilden selbstverständlich nur eine Facette der gigantischen Tourismusbranche: andere reizvolle Möglichkeiten in der Gastronomie finden sich auf Luxusjachten, Ferienfarmen, Safaris, in Skigebieten und Ferienlagern. Mit etwas Vorbereitung und Erfahrung fällt es um einiges leichter, als Jobber die Welt zu umrunden, als wenn man auch Geratewohl loszieht. Jemand, der die Sache ernstnimmt, nimmt am besten schon zu Hause an einem Schreibmaschinen- oder Kochkurs teil, erwirbt den LKW-Führerschein oder ähnliches. Ohne besondere Ausbildung, Sprachkenntnisse oder einschlägige Fähigkeiten bestehen dennoch Arbeitsmöglichkeiten, etwa bei Hamburgerketten wie »McDonald's« oder »Burger King«, obwohl Bezahlung und Arbeitszeiten dort schlechter ausfallen und die Disziplin eher einer Grundschulklasse entsprechen könnten. Da diese Firmen ständig auf Personalsuche sind, kann man während der Job- oder Wohnungssuche vorübergehend unterkommen und zumindest ein paar Pfennige verdienen. Bei der Bewerbung für solche Stellen sollte angegeben werden, daß man eine langfristige Beschäftigung, wenn nicht gar eine Riesenkarriere in der Welt der Schnellrestaurants plant, da die Personalfluktuation in dieser Branche sowieso enorm hoch liegt. Dies ist auch nützlich, falls wegen finanzieller Engpässe die Ableitung von Überstunden beabsichtigt wird.

Außerhalb der Tourismusbranche gibt es eine Reihe von Bewirtungsbetrieben und großen Kantinen in Industriegegenden, Bergwerkscamps, Armeebasen oder eventuell auch auf Fischkuttern. Antreffen wird man dort bestimmt weder eine schöne Umgebung noch eine sympatische Arbeitsatmosphäre, aber mit hoher Wahrscheinlichkeit eine starke Personalfluktuation. Bahnhöfe und Flughäfen betreiben oft große Kantinen, die in den meisten Fällen Aushilfskräfte einstellen. Insbesondere am Amsterdamer Schiphol-Flughafen finden junge Ausländer regelmäßig ordentlich bezahlte Arbeit.

Der durchschnittlich verwöhnte, gutsituierte Tourist, der allzu gern von Rucksack- oder jobsuchenden Reisenden auf die Schippe genommen wird, sorgt andererseits für eine Menge Arbeitsplätze, da er weder auf sein Eis am Strand noch frühmorgens auf seine Brötchen im noblen Ferienappartement zu verzichten gedenkt. Eltern sind auch und besonders im Urlaub froh, wenn sie ihre Gören in beschäftigungsreiche Obhut geben können, so daß in den bekannten Feriengebieten ständig Schwimmlehrer oder Kinderbetreuer benötigt werden.

Ohne echten Lavendel oder den texanischen »Stetson«-Riesencowboyhut kehrt der Urlauber nicht von der Ardèche bzw. aus Texas nach Hause zurück. Vielleicht war ja gerade einer unserer Jobber der freundliche Verkäufer im Souvenirgeschäft »Lone Bull«? Jeder Tourist will unterhalten und beschäftigt werden: in der Disco, der Windsurfschule, der Spielhalle; möglicherweise läßt sich ja auch mit Bartschneiden oder der Anfertigung einer Dauerwelle Geld machen. Man könnte noch eine geraume Weile mit der Aufzählung solcher Möglichkeiten fortfahren.

Bars und Kneipen

Auf gar keinen Fall sollte man auf der Jobsuche Kneipen, Bars und Nachtclubs auslassen, wobei Anstellungen in einer Kneipe am leichtesten zu ergattern sind. Clevere Reisende haben stets eine schwarze Hose und ein weißes Hemd mit Fliege dabei. Man sollte es zunächst mit den »waschecht deutschen Etablissements« versuchen, die sich inzwischen in jedem touristisch verseuchten Gebiet zwischen Mallorca und Kairo finden, wobei aber die Landessprache dennoch beherrscht werden sollte. Ausnahmen werden bei positiv auffälligem Äußerem gemacht: Angehörige der holden Weiblichkeit kommen nicht selten problemloser unter, sollten aber rechtzeitig den Unterschied zwischen Bar und Bordell klarstellen. Solange man jedoch vor Annahme einer Stelle ein paar grundlegende Erkundigungen einzieht, dürften böse Überraschungen ausbleiben.

Die Kanarischen Inseln, Ibiza, Korfu und die Karibik platzen in Bezug auf Nachtleben förmlich aus allen Nähten. Nicht nur die Fluktuation des Personals ist hoch; auch die Klubs kommen und gehen, so daß keine allzuhohe Sicherheit besteht, einen Posten längerfristig behalten zu können. Das Verteilen von Handzettelwerbung ist bei Reisenden ein beliebter Job, in Ländern mit restriktiv gehandhabter Arbeitserlaubnis aber möglicherweise *zu* riskant.

Großereignisse

Ungeheure touristische Aktivität entfaltet sich zumeist im Dunstkreis bedeutender Festivals, Sportereignisse oder von Messen. Das in der letzten Septemberwoche in München beginnende Oktoberfest beispielsweise bietet eine Unmenge von Möglichkeiten für eine Aushilfstätigkeit, von wenigen Tagen bis zu mehreren Wochen. Ohne Aushilfskräfte sind über sechs Millionen Besucher, 560.000 Grillhähnchen, 346.000 Würstchenpaare und mehr als 4,5 Millionen Liter Bier gar nicht zu bewältigen. Ein mitdenkender Automechaniker schleppte Werkzeug und diverse Ersatzteile nach München mit, nistete sich auf einem Parkplatz ein und reparierte Dutzende von reisemüden Fahrzeugen – ein einträgliches Geschäft, bis die ortsansässigen Handwerksbetriebe Wind davon bekamen. Bei einigen Großveranstaltungen haben es die Veranstalter nicht nötig, jemanden zu bezahlen: die 12.000 Helfer bei den Commonwealthspielen 1990 arbeiteten zum Großteil auf Freiwilligenbasis.

Reiseführer und -begleiter

Die Arbeit als Reiseführer, örtlicher Vertreter eines Reiseveranstalters oder als Reisebegleiter ist sicherlich eine der angenehmsten Arten, Reisen und Arbeiten miteinander zu verbinden. Die bedeutendsten Veranstalter stellen unterschiedliche Anforderungen an ihre Mitarbeiter: je nach Reisetyp und Zielgruppe werden einschlägige Sprachkenntnisse, landeskundliches Wissen, die Fähigkeit, unvermittelt auftauchende Probleme zu lösen, Gewandtheit im Umgang mit Menschen oder sogar abgeschlossene Studiengänge erwartet. Um diese Arbeitsplätze herrscht ein starker Wettbewerb bei geharnischten Auswahlkriterien. Hat man verschiedene Kontinente und Länder intensiv bereist, kann sich das als ein Plus herausstellen. Schafft man es tatsächlich, die Hauptklippe »Vorstellungsgespräche« erfolgreich zu umschiffen, schließt sich häufig die Teilnahme an intensiven, ungefähr sechswöchigen Vorbereitungskursen an, wofür ein Unkostenbeitrag von bis zu 1000 DM aufzubringen ist. Wird der Kurs bis zum Ende durchgehalten und kommt ein Arbeitsvertrag zustande, so werden diese Auslagen erstattet. Ein alter Hase beschreibt die Tätigkeit des Reisebegleiters als Mischung zwischen »Kindermädchen und Arktisforscher«. Besitzt man einen Personenbeförderungsschein oder eine Ausbildung zum Automechaniker, kann man sich bei Busreisegesellschaften bewerben. Nur muß man nicht erwarten, als Gruppenleiter für eine Saharadurchquerung engagiert zu werden, bloß weil man schon mal einen Reifen gewechselt hat.

Folgende britische Reiseveranstalter sind auf dem ganzen europäischen Kontinent tätig, also auch in den ehemaligen Ostblockstaaten: *Educational Tours*, EF, Farman Street, Hove, Sussex BN3 1AL, beschäftigt jeden Sommer über 200 Gruppenleiter für amerikanische und kanadische Schülergruppen, die Europa bereisen. *The Alternative Travel Group*, 1-3 George Street, Oxford OX1 2AZ, ist bekannt für Spezialtouren. *Sunsail Ltd.*, The Port House Solent, Portsmouth, Hants PO6 4TH, benötigt jährlich über hundert Angestellte als Skipper, Hostessen, Mechaniker, Betreuer, Clubhausangestellte, Köche sowie Kindermädchen für organisierte Jachtreisen um Korsika und Sardinien, in Griechenland, der Türkei und Jugoslawien. *Contiki*, Wells House, 15 Elmfield Road, Bromley, Kent BR1 1LS, benötigt für seine Busreisen Fahrer, Reisebegleiter und Betreuer vor Ort. *PGL* stellt Betreuer auf seinen Anlagen in Frankreich, Österreich, Malta und Schweden ein. Die Bezahlung liegt überall zwischen 700 und 1200 DM im Monat. Viele bessern ihren Verdienst durch Trinkgelder und Provisionen von Restaurants und Geschäften auf. Weit verbreitet ist auch das Kassieren des vollen Preises von den Teilnehmern an Bootsrundfahrten und Besichtigungen durch skrupellose Reiseleiter, obwohl verbilligte Gruppenpreise gewährt werden: die Differenz wandert in die eigene Tasche. Wohlgemerkt: wir empfehlen derartige Praktiken nicht, beschreiben nur, was mitunter üblich ist.

Arbeitserfahrung im Ausland wird durchweg positiv bewertet. Sandra Brodbeck gab ihren langweiligen Posten als Verwaltungsangestellte bei der Stadt auf und kam auf Zypern in einem Hotelkomplex unter. Hier gelebt und gearbeitet zu haben, Land und Leute zu kennen, qualifizierte sie in den Augen eines überregionalen Reiseveranstalters hinreichend als ortsansässige Betreuerin. Sie war angetan von den umfassenden Vorbereitungen und reiste die nächste Saison nach Rhodos. Die Spannbreite der Jobmöglichkeiten bei großen Reiseveranstaltern ist gewaltig, oft genug sogar winters wie sommers. Viele Leser haben in Ostafrika »Aussteiger« kennengelernt, die schon seit langem als Betreuer von Reisegruppen dort tätig sind.

Campingplatzbetreuer

Eine typisch englische Spezialität sind Campingferien im Zelt, das man jedoch nicht mitführt und selber aufbaut, sondern bereits am gebuchten Urlaubsort vorfindet. Im März und April werden Jobber benötigt, die auf diesen Plätzen die Zelte aufschlagen, im September welche, die sie wieder abbauen. Die Arbeit ist anstrengend, hat aber den Vorteil, daß keinerlei Fremdsprachenkenntnisse verlangt werden. Den Sommer über benötigen dieselben Firmen Betreuer zur Reinigung der Zelte zwischen An- und Abreise der verschiedenen Gruppen, Begrüßung und Einweisung der Gäste, Durchführung von Ausflügen, Bewältigung auftretender Schwierigkeiten wie Krankheitsfällen, Autodefekten usw. Die Liste britischer Firmen und ihrer Zielländer: *Canvas Holiday*, Bull Plain, Hertford, SG14 1DY, Tel. (0992) 551 993: Österreich, Frankreich, Deutschland, Italien, Spanien, Schweiz. *Club 18-30*, Academic House, 24-28 Oval Road, London NW1 7DE, Tel. (071) 485 4141: Frankreich, Griechenland, Spanien, Türkei. *Club Cantabria Holidays*, 146/148 London Road, St. Albans, Herts AL1 1PQ, Tel. (0727) 33 141: Frankreich, Griechenland, Italien, Spanien. *Eurocamp Travel*, Edmundsen House, Tatton Street, Knutsford, Cheshire WA16 6BG, Tel. (0565) 50 022: Österreich, Belgien, Frankreich, Deutschland, Italien, Niederlande, Spanien, Schweiz. *Haven Abroad*, PO Box 9, Hayling Island, Hants PO11 ONL: Frankreich, Spanien. *Hourmont*, Oliver House, 18 Marine Parade, Brighton, Sussex BN2 1TL, Tel. (0273) 677 777: Österreich, Frankreich, Deutschland, Italien. *Mark Warner*, 20 Kensington Church Street, London W8 4EP, Tel. (071) 937 4833: Frankreich, Schweiz (auch im Winter), Türkei. *Solaire Holidays*, 1158 Stratford Road, Hall Green, Birmingham B28 8AF, Tel. (021) 778 5061: Frankreich, Spanien. *Sunscene*, 40 Market Place South, Leicester LE1 5HB, Tel. (0533) 20 644: Frankreich, Italien, Spanien. Erfolgreiche Betreuer erfüllen ihre Tätigkeit zwar so, daß sie den Gästen mühelos erscheint; im Gegensatz dazu erfordert sie tatsächlich jedoch harte Arbeit und schier endlose Geduld. Tatjana Mauser beschreibt ihren Job schlicht und ergreifend als »ganz toll«. Es sei aber bei weitem nicht so leicht gewesen, wie ihre Gäste wohl vermuteten: *Man trifft einen Haufen netter Leute, ist dauernd in Ferienstimmung, lernt eine neue Gegend wirklich gut kennen, verbessert seine Sprachkenntnisse und kriegt die braungebrannte Haut gratis dazu. Die Gäste halten deine Arbeit zwar für einen Spaziergang, doch so ganz nebenher macht man keine sechs Zelte bei 30 Grad im Schatten sauber. Manchmal wartet man auch den ganzen Tag auf eine Nachzüglerfamilie, statt Schwimmen gehen zu können. Gelegentlich fällt es wirklich gar nicht so leicht, den immer lächelnden, stets freundlichen Betreuer zu spielen. Weiß man schon im voraus um diese kleinen Nachteile, so kann man's sicher gut aushalten. Zu den alltäglichen Problemen in meinem Camp in der Bretagne gehörten Stromausfälle, verstopfte sanitäre Einrichtungen und undichte Zelte. Jedesmal nach einem heftigen Regen entwickelte sich in einem bestimmten Zelt ein richtiger kleiner See, weil wir es in einem ungünstigen Winkel am Hang aufgestellt hatten. Auf die regelmäßige Beschwerde tauchte ich dann jeweils mit Putzlumpen und Eimer in der Hand auf, laut beteuernd: »Das gibt es doch überhaupt nicht, sowas ist mir noch nie passiert ...« Reisebetreuung hat also auch viel mit*

Schauspielerei zu tun. Obwohl mir meine Zeit im Lager ungemein gut gefallen hat, war ich doch manchmal dankbar für das firmeneigene Fahrrad, mit dem ich der Zeltplatzatmosphäre hin und wieder entfliehen konnte.
Die in unserer Liste und in den *Ferienjobs & Praktika*-Bänden aufgeführten Firmen erhalten jedes Jahr Hunderte von Bewerbungen. Die überwiegende Zahl der Stellen wird bereits im Januar vergeben, doch die Ausfallquote beträgt über fünfzig Prozent, so daß Lücken mit Anwärtern von der Warteliste aufgefüllt werden. Deshalb kann man sich ruhig bis Ende April bewerben und nach freien Plätzen erkundigen. Trotz des starken Wettbewerbs hat jeder, der neben seiner Muttersprache eine weitere europäische Sprache beherrscht und eine offene Persönlichkeit besitzt, gute Chancen.

Kinder- und Sportbetreuer

Wiewohl ursprünglich eine nordamerikanische Idee, breiten sich heutzutage auch in Europa Ferienlager für Kinder immer weiter aus, zu deren Betreuung eine Vielzahl junger Leute engagiert wird. *Centres des Vacances* errichten im Juli und August in ganz Frankreich Lager für Kinder zwischen 6 und 18 Jahren. Für Unternehmungen und die Beaufsichtigung der Gruppen werden zahlreiche sogenannte *Animateurs* und *Animatrices* benötigt. Leider führen die *Centres* keine eigenen Schulungen für Betreuer mehr durch. *PGL*, Alton Court, Penyard Lane (874), Ross-on-Wye, GB – Herefordshire HR9 7AH, betreibt Ferienlager in England, auf Kanalschiffen in den Niederlanden und in Frankreich, rekrutiert Gruppenleiter, Zeltaufsteller, Sportbetreuer, Küchenhelfer usw. Auf schriftliche Anfrage bekommt man die Hochglanzbroschüre »Seasonal Jobs with PGL« zugeschickt. Die *YMCA*- respektive *YWCA*-Headquarters, 365 W 34th Street, 3rd Floor, USA – New York NY 10001, führen jahraus jahrein Ferienlager durch, vor allem für die jugendlichen Mitglieder. Die meisten Posten als Lagerbetreuer werden ehrenamtlich besetzt, etwa in Jordanien, Peru und der Schweiz. Nur die Dachverbände einiger Länder wie Schweden, Israel oder Hong Kong zahlen ein geringes Entgelt oder belohnen den Einsatz mit einem kostenlosen Aufenthalt bzw. einer anschließenden Besichtigungstour. Jeder ausgebildete Segler, Kanufahrer, Taucher, Bergsteiger, Reiter usw. hat beste Aussichten, seine Fähigkeiten bei einem der größeren Reiseveranstalter oder als Sportbetreuer in einem Ferienclub oder Hotel gewinnbringend einsetzen zu können. Wir nennen an dieser Stelle nur wenige Anschriften, doch prinzipiell kommt dafür jede größere Firma in Frage: *Quest Adventure*, Olivier House, 18 Marine Parade, Brighton, GB – East Sussex BN2 1TL; *Sun Living Ltd.*, Adventure House, 34-36 South St., Lancing, Sussex BN15 8AG; *Village Camps*, Chalet Seneca, CH – 1854 Leysin; *Outdoors Unlimited*, 2 Wye Terrace, Bridge Street, GB – Hereford HR4 9DW, Tel. (0432) 279 030.
Persönlichkeit und Charakter sind für einen Job in »Abenteuercamps« zumeist wichtiger als hervorragende sportliche Fähigkeiten. Bei der Agentur *Outdoor Limited*, National Westminster Bank Chambers, 52-54 Lichfiled Street, GB – Wolverhampton WV1 1DG, kann man sich in eine Liste von Betreuern eintragen lassen, die den Organisatoren von Ferien in der Natur zur Disposition dient. Jobs für Segler werden im Kapitel »Reiseführer und Begleiter« besprochen. Der *Club Mediterranée* beschäftigt Hunderte von Angestellten in seinen Clubs von der Türkei bis Tahiti, von Mexiko bis Marokko. Im Falle einer Anstellung können Bewerber aber nicht auf den Einsatz in einem gewünschten Land bestehen. Bewerber für die Stellen als Golf-, Taucher-, Segel-, Wasserski-, Reit- oder Tennisbetreuer sowie für die Verwaltung oder Küche müssen zwischen 20 und 30 Jahren alt und ledig sein, flüssig Französisch sprechen und dem Club eine ganze Saison

von Mai bis Oktober zur Verfügung stehen. Bewerbungen mit Lebenslauf frühzeitig an *Club Med*, Frauenstraße 32, 8000 München 5, Tel. (089) 223 649.

Wintersportgebiete

Entgegen der weitverbreiteten Ansicht beschränkt Wintersport sich selbstverständlich nicht allein auf die Alpen: Skigebiete finden sich von Geilo in Zentralnorwegen bis zum Mount Hermon in Israel, von den Cairngorms im schottischen Hochland bis zu den erloschenen Vulkanen Neuseelands. Als begeisterter Skifahrer, der jedesmal bei der Schneeschmelze im April in den europäischen Alpen in eine bittere Tränenflut ausbricht, könnte man vielleicht auch mal eine Tätigkeit in den australischen oder neuseeländischen »Alpen« in Betracht ziehen. Die Saison erstreckt sich dort von Ende Juni bis Anfang Oktober. Auch in Nordamerika findet man, sogar abgesehen von den weltweit berühmten Orten wie Banff in den kanadischen Rockies und Aspen in Colorado, noch eine ganze Reihe fantastischer Skigebiete.

Wintersport variiert das ewig wiederkehrende Thema der Arbeitsmöglichkeiten für Reisende in Hotels und Restaurants ein wenig: zusätzliche Jobs an Skiliften, Chaletbetreuung, Loipenpatrouillen, Wartung von Leihskiern, Schneeräumen und natürlich Skiunterricht selbst. Von Weihnachten bis Anfang April dauert der Skizirkus in den europäischen Alpen, falls der Winter ausnahmsweise wieder einmal seinen Namen verdient. Die meisten Urlauber sind zwischen Weihnachten und Neujahr, sowie in der zweiten und dritten Februarwoche unterwegs. Mit etwas Glück findet sich eine Beschäftigung in einem Etablissement, das kein Mittagessen serviert, weil zu der Zeit ohnehin alle Gäste auf der Piste sind, so daß man über Mittag bis zu sechs Stunden frei hat, um selbst Ski und Rodel gut zu finden: eher üblich sind allerdings vier Stunden. Ansonsten bürgen in Hotels und Restaurants auch im Winter ungünstige Arbeitszeiten, ungleichmäßig über den Tag verteilt mit nur einem freien Tag pro Woche, für ausreichend Frust bei Jobbern. Da der Andrang auf Stellen in Wintersportgebieten ungemein hoch ist, fallen die Löhne oft nicht gerade zufriedenstellend aus. Doch bei den meisten Jobbern handelt es sich ohnehin um ausgesprochene Skifans, welche die günstige Gelegenheit wahrnehmen, ihre Leidenschaft auf diese Weise zu finanzieren.

Chalet-Haushälterin

Etliche Reiseveranstalter bringen ihre Gäste in von einer Haushälterin betreuten Chalets unter – wobei gerade Österreicher und Italiener über die ausländische Konkurrenz für ihre einheimischen Hotels nicht gerade begeistert sind. Als Haushälterin ist frau für alles Mögliche verantwortlich: vom Schneeschippen bis zum Saubermachen der Räume, Richten der Lunchpakete, Tee- und Kaffeekochen, Frühstück und Abendessen bereiten, Ratschläge erteilen – und das Ganze möglichst auch noch immer lächelnd und bei strahlender Laune. Eigentlich klingt das eher danach, als ob diese Aufgaben gar nicht zu bewältigen seien. Dennoch schaffen es manche, bis elf Uhr vormittags ihr Arbeitspensum zu erledigen, um anschließend bis zur Vorbereitung des Abendessens Ski zu fahren. Die Anforderungen an die Kochkünste schwanken von einer Gesellschaft zur anderen, je nach dem Preis, den die Gäste für ihre Ferien zahlen. Der eine Veranstalter bietet deftige Hausmannskost, der andere offeriert jeden Abend anspruchsvolle, mehrgängige Menüs. Vor der Anstellung hat frau also in der Regel ihre Kochkünste unter Beweis zu stellen. Gudrun Schmid hatte letzten Winter eine solche Stelle in einem Chalet, die sie hauptsächlich wegen ihrer Teilnahme an einem Kurs für Hauswirtschaft bekam: *Die Arbeit ist zwar hart, aber ich hatte trotzdem eine schöne Zeit. Ich war vorher nie Ski gefahren, habe mich in Méribel aber zum ausgesprochenen Skifan gewandelt, und das ging anscheinend den meisten meiner Kolleginnen und Kollegen so. Unter den Angestellten, die den Winter hier verbringen, entstand ein starkes Gefühl der Zusammengehörigkeit. Ich war im großen und ganzen wirklich zufrieden.* Der Wochenverdienst beträgt 90 bis 120 DM mit reichlich sprudelnden Nebeneinkünften. Kost und Logis sind logischerweise frei. Zusätzlich gibt's einen Saison-Skipaß, der mindestens 300 DM wert ist. Die etwa 1000 für Chalets benötigten Haushälterinnen werden schon ab Mai eingestellt: daher möglichst frühzeitig bewerben!

Skilehrer

Die Ausbildung zum Skilehrer kostet eine schöne Stange Geld, und dennoch ist das Gerangel um die Arbeitsplätze in anerkannten Skischulen groß. Freiberufliche Lehrer und Schwarzarbeiter werden in Frankreich und Österreich streng bestraft. Als Nichtmitglied des jeweiligen nationalen Skilehrerverbandes kann man nur als sogenannter »Skiführer«, wie die neue Bezeichnung für nicht qualifizierte Lehrer lautet – übrigens sehr zum Ärger ihrer »ordentlichen« Kollegen – Kleingruppen u.ä. unterrichten. Klaus Niehuys betreute in den Alpen über Ostern Schulklassen für eine Reiseagentur. Zuerst konnte er sich nur wenig mit seiner Aufgabe anfreunden: ein grausliger Anfänger hatte gleich bei seiner ersten Abfahrt einen schweren Unfall und mußte mit dem Hubschrauber in die Stadt transportiert werden. Kurze Zeit später führte er seine Gruppe zu einem Hang, den er selbst noch nicht abgefahren war. Die Strecke war erheblich schwieriger als vermutet, aber zum Glück wurden ihre Tücken von allen gemeistert. Für die Gruppe war das ein tolles Erlebnis, und sie war von ihrem Skilehrer begeistert. Er warnt jedoch: besonders Kindergruppen können ungemein anstrengend sein. Trotzdem zählt diese Arbeit zu den schönsten und sicherlich befriedigendsten Saisonjobs.

Jobsuche vor Ort

Die günstigste Zeit für die Jobsuche ist stets die Zeit zum Schluß der gerade zu Ende gehenden Saison, allerdings mit dem Nachteil, daß man sich recht lange im voraus festzulegen hat. Als zweitbester Termin gilt unter Jobbern das Ende der Sommersaison Anfang September, wenn noch zahlreiche Aushilfen anwesend sind und den Neuankömmlingen den einen oder anderen nützlichen Tip geben können. Die dritte gute Gelegenheit besteht im November und Dezember, wo Bewerber sich allerdings aufgrund des späten Termins auf Ablehnungen gefaßt machen müssen. Also ruhig schon Anfang November in Wintersportgebiete fahren: dann bleibt ausreichend Zeit zum Umsehen und Kontakteknüpfen, bevor die Saison losgeht. Möglichst persönlich in den Hotels, Sportgeschäften, und Fremdenverkehrsbüros nachfragen, am besten am Wochenende, weil dann mehr Läden und Touristenbetriebe geöffnet haben als an Werktagen. Zwischen der Sommer- und der Wintersaison werden die Chalets auf Hochglanz gebracht. Wer auf diese Art erstmal einen Einstieg gefunden hat, ist später dann vielleicht bei einem Skilift oder im Gipfelrestaurant mit von der Partie. Ingrid Gottlob schrieb uns: *Zu Beginn der Saison trafen hier in Bormio etliche Skifans ein, die fast alle irgendwo unterkamen. Sie verdienten ihr Geld mit Schneeschippen, Putzen, Babysitting usw., im Schnitt etwa 12 DM pro Stunde. Man braucht ein gewisses finanzielles Polster, um während der Stellensu-*

che zu überleben, doch bei genügend Selbstvertrauen wird sich mit Sicherheit für jeden etwas finden. Eine Gruppe junger Leute organisierte ein wöchentliches Slalomrennen und konnte nun von den erzielten Einnahmen sorglos leben.

Frank Engelhart erkundigte sich bei unzähligen Betrieben in Crans-Montana, Verbier und Haute-Nendaz nach einem Job. Als er endlich die magischen Worte »Sie können am 15. Dezember anfangen!« vernahm, jubilierte er einmal laut und vernehmlich und machte sich sogleich auf den Weg in die nächste Bar. Bei vor Ort gefundener Anstellung liegt die Bezahlung in aller Regel höher, als wenn man sich von zuhause aus schriftlich darum beworben hätte.

Skigebiete in aller Welt

In einem Wintersportgebiet sollte man bei der Arbeitssuche grundsätzlich bei den Skivermietern anfangen. Oft ist hier zumindest für kurze Zeit eine Beschäftigung zu finden, da es zu bestimmten Ab- und Anreiseterminen äußerst hektisch zugeht. Manchmal können Reisebüros vor allem in großen Zentren wie Zermatt, Les Trois Vallées oder Val d'Isère weiterhelfen. Außerhalb der EG sind Schwierigkeiten mit dem Erhalt der Arbeitserlaubnis möglich. In Gebieten mit hohem Arbeitskräftebedarf wird aber schon mal ein Auge zugedrückt. Leider ist eher ein Überangebot an Arbeitskräften die Regel, so daß gelegentlich nur eine vorherige schriftliche Bewerbung hilft – oder das Ausweichen in weniger populäre Gebiete.

Als Abschluß des Kapitels listen wir die bekanntesten Skigebiete traditioneller Wintersportländer auf. Genaueres im *Skiatlas Europa* des Deutschen Skiverbandes:

Frankreich: Chamonix, Les Contamines, Val d'Isère, Courchevel, Méribel, St. Christoph, Flaine, Avoriaz, Les Arcs, La Plagne, Tignes, Montgenèvre.
Schweiz: Davos, St. Moritz, Zermatt, Gstaad, Champery, Saas Grund, Wengen/ Mürren, Crans-Montana, Kandersteg, Adelboden, Verbier, Grindelwald, Arosa, Saas Fee.
Österreich: Kitzbühel, Söll, Lech, Badgastein, St. Anton, Mayrhofen, Lermoos, Alpbach, Brand, Kirchberg, St. Johann, Sölden, Obergurgl, Zell am See.
Italien: Cortina, Courmayeur, Sestriere, Bormio, Campitello, Canazei, Livigno, Abetone, Folgarida, Forni di Sopra, Sauze d'Oulx.
Deutschland: Garmisch-Partenkirchen, Berchtesgaden, Oberstdorf, Pfronten, Todtnau.
Spanien: Sol y Nieve, Formigal, Cerler.
Andorra: Arinsal, Soldeu.
Norwegen: Voss, Geilo, Telemark, Lillehammer, Gausdal, Synnfjell.
Schottland: Aviemore, Glenshee, Carrbridge, Glencoe.
Neuseeland: Coronet Peak, Mount Hutt, Mount Ruapehu, Mount Dobson, Porter Heights, Lake Ohau.
Australien: Falls Creek, Mount Hotham, Mount Buffalo, Baw Baw, Mount Buller, Thredbo, Perisher.
Kanada: Banff, Lake Louise, Whistler, Todd Mountain, Waterton, Ottawa, Huntsville, Collingwood, Barrie.
USA: Aspen CO, Copper Mountain, Steamboat Springs, Vail, Winter Park, Alpine Meadows CA, Lake Tahoe UT, Mount Bachelor OR, Mount Hood, Timberline, Park City UT, Sun Valley ID, Jackson Hole WY, Sugar Mountain NC, Waterville Valley NH, Stowe VT, Sugarbush Valley, Dore Mountain NY, Lake Placid NY.

Landwirtschaft

Schon von alters her ist der Herbst traditionell die Zeit der Wanderarbeiter. Teilweise reisen ganze Erntearbeitertrupps Hunderte von Kilometern durch die Lande. Während es früher hauptsächlich Zigeuner waren, die von Hof zu Hof zogen, um sich als Erntearbeiter zu verdingen, sind diese heute fast nur noch in Südosteuropa, etwa in der Türkei, bei ortsspezifischen Saisonarbeiten anzutreffen. Andernorts haben moderne »Nomaden«, in Frankreich z.B. Portugiesen und Spanier die Nachfolge der Zigeuner angetreten, mit harter Arbeit im Sommer und entsprechender Ruhepause im Winter. In Europa könnte ein gut planender Pflücker das Jahr mit gewöhnlichem Gemüse, mit Kohl und Frühkartoffeln beginnen; Stachel- und Erdbeeren sind ab Juni an der Reihe. Anschließend folgen ab Juli Kirschen, Johannis- und Himbeeren; Äpfel und Pflaumen im August. Ab Anfang September kann man zwischen der Hopfenernte im englischen Kent oder am Bodensee und der Traubenernte in Frankreich wählen. In Deutschland zieht sich die Weinlese bis in den November hin, danach sind im November und Dezember französische Eßkastanien einzusammeln. Dem kalten nordischen Klima entfliehend, bietet sich auf dem Peloponnes das Orangenpflücken an. Eine Beschäftigung in der Landwirtschaft erlaubt einen engeren Kontakt mit Einheimischen und fremden Kulturen als Tätigkeiten im Fremdenverkehr. Gerade Menschen mit Fernweh bietet die Landwirtschaft Möglichkeiten, die Welt zu sehen: im September bei der Traubenlese im Okanagan Valley in Kanada, im Februar im australischen Hunter Valley, im März am südafrikanischen Kap der Guten Hoffnung. Oder wie wär's mit der Kiwiernte in Neuseeland, Mandelplantagen in Spanien, Blumenfeldern in den Niederlanden oder Lavendelkulturen in Frankreich?
In den folgenden Kapiteln wird sicherlich klar, warum Obst- und Gemüseernte eine so bedeutende Rolle in diesem Buch spielt. Die Ernte bietet derartig viele Beschäftigungsmöglichkeiten, daß wohl jeder Jobber, der seine Fahrten irgendwie finanzieren muß, irgendwann und irgendwo einmal mit einer Tätigkeit in der Landwirtschaft in Berührung kommen wird. Leider stellt sich das Problem der Arbeitserlaubnis auch in diesem Bereich. Da jedoch stets Kräfte benötigt werden, umgehen alle Beteiligten nur allzu gerne die gesetzlichen Bestimmungen. Am besten verhält man sich möglichst unauffällig, um nicht den Neid arbeitsloser Einheimischer zu provozieren, die ansonsten im Traum nicht daran denken würden, sich für die angebotenen Arbeiten zu interessieren.

Wo man nach Arbeit Ausschau hält

Jugendherbergen, Kneipen und Dorfläden sind geeignete Orte für Erkundigungen über lokale Arbeitsgelegenheiten. Vorteilhaft in ländlichen Gebieten ist die Tatsache, daß die Einheimischen meist die Probleme der Nachbarn kennen und auch eher als Städter bereit sind, Leuten in Not weiterzuhelfen. Albert Koch unterbrach seine Fahrradtour in Südfrankreich, um sich einen Job bei der Obsternte zu suchen:
Vor die Entscheidung gestellt, entweder nordwärts zu eilen, um mit dem Kirschpflücken Schritt zu halten, oder mich nach Süden zu wenden, um auf die ersten reifen Pfirsiche zu warten, zog ich letzteres vor. Es dauerte aber doch zehn Tage, bis ich nach all dem Herumfragen in Cafés, Bars, Postämtern und Krämerläden (übrigens eine der besten Adressen, da deren Besitzer immer Bescheid wissen, wer wo wann was erntet) endlich eine Anstellung erhielt.
Funktioniert's nicht auf Anhieb, so bleibt das Abklappern der umliegenden Farmen. Die Natur der Sache will es, daß man die Bauern oft auf den Feldern antreffen wird. Auch

Farmarbeiter können bei der Ernte entscheidende Hinweise geben. Liegen die Höfe weit auseinander, muß eben ein Fahrrad, Moped oder Auto angemietet werden. Manchmal reicht natürlich das Telefonbuch; insbesondere landwirtschaftliche Genossenschaften können oft weiterhelfen; lokale Tageblätter bringen gerne Inserate von Farmen, auf denen Käufer selbst pflücken dürfen. Wird ein Wochenmarkt abgehalten, so geht man am besten auch dort auf »Jagd«: selbst wenn keine Erntehelfer benötigt werden, bekommt man unter Umständen einen Job beim Abladen der Lastwagen oder als Standverkäufer auf dem Markt, wie dies Gerrit Möller in Paris erging. In vielen Ländern werden die Produkte von Erzeugergenossenschaften an Großhändler versteigert. An Nachrichenbrettern der Versteigerungshallen kann man Gesuche aushängen oder noch besser den Auktionator bitten, über den Lautsprecher eine Kontaktaufnahme zu ermöglichen. Reist man in einer Gruppe, wird es bestimmt schwierig, zusammen unterzukommen. Die Chancen für die Aufteilung der Arbeit untereinander stehen besser, wenn ein Arbeitgeber nicht gleichzeitig für die Unterkunft aller zu sorgen hat.

Einige Staaten verfügen über eigenständige landwirtschaftliche Abteilungen in den Arbeitsämtern: in Kanada etwa das *Agricultural Employment Centre* oder in der Schweiz die kantonalen Büros des *Landdienstes*. Oft versenden die Fremdenverkehrsbüros Anschriftenlisten der Weinbauern in den Anbaugebieten, die man dann selbst anschreiben oder aufsuchen kann. *Vacation Work*, 9 Park End Street, GB – Oxford, führt Arbeitsaufenthalte bei der Ernte in Europa durch; Details in den Kapiteln »Frankreich« und »Schweiz«. Wer in internationalen Farmlagern bei der Obst- oder Hopfenernte in England tätig sein will, wird im Kapitel »Großbritannien« fündig. Bei rechtzeitiger Bewerbung bekommt man einen guten Einstieg in die Welt der Erntearbeit: die Einschreibegebühr beträgt derzeit £ 25. Die Lager sind übrigens mit Zustimmung des britischen Innenministeriums errichtet, und selbst Ausländer, die nicht aus einem EG-Land stammen, erhalten hierzu eine sogenannte *Entrance Authorisation Card*, eine Art Arbeitserlaubnis, die für sie ansonsten nicht erhältlich wäre. In den Lagern treffen Angehörige verschiedener Nationalitäten zusammen, so daß sich mit Sicherheit neue Freundschaften ergeben und man somit Stützpunkte in anderen Ländern gewinnen kann.

Obwohl auch in der Landwirtschaft die Technisierung immer weiter fortschreitet, spielt menschliche Arbeitskraft noch eine wichtige Rolle. So hat zwar die Umstellung der Hopfenernte auf Maschinen vieles verändert, und trotzdem werden für Hilfsarbeiten noch zahlreiche Kräfte benötigt. Auch in Weinbergen kommen immer mehr Maschinen zum Einsatz: oft sind die Reihen aber zu eng gepflanzt, oder steile Hänge verhindern deren Einsatz. Kirschpflückmaschinen schütteln den ganzen Baum, beschädigen aber nicht nur die Früchte; auch die Wurzeln lockern sich, auf längere Sicht verkümmern die Bäume und gehen schließlich ein. Trotz der fortschreitenden Technisierung besteht unserer Auffassung nach also keine Gefahr, daß der Mensch als Arbeitskraft überflüssig werden könnte. Selektives Pflücken von Früchten mit einem bestimmten Reifegrad leisten Maschinen beispielsweise überhaupt nicht. Und es wird nie viele Pflanzen geben, deren Früchte exakt zum selben Zeitpunkt reif werden. Geübte Pflücker erkennen bald, welcher Salatkopf, welcher Blumenkohl, welche Erdbeeren erntereif sind und lassen den Rest stehen bzw. hängen. Der Auswahlprozeß wird dann kompliziert, wenn nach Größe und Qualität zu sortieren ist. Äpfel werden manchmal durch Drahtnetze gesiebt, um sie der Größe nach zu trennen.

Technik

Erntearbeit ist wahrhaft kein Zuckerschlecken. Frühe und reichlich verklärte Kindheitserinnerungen beim Äpfelmopsen und Herumkraxeln auf Bäumen in Nachbars Garten haben wenig mit modernem intensiven Obstanbau zu tun. In einem größeren Team erwartet man von jedem Neuling, daß er mehr oder weniger sofort Schritt mit geübteren Pflückern hält – was arg anstrengend und frustrierend sein kann. Mit ein wenig Übung bereitet die Arbeit später mehr Freude und (für Jobber sicher wichtiger) wird auch einträglicher, da in aller Regel nach Leistung bezahlt wird: davon ausgenommen ist nur die Traubenernte in Kontinentaleuropa, doch großer Einsatz wird selbstverständlich auch dort erwartet.

Nicht gleich am ersten Tag verzweifeln! Alte Hasen schaffen möglicherweise zwar dreimal mehr, aber statt einen Minderwertigkeitskomplex zu holen, sollten Sie lieber denen genau auf die Finger schauen, und ruhig um Rat fragen, wie man zum Beispiel die Leiter am besten aufstellt, denn Umstellen kostet viel Zeit. Nach einigen Tagen hat man alles im Griff, und auch der Verdienst wird langsam ansehnlicher. Einmal eingeübt, wird sich der nächste Obstbaumbesitzer viel leichter von Ihrem Arbeitswert überzeugen lassen. Wer Bäume schüttelt statt Obst zu pflücken, vergrätzt leicht seinen Chef, denn Obst mit Druckstellen verdirbt leicht. Obwohl sogar Beobachter eingesetzt werden, ist diese Praxis aber allerorten und immer wieder zu beobachten. Nicht nur die Technik unterscheidet Neulinge von erfahrenen Pflückern: die körperliche Verfassung ist mindestens ebenso wichtig. Frank Feuerlein glaubte nach einer Fahrradtour am Rhein, fit genug für die Weinlese zu sein, bemerkte aber rasch, daß im Weinberg ganz offensichtlich andere Muskelgruppen angesprochen werden als beim Radeln, und litt die ersten Tage ganz erbärmlich. Es ginge sicher zu weit, sich vor einer Weltumrundung physisch fit machen zu wollen, aber jeder sei gewarnt, daß Erntearbeiten an die Grenzen der Leistungsfähigkeit führen können! Äußere Umstände können die Verdienstmöglichkeiten in der Landwirtschaft, insbesondere bei Stücklohn, ebenfalls eingrenzen: in der Regel werden die Arbeiten bei miesem Wetter ausgesetzt, oder es wird einige Tage pausiert, bis das Obst nachgereift ist und die Arbeit wieder aufgenommen werden kann. Rechnen Sie damit, daß auch diese unfreiwillige Freizeit irgendwie finanziert werden muß.

Die Bauern bevorzugen Männer bei schweren körperlichen Tätigkeiten (Ladearbeiten, Kistenschleppen u.a.m.); die eigentlichen Pflückarbeiten können aber auch Frauen leicht verrichten, da sich dabei oft zeigt, daß Beweglichkeit wichtiger ist als Muskelmasse. Pflückerinnen werden manchmal sogar bevorzugt, weil sie angeblich sanfter mit dem Erntegut umgehen. Handelt es sich um empfindliches Obst, erhalten Anfänger ab und Stundenlohn, um sorglosen und somit schädigenden Umgang mit dem Obst zu verhindern. Die Konkurrenz auf den Felder ist hart; oft treiben sich die Arbeiter gegenseitig an. Gehörigen Frust handelt sich dabei ein, wer mit erfahrenen Erntearbeitern mitzuhalten versucht, die diese Arbeit schon von Kind auf ausführen. Unterhalten Sie sich mit den anderen Helfern: man kann nur dazulernen, und die Arbeit wirkt plötzlich nicht mehr so langweilig. Alwin Corries beschreibt seine Mitstreiter auf einer Tomatenplantage mit offener Bewunderung:

Im August traf ich einen Landwirt, der mich mit marokkanischen Gelegenheitsarbeitern für die Tomatenernte einstellte. Bezahlt wurde pro abgelieferter Kiste: fünf Franc für die fast reifen Früchte, die exportiert wurden, vier Franc für die länglichen Exemplare, die in die Dose kommen. Man braucht allerdings eine eiserne Disziplin und starkes Durchhaltevermögen, um an einem Zehnstundentag fünfzig Kisten zu schaffen, denn nur dann verdient man gut. Als mein erster halber Hunderter voll war, triumphierte ich innerlich. Am nächsten Tag schaffte ich sogar dreiundfünfzig Kisten. Beim Ausladen am Depot hatte ich das Gefühl, daß die anderen Arbeiter einander zunickten und sich zuraunten: »Der da ist es, der wie ein Sturm durch die Tomatenstauden fegt!« In der gleichen Arbeitszeit sammelte mein Freund Ahmed fast siebzig Kisten: jeden Tag glaubte ich, gleichziehen zu können, doch dem war nicht so. Offenbar hatte ich mich überschätzt. Die Kisten wurden irgendwie immer größer, die Tomaten lagen plötzlich völlig falsch, die Hitze wurde unerträglich. Dem Verdursten nahe, begann ich langsam zu verzweifeln und mit dem Schicksal zu hadern. Als ich das nächste Mal nachfragte, hatte mein Kollege anscheinend achtzig Kisten abgeliefert. Wer nur ein bißchen Ahnung vom Tomatenpflücken hat, wird es kaum glauben. In meiner Vorstellung sah ich mich, grauhaarig nach der erschütternden Erfahrung, Führungen für künftige Generationen von Erntearbeitern und Bewunderern über die Felder veranstaltend, mit dem Kopf in Richtung eines schreinartigen Bauwerks deuten und sagen: mit eigenen Augen habe ich gesehen, wie die kleinen Biester wie von selbst in seine Kisten gehüpft sind. Na ja, ich wünsche Achmed jedenfalls viel Glück. Zu meiner großen Erleichterung wurde ich kurz darauf in den schattigen Pflaumenhain auf der anderen Straßenseite versetzt.

Im August braucht man im Midi, dem französischen Süden, unbedingt eine Kopfbedeckung, für die Traubenernte in Deutschland und das Apfelpflücken in British Columbia warme Kleidung, einen Regenmantel und Gummistiefel wegen matschiger Böden. Dicke Gartenhandschuhe leisten gute Dienste, da sie nicht nur an frostigen Morgen nützlich sind, sondern auch das Eindringen von im Obstbau üblichen Spritzmitteln in kleine Schnitte und Verletzungen an den Händen verhindern. Wer nicht mit Handschuhen arbeiten kann, verklebt zur Not seine Hände mit Pflaster, um sich vor Blasen und Dornen zu schützen. In jedem Kapitel zu den einzelnen Ländern gehen wir noch einmal gesondert auf Möglichkeiten der Erntearbeit ein und bieten ergänzend dazu Tabellen mit den einzelnen Obst- und Gemüsesorten und deren Erntezeiten.

Arbeit auf Bauernhöfen

Gelegenheitsjobs in ländlichen Gegenden beschränken sich nicht, wie vielleicht anzunehmen wäre, ausschließlich auf die Ernte. Saisonale Arbeiten in der Landwirtschaft wären z.B. das Kastrieren von Maiskolben, die Schafschur, das Verscheuchen von Vögeln in Kirschbaumpflanzungen, das Bewachen von Weihnachtsgänsen gegen unliebsame, nächtliche Besucher, Unkrautjäten, Bewässerung von Bananenplantagen usw. Fast immer findet sich Arbeit, wenn man an der Tür eines x-beliebigen Bauern klopft, denn sicher kann jeder jobsuchende Reisende solch rudimentäre Arbeiten wie das Beschneiden von Bäumen und Sträuchern oder das Setzen von Pflanzenschößlingen ohne lange Anleitung verrichten. In Europa sind die meisten Bauernhöfe allerdings kleinere Familienbetriebe, wo keine zusätzlichen Arbeitskräfte benötigt werden, weil jedes Familienmitglied bei den täglichen Verrichtungen mithilft. Wenn jedoch im Sommer die Masse der Arbeiten auf den Höfen anfällt, können viele Bauern eine oder mehrere Aushilfen gebrauchen, die zupacken, wo es gerade klemmt. Im Gegensatz zu Erntearbeiten ist der teils anstrengende, teils mußevolle Job als »Mädchen für Alles« auf einer Farm recht abwechslungsreich: Dünger ausfahren, Holzsuchen, Gräben für Wasserleitungen ausheben, Felder bewässern (eine Sinecure ohnegleichen) sowie Unkrautvernichtungsmittel aus auf dem Rücken getragenen Zehn-Liter-Kanistern versprühen: da kommt keine Langeweile auf, wie Hans Peters vom griechischen Festland zu berichten weiß. Die Fähigkeit, mit dem Bauern zu kommunizieren, ist bei Anstellungen auf dem Hof selbst ungleich wichtiger als bei der Arbeit auf dem Feld. Erfahrung in der Handhabung landwirtschaftlicher Maschinen wird sich stets als nützlich erweisen. Am besten verdient wird bei der Getreideernte, doch bevor ein Fremder die hierfür verwendeten teuren Maschinen bedienen darf, wird er nachzuweisen haben, daß er auch wirklich damit umgehen kann.

Selbst inserieren

Insbesondere für Personen mit einschlägiger Ausbildung lohnt es sich, in überregionalen Bauernzeitungen ihre Dienste anzupreisen, so wie Gerd Szepanski dies im *Landsbladet* in Dänemark tat:

23jähriger Deutscher, z.Zt. wohnhaft in Dänemark, sucht Arbeit auf Bauernhof. Viermonatige Erfahrung im Traktorfahren und in der Feldarbeit im Kibbuz. Habe soeben Tätigkeit in Gärtnerei in GB beendet und möchte mich in einer anderen landwirtschaftlichen Arbeit versuchen. Gerd, Tel. xx-xx.

Obwohl er seine Arbeitssuche in der dafür ungünstigsten Jahreszeit, im Herbst, begann, erhielt Gerd vier Stellen angeboten. Eine Holländerin, die er später kennenlernte, hatte nach einer ähnlichen Anzeige sogar die Wahl zwischen elf Offerten.

Bandbreite der Möglichkeiten

Alternative Betriebe, die biologischen Anbau betreiben, Rohmilchkäse herstellen usw., können meist keine fremde Arbeitskraft finanzieren, bieten aber manchmal über den Winter freies Wohnen und Verpflegung gegen tatkräftige Mithilfe an. Entsprechende Anfragen lohnen in allen ländlichen Gebieten.

Die Blumenzucht ist eine arbeitsintensive Angelegenheit. Traditionell bieten die Blumenzwiebel- und Schnittblumenindustrien Hollands gute Gelegenheiten für saisonale Aushilfsjobs. Wir haben aber auch von Züchtern in Helsinki, Vancouver und auf Kreta gehört, die bereitwillig Reisende kurzzeitig anstellen. Die Aussicht, den ganzen Tag mit Blumen zu arbeiten, hat für viele etwas Ansprechendes. Paul Czepull nahm einen Job in einer Fabrik in Südholland an, doch zu seiner großen Enttäuschung bestand die Arbeit lediglich darin, Tausende von Gemüsezwiebeln auszubuddeln, zu schälen und anschließend zu verpacken: er hielt keine drei Tage durch. Die Gurkenverarbeitung soll übrigens nicht viel besser sein. Offenbar sind Jobs in der Nahrungsmittelindustrie besonders unangenehm und anstrengend, die Löhne allerdings überdurchschnittlich hoch. Wegen der Notwendigkeit, in kurzer Erntezeit gewaltige Mengen zu verarbeiten, bestehen in diesem Bereich prima Aussichten für gutbezahlte Aushilfsjobs.

Erfahrung sammeln

Einige europäische Staaten, so Norwegen und die Schweiz, bieten Programme für junge Leute an, die ein bis zwei Monate auf einem Bauernhof helfen wollen. Erfahrung in der Landwirtschaft ist dabei für die Teilnahme nicht erforderlich. Die Fremdenverkehrsämter Italiens, Deutschlands, Kanadas und Neuseelands vermitteln Aufenthalte auf Farmen, bei denen die Besucher mit anpacken, soviel sie Lust haben. Auf diese Weise kommt man nicht nur zu einem relativ billigen und doch abwechslungsreichen Urlaub, sondern lernt darüberhinaus auch noch Kühe zu melken, Käse selbst herzustellen, Heuballen zu bündeln und dergleichen mehr. Andererseits kann man sich natürlich überall für die freiwillige Arbeit auf örtlichen Höfen bewerben. Wer die gewohnte Umgebung einer

Großstadt nicht missen möchte, wende sich in England an die *National Federation of City Farms,* The Old Vicarage, 66 Fraser Street, Windmill Hill, Bedminster, Bristol BS3 4LY.

Biologisch-dynamische Höfe

Biobauern auf der ganzen Welt nehmen auf ihren Höfen gerne Freiwillige auf, um den Einsatz von Chemie und Maschinen begrenzen zu können. Hinter der Bezeichnung WWOOF *(Working Weekends on Organic Farms* oder *Willing Workers on Organic Farms)* verbergen sich verschiedene Verbände, die Adressenlisten von Bauernhöfen zusammenstellen, auf denen an natürlichem Anbau Interessierte bei freier Verpflegung und Unterbringung mithelfen können. Maik Tümmler schloß sich in Neuseeland dem WWOOF an, um eventuelle Probleme mit der Arbeitserlaubnis zu umgehen. Seine Erfahrungen mit dem Verband sind symptomatisch:

Bei der zweiten Farm hatte ich richtig Glück. Ich verdiente in den zwei Wochen zwar kein Geld, brauchte aber auch keines und genoß zudem das Leben als Teil der Familie. Die der WWOOF angeschlossenen Höfe sind zwar höchst unterschiedlich, doch ich kann die Arbeit auf ihnen allen empfehlen, die nicht dringend aufs Geldverdienen angewiesen sind.

Die Jahresmitgliedschaft in einem der Verbände (derzeit etwa 25 DM) schließt den Bezug eines Mitteilungsblattes ein, in dem nach Helfern gesucht wird. Nationale Verbände von Betrieben mit biologisch-organischem Anbau werden gesondert in folgenden Kapiteln erwähnt: Australien, Belgien, Dänemark, Deutschland, Frankreich, Holland, Indien, Irland, Israel, Japan, Kanada, Neuseeland, Norwegen, Spanien sowie USA. Vor dem Entschluß zu einem längeren Aufenthalt bei einem biologischen Farmer sollte Klarheit darüber bestehen, ob eine derartige Tätigkeit auch wirklich das Richtige ist. Die anfallenden Arbeiten sind nicht immer gerade appetitlich. Auch Oliver Schoppe hat einige Erfahrung auf biologisch-dynamischen Höfen gesammelt:

Ich habe auf vielen organischen Farmen gearbeitet, aber die unappetitlichste Aufgabe, die mir je zuteil wurde, war das Herauspicken von Würmern aus Hasendung. Die Tierchen wurden dann in einem Melonenfeld verteilt, wo sie für die Auflockerung des Erdreiches sorgen sollten.

Großfarmen

Die riesigen landwirtschaftlichen Betriebe in Australien, Argentinien oder den Vereinigten Staaten beschäftigen im Sommer stets zahllose Aushilfen. Reitkenntnisse sind auf diesen ausgedehnten Farmen natürlich von immensem Vorteil, wiewohl bei der Arbeit unterdessen Jeeps und Motorräder immer mehr die Pferde verdrängen. In Neuseeland und Australien, wo die Schafzucht vorherrschend ist, werden insbesondere zur Schurzeit viele Hilfskräfte gebraucht. Die Schafschur selbst ist Spezialistenarbeit; rund um dieselbe gibt es aber eine Menge zu tun, vom Bündeln der Wolle bis zum Kochen für die Mitarbeiter. So wie eine Reihe von europäischen Bauernhöfen zahlende Feriengäste aufnimmt, sind in anderen Ländern etliche Anwesen zu »Erlebnisfarmen« (engl.: »Dude Ranches«) umfunktioniert worden. Vor allem in den USA und in Australien benötigen solche Anlagen im Haus selbst und draußen auf dem Areal Helfer, die sich um die Gäste kümmern, Reitausflüge unternehmen, Sehenswürdigkeiten zeigen usw. Adressenlisten mit Höfen, die »Ferien auf dem Bauernhof« anbieten, bekommt man bei den Fremdenverkehrsämtern der einzelnen Länder.

Austauschprogramme

Weltweit wird Studenten landwirtschaftlicher Fächer, aber auch anderen jungen Leuten mit einiger Erfahrung in der Landwirtschaft im Alter zwischen 19 und 28 Jahren die Gelegenheit geboten, an Austauschprogrammen teilzunehmen. Die *International Agricultural Exchange Association (IAEA)* führt für europäische Teilnehmer Austauschprogramme mit Kanada, den Vereinigten Staaten, Australien und Neuseeland durch. Die siebenmonatigen Aufenthalte in Kanada fangen im Februar oder April an; in den USA beginnen sie im März/April und erstrecken sich über acht Monate bis zu einem Jahr; in Australien und Neuseeland liegt der Beginn im April, Juli oder September/Oktober, das Ende jeweils sechs bis neun Monate später. In Japan hält man sich zwischen acht und zwölf Monaten auf; Anfang ist im April. Verschiedene zwölf- bis vierzehnmonatige »Rund-um-die-Welt-Programme« laufen im Herbst an und bestehen aus je einem halben Jahr Arbeitsaufenthalt in der südlichen und der nördlichen Hemisphäre, mit Gelegenheit zu ausgiebigem Reisen und Erholen zwischendurch. Die Kosten belaufen sich für die Teilnehmer auf 3800 bis 10.500 DM, allerdings wird der größte Teil davon durch den Verdienst wieder ausgeglichen. Der Einfachheit halber hat man das Ganze in drei Kategorien eingeteilt: herkömmliche Landwirtschaft mit Viehhaltung und Getreideanbau; Gartenbau mit Gemüse- und Blumenaufzucht; Haus- und Betriebswirtschaft, eine Mischung aus dem haus- und traditionell landwirtschaftlichen Bereich. Bei Interesse nehme man Kontakt auf zum Deutschen Bauernverband, Andreas-Hermes-Haus, Godesberger Allee 142-148, D – 5300 Bonn 2, wo Angaben zu Anforderungen, Auswahl, Kosten usw. erhältlich sind. Wem der Sinn eher nach den Annehmlichekeiten des einfachen Landlebens steht als nach glitzerndem Nightlife und den kulturellen Angeboten großer Städte, sollte also sämtliche Beschäftigungsmöglichkeiten in der Landwirtschaft in Betracht ziehen und nicht nur die befristete Mithilfe bei Ernten.

Sprachunterricht

Seit der Wiedervereinigung hat die deutsche Sprache erheblich an internationaler Bedeutung gewonnen, so daß dementsprechend auch deren Unterricht immer mehr gefragt ist. Dieser kann bei einer offiziellen Stelle wie dem *Goethe-Institut* erfolgen, andererseits aber auch bei einer x-beliebigen Sprachschule irgendwo in der argentinischen Pampa. In den meisten Fällen wird es für eine erfolgreiche Bewerbung genügen, sich als Muttersprachler dezent zu kleiden. Lediglich bei renommierten Instituten wird der Nachweis einer einschlägigen Hochschulausbildung erwartet.

Da Sprachunterricht zum einen vielleicht das Korrigieren der Aussprache von Geschäftsleuten, andererseits aber auch einen 40-Stunden-Fulltimejob beinhalten kann, bleibt es schwierig, Allgemeines über den Deutschunterricht im Ausland zu sagen. In aller Regel werden Muttersprachler aber eher dazu eingestellt, eine Konversation anzuregen als Grammatik zu lehren. Rudimentäre Kenntnisse letzterer sind natürlich nicht gänzlich zu verachten, zumal wenn die Schüler ein Stadium erreichen, da sie scharfsinnige Fragen zu stellen beginnen und sich bei nicht befriedigender Beantwortung derselben entmutigen lassen. Jüngeren Kindern eine Fremdsprache beizubringen ist Geschmacksache: man kann nicht stur nach Buch vorgehen, sondern muß sich auch mit Spielen, Rätseln oder dem Einstudieren von Liedern zu helfen wissen. Erwachsene sind hingegen zumeist ausreichend motiviert, obwohl man gelegentlich auch auf Hemmungen bei der Aussprache stoßen wird. Die Unterrichtung von Berufstätigen und Geschäftsleuten wird sehr gut bezahlt. Die Frage der Disziplin stellt wenigstens außerhalb Westeuropas selten ein Problem dar. In der Tat wird man oft sogar feststellen, daß die Schüler allzu friedlich und examensorientiert sind. Die meisten Schulen praktizieren die Ganzheitsmethode: somit gilt die Tatsache, daß man die jeweilige Landessprache nicht oder nur mangelhaft spricht, selten als Hinderungsgrund bei der Einstellung. Mit etwas Glück ist das an der Schule vorhandene Lehrmaterial weniger als ein halbes Jahrhundert alt; bei weniger hat man eben gut daran getan, sich schon zu Hause mit entsprechender Literatur einzudecken. Möglicherweise gibt es aber auch einen Buchladen mit deutschen Sprachbüchern vor Ort. Bei plötzlicher Einfallslosigkeit bleibt der Rückgriff auf bewährtes deutsches Liedgut, wobei gerade die etwas fortgeschritteneren Klassen durchaus Konstantin Wecker dem blonden Brillenbarden Heino vorzuziehen wissen. Die Bezahlung liegt nicht selten über der am Ort üblichen. Einer der Gründe dafür ist, daß man nur in seltenen Fällen einen zusammenhängenden Stundenplan erwarten darf, ganz zu schweigen von der zeitaufwendigen Vorbereitung des Unterrichts, welche nicht unterschätzt werden sollte.

Schwarzarbeit

In Ländern der Dritten Welt wird der Unterricht in einer Weltsprache (natürlich mit Vorrang des Englischen) häufig mit Fortschrittlichkeit und Zukunftshoffnung gleichgesetzt, so daß viele Behörden großzügig über fehlende Arbeits- und Aufenthaltsgenehmigungen hinwegsehen. Verfügt man andererseits gar über einen regulären Vertrag, so wird deren Bewilligung selten lange dauern. Bei gelegentlichem Unterricht kann man die volle Dauer des einfachen Touristenvisums in Anspruch nehmen, in den meisten Fällen also neunzig Tage, fährt danach über die nächstgelegene Grenze und reist mit einem erneuerten Visum derselben Dauer wieder ein. Dies läßt sich selbstverständlich aber nicht endlos praktizieren ...
Viele Arbeitgeber bezahlen in bar, wobei dies unbedingt in einer harten Währung erfolgen sollte. In Staaten mit chronisch hoher Inflation darf getrost auf eine Entlöhnung in der Landeswährung verzichtet werden! Nicht selten kommt nämlich vor, daß Leute mit einem fetten Batzen dastehen und nichts damit anfangen können, es aufgrund von Devisenbeschränkungen nicht einmal ausführen dürfen. Bei den ersten Anzeichen der eigenen Unentbehrlichkeit locken schon Hoffnungen auf eine Gehaltserhöhung, sofern nicht ein unterzeichneter Vertrag im Wege steht.

Die Jobsuche

Diese kann vor Ort erfolgen, aber auch schon zuhause beginnen, was die Nerven sicherlich mehr schont. Andererseits kann man vom heimatlichen Schreibtisch aus nur schlecht beurteilen, auf was man sich da in der Fremde einläßt. Nützliche Adressen hierbei: die Goethe-Institute sowie der *Pädagogische Austauschdienst*, Sekretariat der Ständigen Konferenz der Kultusministerien der Bundesländer, Nassestraße 8, D – 5300 Bonn 1, Tel. (0228) 501-1.
Die Suche vor Ort gestaltet sich in südlichen Ländern erfahrungsgemäß einfacher als in der nördlichen Hemisphäre; dito in der »Dritten Welt«, wo die Wahrscheinlichkeit am größten ist, daß man auch ohne einschlägige Vorbildung eingestellt wird. Wichtig ist das angedeutete gepflegte Äußere, vielleicht ein Aktenkoffer und ein (übertreiben Sie getrost schamlos!) beeindruckender beruflicher Werdegang in Schriftform. Vor Ort kann man

bei den Goethe-Instituten anfragen, ob möglicherweise gerade eine Lehrkraft benötigt wird. In Konsulaten und Botschaften nach Aushängen Ausschau halten! In örtlichen Schulen beim Lehrkörper um die Vermittlung von Kontakten zu nachhilfebedürftigen Schülern (oder deren Eltern) bitten! Die Kleinanzeigen der lokalen Presse nach entsprechenden Gesuchen oder die »Gelben Seiten« nach Wirtschaftsschulen konsultieren! Die Monate August und September sowie die Zeit um Weihnachten versprechen erfahrungsgemäß den besten Erfolg bei der Suche nach einer Unterrichtstätigkeit. Ferienzentren bleiben ein guter Jagdgrund, da sich Einheimische durch Fremdsprachenkenntnisse bessere Chancen im Hotel- und Gaststättengewerbe versprechen. Die Alternative zur festen Bindung an eine Sprachschule liegt in Privatstunden. Wer die Gebühren der Institute unterbietet, verdient immer noch deutlich mehr als deren Angestellte, allerdings nicht von Anfang an: man muß überall mit Anlaufschwierigkeiten und auch finanziellen Engpässen rechnen. Voraussetzung sind ein geeigneter Raum und ein eigener Telefonanschluß. Nachteilig sind kurzfristig abgesagte Termine, die unbezahlte Anreise, mangelnde soziale Absicherung usw. Wer indes weniger am schnöden Mammon als am Kennenlernen der Gastkultur interessiert ist, wird sich auch mit freier Unterkunft und Verpflegung in einem Privathaushalt im Tausch für Konversation zufriedengeben. Diese Arrangements entstehen zumeist unvermittelt.

Abschließend kann gesagt werden: Unterrichten im Ausland ist wohl eine der beeindruckendsten Arten, ein anderes Land und die Mentalität seiner Bevölkerung zu erleben. Man sollte jedoch stets mit unliebsamen Umständen rechnen, denn gerade in diesem Bereich ist wahrlich nicht alles Gold, was glänzt. Wenn man dies herausgefunden hat, sollte es noch nicht zu spät sein.

Arbeit im Haushalt

Der große Vorteil aller Au Pair-, Haushaltshilfen- und Kindermädchenstellen ist, daß sie gerade für Frauen und Mädchen verhältnismäßig leicht erreichbar sind, obwohl in letzter Zeit das »starke Geschlecht« in diese Domäne eingebrochen ist. In den meisten Staaten unterliegen Au Pairs nicht den üblichen Arbeitsgesetzen, benötigen also keine besondere Arbeitserlaubnis. Gründe für eine solche Tätigkeit liegen im allgemeinen Wunsch nach vertieften Kenntnissen der Sprache und Kultur eines Landes, in der zeitweiligen Unterbrechung des Studiums, um gesellschaftlich »auszusteigen«, in vorübergehender Arbeitslosigkeit, oder auch im Bedürfnis, sich erst in Hauswirtschaft und Kinderbetreuung umzusehen, bevor eine Laufbahn in dieser Richtung eingeschlagen wird.

Die Beziehungen zwischen einem Au Pair und einer Familie entsprechen nicht normalen Arbeitsverhältnissen. Da Au Pairs mehr oder weniger stark in eine Familie eingebunden sind, handelt es sich eher um ein partnerschaftliches Verhältnis, so daß bezüglich des Arbeitgebers meist von Gastfamilie gesprochen wird. Für eine erfolgreiche Au Pair-Tätigkeit kommt es mehr als anderswo darauf an, daß alle Beteiligten gut miteinander auszukommen versuchen. Toleranz, Einfühlungsvermögen, Anpassungsfähigkeit und Verständnis für die fremde Kultur werden groß geschrieben; in einer fremden Familie für Monate zu leben, ist natürlich immer ein riskantes Unternehmen. Die EG-Richtlinien schlagen für Au Pairs ein Alter zwischen 18 und 27 Jahren vor, eine tägliche Arbeitszeit von rund fünf Stunden an sechs Tagen in der Woche, inklusive einiger Babysittingabende. Au Pairs muß ein eigenes Zimmer, Vollverpflegung, Krankenversicherung, Gelegenheit zum Besuch von Sprachkursen und ein Taschengeld geboten werden. Möglichst schon vor

Ankunft in der Familie sollte geklärt sein, wie die Arbeitszeiten liegen und welche Bereiche die Arbeit umfassen soll; an welchem Tag das Taschengeld gezahlt und ob es bei Zufriedenheit des Arbeitgebers gegebenenfalls erhöht wird; außerdem auch, welche Kündigungsfrist von beiden Seiten einzuhalten ist. Diese Besprechung der Einzelheiten bringt das Ganze gewissermaßen auf eine geschäftliche Ebene. Und trotzdem werden bei vielen Gelegenheiten Sonderleistungen als selbstverständlich vorausgesetzt. Katharina Hallwag arbeitete einige Zeit in Vancouver:

Der Au Pair-Job in einer Familie gleicht einem Balanceakt. Es fällt beispielsweise äußerst schwer, abzulehnen, wenn die Gasteltern um sechs Uhr abends telefonisch mitteilen, daß sie erst in zwei Stunden nach Hause kommen, obwohl man selbst um sieben Uhr eine Verabredung hat. Die Kinder betrachten einen bezahlten Betreuer nicht als Angestellten, sondern als Familienmitglied, so daß Spannungen etwa dadurch entstehen können, daß sie nicht verstehen, warum ich sie an freien Tagen nicht mit ins Schwimmbad nahm.

Die offiziell empfohlenen fünfeinhalb Tage pro Woche plus zwei Babysittingabende können sich unversehens mal zu vierzehn Stunden Arbeit pro Tag entwickeln. Wie weit frau oder man das toleriert, hängt ganz von etwaigen Vorteilen ab, welche dies einigermaßen kompensieren würden: freie Benutzung von Telefon und Auto, verträgliche Kinder, gutes Essen, Mitnahme in die Ferien usw. So sorgfältig der Aufgabenbereich vorher auch abgegrenzt wird, bleibt immer noch genügend Raum für unterschiedliche Interpretationen. An einem Ende befindet sich die Familie mit einem wohlerzogenen Kind, welche das Au Pair-Mädchen in die Skiferien mitnimmt, lediglich knappe vierundzwanzig Stunden Kinderbetreuung und etwas leichte Hausarbeit erwartet. Am anderen Ende vielleicht eine Mutter, die das Au Pair wie einen Küchensklaven behandelt; ein Vater, der das Mädchen als potentielle Konkubine betrachtet; während dieses seine liebe Mühe hat, auf vier völlig mißratene Rabauken aufzupassen. Es empfiehlt sich daher, möglichst viel über eine Familie herauszufinden, bevor man endgültig zusagt.

Jedem Au Pair steht ein eigenes Zimmer zu. Trotzdem kann die Privatsphäre fehlen, vielleicht auch nur als logische Folge der gutgemeinten Aufnahme als weiteres Familienmitglied. Claire Robinson, die den Sommer als Au Pair in Griechenland verbrachte, wurde einmal von der Gastmutter unsoziales Verhalten vorgeworfen, weil Claire nicht am gemeinsamen Fernsehabend der Familie teilnahm, obwohl man sie doch ausdrücklich dazu eingeladen hatte. Bei dieser Gelegenheit drängten sich alle sieben Familienmitglieder im winzigen Wohnzimmer, doch niemandem machte das etwas aus, außer eben Claire, die Alleinsein gewohnt war und sich deshalb nach etwas Zurückgezogenheit sehnte. Gudula Färber machte in Norditalien ähnliche Erfahrungen:

Ich hatte fast keine Freizeit, denn ich wurde als Familienmitglied behandelt. Wo die Familie auch hinging, ich war dabei, was mir jedoch besser gefallen hat als ein reines Angestelltenverhältnis. Ich habe Land und Leute auf diese Weise so kennengelernt, wie ich mir das anfangs nie vorgestellt hätte. Abends saß die Familie zusammen und unterhielt sich. Heute, drei Jahre später, stehen wir immer noch in enger Verbindung: ich bin unterdessen schon zweimal zum Skiurlaub eingeladen worden.

Entwickelt sich kein freundschaftliches Verhältnis zur Gastfamilie, fühlt man sich in einem fremden Land leicht einsam und verlassen. Viele freunden sich daher in Sprachkursen mit anderen Au Pairs an. Die Kanadierin Leslie Clifton, bei einer deutschen Familie beschäftigt, empfiehlt, mithilfe eines Inserates in der örtlichen Zeitung ein Treffen aller Au Pairs in der Stadt oder Gegend anzuregen. Trotz dieser Probleme bietet die Tätigkeit als Au Pair einen einfachen und nicht selten vergnüglichen Einstieg in die Arbeit im Ausland.

Bezahlung

Vergnügen kann diese Arbeit durchaus bereiten – reich wird als Au Pair sicherlich niemand. Die Umstände haben sich seit den Vorkriegstagen allerdings schon deutlich gebessert: eine ältere Leserin berichtet, daß sie seinerzeit keinen Pfennig Lohn erhielt, bevor nicht die vereinbarten sechs Monate Arbeit verstrichen waren. Und selbst dann reichte das Geld gerade mal für die Zugfahrt nach Hause. Das übliche Taschengeld für Au Pairs liegt in Europa bei rund 100 DM pro Woche, für ungelernte Haushaltshilfen zwischen 100 und 200 DM. Diese Werte schwanken zwischen Portugal am unteren Ende der Bandbreite und der Schweiz und den USA am oberen Ende. Da Au Pairs nicht als Lohnempfänger angesehen werden, benötigen sie (mit Ausnahme der Schweiz, Kanadas und den Vereinigten Staaten) keine Arbeitserlaubnis und sind nicht lohnsteuerpflichtig. Mit abgeschlossener Ausbildung als Hauswirtschafterin oder Kinderschwester ist ein höherer Verdienst zu erzielen, bis zu umgerechnet 1600 DM in Kanada.

Pflichten

Wer einen Posten akzeptiert, der auch das Kochen für die Familie miteinschließt, sollte sich vorher erkundigen, welche Ansprüche der Arbeitgeber stellt! Susanne Collins schrieb über ihre Erfahrungen in der *New Zealand Post*:
Ich merkte sehr rasch, daß »einfache Kochkenntnisse« (diese hatte ich unvorsichtigerweise angegeben) über Spiegeleier und Toast hinausgingen. Mit dem Fasan, der mir gleich zu Anfang zur Zubereitung überlassen wurde, konnte ich beim besten Willen nichts anfangen.
Wen die Aussicht, mal schnell einen »Faisan en cocotte« improvisieren zu müssen, in Angst und Schrecken versetzt, erkundige sich also lieber vorher eingehend, was von der Küchenfee erwartet wird. Die meisten Aufgaben eines Au Pairs drehen sich indes um die Kinderbetreuung: nicht selten erschreckt die Vorstellung, Verantwortung für Kinder zu übernehmen, mehr als der erwähnte Gummiadler. Gute Au Pairs sollten sich von vornherein darauf einstellen, mit den klassischen Notsituationen kranker oder verlorengegangener Kinder fertigzuwerden. Im allgemeinen wird vorher nach Erfahrung im Umgang mit Kindern oder Babies und nach der Bereitschaft, auch Neugeborene zu betreuen, gefragt. Richtig weh kann's Kindern und Au Pairs tun, wenn das Arbeitsverhältnis beendet wird. Lisa Runze verließ ihre Gastfamilie auf Mallorca bereits nach neun Wochen:
Ich konnte nicht umhin, beim Anblick der Kinder traurig und deprimiert zu werden. Schon wieder eine, die sie verließ, in der langen Reihe von Au Pairs, die sie liebgewonnen und allzu bald verloren hatten.
Erfahrung in der Kinderbetreuung oder gar eine Ausbildung zur Kinderkrankenschwester öffnet viele verschlossene Türen: die meisten der großen Reiseveranstalter beschäftigen eigenes Personal, das sich um die Kinder der Feriengäste kümmert. Hier lauert im Hintergrund die Möglichkeit, kostengünstig eine ganze Sommer- oder Wintersaison in einem Feriengebiet zu verbringen.

Bewerbungen

Die Suche nach einer Stelle wird erheblich vereinfacht durch die Vermittlung einer Agentur oder eines Verbandes. Die meisten Vermittler erheben Gebühren um die 100 DM, einschließlich der Betreuung durch einen Beauftragten im Ausland. Angebote und Leistungen variieren jedoch je nach Agentur stark. Also einen adressierten und frankierten, ins Ausland ausreichend mit internationalen Antwortscheinen versehenen Umschlag an die einzelnen Firmen senden und entsprechende Unterlagen für ausgiebige Vergleiche anfordern. Die Kurzzeitstellen (bis zu sechs Wochen) in den Sommerferien sind am raschesten vergriffen, so daß hier eine frühzeitige Bewerbung ratsam ist.

Viele Au Pairs lehnen bemerkenswerterweise Agenturen ab und schwören eher auf Eigeninitiative. Ein Inserat in der internationalen Frauenzeitschrift *Lady*, 39-40 Bedford Street, GB – London WC2, brachte einer Leserin dreißig Zuschriften, u.a. aus Spanien, Frankreich, Brasilien, Kanada, den USA und Italien. Ähnlich viel versprechen Anzeigen in *Cosmopolitan*, *Elle*, *Harper's Bazaar*, *Brigitte*, *Vogue* oder *FAZ*. Unterwegs kann man in den lokalen Tages- oder englischsprachigen Zeitungen nach entsprechenden Gesuchen forschen, etwa in Athen in der *Athens News* oder in Lissabon in der *Anglo Portuguese News*. Die Mitteilungsbretter englischer oder deutscher Auslandsgemeinden, Kulturinstitute, Schulen oder Kindergärten erleichtern die Stellenfindung.

Die folgenden britischen Agenturen vermitteln in eine ganze Reihe europäischer Länder: *Aaron Employment Agency*, 1 Calverley Road, Tunbridge Wells, Kent TN1 2TE, Tel. (0892) 46 601; *Anglia Agency*, 37 Old Southend Road, Southend-on-Sea, Essex SS1 2HA, Tel. (0702) 613 888; *Anglo Pair Agency*, 40 Wavertree Road, Streatham Hill, London SW2 3SP, Tel. (081) 674 3605; *At Your Service Agency*, 32 Manor Hall Avenue, London NW4 1NX, Tel. (081) 203 6885; *Au Pair Company*, 50 Avenue Rise, Bushey, Herts. WD2 3AS, Tel. (081) 950 3125; *Avalon Agency*, 11 Abinger Road, Portslade, Sussex N4 1SD, Tel. (0273) 421 600; *Childcare Agency*, 40 Uppleby Road, Parkstone, Poole, Dorset BH12 3DE, Tel. (0202) 737 171; *Daylies Agency*, 27 Wood Street, St. Annes, Lancashire FY8 1QR, Tel. (0253) 729 739; *Euro Employment Centre*, 42 Upper Union Arcade, Bury, Lancashire BL9 0QF, Tel. (061) 797 6400; *Euro-Pair Agency*, 28 Derwent Avenue, Pinner, Middlesex HA5 4QJ, Tel. (081) 421 2100; *Girls About Town*, 15 Maxim Road, Grange Park, London N21 1EY, Tel. (081) 360 0034; *Helping Hands*, 10 Hertford Road, Newbury Park, Ilford, Essex IG2 7HQ, Tel. (081) 597 3138; *Janet White Agency*, 67 Jackson Avenue, Leeds LS8 1NS, Tel. (0532) 666 507; *Jolaine Agency*, 218 Escot Way, Barnet, Herts. EN5 3AN, Tel. (081) 449 1334; *Just the Job*, 11 Priory Road, West Bridgford, Nottingham NG2 5HU, Tel. (0602) 811 823; *London Au Pair & Nanny Agency*, 23 Fitzjohns Avenue, London NW3 5JY, Tel. (071) 435 3891; *Mondial Agency*, 32 Links Road, West Wickham, Kent BR4 0QW, Tel. (081) 777 0510; *Mrs. Lines Employment Agency*, 25a Kensington Church Street, London W8 4LL, Tel. (071) 937 4165; *Pec Au Pairs*, 2 Spring Hill, Kilnbank, Market Drayton, Shropshire TF9 1LE, Tel. (0630) 2985; *Students Abroad*, 11 Milton View, Hitchin, Hertfordshire SG4 0QD, Tel. (0462) 438 909; *Universal Care*, Chester House, 9 Windsor End, Beaconsfield, Bucks. HP9 2JJ, Tel. (04946) 678 811; *Vanessa Bancroft Domestic Agency*, 53 Broomhill Road, Orpington, Kent BR6 0EN, Tel. (0689) 31 701; *Wealden Agency*, 37 Abbey Road, Eastbourne, Sussex BN20 8TD, Tel. (0323) 644 026.

In Frankreich wären zu nennen: *L'Arche*, 7 Rue Bargue, 75015 Paris, Tel. 42 73 34 39; *Contracts*, 55 Rue Nationale, 37000 Tours, Tel. 47 20 20 57; *Inter-Séjours*, 4 Rue de Parme, 75009 Paris, Tel. 42 80 09 38. In Irland: *Langtrain International*, Torquay Road, Foxrock, Dublin 18, Tel. (01) 289 3876; *Linguaviva Centre*, 45 Lower Leeson Street, Dublin 2, Tel. (01) 789 384. In Österreich: *Arbeitsgemeinschaft Auslandsozialdienst*, Johannesgasse 16, 1010 Wien, Tel. (01) 512 9795; *Ökista*, Berggasse 4, 1090 Wien, Tel. 347 5260.

Industrie und Handel

Tätigkeiten in Büros, Fabriken und Kaufhäusern sind weniger saisonabhängig als in der Landwirtschaft oder im Hotel- und Gaststättengewerbe. Dennoch findet man auch in dieser Sparte zahlreiche Gelegenheitsjobs, etwa während des vorweihnachtlichen Einkaufsrausches, bei den Schlußverkäufen der Warenhäuser, kurz vor dem Sommer in der Getränkeindustrie usw. Arbeit für kürzere Zeit bietet sich häufig im Sommer, wenn die Festangestellten ihre Supermärkte und Kaufhäuser fluchtartig in Richtung Urlaub verlassen. Gerade in wirtschaftlich schlechten Zeiten steigt die Zahl der befristeten Einstellungen. Firmen, die in guten Zeiten ohne Zögern Zusatzpersonal fest einstellen würden, taktieren vorsichtiger und beschäftigen nur vorübergehend bei momentanem Bedarf Arbeitskräfte. In vielen Ländern begünstigen die Gesetze dieses Vorgehen: in Belgien beispielsweise müssen die Arbeitgeber ihren Angestellten und Arbeitern schon nach einem Monat zusätzliche Leistungen gewähren. Um diese zu vermeiden, wird den Aushilfen vorher einfach gekündigt.

Einzelhandelsgeschäfte

Nicht nur vor Weihnachten, sondern auch während der Schlußverkäufe bekommen Aushilfen hier leicht eine Beschäftigung. Größere Betriebe müssen einmal pro Jahr Inventur machen; für ein bis zwei Tage kann man dann beim Zählen von Konservendosen oder Schallplatten helfen. Große Unternehmen inserieren bei Personalbedarf üblicherweise in der örtlichen Zeitung, während kleinere eher ein simples Schild ins Schaufenster stellen. Es kann sich gegebenenfalls lohnen, die eigene Anschrift in der Personalabteilung großer Betriebe zu hinterlassen.

Wichtigste Voraussetzung in allen Berufen mit Kundenkontakt ist ein passables Äußeres. Ungepflegte Garderobe kann ein entschiedenes Manko darstellen. Wer sich nicht einigermaßen ansprechend präsentiert, wird etwa bei »Saks« in New Yorks Fifth Avenue kaum den richtigen Eindruck erwecken. Von Verkäufern wird übrigens im allgemeinen erwartet, daß die Arbeitspapiere in völliger Ordnung sind! Marcel Staats aus den Niederlanden hat bereits in etlichen Kaufhäusern und Geschäften gearbeitet. Seine Jobs umfassen die gesamte Palette vom »Woolworth« in Sydney bis zur Nobelboutique in Manhattan:

Gute Referenzen sind für einen Verkäufer von äußerster Wichtigkeit, weswegen man bei jeder Arbeitsstelle darum bitten sollte, und zwar gleichgültig, wie kurz die Anstellung befristet war.

Selbst ohne Fremdsprachenkenntnisse findet sich bestimmt Arbeit in den Geschäften der Feriengebiete. Als Verkäufer in einer Teppichhandlung an der türkischen Küste sind bei kaufwütigen Mitteleuropäern durchaus Erfolge zu erzielen, auch wenn man der Landessprache unkundig ist. Handeln Sie mit dem Ladenbesitzer eine lukrative Provision aus (bis zu 20 Prozent), je nach Kostspieligkeit der zu veräußernden Waren. Besitzt man hingegen passable Kenntnisse der Sprache des besuchten Landes, wird man vielleicht sogar in deutschen oder englischen Buchläden beschäftigt.

Tätigkeit als Vertreter

Leser mit diesbezüglich ausgeprägten Fähigkeiten sollten das Kapitel »Geschäftliche Unternehmungen« aufmerksam lesen, in dem viele gute Ideen für die individuelle Vermarktung eines Produktes gesammelt wurden. Wer aber weder Ohrringe anfertigen kann noch Schnecken sammeln möchte, könnte eine Tätigkeit als Vertreter in Erwägung ziehen. Theoretisch agiert man dabei zwar als Angestellter, praktisch liegt der Job jedoch näher an einer selbständigen Tätigkeit, da das Einkommen nur vom eigenen Einsatz abhängt, falls nicht ein Fixum vereinbart wurde. In den Anzeigenspalten der ganzen Welt ragen Angebote heraus, die ungeahnte Reichtümer bei geringstem Einsatz versprechen, wobei für den Vertreter gerne schönklingende Umschreibungen wie »Management-Assistent« benutzt werden. Die Arbeitgeber stören sich kaum an fehlenden Arbeitspapieren und zahlen die vereinbarte Kommission ohne unnötige Fragen aus, solange das Produkt geht. Selbst in Zeiten hoher Arbeitslosigkeit kommen Ausländer bei solchen Tätigkeiten unter: entweder weil der fremde Akzent mit dem gewünschten Erscheinungsbild des Produktes übereinstimmt – beim Verkauf von Deutschkursen in Italien etwa – oder weil diese Arbeit wegen des schlechten Klinkenputzer-Images bei der eigenen Bevölkerung unbeliebt ist.

Verkäufe durch Vertreter finden an der Tür statt, ob es sich nun um Lexika, Kosmetika oder Tiefkühlsteaks aus Argentinien handelt, die an den Mann zu bringen sind. Für länger- oder mittelfristige Beschäftigungsverhältnisse gilt, daß neuen Mitarbeitern nahezu in allen Fällen eine grundlegende Schulung gewährt wird. Dazu gehört das Auswendiglernen bestimmter Phrasen und Vorstellungsmuster. Selbst Skeptiker wurden schon davon überrascht, wie gut die erlernte Taktik in der Praxis funktionierte. Hat es einmal geklappt, wird man beim nächsten Mal sicher mit noch mehr Überzeugung vorgehen.

Ein erfolgreicher Vertreter benötigt zwei wesentliche Eigenschaften: eine kontaktfreudige, extrovertierte, selbstsichere Persönlichkeit und zudem die Fähigkeit, sein Warensortiment in bestem Licht erscheinen zu lassen. Böse Zungen würden vielleicht behaupten, daß er die Wahrheit skrupellos verdrehen muß: nur allzu häufig sind Waren, die an der Haus- oder Wohnungstür verkauft werden, von zweifelhaftem Wert. Ein Reisender entdeckte erst nach geraumer Zeit, daß die »Originalgemälde australischer Künstler«, die er so erfolgreich absetzte, in Wahrheit Kopien aus Taiwan waren. Von Gewissensbissen Geplagte können ja die Qualität der angebotenen Gegenstände und die Geschäftspraktiken der Firma erst einmal überprüfen, bevor sie ihre Seele Mephistopheles anvertrauen. Zumindest sollte man in Erfahrung bringen, wie lange der Betrieb schon existiert und eine Bankreferenz verlangen.

Auch wenn der Verkauf von Lexika an sich nichts Anstößiges ist, können die dabei angewandten Verkaufspraktiken zweifelhafter Natur sein: so, wenn bei Angehörigen ärmerer Schichten mit düsteren Zukunftschancen für die Kinder argumentiert wird, falls das Werk nicht erstanden wird. Der Verkauf alltäglicher Gegenstände, von Bürsten und Feuerlöschern etwa, ist weniger lukrativ, doch dafür liegt die Erfolgsrate wesentlich höher. Absolut klarzustellen ist vor Vertragsunterzeichnung, daß von dem Vertreter nicht der Kauf der abzusetzenden Waren erwartet wird! Falls erforderlich, kann man eine Kaution hinterlegen, muß aber schriftlich vereinbaren, daß diese als Sicherheit gegen mögliche Unehrlichkeit gedacht ist, nicht aber als Vorsichtsmaßnahme der Firma gegen eventuellen Mißerfolg!

In der Vertreterbranche wird in der Regel ausschließlich auf Provisionsbasis gezahlt, manchmal allerdings auch zusätzlich ein geringer Grundlohn vereinbart. Nur in Ausnahmefällen bieten Firmen großzügige Sonderleistungen wie einen Dienstwagen oder Hotel-

gutscheine. Georg Schuster verkaufte in den Außenbezirken von Sydney Füllfederhalter und bekam zu diesem Behufe einen Caravan gestellt. Wenn manche Kunden erkennen, daß sie keinen karrierewütigen Vertreter vor sich haben, sondern lediglich einen sich mühsam über Wasser haltenden Weltenbummler, der ihr Land kennenlernen will, erweisen sie ihm nicht selten Gastfreundschaft: ein ermutigender Ausgleich für die vielen vor der Nase zugeschlagenen Türen.
Nicht alle Verkaufsjobs jedoch gehen an Wohnungs- oder Haustür vonstatten. Wohl jeder wird es schätzen, nicht dauernd mit Mormonen oder den »Zeugen Jehovas« verwechselt zu werden. Ursprünglich eine amerikanische Variante, gewinnt das Telefonmarketing mittlerweile auch in unseren Breiten entscheidend an Bedeutung. Christoph Janzen sollte bei einem Abendjob in Minneapolis versuchen, ehemalige Mitglieder eines Dinner-Clubs zurückzugewinnen:
Es gab jeden Tag einen Haufen Annoncen in der Zeitung: gesucht wurden hauptsächlich Leute für den Verkauf per Telefon. Die Firmen schienen erstaunlicherweise besonders gerne jemanden mit ausländischem Akzent zu nehmen. Zuerst mußte man ein bißchen Verkäuferlatein lernen, das dann jeden Abend vier Stunden lang bei überraschend toleranten, aber dennoch meist desinteressierten Telefonkunden heruntergebetet wurde. Wir bekamen einen niedrigen Stundenlohn, was mir aber trotzdem lieber war als eine Provision. Nur wenige blieben lange bei dieser Tätigkeit, und auch ich empfehle sie nur zur Überbrückung, bis man etwas Besseres gefunden hat. Doch man kann nie wissen: vielleicht entdeckt so mancher ja sein Talent als die Verkaufskanone schlechthin.
Michael Kilchenstein erledigte denselben Job für eine Londoner Zeitung, gab aber bald auf, als er erkannte, daß die erfolgreichsten Kollegen auch gleichzeitig die unehrlichsten waren. Weitere Möglichkeiten, vor der Nase zugeschlagene Türen zu umgehen: einen Eiswagen durch die Vororte von Detroit fahren oder mit einer umgehängten Kühlbox die Strände der südfranzösischen Cote d'Azur abklappern. Für besondere Verkaufsaktionen in Kaufhäusern werden Werber angestellt, deren einzige Aufgabe darin besteht, möglichst viele Haarwaschmittelpröbchen oder vorbereitete Käseecken loszuwerden. Das Austeilen von Werbezetteln vermeidet zwar die direkte Konfrontation mit dem Opfer, ist aber auch meist unterbezahlt. Manche Firmen stellen Lockvögel ein, die an der Tür oder auf der Straße Passanten ansprechen und Telefonnummern sowie Adressen sammeln, um damit den Verkaufsprofis den Weg für Lebensversicherungen und ähnliche Unvermeidlichkeiten zu ebnen. Für jede abgelieferte, korrekte Anschrift kassiert man im Schnitt ein bis zwei Mark.

Marktforschung

Jobber, die eine eigentliche Verkaufstätigkeit scheuen, sind bemerkenswerterweise eher bereit, völlig fremde Leute über seltsame Dinge zu befragen, brauchen allerdings dafür gute Kenntnisse der Landessprache. Wie beim Verkauf werden diese Umfragen auf der Straße, an der Tür oder per Telefon durchgeführt, wobei letzteres natürlich erhebliche Vorteile in sich birgt. Bernd Hartmann fand in Neuseeland über die »Gelben Seiten« eine Beschäftigung in der Marktforschung:
Die Befragungen an der Haustür erwiesen sich als hochinteressant, ich konnte jedoch nicht davon leben. Höchstens als Nebenjob wäre das Ganze geeignet.
Internationale Agenturen suchen vornehmlich mehrsprachige Mitarbeiter: schauen Sie in den Gelben Seiten unter »Marktforschungsinstitute« nach, und stellen Sie sich telefonisch als freundlicher, umgänglicher Mensch mit Erfahrung vor. Der Job wird sich als angeneh-

mer erweisen, wenn den Befragten als Gegenleistung ein kleines Entgelt oder ein Geschenk angeboten werden kann.

Handel

Die allgemein übliche Verkehrssprache in der internationalen Geschäftswelt ist und bleibt Englisch. Mit ein wenig Büroerfahrung und Kenntnissen der englischen sowie der jeweiligen Landessprache findet sich in diesem Bereich relativ leicht eine Beschäftigung. Ausgebildete Sekretärinnen können ihre Adresse bei *International Secretaries*, 174 New Bond Street, GB – London W1Y 9PB, Tel. (071) 491 7100, hinterlassen. Diese Agentur hat häufig Beschäftigungen auf kürzere Zeit zu vergeben, meist handelt es sich jedoch um Langzeitstellen. Zwei weitere Londoner Agenturen sind auf die Vermittlung qualifizierter, mindestens zweisprachiger Sekretärinnen und Übersetzer spezialisiert: *Polyglot Agency*, Bank Chambers, 214 Bishopsgate, EC2 und *Multilingual Services*, 22 Charing Cross Road, WC2. In den englischsprachigen Zeitungen im Ausland finden sich Jobangebote, die fundierte Sprachkenntnisse voraussetzen: Schreibarbeiten, Übersetzungen von Versandpapieren usw.

Vermittlungsagenturen für Bürokräfte und sonstige Angestellte können unterwegs für alle mit einschlägiger Erfahrung oder Vorbildung nützlich sein. Lassen Sie sich also, gleichgültig wie kurz Sie beschäftigt waren, ein Empfehlungsschreiben aushändigen, da dies die Stellensuche im Ausland ungemein erleichtert und oft die ansonsten üblichen Schreibmaschinen- und Rechtschreibtests erspart. Man sollte sich jedoch unbedingt ein wenig zurechtzumachen, bevor man den Weg zu einer Agentur antritt.

Botschaften und Konsulate

Manchmal bietet sich in Sommermonaten die Gelegenheit, in einer Botschaft oder einem Konsulat des Heimatlandes zu arbeiten, wenn in der Urlaubszeit die Mitarbeiter scharenweise entfleuchen. Wenn Sie sich nach freien Stellen erkundigen, sollten Sie erneut so korrekt wie möglich aussehen. Weisen Sie bei der Bewerbung auf *alle* vorhandenen Fähigkeiten hin: Maschinenschreiben, Stenographie, handwerkliche Kenntnisse usw. Botschaften ziehen Landsleute oft ortsansässigen Aushilfen vor. Als sich Julia Thomas bei ihrem letzten USA-Aufenthalt nach einer freien Stelle erkundigte, wurde sie zu ihrer Überraschung gleich in das Büro des deutschen Generalkonsuls in New York gebeten, der ihr einen Posten in der Visumsabteilung anbot. Nach einigem Hin- und Herüberlegen entschied sich Julia aber dagegen, da sie sich für längere Zeit hätte verpflichten müssen.

Verschiedenes

Ein weites Betätigungsfeld bieten Computer und Textverarbeitung. Kenntnisse auf diesem Gebiet sind im Ausland fast immer erfolgreich einzusetzen, was im übrigen auch für Kenntnisse in der Buchhaltung gilt. Mit betriebs-, volkswirtschaftlichen oder juristischen Vorahnungen winkt eventuell eine Beschäftigung bei einer Bank. Ulrike Prückner hatte mit ihrer persönlichen Anfrage bei einer großen Bank in Manchester zuerst Erfolg und bald sogar eine eigene Wohnung. Nachdem der Geschäftsführung allerdings ihre mangelhaften Englischkenntnisse auffielen, wurde sie in eine Abteilung fernab vom Publikumsverkehr versetzt, wo sie sich »hinter den Kulissen« in den internationalen Zahlungsver-

kehr vertiefen durfte; eine Sache, die ihr als Volkswirtschaftsstudentin ohnehin besser lag. Patrick Blust war in Australien beinahe schon von einer Bank angestellt, bis er ungeschickterweise damit herausplatzte, daß er »nur« ein reisender Jobber sei.
Eine Beschäftigung als Übersetzer erfordert ebenfalls weitgehende Sprachkenntnisse. Mit der Beherrschung mindestens zweier Sprachen lassen entsprechende Erfolge bei den Übersetzungsagenturen in größeren Städten oft nicht lange auf sich warten. Gerade an Universitäten besteht Bedarf an Kräften, die technische oder philosophische Schriften und Abhandlungen übersetzen können. Nach einem Jahr Aufenthalt in England war Johannes Hobrecker so fit in Englisch, daß er für 300 DM am Wochenende kleinere Broschüren und Skripten übersetzte. Die Europäische Kommission, Bureau de Stages, 200 Rue de la Loi, B – 1049 Brüssel, Tel. (2) 235 1111, stellt auf befristete Zeit, im allgemeinen für fünf Monate ab Februar bzw. September, zur Ausbildung 200 Praktikanten, sogenannte »Stagiares«, zur Aushilfe an. Graduierte arbeiten in der Verwaltung und als Übersetzer bei der EG, um die verschiedenen Behörden kennenzulernen. Die Kommission führt kurze Trainingsprogramme als Konferenzübersetzer durch.
Eine weitere Quelle für Kurzzeitbeschäftigungen bieten Bibliotheken. Erkundigen Sie sich vor Semesterbeginn in Universitätsbibliotheken und Büchereien nach Stellen als Aufsicht, Sortierer oder am Ausleihschalter.
Warum nicht als Taxifahrer oder -fahrerin ins Geschäft einsteigen? Die größten Firmen am Ort teilen gerne mit, ob und wann sie Kurse zur »Ortskundeprüfung« anbieten. Wie bei den Erntearbeiten muß man auch bei diesem vermeintlich bequemen Job erstmal eine geraume Weile durchhalten. Erst nach einiger Zeit geben sich die Finten zu erkennen, mit deren Hilfe höhere Einnahmen winken. Mit einschlägiger Erfahrung, vielleicht als Automechaniker, wird man kaum Probleme bekommen, unterwegs eine Gelegenheitsarbeit zu finden. Stellen als Auslieferer und Kurier einer Firma sind problemloser. In Nordamerika wende man sich an die »Take-Out«-Pizzabäcker, Chinarestaurants, Versandhäuser, Lebensmittelketten oder »Interflora«-Blumengeschäfte. Wer als Frühaufsteher mal längerfristig an einem Ort bleiben will, dem bieten sich das Zeitungsausteilen oder andere Zustelldienste an. Für Telefonbücher, die alle ein bis zwei Jahre neu erscheinen, brauchen die Telefongesellschaften regelmäßig Auslieferer. Fahrzeugbesitzer arbeiten als fliegender Kurier in den Zentren großer Städte; ein Fahrrad reicht meist schon aus, ist nicht selten sogar das ideale Gefährt. Schließen Sie sich mit den ortsansässigen Kurierfirmen kurz.

Auf dem Bau oder in der Fabrik

Kräfteverschlingende Beschäftigungen sind traditionell eine attraktive Möglichkeit zum schnellen Geldmachen. Wie leicht oder schwer sich die Jobsuche aber gestaltet, hängt stark von der Arbeitslosenrate in einer Gegend ab. Am besten konzentriert man sich auf Gebiete mit starker Bautätigkeit, wo Großprojekte anstehen, etwa der Bau von Gas- und Ölpipelines, Fabrikanlagen, Autobahnen, Feriensiedlungen usw. Außerhalb der Saison kann man in Skigebieten beim Aufpolieren von Chalets und Hotels mit von der Partie sein. Die »Gelben Seiten« nach Umzugsfirmen abchecken! Gleichgültig, wo man sich gerade aufhält: stets nach Bauplätzen Ausschau halten. Im Büro des Bauleiters anklopfen und fragen, ob nicht gerade ein Posten zu vergeben ist. Sich dann aber auch auf sofortigen Arbeitsantritt einstellen!
Abgesehen vom Bau existiert eine ganze Reihe weiterer Gelegenheiten, kurzfristig eine hervorragend bezahlte Arbeit zu ergattern. In größeren Häfen, wie Rotterdam, Göteborg,

Piräus oder Seattle werden des öfteren Jobs beim Reinigen von Tankern und auf Werften geboten. Dummerweise unterbinden mächtige Gewerkschaften aber häufig die Gelegenheitsarbeit für Nichtmitglieder, weswegen man am zweckmäßigsten versucht, mit Gewerkschaftlern bekannt zu werden und über diese zu erfahren, wenn Aushilfen benötigt werden. In Landschaftsgärtnereien, bei Straßenbaufirmen und der Straßenreinigung fehlen häufig Hilfsarbeiter. Die örtlichen Arbeitsvermittlungen vergeben zwar derartige Stellen, aber man kann selbstverständlich auch persönlich nachhaken. Die Konkurrenz bei den besser bezahlten Hilfsarbeiten ist gewaltig, so daß sich Steh- und Durchhaltevermögen als notwendig erweisen wird.

Vor Ort knüpft man Kontakte am besten mit Leuten, die schon als Aushilfe gearbeitet haben. Oft werden gerade in örtlichen Kneipen Arbeiten geboten. Wer keine spezielle Ausbildung besitzt, den beschäftigen viele Firmen eben »schwarz«: gerade Ausländer erhalten dann einen höheren Lohn als ortsüblich; eine soziale, rechtliche und versicherungstechnische Absicherung ist jedoch nicht gewährleistet. Der Tageslohn für gefährliche und schmutzige Arbeit liegt in Deutschland bei 160 DM, in Griechenland fürs Beton- oder Mörtelanmachen von Hand beim dörflichen Hausbau dagegen nur bei 2000 Drachmen. Mancherorts gibt es Straßen oder Plätze, an denen sich schon frühmorgens die Arbeitssuchenden versammeln, weil sich hier Arbeitgeber einfinden, die zusätzliche Kräfte benötigen. Als reisender Jobber sieht man möglicherweise zwischen all den Desperados und illegalen Immigranten zu auffällig aus. Es könnte sich daher in manchen Fällen als günstiger herausstellen, in der Jugendherberge auf einen Arbeitgeber zu warten, oder frühmorgens bei Speditionsfirmen nachzufragen.

Fließbandarbeit ist und bleibt Tyrannei wider die Menschlichkeit. Wer beim Verpacken der Schokoriegel hinter die anderen zurückfällt, löst Chaos aus – genauso wie jemand, der von einem Skilift rutscht, alle zum Anhalten zwingt. Wer trotzdem zu einer solchen Tätigkeit bereit ist und sie für kürzere Zeit entdeckt, verdient zumindest gut. Fabriken, in denen der Druck weniger stark ist, gelegentliche Bummelei geduldet wird, wo der Platz am Fließband gewechselt werden kann, bezahlen meist weniger großzügig. Gerade in Arbeitshallen mit hohem Standard werden Sie sich auf eine gewisse Hänselei einstellen müssen: man sei ja nur ein Bummelant oder verträumter Student.

Einigen unserer Leser haben die Stellen in der Industrie aber auch gefallen. Mathias Prechtaler beispielsweise arbeitete in einer Stoßdämpferfirma und nahm am Wochenende begeistert an den von seiner Firma betreuten Autorennen teil, nicht nur wegen des spannenden Geschehens rundherum, sondern vor allem wegen der überdurchschnittlichen Bezahlung. Christoph Janzen bekam eine interessante und lukrative Stelle in einer Fabrik in Minnesota, welche Geräte für Behinderte herstellt. Stefan Schmidt werkelte in einer Kistenfabrik in Ghana und war erst zufrieden, wenn in seinem Bereich alles reibungslos funktionierte. Ein großer Vorteil einer Beschäftigung in der Industrie ist, daß man bei vielen Firmen Waren aus der Produktion umsonst oder verbilligt mit nach Hause nehmen darf. Es ist von daher also erfreulicher, bei »Carlsberg« in Kopenhagen oder »Rowntree« in York zu jobben, als bei »Sunil« oder »Bauknecht«. Viele, die mit ihrer eigentlichen Arbeit weniger glücklich waren, zeigten sich in letzter Instanz zumindest mit ihrer Bezahlung zufrieden. Ein möglicherweise ungewohnter Aspekt dürfte gelegentlich der frühe Arbeitsbeginn sein. Richard Eriksons Wecker rostete nach drei Wochen Camping durch, während er in einer Fabrik in England arbeitete: fast eine Tragödie, weil Verspätungen oft den Rauswurf nach sich ziehen.

Konserven- und lebensmittelverarbeitende Firmen sind ergiebige Quellen für Gelegenheitsarbeit, da saisonal bedingt eine Menge Arbeit anfällt. Eine gute Adresse für Kurzzeitarbeitsvermittlung ist *Manpower*, in über dreißig Ländern; siehe Telefonbücher.

Volontärsdienste

Gemeinnützige, unbezahlte Stellen können einen guten Einstieg in weiterführende Arbeitsabenteuer im Ausland darstellen. Die Teilnahme an vielfältigen Projekten, etwa Brunnenbau in abgelegenen türkischen Dörfern, Fürsorge bei verwaisten Eskimokindern, oder auch nur die Aushilfe in einer Jugendherberge, führt zu einer Fülle von Kontakten zu jungen Leuten aus allen Teilen der Welt, möglicherweise auch zu Hinweisen auf anderweitige Arbeitsgelegenheiten. Außerdem erwirbt man neue Fähigkeiten und lernt Sitten und Gebräuche des Gastlandes kennen. Praktische Erfahrungen im Baugewerbe, in der Archäologie oder im sozialen Bereich steigern die Chancen bei einer späteren Bewerbung um einen bezahlten Job beträchtlich. Eine weitere Möglichkeit wäre die Urlaubsbegleitung für behinderte Personen. In solchen Fällen erteilen die katholischen und evangelischen Sozialstationen und öffentlichen Sozialdienste entsprechende Auskünfte. In der Regel werden Reise- und Unterbringungskosten bezahlt, eventuell kommt noch ein Taschengeld hinzu.

Arbeitscamps

Freiwilligenarbeit in Entwicklungsländern ist oft in Form von Arbeitscamps organisiert, an denen für kürzere Perioden nicht speziell ausgebildete Aushilfen teilnehmen können. Als Freiwilliger ist man für zwei bis vier Wochen billig untergebracht, versorgt und erfährt nebenbei auch noch, welche sonstigen Tätigkeiten in der Gemeinde oder dem Land des aktuellen Aufenthaltes verrichtet werden könnten. Wie ein Volontär beschreibt, trifft man faszinierende Menschen aus den verschiedensten Teilen der Welt, bekommt einen Blick für das Leben, soziale Zusammenhänge und Probleme der Gastländer, entwickelt schließlich eine größere Bereitschaft zur sozialen Verantwortung gegenüber der Gesellschaft. Andreas Bonner, der schon Erfahrungen mit den unterschiedlichsten Tätigkeiten im Ausland besitzt, versuchte sich auch einmal in einigen Arbeitscamps in Europa: *Ich nahm an zwei Lagern in der Schweiz und einem in den französischen Alpen teil. Die beiden ersteren brachten mir persönlich einiges, zumal unsere 20köpfige Gruppe Teil der örtlichen Gemeinschaft wurde. Wir trafen uns abends mit den Ortsansässigen und Teilnehmern des »Freiwilligen Sozialen Jahres« in der Kneipe. Die Lager sind ein idealer Einstieg für 16-18jährige oder Abiturienten, die noch nie aus dem sozialen Umfeld ihrer Familie rausgerissen waren. Für erfahrenere Weltenbummler sind sie aber wohl von weniger Wert.*
Die Vielzahl der Lager beschäftigt sich mit dem Umweltschutz, der Erhaltung alter, historisch wertvoller Gebäude oder dem Aufbau kommunaler Einrichtungen. Das Verschwinden des »Eisernen Vorhangs« hat zur Folge, daß der Kontakt zu entsprechenden Organisationen in den osteuropäischen Ländern sich verstärkt und schon erste Programme für Camps dort aus dem Planungs- ins Realisierungsstadium treten.
Zu den interessanteren Projekten gehörten in der letzten Zeit der Bau von Abenteuerspielplätzen, die Pfirsichernte in der Ukraine, Kaffeepflücken in Nicaragua, die Unterstützung bei der Existenzsicherung kleinerer Bauernhöfe in Zentralfrankreich, der Bau eines »Anti-Kriegs-Hauses« in Deutschland, der Aufbau von Jugendzentren in Marokko, eine Fülle weiterer Projekte im Bereich der Behinderten- und Altenfürsorge, Arbeiten zur Erhaltung alter Bauten sowie die Untersuchung sozialer oder politischer Vorgänge.
In manchen Ländern kann man quasi von einem Projekt zum nächsten weiterziehen. Ins-

besondere in Frankreich und Marokko ist das Wechseln zwischen den Camps durchaus üblich. Die Mehrzahl der Camps wird in den Sommermonaten veranstaltet; Auskünfte darüber jeweils ab März oder April. Die übliche Einschreibgebühr liegt zwischen 50 und 150 DM; in der Regel erhält man in Europa und Nordamerika kostenlose oder zumindest stark subventionierte Unterbringung und Verpflegung. Anders in den Lagern in Afrika und Asien, bei denen ein Unkostenbeitrag erwartet wird. Die Arbeits- und Wohnbedingungen, und die Qualität der Verpflegung variieren dabei erheblich von Camp zu Camp. Eine Arbeitswoche von fünf bis sechs Tagen hat üblicherweise 30 Stunden, kann aber auch mal bis zu vierzig bescheren. Gewöhnlich werden die Camps von einer oder zwei Personen geleitet. Die Teilnehmer beteiligen sich oft selbst an den organisatorischen Aufgaben. Gemeinsame Veranstaltungen und Ausflüge sind meist obligatorisch, manchmal werden auch richtige Seminare angeboten.»TEJO«, der Veranstalter der *Young Esperantists*, Nieuwe Binnenweg 176, NL – Rotterdam 3015 BJ, betreibt weltweit Camps, etliche davon in Osteuropa, die den Esperanto-Unterricht einschließen. Nahezu überall ist Englisch die gängige Lagersprache, hin und wieder werden jedoch Kenntnisse in der Landes- oder einer anderen Fremdsprache erwartet. Hierdurch bietet sich dem Reisenden eine hervorragende Gelegenheit zu Erwerb beziehungsweise Verbesserung der Sprachkenntnisse vor Beginn der Suche nach bezahlten Jobs im Gastland. Erwähnt werden sollte noch, daß vor der Teilnahme an Lagern in Osteuropa oder Entwicklungsländern ein Vorstellungsgespräch oder Vorbereitungsseminar erwartet wird. Innerhalb Europas, weniger in den anderen Kontinenten, besteht eine starke Neigung, Arbeitscamps einheitlich und zentral durchzuführen. Zur Zeit ist die Situation aber generell unübersichtlich und verwirrend. Will man einfach irgendwo teilnehmen, muß man sich unmittelbar an den Veranstalter oder an einen international tätigen Verband wenden. Um ein Beispiel zu nennen: das Sekretariat des *Christian Movement for Peace* in Brüssel mit Unterbüros in Deutschland, Frankreich, Großbritannien, Italien, Holland, Portugal, Malta, Spanien, Chile, Peru und in Schweiz.

Eine umfangreiche Liste der Arbeitscampveranstalter, bei denen nähere Angaben anzufordern sind, folgt nachstehend. Vergessen Sie aber auf keinen Fall, einen adressierten Freiumschlag und bei jedem Postamt erhältliche Internationale Antwortscheine beizulegen! *Christlicher Friedensdienst*, Rendeler Straße 9-11, D – 6000 Frankfurt-Bornheim 60, Tel. (069) 459 072; Postfach 1274, CH – 3001 Bern, Tel. (031) 236 006; Bethnal Green United Reformed Church, Pott Street, GB – London E2, Tel. (071) 729 7985. *Concordia*, 8 Brunswick Place, Hove, GB – Sussex BN3 1ET, Tel. (0273) 772 086; 27 rue du Pont Neuf, BP 238, F – 75024 Paris Cedex 01, Tel. (1) 42 33 42 10. *Ökumenischer Jugenddienst*, Weltkirchenrat, 150 route de Ferney, Postfach 2100, CH – 1211 Genf 2, Tel. (022) 791 6111; Ecumenical Youth Council in Europe (EYCE), c/o British Council of Churches, Youth Unit, Inter Church House, 35-41 Lower Marsh, GB – London SE1 7RL. *Internationale Bouworde*, St. Annastraat 172, NL – 6524 Nijmegen GT, Tel. (080) 226 074; Bauorden – Deutscher Zweig, Postfach 1438, Liebigstraße 23, D – 6520 Worms-Horchheim 26, Tel. (06241) 3195; Österreichischer Zweig, Hörnesgasse 4, Postfach 186, A – 1031 Wien. *Service Civil International*, Blücherstraße 14, D – 5300 Bonn 1, Tel. (0228) 212 086; Postfach 228, CH – 3000 Bern 9, Tel. (031) 238 324; Internationale Freiwilligendienste, Schottengasse 3a, 1/40/59, A – 1010 Wien, Tel. (0222) 638 0652; International Voluntary Service, Upper New Walk, GB – Leicester LE1 7QA, Tel. (0533) 549 430. *Quaker International Social Projects*, Friends House, Euston Road, GB – London NW1 2BJ, Tel. (071) 387 3601. *United Nations Association* (UNA Wales), International Youth Service, Welsh Centre for International Affairs, Temple of Peace, Cathays Park, GB – Cardiff

CF1 3AP, Tel. (0222) 223088. Wegen der regen Nachfrage herrscht meist Konkurrenz um die Plätze in den einzelnen Camps. Bevor man ins Ausland geschickt wird, muß man nicht unbedingt Erfahrung in einem Lager daheim gesammelt haben; Camps in der »Dritten Welt« akzeptieren hingegen in den seltensten Fällen Neulinge.

Archäologie

Stetiger Beliebtheit erfreuen sich archäologische Grabungen. Von den Teilnehmern wird meist eine Beteiligung an den Kosten für Verpflegung und Unterbringung erwartet; manchmal auch eigenes Werkzeug, Arbeitskleidung, Zelt usw. Reichliches Informationsmaterial versendet *Archaeology Abroad*, 31-34 Gordon Square, GB – London WC1H 0PY, das jeweils im Frühling und Herbst eine Liste vieler Ausgrabungen herausgibt, die Helfer benötigen. Allerdings sei hiermit betont, daß Bewerber den Vorzug erhalten, die ein wirkliches Interesse am Fach mitbringen. Anton Weiß nahm an einer Grabung der Universität Reims teil und mußte erfahren: acht Stunden in sengender Hitze sind wahrlich kein Zuckerschlecken. Andererseits gefielen ihm das Zusammenleben in der Gruppe und die Gelegenheit, sein Französich zu verbessern, ausgezeichnet.

Das *Archaeological Institute of America*, 675 Commonwealth Avenue, Boston, USA – Massachusetts 02215, veröffentlicht jeweils im Januar das »Archaeological Fieldwork Opportunities Bulletin«: für $12,50 plus $3.50 Porto erhält man eine umfassende Liste von Grabungen von Kentucky bis Sri Lanka. Israel ist eines der Länder, in denen besonders viele Arbeitsgelegenheiten, meist von Universitäten, angeboten werden. Grabungen bieten eine ausgezeichnete und preisgünstige Gelegenheit, abgelegene Gebiete kennenzulernen, in die es ansonsten wenige Weltenbummler verschlägt. Die Bedingungen unterscheiden sich aber je nach Einsatzort oft erheblich. Jutta Hühner erlebte beispielsweise, daß außer dem täglichen Reinigen von Händen und Gesicht »Badeluxus« lediglich einmal in der Woche in Form eines gemeinsamen Abspritzens mit dem Schlauch erlaubt war. In Israel genauso beliebt wie die Archäologie ist die Arbeit in einem Kibbuz. Beides wird ausführlich im entsprechenden Kapitel besprochen.

Die Chancen, einen Platz an der Schaufel in Peru, Irak oder Swaziland zu ergattern, verbessern sich entscheidend, wenn schon zuhause Grabungserfahrung gesammelt wurde. In Deutschland wende man sich an die jeweiligen Landesdenkmalämter: eine allgemeine Auflistung wie in England oder Amerika existiert bei uns leider nicht.

Umwelt- und Tierschutz

Wer sich für den Umweltschutz oder die Erhaltung bedrohter Tierarten einsetzen will, kann bei verschiedenen nationalen und internationalen Verbänden mitwirken. So nahm Susan Birkener an Camps des *British Trust for Conservation* teil und wurde Vogelschutzwartin bei der *Royal Society for the Protection of Birds in England and Scotland*, bevor sie ihre Aktionsfeld nach Australien verlagerte, wo sie als freiwilliger Langzeit-Schutzwart beim *Australian Trust for Conservation* unterkam. Sie erhielt als Gegenleistung jeweils freie Unterkunft sowie ein Taschengeld. Der BTCV bietet Kurzzeitprojekte auf Island, in Frankreich, Portugal, Griechenland, Italien und weiteren europäischen Ländern. Ausführliche Auskünfte von The International Development Unit, BTCV, 36 St. Mary's Street, Wallingford, GB – Oxfordshire OX10 0EU. Tim Cox, der Leiter von *Involvement Volunteers*, PO Box 218, Port Melbourne, Victoria 3207, Australia, hofft in der weiteren Zukunft auf eine weltweite Organisation im Umwelt- und Tierschutz, so daß Interessierte dann überall auf dem Globus problemlos bei regionalen Projekten mitarbeiten können. Derzeit vermittelt seine Agentur gegen eine Aufnahmegebühr von etwa DM 400 Freiwillige an Projekte in Austalien, auf den Fidjis und bald auch in Thailand. Kontaktadresse in Deutschland: Werner Mayer, Steinweg 14, 3400 Göttingen. Verschiedene Organisationen, deren Adressen wir in den Länderkapitel nennen, betreuen naturwissenschaftliche und Umweltschutz-Projekte. Allerdings sind diese nahezu durchweg unbezahlt. Bereits im Kapitel »Landwirtschaft« kurz erwähnt wurde die Losung »Arbeit gegen freien Aufenthalt auf biologisch-organischen Farmen« des *WWOOF*-Verbandes (Working Weekend or Willing Workers on Organic Farms).

Entwicklungsländer

Freiwillige Helfer in Entwicklungsländern stellt man sich oft als Missionare vor, die von brennendem Eifer getrieben den »Wilden« die christliche Erleuchtung oder wenigstens die Antibabypille bringen wollen. Glaube allein reicht jedoch heutzutage nicht aus. Überall ist irgendeine sinnvoll einsetzbare Ausbildung oder besondere Fähigkeit vorzuweisen. Die meisten Verbände, etwa der *Voluntary Service Overseas*, verlangen außerdem eine Verpflichtung für mindestens zwei Jahre. *Christians Abroad*, 1 Stockwell Green, GB – London SW9 9HP, veröffentlicht mehrere Hefte mit Listen von Hilfsprojekten, benötigten Berufsgruppen und Anschriften der Organisationen. Trotz des möglicherweise abschreckenden Namens bietet der Verband auch Auskünfte über höchst weltliche Projekte. Zweimal im Jahr erscheint die Zusammenstellung der freien Stellen für ausgebildete Freiwillige (»Opportunities Abroad«), im Mai und Oktober, und kostet rund sechs Mark. Man erfährt darin zum Beispiel, daß die Vereinten Nationen einen Ausbilder für Zimmerleute in Mali, oder daß »Action Health 2000« Krankenpfleger für Sri Lanka suchen. Das *Christian Service Centre*, Unit 3, Holloway Street West, Dudley, GB – West Midlands DY3 2DZ, führt im Büchlein »Jobs Abroad« etwa dreitausend potentielle Stellen für »interessierte Christen« auf. Es erscheint jeweils im März und September und umfaßt Stellen als Bootsbauer in Mozambique bis hin zum Dieselmaschinenmechaniker für afghanische Flüchtlinge, außerdem die Anschriften von Agenturen oder Missionsgesellschaften, die Entwicklungshelfer suchen. Der Jahresbeitrag beträgt knapp 8 DM, Mitglieder erhalten kostenlos die Auflistung »Time to Give« mit kurzzeitigen Sommerbeschäftigungen für christliche Studenten.
Die Abteilung *Development Education & Exchange Programme* des *International Voluntary Service*, 109 Pilgrim Street, GB – Newcastle upon Tyne NE1 6QF, arrangiert vier- bis zehnwöchige Projekte in Indien, Bangladesh, Sri Lanka, Nepal, Malaysia, Thailand, Ghana, Togo, Sierra Leone, Senegal, Cap Verde, Lesotho, Swaziland, Mauritius, Algerien, Marokko und Tunesien. Bewerber müssen Erfahrungen in der freiwilligen Jugend- und Gemeindearbeit besitzen und mindestens 18 (Afrika) bzw. 22 Jahre (Asien) alt sein. Die Reisekosten gehen auf eigene Rechnung, teilweise auch die Lebenshaltungskosten. *The World Council of Churches*, Youth Sub-Unit, Postfach 2100, CH – 1211 Genf 2, fördert Kontakte zwischen jungen Leuten bei ein- bis dreiwöchigen Frühjahrs- und Sommerlagern in Asien, Afrika und dem Mittleren Osten. Die Reisekosten und eine Unkostenbeteiligung von $3 pro Tag müssen allerdings selbst aufgebracht werden.
Insbesondere in den USA hat sich eine Vielzahl von Organisationen Projekten in Entwicklungsländern verschrieben. Das *Overseas Development Network*, PO Box 1430, Cambridge, USA – Massachusetts 02238, ein studentischer Verein in den USA, will auf die Probleme der Dritten Welt aufmerksam machen. Die Projekte befassen sich mit Entwick-

lungsproblemen in den Appalachen, auf den Philippinen, etlichen lateinamerikanischen Ländern, in Indien, Bangladesh oder Zimbabwe. Das *International Rescue Committee*, 386 Park Avenue South, USA – New York NY 10016, ist eine gemeinnützige Freiwilligenagentur, die Flüchtlingen in aller Welt Erleichterung verschafft. Für Camps in Thailand, Pakistan, Zentralamerika und Afrika werden Freiwillige mit medizinischer oder Lehrer-Ausbildung gesucht. Die Ein-Mann-Freiwilligenorganisation *Global Volunteers*, 375 E. Little Canada Road, Little Canada, USA – Minnesota 55117, existiert seit 1983 und hat seitdem verschiedene mehrwöchige Projekte mit Helfern beschickt. In der aktuellen Liste der Gemeinschaftsprojekte sind Jamaika, Mexiko, Guatemala, Paraguay, Tanzania, Indien und Samoa vertreten. Die Aufenthalte kosten mit Flug zwischen 1800 und 5500 DM. Unterwegs kann man leicht auf Projekte treffen, die sich mit Tierschutz, Kinderheimen, Sonderschulen usw. befassen. Möglicherweise wird man dort für eine Weile unbezahlt tätig sein, und sei es nur, um den neuen Freunden in Tonga oder Bangladesh ein wenig beizustehen. Vielleicht ist diese Unterstützung ja gegen eine Strohmatte und einfaches Essen einzutauschen, wahrscheinlich wird sich die Entlohnung aber eher in neuen Erfahrungen und Kameradschaft ausdrücken. Reisende glauben oft, daß sie ohne Geld und in mißlicher Lage allein wegen ihres Arbeitseinsatzes schon überall herzlich aufgenommen würden. Ohne besondere Ausbildung und Kenntnisse fallen sie professionellen Entwicklungshelfern aber vielmehr eher zur Last. Und niemals vergessen: Wer längere Zeit in Entwicklungsländern gearbeitet hat, erfährt bei seiner Rückkehr oft einen ähnlichen Kulturschock wie bei der Ankunft in der »Dritten Welt«.

Jobben in Europa

Großbritannien

Bürger von EG-Mitgliedstaaten brauchen sich über Formalitäten nicht den Kopf zu zerbrechen: sie sind berechtigt, sich in jedem EG-Land eine Beschäftigung zu suchen. Für Nicht-EG-Bürger gestaltet sich die Sache schon schwieriger. Seit Januar 1980 erteilt das Arbeitsministerium (Department for Employment) keine Arbeitserlaubnis mehr, weder für ausgebildete noch für unausgebildete Kräfte. Obwohl dies im Grunde auch für die Hotelbranche gilt, werden dort weiterhin inoffiziell Leute eingestellt. Ausländische Studenten an einer britischen Hochschule oder TH können in den Ferien oder für Teilzeitarbeit eine Genehmigung erhalten, wenn sie das Formular OW1 mit einer schriftlichen Zustimmung der Hochschule und dem Reisepaß in der Hand beim zuständigen Arbeitsamt (»Job Centre«) beantragen. Wer sich erst einmal in Großbritannien aufhält, kann nicht mehr vom Studenten zum Arbeitnehmer werden oder vice versa. Hochschüler aus Europa, die sich für einen Aufenthalt in Großbritannien begeistern könnten, sich jedoch selbst die Mühe ersparen wollen, einen Sprachkurs, eine Unterkunft oder einen Job zu finden, wenden sich an *Eurojob*, 15 Albert Mews, GB – London W8.

Steuererstattung

Der Vorteil eines legalen Arbeitsverhältnisses besteht darin, daß Steuernummern zugeteilt und dann überzahlte Steuern erstattet werden. Die meisten neuen Arbeitnehmer werden in die Sondersteuerklasse X eingestuft und dürfen etwa ein Viertel des Lohns an das Finanzamt abführen. Da alleinstehende Personen bis zu £ 2600 im Jahr steuerfrei verdienen dürfen, besteht eine hohe Wahrscheinlichkeit, daß zuviel abgeführt wird – vorausgesetzt die Beschäftigungsdauer liegt unter zwölf Monaten. Der Haken liegt in der Regelung, daß mindestens sechs Monate des Steuerjahres, vom 6. April bis zum 5. April des folgenden Jahres, ein Wohnsitz im United Kingdom bestanden haben muß, wobei man das Land zwischendurch verlassen haben kann. Nun werden Steuergesetze nicht selten reichlich willkürlich interpretiert, so daß man auf alle Fälle einen Antrag stellen sollte: schaden kann's kaum. Anspruchsberechtigte und Hoffnungsfrohe holen sich also das Formular P86 vom örtlichen Finanzamt und lassen bei Tätigkeitsende vom Arbeitgeber das Formular P 45 ausfüllen: beide Formulare werden dann an das Finanzamt gesandt. Nun sollten Sie noch vorsichtshalber Fotokopien anfertigen zwecks späterer Nachforschungen und sich auf eine Wartezeit zwischen zwei Wochen und zwei Monaten einstellen. Beim Abschied von der Insel vor der Erstattung des Geldes erscheint es sinnvoller, eine Anschrift in England anzugeben, von wo aus das Geld dann weitergeleitet werden kann. Bei mehreren Kurzeinsätzen kann der jeweils neue Arbeitgeber einen Steuerabschlag für den Arbeitnehmer beantragen, wenn das von der alten Arbeitsstelle ausgefüllte P45-Formular vorgelegt werden kann. Studenten, die nicht über die erlaubte Grenze - hinaus zu verdienen gedenken, bitten ihren Arbeitgeber um das Formular P 38 (S), mit dem die Steuerbefreiung bei Ferienarbeit von Studenten beantragt wird. Allerdings muß man für einen erfolgreichen Antrag mindestens ein Jahr in England gewohnt haben.

Zusätzlich zur Steuer werden neun Prozent des Einkommens als Sozialabgaben einbehalten. Bei Wochenverdiensten unter £ 43 bzw. als ausländischer Student wird man hiervon befreit: versehentlich bereits entrichtete Beiträge werden unter keinen Umständen zurückerstattet. Eine Teilzeitbeschäftigung oder ein kurzfristiger Job beeinflußt das Anrecht eines EG-Bürgers auf soziale Leistungen. Ein Teil der Reisekosten zur neuen Arbeitstelle kann aber erstattet werden. Bei Freiwilligenarbeit in Camps darf man in der Regel nicht mehr als umgerechnet sechs Mark an Taschengeld erhalten, ohne daß die Sozialleistungen gekürzt werden.

Beschäftigungsaussichten

Trotz anhaltend hoher Arbeitslosigkeit bleiben etliche Möglichkeiten zur Saison- und Kurzzeitarbeit, in einigen Bereichen sogar mehr als genug: so bei einer Reihe von Erntearbeiten, etwa der von Äpfeln in Sommerset oder von Beerenobst in Invernesshire, wo die Anzahl der einheimischen Arbeitskräfte regelmäßig nicht ausreicht. Die rapide expandierende Tourismusbranche bietet reichlich Jobs in Bars und Hotels der Südküste, im Lake District, in London, Wales und Schottland. Dem erhöhten Bedarf an Haushaltshilfen sind weitere Jobgelegenheiten zu verdanken. Im Süden sind in den Fenstern der Arbeitsvermittlungen fortwährend Suchanzeigen für Aushilfen beim Haus- oder Bürobau zu sehen: der Blick in die einschlägigen Spalten der lokalen Zeitungen wird sich lohnen.

Agenturen

Zeitarbeitsagenturen sprießen derzeit insbesondere in der Hauptstadt wie Pilze aus dem Boden. Ungefähr 5000 private Agenturen gibt es in ganz England, dreihundert allein in Londons Oxford Street. Sie sollten sich also nicht darauf beschränken, die Adresse bei einer Agentur zu hinterlassen, da die Bemühungen um den einzelnen Arbeitssuchenden von einer Vermittlungsstelle zur nächsten höchst unterschiedlich ausfallen. Die Firma *Alfred Marks* verfügt über 57 Büros in London sowie etliche weitere im ganzen Land. Vom *Brook Street Bureau* wird behauptet, daß geringfügig höhere Löhne als bei anderen Büros bezahlt werden. *Manpower*, eine der größten Vermittlungsagenturen überhaupt, zahlt vorzeigbare 12 DM in der Stunde fürs Jobben etwa in einem Lagerhaus, sogar bis zu 20 DM bei Nachtschichten. Für Jochen Gussi bilden solche Agenturen eine ideale Möglichkeit, Geld auf die Seite zu legen. Er sparte sich so die Reise nach Israel zusammen: *Die Zeitarbeitsvermittlungen in Brighton erwiesen sich als ungeheuer flexibel. Es war ihnen egal, ob man nur ein paar Monate für sie tätig sein wollte. Außerdem lernte ich durch sie andere Reisende kennen, da ziemlich viele der Beschäftigten ihre verdiente Kohle fürs Herumziehen ausgeben wollten.*

Als Zeitarbeiter ist man generell Angestellter der Vermittlungsagentur und wird von dieser entlohnt. Jeder mit guten Schreibmaschinen- oder Stenokenntnissen, der die entsprechenden Tests passabel absolviert, wird feststellen, daß für ihn recht schnell eine Stelle gefunden und er auch angemessen bezahlt wird: rund 20 DM bei Schreibmaschinentätigkeit, bei Arbeit am Computerterminal mit einem Textverarbeitungsprogramm bis zu 27 DM, für nicht näher definierte Bürotätigkeit erhält man jedoch nicht mehr als 14 DM pro Stunde. Zeitarbeit bietet immer eine ausgezeichnete Chance zur Vorführung der eigenen Fähigkeiten und schützt nicht vor langfristigen Engagements. Bitten Sie daher ruhig bei jeder Firma, in die Sie als Aushilfe geschickt werden, um ein richtiges Bewerbungsformu lar. Der Nachteil jeder Zeitarbeit ist jedoch die ständige Unsicherheit über die Arbeitszeiten.

Zeitungen und Bücher

Abgesehen von privaten Agenturen sollte man immer die entsprechenden Zeitungsspalten konsultieren, denn fast die Hälfte aller freien Stellen wird dort ausgeschrieben. In London gibt es einige kostenlose Magazine, die meist vor und in Reisebüros ausliegen: *The News and Travel International (TNT)* und die *New Zealand News U.K.* Die Mehrzahl der Jobs für ungelernte Aushilfen liegt im Bereich Haushalt, bei der Kinderbeaufsichtigung, als Vertreter, in Kneipen, Restaurants und auf Farmen, zuweilen auch in Geschäften, Büros, Sportclubs, Krankenhäusern und auf Baustellen. Viele Agenturen inserieren in diesen Blättern. Jeweils im Januar und Juni veröffentlicht *New Zealand News* in einer heraustrennbaren Beilage den informativen Führer *Overseas News*, voller Hinweise, Jobs und Reisemöglichkeiten in Großbritannien. In London unbedingt an der Royal Opera Arcade hinter dem New Zealand House am Schwarzen Brett die neuesten Tips zu Unterbringung, Reisen und Stellenangebote studieren. An Zeitschriftenläden und -kiosken hängen oft Zettel mit Jobanzeigen aus, besonders für temporäre Aushilfen. Auf der Suche nach einer Geldquelle leistet schließlich die Zusammenstellung in *Ferienjobs und Praktika – Großbritannien*, erhältlich bei »interconnections« für DM 24,80, unschätzbare Dienste.

Arbeitsämter

Wer sich ernsthaft nach Arbeit umschaut, darf auf keinen Fall das örtliche Arbeitsamt auslassen. Schließlich wird immerhin ein Drittel aller freiwerdenden Stellen dort gemeldet. Die Einzelheiten hängen jeweils am Schwarzen Brett aus: die »Jobcentres« sind beinahe schon Selbstbedienungsläden. Besonders für Gegenden mit saisonaler Erntearbeit kann sich die Stellensituation von einer zur nächsten Woche radikal geändert haben. So werden Jobsucher in Kent im Juli nur ein deprimierendes Angebot, ab August hingegen für die Hopfenernte massenhaft Angebote vorfinden.

Hopfenernte

Zwischen 1860 und 1960 war das Hopfenpflücken in Kent ein gesellschaftliches Ereignis. Traditionell pilgerten am Wochenende unzählige Londoner Familien aus dem East End mit Sonderzügen, den sogenannten »Hopper's Specials«, in die Planzungen nahe Maidstone und Tonbridge. Noch 1945 brachten sechzig Sonderzüge fast 30.000 Menschen von London hierher. Durch die Mechanisierung der Ernte ging die Zahl der Pflücker aber kontinuierlich zurück, und im Jahre 1960 schaukelte dann der unwiderruflich letzte »Hopfen-Express«. Die Hopfenfelder der Whitbread-Brauerei fielen als letzte Bastion der Handernte 1969 den Maschinen zum Opfer. Seit Beginn der 90er Jahre befindet sich der Hopfenmarkt in einer Krise. Nicht wenige Farmer haben sich schon anderen Bebauungsarten zugewandt. Immer noch bleiben aber genügend unter ihnen optimistisch und dürfen davon ausgehen, daß der Hopfenbedarf wieder steigen und es wieder zahlreiche Jobs für Pflücker geben wird. Wer im September abkömmlich und zu harter Arbeit bereit ist, kann sich um einen Platz auf einer Hopfenfarm bemühen. Die einfachste Tätigkeit besteht aus Traktorfahren zwischen den Pflanzenreihen. Daneben fällt noch das Abschla-

gen der höhergewachsenen Pflanzenteile an, das Beladen der Anhänger, das Einsammeln zu Boden gefallener Pflanzen und schließlich, etwas gefährlicher, von einem hoch am Traktor angebrachten Korb aus das Abschneiden des Hopfens. Frauen arbeiten normalerweise im Maschinenhaus, wo die Blüten vom Stock geschnitten und in Säcke verpackt werden. Zur Vorbereitung dieser Tätigkeit müssen die herabhängenden Pflanzenteile hochgebunden werden. Teilweise werden die Arbeitsämter über den Beginn der Ernte unterrichtet. Etliche Farmen jedoch vermerken ihren Personalbedarf in *Ferienjobs und Praktika – Großbritannien* und nehmen schon im Mai oder Juni Anmeldungen entgegen. *Concordia Youth Service Volunteers*, 8 Brunswick Place, Hove, GB – East Sussex BN3 1ET, vermittelt an Studenten zahlreiche Plätze auf Hopfenfarmen in Kent und dem anderen Hauptanbaugebiet, Herefordshire. Auf vielen Farmen gehören Zelt, Schlafsack und Kochausrüstung zu den unverzichtbaren Ausrüstungsgegenständen. Die Arbeitsbedingungen variieren stark: der eine Farmer ist großzügiger, die andere Farm primitiver. Karl Larner schreibt über die Yarkhill Farm, Herefordshire, daß nur ein einziges Waschbecken für alle Aushilfen und überhaupt keine Duschen existierte. Anderswo werden dagegen kostenloses frisches Gemüse aus dem Garten und Brennholz zusätzlich zum Lohn von 300 bis 360 DM in der Woche geboten.
Nachstehend die Anschriften einiger großer Hopfenfarmen in Kent: *Adrian Scripps*, Moat Farm, Five Oak Green, Tonbridge, Kent TN12 6RR; *S.C. and J.H. Berry*, Gushmere Court Farm, Selling, Faversham, Kent; *Castlemaine Farms*, Horsmonden, Kent TN12 8HG; *Elphicks Farm*, Hunton, Maidstone, Kent; *Guinnes Hop Farms*, Tenyham, Sittingborne, Kent ME9 9JN; *Hayle Farm*, Horsmonden, Kent; *H.R. Hodges & Partners*, Tatlingbury Farm, Capel, Tonbridge, Kent TN12 6RG; *J.D. and A.J. Large*, Cherry Gardens, Goudhurst, Kent; *Pembale*, Horsmonden, Kent; *Poldhurst & China Farms*, Upper Harbledown, Canterbury, Kent CT2 9AR; *T.G. Redsell*, Nash Court, Boughton, Faversham, Kent ME13 9SW; *School House Farm*, Brenchley, Kent; *Spelmonden Estate*, Spelmonden Farm, Goudhurst, Kent TN17 1HE; *Wakeley Brothers*, Otterham Buildings, Rainham, Gillingham, Kent ME8 7XB. Abgesehen von Kent wird Hopfen auch in Hereford und Worcester angebaut auf *Cheyney Court*, Bishops Frome, Worcester; *Garford Farm*, Yarkhill, Hereford HR1 3FT; *Yarkhill Farms*, Yarkhill Court, Yarkhill, Hereford HR1 3TD.

Obst- und Gemüseernte

Hauptanbaugebiete für Obst und Gemüse sind das Vale of Evesham bis hin zum Wye und Usk Valley, der größte Teil Kents, Lincolnshire und East Anglia, besonders die »Fens« rund um Wisbech, sowie die Gegend nördlich des Tay Estuary (Blairgowrie und Forfar). Andererseits wird in England fast überall intensiv Landwirtschaft betrieben, weswegen es sich immer lohnt, beim örtlichen Jobcenter oder der »Farmers Union« nachzufragen. In *Ferienjobs und Praktika – Großbritannien* sind einige Gemüsebauern aufgezählt, die bis zu hundert Helfer für die Ernte benötigen. Die Reifezeiten sind logischerweise nicht im ganzen Land gleich. In Invernesshire reifen Erdbeeren mindestens drei Wochen später als auf der Isle of Wight; daneben schwanken die entsprechenden Zeiträume auch oft von einem Jahr zum nächsten. Wie zum Teil das Hopfenpflücken in Kent, befindet sich auch die Ernte um Evesham und Pershore fest in den Händen umherziehender Profipflücker, oftmals Zigeuner. In der Bevölkerung gibt es allerdings starke Vorbehalte gegen die Zigeuner, so daß man an manchen Pubs während der Erntezeit Schilder mit der Aufschrift »No Travellers« lesen kann, was sich nicht auf reisende Jobber oder junge Touristen bezieht, sondern eben auf die genannten Zigeuner. Viele Höfe haben schon auf Selbstpflücken und Direktverkauf umgestellt. Das Jobcenter in Evesham führt den starken Rückgang beim registrierten Bedarf an Aushilfen insbesondere auf diese jüngere Entwicklung zurück. Trotz allem werden noch Pflücker gesucht. Verschiedene Zeitungsartikel wiesen im Jahre 1990 darauf hin, daß es landesweit nicht nur einen Mangel an Pflückern gebe, sondern daß den britischen heutzutage wegen besserer Arbeitsmoral solche aus Osteuropa vorgezogen würden.

Die Erdbeerernte in Schottland beginnt üblicherweise im Juli, fand aber auch schon drei Wochen zuvor statt. In Spitzenzeiten beschäftigt Peter Thomson auf seiner Farm bei Blairgowrie 1000 Pflücker. Bis zu 3000 sind insgesamt zwischen Perthshire und Angus während der Ernte tätig, können an einem guten Tag mehr als 150 Pfund bewältigen und etwa 75 Mark verdienen. Ende Juli und Anfang August läßt sich mit dem Erdbeerpflücken auch noch Geld verdienen: treten Sie mit Bill Henderson in Verbindung, Seggat, Auchterless, Turiff, Tel. (08884) 223. Lentran ist eine weitere Erdbeerfarm in Schottland, die Saisonkräfte einstellt, und gleichzeitig als Treffpunkt junger Leute aus aller Welt dient. In der malerischen Gegend um Ledbury in Herefordshire werden Erntehelfer gesucht: versuchen Sie's bei der *Hilltop Fruit Farm*, Ledbury, Herefordshire HR8 1LN, wo zwischen Juni und November über einhundert Kräfte beschäftigt werden.

Zu den frühesten Erntearbeiten zählt die Kartoffelernte in Pembrokeshire. Allerdings verdienen hier selbst erfahrene Zigeuner in einem schlechten Jahr nicht mehr als 10 DM in der Stunde. Jonathan Kembler erhielt etwa die gleiche Summe fürs Wiegen und Aussortieren der Kartoffeln und wohnte während dieser Zeit im Pwll Deri-Youth Hostel. Die Ernte um St. David beginnt Mitte bis Ende Mai. Trotz überwiegender Mechanisierung wird immer noch eine hohe Zahl von Aushilfen benötigt. Auch hier finden sich stets viele Zigeuner ein, es gibt aber dennoch meist eine Stelle für Leute mit Durchaltevermögen, die nicht schon nach dem ersten Tag auf dem Feld aufgeben.

Zuletzt im Jahr reifen die Äpfel, und ihre Erne ist lukrativer als die der meisten anderen Obstsorten. Geübte bringen es auf 100 DM, manchmal gar 150 DM am Tag. Die Erntezeit erstreckt sich von Mitte September bis Mitte Oktober: einen Versuch wert ist *Tullen's Toat*, Pulborough, Tel. (07982) 2664, oder eine Farm acht Meilen südlich von Maidstone, Tel. (0622) 842 815.

Die Weinlese darf im Vergleich zu Deutschland oder Frankreich getrost als unbedeutend abgehakt werden. Trotzdem werden auf einigen Weinbergen sogar Helfer bei der Lese gebraucht; näheres bei *Bruisyard Wines*, Church Road, Bruisyard, Saxmundham, Suffolk; bei *Spring Farm Vineyard*, Moorlynch, Bridgwater, Sommerset; oder bei *Barton Manor*, Whippingham, East Cowes, Isle of Wight.

Internationale Farmlager

Schon seit längerer Zeit gestattet das Innenministerium großen Gemüse- und Obsterzeugern, im Ausland Arbeitskräfte für die Ernte anzuwerben. Statt diesen eine vollgültige Arbeitserlaubnis zu erteilen, werden sie fälschlicherweise »Freiwillige« genannt und erhalten eine sogenannte »Entrance Authorization Card«, die das Arbeitsverhältnis legalisiert; vorausgesetzt, sie wird nur in dem Camp benutzt, für das sie ausgestellt wurde.

Concordia in Hove ist hier die wichtigste Vermittlung mit 150 Farmcamps in England und Schottland zwischen Mai und Oktober. Einige der angeschlossenen Farmer beklagten sogar, daß in den vergangenen Jahren nicht genügend Personen zugeteilt wurden. Es bestehen also recht gute Chancen, von Concordia vermittelt zu werden. Vom Innenministerium anerkannte Camps sind unter anderem: *Gagie House*, by Dundee, Angus DD4 0PR,

Tel. (0826) 21207; *Fridaybridge Agricultural Camp*, March Road, Wisbech, Cambridgeshire PE14 0LR, Tel. (0945) 860 255; *Hickman & Co.*, Leverington, Wisbech, Cambridgeshire PE13 5DR, Tel. (0945) 585 131; *J.M. Place*, Church Farm, Tunstead, Norwich, Norfolk NR12 8RQ; *International Farm Camp*, Hall Road, Tiptree, Colchester, Essex CO5 0QS, Tel. (0621) 815 496; *Lentran Fruit Farms*, Lentran, Inverness-shire: näheres von Perimeter Farms, Yeld Lane, Kelsall, Cheshire CW6 0JD, Tel. (0829) 52583; *Leroch Farm Camp*, Algyth, Blairgowrie, Perthshire PH11 8NZ.

Den besonderen Reiz der meisten Camps macht ihre internationale Atmosphäre aus. Johann Mallon gefiel sein Aufenthalt in Fridaybridge größtenteils aus diesem Grund: *Etwa fünfhundert Personen können im Lager untergebracht werden. Im Juli und August sind manchmal auch tatsächlich so viele anwesend. Von überall her, aus Nordafrika, den Mittelmeerländern, aus dem Ostblock kommen die Helfer und verbreiten wahrlich eine multikulturelle Stimmung. Sogar viele Jobreise-Veteranen finden sich ein: der Platz ist somit bestens geeignet für neue Kontakte.*

Unterbringung

Man kann sich nicht darauf verlassen, daß die Farm eine Unterkunft bietet. Meist wird nur eine Wiese zur Verfügung gestellt, die mal mehr, mal weniger gut eingeebnet und trockengelegt ist. Und manchmal muß darüberhinaus auch noch eine bestimmte Mindeststundenzahl gearbeitet werden, damit man den sogenannten »Zeltplatz« benutzen darf. Anderswo werden voll ausgerüstete Wohnwagen oder Blockhäuser aufgestellt! Ein solcher Luxus kostet dann aber Lohnabzug bis zu 18 DM pro Tag. Bei Vollverpflegung hat das Landwirtschaftministerium eine Obergrenze von rund 135 DM (£ 45.78) wöchentlich für die Unkostenbeteiligung vorgeschlagen, allerdings nicht verbindlich festgelegt.

Liegt jemandem das Zelten weniger, so ist es auch unwahrscheinlich, daß er den gleichen Gefallen am Leben in einem Farm Camp finden wird wie etwa Markus Stephan. Dieser war geradezu vernarrt in den nassen Abhang, an dem er sein Zelt während des Aufenthalts auf einer Farm in Perthshire aufstellen durfte:

Nachdem ich mir zunächst den Boden auf der Suche nach einem geeigneten Zeltplatz angeschaut hatte, drehte ich mich herum, und plötzlich blieb mir fast der Atem weg: so schön war der Blick auf die umgebende Landschaft. Zwar hingen die Regenwolken sehr tief, aber das konnte der Aussicht keinen Abbruch tun. Ein tolles Lagerleben im schottischen Hügelland: Pubbesuche waren meist einzigartige musikalische Erlebnisse, da dort Folkmusik gesungen und gespielt wurde. Die fremdländischen Besucher mußten immer wieder Lieder aus ihrer Heimat zum besten geben. Reich wurde ich bei der Ernte in Schottland aber wahrlich nicht. Dafür ist es aber ein schönes Camping- und Lagererlebnis, mit jungen Leuten aus der ganzen Welt zusammenzuarbeiten und zu wohnen.

Farm Camps sind einfach ideal für alle, die unterwegs sind. Besteht man nicht unbedingt auf einer festen Unterkunft und ist auch bereit, eventuell im Zelt zu schlafen, finden sich immer eine Menge Farmen oder verarbeitende Betriebe, denen es an Hilfskräften mangelt. Südlich von Ramsgate etwa, an der Küste Kents, werden in riesigen Gewächshäusern den ganzen Sommer über Tomaten geerntet. Georg Tröscher fragte einfach eines Montags im Juli nach und durfte gleich am nächsten Tag anfangen. Allerdings begann seine Arbeitszeit um fünf Uhr morgens. Obwohl nicht schlecht gezahlt wurde, hielt Georg dies nicht lange aus. Bereits nach einer Woche kündigte er wieder.

Löhne

Die gesetzlichen Bestimmungen über Mindestlöhne stehen in den Verlautbarungen des Landwirtschaftsministeriums und können beim *Agricultural Wages Board* im Ministerium, 3-8 Whitehall Place West, London E1A 2H, angefordert werden. Momentan beträgt der Mindeststundenlohn für über zwanzigjährige Arbeiter £ 2.47, bei Überstunden £ 3.70; für alle zwischen siebzehn und zwanzig £ 1.60 bzw. £ 2.40 bei Überstunden. Meist wird jedoch nach Leistung und nicht im Stundenlohn gezahlt. Viele Pflücker verrechnen sich daher bei ihren Kalkulationen, wieviel wohl zusammenkommen werde. An Schlechtwettertagen fällt die Arbeit ganz aus; gegen Ende der Saison reifen die Früchte wesentlich langsamer. Lediglich Zucchini bilden hier eine Ausnahme, da sie bei jedem Wetter abgeerntet werden und über einen langen Zeitraum kontinuierlich reifen. Markus Funck fand die ersten Tage oft unproduktiv und enttäuschend, weil er sich ein besseres Ergebnis vorgestellt hatte. Die leistungsorientierte Bezahlung liegt zudem recht unterschiedlich. Es lohnt also, sich mindestens einen Monat vor Beginn der Ernte genau zu erkundigen und zu vergleichen, bevor man irgendwo eine Zusage gibt. Gar manches Obst oder Gemüse bringt einen deutlich höheren Verdienst ein als ein anderes, und sei dies nur, weil es mühsamer zu pflücken ist. Weil schwarze Johannisbeeren an kleinen Büschen wachsen, muß man bei ihrer Ernte stundenlang in unbequemer Haltung kauern. Dies ist bei Stachelbeeren ganz ähnlich; sie müssen dazu noch einzeln zwischen langen Dornen herausgeklaubt werden. Unerfahrene Helfer geben oftmals bereits nach einigen Tagen auf, weil ihr Verdienst noch nicht einmal die Lebenskosten deckt.

Fremdenverkehr

Trotz seines verrufenen Klimas zieht England jedes Jahr Millionen Touristen an, Tendenz steigend. Das englische Fremdenverkehrsministerium schätzt, daß die Besucherzahlen in den letzten zehn Jahren um rund ein Viertel zugenommen haben und alljährlich 50.000 neue Stellen in der Touristik geschaffen werden. Fast jeder zehnte Brite ist hier inzwischen schon beschäftigt. Mitte der 90er Jahre wird die Tourismusbranche der größte Arbeitgeber des Landes sein. Und zu all den ausländischen Gästen kommen ja auch noch die britischen Urlauber selbst, die es in den Sommermonaten an die See und ins Hochland zieht. Um all diese Urlaubswütigen muß sich schließlich jemand kümmern, ob nun als Eisverkäufer oder Straßenmusikant – viele Straßenmusikanten finden inzwischen die Seebäder im Sommer gewinnbringender als die großen Städte. Strandhotels bieten ihren Aushilfen fast immer Unterkunft und Verpflegung, allerdings ist der hierbei gebotene Standard erwartungsgemäß niedriger als für die zahlenden Gäste. Auch in den Londoner Hotels aller Kategorien, von der internationalen Luxusherberge an der Park Lane bis hin zu den Absteigen am Earl's Court, existieren Jobmöglichkeiten: leider stellt jedoch kaum ein Hotel in London eine Unterkunft für das Personal zur Verfügung. Die Entlohnung in Hotels war immer schon schlecht, Ausbeutung meist an der Tagesordnung. Die drei Tarifverbände legen hier nur die Mindestlöhne für Mitarbeiter über einundzwanzig Jahren fest: £ 2.56 bei normaler Hotelarbeit und im Café, £ 2.74 bei Arbeit an der Bar. Näheres beim *Office of Catering Wages Councils*, Steel House, 11 Tothill Street, London SW1 9NF, Tel. (071) 273 4812. Personal in Drei- oder Viersterne-Etablissements sowie Angestellte im Tafelservice und andere Spezialisten verdienen selbstverständlich besser: in Londoner Restaurants sollten wenigstens £ 3.70 die Stunde bezahlt werden. Bedienungen bessern ihren Verdienst mit Trinkgeldern auf, Zimmermädchen und Barpersonal hingegen müssen sich meist mit ihrem Stundenlohn begnügen.

Wer die ganze Sommersaison über tätig zu sein beabsichtigt, sollte sich möglichst früh im Jahr bewerben. Die meisten Hotels wünschen eine formlose schriftliche Bewerbung, komplett mit Foto und Referenzen. Ein telefonisches Nachhaken, vor allem im späten Frühling, ist bestimmt nicht falsch. Man kann ja zunächst einmal das ausgewählte Hotelverzeichnis in unserem *Ferienjobs und Praktika*-Band zu Großßbritannien durchgehen. Daneben gibt es auch die Verzeichnisse der englischen Automobilclubs »AA« und »RAC«, sowie die vom Britischen Tourismusverband empfohlenen Hotels. Ungemein beliebt bei Saisonarbeitern sind vor allem die Kanalinseln wie Guernsey und Jersey. Allgemein gilt: je größer die Bettenkapazität eines Hotels, umso wahrscheinlicher der Bedarf an Aushilfen im Sommer. In London sollte man das *Jobcenter* in der Denmark Street 3, WC2, aufsuchen, welches ganz besonders Hotels und Gaststätten mit qualifiziertem Personal versorgt. Andere spezialisierte Agenturen in London sind *Alfred Marks*, 11 Ludgate Circus, bzw. 100 Oxford Street; *Mayday Staff Services*, 2 Shoreditch High Street, E1, 27 Noel Street, N1, oder 35 Goldhawk Road, N8; *The Coyne Agency*, 60-66 Wardour Street, W1; *Connection*, Britannia House, Beadon Road, Hammersmith, W6; *Angel Recruitment*, 70-71 New Bond Street, W1. Die von den Vermittlungen gezahlten Löhne beginnen bei £ 3.40 in der Stunde. Unter Umständen lohnen Anfragen bei größeren Hotelketten sein. *Hilton U.K.*, Tel. (0923) 246 464, und *Hilton International*, Tel. (0923) 31 333, beraten darüber, welches der angeschlossenen Hotels momentan Personal benötigt. Die eigentliche Bewerbung muß dann aber direkt bei der jeweiligen Personalverwaltung vorgenommen werden. *Friendly Hotels*, 10 Greycoat Place, London SW1, Tel. (071) 222 8866, stellen etwa 150 Zimmermädchen, Kellner, Kofferträger und Barkeeper für ihre Hotels im ganzen Land ein. Schnellrestaurants haben in der ganzen Welt einen hohen Personalbedarf. Wer zu vielen Überstunden bereit ist, überlebt sogar mit dem Verdienst von McDonalds (abends £ 3), Pizza Hut usw. Ein großer Teil der Angestellten sind Ausländer ohne Sozialversicherungsnummer. Eine gute Referenz von einem Kettenrestaurant kann nützlich sein, wenn man einmal die Stelle wechseln will.

Pubs

Stellen in Pubs sind im Grunde unschwer zu kriegen. Allgemein üblich ist hier Arbeit an sechs Tagen in der Woche, während der für England typischen Öffnungszeiten von Gasthäusern zwischen 11 und 23 Uhr. In London zahlt sich das mit etwa 300 bis 375 DM (£ 100-125) in der Woche bar auf die Hand aus; anderswo dürften es bis zu 60 DM weniger sein. Viele Arbeitnehmer jobben nebenher in Pubs, um ihre Finanzen aufzubessern (£ 10-15 für den Abend, zwischen 18 und 23 Uhr). Wenn irgend möglich, versuche man Stundenlohn zu erreichen: falls es nämlich einmal spät werden sollte, wird man wenigstens angemessen entlohnt. Offene Stellen werden meist in der lokalen Presse angeboten, in London auch in den schon erwähnten *New Zealand News U.K.* Die Agenturen, welche Bararbeit vermitteln, sind nicht sonderlich hilfsbereit gegenüber Jobsuchenden, die lediglich Zeitarbeit in Gaststätten suchen. Da ist es dann schon besser, von einer Bar zur nächsten zu ziehen und selbst nachzuhaken. Ein recht abgebrannter amerikanischer Jobber machte im Touristenstädtchen Pitlochry in Perthshire eine Runde durch alle Pubs und bat um Arbeit. Jedesmal gab es entweder abschlägige Bescheide oder aber Vorbehalte der Geschäftsleitung wegen fehlender Arbeitspapiere. Im vierunddreißigsten Pub, dem letzten am Ort, erkundigte sich der Manager, ob er eventuell sofort anfangen könnte. Nur zu gern begab er sich schleunigst hinter den Tresen, ohne Shandy von Guinness unterscheiden zu können. Entgegen den Verhältnissen auf dem Kontinent ist es in

England *nicht* üblich, dem Mann oder der Frau hinter der Bar ein Trinkgeld zu geben. Allenfalls wird hin und wieder mal einer spendiert. Die Norwegerin Kristen Moen schreibt über ihren Job in einem Londoner Pub:

Super! Die Arbeitsatmosphäre war phantastisch, ich hatte viel Spaß und lernte unheimlich nette Leute kennen. Das Einzige, worüber ich nicht ganz froh wurde, war die nicht eben tolle Bezahlung. Aber vielleicht sind einfach nur die Londoner Mieten zu hoch. Hätte ich eine Arbeitserlaubnis besessen, wäre die Beschaffung einer Stelle überhaupt kein Problem gewesen. So dauerte sie eben zwei Wochen. Zuerst fragte ich in allen Restaurants und Pubs herum, wo jedermann sehr hilfreich war. Immer schlug man mir einen Ort vor, an dem ich es versuchen sollte oder bedeutete mir doch wenigstens, in ein paar Wochen nochmals wiederzukommen. Zur dieser Zeit las ich täglich die Anzeigen im Evening Standard. Bei 70% meiner Anfragen erhielt ich eine Absage wegen der fehlenden Arbeitsgenehmigung. Zu guter Letzt fand ich ja dann doch noch etwas und blieb dort vier Monate.

Ferienlager und Freizeitzentren

Mit einer Qualifikation im Kanufahren, Bergsteigen usw. wird niemand Probleme haben, im Sommer als Sportlehrer zu arbeiten. Zertifikate der ausländischen Pendants zum britischen Kanuclub, dem Königlichen Yachtclub usw. sollten genügen, solange man den Arbeitgeber davon überzeugen kann, daß die Dokumente wirklich echt sind. Jobs für sportlich Orientierte ohne besondere Ausbildung gibt es insbesondere in Kinderfreizeitzentren, den sogenannten »Multi-Activity-Centres«. Susanne Phillips arbeitete im Woodside Adventure Center in Norddevon und berichtet davon, daß Charakter und Persönlichkeit bei ihrer Aufgabe bedeutend wichtiger waren als alle Qualifikationen.

Leider ist die Bezahlung im allgemeinen weniger gut: £ 35-40 sind üblich, hier und da ergänzt durch einen am Ende der Saison ausbezahlten Zuschlag. Beim Abenteuerprogramm des Britischen Jugendherbergsverbandes, *Youth Hostels Adventure Holiday Programme*, Trevelyan House, 8 St. Stephens Hill, St. Albans, Herts, wird eine ganze Reihe von Gruppenleitern beschäftigt. Allerdings werden nur freie Unterkunft und Verpflegung, kostenlose Anreise und ein Taschengeld geboten und keine Bezahlung. Viele junge Leute arbeiten hier im Sommer meist für wenige Wochen einfach spaßeshalber, und dies nicht zuletzt, weil die Camps in wunderschönen Gegenden durchgeführt werden, so auf der Isle of Man, im West Country oder im Lake District.

Im folgenden Anschriften von Verbänden, welche Helfer für die Bewirtschaftung ihrer Ferienhäuser und Gruppenleiter suchen: *Action Holidays*, »Windrush«, Bexton Lane, Knutsford, Cheshire WA16 9BP; *Adventure International Enterprises*, The Chris Bonnington Center, Belle Vue, Bude, Cornwall EX23 8JP; *Ardmore Adventure*, 11-15 High Street, Marlow, Bucks. S17 1AV; *Camp Beaumont*, 9 West Street, Goodmanchester, Huntingdon, Cambs PE18 8HG; *Dolphin Adventure Holidays*, 34-36 South St, Lancing, W. Sussex BN15 8AG; *Freetime Summer Camps*, Mayford Centre, Woking, Surrey GU22 0PP; *Hyde House Leisure Centre Activity Holidays Centre*, c/o London Office, 6 Kew Green, Richmond, Surrey (Ferienzentrum in der Nähe von Warham, Dorset); *PGL Young Adventure*, Alton Court, Penyard Lane, Ross-on-Wye, Herefordshire HR9 7AH; *Tops Holidays*, 34-36 South St., Lancing, W. Sussex BN15 8AG; *Trailblazers Educational Adventure Holidays*, Falcon's Nest Hotel, Station Road, Port Erin, Isle of Man; *YMCA National Centre*, Fairthorne Manor, Curdridge, Southampton, Hampshire SO3 2GH; *YMCA National Centre*, Lakeside, Ulverston, Cumbria LA12 8BD.

Wer als Bedienung, Reinigungskraft oder im Büro eines Familienferienzentrums arbeiten möchte, wende sich an: *Butlins*, Bognor Regis, Sussex; *HF Holidays*, Huntley House, King St, Penrith, Cumbria CA11 7AJ; *Pontin's Holidays Centres* (Head Offices), Middleton Tower Holiday Centre, near Morecambe, Lancs. LA3 3LJ (Personal wird von den einzelnen Zentren eingestellt); *Warner Holidays*, Port Way, Port Solent, Portsmouth PO6 4TY.

Bis auf eine Ausnahme findet sich in Großbritannien keine Saisonarbeit in den Wintermonaten; ausgenommen hiervon lediglich die Weihnachtswoche: das Skigebiet von Aviemore in den Cairngorms von Schottland empfängt viele junge Leute, bevorzugt allerdings überwiegend festangestelltes Personal. Einige Posten verteilt das Jobcentre in Inverness, Tel. (0463) 234 121; mehr Erfolg verspricht das Personnel Office, Tel. (0479) 810 624. Ein weiterer bedeutender Arbeitgeber ist die *Cairngorm Chairlift Company*, Tel. (0479) 86 261, die neben Skiliften auch Restaurants betreibt. Beide Firmen stellen Unterkünfte für ihr Personal bereit.

Auch Vergnügungsparks im amerikanischen Stil gewinnen in Großbritannien an Popularität und haben einen riesigen saisonalen Personalbedarf. Zu den größten zählen: *Chessington World of Adventures*, Chessington, Surrey KT9 2NE (stellt jährlich um die 1000 Leute ein, Bezahlung £ 2.13 pro Stunde für Minder-, £ 2.60 für Volljährige); *Thorpe Park*, Staines Lane, Chertsey, Surrey KT16 8PN (jeweils bis zu 1300 Aushilfen); *Pleasurewood Hills American Theme Park*, Corton, Lowestoft, Suffolk NR32 5DZ; *Wicksteed Park*, Kettering, Northamptonshire. *Alton Towers*, Alton North, Staffordshire ST10 4DB. Allen gemeinsam ist ein Nachteil: es ist generell keine Personalunterkunft vorhanden!

Reit- und Trekkingzentren

Reiten gehört in England zu den populärsten Sportarten. Jeder einigermaßen kompetente Reiter oder Pferdeliebhaber kommt daher leicht in den Hunderten von Reitställen, Reitschulen und Trekkingzentren unter. Anschriften finden sich in den vom *British Equestrian Centre*, Kenilworth, Warwickshire, herausgegebenen Verzeichnissen »Where to Ride«, Preis etwa 15 DM, bzw. der Broschüre »Careers With Horses« zu 1,50 DM. Man sehe sich auch die Anzeigen im wöchentlich erscheinenden Magazin »The Horse and Hound« durch und lasse sich bei einer anerkannten Agentur wie *Stable Relief Service*, Blue Pig Farm, Draycote, Rugby, Warwickshire CV23 9RB, registrieren! Letztere veröffentlicht eine Liste der momentan offenen Stellen für Reitlehrer und Pferdepfleger.

Jugendherbergen

Zahlreiche Herbergen benötigen während der Hochsaison Aushilfen. Deren Aufgaben umfassen im allgemeinen die Bewirtschaftung des Hauses, Kochen, Dienst in den Kiosken und am Empfang. Die Bezahlung hierfür liegt bei 210 DM brutto für die Fünftagewoche. Bewerbungen am besten schon im Winter an irgendeines der regionalen Jugendherbergswerke richten. Die Adressen stehen im JH-Verzeichnis für England und Wales, das in jeder Jugendherberge bzw. vom *YHA Office*, 14 Southampton St, London WC2, erhältlich ist. Einige Herbergen nehmen ab einer Mindestarbeitszeit von drei Wochen auch Volontäre an. Manchmal finden sich offene Stellen im »YHA Magazine«.

Feste und Großveranstaltungen

Zu Großereignissen wie der Henley Regatta im Juni, der Cricket-Testmatches in Headingley in Leeds, dem Edinburgh Festival im August/September sowie zahllosen Golfturnieren und sogenannten County Shows (Jahrmärkte oder Landwirtschaftsmessen) werden regelmäßig Aushilfen als Parkplatzwärter, Ticketverkäufer oder Bedienungen eingestellt. Sich bei bei den örtlichen Fremdenverkehrsbüros (Tourist Office) nach einer Liste der in nächster Zeit stattfindenden Veranstaltungen erkundigen und die Veranstalter zusätzlich unmittelbar ansprechen. Einige Agenturen haben sich besonders auf Personalvermittlung für solche Feste verlegt: so stellt *Extrastaff*, 134 Hatfield Road, St. Albans, Herts. AL1 4JB, Tel. (0727) 45 555, für Großveranstaltungen Tel. (0753) 72 233, Aushilfen für wichtige Sportereignisse wie das FA-Cupfinale und für Feste ein.

Auch mal im örtlichen Jobcenter wegen saisonbedingt erhöhten Personalbedarfs nachforschen. Zum Beispiel bietet das Jobcenter in Cardiff in den Monaten vor Weihnachten eine ganze Latte von Aushilfsstellen in der Backwarenindustrie, bei der Herstellung von Christmas Cakes und anderen Süßigkeiten.

Arbeit in einem Haushalt

Junge Frauen und Männer, die in einem Haushalt helfen wollen, haben hervorragende Chancen, auch tatsächlich unterzukommen, da der Markt in diesem Bereich förmlich explodiert. Schon 17- bis 18jährige Mädchen können neben freier Unterkunft und Verpflegung mit einem Verdienst von bis zu 180 Mark in der Woche rechnen. Mit einschlägiger Erfahrung kommen ausgebildete Kindermädchen und -schwestern gut auf das Doppelte. Au Pair-, Haushaltshilfen- und Kinderbetreuungsagenturen inserieren im wöchentlich erscheinenden *Lady Magazine*, im kostenlos erhältlichen *TNT* und in der *New Zealand News*. Weitergehende Auskünfte über die Arbeit als Kindermädchen bzw. als Au Pair erteilt natürlich das *Au Pair Handbuch*, von »interconnections« zum Preis von DM 24,80 erhältlich.

Nicht sonderlich anstrengend ist das Babysitting, für das wenigstens 7,50 DM in der Stunde herausspringen sollten. Schwarze Bretter, Studentenzeitungen usw. helfen hier weiter. Eine malaiische Studentin rief aufgrund eines Zettels, den sie in der Nähe von Earl's Court in London sah, bei einer Familie in der Nähe an und erhielt kostenlos Essen und Unterkunft dafür, daß sie die Tochter auf dem Schulhin- und -rückweg begleitete. Auch die Bewachung des Eigentums in Ferien gefahrener Hausbesitzer bietet Jobbern eine gute Möglichkeit zum Geldverdienen. London ist offensichtlich hierfür die beste Gegend, aber auch in der Provinz bieten Vermittlungen einen entsprechenden Service an: *Homesitters*, The Old Bakery, Western Road, Tring, Herts. HP23 4BB, Tel. (0442) 891 188, sei als Beispiel unter vielen genannt. Allerdings werden hier reifere Semester vorgezogen.

Unterrichten

Trotz des epidemischen Zuwachses von Sprachschulen an der englischen Südküste scheint es schwieriger, in Torquay oder Ramsgate einen Job zu ergattern als in Rio oder Taipei. Es braucht mehr als passables Aussehen, um eine der gutbezahlten Stellen in einer britischen Sommersprachschule zu bekommen! Die Mehrheit der Sprachlehr-Institute besteht auf einem TOEFL-Zertifikat (Teaching English as a Foreign Language) oder einem Universitätsabschluß. Besitzen Sie eine solche Qualifikation, sollte Ihre Bewerbung einige Monate vor den Sommerferien an möglichst viele Sprachschulen geschickt werden. Ihre Lehrfähigkeiten werden mit 240 bis 450 DM die Woche honoriert, so daß diese Tätigkeit zu den bestbezahlten Kurzzeitjobs überhaupt zu zählen ist. Auch ohne Sprachlehrausbildung kann man die Schulen abklappern, da für Ausflugs- und Beschäftigungsprogramme immer Betreuer und Sporttrainer gebraucht werden. Bei dieser Arbeit kommt man leicht in Kontakt mit jungen Leuten aus Frankreich, Italien und Spanien und kann somit Informationen sammeln, Freundschaften schließen und sich spätere Gastfreundschaft bei Reisen in weitere Ländern sichern. Eine Liste der gut 200 vom British Council anerkannten Sprachschulen versendet auf Anfrage die *Association of Recognised English Language Teaching Establishments in Britain* (ARELS-FELCO), 2 Pontypool Place, London SE1 8QF. Sprachschulen gibt es zwar in ganz Großbritannien, sie konzentrieren sich aber hauptsächlich an der Südostküste, in London, Oxford und Cambridge. Entsprechende Anschriften findet man unter den Rubriken »Language Schools« und »Schools-Language« in den Gelben Seiten, beipielsweise von Bournemouth, Brighton, Cambridge, Canterbury, Exeter, Oxford oder Tunbridge Wells.

Hier eine kleine Auswahl: *Anglo-European Study Tours,* 8 Celbridge Mews, London W2 6EU; *EF Language Travel,* 1-3 Farman Street, Hove, Sussex BN3 1AL; *English Home Holidays,* 4 Albert Terrace, High Street, Bognor Regis, Sussex PO21 1SS; *Eurolanguage,* 13/24 George Street, Richmond, Surrey W9 1HY; *Euro-Students Organisation,* 12 George IV Bridge, Edinburgh EH1 4EE; *International Study Programmes,* The Manor, Hazleton, Nr. Cheltenham, Glos; *Milestone International,* Box 261, 19 South End, Kensington Square, London N8 5RU; *Nord-Anglia,* 10 Eden Place, Cheadle, Stockport SK8 1AT; *OISE,* 1 Kings Meadow, Ferry Hinksey Road, Oxford OX2 0DP.

Ohne besondere berufliche Qualifikation, dafür aber mit befriedigender Allgemeinbildung läßt es sich für ein oder zwei Semester an einer unabhängigen Schule unterkommen. In der Regel wird dann auch eine Unterkunft zur Verfügung gestellt. *Gabbitas, Truman & Thring Services,* Broughton House, 6/7/8 Sackville Street, Piccadilly, London W1X 2BR, vermittelt Bewerber an solche Schulen. Die Lehrerknappheit in Großbritannien hat dank Maggi Thatcher mittlerweile skandalöse Ausmaße erreicht, weswegen besonders die Londoner Schulbehörde in ungeliebten Stadtteilen wie den Tower Hamlets erhebliche Mühe hat, freie Stellen zu besetzen: die Bezahlung liegt bei etwa 185 DM pro Tag. Detaillierte Auskünfte beim *London Borough of Tower Hamlets,* Education Department, 27 Birkbick St., London EC2, Tel. (071) 739 4344. Eine andere Londoner Schulbehörde, Southwark, sucht so verzweifelt nach Aushilfslehrern, daß sie sogar in München warb. Eine Bescheinigung, daß Ihre Ausbildung für eine solche Aufgabe ausreicht, stellt das *Department of Education & Sciences,* Mowden Hall, Staindrop Rd, Darlington, Durham DL3 9BG, aus.

Bewerben vor Ort

Falls man nicht einem der hochbezahlten Jobs als Englischlehrer hinterherjagen will, ist der Aktionsbereich auszudehnen. Ohne Erfolg beim Arbeitsamt, bei der Beantwortung von Zeitungsinseraten und der Vormerkung bei großen Agenturen, spreche man unmittelbar die Personalchefs von Supermärkten und Warenhäusern an. Stadtverwaltungen lohnen meist einen Besuch, denn besonders in der sommerlichen Ferienzeit bieten sich gerade bei ihnen Aushilfsstellen. Allerdings haben die öffentlichen Mittelkürzungen in den vergangenen Jahren einen erheblichen Rückgang solcher Stellen in den Kommunen bewirkt.

Marktforschungsinstitute benötigen immer Interviewer. *The Market Research Society*, 15 Northburgh Street, London EC1V 0AH, veröffentlicht ein Büchlein mit den Anschriften der verschiedenen Institute. Teilzeit- oder nebenberufliche Befrager sind besonders erwünscht; da aber normalerweise vor Beginn der Befragungen ein mehrtägiger Einführungskurs veranstaltet wird, sollte man mindestens drei Monate tätig sein. Ein Telefon ist dabei unbedingt erforderlich, ein Auto sicherlich nützlich. Telefonbefragungen werden mit £ 4.25 in der Stunde, persönliche Befragungen mit £ 5 honoriert. Es zahlt sich immer aus, die Anzeigen in den Lokalzeitungen auf Brauchbares durchzusehen. Vor kurzem suchte etwa ein Makler in Berkshire ein junges Paar, das für 600 DM in der Woche in ein neues Haus ziehen sollte, nur um es bewohnt aussehen zu lassen.

Selbständige Tätigkeiten

Bleibt jegliche Bemühung um eine Stelle erfolglos, führt der letzte Ausweg direkt zur Gründung eines eigenen kleinen Unternehmens. Karen Weaving und Chris Blakely beispielsweise – beide geben an, nichts »Besonderes« gelernt zu haben – eröffneten in Basingstoke eine Agentur »Spare Hands«, die Dienstleistungen und Heimwerkerarbeiten aller Art anbietet. Innerhalb von sieben Monaten brachten sie über 12.000 DM zusammen, genug für eine ausgedehnte Weltreise also. Bereits nach zwei Monaten waren Überstunden abzuleisten. Bei einem Stundenlohn von 12 DM fielen reichlich Garten-, Tapezier- und Malerarbeiten an. Wer die Anforderungen des Hilfsprogrammes der Regierung für die Eröffnung eines eigenen Geschäftes erfüllt, kann vom »Enterprise Allowance Scheme« Unterstützung bekommen: alle, die mindestens 13 Wochen arbeitslos waren und sich in die Geschäftswelt wagen wollen, erhalten jede Woche dreistellige Beträge als staatlichen Zuschuß. Die ersten Kunden wurden durch Handzettel und Kleinanzeigen gewonnen, weitere folgten durch Mundpropaganda.

An den Schwarzen Brettern oder in den Fenstern von Zeitungsgeschäften, Universitäten und Gewerkschaften hängen immer wieder Gesuche für Mitmenschen, die Hunde ausführen, Wohnungen putzen oder Hemden bügeln wollen.

Baustellen und andere saisonale Tätigkeiten

Es schadet niemals, sich auf großen Neubaustellen nach dem Polier zu erkundigen. Selbst wenn dieser nicht selbst entscheiden darf, kann er den treuherzigen Weltenbummler wenigstens an eine aussichtsreiche Stelle weiterschicken. Für Hilfsarbeiter gibt es gerade bei Baubeginn immer viel zu tun. Doch auch später werden Zuträger beim Abladen und Transport von Ziegelsteinen mit der Schubkarre gebraucht. Richard Wendling hat sich mehrere Reisen durch Jobs als »Steineschlepper« finanziert: auch für Hilfskräfte liegt die Bezahlung weit über dem Durchschnitt. Fehlende Erfahrung auf dem Bau wird man tunlichst niemandem auf die Nase binden! Wer gerne unterwegs ist, sollte sich um einen Job beim Zelt- oder Messehallenaufbau bemühen. Auch das wird überdurchschnittlich entlohnt, oft genug unter Anrechnung der Anreise. Überstunden sind die Regel. Entsprechende Firmen findet man in den Gelben Seiten. Uwe Miess kann von einer neuen Gelegenheitsarbeit berichten:

Ich habe gerade für eine Firma namens Seating Contracts, *Kingstone, Hertfordshire HR2 9NF, gearbeitet. Das Unternehmen baut Tribünen für Zuschauer bei großen Sportveranstaltungen, wie Golf-, Tennis- und Reitturnieren auf. Die Arbeit ist recht hart, wird dafür aber mit*

£ 40 bis 50 am Tag auch ordentlich bezahlt. Leider ist die Saison auf April bis Oktober beschränkt.
Gut bezahlt, aber nicht unbedingt besonders vergnüglich ist der Job als Anstreicher von Elektroleitungsmasten. Mark Wilson verdiente knapp 800 DM die Woche, kann die Arbeit aber niemandem empfehlen, der nicht wie er schwindelfrei ist. Trotzdem zog er sie einer früheren Tätigkeit als »Hühnerfänger« vor:
Ich habe schon etliche unerfreuliche Jobs in den letzten Jahren gehabt, aber das schlug dem Faß den Boden aus: man muß sechs Hühner mit jeder Hand packen, so etwa 600 in der Stunde. Die Tiere werden nach draußen getragen – das einzige Mal in ihrem Leben, daß sie das Tageslicht sehen – und in Lastwagen verladen. Während die Hühner nach den Armen picken und kratzen, ist zu fühlen, wie ihre Beine brechen. Das Geschrei der Vögel und der Gestank in den Hallen gaben mir den Rest, so daß ich den Job schon bald wieder aufgab und nie wieder Produkte aus der Massentierhaltung essen werde.
Zum Schluß: bitte nicht das Naheliegendste übersehen! Die Post stellt an Weihnachten regelmäßig Abertausende von Aushilfen ein, denen ansehnliche 500 DM brutto in der Woche gezahlt werden.

Ölplattformen in der Nordsee

Trotz fallender Ölpreise und des Abbaus von Arbeitsplätzen fallen bei der Ölförderung in der Nordsee immer noch gutbezahlte Tätigkeiten an. Philipp Neumann, auf Jobsuche beim Oktoberfest in Aberdeen, berichtet, daß Zeitarbeit in den Docks oder bei Werften unschwer zu finden sei, aber wesentlich niedriger entlohnt wird als die Arbeit auf Ölförderinseln. Die Chancen, dort einen Job zu ergattern, stehen nach Ableisten eines fünftägigen Sicherheitskurses beim *Robert Gordon Institute of Safety* in Aberdeen, der sich allerdings auf stolze £ 400 beläuft, sehr viel besser. Voraussetzung für eine Einstellung ist ein Alter zwischen 21 und 50 Jahren sowie die Bereitschaft, mindestens ein Jahr bei der jeweiligen Firma zu bleiben.

Jobgelegenheiten in London

Wer seinen Aufenthalt in London nicht finanzieren zu können glaubt, erwäge doch einfach in der *Tent City* Unterschlupf zu suchen. Diese Herberge im Zelt hat von Anfang Juni bis Mitte September geöffnet und kostet £ 4 die Nacht. Das Personal setzt sich überwiegend aus Aushilfskräften zusammen, die zwischen dem 1. Juni und 15. September bleiben. Bei Interesse sollte man sich schon recht früh bewerben, etwa im Februar. Gezahlt wird ein Taschengeld von rund 300 DM pro Woche bei freier Unterkunft und Verpflegung. Kontaktperson ist Barnaby Martin, Tent City, Old Oak Common Lane, East Acton, London W3, Tel. (081) 743 5708. Gerade in London ist es relativ problemlos, Essen und Gratisunterkunft zu erhalten, wenn man dafür ein paar Pflichten übernimmt. Der Wohlfahrtsverband *SHAD*, The Nightingale Centre, 8 Balham Hill, SW12 9EA, bietet Volontären, die wenigstens drei Monate lang Schwerbehinderte in deren Wohnungen betreuen, Wohnung und zusätzlich 40 Pfund pro Woche. Dank über 2000 Arbeitsvermittlungsagenturen ist London wohl der geeignetste Ort für die Jobsuche, da in Geschäften, Bars, Eisenbahnimbissen usw. immer eine ausgesprochene Fluktuation beim Personal herrscht. Die Löhne beginnen bei etwa £ 4 in der Stunde, allerdings garantiert *Manpower* Hilfsarbeitern schon mindestens £ 4.50 stündlich. In Geschäften kommt zum durchschnittlichen Lohn von 300 bis 360 DM in der Woche hin und wieder noch eine Zulage. Stellenanzeigen enthalten der *London Evening Standard* (erscheint um elf Uhr morgens!), die kostenlos erhältliche Wochenzeitschrift *TNT* sowie kleinere Lokalblätter, wie die *Islington Gazette* und die *South London Press.*

Eine eher ungewöhnliche Methode, den Lebensunterhalt zu finanzieren, und nicht jedermanns Sache ist die Teilnahme an medizinischen Versuchsreihen und Tests. Jedes neue Medikament muß, bevor es auf den Markt gelangt, an Menschen getestet werden. Die Bezahlung hierfür liegt bei gut £ 170 für einen vier Tage dauernden Versuch. *Charterhouse Clinical Research Unit*, Boundary House, 91-93 Charterhouse Street, London EC1, Tel. (071) 608 1131, führt derartige Forschungen durch. Nach einer Untersuchung hat man zwölf Stunden auf Essen und Trinken zu verzichten und am nächsten Tag zum Experiment zu erscheinen. Blutdruck und Puls werden geprüft, Blut abgenommen. Die Prozedur der Medikamenteneinnahme muß mehrere Male wiederholt werden, bevor der Scheck abgeholt werden darf.

Macht Sie der Gedanke der Einnahme unbekannt wirkender Medikamente etwas nervös, so sind vielleicht psychologische Experimente, die allerdings weniger großzügig entlohnt werden, in Betracht zu ziehen. Die psychologische Forschung benötigt ständig willige Versuchskaninchen: typische Versuche drehen sich in aller Regel um die Erforschung von Denkprozessen. Anfragen richte man zweckmäßigerweise an die entsprechenden Universitätsinstitute. Aufgeweckte Herren der Schöpfung können allein dank der Gnade ihrer Geburt Geld scheffeln: der *British Pregnancy Advisory Service*, 7 Belgrave Road, SW1, zahlt für jede Spermaspende immerhin 10 Pfund (30 DM). Jedoch ist das Ganze bei näherer Betrachtung nicht so aufregend, wie es zunächst wirken könnte: um als Spender angenommen zu werden, muß man über eine hohe Spermienzahl verfügen (70% der Bewerber kommen aufgrund dieses Tests nicht mehr in Frage) und darf weder Kettenraucher sein noch Drogen konsumieren oder zu einem promisken Sexualleben neigen.

Modellstehen gehört zu den traditionelleren Weisen, an Bares zu gelangen. Versuchen Sie es bei der *Chelsea School of Art*, der *St. Martin's School of Art* oder beim *London College of Printing for the Nude or Clothed Objects*. Gezahlt werden für diese »Tätigkeit« 10 bis 15 DM pro Stunde.

Zeitarbeit bekommt man auch bei besonderen Ereignissen, großen Austellungen und Messen. *Sterling Guards*, Hammersmith Road, Olympia, Kensington W14 HOX, Tel. (071) 371 1339, stellt Wachpersonal für das Ausstellungsgelände »Olympia« ein. Das Jobcenter in der 73 King Street, Hammersmith, Tel. (071) 741 1525, versorgt das Olympia Exhibition Centre mit Bedienungen und Personal. Das *Earl's Court Exhibition Centre*, Tel. (071) 373 8141, benötigte neulich Kartenverkäufer zur Aushilfe bei einem Stundenlohn von 4 Pfund. Fahrdienste gehören zu den üblichen Lückenfüllerjobs: entweder als »Mini-Cab«-Fahrer auf selbständiger Basis, oder als Kurier. Motorrad- und auch Fahrradbesitzer können auf diese Art relativ schnell ihr Auskommen finden. Ben Nakoneczny hat die Erfahrung gemacht, daß 600 bis 1400 DM als Verdienst pro Woche drin sein sollten: *Der Lohn beruht einzig und allein auf Kommissionsbasis, erhöht sich selbstverständlich erheblich bei steigender Stundenzahl, ferner wenn die Ortskenntnisse besser werden und sich ein gutes Verhältnis zur Aufsicht entwickelt. Das Unfall- und Verletzungsrisiko ist aber sehr hoch! Meldet man seinen Job ordentlich bei der Versicherung an, müssen zudem recht hohe Prämien bezahlt werden, weswegen die meisten inoffiziell und ohne Versicherungsschutz arbeiten.*

Obwohl per Fahrrad deutlich weniger zu verdienen ist als per Motorrad, spricht dieser Job doch bescheidene Weltenbummler wie T.P. Lyle aus Malaysia an, der ihn »aus reiner Menschenliebe« und nicht etwa des Geldes wegen angenommen zu haben behauptet:

Nach ein paar Wochen sollte man als Fahrradkurier zwischen 100 und 170 £ verdienen kön-nen. Wer körperlich einigermaßen fit ist, also 30 bis 50 Kilometer pro Tag durchsteht, London gut kennt, eine Karte lesen kann und Spaß daran findet, sich im Gewühl des Londoner Ver-kehrs durchzuschlängeln, sollte es einmal versuchen. Ab und an kann es zwar schon ein wenig gefährlich sein, etwa wenn bei Regen die Bremsen nicht greifen oder Hunde unverse-hens die Straße überqueren. Aber nach einer Weile wird sogar so etwas zum Teil der vergnüg-lichen Daseinserfahrung als Kurier. Meine Firma Arrow Express, *Tel. (071) 629 2929, war andauernd auf der Suche nach neuen Leuten, da gerade in den Wintermonaten unter dem Personal ein ständiges Kommen und Gehen herrschte. Bezahlt wurde wöchentlich und bar auf die Pranken. Meiner Erfahrung nach waren die langweiligsten Tage die mit angenehmen Temperaturen und viel Sonnenschein, an denen alle arbeiten wollten und es doch nicht genü-gend Jobs für uns gab. Eins der größten Probleme stellten natürlich platte Reifen dar!*

Zahlreich vorhanden sind Jobs bei den »Telesales«: damit ist der Verkauf von Produkten an völlig fremde Personen gemeint, die man wahllos aus dem Telefonbuch herauspickt. Regelmäßig findet man in den Zeitungen Anzeigen für solche Tätigkeiten, die sich meist hinter Beschreibungen verbergen wie etwa: »Wollen sie xxx £ (ein horrender Betrag!) in Ihrer Freizeit verdienen?«

Freiwilligendienste

In den Sommermonaten finden sich zahlllose kürzerfristige Möglichkeiten für Volontäre. Verbände wie der *Winged Fellowship Trust*, Angel House, Pentonville Road, London N1 9XD, oder die *Shaftesbury Society*, Holiday Centre, Low Road, Dovercourt, Harwich, Essex CO12 3TS, rekrutieren Helfer für Behindertenferienzentren. An Umwelt- oder Tierschutz Interessierte wenden sich an einen der nationalen Verbände, die ein- bis drei-wöchige Lager durchführen, um Stützmauern, Wanderwege, zugewachsene Teiche, usw. instandzusetzen. Die Unterbringung, manchmal sehr simpel, erfolgt kostenlos. Lediglich ein Beitrag zu den Essenskosten ist zu entrichten. Die Anschriften lauten: *National Trust's Volunteers Unit*, PO Box 12, Westbury, Wilts. BA13 4NA, oder *British Trust for Conservation Volunteers*, 34 St. Mary's Street, Wallingford, Oxfordshire OX10 0EU. Von letzterer Stelle sind alle genauen Veranstaltungstermine für die 600 Arbeitsferien des BTCV im ganzen Land erhältlich. In Schottland bzw. Wales sind vergleichbare Institutio-nen der *Scottish Conservation Projects Trust*, Balallan House, 24 Allan Park, Stirling FK8 2QG und *The Conservation Centre*, Forest Farm Road, Whitchurch, Cardiff CF4 7JH. Freiwillige Helfer, die sich für alte Bauten begeistern, wenden sich an *Cathedral Camp*, Manor House, High Birstwith, Harrogate, N. Yorks. HG3 2LG. Viele Verbände verlan-gen für ihre Camps eine Teilnahmegebühr von 60 bis 75 DM pro Woche. Weitere Adres-sen in *Ferienjobs & Praktika – Großbritannien*, herausgegeben von interconnections. Praktisch jeder kann an diesen Freiwilligenlagern teilnehmen: so kann man seinen Auf-enthalt entweder mit Hilfe eines internationalen Programmes organisieren, oder sich direkt an die Veranstalter wenden. Janet Renard und Lucien Olivieri, zwei offensichtlich besonders abenteuerfreudige Franzosen, beschafften sich vorab mehrere Zusagen, bevor sie sich schließlich auf die Reise machten. Die schönste und interessante Hilfstätigkeit fanden sie dann bei der *Festiniog Railway Company*, Porthmadog, Gwynedd LL49 9NF, in Wales, welche eine alte, weithin bekannte Schmalspurbahn unterhält:

Die meisten Helfer hier sind fanatische Eisenbahnfreunde, aber auch wir, die wir davon nun rein gar nichts verstanden, wurden sofort akzeptiert. Wir suchten uns die Park- und Gartenab-teilung aus und verbrachten eine Woche mit Unkrautjäten, Pflanzen und Aufräumen. Die

Arbeit war wohl ziemlich anstrengend und die Herberge nicht sonderlich komfortabel, der Aufenthalt aber dennoch recht angenehm. Jeder Abend geriet zu einem einzigartigen Erlebnis: mal ging es in den Pub, mal zu einem Vortragsabend eines walisischen Männerchores, mal wurden wir zum Dinner eingeladen, dann wieder kraxelten wir am Wochenende in den Bergen. Die Festinoig-Eisenbahnlinie wird ausschließlich von Freiwilligen in Betrieb gehalten.

Ebenfalls in Wales kann man sich zeitweilig als freiwilliger Helfer bei freier Kost und Wohnung beim *Centre for Alternative Technology*, Machynlleth, Powys SY20 9AG, Tel. (0654) 702 400, verdingen. Wer sich eher zu internationalen Camps oder Aufenthalten auf biologisch-organischen Farmen hingezogen fühlt, muß erst entsprechend Erfahrung im heimatlichen Bereich sammeln. Anschriften und Informationen in den Kapiteln »Freiwilligenarbeit« bzw. »Landwirtschaft«. Die Tätigkeit als Freiwilliger stellt die ideale Lösung für alle dar, die wegen ihrer Arbeitserlaubnis Schwierigkeiten haben. Laura Kleihues verschaffte sich zwei Stellen, die ihrem Berufswunsch sehr nahe kamen, indem sie einwilligte, alle Kosten selbst zu tragen, wenn ihr nur bei der Quartiersuche geholfen würde. Die Posten betrafen die Öffentlichkeitsabteilung des *Ironbridge Gorge Museums*, Ironbridge, Telford, Shropshire TF8 7AN, und *The Quay at Sudbury*, Quay Lane, Sudbury, Suffolk CO10 6AN, ein Theater-Kunstzentrum in East-Anglia:

Das Beste an der Arbeit waren die überaus freundlichen Leute. Wenn ich nur ein wenig Selbständigkeit zeigte, taten sie alles für mich.

Archäologische Ausgrabungen

Wen die Aussicht auf archäologische Ausgrabungen reizt, der sollte zwischen März und September die alle zwei Monate erscheinende Zeitschrift »British Archaeological News« konsultieren, die vom *Council for British Archaeology*, 112 Kennington Road, London SE11 6RE, zum Jahrespreis von 30 DM inkl. Versandkosten verschickt wird. In den März- und Maiausgaben stehen die meisten Inserate. Teilnehmer bei den meisten Projekten müssen mindestens 16 Jahre alt sein, um etwa an der vom *Grosvenor Museum*, 27 Grosvenor Street, Chester CH1 2DD, durchgeführten Grabung teilnehmen zu können: Die Freiwilligen erhalten £ 7 am Tag. Auch viele Stadtverwaltungen organisieren Grabungen, also sich auch dort erkundigen. Das Gebiet um Southampton gehört zu den Gegenden ausgesprocher archäologischer Aktivität, seit dort der angelsächsische Hafen »Hamwic« entdeckt wurde. Die Grabungen eignen sich auch für bezahlte Hilfskräfte. Ben Nakoneczny wurde zu einem Verdienst von £ 42 pro Woche beschäftigt. Unsere bekannten Franzosen Janet und Lucien genossen das Erlebnis einer Grabung des *Dorset County Museums*, High West St., Dorchester, Dorset DT1 1XA, trotz ununterbrochenen Regens:

Das Projekt ist wohlorganisiert. Schon an der Bushaltestelle wurden wir abgeholt und bekamen am ersten Tag eine gründliche Einführung. Wir hatten überhaupt keine Ahnung von Tuten und Blasen, aber jeder Einzelne war hilfsbereit, und so begriffen wir unsere Aufgaben recht schnell. Für uns war das Ganze recht nützlich, denn die gewonnene Erfahrung können wir demnächst bei Bewerbungen für andere Projekte im Ausland einsetzen. Es bereitet großen Spaß, etwas über die Geschichte eines Ortes zu lernen, Leute zu treffen und neue Fähigkeiten zu erwerben.

Abreise

Wer sich entscheidet, England zu verlassen, steht zunächst vor dem Hindernis, möglichst preisgünstig den Kanal zu überqueren. Die Kapitel »Reisen« und »Fahrtkosten erarbeiten« enthalten darüber nützliche Hinweise. Per Anhalter unterwegs zu sein liegt natürlich erstmal nahe. Bis vor einiger Zeit konnte man gut auf Lastern mitfahren, ohne den Fährpreis entrichten zu müssen. Heute ist dies nicht mehr möglich. Einige Reisende berichten, daß z.b. in Portsmouth die Behörden niemanden mehr auf die Lkw-Parkplätze lassen und auch die Speditionsfirmen ihren Fahrern das Mitnehmen von Anhaltern untersagen. Daher wäre durch frühzeitiges Anfragen bei einer Spedition eine Fahrt zu arrangieren oder Lasterfahrer persönlich anzusprechen.

Irland

In Irland können Weltenbummler mit Sicherheit nicht reich werden. Aber die Warmherzigkeit und Freundlichkeit der Leute und die tolle Zeit, die man dort verbringen wird, lassen jeden Besuch zu einer lohnenden Angelegenheit werden. Obwohl nicht wenige Iren sich darüber erstaunt zeigen werden, daß man gerade auf ihrer Insel eine Arbeit sucht, wo doch unzählige von ihnen Heim und Herd verlassen und sich in England nach einem Job umsehen, ist das nichtsdestotrotz möglich. In der Republik Irland als Mitglied der Europäischen Gemeinschaft benötigen EG-Bürger keine Arbeitserlaubnis. Die momentane Arbeitslosenrate von 16,6 % ist der Jobjagd zwar nicht gerade förderlich. Überraschenderweise finden sich aber doch immer wieder Schlupflöcher.

Tourismus

Der Hauptbedarf für Saisonarbeit im touristischen Bereich besteht in Dublin und den westlichen Counties Cork und Kerry, dort vor allem in den Städten Killarney mit seinen 107 Pubs und in Tralee. Vorab die in jedem Irland-Führer zu findenden Hoteladressen anschreiben und unbedingt darauf hinweisen, daß Sie ein Instrument beherrschen! Viele Hotels oder Pubs freuen sich über einen Barman, der die Gäste auch an Klavier oder Gitarre unterhält. Eine persönliche Vorstellung dürfte hier wie überall übrigens erfolgsversprechender sein als eine schriftliche Bewerbung.
Neben dem üblichen Personalbedarf der Hotels benötigen vor allem Kinderferiencamps wie das der *Association for Adventure Sports*, Tiglin Adventure Centre, Ashford, Co. Wicklow, Hilfskräfte. Allerdings fällt deren Entlohnung ziemlich bescheiden aus; Andi Holtzer erhielt für seinen Job im Vergnügungszentrum des Touristenorts Bray, südlich von Dublin, gerade mal IR£ 2 die Stunde. Viele Reitställe und Wassersportzentren suchen erfahrene Aushilfen und Sportlehrer. Darüberhinaus bieten die weit verbreiteten und beliebten Rundreiseprogramme von Reiseveranstaltern Arbeit als Führer oder Betreuer. Beim jeweils in der ersten Septemberwoche veranstalteten Fest »Rose of Tralee« in der Grafschaft Kerry gibt's für fleißige Jobber stets zu tun, wie Christine Krüger herausfand:
Da jedes Jahr über 50.000 Leute diese Veranstaltung besuchen, engagieren die örtlichen Gasthäuser, Hotels, Restaurants und Cafés zu der Zeit Zusätzkräfte. Straßenmusikanten können während des Festivals gut verdienen, ebenso Pantomimen, Jongleure und andere Künstler. In den Pubs ist die Hölle los, so daß es besonders lukrativ sein wird, wenn man seine Künste eben dort darbietet.

Christine empfiehlt außerdem, in Dublin, besonders in der Gegend um die Grafton, Henry und O'Connell Street, Musik zu machen oder Straßen zu verkaufen – if you know what I mean.

Verschiedenes

Der *Foras Aiscanna Saothair*, PO Box 456, 27/33 Upper Baggot St, Dublin 4, ersetzt das einstige Arbeitsamt »National Manpower Service«, sorgt sowohl für die Vermittlung als auch die Weiterbildung von Arbeitslosen und ist auch für Anfragen aller EG-Bürger zuständig. In den »Gelben Seiten«, hier den *Golden Pages*, findet man eine Reihe privater Arbeitsvermittlungsagenturen. Lassen Sie sich beim FAS und bei möglichst vielen anderen Vermittlungen registrieren. Ausländerinnen, die in Irland als Au Pair tätig werden und gleichzeitig Sprachkurse belegen wollen, kontaktieren eines der folgenden Institute: *Langtrain*, Torquay Road, Foxrock, Dublin 18; *Linguaviva Centre*, 45 Lower Leeson St, Dublin 2; *Language Centre of Ireland*, 9-11 Grafton St, Dublin 2. Das Taschengeld für Au Pairs bewegt sich hierzulande in ähnlichen Regionen wie in England, üblicherweise also zwischen 30 und 35 IR£. In Irland verlangen die Agenturen allerdings eine Vermittlungsgebühr von IR£ 40.
Die Chancen, auf einem Bauernhof eine bezahlte Stelle zu finden, stehen wegen der äußerst hohen Arbeitslosigkeit auf dem Lande ziemlich mies. Selbst wenn gelegentlich mal eine Aushilfe benötigt werden sollte, fehlt doch eine übergeordnete Stelle beim Arbeitsamt, die davon erführe und Interessenten an die kleinen, oft abgelegenen Höfe verweisen könnte. Wer hingegen landwirtschaftliche Arbeit gegen freie Unterkunft und Verpflegung akzeptiert, sollte bei der irischen Sektion der *WWOOF*, c/o Annie Sampson, Crow Hill, Newgrove, Tulla, Claire, nachfragen. Nach Zahlung des Mitgliedsbeitrages verschickt Annie die aktuellste Liste von Farmern, die eine Aushilfe suchen. »WWOOF«-Infos und Details über das Hausbetreuungsprogramm findet man in der Zeitschrift *Common Ground*, c/o Amaghcor, Castlebaldwin, Co. Sligo. Anschriften im irischen Hinterland sind manchmal nur äußerst schwer aufzuspüren. Armin Birrer berichtet nämlich:
Zwei Tage verbrachte ich mit der Suche nach einer biologischen Farm. Endlich eingetroffen, erfuhr ich, daß jemand gesucht wurde, der einen biologisch-organisch orientierten Hof aufbauen sollte. Ich sagte, daß meine Kenntnisse dafür nicht ausreichten und bekam freundlicherweise dennoch einige Tage lang Arbeit gegen freie Kost und Logis, bevor ich notgedrungen weiterzog.
Wie der Amerikaner David Stamboulis bestätigt, erhält man in Irland oft kein Geld, sondern andersartige Entlohnung:
Ich war bei Bauern, in drei Kindergärten und kleinen Gemeinden, die alle viel für mich zu tun hatten. Man mußte meistens nur höflich anfragen und erhielt dann für vier Stunden Arbeit pro Tag kostenloses Essen und eine Unterkunft. Das machte viel Spaß, weil es Ansprüche stellte, doch ohne äußeren Druck vonstatten ging, und ich das Ganze ja nicht des Geldes wegen tat. Das Essen war meist hausgemacht; die Unterkünfte reichten von kleinen Holzhütten über Steinhäuser bis zu gewaltigen Herrenhäusern.

Freiwilligendienste

Jeden Sommer wird in Irland eine ganze Reihe interessanter Projekte in Form von Arbeitscamps geboten: von der Renovierung alter »Cottages« bis zum Seminar über den Aufbau und Betrieb von Abenteuerspielplätzen für behinderte Kinder oder einer Kampagne zur Verbesserung der Situation der Radfahrer in Dublin. Diese Freiwilligenarbeiten werden vom *Voluntary Service International*, 37 North Great Georges St, Dublin 1, geplant und geleitet. *Pax Christi*, 9 Henry Road, GB – London N4, Tel. (081) 800 4612, benötigt für drei bis fünf Wochen im Sommer Helfer bei der Betreuung von Kindern in Nordirland. Verpflegung, Unterkunft sowie Versicherung werden gestellt; Näheres ebendort. Wer sich für die Aussöhnung beider irischer Staaten einsetzen will, wende sich an die *Corrymeela Community*, 8 Upper Crescent, GB – Belfast BT7 1NT. Dieser Verband betreut vor allem in der Gegend von Ballycastle und an der Nordostküste Kinder und ganze Familien. Wie bei den anderen Camps auch, beträgt die Einschreibe- und Versicherungsgebühr 60 bis 90 DM in der Woche, einschließlich Vollverpflegung. *An Oige*, 39 Mountjoy Square, Dublin 1, Tel. 363 111, die irische Jugendherbergsorganisation, betreut 50 übers Land verstreute Häuser, deren Dienste großteils lediglich dank der Unterstützung von Volontären aufrecht erhalten werden können. Das ganze Jahr über fehlt Personal für Büro-, Reparatur- und Wartungsarbeiten aller Art; darüberhinaus zwischen Juni und September zahlreiche Assistenten, die den Herbergseltern zur Seite stehen. Wie in allen Jugendherbergen der ganzen Welt kann man auch in Irland ruhig nachforschen, ob eventuell eine Aushilfe gebraucht wird. Die Herberge bei Killarney stellte bemerkenswerterweise mehrere junge Spanier ein, die von einem spanischen Büro vermittelt worden waren: ganz offensichtlich konnten die Stellen nicht mit ortsansässigem Personal besetzt werden. Die *Irish Georgian Society*, Leixlip Castle, Leixlip, Co. Kildare, rekrutiert ständig studentische Freiwillige, die zwischen Mai und August bei Restaurierungsarbeiten an wertvollen gregorianischen Bauten mithelfen möchten. Besondere Kenntnisse sind nicht erforderlich, Teilnehmer müssen aber IR£ 20 pro Woche für Unterbringung und Verpflegung zuschießen.

Wissenschaftlich interessierte Freiwillige melden sich zur Mitwirkung an einem Meeres-Umwelt-Forschungsprogramm zwischen April und Oktober. Potentielle Teilnehmer benötigen dafür aber einen Abschluß in einem relevanten Fachgebiet. Detaillierte Angaben bei *Sherkin Island Marine Station*, Sherkin Island, Co. Cork, Tel. (028) 20 187. Projekte in der Denkmalpflege betreut zu guter Letzt der Verband *Groundwork*, 43 Bayview Drive, Killiney, Co. Dublin.

Niederlande

Die Beliebtheit der Niederlande bei arbeitssuchenden jungen Leuten überrascht nicht. Zu den Pluspunkten zählt ein hohes Lohnniveau, staatlich verordnete und bezahlte Ferien und ein großzügiges Urlaubsgeld. Dazu sprechen viele Holländer fließend Deutsch oder Englisch; außerdem existieren Hunderte von Kurzzeitarbeitsvermittlungen, bei denen sich auch EG-Bürger vormerken lassen können. Trotz erschreckender Arbeitslosigkeit überlassen Holländer schmutzige und langweilige Jobs lieber anderen, so daß reisenden Jobbern ein weites Betätigungsfeld besonders in der Industrie, bei der Verarbeitung landwirtschaftlicher Erzeugnisse und in Dienstleistungsbetrieben offensteht.

Im großen und ganzen sind die Holländer entgegenkommende und gute Kollegen, wenn auch nicht alle Nationalitäten mit offenen Armen empfangen werden. Das Gerede über hohe Löhne und eine liberale Einstellung zu Sex und Drogen hat erstaunliche Gestalten angezogen, die hier das Gelobte Land zu finden glaubten. Gerade Arbeitslose zogen ohne feste Bleibe oder finanzielle Rückendeckung nach Amsterdam, wo so mancher in der Drogenszene landete, sich durch Ladendiebstähle über Wasser hielt, in Peepshows unterkam – und die Stadt gar nicht mehr verlassen konnte. Die Arbeitssuche darf aber nicht auf Amsterdam beschränkt bleiben, denn Jobs bieten sich auch in den anderen Großstädten Rotterdam, Den Haag und Utrecht. Wegen der dortigen hohen Arbeitslosigkeit sollte man hingegen den ländlichen Osten besser meiden. Der Jugendverband *Exis*, Prof. Tulpstraat 2, 1018 HA Amsterdam, Tel. (020) 262 664, veröffentlicht ein Büchlein »Young Visitors to the Netherlands«, das ein dünnes Kapitel über Arbeitsmöglichkeiten enthält.

Bestimmungen

EG-Bürger mit der Absicht der Arbeitsaufnahme in Holland haben sich innerhalb von acht Tagen bei der Fremdenpolizei (*Vreemdelingenpolitie*) der Stadt ihrer Wahl zu melden. Nach offiziellen Verlautbarungen wird man ohne eine solche Anmeldung außer Landes verwiesen, und das *Uitzendbureaux* (s.u.) vermittelt Sie nicht mehr. Alle drei Monate ist eine Verlängerung fällig, die nicht automatisch vorgenommen wird, weil die Behörden hinter der großen Gemeinde der Schwarzarbeiter und Kokainschnupfer her sind. Wer eine Arbeit hat, aber nicht den holländischen Mindestlohn gezahlt bekommt, erhält unter Umständen ebenfalls keine Aufenthaltsgenehmigung: ein ordentlicher Beschäftigungsnachweis ist auf alle Fälle vorzulegen. Eine Bestätigung der Vermittlungsagentur reicht da nicht, selbst wenn diese den Lohn auszahlt. In der Regel melden sich arbeitswillige Reisende bei der Amsterdamer Polizeiwache in der Nähe des Rembrandthauses. Sepp Neuenberger machte aber die Erfahrung, daß die Polizisten dort nicht besonders freundlich sind:

Die ganze Prozedur nimmt normalerweise höchstens 15 Minuten in Anspruch. Aufgrund eines reichlich merkwürdigen Humorverständnisses mußte ich allerdings zweieinhalb Stunden ausharren. Die lange Wartezeit diente den Beamten offensichtlich vor allem ihrem Vergnügen.

Nicht selten wird sich eine Steuernummer als notwendig erweisen, da zahlreiche Arbeitgeber sie verlangen. Um sie zu besorgen, meldet man sich beim »Bevollings Register«, Amstel 1, an und begibt sich anschließend zum Inspektorat der »Directe Belastingen«, Wibaustraat 2-4. Nicht-EG-Bürger stehen vor einer undurchsichtigeren Situation. Die eine offizielle Vorschrift lautet, daß es ihnen absolut untersagt ist, Arbeit zu suchen, wenn sie als Touristen eingereist sind. Die andere Vorschrift besagt, daß sowohl Arbeitgeber als auch Arbeitnehmer eine Sondergenehmigung (*Tewerkstellingsvergunning*) beantragen können, was sich in der Praxis allerdings schwierig gestaltet.

Die Niederlande besitzen einige der fortschrittlichsten Gesetze zur Verhinderung von Ausbeutung von Arbeitskräften. Der Minimalwochenlohn für Über-23jährige beträgt umgerechnet ungefähr 500 DM brutto. Zwingend vorgeschrieben ist die Zahlung eines Urlaubsgeldes von 13 % des Gesamtlohnes. Die Auszahlung erfolgt gelegentlich in Form von Marken, die bei der örtlichen Gewerkschaftskasse bei geringem Verlust gegen Bares einzutauschen sind. Wer sich von seinem Arbeitgeber unfair behandelt fühlt, kann bei jedem *Instituut Sociaal Raadslieder* oder dem *Büro voor Rechtshulp* eine unentgeltliche Rechtsberatung in Anspruch nehmen. Die entsprechenden Adressen sind beim *Federal Instituten Raadslieden*, Herengracht 391-393, Amsterdam, Tel. (020) 248 905, zu erfahren. Sollte der Arbeitgeber keine Versicherung abgeschlossen haben, so kann eine spezielle Police bei *Exis*, Adresse siehe oben, nachgekauft werden. Die Wirtschaftsressorts der Botschaften verschicken auf Anfrage ein Faltblatt mit dem Titel »Einige generelle Informationen über Arbeit und Aufenthalt in den Niederlanden«.

Private Arbeitsvermittlungen

Die privaten Agenturen *Uitzendbureaux* sind die erfolgverprechendste Quellen für Zeitarbeit in den Niederlanden. Sie bieten vor allem in großen Städten ihre Dienste an, allein in Amsterdam über 125. Dagegen mußten im wirtschaftlich schwachen Norden und im Osten in den letzten Jahren einige Büros schließen. Niederländische Arbeitgeber scheinen bevorzugt kurzfristige Aushilfen, vor allem Ausländer, über eine Vermittlung einzustellen. Also in den Gelben Seiten (»Gouden Gids«) die Telefonnummern heraussuchen und dann Namen sowie Anschrift hinterlassen. Dabei nicht auf der Stelle ein Jobangebot erwarten; der Kampf um freie Stellen ist insbesondere in Amsterdam und zumal während der Schulferien hart. Bettina Bartels und ihre Freunde wurden von vielen Agenturen geradezu entmutigt:

Schon früh morgens begannen wir unsere tägliche Runde bei den Büros. Nirgendwo machte man uns Hoffnung, fast überall hieß es: »*Keine Chance, tut uns leid, und leider fehlen ja auch Holländisch-Kenntnisse*«.

Wie immer machen aber zwei reisende Jobsucher selten dieselben Erfahrungen. Martin Rutter berichtet nämlich:

Es ist immer noch verhältnismäßig unkompliziert, über eine Agentur vermittelt zu werden. Nach zweitägigem Probieren verdingte mich die Manpower-*Vermittlung an eine Spedition, und auch die meisten Mitbewerber bekamen innerhalb von drei Tagen etwas Passendes. Während meines zweimonatigen Aufenthalts in Amsterdam habe ich eine Reihe anderer Ausländer getroffen, die alle auf diese Art Beschäftigung gefunden hatten. Unabdingbar hierfür ist aber ein sauberes und ordentliches Äußeres bei der Vorstellung!*

Ein anderer Leser empfiehlt die Vermittlung *Tempo-Team*, Rokin 118, Amsterdam, und hat zwei Telefonnummern herausgefunden: (020) 276 061 für Nachfragen zu Jobs in der Industrie; 220 245 für solche in Hotels und Reinigungsfirmen. Robert Jefferson hatte Glück in der kleinen Küstenstadt Katwijk aan Zee bei Leiden: zweieinhalb Monate arbeitete er dort für ein *Uitzendbureau*, lediglich an drei Tagen fand sich während dieser Zeit für ihn nichts. Die Uitzendbureaux vergeben nur Stellen unter sechs Monaten. Die Mehrzahl ihrer Angebote betreffen unausgebildete Hilfskräfte: Lager- und Fließbandarbeiter, Spülhilfen, Reinigungspersonal, Hotelhilfen usw. Sie sind in der Regel auf Ausländer eingestellt und legen gleich Bewerbungsbögen auf Englisch vor. Die Vermittlungen finanzieren sich durch bis zu hundertprozentige Aufschläge, die der Arbeitgeber entrichtet, so daß ein Stundenlohn von zehn bis zwölf Gulden die Firma eventuell bis zu 25 Gulden kostet. Daran denken, daß das gesetzlich vorgeschriebene Urlaubsgeld am Ende der Beschäftigung errechnet und auch tatsächlich ausbezahlt wird, denn das Einkommen verbessert sich dadurch erheblich.

Zu den wichtigsten »Uitzendbureaux« zählen *Randstad, Unique, Manpower, BBB* und *ASB*. Gerade das letztere, NZ Voorburgwal 146, 1012 SJ Amsterdam, Tel. (020) 226 666, betreibt über siebzig Filialen im Land sowie eine Zentrale in Amsterdam, wo auch Anfragen englischsprachiger Bewerber gerngesehen sind. *ASA – Studenten Uitzenbureau* steht zunächst Studenten zur Verfügung, aber auch allen anderen, die über eine ordentliche Arbeits- und Aufenthaltsgenehmigung verfügen. Die wichtigste Agentur in Amsterdam Singel 432, Tel. (020) 228 444 empfängt jede Woche Hunderte von Anrufen ausländischer Bewerber, kann davon aber gerade eben eine Handvoll unterbringen. Wer keine Telefonnummer angeben kann, darf das Büro praktisch jeden Tag zwischen 9 und 9.30 Uhr aufsuchen. *ASA* besitzt Filialen überall im Land, und gerade im Sommer findet sich außerhalb Amsterdams bestimmt etwas.

Die Blumenzwiebelindustrie

Ein Mitarbeiter des staatlichen Arbeitsamts im Wortlaut:
Jährlich stehen wir hier wieder vor einem Arbeitskräftemangel. Abgesehen von einer Anzahl großer Industrieplantagen handelt es sich bei den meisten Farmen um Familienbetriebe, die während der Hochsaison Aushilfen zur Ernte benötigen. EG-Bürger können problemlos beschäftigt werden. Warum sich also nicht nach einer Saisonarbeit in der Gartenbau- und Agrarindustrie umschauen?

Die Mehrzahl solcher Stellen wird in der Blumenzwiebelzucht Noord-Hollands und Zuid-Hollands zwischen Mitte Juni und Anfang Oktober vergeben. Unter Umständen empfiehlt es sich schon im Mai aufzutauchen. Viele unausgebildete Kräfte arbeiten dann hier auf Feldern und in Fabriken beim Ausgraben, Schälen, Sortieren, Zählen und Verpacken, wobei die besten Städte und Gegenden um Leiden und Haarlem, Hillegom, Lisse, Sassenheim und Bennebroek liegen. Die Arbeitsplatzsuche vor Ort ist durchaus üblich. Möglicherweise herrscht dort jedoch starke, teilweise sogar entmutigende Konkurrenz durch Polen, die für weniger Geld als alle anderen arbeiten.

Manchmal kann das Verkehrsbüro ein nützlicher Verbündeter sein, denn dort ist eben nicht nur eine kostenlose Karte der Blumenzwiebelgegenden erhältlich: das Büro stellt auch in der Gegend um Haarlem Hinweisschilder für Autotouristen auf, welche die schönsten Strecken durch die Blumenfelder anzeigen, an die sich der Stellensuchende nur zu halten braucht.

Die meisten Aufgaben in der Industrie drehen sich um das Verpacken der Zwiebeln, die am Fließband zu sortieren sind. Isabel Wehner arbeitete in einer der vielen Firmen bei Hillegom und fand die Arbeit nicht besonders schwer, obwohl manchmal die Hände in Mitleidenschaft gezogen wurden:
Die purpurfarbene Hyazinthe ist ein wahrer Killer, Tulpen ruinieren die Fingernägel.
Andere Tätigkeiten in den Betrieben: Frauen füllen z.B. die Zwiebeln in Tüten, und Männer laden diese anschließend in Container-LKWs. Seltener mangelt es an Helfern für das Blumenschneiden in Gewächshäusern, welches aber ohnehin für den Rücken anstrengend ist. Sollten Sie sich selbst beim Blumenzwiebelschälen wiederfinden, versuchen Sie unbedingt den Fehler von Mark Wilhelms zu vermeiden:
Mein erster Job war Zwiebelnschälen – die dümmste und langweiligste Beschäftigung meines ganzen Lebens. Später wurde ich dazu verdonnert, zwei Wochen lang im von der Haupthalle abgesonderten Hyazinthenschuppen zu schuften. Während ich in einem losen T-Shirt arbeitete, bemerkte ich zu meinem Entsetzen und dem Amüsement der holländischen Arbeiter, daß der Hyazinthenstaub ein ziemlich agressiver Reizstoff ist. Nach einigen Stunden gab ich auf und rannte schnurstracks zur Dusche auf dem Campingplatz, um meiner gequälten Haut Linderung zu verschaffen.

Trotz gewerkschaftlicher Versuche, die Ausbeutung von Saisonkräften zu unterbinden, haben sich deren Arbeitsbedingungen keineswegs generell verbessert. Nach dem letzten Stand waren netto zwölf Gulden in der Stunde bzw. vierzehn Gulden bei Überstunden ein respektabler Lohn. Die entsprechenden Zahlen stagnieren seit einigen Jahren. Einige Firmen zahlen gar noch weniger: Bernd Hinterkirch beispielsweise erhielt gerade mal sieben Gulden, weshalb er verständlicherweise nach einer Woche kündigte. Leider können sich die Arbeitgeber auf ein genügendes Arbeitskräfteangebot verlassen und unzufriedene Arbeiter meist rasch ersetzen. Trotz allem kehren viele Jobber in der nächsten Saison zurück – immerhin vielleicht doch ein Zeichen, daß alles gar nicht so übel steht. Hauptsächlich durch viele Überstunden erreicht man einigermaßen gute Verdienste: bei etlichen Fabriken ist eine 55-Stundenwoche absolut üblich. Der »Blumenzwiebel-Verpackungsexperte« Markus Müller verdiente 1220 Gulden in der Woche; Irene Waldau berichtet von anderen, die in einer Saison auf über 7000 DM kamen. Für Arbeiter über 23 Jahre liegen die Löhne entschieden höher.

Basiscamp für die Arbeitssuche bei der Blumenzwiebelzucht ist Noordwijk. Der »Dijk en Burgs«-Campingplatz ist jetzt am populärsten bei den Jobbern, daneben der bei Blumenzwiebelleuten liebevoll »Cloggis« genannte in unmittelbarer Nähe. Ein Zelt gehört also zu den unabdingbaren Ausrüstungsgegenständen. Einmal auf einem Zeltplatz untergekommen, erfährt man rasch durch Mundpropaganda, wo was zu haben ist. Gleich bei der Anmeldung auf dem Zeltplatz wegen Preisnachlässen angeben, daß man sich auf Jobsuche befindet. Der zuletzt übliche Platztarif betrug 40 Gulden/Woche.

Im folgenden eine Liste der Firmen, die Aushilfen einstellen: *M. Van Waveren,* POB 10, 2180 AA Hillegom, Tel. (02520) 16 141, *Walter Blom,* Hyacinthenlann 2, DE Hillegom, Tel. (02520) 10 444, *De Lijster,* POB 270, 2180 Tag Hillegom, Tel. (0520) 18 814, *Peter Keur,* Noorder Leidsevaart 26, 2182 Hillegom, Tel. (0520) 16 608, *P. Lommerse,* Haarlemmerstraat 5B, 2182 HA Hillegom, Tel. (0520) 15 339, *W.R. Vanderschoot,* POB 90, 2180 AB Hillegom, Tel. (0520) 16 941, *Uitendals's Sohn,* POB 197, 2180 AD Hillegom, Tel. (0520) 15 020, *Vandenberg,* POB 77, 2100 AB Heemstede, Tel. (023) 287 750, *J. Bonkenburg & Co,* Glipperweg 40, 2140 AL Heemstede, Tel. (023) 287 180, *Baartman & Koning,* POB 27, AA Sassenheim, Tel. (0522) 11 141, *J.H. De Groot,* Leidsvaart 151, 2111 WD Noordwijkerhout, Tel. (0523) 73 891, *Frylink & Zonen,* POB 88, 2210 AB Noordwijkerhout, Tel. (0523) 73 041, *Jacob L. Veldhuyzen van Zanten,* Heereweg 29a, 2160 AA Lisse, Tel. (0521) 16 750, *DeWreede,* POB 59, AB Lisse, Tel. (0521) 19 127, *Unex,* Heereweg 17B, AC Lisse, Tel. (0521) 11 342.

Bei fast allen genannten handelt es sich lediglichlich um Postanschriften. Ohne Schwierigkeiten lassen sich aber auch deren Personalbüros ausfindig machen. In Hillegom einfach in Richtung Pastoorlann oder Leidsestraat fahren, denn dort konzentrieren sich die meisten Fabriken; in Lisse findet man sie am Heereweg.

Die Großbetriebe sind in der Regel völlig überlaufen. Die einzige Möglichkeit, hier unterzukommen – sofern man sich nicht schon schon im Februar/März per Post um eine Stelle bemüht hat – ist daher, immer mal wieder beim Betriebsleiter vorstellig zu werden oder sein Glück eben bei den kleineren Firmen versuchen, deren Konditionen meist ungünstiger ausfallen. Tatsächlich findet man hin und wieder abgelegene Betriebe, bei denen die Konkurrenz weniger stark ist. Markus Müller, sonst wahrlich kein fanatischer Radfahrer, rät in diesem Falle:

Für die Arbeitssuche in den Blumenzwiebelfabriken ist neben dem unverzichtbaren Zelt unbedingt ein Fahrrad zu empfehlen. Gebrauchträder gibt es schon ab hundert Gulden. Einmal mit dem Fahrrad unterwegs, kam ich kurz hinter Noordwijkerhout, einem Dorf westlich von Lisse, in eine Gegend, wo eine große Firma neben der anderen schlummerte.

Johannes Willmann sprach einfach auf gut Glück vor:

Meine Nachfragen zeitigten kein Ergebnis. Etwas anderes wäre gewesen, wenn ich mich schon im Frühjahr schriftlich beworben und jetzt ein Antwortschreiben hätte vorzeigen können. Unterwegs fand ich eine Zwiebelfabrik mit vielen Gewächshäusern und unterhielt mich mit den Jobbern, die auf dem Gelände kampierten. Am nächsten Tag suchte ich sofort den allmächtigen Personalchef und wurde auch tatsächlich angenommen.

Tomatenernte

Alternativ kann man sich auch bei der Tomatenernte verdingen, und zwar augenscheinlich am leichtesten in der Westhälfte Hollands um die Städte Maasdijk, Naaldwijk, Westerlee und De Lier. Die Ernte beginnt Mitte April, wobei allerdings das ganze Jahr über Arbeit erhältlich ist, falls man sich für wenigstens einen Monat verpflichtet. Tomaten wollen früh abgeknöpft werden, also wird schon früh um 5 Uhr begonnen; und vor 19 Uhr ist kein Feierabend. Kein Zuckerschlecken also, allerdings werden immerhin 11 Gulden plus Überstundenzulage gezahlt, zudem gibt's Vergünstigungen in Naturalien und meist kostenlose Unterbringung. Folgende Adresse empfehlen wir besonders (Beschäftigung gibt's wie erwähnt in der Gegend zuhauf): *Martin Varekamp*, Veilingweg 4, De Lier, Westland.

Nahrungsmittelindustrie

Im Baarland, in der Nähe Vlissingens, werden Gemüsezwiebeln verarbeitet. Allerdings scheint's dabei ziemlich rauh zuzugehen. So schaut man sich vielleicht besser wie Markus Funck in Betrieben um, die Äpfel, Kirschen und grüne Bohnen verarbeiten:
Das hat viele Vorteile: die Kleidung nimmt nicht den durchdringenden Zwiebelgeruch an, die Bezahlung erfolgt durch den Unternehmer selbst und nicht über eine Agentur. Außerdem wird eine sogenannte »Tierprämie« verteilt: für jedes Tier, tot oder lebendig, von der Schnecke bis zum Hasen, das zwischen den grünen Bohnen gefunden wird, erhält man 15 DM. Leicht vorzustellen, daß jedes arme Wesen, das sich ungeschickterweise auf dem Weg zur Arbeit einfangen ließ, etliche Runden auf dem Fließband drehte. Einige schafften es so, den Lohn erheblich aufzubessern.
Das schon mehrfach erwähnte *ASA*-Büro in der Singel 432 vermittelt zahlreiche ausländische Bewerber an Firmen in ganz Holland; insbesondere jedoch an eine Chipsfabrik des »Golden Wonder«-Konzerns bei Apeldoorn, wo übrigens auch die Unterbringung gestellt wird. Karl Larner berichtet jedoch von reichlich katastrophalen Bedingungen:
Die zwei Tage waren von Sklavenarbeit kaum zu unterscheiden: mieser Lohn, unbeschreibliche Unterbringung; dazu schwirrten Gerüchte umher, daß man manchmal wochenlang auf seinen Lohn warten müsse.
Wer dennoch an einem derartigen Abenteuer Interesse findet, setze sich mit Allart Walthuis oder Steve Danzig in Amsterdam, Tel. (020) 275 050, in Verbindung.
In den letzten Jahren verstärkte sich der Trend, daß die Firmen Arbeiter selbst einzustellen, statt eine Vermittlungsagentur zu bemühen. In der Regel stellen Betriebe ihre Aushilfen des Vorjahres bevorzugt wieder ein. Auch junge Holländer, die bisher an diesen Tätigkeiten wenig Interesse zeigten, und Jobber, die bislang eher auf gut Glück hofften, kommen dadurch jetzt leichter unter. Gerade in Zuid Holland, zwischen Amsterdam und Rotterdam, liegen große Unternehmen, die in vergangenen Jahren sehr viele Stellen zu besetzen hatten: *Uijtewaals* in Nieuwveen, *Ruitenroef Conserven* in Roelofarendsveen oder auch *Van de Biljl's* in Ter Aar.

Hotelarbeit

Holländische Hotels beschäftigen zahllose ausländische Arbeitnehmer, sowohl als Vollzeitkräfte als auch im saisonalen Kurzzeitbereich, hauptsächlich weil die Löhne in dieser Branche insgesamt deutlich unter dem für Einheimische akzeptablen Niveau liegen. Eine anonyme Zuschrift schildert die Verhältnisse in einem großen Amsterdamer Hotel:

In der Wäscherei arbeiteten nur Spanier und Portugiesen, von denen keiner auch nur ein Wort Englisch sprach. Da von uns keiner deren Sprache beherrschte, war es reichlich schwierig, in der Eile mal klarzumachen, daß man einen bestimmten Packen beigefarbener Bett- und Handtücher benötigen würde. Die Zimmermädchen waren überwiegend Engländerinnen oder Irinnen. Weit und breit keine Holländerin – kein gutes Zeugnis für den Job oder die Holländer, wie man's nimmt!

Mit einigem Glück vermittelt ein Uitzendbureau, das auch Nicht-Holländer annimmt, wie *Vedior Hotel Services*, Leidsestraat 24, PB 1017, Amsterdam, Tel. (020) 271 116, eine Stelle. In aller Regel stehen die Chancen aber besser, wenn man von einem Hotel zum nächsten zieht, um persönlich vorstellig zu werden. Vor allem aber Augen und Ohren in den Kneipen aufhalten, die von anderen reisenden Leidensgefährten frequentiert werden. Maria Gogesch verbrachte eine erfolglose Woche mit der Jobsuche, bevor sie von einer Schwarzarbeit in einer Bar hörte. Da sie jedoch nur 120 DM in drei Tagen verdiente, gab sie die Stelle bald wieder auf. Kurz darauf sah sie im Fenster einen Aushang auf Englisch: »Zimmermädchen gesucht!«, und ergatterte eine Vertretung für irische Mädchen, die über Weihnachten nach Hause gefahren waren. Ihr Lohn betrug über 500 DM für 40 Wochenstunden.

In jedem der 450 lokalen Fremdenverkehrsämter des Tourismusverbandes lassen sich Namen und Anschriften der örtlichen Hotels in Erfahrung bringen. Diese Büros heißen *VVV* und befinden sich meist in der Stadtmitte oder der Nähe des Bahnhofs.

Ber der Tankschiffreinigung handelte es sich bislang um die höchstbezahlte Gelegenheitsarbeit in ganz Europa, doch heutzutage scheinen dort nur noch Fachleute beschäftigt zu werden. Auch in Rotterdam findet sich inzwischen an jeder Ecke ein *Uitzendbureaux* mit Angeboten, die irgendwie mit dem Hafenbetrieb zusammenhängen.

Tätigkeiten in Amsterdam

Genau wie in Athen setzen auch Amsterdamer Hotels »Aufreißer« ein, die morgens und abends am Bahnhof die mit den Fernzügen ankommenden Reisenden ansprechen und ihnen ein bestimmtes Hotel empfehlen wollen. Es gibt hier auch einige christlich orientierte Herbergen, in denen des öfteren eine Stelle als Putzhilfe zu ergattern ist. Möglicherweise wird dort jedoch die Teilnahme an Bibelstunden erwartet.

Einige Diamantengeschäfte, Hotels und Nachtclubs zahlen eine hervorragende Kommission für die Vermittlung neuer Kunden. An solche Stellen kommt man am ehesten, indem man auf der Straße junge Leute anspricht, die Handzettel oder Prospekte verteilen. Beliebte Gegenden dafür sind der Bahnhof oder die Hauptpost am Nieuwe Zijds Vooburgwal. Auch in Amsterdam stellt *McDonalds* Personal ein, das die Landessprache nicht spricht. Freie Stellen werden beim ASA bekanntgegeben. Es ist aber in jedem Fall besser, im Restaurant selbst vorzusprechen.

Simon Amrein empfiehlt das Uitzenbureau *De Werkstudent*, Leidsegracht 110, 1016 CT Amsterdam, Tel. 228 555, das auch Nicht-Studenten vermittelt. *De Zon Diensten*, Storkstraat, hat fast immer etwas bei der Gebäudereinigung auf Lager. Beliebt und einigermaßen erfolgversprechend sind Aushänge an den Schwarzen Brettern. Drei der besten Stellen hierfür sind die öffentliche Bibliothek, Prinsengracht 587, nördlich der Leidsegracht, die Universitätsbibliothek beim Blumenmarkt in der Singel 425, schließlich die geisteswissenschaftliche Fakultät der Universität hinter dem Postamt in der Singel 183. Es lohnt sich auf jeden Fall, den Aushang anschaulich zu gestalten! Wer Schreibarbeiten leisten oder Unterricht erteilen will, sollte sich seinen Aushang per Schnelldruck anfertigen lassen, was in Amsterdam ganz billig ist. Die meisten versehen ihre Aushänge mit kleinen Abreißstreifen, auf denen Name und Anschrift stehen, damit potentielle Interessenten nicht mühsam alle Details abschreiben müssen. Anscheinend sind im Augenblick Spanisch- und Tanzlehrer besonders gefragt, Deutsch- und Englischlehrer gibt es dagegen offenbar genug. Wer sein Glück bei einem Reinigungsunternehmen versuchen will, sollte sich die entsprechenden Anschriften unter »Schoonmaakbedrijf« in den *Gouden Gids* heraussuchen. Diese liegen in den öffentlichen Bibliotheken aus, seltsamerweise aber nicht in Telefonzellen. In Cafés kann man möglicherweise nachfragen, ob die Fenster regelmäßig gereinigt werden sollen: die Holländer sind penibel, was die Sauberkeit ihrer Fensterscheiben angeht!

Eine internationale Marktforschungsagentur inseriert gelegentlich nach englischsprechenden Aushilfen für besondere Aufgaben. Zum Beispiel führte sie vor kurzem im Auftrag eines Auspuffherstellers eine Telefonkampagne bei englischsprachigen Personen durch. Wenden Sie sich hierzu an das *Interview Marktonderzoekbureau*, Overtoom 519/521, Tel. 607 0707. Da es naturgemäß recht schwierig ist, ein langes Interview am Telefon durchzuhalten, herrscht stets eine starke Personalfluktuation.

Straßenmusik gehört noch zu den beliebtesten Methoden, sich etwas Geld zu verdienen. Die besten Stellen hierfür liegen im für den Sonntagsspaziergang beliebten Vondelpark, im Stadsplein, dem Platz beim Rijkmuseum und am Bahnhof.

Au Pairs

Diese Arbeit ist erst seit wenigen Jahren in Holland gestattet und hat seitdem ständig an Ansehen zugelegt. Die für Austauschprogramme aller Art zuständige Jugendagentur *EXIS*, Tel. 262 664, kümmert sich auch um Au Pair-Stellen. Dabei hält man sich übrigens auf den Buchstaben genau an die Verordnungen der EG, was natürlich vorteilhafte Bedingungen garantiert, zum Beispiel beim vorgeschriebenen Taschengeld oder den Kosten der Krankenversicherung. Der Mindestaufenthalt bei einer Familie liegt bei sechs Monaten. Außer dieser offiziellen Stelle in Amsterdam vermittelt auch das *Mademoiselle Bureau*, 7533 BR Enschede, Gronaustraat 120, Tel. (053) 314 259, Arbeit für Au Pairs.

Freiwilligendienste

Wie üblich bewirbt man sich am besten über eine Organisation des Heimatlandes um einen entsprechenden Platz bei einem Workcamp in den Niederlanden. Schon mal an Ort und Stelle, wendet man sich an *SIW Internationale Vrijwilligerprojekten*, Willemstraat 7, 3511 RJ Utrecht, Tel. (030) 317 721, oder *IVCD*, Postbus 25, 1054 RH Amsterdam, Tel. (020) 892 735. Die Einschreibung beträgt dabei meist 100 Gulden. Obwohl Holland insgesamt gesehen ein fortschrittliches Land ist, gibt es auch hier immer noch benachteiligte Gegenden mit bescheidener Infrastruktur. Die meisten Camps kümmern sich deshalb gerade um landwirtschaftliche Projekte. Der Verband der biologisch-dynamischen Bauern braucht jedoch fast keine Hilfe von außen. Ein holländisches Mitglied resümiert: *Wie Sie sicher wissen, ist Holland ein überbevölkertes Land. Viele junge Leute und Studenten suchen Arbeit. Es ist deshalb für die Bauern einfach, Aushilfen am Heimatort zu engagieren.* Reisende Jobber mit einem echten Interesse an Landwirtschaft können versuchen, sich an den Freiwilligen Dienst in den ländlichen Oberzentren, etwa Leeuwarden in Friesland, Groningen, Zwolle in Overijssel, Alkmaar in Noord-Holland usw. zu wenden. Deren An schriften findet man im Telefonbuch unter: »Vrijwilligercentrale« oder »Vrijwilligers Vakaturebank«.

Belgien

Belgien wird oft einfach links liegengelassen. Eingeklemmt zwischen Frankreich und Holland, ist die Bevölkerung unterteilt in einen französischsprechenden Teil, die Wallonen im Süden, und einen flämischen – dem holländischen sehr verwandt – im Norden. Das Lohnniveau liegt zwischen der hohen Bezahlung in den Holland und der niedrigeren Frankreichs. Es gibt keine den Nachbarländern vergleichbare Agrarindustrie. Weder werden Aushilfen bei der Ernte benötigt wie in Frankreich, noch zusätzliche Kräfte wie in der Blumenzwiebelverarbeitung in Holland. Belgische Studenten bekommen auf Anfragen nach Arbeitsmöglichkeiten in der heimischen Landwirtschaft Auskünfte über die französische Traubenernte! Nicht überraschend, wenn man bedenkt, daß Belgien seit Jahren mit die höchste Arbeitslosenrate der EG aufweist, derzeit 8,8%. Kurzzeit- und Aushilfsjobs beschränken sich auf Hotels, Büros, Geschäfte, Fabriken und auf Freiwilligen-Arbeitscamps. Als Mitglied der EG verlangt Belgien von Bürgern anderer EG-Staaten keine besondere Arbeitserlaubnis. Fast alle jüngeren Menschen sprechen Englisch, allerdings nicht mit der gleichen Begeisterung wie die Niederländer. Vorteilhaft für Gelegenheitsjobber: das Gesetz garantiert jedem, der länger als einen Monat beschäftigt wird, soziale Sicherheit, Kündigungsfristen usw. Arbeitgeber, die dem entgehen wollen, müssen immer wieder neues Personal einstellen, mit dem Ergebnis einer entsprechenden Fluktuation auf dem Arbeitsmarkt. Schließlich haben sich in Brüssel wegen der dort sitzenden EG-Verwaltung etliche multinationale Konzerne niedergelassen, die fortwährend zwei- oder mehrsprachige Büroangestellte benötigen.

Jeder EG-Bürger auf Arbeitssuche, der sich länger als drei Monate in Belgien aufhalten möchte, sollte sich innerhalb von acht Tagen nach Ankunft in Belgien beim Rathaus von der *Administration Communale* entweder ein drei Monate gültiges *Certificat d'Immatriculation* oder das ein Jahr geltende *Certificat d'Inscription au Registre des Etrangers* (CIRE) ausstellen lassen. Weitere Angaben sind bei den belgischen Botschaften erhältlich.

Saisonarbeiten

Der Tourismus besitzt in Belgien keine große Bedeutung. Arbeit gibt es eventuell in Hotels oder bei Busgesellschaften, die Touren zu den schönen und sehenswerten Gegenden und Plätzen, einschließlich der Amsterdamer Grachten, veranstalten. *Transeurope*, 10 Petrus & Paulus Place, Oostende, Tel. (059) 508 841, stellt Hostessen zwischen zwanzig und dreißig Jahren bei freier Unterkunft und Verpflegung sowie Begleitpersonal ein. Versuchen Sie es bei den in *Ferienjobs und Praktika – Europa & Übersee* aufgeführten Hotels! Darin finden Sie auch welche in abgelegenen Gegenden, etwa in Bouillon an der französischen Grenze oder Knokke-Heist an der Kanalküste. Neben dem Tourismus existieren nur selten saisonale Arbeitsmöglichkeiten. Zahlreiche Geschäfte und Büros benötigen zur Urlaubszeit Aushilfen, wenn man das Stammpersonal Ferien macht. An landwirtschaftlicher Beschäftigung Interessierte können in »Hebdo«, dem Mitteilungsblatt des Landwirtschaftsverbandes *l'Alliance Agricole,* Rue de la Science 21, 1040 Brüssel, eine Anzeige aufgeben. Der aussichtsreichste Weg, Arbeit als Aushilfe oder für kürzere Zeit zu suchen, führt über das belgische nationale Arbeitsamt, wenn man nicht gerade persönlich diverse Anschriften abklappern will.

Das belgische Arbeitsamt

Um alle Dienste und Vorteile in Anspruch nehmen zu können, sollte man die örtlichen Büros persönlich aufsuchen. Zweigstellen finden sich in jeder belgischen Stadt. Die spezielle Abteilung *T-Interim* beschäftigt sich mit Zeitarbeit. Eine Auswahl der Büros: Lange Klarenstraat 23, Antwerpen 2000, Tel. (03) 232 9860; 65 Boulevard Anspach, Bruxelles 1000, Tel. (02) 511 2385; Rue de Montignies 91, Charleroi 6000, Tel. (071) 317 445; Burgstraat 49, Gent 9000, Tel. (091) 240 920; Rue de la Province, Liege 4020, Tel. (041) 410 310; Spanjaardenstraat 17, Brügge 8000, Tel. (050) 440 411; Thonissenlaan 47, Hasselt 3500, Tel. (011) 225 923; Leuvensestraat 156, Vilvoorde 1800, Tel. (02) 252 2025; Rue Borgniet 14, Namur 5000, Tel. (081) 223 012.

Diese Büros vermitteln Ausländer an Supermärkte, Hotels und Büros. Für fließend englischsprechende Frauen existiert ein guter Arbeitsmarkt bei den in Belgien ansässigen multinationalen Konzernen. Vorausgesetzt werden akzeptable Fähigkeiten als Sekretärin und ausreichende Französischkenntnisse zur Erledigung routinemäßiger Geschäftstelefonate. Für Männer sind die Möglichkeiten auf einfachere manuelle Handlangerdienste beschränkt; das Auffüllen von Regalen im Supermarkt oder dergleichen. Auf jeden Fall ist Französisch nötig, um simple Anweisungen entgegennehmen zu können.

Andere Organisationen

In allen größeren Städten Belgiens sind private Arbeitsvermittlungen anzutreffen. Sie nützen Jobbern aber meist wenig, weil in der Regel lediglich qualifizierte Kräfte, zudem nur langfristig vermittelt werden. Agenturen wie *Randstadt Interim* und *GREGG Interim* besitzen mehrere Filialen im gesamten Land. Die belgischen Universitäten unterhalten Vermittlungsbüros zur Unterstützung ihrer Studenten zwecks Teilzeitarbeit während des Semesters und Vollzeitbeschäftigung in den Ferien. Allerdings vermitteln die Stellen in der Regel nur eingeschriebene Studenten der jeweiligen Universitäten. Der Jugendverband *Info Jeunes*, Rue Marché aux Herbes, Brüssel, weiß bei der Suche nach Aushilfsarbeiten, Unterkunft, Ferien usw. zu helfen. Anschriften anderer Zentren im kostenlosen Büchlein »Use It: Guide for Young Visitors«, das auch ein Kapitel über Jobmöglichkeiten enthält.

Au Pair-Stellen werden im *Bulletin* und im *Le Soir*, 21 Place de Louvain, 1000 Brüssel, Tel. (02) 217 7480, angeboten. Drei weitere Agenturen, die Au Pairs vermitteln: *Nannies Incorporated*, Avenue Lambeau 46, 1200 Bruxelles, Tel. (02) 735 8571; *De Windrose*, Avenue des Quatre Vents 9, 1810 Wemmel, Brüssel, Tel. (02) 460 3459; *Services de la Jeunesse Feminin*, 29 Rue Faider, 1050 Bruxelles, Tel. (02) 539 3514.

Von der Tageszeitung *Bulletin* erhält man kostenlos die Broschüre »Newcomers«, welche sich an Neuankömmlinge in Belgien wendet. Interessenten für dreiwöchige Ausgrabungen im Juli melden sich bei *Archeolo-j*, Avenue Paul Terlinden 23, 1330 Risensart, Tel. (02) 653 8268. Ein Mitgliedsbeitrag sowie eine Beteiligung an den Unterbringungskosten im Camp ist jeweils fällig. Eine weiterer Verband für freiwillige Arbeitsleistung sind die *Compagnons Batiseurs*, Rue Notre Dame de Graces 63, 5400 Marche-en-Famenne.

Luxemburg

Wird Belgien schon oft vernachlässigt, so vergißt man Luxemburg bei der Planung einer Arbeitsreise um die Welt meist gänzlich. Dabei handelt es sich um ein selbständiges Land mit einer Arbeitslosenquote unter zwei Prozent und einem energischen Jugendverband *CIJ*, der einen kostenlosen Besucherführer»Focus on Luxemburg« mit einer beachtlichen Rubrik über Jobs herausgibt. An das *Centre Information pour Jeunes*, BP 564, 2015 Luxemburg, Tel. 458 797, schreiben und ein Freiexemplar anfordern!

Bei einer Gesamtbevölkerung von gerade mal 370.000 Einwohnern ist das Jobangebot naturgemäß begrenzt. Arbeitsplätze für Reisende existieren aber durchaus reichlich, insbesondere in den 110 Hotels des Landes. Sogar die Botschaften teilen auf Anfrage mit, daß Saisonarbeit in den Hotels des Großherzogtums problemlos zu bekommen sei und schicken eine ausführliche Liste entsprechender Anschriften zu. Bezahlt wird diese Tätigkeit mit monatlich 1200 bis 1500 DM vergleichsweise üppig, und das bei freier Kost und Logis. Die Wirtschaft eines solch kleinen Landes hängt überwiegend von Handel und Banken ab, eine Abhängigkeit, die auch die gesprochenen Sprachen reflektieren: im tagtäglichen Gebrauch benutzen die Einheimischen einen dem Moselfränkischen verwandten Dialekt, das Letzeburgesch, seit 1984 auch offizielle Landessprache. Daneben sprechen die meisten jedoch fließend Französisch und Deutsch. Wer also einen Bürojob sucht, sollte einigermaßen sprachbegabt sein, allerdings nicht unbedingt dreisprachig wie die Einwohner hier. Fündig werden kann man u.a. bei der Zeitarbeitsvermittlung *Officenter*, 25 Boulevard Royal, Tel. 472 562. Wen diese polyglotte Atmosphäre nicht anspricht, versuche eine Gelegenheitsarbeit bei einem der multinationalen Konzernen zu bekommen. Dort reichen möglicherweise Englisch oder Deutsch aus. Bei den Botschaften sind Listen mit den Anschriften der großen amerikanischen, englischen und einheimischen Arbeitgeber erhältlich. Außerdem gibt es etliche auf Zeitarbeit spezialisierte Agenturen, wie *Manpower*, 19 Rue Glesener, Tel. 482 323; *Euroservice*, 22 Rue Michel Rondage, Tel. 492 389; *Service National de la Jeunesse*, 1 Rue de la Poste, Tel. 4680 2331 (nur für Studenten); oder *Bureau Service*, 2 Allée Leopold Goebel, Tel. 446 293.

CIJ berät junge Leute bei allen anfallenden Problemen, einschließlich der Arbeitssuche. Im»Focus on Luxembourg« wird erklärt, daß die Saisonjobs im Sommer von Studenten aller Nationalitäten im Alter zwischen 15 und 25 Jahren angenommen werden können. Für EG-Bürger gelten sowieso keine Einschränkungen. Der offizielle Mindestlohn für Arbeiten ohne besondere Ausbildungsanforderungen ab 17 Jahre liegt bei rund 25.000 Francs im Monat; mit Ausbildung bei 38.000 Francs. Für Saisonarbeiter im Sommer gelten andere Tarife; die Bezahlung darf aber nicht weniger als 80 Prozent des vorgeschriebenen Mindestlohnes für Vollzeitkräfte betragen.

Ein großer Stellenmarkt findet sich im »Luxemburger Wort«, besonders in der Samstagsausgabe, im »Tageblatt« und im »Républicain Lorrain«. Au Pair- und Babysittingstellen vermittelt *Luxembourg-Accueil Informations*, 10 Bisserwée, 1238 Luxemburg, Tel. 417 17.

Weinlese

Die luxemburgischen Weinbauern im Südosten des Landes, entlang der Mosel rund um Remich, benötigen zur Weinlese regelmäßig arbeitswillige Aushilfen. Die Ernte beginnt in der letzten Septemberwoche und dauert bis Ende Oktober. Wie wir von Claus-Dieter Schwarzer erfahren, verweist das Arbeitsamt Interessenten direkt an die Weinbauern.

Auch das *Institut Viti-Vinicole*, Boite Postale 50, 5501 Remich, Tel. 69 122, vermittelt selbst keine Jobs!

Das Staatliche Arbeitsamt

Dauerbeschäftigungen vermittelt das Arbeitsamt *l'Administration de l'Emploi*, 3. Stock, 38a Rue Philippe II, Luxembourg, auch, wenn man sich lediglich schriftlich dorthin wendet. Wer allerdings nur für eine kürzere Zeit Jobs in Lagerhallen, Restaurants usw. sucht, muß persönlich vorsprechen, wie Paul Hahne, der hierdurch eine Stelle an der Bar *Cockpit Inn* am Boulevard General Patton erhielt. Es gibt einige Zweigstellen des Arbeitsamts auf dem Land, etwa in Esch-Alzette, Diekirch oder in Wiltz. Kurzzeitjobs werden jedoch nur in der Hauptstelle, in der Abteilung *Services Vacances*, vermittelt.

Frankreich

Frankreich bietet dem reisenden Jobber eine ganze Reihe verschiedenster Saisonarbeiten. Die Arbeitslosenquote liegt momentan bei neun Prozent, Tendenz sinkend. Die höchste Beschäftigungslosigkeit herrscht an der Cote d'Azur. Besonders auf dem Lande wird man freundlich und mit Hilfsbereitschaft aufgenommen. EG-Bürger benötigen keine Arbeitserlaubnis. Angehörige anderer Staaten müssen bei der Einreise sowohl eine feste Arbeit wie auch eine offizielle Arbeitserlaubnis nachweisen.

In ganz Frankreich besteht hoher Bedarf an saisonalen Aushilfskräften in der Tourismusbranche und in der Agrarindustrie. Allein bei der Weinlese werden in jeder Saison rund 100.000 zusätzliche Kräfte eingestellt. Der überwiegende Anteil dieser Arbeiter kommt aus Spanien, Portugal und Nordafrika. In den Weinbergen sind aber auch fast alle anderen Nationalitäten vertreten. Manchmal arbeitet man dort neben einem Büroangestellten aus Hamburg auf der einen Seite und einem Studenten aus Harvard auf der anderen. Viele machen hier Arbeitsferien. Häufig trifft man auch auf Schweden oder Iren, die sich für einige Jahre auf Wanderschaft begeben haben. Angehörige dieser Gruppe von Jobbern lieferten auch die Mehrzahl der Beiträge zu diesem Buch. Sie zeigen, daß es möglich ist, sich das ganze Jahr über in Frankreich mit Jobs durchzuschlagen, indem die verschiedenen Erntearbeiten und andere Tätigkeiten, etwa Sprachunterricht, miteinander kombiniert werden. Daneben stehen exotischere Beschäftigungen, wie etwa Schneckensammeln in der Auvergne oder aber Straßenmusik in Saint Tropez. Reizvoll hier ist vor allem die Variationsbreite der möglichen Tätigkeiten.

Wichtig: egal welche Beschäftigung man annimmt: es sollte immer der gesetzliche Mindestlohn »SMIC« (Salaire Minimum Interprofessionel de Croissance) dabei herausspringen. Es gelten verschiedene Tarife für Saisonarbeiten in der Landwirtschaft und für Vollzeitarbeiter. Für erstere beträgt das Minimum derzeit rund 30 FF, für letztere einige Francs darüber. Da die Inflation in Frankreich sich auch auf die Mindestlöhne auswirkt, wurden diese in letzter Zeit entsprechend angehoben.

Erfolgreiche Jobber nutzen jede Möglichkeit zur Arbeitssuche: die Büros des Arbeitsamtes (ANPE), Informationen der Jugendzentren, studentische Arbeitsvermittlungen, Bauern- und Farmkooperativen, Anzeigen in Tageszeitungen, schwarze Bretter in den Dörfern und Rathäusern kleinerer Städte sowie Nachfragen in den Jugendherbergen.

Gesetzliche Bestimmungen

In Frankreich dürfen sich EG-Bürger wie in anderen Mitgliedsstaaten auch bis zu drei Monaten aufhalten und nach Arbeit suchen. Allerdings stellen die meisten Arbeitgeber und Vermittlungsagenturen Personal nur dann ein, wenn es über eine Sozialversicherungsnummer verfügt. Deren Bewilligung kann jedoch bis zu einem Jahr in Anspruch nehmen, so daß Reiner Lips dazu rät, einfach eine zu erfinden: eine »1«, gefolgt von Geburtsjahr und -monat, einer »99« als Ausländermerkmal und einer willkürlichen Kombination aus drei Ziffern, also z.B.: 1-69-06-99-222. Hat man tatsächlich eine Stelle gefunden, ist baldigst eine Aufenthaltserlaubnis, die *Carte de Séjour*, beim Ausländeramt der örtlichen Polizei zu beantragen. In Paris befindet sich die entsprechende *Direction Départementale du Travail et de la Main d'Oeuvre Etrangère*, Rue de la Croix-Nivert 80, Tel. 45 31 10 03. Bei der Beantragung auf der örtlichen Präfektur muß man damit rechen, daß die finanziellen Verhältnisse überprüft werden, wobei der Besitz von 1000 FF sich als ausreichend erwiesen hat. Im Erfolgsfalle erhält man eine Bescheinigung, ein »récépissé«, die jeden potentiellen Arbeitgeber zufriedenstellen sollte. Jakob David mußte bei seinen Arbeiten in Nizza und in der Vaucluse zusätzlich eine *Fiche d'Etat civil* beim Rathaus, der »Mairie«, beantragen. Das ist aber nicht mit dem simplen Ausfüllen eines weiteren Formulars getan, sondern erfordert zudem eine amtlich beglaubigte Übersetzung seines Geburtsscheines. Dafür legte er die Summe von 100 FF hin. Jakob empfiehlt daher, sich die Übersetzung schon zuhause zu besorgen. In der Regel werden 15 Prozent vom Lohn als Sozialabgaben abgezogen, die jedoch von den deutschen Kassen anerkannt werden.

Jobsuche

Auf den folgenden Seiten sind eine Anzahl von Gesellschaften und Vermittlungsagenturen aufgeführt, die Studenten und anderen Jobsuchenden unterstützen. Das nationale Arbeitsamt *L'Agence Nationale pour l'Emploi* (»ANPE«) unterhält 675 über das ganze Land verstreute Büros. Vornehmlich dienen sie der Betreuung französischer Arbeitssuchender. Wie in Deutschland sind auch in Frankreich private Arbeitsvermittlungen verboten, wenn es sich nicht um Zeitarbeit handelt. Die ANPE ist normalerweise leider nicht mit der Freundlichkeit und Hilfsbereitschaft eines deutschen Arbeitsamts zu vergleichen. Dem Buchstaben des Gesetzes nach sind alle EG-Bürger gleichberechtigt. Dies ist offenbar aber in der Praxis hierzulande noch ausgesprochen selten der Fall, selbst wenn man Französisch gut beherrscht. David Dillmann schildert seine Erfahrungen: *Ende August erkundigte ich mich bei der ANPE in Bordeaux, die mir mitteilte, daß die Weinlese dieses Jahr etwas früher beginne, so um den 4. oder 5. September. Also kündigte ich meinen Job in einem Restaurant in Nizza mit einer Woche Kündigungsfrist und machte mich nach Bordeaux auf, um dann bei der ANPE zu erfahren, daß vor dem 25. September nichts gehen würde. In Avignon war man genauso hilfsbereit: »Wir haben hier gar nichts mehr mit der Weinlese zu tun«. Insgesamt bin ich reichlich verwundert über die Inkompetenz und Nutzlosigkeit der ANPE. Falls ich sie noch einmal in Anspruch nehme, werde ich sehr vorsichtig mit den erhaltenen Auskünften umgehen.* Trotz schlechter Erfahrungen mit der ANPE hatte Philipp Neuberger in Lyon Glück. Ein Sachbearbeiter gab ihm die Anschrift eines Bauern bei Belleville, der auch tatsächlich eine freie Stelle hatte. Auch die ANPE von Porto Vecchio auf Korsika scheint ungemein hilfreich zu sein. Generell sollte man ANPE-Büros zwar aufsuchen, dabei aber von vornherein eher mit einer Enttäuschung rechnen. Die meisten Zweigstellen hängen Zettel mit den Anschriften möglicher Arbeitgeber aus, an die man sich unmittelbar wenden kann. Sich vor der Hauptstelle immer zuerst bei den Büros für Saisonarbeit einfinden! Die 26 Büros der *Centres d'Information Jeunesse »CIJ«* können dem reisenden Jobber ausgesprochen nützlich sein. Neben Beratung bei der Arbeitssuche helfen sie bei der Unterkunftsfindung, dem Umgang mit gesetzlichen Bestimmungen usw. Die Zentrale in Paris veröffentlicht Listen und Adressen für Posten in der Landwirtschaft im Sommer oder Winter sowie mit den besonderen gesetzlichen Bestimmungen für Studenten. Man kann sie entweder selbst abholen oder per Post anfordern: vier Internationale Antwortscheine, erhältlich bei jedem Postamt, sind dem Anschreiben an das *Centre d'Information et de Documentation de la Jeunesse*, 101 Quai Branly, F – 75015 Paris, beizulegen. Die örtliche Arbeitsmarktsituation läßt sich lediglich durch Besuche in den Zweigstellen herausfinden. Arbeitgeber teilen den Zentren freie Stellen normalerweise mit. Manchmal werden die Anzeigen nur ausgehängt, anderswo wird das Verfahren in Zusammenarbeit mit der zuständigen ANPE formeller gehandhabt. *Centres d'Information Jeunesse* existieren in Amiens, Besancon, Bordeaux, Caen, Cergy Pontoise, Clermont-Ferrand, Dijon, Evry, Grenoble, Lille, Limoges, Lyon, Marseille, Melun, Nancy, Nantes, Nice, Orléans, Poitiers, Reims, Rennes, Rouen, Strasbourg, Toulouse und Versailles.

Julia Pinnemann fand das Marseiller CIJ besonders hilfsbereit bei der Suche nach einem Job in der Weinlese und nach einer Unterkunft. Im Jahr darauf erhielt sie zahlreiche Jobangebote als »Plongeur« (Spülhilfe) und »Second de Cuisine« im Büro der CIJ in Nizza, wo man ihr darüberhinaus eine billige Wohnung vermitteln konnte. Einige CIJs geben kostenlos Listen von Sommerjobs heraus, wovon etwa ein Drittel für Frauen, hauptsächlich als Haushalts- oder Kinderhilfe, gedacht sind. Französichkenntnisse werden dabei nicht in allen Fällen gefordert.

In französischen Universitätsstädten stößt man auf insgesamt 33 regionale Zentren für die Arbeitsvermittlung von Schülern und Studenten, die *Centres Régional des Oeuvres Universitaires et Scolaires*. Diese bieten einen besonderen Vermittlungsservice für Ferienarbeit, den »Service de Liaison Etudiants«. Wie der CIJ sind auch die CROUS mittlerweile so etabliert, daß die Arbeitgeber freiwerdende Stellen fast automatisch dort melden. Leider kann der CROUS aber nicht einmal die lokale Nachfrage der Studenten und Schüler befriedigen, weshalb eine Vermittlung fremder Bewerber kaum erfolgreich sein wird. Es ist vorgeschrieben, daß nur in Frankreich eingeschriebene Studenten, manchmal sogar nur diejenigen der örtlichen Universität, vermittelt werden dürfen. Wie dem auch sei: Robert Luft *wurde* weitergeholfen, obwohl er nie in Frankreich studierte!

Private Vermittlungsagenturen

Insgesamt gesehen sind Zeitarbeitsvermittlungen (»Agences Intérimaires«) für Ausländer nicht sonderlich nützlich, vor allem nicht außerhalb von Paris. Viele beschränken sich auf die Vermittlung einer bestimmten Berufsgruppe. Jobs für Aushilfen sind daher rar. Bevor eine Agentur vermittelt, wird man erst einmal ordnungsgemäß registriert; was aber gar nicht so einfach ist, wie es zunächst klingt. Die inländischen Gesetze verlangen eine Sozialversicherungsnummer, die aber nur erhältlich ist, wenn man zuvor schon eine offizielle Stelle in Frankreich innehatte. In Paris findet man die meisten Zeitarbeitsagenturen im achten Arrondissement, rund um den Bahnhof St. Lazare und in der Rue de la Pépinière. Frauen mit guten Schreibmaschinenkenntnissen erhalten mit einiger Bestimmtheit eine Stelle als Schreibkraft.

Tourismus

Die beliebtesten Winterferiengebiete Frankreichs liegen logischerweise in den Alpen, wo die Saison von Dezember bis Ende April dauert. Von Juni bis September steht die Cote d'Azur hoch im Kurs. In der Praxis besteht im Sommer in jeder größeren Stadt bei hartnäckiger Suche die Chance, Beschäftigung zu finden. Besonders empfehlenswert dabei die Städte entlang der wichtigen Touristenrouten, so etwa entlang der Loire oder der *Autoroute du Soleil*.

Bei der Jobsuche gilt zu bedenken, daß die großen Hotelketten ihr Personal meist von den Hotelfachschulen rekrutieren. Die Chancen stehen daher bei kleineren Betrieben von vornherein besser. Die einzelnen Arbeitsbedingungen variieren aber entsprechend dem Temperament des jeweiligen Patrons. Die meisten Restaurants bevorzugen männliche Bedienungen und stellen kaum weibliche Kräfte ein. Vielen gefällt eher die Arbeit in Hotels. Wilhelm Körner arbeitete in Chamonix in schlecht bezahlten Stellungen als Tellerwäscher, Laufbursche usw. Vermittelt wurde er von der ANPE. Er schätzt, daß Aushilfen gerade in der Hotelbranche die profitabelsten und gleichzeitig am leichtesten zu findenden Jobs ergattern können. Ulrich Bernecker meint nach zwanzigminütiger Jobsuche in Nizza, daß jeder in Südfrankreich eine Stelle findet, wenn er nur bereit ist, sich bei der Arbeit auch als Tellerwäscher ins Zeug zu legen. Er sparte in vier Monaten 4000 DM zusammen. Generell wird mindestens der SMIC gezahlt, manchmal kommt noch freie Kost und Unterbringung hinzu. Eine Warnung an alle Nicht-EG-Bürger: Arbeitgeber, die bedenkenlos entgegen aller Vorschriften Amerikaner, Kanadier, Australier – auch Schweizer und Österreicher – einstellen, sind oft genauso skrupellos, wenn es darum geht, nicht den vollen vorgeschriebenen Lohn auszuzahlen!

Hotel- und Restaurantarbeit

Wer seine Reise im voraus planen möchte, wird die in Frage kommenden Hotels aus den *Ferienjobs und Praktika*-Bänden *Europa und Übersee* oder *Frankreich* direkt anschreiben. Hat man sich für eine Gegend entschieden, finden sich weitere Anschriften in den Führern der Fremdenverkehrsämter. Vor Ort stehen Stellenangebote in den lokalen Zeitungen, beispielsweise im »Nice Matin«. Die meisten Jobber besorgen sich die Arbeit aber noch immer eher durch Klinkenputzen. David Dillmann meint dazu:
Bevor meine Geldreserven endgültig auf die letzten 100 FF zusammenschrumpften, hatte ich in vielen Restaurants gar nicht erst nach Arbeit gefragt. Drei von fünf ließ ich aus, weil sie mir aus irgendeinem Grunde nicht zusagten. Schließlich rang ich mich jedoch zu der Einsicht durch, daß die einzige Chance darin bestand, wirklich systematisch nachzuforschen. Ich entschied mich für die Fußgängerzone in Nizza, weil dort die meisten Restaurants liegen. An diesem Morgen besuchte ich vierzig Lokale. Mindestens zwanzig brauchten bestimmt Personal, aber nur eines war mit meinem Französisch zufrieden und stellte mich als Bedienung ein.
Es ist tatsächlich fast unmöglich, Anstellung in einem Restaurant zu finden, wenn man nicht wirklich vor Ort sucht. Ohne Berufserfahrung wird man Sie lediglich als Tellerwäscher oder mit Tischdecken beschäftigen. Eine Unterkunft ist in der Regel selbst zu suchen. Fast Food Restaurants wie McDonalds, Manhattan Burger, Free Time, O'Kitch und What-a-Burger weisen wie überall auf der Welt eine hohe Personalfluktuation auf. Möglicherweise wird gerade dort jemand mit Englischkenntnissen gebraucht. Die Fast-Food-Ketten erreichten Paris in den Siebzigern und haben sich inzwischen im ganzen Land in allen größeren Städten breitgemacht. Leider bieten die meisten von ihnen nur Teilzeitarbeit, so um die 10-20 Stunden in der Woche. Restaurants am Strand zählen

noch zu den besseren Arbeitsmöglichkeiten. Ulrich Bernecker zog sein einziges weißes Hemd und eine saubere Hose an, begann seine Jobsuche in den Restaurants am Strand an der Avenue Montredon im Ostteil Marseilles, erhielt auch hier nach der dritten Anfrage ein Handtuch und fing sofort zu arbeiten an: 14-16 Stunden am Tag, an sieben Tagen in der Woche. Nur der Gedanke an die 120 DM am Tag, bei freier Unterkunft und Verpflegung hielten ihn aufrecht. An verregneten Tagen, oder wenn der Mistral blies, fiel weit weniger ab. Noel Kirchner meint hingegen, der bestbezahlte Tellerwäscher an der Küste gewesen zu sein. Er sparte in zwei Monaten fast 3000 DM und schreibt erstaunlicherweise, daß für ihn die Küche der beste Ort war, um Sprachkenntnisse zu erwerben. Nicht jeder findet indes so leicht Arbeit wie Ulrich und Noel. Stefan Rauch hat es im Umfeld von 50 Kilometern so ziemlich in jedem Restaurant und jedem Hotel an der Cote d'Azur versucht. Danach gab er auf und versuchte es in Italien weiter. Gute Französischkenntnisse sind auf jeden Fall *äußerst* wichtig, besonders aber in Südfrankreich.

Falls man sein Berufsziel irgendwo im Hotel- und Gaststättenbereich wittert, sollte man unbedingt mit *International Placements Centre*, 103 Av. Herriot, 56000 Vannes, Tel. 97 47 67 04, in Verbindung treten. Diese Firma wurde mit dem Ziel gegründet, jungen Leuten aus dem Ausland in Frankreich Gelegenheit zur Arbeit in Restaurants und Hotels zu besorgen.

Campingplätze

Die weitaus meisten der über 7000 Zeltplätze in Frankreich sind Familienbetriebe, die in den Sommermonaten ein bis zwei Aushilfen einstellen. Am besten die Platzbesitzer frühzeitig anschreiben (Adressen in jedem Campingführer). Man kann natürlich auch direkt auf dem Platz nachfragen. Robert Mallak und sein Freund Michael fanden problemlos einen Posten, als sie im August, dem Monat, in dem ganz Frankreich auf Achse ist, entlang der Mittelmeerküste per Anhalter unterwegs waren. Zu einem bestimmten Zeitpunkt im Sommer kündigen zahlreiche Jobber, die schon zu Saisonbeginn Anstellung fanden, um weiterzuziehen, so daß vakante Stellen umgehend wieder zu besetzen sind. Robert und Michaels Aufgaben reichten vom Reinigen der Sanitärräume über kleinere Wartungsarbeiten bis zum Mixen von Cocktails an der Bar. Die Bezahlung hierfür: 400 bis 600 FFs, ein Zelt wurde gestellt. Die Saison dauert in der Regel bis Oktober.

Karl Wintzer fand einen Zeltplatz mit freundlichen Eigentümern in Cavalaire bei St. Tropez. Kostenloses Camping in der »Skid Row« genannten Abteilung ist im Austausch gegen anfallende Arbeiten möglich. Ein weiterer Zeltplatz, der offenbar stets auf der Suche nach Jobbern ist, nennt sich *Camping de la Plage*, 46330 St. Cirq Lapoie, Tel. 65 30 29 51, am Lot. Bezahlt wird »SMIC« abzüglich 25% für Unterkunft und Verpflegung. Eine Reihe englischer Reisegesellschaften veranstaltet »Zeltreisen«. Die Kunden finden am Urlaubsort ein aufgebautes Zelt sowie einen Betreuer vor, der sich um alle auftauchenden Probleme kümmert. *Headwater Holidays*, 62a Beach Road, Hartford, GB – Cheshire CW3 3AB, stellt Repräsentanten für die Arbeit vor Ort ein. *Mocamp*, 5 World's End Lane, Green Street Green, Orpington, GB – Kent BR6 6AA, sucht ab Februar Personal. *Keycamp Holidays*, 92 Lind Road, Sutton, GB – Surrey SM1 4PL, stellt etwa 350 Jobber in jeder Saison ein. Weitere Anschriften im Kapitel »Tourismus«. Helena Langner war überrascht, daß man bei den Bewerbungsgesprächen ihr Französisch nicht überprüfte. Wer die Kunst beherrscht, freundliche Laute auf Französisch von sich zu geben und ein gutes Wörterbuch besitzt, sollte leicht in der Lage sein, mit quengeligen oder problemgeplagten Feriengästen fertigzuwerden!

Wintersportgebiete

Frankreich gehört inzwischen zu den beliebtesten Wintersportländern: allein 200.000 Briten machen sich jeden Winter auf den Weg hierher (und gerade die müssen es ja wissen). Die Skigebiete liegen hoch und sind relativ schneesicher. Zum Leidwesen aller potentiellen Jobber sind die französischen Wintersportorte jedoch überwiegend von Ferienwohnungen mit Selbstversorgung bevölkert, so daß Jobs als Kellner, in Bars oder als Zimmermädchen spärlich gesät sind. In Méribel beispielsweise existiert nur ein kleiner saisonaler Schalter für Arbeitsvermittlung beim Fremdenverkehrsbüro, Tel. 79 00 51 75. Wintersportorte mit besseren Jobmöglichkeiten sind Chamonix (dort trifft man sich in der *Bar Whymper*) oder das Val d'Isère mit dem bekannten Treffpunkt *Solaise Bar*. Beide sind ausgezeichnete Orte, um sich nach Arbeitsmöglichkeiten umzuhören. In aller Regel hat man den Nachmittag und einen Tag pro Woche zum Skifahren frei. Darauf achten, daß der vorgeschriebene Mindestlohn ausbezahlt wird!

Geschäfte mit Touristen

Etliche Jobber fanden Jobs im Verkauf als Sommerarbeit lohnend, andere waren davon eher enttäuscht, da gerade der Handel am Strand harte Arbeit bedeutet. Robert Luft antwortete auf eine vielversprechende Anzeige, doch nach seiner Ankunft am Mittelmeer stellte sich heraus, daß das Zitronensaftgetränk, das er auf Kommissionsbasis verkaufen sollte, von schlechter Qualität war, und daß auf seinem Strand noch etliche andere Firmen zum Teil ohne die dafür erforderliche Lizenz operierten. Die Bezahlung erfolgte ausschließlich auf Verkaufsbasis. Robert mühte sich den ganzen Tag lang im Sonnenschein, Kunden anzusprechen und kam trotzdem nie auf mehr als 45 DM, anstelle der in Aussicht gestellten 80 DM. Dabei wohnte er noch kostengünstig auf einem Zeltplatz. Eine Überschlagsrechnung zeigte ihm schnell, daß nur ein Lebenskünstler so eben mal klarkommen könne. Enttäuscht zog Robert nach drei Tagen also weiter.

Oft sind bei einem neuen Job die ersten Tage die schlimmsten. Bleibt man lange genug, um Gegend und Leute kennenzulernen, Bekanntschaften mit Urlaubern zu schließen, und hat man ein einigermaßen akzeptables Produkt anzubieten, dürfte es nicht sonderlich problematisch sein, einen akzeptablen Verdienst zu erzielen. Thorsten Wilhelm und sein Freund überlegten sich, die lästige Konkurrenz auszuschalten, wenn sie ihren Orangensaft für 6 FF statt der üblichen 10 anboten. Ihre Kalkulation versprach immer noch gute Einnahmen. Die Mitbewerber setzten allerdings die Polizei in Marsch, und beiden wurde mitgeteilt, sie müßten entweder eine Lizenz für 600 DM erwerben oder aber schnellstens weiterziehen.

Der Verkauf von Süßigkeiten und Erfrischungen an Skitouristen erwies sich als gute Einnahmequelle für Skifans. Simon Bartsch etwa kam auf die Idee, den am Skilift Wartenden Schokolade anzubieten. Andere Kleinunternehmer belieferten Ferienwohnungen mit Croissants, als Angestellte einer Bäckerei oder auch in eigener Regie. Talente als Straßenmusiker kann man immer vermarkten. Lena Möller kam mit Darbietungen als Tänzerin und Schauspielerin während des Augustfestivals in Avignon auf durchschnittlich 300 FFs am Tag. Vor und nach dem Festival braucht man dafür allerdings eine Gewerbeerlaubnis, da sonst die Polizei rigoros eingreift und die Aufführung empfindlich stört.

Jachten

Willy Grothe suchte in Südfrankreich zwei enttäuschende Wochen vergeblich einen Job auf einer Privatyacht, um schließlich während neun Wochen bei der Renovierung eines Bootes für die sommerliche Chartersaison angestellt zu werden. Antibes gehört neben Cannes aber noch zu den besten Tips. Die kleineren Häfen wie St. Tropez sind laut Willy reine Zeitverschwendung. Man muß sich auf jeden Fall früh aufmachen, am besten schon im März oder Mitte April: später sind alle Posten vergeben. Willy beschreibt sein Vorgehen in Antibes:

Viele Eigner stellen Aushilfen zunächst nur tageweise an, bevor sie jemanden als festes Crewmitglied engagieren. Ich hatte keine Erfahrung, was sich als Vorteil herausstellte, da der Kapitän über die Ausführung der anfallenden Tätigkeiten seine genauen Vorstellungen hatte. Mit 40 DM am Tag fing ich an, nach drei Wochen bekam ich schon 50 DM. Dabei lebte ich an Bord und bekam die erstklassige Verpflegung gratis. Ich fand den Lohn ganz okay, obwohl ich auch andere Jobber kennenlernte, die wesentlich mehr verdienten.

Nach einer Woche erfolglosen Herumrennens sprach Willy einfach jeden an, auch die Bootsbesitzer auf dem sogenannten »Friedhof«, dem Reparaturbecken im Hafen. In Antibes erkundigt man sich nach Jobs am besten in »Harry's Bar«, »The Roof« oder in der »Blue Lady«. Zum Schluß rät Willy noch, immer sauber auszusehen, höflich zu sein und, falls man wirklich einen Job kriegt, hart zu arbeiten!

Die erste Anstellung ist immer am schwierigsten zu bekommen. Wenn man einmal integriert ist, helfen auch die Eigner bei der Suche nach weiteren Stellen. Viele bleiben den ganzen Sommer über als Matrosen auf dem Boot, das sie zuvor renoviert haben. Als sogenannte »Deckhand« verdient man rund 500 DM in der Woche; dazu kommen Trinkgelder, die manchmal noch einmal soviel ausmachen können. Die Chartersaison endet Ende September, allerdings werden dann viele Boote für die Fahrt zu den Westindischen Inseln startklar gemacht!

Karl Wintzer machte in St. Tropez, seiner Meinung nach dem »Paradies für Straßenvorführungen«, öffentlich Musik, wurde bald des öfteren eingeladen, auf einer Jacht zu spielen, und verdiente hier zwar nicht mehr als auf der Straße, aber die Drinks waren umsonst und die ganze Atmosphäre natürlich angenehmer. Der britische Bootsvermieter *Floathome*, 22 Kingswood Creek, Wraysbury, Staines, GB – Middlesex, heuert für die Zeit zwischen Mai und September Crewmitglieder und Personal für seine schwimmenden Herbergen in Burgund und Südfrankreich an.

Weinlese

Der Ruf der französischen Weinlese scheint jedes Jahr erneut unwiderstehlich zu sein. Zwar sind sich erfahrene »Herbster« über die negativen Aspekte der Arbeit einig: acht bis neun Stunden harte, rückenbrechende Arbeit, das Wetter an den Herbstmorgen kühl und mittags zu heiß, die Unterbringung oft auf einen Platz für seinen Schlafsack irgendwo in der Scheune beschränkt, die sanitären Einrichtungen nur einen Kaltwasserhahn. Ungeachtet dessen strömt jedes Jahr eine Unzahl potentieller »Vendangeurs«, den Kopf voller Flausen, zur Lese nach Frankreich. Ihre romantischen Vorstellungen überleben meist nicht einmal den ersten Tag. Ein Teil der Attraktivität der Lese liegt sicherlich in der Bezahlung. Im allgemeinen liegt sie kaum höher als der SMIC von 30 FF (die Träger der Körbe bekommen 10 FF mehr); es gibt jedoch meist keine Gelegenheit, das verdiente Geld auf den oft isolierten Weingütern wieder auszugeben. Jutta Hühner arbeitete mit einem Freund fünf Wochen lang bei der Traubenernte, wobei nur ein halber Tag wegen

Regens ausfiel. Zusammen sparten sie in dieser Zeit über 3600 DM. Arbeitet man an mehr als sieben aufeinanderfolgenden Tagen für ein und denselben Patron, wird ein Überstundentarif bezahlt: 15 Prozent Sozialabgaben sind dabei jedoch abzuziehen. Die meisten Vendangeure bringen in einer Ernteperiode (in der Regel zwölf Tage) 450 bis 750 DM zusammen. David Dillmann faßt seine Erfahrungen bei der Weinlese als »knochenbrechend, rückenmordend und demoralisierend« zusammen. Trotzdem würde sich der Job des Geldes und der lustigen Atmosphäre wegen lohnen.

Die Arbeitsplätze bei der Weinlese werden durch die fortschreitende Mechanisierung stark gefährdet, und es hat sogar schon den Anschein, als ob die Winzer, die nicht auf Maschinen umstellen, dafür nur zu arm oder zu exzentrisch sind. Über kurz oder lang ist davon auszugehen, daß es außer in den Nobelrebengebieten wie der Champagne keine Weinlese von Hand mehr geben wird.

Die Arbeitsbedingungen variieren von einem Hof zum nächsten stark, wobei die Größe des Gutes meist den Ausschlag gibt: für kleinere Betriebe ist es natürlich einfacher, einer Handvoll Helfer ein gute Unterkunft zu sichern, als für ein großes »Château«, das über hundert Arbeiter zu versorgen hat. Die möglichen Unterbringungen bewegen sich somit zwischen einem Schlafplatz in der Scheune und einem schönen eigenen Raum im Haus des Besitzers. Fast immer wird das Essen gestellt, wobei man sich jedoch nicht darauf verlassen sollte! Auch in dieser Beziehung können beträchtliche Unterschiede vorkommen: ein Jobber beispielsweise berichtet von täglichen Menüs mit einer delikaten Suppe, gefolgt von Fleisch, Kartoffeln und Gemüse, dazu reichlich Brot und Wein und zum Schluß Käse und Kaffee; andere hingegen beschwerten sich über Kartoffelpürree aus der Tüte, oder darüber, daß man sich mit dem behelfen muß, was selbst gekocht und besorgt werden kann. Wird sowohl das Essen wie auch die Unterbringung gestellt, ist ein Abzug von ein bis zwei Stundenlöhnen durchaus üblich. Essen und Trinken spielen in den meisten Zuschriften die Hauptrolle. Wie es scheint, gleichen sie die Anstrengungen des harten und langen Tages ein wenig aus. Kostenloser Wein ist vielerorts eine Selbstverständlichkeit. Die Zuteilung schwankt dabei zwischen einer Flasche pro Woche in der Champagne bis zur Selbstbedienung aus dem Plastikfaß anderswo. Üblich sind allgemein aber ein bis zwei Liter pro Tag, was die meisten als ausreichend empfinden.

Die Arbeitszeiten bei der Lese schwanken ebenfalls erheblich. Oliver Herfort fand die Einteilung lächerlich: nur mittags eineinhalb Stunden Pause, ansonsten keine Unterbrechungen von 7.45 Uhr morgens bis 18 Uhr abends. Andere waren schon mittags mit der Lese fertig, denn besonders im Süden an der spanischen Grenze ist ein früher Feierabend üblich: die Sonne brennt nachmittags viel zu stark, um eine vernünftige Arbeit zuzulassen.

Die Lese selbst bedeutet entweder Pflücken oder Traubenschleppen, wovon keines gerade leicht wäre: Pflücken heißt tiefes Bücken, sind die Weinstöcke doch oft nicht höher als ein- bis anderthalb Meter. Die Trauben füllt man in den »Panier«, den man hinter sich herzieht. »Vendangettes« oder »Secateurs« nennt man hier die benutzten Scheren.

Bloß kein Mitleid von den Einheimischen erwarten! Die vollen Paniers werden in eine »Hotte«, einen großen Korb geleert, der über 100 Pfund schwer sein kann und der von den Trägern zu einem Wagen gebracht werden muß. Die ersten Tage als Pflücker sind immer die schlimmsten. Man gewöhnt sich aber an die gebückte Haltung und den Gebrauch von Muskeln, von deren Vorhandensein man bis dahin wenig ahnte. Der Trägerjob erfordert einiges an Kraft, wird aber von vielen der gebückten Tätigkeit des Pflückens vorgezogen. Alan Corries faßt die Vorteile des Jobs als Träger zusammen: *Man verdient mehr, bewegt sich und hat auch mehr mit dem Ablauf der gesamten Ernte zu tun.*

Julia Pinnemann arbeitete für einen Patron in St. Cannat, unweit von Aix-en-Provence, dem es wichtiger schien, so viel Spaß als möglich an der Ernte zu haben und daneben gerade soviel Trauben einzubringen, um das Ganze dabei lebenswert zu machen. Ulrich Bernecker hingegen hatte einen Chef, der den ganzen Tag nur »Allez! Vite!« von sich gab. Dieser behauptete zwar, kein Englisch oder Deutsch zu können, hatte jedoch den Satz: »ze 'arvest is no 'oliday« irgendwo aufgeschnappt.

Je weiter südlich, umso größer die Konkurrenz durch billige Erntearbeiter aus Spanien, Portugal, Marokko und Algerien. Große und berühmte Weingüter wie Lafitte beschäftigen jedes Jahr ein festes Team von Helfern, das produktiv zusammenarbeitet. Die Tendenz, jedes Jahr wieder zum gleichen Winzer zurückzukehren, ist deutlich erkennbar. So schreibt uns denn David Brambeck über das Beaujolais:

Wir kamen am Bahnhof Villefranche an, wo siebzig ziemlich verzweifelt aussehende Spanier und Nordafrikaner warteten, die zum Teil bereits eine Woche dort zugebracht hatten. Die Atmosphäre war geladen, und in der Nacht darauf kam es zu handgreiflichen Feindseligkeiten zwischen einer Gruppe Engländer und Arabern. Die Winzer suchten sich ihre Arbeiter tagsüber am Bahnhof aus. Man muß schnell sein, weil die Marokkaner sofort auf die Laster springen und auf ihren angeblich besseren Arbeitsleistungen bestehen. Die Winzer selbst hingegen bevorzugen Engländer und Deutsche, insbesondere wenn sie Französisch sprechen. Die holde Weiblichkeit kann fast sicher sein, einen Job zu ergattern.

Konkurrenz entsteht auch durch Zigeuner, die Erntetrupps bilden. Gerd Neumann fand infolge der wenig hilfsbereiten ANPE in der Champagne zwar keine Stelle, wurde aber von Zigeunern angesprochen, doch in ihrer Gruppe mitzuarbeiten. Er entschloß sich, die Warnungen, die er gehört hatte, zu ignorieren. Seiner Meinung nach ist die Aufregung völlig übertrieben: sein Verdienst lag nur um ein geringes niedriger, als wenn er direkt für einen Patron geschafft hätte. Entgegen allen Gerüchten erfolgte die Bezahlung prompt gegen Ende der vierzehntägigen Ernte.

Nachstehend aufgeführt die Adressen der ANPEs in den Weinbaugebieten, sowie ungefähre Daten des Erntebeginns, was jedoch von einem Jahr zum nächsten variieren kann. Nicht verschweigen wollen wir vorneweg aber einen Brief, der uns jüngst erreichte:

Seit einigen Jahren werden die Jobmöglichkeiten für Studenten schlechter, und dies wird sich wohl auch in der Zukunft kaum ändern.

Trotzdem finden immer wieder Jobber Arbeit bei der Lese:

Elsaß ab 15. Oktober:
ANPE, Imm. Wilson, 3 Rue Sarrelouis, 67081 Straßburg.
Beaujolais ab 25. September:
ANPE, 42 Rue Paul Bert, 69400 Villefranche sur Saône, Tel. 74 65 19 99.
Bordeaux ab 25. September:
ANPE, 1 Terasse du Front du Médoc, 33077 Bordeaux, Tel. 56 90 92 92.
ANPE, 108 Rue du Président Carnot, BP 196, 33504 Libourne, Tel. 57 51 18 08.
ANPE, 13 Cours de Fosses, 33210 Langnon, Tel. 56 62 34 88.
ANPE, 29 Rue Ferdinand Buisson, BP 57, 33250 Pauillac, Tel. 56 59 07 51.
ANPE, 17 Rue St. Simon, BP 80, 33390 Blaye, Tel. 57 42 13 14.
Burgund ab 6. Oktober:
ANPE, 71 Rue Jean Macé, BP 20, 71031 Mâcon, Tel. 85 38 78 22.
ANPE, 6 Boulevard St. Jaques, BP 115, 21203 Beaune, Tel. 80 24 60 00.
ANPE, 7 Rue des Corroyeurs, BP 1504, 21033 Dijon, Tel. 80 43 17 67.

Champagne ab 1. Oktober:
ANPE, 57 Rue de Talleyrand, 51087 Reims.
ANPE, 11 Rue Jean Moet, BP 502, 51331 Epernay, Tel. 26 51 01 33.
Languedoc-Roussillon ab 15. September:
ANPE, 43 Av. Pont Juvenal, BP 643, Bretagne, 34000 Montpellier.
Loire ab 6. Oktober:
ANPE, Champ Girault, 9 Rue du Dr. Herpin, BP 2510, 37025 Tours, Tel. 47 20 49 14.
ANPE, Square Lafayette, BP 845, 49000 Angers, Tel. 41 88 56 25.

Im allgemeinen helfen diese Büros aber nur dann weiter, wenn man persönlich vorbei-schaut. Das Jugendzentrum *Maison des Jeunes et de la Culture*, Lezignan, Rue Marat, Tel. 68 27 03 34, vermittelt zwischen Bauern und arbeitssuchenden Jugendlichen, hat aber in der Hauptsache Herbergsfunktion und bietet mit 40 FFs weit und breit die billigste Unterkunft: wer sich für die Erntearbeit einschreiben lassen will, muß dafür 80 FFs Gebühr entrichten.
Der Bedarf an Pflückern in den einzelnen Regionen ist nicht immer vorhersehbar. Zu Beginn der Saison, etwa Ende der dritten Septemberwoche, herrscht meist starker Andrang, doch zehn Tage später können Arbeitskräfte schon wieder knapp und gesucht sein. Wer noch keine Auslandserfahrung oder wenig Vertrauen in sein Französisch hat, kann bei *Vacation Work International Club* Weinleseferien in Languedoc-Roussillon buchen; Anreise, garantierter Job und Versicherung sind eingeschlossen. Die erwähnten Programme bitte nicht mit den Angeboten verwechseln, die skrupellose Veranstalter in den Tageszeitungen anpreisen: junge Leute werden mit Bussen, die ansonsten leer nach Frankreich fahren würden, in die Weinlesegebiete gekarrt, mit dem Versprechen, Jobs seien reichlich vorhanden. Die Reisetermine sind überhaupt nicht auf die Weinlese abge-stimmt. Ab und zu tauchen aber auch ernsthafte Inserate auf: so suchte ein Weingut in Burgund, bei Nuits St. Georges, tatsächlich für den frühen Oktober Erntehelfer in den *New Zealand News*! Wer sich indes schon in Frankreich aufhält, findet bei folgenden Organisationen Unterstützung: *Centre de Documentation et d'Information Rurale*, 92 Rue du Dessou-des-Berges, 75013 Paris, Tel. 45 83 04 92, vermittelt 500 Jobs an Bewerber, die gut französisch sprechen; *Jeunesse et Réconstruction*, 10 Rue de Trevise, 75009 Paris, Tel. 47 70 15 88, verwaltet 200 bis 400 Stellen und verlangt dafür 120-160 FFs Vermittlungsge-bühr. In den letzten Jahren konnten beide Verbände wegen stetig wachsender Nachfrage immer weniger Arbeitplätze besorgen.
Viele Jobber suchen ihre Jobs auf weniger formellem Weg. Bernd Winkelmann suchte aus einem Reisebericht in der *Frankfurter Allgemeinen* zehn Weingutadressen heraus und bekam auf seine im Frühjahr versandten Briefe fünf Jobangebote als Antwort zurück. Also sich die Gelben Seiten des bevorzugten Weinanbaugebietes besorgen, die Anschrif-ten der *Viticulteurs* oder *Producteurs Négotiants* heraussuchen, und Bewerbungen auf Französisch losschicken.

Arbeitssuche vor Ort

In jeder Weinregion sollte der erste Weg zum örtlichen ANPE führen, in der Hoffnung, dort Anschriften von Bauern zu erhalten. Nicht gleich aufgeben, wenn die Angestellten nicht besonders hilfsbereit sind. Julia Pinnemann erhielt sowohl bei der ANPE, als auch im Fremdenverkehrsbüro und bei einer privaten Agentur in Saumur die Auskunft: »C'est complet«. Unverzagt wanderte sie dennoch der Loire entlang nach Osten und hatte nach einem zehn Kilometer langen Marsch durch die Weinberge schließlich Arbeit gefunden.

Rainer Gieblos erfuhr auf der ANPE in Schlettstadt im Elsaß, daß täglich fünfzig Anfragen abschlägig beschieden werden müßten, traf jedoch in Reichenweiher bei Colmar andere reisende Jobber und folgte deren Rat, doch einfach den örtlichen Gutsbesitzer anzusprechen. Prompt fand er für drei Wochen Angestellung, und man bot ihm 250 FFs pro Tag, wenn er nächstes Jahr wiederkehre. Bei weniger Glück auf Anhieb besorge man sich doch eine Karte der Weingüter dieser Gegend, etwa beim Fremdenverkehrsbüro, dem »Centre d'Information du Vin d'Alsace« in Colmar, und suche die Weinbauern an den Hängen der Vogesen auf. Dabei ist gar nicht immer notwendig, die Weinberge zu durchwandern. Oliver Herfort verschaffte sich eine Liste der Adressen und Telefonnummern der örtlichen Weingüter vom Fremdenverkehrsbüro »Syndicat d'Initiative« in Orange. Auch er hatte Glück und wurde gleich vom ersten Winzer akzeptiert. Viele Städte auf dem Land haben eine »Chambre d'Agriculture«, ein »Maison d'Agriculture«, ein »Syndicat de Vignerons« oder ein »Conseil Inter-Professionell du Vin«. Überall kann man gute Tips erwarten, gelegentlich wird allerdings auf die ANPE verwiesen. Auch die Büros der ländlichen Genossenschaften sind Arbeitssuchenden gegenüber freundlich eingestellt. Robert Schott berichtet, daß, wer seinen Namen und seine Anschrift bei der Kooperative in Limoges, südlich Carcasonne, hinterläßt, fast sicher einen Job bei der Weinlese erhält. Die Kooperativen heißen oft SICA, gefolgt vom Namen der jeweiligen Stadt, und sind meist leicht auszumachen. Man sollte aber nicht die Kooperativen der Weinbauern mit denen für die Farmversorgung verwechseln! Letztere handeln nur mit Saatgut, Maschinen und dergleichen.

Eine Nachfrage auf dem Rathaus, der Mairie oder dem Hotel de Ville, kann lohnen, denn manchmal hängen die Bauern dort ihre Zettel aus. Eventuell hat das Rathaus während der Erntezeit ein besonderes Vermittlungsbüro für Jobber. Es kann aber vorkommen, daß die Beamten dort so tun, als ob sie das erste Mal überhaupt von der Existenz der Begriffe »Trauben oder Wein« hören. Jugendherbergen sind traditionell wertvolle Informationsquellen; gelegentlich kommen Bauern auf der Suche nach Arbeitskräften sogar selbst dorthin. Jutta Hühner erzählte der Zeltplatzbesitzerin in Perpignan, daß sie Arbeit bei der Weinlese suche. Zufällig besaß diese selbst einen Weinberg und benötigte dafür Helfer. Nicht schlecht sind auch die kleinen Tante-Emma-Läden auf den einzelnen Dörfern, dort weiß man oft Bescheid. Ein letzter Tip: zur Post gehen und ein wenig umhertelefonieren.

Erfahrene Helfer empfehlen, sich lange im voraus an die Winzer zu wenden, sie anzurufen und eine Stelle fest zu vereinbaren. Allein die Tatsache, daß man sich die Mühe gemacht hat, ihre Adresse herauszufinden, überzeugt viele Weinbauern davon, daß man es ernst meint und wirklich zur Erntezeit auftaucht. Kurz vor dem vereinbarten Termin dann erneut anrufen und die baldige Ankunft bestätigen. Generell sei empfohlen, wegen weniger Konkurrenz sich zu Erntebeginn bei Bauern in kleinen Dörfern zu melden.

Maiskastrierung

Die Maisbeschneidung (*Ecrimage*) ist eine andere Hauptquelle saisonaler landwirtschaftlicher Arbeit in Frankreich, sollte aber kurz erklärt werden: ein Maisfeld wird alternierend mit je einer Reihe weiblicher und einer Reihe zweigeschlechtlicher Pflanzen versehen. Zu einem bestimmten Zeitpunkt müssen bei den zweigeschlechtlichen Pflanzen die männlichen Blüten abgeschnitten werden, die Befruchtung erfolgt dann durch die weiblichen Blüten der anderen Reihe. Das Resultat ist ein größerer Maiskolben. Inzwischen verrichten Maschinen diese Arbeit. Da die männlichen Pflanzenteile höher wachsen als die weiblichen, kappt die Maschine die Pflanzen auf einheitlicher Höhe, wobei zahlreiche Pflanzen unberücksichtigt bleiben, so daß von Hand nachgeschnitten werden muß. Ein exakter Zeitplan ist ausschlaggebend bei dieser Tätikeit. Die ganze Angelegenheit dauert nur zehn Tage zwischen Mitte Juli und Mitte August.

Katrin Westermann empfand die Hetze und das erwartete Durchhaltevermögen recht bedrückend: *Hat man schließlich das Ende der ungefähr einen halben Kilometer langen Reihe erreicht, gibt es nichts Frustrierenderes, als vom strengen Aufseher zurückgerufen zu werden, um eine übersehene Pflanze nachzuschneiden.*

Die Maisbeschneidung findet im Gegensatz zur Weinlese auch an den heißesten Tagen statt, so daß um fünf Uhr morgens aufgestanden werden muß. Mittags gibt es drei Stunden Pause und dann wird bis zum Sonnenuntergang um halb zehn weitergeschuftet. Bezahlt wird meist lediglich der Minimallohn, das Essen nicht gestellt. Katrin fand an der ganzen Angelegenheit das Zelten noch am schönsten:

Am Ende eines jeden Tages schafften wir es gerade noch, ein Feuer anzuzünden und uns Essen zu kochen. Nach ein oder zwei Flaschen des örtlichen Weines fühlten wir uns schon wieder besser. Einer der Arbeiter hatte ein Gitarre dabei, und so verbrachten wir manchen Abend am Feuer mit schönen Liedern.

Die Maiskastration konzentriert sich auf den Südwesten des Landes und die Auvergne. Folgende ANPE-Büros vermitteln hier: 70-74 Boulevard d'Haussez, 40000 Mont-de-Marsan, Tel. 58 46 00 55; 67 Boulevard Lafayette, 63038 Clermont-Ferrand Cedex, Tel. 73 92 20 32; 45 Rue E. Guichenné, BP 1606, 64016 Pau Cedex, Tel. 59 27 15 18. Wie bei der Weinlese arrangiert das *Centre de Documentation et d'Information Rurale* in Paris auch die Jobs bei der Maiskastration schon lange im voraus, allerdings vermitteln die Genossenschaften selbst ebenfalls.

Obsternte

Den Hauptanteil der Saisonarbeit in der Landwirtschaft stellen die Weinlese und die Maiskastration. Daneben gibt es aber noch eine Reihe weiterer Möglichkeiten des Einsatzes, wo die Konkurrenz weniger heftig ist. Die Mechanisierung bedroht wohl die Weinlese von Hand, noch hat aber niemand Maschinen für die Pflaumen- und Pfirsichernte entwickelt. Frankreich ist überwiegend ein Agrarland und die Départements Ardèche, Hérault, Drôme und Gers zählen zu den produktivsten Anbaugebieten für Pflaumen, Kirschen, Erdbeeren und Äpfel. Getreide und Früchte reifen zu unterschiedlichen Zeiten im Spätsommer und Herbst. Neben ihren Hauptanbaugebieten an der Rhone und Loire wird Obst und Gemüse quasi überall angepflanzt.

Alle, die bei der »Ramassage des fruits« irgendwo zwischen der Côte d'Azur und der Champagne arbeiteten und uns Beiträge schickten, fielen besonders durch ihre Flexibilität bei der Arbeitssuche auf. Sandra Guske etwa fuhr zur Erdbeer- und Kirschenernte nach Aix-en-Provence, um festzustellen, daß sie fast schon vorüber war. Beharrlich weitersuchend wurde sie von Aix nach Cavaillon in der Vaucluse, von dort nach Carpentras und von hier wiederum weiter nach Privas an der Ardèche geschickt, wo sie endlich etwas fand. Stefan Pfringler bekam von einem Mitstreiter bei der Weinlese eine Anschrift in der Ardèche zum Apfelpflücken. Dort angekommen, mußte er feststellen, daß die Bewohnerin unter der angegebenen Anschrift keinen einzigen Apfelbaum besaß:

Sie hörte sich meine Geschichte an und gab mir die Adresse eines Vetters, der bestimmt Arbeit für mich hätte. Ich rief noch in derselben Nacht an und war am nächsten Tag schon bei der Arbeit auf dem Feld.

Ungefähre Termine für die Ernte verschiedener Früchte sind weiter unten aufgeführt (bitte aber nur als grobe Anhaltspunkte auffassen). Die Daten verschieben sich nämlich von einem Jahr zum anderen und sind von Gegend zu Gegend unterschiedlich:

Erdbeeren: Mitte Mai bis Ende Juni; in höheren Lagen, so in Sauclieres, 70 Kilometer von Beziers, bis Mitte Juli.

Kirschen: Mitte Mai bis in den frühen Juli.

Äpfel: Mitte Juli bis Ende Oktober; hauptsächlich Mitte September bis Mitte Oktober.

Pfirsiche: Mitte Juni bis Mitte September; die Bäume müssen außerdem Mitte Juni ausgeschnitten werden.

Birnen: Mitte Juni bis Mitte November; hauptsächlich Mitte September bis Oktober.

Tomaten: Vom späten August bis in den frühen September.

Alle genannten Früchte und Gemüsesorten können im Rhônetal geerntet werden: die Gegend zwischen Lyon und Avignon empfiehlt sich für den Anfang am ehesten. Erdbeeren, Äpfel und Birnen findet man an der Loire, ganz besonders bei Segré, Angers und Avignon. Man muß sich jedoch nicht auf eine bestimmte Gegend festlegen. Alan Corries berichtet über die Arbeitssuche im Südwesten des Landes:

Die ANPE in Auch empfahl mir für die Pflaumenernte die Gegend um Villeneuve, aber Anfang August war ich viel zu früh dran. Ein Farmer stellte mich dann zusätzlich zu seinen marokkanischen Arbeitern bei der Tomatenernte ein.

Von hier ging's schließlich nahtlos zur Pflaumenernte in den umliegenden Städtchen Villen und Agen über. Weitere Anbaugebiete (Erfahrungsberichte jederzeit willkommen):

Bretagne: Äpfel, Kirschen, Pflaumen, Himbeeren.

Languedoc-Roussillon: Aprikosen, Melonen, Äpfel, Erdbeeren, Pfirsiche.

Dordogne: Pflaumen, Äpfel.

Médoc: Kirschen, Pflaumen, Melonen.

Normandie: Äpfel, Kirschen.

Pariser Becken: Pfirsiche, Birnen, Tomaten.

Gaby Weber erreichte in den Départements Vaucluse und Ardèche eine lange Beschäftigungszeit, indem sie den Erntearbeitern einfach hinterherreiste: Ende Juli fuhr sie auf die Ile de Bartelas, eine 17 Kilometer lange Insel in der Rhône bei Avignon, auf der nur Obst und Gemüse angebaut wird. Zunächst bei der Ernte weißer Bohnen tätig, folgten Pfirsiche, Äpfel und Tomaten bis weit in den August weiter. Im September arbeitete sie dann in einer Fabrik im Dorf Aubignan und verpackte einen Monat lang Melonen, Zucchini, Paprika und Aprikosen, genau bis zum Beginn der Weinlese im nahegelegenen Vacqueyras. Als diese auch zu Ende kam, ging's weiter in dem Dorf Bedouin, hoch oben am Mont Ventoux weiter, wo die Traubenernte erheblich später anfängt als anderswo. Mitte November erntete sie schließlich schon bei Frosttemperaturen in Privas an der Ardèche Kastanien.

Die Bedingungen bei der Erntearbeit sind ganz wie bei der Maiskastration. Im allgemeinen wird die SMIC-Rate gezahlt, außer bei Äpfeln, Birnen und Tomaten, wo das geerntete Gewicht den Ausschlag gibt. Essen und Unterkunft sind Sache der Arbeiter selbst, was eine Zeltausrüstung unabdingbar macht. Werden Kost und Logis aber gestellt, ziehen die Bauern zwei Stundenlöhne vom Tagesverdienst ab. Die bei der Weinlese gegebenen Ratschläge gelten auch für die Arbeitssuche bei allen anderen Erntearbeiten. Bernd Winkelmann gibt den wertvollen Tip, daß die Bauern sich während der Erntezeit fast täglich in der Genossenschaft einfinden, um beim Versteigern und Verkauf ihrer Waren zuzuschauen. Dort lassen sich dann unmittelbar Kontakte knüpfen: *Am besten spricht man die Arbeiter an der Waage an. Während der Hochsaison jobben dort oftmals Studenten, die sich als ausgesprochen hilfsbereit erweisen. Man kann aber auch den Auktionsleiter bitten, doch vielleicht eine entsprechende Durchsage über die Lautsprecher zu starten. Das funktioniert allerdings für Einzelpersonen meist besser als für Gruppen.* In Paris gibt es drei Märkte für organische Erzeugnisse, auf denen vielleicht eine Arbeit zu bekommen ist: *Le Marché Boulogne*, 140 Route de la Reine, 92 Boulogne-sur-Seine (jeden 1. und 3. Samstag eines Monats); *Le Marché Joinville-le-Point*, Place Mozart, 94 Joinville (jeden 2. und 4. Samstag eines Monats); *Le Marché Sceaux-Robinson*, Rue des Mouille-Boeuf (jeden Sonntag). Wessen Französisch für den Verkauf nicht glänzend genug ist, hilft eben beim Abladen der Lastwagen, dem Aufbau der Stände und der Reinigung nach Schließung des Markts.

Biologisch-dynamische Farmen

Die Organisation *Nature et Progrès* hat kürzlich die Vermittlung von Farmhelfern auf biologisch-organischen Bauernhöfen zentralisiert. Bei ernsthaftem Interesse und der Absicht, mindestens drei Monate auf einem solchen Hof zu bleiben, sende man einen Rückumschlag und zwei internationale Antwortscheine an den Service de Remplacement, c/o Michel Champy, chez Roger Fransoret, Alancourt Mancy, 51200 Epernay. Erfahrung wird nicht vorausgesetzt, Französischkenntnisse sind jedoch erwünscht. Möglichst schon frühzeitig bewerben, denn die meisten Bauern haben sich spätestens bis Ostern für einen Assistenten entschieden.

Die biologisch-dynamische Bewegung ist besonders stark in den fünf Landkreisen der Bretagne vertreten. Es kann sich übrigens lohnen, sich an einen der Verbände zu wenden, die biologische Produkte vermarkten. Wer anschließend lange genug auf einer Farm bleibt, wird vielleicht sogar ein Taschengeld erhalten. Anton Pinschof, Kergroaz-Vraz, Mael-Pestivien, 22160 Callac-de-Bretagne, Tel. 96 45 76 16, würde sich über freiwillige Helfer freuen, die mit ihm seine Ein-Hektar-Gemüseanbaufläche bearbeiten und jäten. Einen Monat sollte man aber schon abkömmlich sein, wird in die Familie aufgenommen, erhält nebenbei eine Grundausbildung in biologischer Landwirtschaft und lernt noch die ursprüngliche Bretagne kennen, wo die Flurbereinigung noch nicht stattgefunden hat. Francois Crutain, Chemin des Barres, Les Turreaux, Cuffy, 18150 Le Guetin-le-Guereche, Tel. 48 80 41 26, benötigt von März bis Oktober Hilfe beim Blumen- und Gemüseanbau. Mme Yolande Calori, Hameau de Ville, Nancy, 58400 La Chartié-sur-Loire, Tel. 86 69 11 95, benötigt ebenfalls Volontäre für die Ziegen und Kühe sowie die Käseerzeugung auf ihrem Hof in Lothringen. Neben freier Kost und Logis zahlt sie 1000 FF Taschengeld. Allerdings sollten sich nur Nichtraucher melden. Eine weitere Adresse wäre Jean-Paul Beltran, Le Vieux Jallot, 58240 St. Pierre le Moutier, Tel. 86 37 21 36. Viele Höfe in Frankreich werden von Stadtflüchtigen bewirtschaftet, und so ist die Atmosphäre ganz anders als auf rein kommerziell betriebenen Farmen. Doch auch hier wird natürlich Bereitschaft zu harter Arbeit erwartet. Oft hören reisende Jobber von solchen Bauernhöfen durch Mund-zu-Mund-Propaganda (»la bouche à oreille«, wie man in Frankreich sagt). Höflicherweise sollte man aber immer erst anrufen oder schreiben, und auf keinen Fall unangekündigt auf der Türschwelle erscheinen. Nicht nur Anton Pinschof ist dabei auch an ein paar Zeilen über familiären Hintergrund, Alter, Erfahrungen und,

ganz wichtig natürlich, an dem gewünschten Datum des Besuches interessiert. Schließlich:
Wer vorhat, auf einem Hof zu arbeiten, sollte unbedingt Gummistiefel und ein Zelt mit
einpacken!

Heuernte

In ganz Frankreich wird von Juni bis August auf allen Bauernhöfen das Heu eingebracht,
so daß stets zusätzliche Arbeitskräfte benötigt werden, um die Ballen aufzuladen und
anschließend zu lagern. Diese Arbeit wird nicht öffentlich bekannt gemacht, da innerhalb
der Familie, des Freundeskreises oder unter den Nachbarn normalerweise genügend Helfer vorhanden sind. Ein Jobber, der an der Tür nach Arbeit fragt, hat dennoch eine gewisse Chance, Bett und Brot zu bekommen. Die allgemeinen Bedingungen werden wesentlich formloser als bei der Obsternte gehandhabt. Arbeitszeit, Lohn, Essen und Unterkunft
sind selbst auszuhandeln. Häufig integriert man den neuen Mitarbeiter als einzige fremde
Aushilfe in die Familie, was gute Französischkenntnisse umso wichtiger macht.

Unterrichten

In Frankreich herrscht ein überreiches Angebot an ausgebildeten Lehrern für moderne
Fremdsprachen. Es ist daher ausgesprochen schwierig, in diesem Bereich eine Gelegenheitsarbeit zu finden. Lehrer, die ein Jahr in Frankreich unterrichten wollen, besorgen
sich am besten bei der Französischen Botschaft das kostenlose Informationsheftchen
»Unterrichten in Frankreich«. Viele französische Universitäten beschäftigen Deutsche
als Assistenten in ihren Sprachlabors, eine ausgezeichnete Möglichkeit für deutsche Sti-
pendiaten. Es kann aber trotzdem nicht schaden, sich kurz vor Semesterbeginn, im Januar und Oktober, an den Universitäten entsprechend zu erkundigen. Das hat nur dann
Sinn, wenn man sich einige Monate an einem Ort aufhalten will und noch eine andere
Einnahmequelle auftreibt: die 12-16 Stunden Unterricht bringen allerhöchstens 360 DM
in der Woche ein.

David Dillmann geriet irgendwie ins Universitätsleben von Le Mans, 150 Kilometer südwestlich von Paris, und lernte Studenten kennen, die privaten Deutschunterricht nehmen
wollten. Zwei Jahre konnte er sich davon ernähren. Für Privatstunden liegt der Tarif derzeit bei 60 bis 95 FFs; Konversationsstunden mit Erwachsenen sind weniger anstrengend
als Unterricht bei Kindern, werden aber auch schlechter bezahlt. In Instituten wie der
Alliance Française, 101 Boulevard Raspail, Paris, kann man über Aushänge Schüler
suchen. Das *British Council*, 9 Rue Constantine, 75007 Paris, veröffentlicht eine Liste
aller Sprachschulen. Julia Pinnemann hatte hingegen beim Goethe-Institut Glück:
Ich besorgte mir zuhause die Sprachschulliste und kontaktierte alle Institute. Eines suchte
dringend einen Lehrer, und die Stelle wurde mir fast schon am Telefon zugesagt. Nachdem
ich sozusagen einen Fuß in der Tür hatte, bekam ich bald auch Arbeit bei anderen Schulen.
Gezahlt wurden rund 15 DM die Stunde. Ich besorgte mir daraufhin eine billige Studiowoh-
nung in der Pigalle und lebte eine Weile ganz komfortabel von den zwei bis drei Stunden
Arbeit am Tag. Es blieb dabei natürlich reichlich Zeit für soziale Kontakte und Kultur.
Sprachschulen findet man in den »Gelben Seiten« unter »Enseignement« oder »Ecoles
des Langues«. Derzeit sind Lektionen am Telefon der absolute Renner: für eine Stunde
erhält man dabei etwa 80 FF plus die Kosten für das Telefongespräch.

Arbeit in einem Haushalt

Unter jungen Frauen aller Nationalitäten sind Au Pair-Stellen schon seit einiger Zeit ungeheuer beliebt, um ein fremdes Land und dessen Sprache kennenzulernen. Dutzende von Agenturen kümmern sich um ihre Vermittlung, vergleiche dazu das Einleitungskapitel »Hausarbeit«. Das Taschengeld für Au Pairs ist in Frankreich an den SMIC gekoppelt und liegt bei 1800 FF im Monat. Nach Auskunft diverser Agenturen sind Stellen im Sommer für ein bis drei Monate möglich, jedoch werden selbst für solche Kurzzeitplazierungen manchmal horrende Gebühren, teilweise bis zu 600 FF, verlangt. Und bei weitem nicht alle Agenturen stellen sicher, daß die Familie auch die gesetzlich vorgeschriebenen Sozialabgaben leistet, weshalb man dies unbedingt klären sollte, bevor man sich bei einer Agentur einschreibt. Nicht nur für Lehrerstellen ist das Schwarze Brett im British Council oder Goethe-Institut zu empfehlen, sondern eben auch für Au Pairs. Ausländische Buchhandlungen, Büchereien und Kirchen können weiterhin nützlich sein: siehe dazu das Kapitel »Arbeitsmöglichkeiten in Paris« weiter unten. Christoph Janzen besorgte sich durch einen solchen Aushang den Job, einen kleinen Jungen zu betreuen – und entwertet damit gleich ein altes Vorurteil, daß Au Pairs immer weiblich sein müssen! Agenturen, bei denen man sein Glück versuchen kann, sind unter anderem folgende: *Accueil Familial des Jeunes Etrangers,* 23 Rue de Cherch-Midi, 75006 Paris, Tel. 42 22 50 34; *Alliance Culturelle Internationale,* 30 Rue de France, 60000 Nice, Tel. 93 88 23 60; *L'Arche,* 7 Rue Bargue, 75015 Paris, Tel. 42 73 34 39; *Contacts,* 55 Rue Nationale, 37000 Tours, Tel. 47 20 20 57; *Inter-Séjours,* 179 Rue de Courcelles, 75017 Paris, Tel. 47 63 06 81; *Relations Internationales*, 20 Rue de l'Exposition, 75007 Paris, Tel. 45 50 23 23; *Séjours Internationaux Linguistique et Culturels*, 32 Rempart de L'Est, 16022 Angoulême Cedex, Tel. 45 95 83 56. Das Angebot an Au Pair-Stellen ist gerade in Paris überwältigend, so daß es sich empfiehlt, anzureisen und sich einige Familien anzusehen, bevor man sich für eine bestimmte entscheidet.

Industrie und Handel

Grundsätzlich müssen tadellose Französischkenntnisse vorhanden sein, um einen Büroposten zu ergattern. Damit fällt wahrscheinlich die Art von Jobs, wie von zuhause gewohnt, gleich aus. Wem es wie Ben Nakoneczny gelingt, in einem Büro unterzukommen, der eine Stelle über die Familie bekam, bei der er als Au Pair wohnte, kommt meist in den Genuß des verbilligten, doch immer wohlschmeckenden französischen Kantinenessens. Mit sehr guten Französischkenntnissen kann man sich auch um Übersetzungsjobs bemühen. Eine junge Amerikanerin hatte eine Notiz in ihrer Pariser Schule ausgehängt, worauf sich bei ihr ein Verleger meldete und sie fortan ein ganzes Jahr lang französische Comics ins Englische übersetzte. Anschriften von Sekretärinnenvermittlungen für zweisprachiges Personal: *ABC Services*, 110 Boulevard Magenta, 75010 Paris, Tel. 42 08 44 77; *Unett*, 9 Rue du Mont-Thabor, 75001 Paris, Tel. 42 97 41 50. Maurer und Zimmerleute werden immer gesucht. Gelegenheitsjobber sollten laut Thomas Koller herausfinden, wo die Araber sich morgens gegen sieben Uhr versammeln, weil sich dort auch immer Arbeitgeber und Privatleute auf der Suche nach Hilfsarbeitern einfinden. Die Bezahlung erfolgt bar auf die Hand; man sollte wirklich jeden Tag abrechnen, damit der Arbeitgeber nicht die Zahlung »vergißt«. Viele Briten bauen sich zur Zeit mit Hilfe englischer Baufirmen, die übrigens nicht alle eine Genehmigung besitzen, Häuser in der Dordogne. Eine Nachfrage hier kann zu einem Job führen.

Das Telefonbuch stellt eine unschätzbare Hilfe bei der Jobsuche dar. Wir geben in der Folge einige Stichworte, unter denen man nachschlagen und versuchen kann, entsprechende Kontakte zu knüpfen: *Pubicité direct* und *Distributeurs* en Pubicité - Werbung, Prospekte und Handzettel verteilen. *Démenagement* - Umzugsarbeiten. *Entreprises de Nettoyage* - Putz- und Reinigungsarbeiten. *Surveillance* - Wachdienste. Wenden Sie sich an: *SICLI*, Securité Télésurveillance, 12 Rue de l'Isly, Paris. *Parkings* - Jobs in Parkhäusern und dergleichen. Wegen Wochenenddiensten ist bei folgender Anschrift nachzuforschen: *GEPARC*«, 37 Rue de Surenes im 8. Arrondissement, Tel. 42 66 33 26.

Freiwilligendienste

Wie in anderen europäischen Ländern existieren reichlich Möglichkeiten, freiwillige Arbeit zu leisten. Wer Lust und Interesse hat, gegen freie Kost und Logis seine Arbeitskraft einzusetzen, sollte einen Aufenthalt als Volontär ins Auge fassen. Die entsprechenden Projekte dauern meist zwei bis drei Wochen im Sommer. Viele junge Leute nehmen daran teil, um Grundkenntnisse in Französisch zu erwerben, Kontakte zu knüpfen und einfach ihren Spaß zu haben.

Der schon im Kapitel »Weinlese« erwähnte Verein *Jeunesse et Réconstruction*, 10 Rue de Trévise, 75009 Paris, führt eine Reihe von Arbeitscamps durch, bei denen alte Bauwerke restauriert und Umweltprobleme gelöst werden. Die im Einleitungskapitel »Freiwillige Dienste« aufgeführten britischen Verbände vermitteln auch nach Frankreich. *Concordia* ist in diesem Land besonders aktiv, doch liegt die Einschreibungsgebühr mit rund 120 DM wesentlich höher als in den meisten europäischen Ländern.

Jedes Jahr werden etliche archäologische Grabungen, Bauwerksanierungen und dergleichen mehr angesetzt. Das Ministerium für Kultur, die *Direction de'l Archéologie*, 4 Rue d'Aboukir, 75002 Paris, stellt jedes Jahr eine Liste dieser Grabungen und Restaurationsprojekte zusammen. Rund 10.000 Freiwillige werden hierfür im Schnitt benötigt. Ohne einschlägige Erfahrung werden sie allerdings nur Hilfs- und Arbeiten einfacherer Natur leisten können, doch vielen bereitet allein schon die Teilnahme an einem interessanten Projekt Freude. Anton Schwarz beschreibt die Grabung des Historischen Seminars der Universität Le Mans (Route de Laval, 72017 Le Mans) folgendermaßen:

Archäologie bedeutet harte Arbeit. Alle Bewerber müssen sich darüber im klaren sein, was es bedeutet, von morgens 8.30 Uhr bis mittags und noch einmal von 14 Uhr bis 18.30 Uhr am Abend in glühender Hitze zu malochen. Obwohl ich dringend vor Enthusiasmus warne, hat mir die Grabung enormen Spaß gemacht: gute Kameradschaft und gleichzeitig eine tolle Chance, meine Sprachkenntnisse zu verbessern, da 75 Prozent der Teilnehmer Franzosen waren. Die Wochenenden waren ab Samstagnachmittag frei, gutes Essen gab's mittags in der SNCF-Kantine, abends kochten wir selber. Die Unterbringung war simpel, aber akzeptabel.

Im folgenden eine kleine Auswahl solcher Grabungen. Dabei aber immer daran denken, daß manchmal ein Unkostenbeitrag von etwa 25 FFs pro Tag für Kost und Logis verlangt wird: *Prof. John Collis*, Department of Archaeology, Sheffield University, GB – Sheffield S10 2TH, Tel. (0742) 78 555. Gegraben wird in einer vorrömischen Siedlung bei Clermont-Ferrand. *Labo Anthropologie*, UPR 403 du CNRS, Campus de Beaulieu, 35042 Rennes, Tel. 99 28 61 09. Im Sommer Grabungen in der Bretagne. *Archéologie Municipal*, Hotel du Ville, BP 667, 55033 Lille Cedex. *Association pour le Développement de l'Archeologie Urbaine à Chartres*, 12 Rue du Cardinal Pic, 28000 Chartres, Tel. 37 21 35 65. Einschreibegebühr: 50 FFs.

Wer Interesse an alten Bauwerken und deren Erhaltung hat, wende sich an: *Apare*, 103 Rue des Infirmières, 84000 Avignon, Tel. 90 85 51 15; *Association le Mat*, 07120 Balazuc, Tel. 75 37 73 80; *Club du Vieux Manoir*, 10 Rue de la Cossonnerie, 75001 Paris, Tel. 45 08 80 40; *Les Compagnons du Cap*, Pratcoustals, Arphy, 30120 Le Vigan, Tel. 67 81 82 22; *Les Moulins des Apprentis*, Moulin à Piot, 23220 Chénin (Camps zur Erhaltung alter Windmühlen); *REMPART*, 1 Rue des Guillemites, 75004 Paris, Tel. 42 71 96 55 (betreut rund 140 Lager, die vom Verfall bedrohte Denkmäler in Frankreich erhalten sollen. Einige davon sind kostenlos, die meisten berechnen 30-40 FFs Kostenbeitrag pro Tag); *Chantiers d'Etudes Médiévales*, 4 Rue du Tonnelet Rouge, 67000 Straßburg, Tel. 88 37 17 20. Üben Sie sich in Geduld, wenn sich herausstellen sollte, daß das gewählte Projekt Nachteile hat: auch der Grabungsleiter ist meist Volontär. Judith Grün allerdings meldete sich bei einem Camp an und war dann gänzlich frustriert über den Mangel an Effektivität aufgrund offensichtlich fehlender Kompetenz und Führungsqualität des Leiters. Hinzu kam noch, daß einer der Teilnehmer ausgesprochener Rassist war. Die Lösung dieses Problems heißt Toleranz – insbesondere wenn sie den anderen Teilnehmern fehlt.

Gelegenheiten in Paris

Ein bekannter Ort gerade für Zeitarbeit ist das englische Buchgeschäft *Shakespeare and Company*, 37 Rue de la Boucherie, im 5. Arrondissement. Ein Kanadier arbeitete dort einige Monate, obwohl sein Französisch nicht eben fließend war. Das Buchgeschäft betreibt übrigens auch ein Gästehaus für Schriftsteller. Unter Umständen kann man dort eine Woche kostenfrei wohnen. Gepäck darf allerdings nicht eingelagert werden, und tagsüber herrscht absolutes Redeverbot. Jeden Sonntagnachmittag wird zur »Teaparty« eingeladen. Das Buchgeschäft hat außerdem ein stark beachtetes Schwarzes Brett mit Aushängen über mögliche Unterkunft, Jobs usw. Weitere Aushangbretter befinden sich im *British Council*, 16 Rue d'Anjou. Dort sind die Sicherheitsbestimmungen jedoch sehr streng, versuchen Sie also, möglichst nett und friedliebend auszusehen; bei *CIDJ*, 101 Quai Branly, nahe der Métrostation Bir-Hakeim; in der Amerikanischen Kathedrale, 23 Avenue George V., Paris 8 sowie der Amerikanischen Kirche , 65 Quai d'Orsay, Arr. 7. In den Restaurants der internationalen Pizzakette *My Kinda Ville* jobben zumeist Ausländer. Doch auch in anderen Restaurantketten wie *Chicago Pizza Pie Factory*, 5 Rue de Berri, 75008 Paris, oder *Chicago Meatpackers*, 8 Rue de Coquilière, 75001 Paris, sind Leute aus allen Teilen der Welt zu treffen. Die *Union des Centres de Rencontres Internationales de France*, 4 Rue Jean-Jacques Rousseau, 75001 Paris, unterstützt Hilfesuchende bei der Suche nach einer preiswerten Unterkunft. Karin Huber half im *Three Ducks Hostel*, 6 Place Étienne Pernet, 75015 Paris, einige Stunden aus und erhielt dafür als Gegenleistung ein kostenloses Zimmer. Ganz neu ist die Möglichkeit einer Tätigkeit im 1992 nach zehn Jahren Bauzeit eröffneten Eurodisneyland. Derzeit geht man von einem Personalbedarf von etwa 30.000 Menschen aus, die sich allerdings mittelfristig binden sollten.

Überleben

Nach verschiedenen Quellen sollen Krankenhäuser bis zu 250 FFs am Tag für Medikamententests zahlen, was wir aber leider nicht verifizieren konnten. Also an Ort und Stelle Erkundigungen einziehen! Theresa Schneider entdeckte die Kunst des Schneckensammelns am Ufer der Flüsse und Kanäle im Vaucluse. Schnecken gehen nur in dunklen, stillen und feuchten Nächten auf

Wanderschaft, und so konnte man in der Folge Theresa regelmäßig zwischen zwei und sieben Uhr morgens am Flußufer beim Einsammeln der Schnecken treffen, um dann auf dem örtlichen Markt in Carpentras Gewinn daraus zu schlagen. Zu bedenken gilt, daß zwischen dem 1. April und dem 30. Juni Sammelverbot herrscht! Nur völlig Abgebrannte werden in Parks, Bahnhöfen und am Strand schlafen. Den Bahnhof von Lyon nicht ohne gültiges Ticket versuchen, denn die Bahnpolizei geht beim Hinauswurf nicht gerade zimperlich vor. Thomas Koller empfiehlt den Kieselstrand von Nizza, auf die Gefahr hin, mitten in der Nacht von der Polizei mit einem kräftigen »Debout! Debout!« wachgerüttelt zu werden. Marcus Funck fand nach seiner Ankunft in Marseille für die Zeit seiner Arbeitssuche in einem Foyer de Nuit Unterschlupf: *Das Foyer liegt in der Rue Plumier, nahe Vieilleport, und wird von einem katholischen Orden betrieben. Die Regeln waren ausgesprochen streng: Einlaß von 7 bis 7.10 Uhr, Schlafengehen um 21 Uhr, Wecken um fünf, und bis spätestens 6.30 Uhr war das Haus wieder zu verlassen. Immerhin konnte ich mich von meiner anstrengenden Tramptour erholen, ohne meine Notreserven angreifen zu müssen.* Dazu am besten unter *Foyers/Asiles de Nuit* im Telefonbuch nachschlagen. Die Katholische Sozialhilfe, »Secours Catholique«, teilt einmal in der Woche warmes Essen, einmal im Monat Kleidung aus. Man muß dazu allerdings so aussehen, als ob man in Frankreich lebte, bloß nicht wie ein Durchreisender.

Korsika

Politisch gehört Korsika zwar zu Frankreich, doch haben die Einwohner dieser Insel ethnisch und kulturell mehr mit den Sarden gemein als mit den Franzosen. Korsika ist arm und unterentwickelt, und nur das warme Klima verschafft einige Arbeitsmöglichkeiten für Jobber in Landwirtschaft und Fremdenverkehr. Auf der Insel lebt zudem ein hoher Bevölkerungsanteil von Arabern aus Nordafrika, die für geringste Löhne hart arbeiten. Für die Jobsuche ist also reichlich Geduld mitzubringen.

Hotelarbeit

Der Fremdenverkehr konzentriert sich auf einen kleinen Teil der Insel und auf wenige Orte: die Hauptstadt Ajaccio, Bastia, Bonifacio, Calvi, die Ile Rousse und Popriano. Leider sind die Städte auch häufig Ziele von Anschlägen der Separatistenbewegung. Kathrin Hallwag fand mit der Methode des schon hinreichend gepriesenen allgemeinen Herumfragens einen Posten im Grand Hotel »Sofitel« in Porticio, einem Feriengebiet an der Küste, zwölf Kilometer von Ajaccio. Sie arbeitete dort als Zimmermädchen, zusammen mit 150 anderen Angestellten, davon die meisten junge Europäer. Sie hatte das Gefühl, trotz anstrengender Arbeit noch Glück gehabt zu haben und würde zwar nicht noch einmal im gleichen Hotel arbeiten wollen. Ihre Zeit dort hat ihr aber schon gefallen: *Die gesellige Seite, Kameradschaft und dergleichen habe ich wirklich genossen: Strandparties, Grillfeste und Discobesuche. Auch die Lage gleich am Strand war wundervoll. Die Arbeit strengte deswegen so an, weil man in den dicken Nylonuniformen stark schwitzte. Ein kurzes Bad in der Mittagspause wirkte aber Wunder.* Thomas Koller fielen die vielen Anzeigen in den Tageszeitungen von Nizza auf, die Personal für Hotels und Bars auf Korsika suchten. Deutsche Jobsuchende sind auf der Insel deswegen im Vorteil, weil der deutsche Anteil am Fremdenverkehr recht hoch liegt.

Arbeit auf dem Bauernhof

Korsika liegt nicht ganz so weit südlich wie Griechenland. Trotzdem reifen zahlreiche subtropische Früchte: Kiwis, Klementinen, Avocados. Geerntet werden diese von Mitte November bis in den Dezember hinein, und die Weinlese findet vom September bis in den frühen Oktober statt. In manchen Jahren kann man nach der Ernte in Südfrankreich gleich in Korsika weiterarbeiten. Meist überlappen sich die Erntezeiten jedoch, und in Korsika ist die Lese der Trauben oft bereits Mitte Oktober abgeschlossen. Das besonders fruchtbare Gebiet an der Ostküste, um Bastia und fast bis nach Aleria hinunter bietet die meisten Jobs in der Erntearbeit. Die meisten Weinberge konzentrieren sich im Norden an der Küste bei Calvi, um Ajaccio und Sartene. Durch die Vermittlung der Bauernkooperative erhielt Sandra Guske Beschäftigung bei der Traubenernte in Piantottoli Caldarello, einer kleinen Stadt zwischen Sartene und Bonifacio. Allgemein ist es wegen der Konkurrenz der Araber und Algerier jedoch äußerst schwierig, Beschäftigung bei der Weinlese zu finden:

Obwohl die Marokkaner häufig nicht schreiben und lesen können, scheinen sie die Anschriften der Wein- und Clementinenanbauer gut zu kennen. Die Genossenschaften, bei denen wir vorsprachen, hatten die Arbeiten schon an nordafrikanische Erntetrupps vergeben. Wir gewannen den Eindruck, daß insbesondere Mädchen erhebliche Probleme bei der Zusammenarbeit mit den Arabern bekommen würden.

Georg Kirchner fand im Sommer eine höchst unkonventionelle Arbeit auf einem Hof bei Ghiasonaccia. Der Hof gehörte zu einer Reihe experimentell orientierter Betriebe, die an der Ostküste neue Verfahren beim Obst- und Gemüseanbau erproben. Georgs Aufgaben waren das Aufpropfen von Reisern, Bewässern usw. Keine schweren Arbeiten, nur die Mittagshitze machte ihm ein wenig zu schaffen. Deshalb begann die Arbeit ja auch schon im Morgengrauen und wurde mittags für drei Stunden Siesta unterbrochen. Es gab nur wenige andere Helfer, meist Studenten. Die ökologischen Bauern mußten nämlich die Erfahrung machen, daß die örtlichen Arbeitskräfte die neuen Techniken nicht mitmachen wollten. Georg erfuhr von ihnen, daß von Ende Oktober bis Mitte Dezember Arbeitskräfte auf der Insel wirklich knapp sind. Zu diesem Zeitpunkt werden Klementinen, Kiwis und Avocados nahezu gleichzeitig reif. Allerdings wird Ausländern hier oft mit Feindseligkeit begegnet. Er warnt vor einer schweren Arbeit, besonders die der Kiwiernte, weil diese Früchte an Zweigen mit spitzen Dornen wachsen.

Deutschland

Deutschland steht weltweit im Ruf, hohe Löhne zu zahlen und viele Jobmöglichkeiten auch für ausländische Arbeiter anbieten zu können. Einige Jahre lang warb die Bundesregierung Gastarbeiter in der Türkei, Jugoslawien, Griechenland und Italien für Tätigkeiten an, welche die Deutschen nicht selbst erledigen wollten. Die Zeiten haben sich seitdem aber geändert: die Arbeitslosenrate erreicht mancherorts schon zweistellige Prozentzahlen. Inzwischen wird daher versucht, die Ausländer dazu zu bewegen, doch bitteschön freiwillig wieder in ihre Heimatländer zurückzukehren, insbesondere angesichts der Arbeitslosigkeit in den neuen Bundesländern und natürlich der Invasion von Wirtschaftsflüchtlingen aus den ehemaligen Ostblockstaaten, Asylbewerbern usw. Und tatsächlich hat sich die Zahl der Gastarbeiter von ehemals zwei auf etwa eineinhalb Millionen vermindert.

Jobmöglichkeiten finden sich aber immer in genügender Anzahl, vor allem in Hotels, und da insbesondere in Bayern, wo die Arbeitslosigkeit um einiges niedriger liegt als etwa im Ruhrgebiet. Den meisten Deutschen ist die Arbeit im Fremdenverkehr zu anspruchslos, zu gering bezahlt und die durchschnittliche Beschäftigungsdauer nicht lang genug.

Bestimmungen

EG-Bürger unterliegen in der BRD keinen besonderen Beschränkungen: sie dürfen drei Monate im Land umherreisen und sich Arbeit suchen (Spanier und Portugiesen erst ab 1. Januar 1993). Nach diesen drei Monaten beginnt der Kampf mit der zähen deutschen Bürokratie. Erster Schritt ist der Erwerb eines *Meldescheins* in einem x-beliebigen Schreibwarenladen, welcher vom Vermieter oder künftigen Arbeitgeber unterschrieben werden muß. Hierauf erfolgt der Gang zum örtlichen Einwohnermeldeamt oder Rathaus. Bei Vorlage des vollständig ausgefüllten Formulars erhält man von der Ausländerbehörde eine *Aufenthaltserlaubnis*, die fünf Jahre gültig ist, wenn man schon eine Arbeitsstelle hat. Oder man erhält lediglich eine Dreimonatsfrist, in der man sich einen Job besorgen muß. Kathrin Gödenmair aus Österreich war froh, durch ihre Stelle als Zimmermädchen in einer kleinen norddeutschen Stadt gut beschäftigt zu sein, da die Behörden ihren Paß einen ganzen Monat lang einbehielten, während die Aufenthaltserlaubnis bearbeitet wurde: ohne Paß hätte sie die Stadt aber nicht verlassen dürfen. In größeren Städten wird die Genehmigung meist auf der Stelle erteilt, vorausgesetzt natürlich, alle erforderlichen Dokumente liegen vor. Denken Sie daran, gleichzeitig eine *Lohnsteuerkarte* zu beantragen, die den Arbeitgebern auszuhändigen ist. In Bayern ist natürlich alles anders. Im Freistaat benötigt man keinen Meldeschein, sondern beantragt seine Aufenthaltserlaubnis unter Vorlage zweier Paßfotos unmittelbar im »Ausländeramt« oder »Landratsamt«. In München befindet sich die Ausländerbehörde Stadtmitte in der Rupertstr. 19, die für die Außenbezirke zuständige am Mariahilfplatz.

Für die Arbeit in Restaurants, Bars und verschiedenen anderen Beschäftigungsbereichen, so auch Au Pairs, wird ein Gesundheitszeugnis verlangt, das beim örtlichen Gesundheitsamt für 20 DM erhältlich ist. Selbst wenn ein Arbeitgeber jemanden schwarz, also ohne Arbeitspapiere und Lohnsteuerkarte beschäftigt, wird er auf ein solches Gesundheitszeugnis bestehen, denn die Betriebe werden regelmäßig vom Wirtschaftskontrolldienst auf das Vorliegen solcher Zeugnisse bei allen Angestellten überprüft. Falls sie fehlen sollten, drohen drakonische Strafen. Der Wirtschaftsdienst prüft allerdings nur die hygienischen Verhältnisse und die Gesundheitszeugnisse.

Steuern

Studenten, die während der Semesterferien nicht länger als 183 Tage arbeiten, sind von der Lohnsteuer befreit. Voraussetzung hierzu ist jedoch der Nachweis, an einer in- oder ausländischen Hochschule eingeschrieben zu sein. Studenten können steuerfrei DM 560 im Monat bzw. rund 6200 im Jahr verdienen. Ab einem Verdienst von DM 560 monatlich werden in der Regel zunächst einmal Steuern abgezogen, die jedoch nach Ablauf des Steuerjahres vom Finanzamt durch den Lohnsteuerjahresausgleich zurückgefordert werden können. Dies ist für ausländische Studenten durch einen Antrag auf Steuerbefreiung beim Finanzamt vermeidbar, wenn sie sich nur vorübergehend im Lande aufhalten. Man sollte einen potentiellen Arbeitgeber unbedingt auf seinen studentischen Status hinweisen, da Studenten für den Betrieb deutlich kostengünstiger sind als normale Aushilfen, weil für sie keine Sozialabgaben fällig sind. Nicht-Studenten haben bei einer Beschäftigung unter 183 Tagen Dauer keinen Anspruch auf Steuererstattung.

Das deutsche Arbeitsamt

Die Bundesanstalt für Arbeit verwaltet den Arbeitsmarkt der Bundesrepublik monopolistisch. Private Vermittlungen müssen von diesem Amt genehmigt werden, doch die meisten werden abgelehnt. Von daher gibt es hierzulande nur wenige Agenturen wie beispielsweise *Adia*, *Manpower* und *Interim*, welche Büros in allen größeren Städten besitzen. Manche Jobber berichteten allerdings schon, daß diese Agenturen Ausländern gegenüber wenig hilfsbereit sind. So spielt das Arbeitsamt bei der Jobsuche eine wichtigere Rolle als in den Nachbarländern. Die Bundesrepublik ist mit einem dichten Netz von Zweigstellen der »Bundesanstalt für Arbeit« überzogen. Es existieren derzeit 146 Hauptarbeitsämter und 500 kleinere Filialen. Alle Stellen sind über Datenleitungen vernetzt und also in der Lage, Anfragen und offene Stellen auch überregional zu vermitteln.

Zu den vielversprechendsten Zielen für Jobber zählt München, wo immer eine erhebliche Zahl von Arbeitssuchenden aller Nationen, zumeist in der Gastronomie, unterkommt. Nick Langley zeigt sich vom Münchner Arbeitsamt in der Kapuzinerstraße 26, nahe der U-Bahnstation Goetheplatz, begeistert:

Deutschland besitzt mit Sicherheit das effektivste Arbeitsamt der Welt: in München befindet es sich in einem gigantischen, ultra-modernen Baukomplex, welcher sich in unzählige Abteilungen aufgliedert. Jede davon bearbeitet eine bestimmte Berufssparte: Bau-, Ingenieurswesen, Monteursarbeiten, Restaurants und Hotels, usw. Zur Verbesserung seiner Jobchancen sollte man möglichst viele Abteilungen aufsuchen, denn überall nehmen Beamte Anfragen entgegen, erteilen aufgrund ihrer Karteien Auskunft über freie Stellen und vereinbaren eventuelle Vorstellungsgespräche. Zusätzlich kann man sich mit Hilfe von Mikrofilmgeräten über Hunderte von Jobangeboten in der ganzen Gegend kundig machen. Mir wurde umgehend eine Stelle in der neueröffneten »Burger King«-Filiale angeboten.

Nicht alle Arbeitsämter sind jedoch so kooperativ wie das in München. Bob Jefferson war beispielsweise über die frostige Behandlung beim Frankfurter Arbeitsamt enttäuscht. Dennoch konnte man mit einer Stelle als Tellerwäscher in einem französischen Nobelrestaurant aufwarten, welche Bob auch annahm.

Man kann die Dienste der Bundesanstalt auch von außerhalb Deutschlands in Anspruch nehmen. Alle aus dem Ausland eingehenden Anfragen werden automatisch an die *Zentralstelle für Arbeitsvermittlung*, Feuerbachstr. 42-46, 6000 Frankfurt/Main weitergeleitet: EG-Bürger sind dabei den Deutschen gleichgestellt. Angehörige anderer Nationalitäten müssen schon einer Berufsgruppe angehören, an denen Mangel herrscht, wenn sie ein deutsches Arbeitsamt vermitteln soll.

Eine Ausnahme allerdings gibt es: Die Zentralstelle unterhält eine besondere Abteilung für studentische Sommerjobs, die sowohl für den Arbeitgeber als auch für die Studierende äußerst lukrativ sind; man sollte sich hierfür aber schon vor März melden. Voraussetzungen: man ist Vollzeitstudent, zwischen 18 und 30 Jahren alt und akzeptiert eine Mindestbeschäftigungszeit von zwei Monaten. Die meisten Jobs werden in Hotels oder Restaurants gefunden, einige wenige auch in Fabriken oder auf dem Bau.

Die Bundesanstalt verfügt auch über mobile »Service-Vermittlungen«, die immer dann eröffnet werden, wenn Arbeitgeber plötzlich zusätzliche Kräfte benötigen. Da das naturgemäß nicht vorhersehbar ist, muß man jeweils bei den Arbeitsämtern nachfragen, wo es zur Zeit solche regionale Sondervermittlungen gibt: auf Messen etwa oder bei den großen Wein- und Bierfesten.

Tourismus und Gastronomie

Während der sommerlichen Hochsaison ist die Fremdenverkehrsbranche ziemlich von der Mithilfe studentischer und ausländischer Aushilfen abhängig, erkannte Nidi Rajahs: *Es stellte sich bald heraus, daß unser Arbeitgeber völlig auf Ausländer angewiesen war. Diese wurden von ihm auch deswegen bevorzugt, weil sie noch billiger als Studenten waren. Die Stellen wurden entsprechend den Sprachkenntnissen verteilt.* Manchmal geht es auch ganz ohne Deutsch, wenn die Hotelmanager Englisch oder Französisch beherrschen. Bob Loft allerdings arbeitete in einer Hotelküche und mußte bei jeder neuen Anweisung seinen in der Nähe wohnenden Bruder anrufen: »... du sollst Gurken schälen!« erfuhr er so beispielsweise, oder »Teller waschen!«.

Grob geschätzt gibt es allein in München 2000 Kneipen und Gasthäuser. Kleinere Betriebe kümmern sich selten um Aufenthaltserlaubnis und Arbeitspapiere ihrer Angestellten und zahlen üblicherweise bar auf die Hand. Schwarzarbeit erspart zwar die üblichen 18 Prozent Lohnsteuer, man kommt dann aber auch nicht in den Genuß von Vergünstigungen wie Weihnachts- oder Urlaubsgeld, welche allerdings ohnehin nur bei längerfristigen Beschäftigungen gezahlt werden. Aufgrund strenger gesetzlicher Vorschriften sind die hygienischen Bedingungen in der Gastronomie fast schon klinischer Natur, wie Nick Langley in einer Münchner Küche erfuhr:

Viermal wurde das Restaurant während meiner fünfmonatigen Beschäftigung vom Gesundheitsamt überprüft. Hat man dieses Kontrollsystem, welches übrigens mit Sicherheit zur Schließung der Hälfte aller Restaurants in London führen würde, einmal kapiert, versteht man auch die vorher blödsinnig anmutenden Anordnungen des Chefkoches, andauernd den Fußboden zu schrubben oder täglich die Fettfilter zu reinigen.

Einen seiner Küchenjobs fand Nick Langely über einen Zettel an der Tür einer Kneipe, in der Nähe der Universität: »Hilfskoch und Küchenhilfe gesucht!« Erfolgversprechender ist jedoch, in den lokalen Zeitungen oder Anzeigenblättern nach Stellenanzeigen für Kellner, Bedienungen, Büffethilfen und Spüler Ausschau zu halten. Beim Abklappern der Kneipen auch die Restaurantketten nicht vergessen: »Nordsee«-Fischrestaurants, Steakhäuser, »McDonalds«, etc. Künftige Zimmermädchen sollten Schwabing ansteuern. Die Biergärten in München, insbesondere im Englischen Garten, zahlen fürs Gläsereinsammeln und Spülen in der sommerlichen Hochsaison bei allerdings 14 Stunden Arbeitszeit bis zu 150 DM am Tag, steuerfrei.

Helen Walter half als Springerin für krankgemeldete Angestellte und Arbeiter in Münchner Hotels und Fabriken aus. Mit Leichtigkeit fand sie immer wieder neue Beschäftigung und umging damit problemlos die Bestimmung, daß Aushilfen nicht mehr als 480 DM im Monat verdienen dürfen. Die Bezahlung in Hotels und Gaststätten in Deutschland ist durchaus akzeptabel: der Durchschnittslohn liegt bei 1500 bis 1800 DM, für Unterbringung und Verpflegung werden pro Monat davon rund 300 DM abgezogen. Robert Jefferson sollte als Tellerwäscher 1700 DM bekommen, doch nach etlichen Abzügen, die nicht alle durch die Steuer erklärt werden konnten, verblieben ihm gerade noch 1100 DM. Der Stundenlohn liegt normalerweise zwischen 10 und 13 DM. Ausländische Studenten beklagten sich teilweise schon darüber, daß ihnen weniger gezahlt wurde als ihren deutschen Kollegen. Außerhalb Münchens und Berlins wird man in folgenden Gegenden verhältnismäßig problemlos fündig: in den Alpen und im bayrischen Wald, im Schwarzwald sowie in den sommerlichen Ferienzentren an Nord- und Ostsee, wo die Lebenshaltungskosten allerdings unverhältnismäßig hoch sind.

In Bahnhofsgaststätten stellen fast immer Ausländer, meist Jugoslawen oder Türken, das Personal. Ian Gowing jobbte drei Jahre lang in Deutschland: letzten Sommer versuchte er es am Frankfurter Hauptbahnhof und wurde gleich als Küchenhilfe eingestellt. Der Arbeitgeber war sehr zufrieden mit ihm und bot ihm bald schon einen Dreimonatsvertrag an. Ian stellte hier einen Rekord auf, als er an 49 Tagen hintereinander arbeitete und damit auf beeindruckende Art und Weise den Ruf der Faulheit britischer Arbeitnehmer widerlegen konnte.

Eine andere Möglichkeit wäre, als Hotelassistent oder Trainer in einem großen Golf- und Sportcampingpark auf der Ostseeinsel Fehmarn zu jobben. Die Regel sind hier aber äußerst lange Arbeitszeiten, außerdem ist gutes Deutsch unabdingbare Voraussetzung. Man bekommt hierfür zwischen 2000 und 2700 DM im Monat, Bewerbungen sind zu richten an: *Camping Wulfener Hals*, Gustav Riechey & Sohn, 2448 Wulfen/Fehmarn.

Wintersportgebiete

Allgemein wird Deutschland bei den Reisenden als gutes Land für Jobs beim Wintersport eingeschätzt. Die Hauptferiengebiete sind einmal Garmisch-Partenkirchen an der österreichischen Grenze, rund 50 Kilometer südlich von München, und Oberstdorf bei Kempten. Anton Huber beschreibt seine Erlebnisse in Garmisch:

Am 17. Dezember kam ich an und hatte innerhalb von vier Stunden mein Arbeitsproblem geklärt. Jetzt sind wir schon im Neuen Jahr, und immer noch sind hier reichlich offene Stellen zu vergeben. In England hatte ich eine Bekanntschaft geschlossen, und mein neuer Freund erzählte mir, daß er im Winter im »Rheinischen Hof« in Garmisch arbeiten würde. Ich solle doch auch dahinkommen und einfach nach »Scottish John« fragen.

Meine erste Aufgabe im Hotel war die Zimmerreinigung; nach einer Weile wechselte ich ins Restaurant. Anfangs sprach ich kein Deutsch, aber lernte rasch die Speisekarte und Getränke auswendig. Mittags hatte ich vier Stunden frei und konnte so fast jeden Tag Skilaufen. Ich hatte eine wirklich schöne Zeit in Deutschland und lernte auch noch eine neue Sprache.

Auch Peter Hunt nahm die harte Arbeit im Hotelgewerbe gerne in Kauf und sah es seinem Chef sogar nach, daß er ihn des öfteren unwirsch behandelte. Er genoß den Winter in den Bergen. *Alpotels*, PO Box 388, GB – London SW1X 8LX, vermittelt ausländische Jobber an deutsche Hoteliers; es werden zunächst Eignungstests durchgeführt.

Großereignisse

Das Oktoberfest in München beginnt jedes Jahr am letzten Samstag im September, doch schon drei Monate vorher beginnt der Aufbau der riesigen Festzelte, und ab Juni oder Juli kann man sich nach Stellen erkundigen. Manchmal wird das Personal allerdings auch von den Brauereien Hofbräuhaus, Spatenbräu oder Löwenbrauerei selbst engagiert.

Wir führen nachstehend einige bedeutende Feste und Messen auf, bei denen der Personalbedarf zumeist die Nachfrage übertrifft:

März: Frankfurter Messe.

April: Hannover Messe.

August: Internationale Handelsmesse in Frankfurt, Mainzer Weinfest, Wiesbadener Weinfest, Rüdesheimer Weinfest.

Ende September-Anfang Oktober: Deutsches Weinlesefest in Neustadt, Wiesbaden und Rheingau Weinfest, Cannstadter Wasen, in Stuttgart, Oktoberfest in München. Anfang Oktober: Frankfurter Buchmesse. Auf der Buchmesse sind nicht gerade viele Jobmöglichkeiten vorhanden, allerdings existiert eine Messearbeitsvermittlung am Haupteingang, Ludwig-Erhard-Anlage 1, 6000 Frankfurt, Tel. (069) 752 339: unter Umständen kann man als Botengänger oder dergleichen unterkommen, gute Sprachkenntnisse sind aber unbedingt erforderlich. Armin Birrer berichtet, daß ihm während den dreimal jährlich in Hamburg am Dom stattfindenden Messen (jeweils einen Monat lang nach Weihnachten, Ostern und im Spätsommer) an etlichen Ständen die Schilder mit der Aufschrift:»Aushilfe gesucht!« auffielen. Er selbst half beim Aufräumen und dem Abbau der Stände mit. Auch Hunderte kleinerer Weinfeste werden jedes Jahr in Deutschland veranstaltet, auf denen man eventuell einen Job erhält. Termine und Anschriften erfährt man von der *Deutschen Weininformation*, Postfach 1707, 6500 Mainz 1.

Industrie und Handel

Bis vor einigen Jahren war Deutschland ein wahres Mekka für ausländische Arbeitnehmer, doch dem ist heute nicht mehr so. Die Arbeitslosigkeit insbesondere im Ruhrgebiet und im Osten liegt hoch, die alten traditionellen Industriezweige kriseln. Die Auswirkungen des deutschen Wirtschaftswunders scheinen aber noch nicht ganz verpufft, denn das allgemeine Lohnniveau bleibt hoch und gerade ausländische Firmenniederlassungen beschäftigen immer noch unzählige Hilfsarbeiter. Gastarbeiter stellen nicht unbedingt eine Konkurrenz für Jobber dar. Roderick Henfold arbeitete bei BMW in München, wo viele seiner Kollegen aus der Türkei und Jugoslawien stammten. Für seine Tätigkeit, eine zeitlich begrenzte Hilfsarbeiterstelle ohne Aussicht auf eine Festanstellung, gab es keine Mitbewerber. Im Personalbüro sagte man ihm, daß BMW nur nach Bedarf Aushilfen einstelle. Ohne Berufserfahrung mit Büro- und Fabriktätigkeiten bekommt man meist langweilige Jobs. Richard Adams arbeitete am Fließband, wofür die einzige Kompensation das Zuschauen war, mit welchem Stolz seine Mitstreiter ihre Arbeit perfekt erledigten: *Oft wurde ich nicht nur vom Vorarbeiter, sondern auch von den anderen Arbeitern für schlecht ausgeführte Arbeit getadelt. Als Engländer wurde ich zudem ständig damit aufgezogen, daß englische Arbeiter ja eh nur an Teepausen und Streiks interessiert seien.* Solche Jobs finden sich entweder vor Ort oder durch private Kontakte. David Gimson zum Beispiel nahm an einem Schüleraustausch teil und war zwei Jahre später in der Druckerei des Vaters seines Austauschpartners zu einem Stundenlohn von 12,50 DM tätig. Tip: in die großen Industriestädte, nach Frankfurt, Stuttgart, Köln, Düsseldorf, München oder Hannover fahren und beim Arbeitsamt oder ausgewählten Unternehmen nachforschen. Berlin leidet unter einer hohen Arbeitslosigkeit, gerade im Zuge der Vereinigung, und ist von daher nicht zu empfehlen. Stellenanzeigen in überregionalen Tageszeitungen werden meist nur qualifizierte Bewerber interessieren: *Rheinische Post* in Düsseldorf; *Süddeutsche Zeitung* und *Münchner Merkur*, insbesondere in den Mittwochs- und Samstagsausgaben, die man an Bahnhofskiosken schon am Abend des vorherigen Tages erstehen kann. Auch im Hamburger Hafen hat sich die Arbeitssituation deutlich verschlechtert. Selbst wer schon um 4 oder 5 Uhr morgens am Kai steht, wird bestimmt etliche Mitbewerber vorfinden, die hoffen, beim Be- und Entladen oder Reinigen der Schiffe eingesetzt zu werden. Armin Birrer konnte höchstens alle zehn Tage eine Arbeit ergattern. Pro Tag, bzw. für acht Stunden Arbeit werden dann aber gut 100 DM bar auf die Hand gezahlt.

Arbeit auf Baustellen

Die Bauwirtschaft in Deutschland beschäftigt traditionell vornehmlich Ausländer. In Sonthofen erhielt der Norweger Christian Firnés 2500 DM monatlich. Zahlreiche Arbeiter werden von Mittelsmännern durch Anzeigen in ausländischen Zeitungen mit hohen Lohnversprechungen nach Deutschland gelockt. Die Anwerbung muß außerhalb der deutschen Grenzen erfolgen, weil sie gegen inländisches Recht verstoßen würde. Früher oder später entdecken die Arbeiter dann, daß sie wesentlich schlechter verdienen als ihre Kollegen auf der gleichen Baustelle, doch da sie durch ihre Verträge gebunden sind, können sie sich dagegen nicht wehren. Alain Corrie konnte solche Erfahrungen aus erster Hand machen:

Das Leben eines »Kontrakt-Arbeiters« in Deutschland ist hart: Bahnhofsgaststätten, mißtrauische Hotelbesitzer, durchzechte Nächte und Geldstreitigkeiten prägen das Bild. Meist sind die Verträge zwar okay, aber in jeder Saison hört man von Fällen, in denen Leute böse über den Tisch gezogen worden sind. Macht man Überstunden, was an den langen Tagen im Sommer ja kein Problem darstellt, verdient man sehr gut. Den Kontakt zu Gruppen von professionell herumziehenden und oft heruntergekommenen Hilfsarbeitern, die ihre Jobs über Vermittler bekommen haben, sollte man tunlichst meiden.

Unterrichten

Anfragen beim Arbeitsamt zu Jobs im Unterrichts-, Schreib- oder Übersetzungsbereich führen zu der stereotypen Auskunft, daß das Angebot an Arbeitskräften übergroß ist und viele Leute arbeitslos sind. Lehrer sind in Deutschland in der Regel Beamte; Aushilfen werden nicht eingestellt. Zudem gibt es im Lande einen Überschuß ausgebildeter arbeitsloser Lehrer. Man kann jedoch versuchen, Nachhilfestunden zu geben. Der übliche Tarif liegt bei 15 DM pro Stunde. Unbedingt notwendig bei der Bewerbung sind Zeugnisse oder dergleichen. Es ist jedoch in höchstem Maße unwahrscheinlich, genügend Schüler zu bekommen, um seinen Lebensunterhalt davon bestreiten zu können. Die Zentralstelle *Pädagogischer Austauschdienst*, Nassestr. 8, 5300 Bonn 1, vermittelt ausländischen Sprachstudenten Stellen als Fremdsprachenassistent an deutschen Schulen. *Inlingua* betreibt zwar 53 Sprachschulen in Deutschland, doch wird das Personal hauptsächlich von der Zentrale in Birmingham angeworben.

Arbeit in einem Haushalt und als Au Pair

Das wöchentliche Taschengeld für Au Pairs beläuft sich in Deutschland auf 350-650 DM. Manche Familien zahlen einen Juniorpaß der Bahn oder die Fahrkarte für An- und Abreise sowie eine Nahverkehrskarte. Grundsätzlich wird ein größerer Arbeitseinsatz und mehr Hausarbeit verlangt als in anderen Ländern. Kommerzielle Agenturen für die Au Pair-Vermittlung sind in Deutschland verboten, so daß die einzig möglichen Ansprechpartner kirchliche Institutionen sind: zum einen der *CVJM* mit 17 Filialen im Bundesgebiet, der *Verein für Internationale Jugendarbeit* und außerdem *In Via*, Karlstr. 40, Postfach 420, 7800 Freiburg. Vermittlungsgebühren fallen nicht an.
Wer seine Fähigkeiten als Saubermann oder Sauberfrau an teutonischen Ansprüchen messen möchte, sollte es bei einem Reinigungsunternehmen versuchen. Personal fehlt in dieser Branche eigentlich immer; der Stundenlohn liegt mit etwa 15 DM überdurchschnittlich hoch. Johannes Semper rät, die einzelnen Firmen in den Gelben Seiten nach-

zuschlagen und durchzurufen. Die üblichen Arbeitszeiten, früh am Morgen oder am späten Abend, lassen reichlich Freiraum für andere Aktivitäten oder gegebenenfalls sogar einen zweiten Job. Mit zwei Stunden am Tag sind 480 DM im Monat zu verdienen.

Erntearbeiten

Die Bauernhöfe in Deutschland sind zwar meist klein, aber in der Regel hochtechnisiert. Die meisten von ihnen sind Nebenerwerbsbetriebe und werden vom Bauern und seiner Familie ohne Fremdhilfe geführt. Lediglich bei der Obsternte und in der Weinlese gibt es hin und wieder Möglichkeiten, einen Job zu ergattern. Zum Leidwesen unserer Leserschaft bevorzugen die deutschen Bauern jedes Jahr wieder dieselben Aushilfen, möglichst auch noch einheimische. Nur in den seltensten Fällen werden Erntearbeiten beim Arbeitsamt gemeldet. Trotzdem ist es nicht unmöglich, eine Arbeit auf einem Hof zu finden. Die Bauern oder Winzer sind nur nicht im selben Maße von Wanderarbeitern abhängig wie dies etwa in Frankreich der Fall ist. Alain Corrie wurde sehr zuvorkommend behandelt, als er auf einem Hof im Rheinland anheuerte:
Die festangestellten Arbeiter auf dem Hof schauten mich erst ein wenig mißtrauisch an, denn sie waren nicht an umherziehende Arbeiter gewöhnt. Ich wurde aber rasch akzeptiert und einfach als Kuriosität betrachtet.
Das größte zusammenhängende Obstanbaugebiet Deutschlands liegt im »Alten Land« bei Hamburg, zwischen Stade und der Elbe, rund um die Städtchen Steinkirchen, Jork und Horneburg. Hauptsächlich stehen dort Kirschen im Juli und August und Äpfel im September und Oktober zur Ernte an. Äpfel wachsen auch zwischen Heidelberg und Darmstadt, an der Bergstraße, außerdem im Süden am Bodensee, bei Friedrichshafen und Ravensburg. Wer sich in dieser Gegend aufhält, versuche auf dem Obstgroßmarkt von Kreßbronn, Raiffeisenstr. 24, Tel. (07543) 7051, sein Glück.

Weinlese

Am leichtesten findet sich Arbeit bei der Weinlese in den westlichen Landesteilen. Mark Welfare war in der Nähe von Trier beschäftigt. Auf den ganz großen Weingütern werden meist vertraglich gebundene, eigens herbeigeholte Gruppen von Jugoslawen oder Türken eingesetzt. Weil die Arbeitsämter die Jobs bei der Weinlese nur auf örtlicher Ebene verwalten, existiert keine übergeordnete Zentralstelle, und man muß sich schon an die einzelnen Winzergenossenschaften vor Ort wenden. Da die Lesetermine im Oktober und November liegen, fällt die oftmals lästige Konkurrenz durch Studenten schon mal weg. Allerdings stellt sich die Arbeit so spät im Jahr oftmals als eine harte Angelegenheit dar:
Da die Lese erst im Oktober und November einsetzt, kann es schon ausgesprochen kalt und feucht sein. Alle Helfer wärmen sich deshalb an heißer Suppe und Glühwein auf, wenn dreimal am Tag eine halbe Stunde Pause gemacht wird, und dazu ißt man belegte Brote. Man versammelt sich um den Traktor, der uns in die Weinberge gebracht hat. Meist brach dann auch die Sonne durch die Wolken und der glitzernde Rhein mit den vielen Schiffen in der Ferne, die herbstlich gefärbten Weinstöcke, die Wälder und Berge rundherum und das ständig wechselnde Licht gaben eine wunderschöne Kulisse ab.
Mit dem Fahrrad war Alain von einem Weinbauern zum nächsten gefahren. Fast überall gab man ihm Hinweise und Ratschläge, wen er wo ansprechen sollte und welcher Winzer eventuell Hilfe benötigte. Nachforschen kann man selbstverständlich auch bei den Weinbauverbänden und Winzergenossenschaften, deren Anschriften man im Telefonbuch oder

den »Gelben Seiten« findet. Bezahlt werden bei der Weinlese etwa zehn bis zwölf Mark die Stunde steuerfrei und bar auf die Hand.

Doch nicht jeder findet umgehend einen Job. Thomas Colston versuchte es in Baden und an der Mosel, kam aber nirgends unter. Viele Bauern suchen sich schon Ende August ihre Helfer aus, so daß ein jeder schon im vornherein etwas zu arrangieren versuche. Das erwähnte Heftchen über Weinfeste enthält auch eine Karte der wichtigsten Weinbaugebiete: an der Saar, Ruwer, Mosel und Nahe liegen bekannte Weinorte wie Bernkastel, Bingen, Piesport oder Kasel. Weitere wichtige Weingegenden sind der Rheingau um Rüdesheim und Eltville; die Rheinpfalz um Deidesheim, Wachenheim und Bad Dürkheim; außerdem Rheinhessen um die Orte Oppenheim und Nierstein sowie weiter im Süden der Kaiserstuhl und das Markgräflerland. In der Regel wird jeder überall an der Mosel und am Rhein südlich von Bonn entsprechende Hinweise auf vorhandene Jobs bei der Weinlese erhalten.

Freiwilligendienste

Fast alle im Einleitungskapitel »Freiwillige Dienste« genannten Organisationen führen Programme in Deutschland durch. So nahm Justin Robinson an einem Camp teil, das sich mit dem Erhalt einer alten Burg befaßte. In Deutschland haben Restaurierung und Pflege historischer Monumente einen hohen Stellenwert, doch etliche Organisationen und Interessengruppen kümmern sich auch um die Umwelt: *Internationale Jugendgemeinschaftsdienste*, Kaiserstr. 43, 53 Bonn. Einschreibegebühr: ca. 90 DM; *Christlicher Friedensdienst*, Rendelerstr. 9-11, 6000 Frankfurt-Bornheim; *Nothelfergemeinschaft der Freunde*, Auf der Körnerwiese 5, 6000 Frankfurt; *Pro International*, Bahnhofstr. 26, 3550 Marburg/Lahn.

Pharmazeutische Tests

Die Teilnahme an Medikamententests gehört zu den möglichen Einnahmequellen, da der Verdienst ausgesprochen hoch liegt. Wir haben eine Liste entsprechender Kliniken zusammengestellt, wobei anzumerken wäre, daß in der Regel mehr Männer als Frauen gesucht werden: *Iphar-Klinik*, Arnikastr., 8000 München; *LAB-Gesellschaft für Pharmakologische Untersuchungen*, Wegenerstr. 13, 7910 Neu-Ulm, Tel. (0731) 8001-222 und Sonnenstr. 6, 8000 München 2, Tel. (089) 598 834; *Biodesign*, Obere Hardtstraße 8-16, 7800 Freiburg, Tel. (0761) 490 440.

Übernachten

Eine einigermaßen bezahlbare Unterkunft zu finden, stellt zumindest im westlichen Deutschland wirklich ein Problem dar. Doch unsere Weltenbummler lösen diese Bredouille auf verschiedenste Weisen. Dave Hewitt gelang es, in einem Studentenwohnheim unterzukommen. In der Zeltstadt beim Botanischen Garten in München werden für die Übernachtung nur fünf Mark verlangt, weswegen sich im Sommer regelmäßig lange Schlangen bilden. Falls die Lage einmal wirklich ernst werden sollte, kann man immer noch bei der Bahnhofsmission um ein Bett für die Nacht bitten.

Griechenland

Der Attraktionen sind in Griechenland bekanntermaßen viele: traumhafte Landschaft, fantastisches Klima, freundliche und gastfreundliche Bewohner, hervorragendes Essen und Wein. Kein Wunder also, daß es jedes Jahr im Herbst unzählige Jobber von Nordeuropa nach Griechenland zieht. Etliche von ihnen bleiben bis zum Frühjahr und arbeiten bei der Orangenernte, in Hotels oder Restaurants. Erst einmal in Griechenland, fällt es den meisten leichter, sich immer wieder nach einem neuen Job umzutun, als die Drachmen für eine Fahrkarte in den naßkalten Norden auszugeben. Wenn auch eventuell gehegte romantische Vorstellungen von der Arbeit im Olivenhain oder im Café am Strand in der Regel schneller verblassen als die sonnenverwöhnte Haut: eine schöne Zeit hat man in Griechenland bestimmt.

Jobs in Nordeuropa erlauben es normalerweise, einen Teil des Verdienstes für die Weiterreise aufzusparen. Die Löhne in Griechenland, so zwischen 2000 und 4000 Drachmen am Tag, reichen dagegen gerade mal fürs Überleben. Zudem wird ein baldiges Ansteigen der Arbeitslosigkeit auf mindestens 9% erwartet. Griechenland ist kein reiches Land. Man erwirbt hier kein Vermögen, dafür lebt man aber wesentlich angenehmer und zufriedener als in vielen anderen Ländern.

Arbeit gibt es insbesondere für Frauen genug, in Tavernen und privaten Haushalten, bei der Kinderbetreuung und beim Sprachunterricht. Abgesehen von Athen, suchen sich potentielle Arbeitgeber Aushilfen stets in den Cafés am jeweiligen Versammlungsplatz der Städte. Die einheimischen Arbeiter versammeln sich dort und warten bei Kaffee und Tavli-Spiel auf Arbeit. Ausländer, die sich auf der Jobsuche an diesen Orten ebenfalls häuslich niederlassen, werden meist freundlich als harmloses Kuriosum integriert. Bleibt man eine Weile am selben Ort, erübrigt es sich bald schon, von einer Tür zur anderen zu ziehen. Auch die Jugendherbergen sind neben den Cafés bei den griechischen Arbeitgebern als Fundort für Aushilfen wohlbekannt. Mund-zu-Mund-Propaganda und Eigeninitiative sind demzufolge bessere Wege, in Griechenland tatsächlich eine Arbeit aufzutun.

Bestimmungen

Seit Januar 1988 ist Griechenland Vollmitglied der EG. EG-Staatsbürger dürfen somit ohne Einschränkungen und besondere Arbeitserlaubnis eine Tätigkeit aufnehmen. Bei einem Aufenthalt von länger als drei Monaten sollte man spätestens drei Wochen vor Ablauf dieses Zeitraums eine Aufenthaltserlaubnis beantragen. Dazu sind der Paß, eine Bescheinigung des Arbeitgebers und ein Gesundheitszeugnis bei der örtlichen Polizeiwache oder der Ausländerabteilung des Innenministeriums in der Alexandra's Avenue 173, Athen, vorzulegen. Die Genehmigung wird von den Behörden zwar mit ziemlicher Sicherheit erteilt, aber auch mit großer Verzögerung. Für Österreicher und Schweizer beispielsweise ist es daher einfacher, wie bisher alle drei Monate über die Grenze zu reisen und dabei ein neues, wiederum drei Monate gültiges Touristenvisum zu erhalten. Deutsche brauchen das nicht, da ihre Ausweispapiere in der Regel ungestempelt bleiben. Die Arbeitslosenhilfe beträgt in Griechenland 56.000 Drachmen im Monat.

Tourismus

Jedes Jahr fallen mehr als sieben Millionen Besucher über Griechenland ein. Wer also schon im Mai sucht, wird auf jeden Fall mit einer Beschäftigung im Fremdenverkehr rechnen dürfen. Am wahrscheinlichsten bekommt man eine Stelle in den amerikanisierten Bars und Discos, die von den typischen Neckermann- und Quelle-Gruppenreisenden angesteuert werden. Frauen haben es bei der Arbeitssuche grundsätzlich leichter, wie ein frustrierter männlicher Jobber berichtet: *Grob geschätzt, ist es für eine Frau überall einfacher, einen Job in der Tourismusbranche zu ergattern. In Griechenland jedoch hat es ein weibliches Wesen bedeutend leichter als ein Mann. Auf Korfu beispielsweise hatte jede Bar, in der ich anfragte, bereits wenigstens eine Engländerin als Barkeeperin engagiert.* Auch die Autovermietungen in den Ferienzentren auf Korfu oder Rhodos stellen lieber Frauen als Männer ein. Die Bevorzugung der Ausländerinnen gründet aber nicht ausschließlich auf dem weitverbreiteten Chauvinismus griechischer Männer. Arbeitgeber hierzulande finden ganz einfach nicht genug Griechinnen für den Job:»Grieche sucht Griechin« lautet somit die Devise nicht nur bei Dürrenmatt. Ausländerinnen verdienen in Hotels oder Bars akzeptable Löhne, doch die einen ertragen die eindeutigen Anspielungen der griechischen Männer (der»Kanakis«) überhaupt nicht, während andere das Ganze als nicht so schwerwiegend betrachten. Hat frau ihre Position einmal klar gemacht, so verhalten sich zumindest Stammgäste entsprechend friedlich. Ob allerdings jede Inge Scherers Job ertragen würde, erscheint uns doch fraglich, mußte sie doch vor einem Lokal in Chania sitzen, die vorbeilaufenden Touristen ansprechen und gleichzeitig amerikanische Soldaten an der Bar festhalten.

Entsprechende Vorsicht empfiehlt sich also unbedingt, weswegen frau vor Arbeitsbeginn auch stets genauestens nachfragen sollte, woraus die Arbeit im Einzelnen besteht. Kleinere Schwierigkeiten können beim Bedienen griechischer Kunden entstehen: das Kopfnicken, für Nordeuropäer ein »Ja«, bedeutet für die Griechen»Nein, danke«! Bei der Bararbeit winkt meistens freies Essen, doch sind die Löhne dürftig, etwa 2000 bis 2500 Drachmen plus Trinkgeld, bei einer Arbeitszeit von neun Stunden: tagsüber liegen die meisten dann am Strand und schlafen sich aus. Unbedingt jeden Abend auf Auszahlung des Verdiensts bestehen, damit schon mal keine Mißverständnisse auftreten! Leonie Dünnbier fand schon vor Beginn der Saison eine Arbeit in einem Hotel in Agios Theodori, einer Stadt westlich von Athen, an der Straße nach Korinth: *Gearbeitet wurde von 9 bis 18 Uhr, zwei bis drei Stunden dauerte die Siesta. Die Unterbringung erfolgte in einem Bungalow, das Essen war ausgesprochen gut – wahrscheinlich der beste Aspekt des Jobs überhaupt – doch der Lohn eine einzige Enttäuschung. Ich hatte den unverzeihlichen Fehler gemacht, am Anfang nichts Konkretes zu vereinbaren und als ich aufhörte, wollte der Chef mir zunächst sogar nichts zahlen. Ich mußte erst mit einem griechischen Freund hingehen und einen Streit vom Zaun brechen, danach erhielt ich ganze 4500 Drachmen für zwei Wochen Arbeit!* Für die fürstliche Bezahlung von 60 Pfennig pro Stunde hatte Leonie also Fußböden geschrubbt, gekocht und im Garten gewerkelt. Einige Tage später fand sie eine Familie, deren Kinder sie beaufsichtigte und bei der sie für fünf Stunden »Arbeit« am Vormittag 2000 Drachmen erhielt. Aber auch männliche Jobber werden in Griechenland erfolgreich sein, finden sie doch als Tellerwäscher, Bauarbeiter und dergleichen durchaus problemlos eine Stelle. In Fremdenverkehrsgebieten wie Paleochora auf Kreta, Korfu, Ios, Paros, Rhodos oder Aegina müssen dauernd Laster mit Lebensmitteln und Getränken für die hungrigen und durstigen Gäste entladen werden. *Auch* Spetsai wird in dieser Beziehung von vielen Reisenden empfohlen, so Daniel Brinkmann: *Wir gingen unzählige Male in »Crusoe's Cabin«, wo die englischen Touristen einkehrten, wenn sie ihr heimisches »Steak and Chips« und das Bier vermißten, was eigentlich rund um die Uhr der Fall war. Der Besitzer ist übrigens ein absoluter Goldesel, was Tips über Arbeitsmöglichkeiten in den Hotels und Bars auf der Insel angeht. Der Durchschnittslohn auf Spetsai beträgt 2500 Drachmen am Tag.* Gute Köche sollten sich bei *Corfu Villas*, 43 Cadigan Street, GB – London SW3, bewerben, die etwa 1500 DM im Monat bezahlen (Sechstagewoche). Korfu ist bestens geeignet für alle, die auf eigene Faust unternehmerische Aktivitäten entwickeln wollen. Auf dem griechischen Festland kann insbesondere Glyfada, ein nobler Ferienort für Griechen, ungefähr 45 Kilometer südlich von Athen, empfohlen werden. Versuchen Sie es in den Kneipen »Trafalgar's« und »Ship Tavern« wegen eines Jobs an der Bar. Wer lieber in Athen bleiben möchte, dem rät Yvonne Schmidt, die Bars und Kneipen rund um den Syntagma-Platz abzuklappern.

Herbergen und Pensionen

Falls man in einer Herberge oder Pension wohnen sollte, wird der Besitzer möglicherweise anfragen, ob man nicht vielleicht andere Gäste werben will. Man geht dann zu den mehrmals täglich ankommenden Zügen, Bussen oder Fährbooten, spricht die Rucksacktouristen an und empfiehlt das eigene Hotel oder die Jugendherberge. Dieses Vorgehen ist zwar weitverbreitet, aber dennoch nicht ohne Einschränkung empfehlenswert. Bea Weiß probierte es in Athen einfach mal aus, allerdings stellte sich die Konkurrenz in der griechischen Hauptstadt als mörderisch heraus: *Manchmal drängelten sich bis zu dreißig Werber am Bahnhof, und dann gab es noch die Konkurrenz der Taxifahrer, die auch Provisionen von den Hotels kassieren. Die Arbeitsbedingungen variieren stark, man lernt aber schnell, die guten von den schlechten Hotels zu unterscheiden. Die Unterbringung für den Werber ist in Mehrbettzimmern kostenlos, manchmal gibt es dazu noch ein warmes Essen und gelegentlich einen Drink.* Die derzeit übliche Bezahlung liegt bei 1500 bis 1900 Drachmen am Tag. Stefan Venners zeitweilige Herberge versuchte, die lästige Konkurrenz dergestalt auszuschalten, daß Werber schon vor der Ankunft in Athen die Züge bestiegen und dort aktiv wurden. Es ergaben sich aber bald Schwierigkeiten mit Mitbewerbern, der Polizei und den Schaffnern. Stefan und Bea gefiel trotz der schwierigen Arbeit die Atmosphäre in den Herbergen und die Kameradschaft unter den Mitstreitern des eigenen Betriebs. Gemütlicher hat man's da schon, wenn man von einem Hotel für eine Tätigkeit im Haus angeheuert wird. Eine Anschrift, bei der sich eine Anfrage lohnt, wäre *Festos Youth & Student Guest House*, 18 Filellinon St, Athen, Tel. 323 2455.

Verkauf

Alle mit Einfallsreichtum brauchen sich nicht auf die Arbeit in Hotels, Restaurants und Bars zu beschränken. Martin Blumenthal finanzierte seinen Griechenlandaufenthalt zum Beispiel durch den Verkauf von 500 Sonnenbrillen, die er zu Hause günstig erstanden hatte. Handwerklich oder künstlerisch Geschickte finden hier genügend Betätigungsfelder. Der Verkauf von Selbsthergestelltem ist sowohl am Strand als auch in den reichlich vorhandenen Souvenirshops möglich. Sonntags etwa trifft man in der Athener Altstadt

Plaka viele Reisende an, die ihren selbstgefertigten oder günstig in Asien erstandenen Schmuck losschlagen. Jennifer Torstell sammelte ausgefallene Muscheln am Strand, investierte wenig Geld in eine Zange, etwas Silberdraht, Ohrclips sowie Perlen – und begann, Ohrringe anzufertigen. Nach einer Weile schon stellte sie ein Paar innerhalb von fünf Minuten fertig:

Als erstes versuchte ich mein Glück in der Plaka, stellte aber rasch fest, daß die Konkurrenz dort zu professionell war. Also fuhr ich nach Chania auf Kreta, hatte aber auch noch keinen großen Erfolg. Erst in Rethymnon lief das Geschäft besser. Ich stellte bald fest, daß man umgerechnet sechzehn Mark für ein Paar verlangen konnte. Mein größter Deal kam zustande, als ein Ladeninhaber auf einen Schlag 50 Paare erstand. Ios war aber mit Abstand am lukrativsten, denn es ist bis zum Rand vollgestopft mit Touristen. Jeden Abend baute ich in der Hauptstraße meinen winzigen Stand auf und brachte durchschnittlich 10 bis 20 Paare an die Frau beziehungsweise den Mann.

Auch die Österreicherin Karin Huber empfiehlt Ios, wo sie im *Club 69* beschäftigt war und tagsüber Obst am Strand feilbot. Sie hatte zwar viel Spaß, aber keine großen Einnahmen. Andere Jobber verdienten sich ein paar Drachmen beim Verkauf von Wassermelonen und Sandwiches an den Stränden von Rhodos und Korfu. Michael Jensen kam auf eine ausgefallenere Idee: zusammen mit einem Freund sprach er Touristen an, ob sie nicht Lust hätten, sich in einen festmontierten Hang-Glider zu bequemen. Er fotografierte sie dabei und vereinbarte ein Treffen am Abend ohne jegliche Verpflichtung. Zwischendurch fuhren sie mit einer gemieteten Vespa in die Stadt und ließen die Fotos von einem Profilabor entwickeln. Die meisten Teilnehmer erwarben die Fotos dann auch, für den Preis von 1200 Drachmen für drei Abzüge. Michael und sein Freund machten den ganzen Sommer über damit gute Geschäfte. Gregor Gulda verfiel auf eine andere Besonderheit: aus Bambusstäben fertigte er Panflöten, erregte mit seinem Spiel die Aufmerksamkeit meist amerikanischer Touristen und verkaufte das Stück dann für 20 DM.

Die traditionelle Straßenmusik ist auch in Griechenland sehr erfolgreich. Trotz der griechischen Gesetze, die Bettelei und Straßendarbietungen untersagen und mit Gefängnis bedrohen, spielen sich damit etliche Reisende ihren Lebensunterhalt zusammen. Karl Wintzer kam nach achtstündigem Spiel in der Athener Plaka immerhin auf 90 DM.

Arbeiten auf dem Bau und im Handwerk

Männer beschweren sich zwar oft, sie könnten in den Tavernen und Bars keine Arbeit finden. Dafür haben sie andererseits keine Schwierigkeiten, auf Baustellen unterzukommen. Diese Arbeiten sind natürlich anstrengend, werden aber auch gut entlohnt und das ganze Jahr über durchgeführt, im Gegensatz zu den Saisonjobs in Bars und Kneipen. Man muß eigentlich nur die Augen aufhalten und auf jeder erspähten großen Baustelle gleich fragen, wie es Michael Knöpper vormacht:

Bei Heraklion sah ich ein Neubaugebiet mit vielen halbfertigen Häusern. Da ich keine Griechischkenntnisse besaß, fragte ich mit Hilfe von Händen und Füßen, ob vielleicht Aushilfen gebraucht würden. Zu meiner Überraschung konnte ich gleich am nächsten Tag anfangen. Die Bezahlung war zwar nicht gerade berauschend, ich konnte mir aber doch ab und zu ein Essen im »Irish Pub« gegenüber vom Campingplatz von Heraklion leisten. Die Tavernen sind übrigens geeignete Orte, um Informationen über eventuelle Jobs zu erhalten.

Bauruinen stehen in Griechenland überall herum. Ben Nakonezki machte die Erfahrung, daß keiner was dagegen hat, wenn man dort schläft, solange alles so verlassen wird, wie

man es angetroffen hatte. Und wenn jeder sich weiterhin so verhält, wird das hoffentlich noch eine ganze Weile so bleiben ...
Henrik Visvaldis, der vier Jahre lang auf Kreta gewohnt und gejobbt hat, berichtet von Löhnen von bis zu 6000 Drachmen beim Bau in Palaeochora. Eine solch gute Bezahlung dürfte wohl eher selten sein. Klaus-Peter Briemann schob Schubkarren mit Zement, verdiente wie die Einheimischen 2500 Drachmen am Tag und dürfte damit wohl eher den Durchschnitt beim Aushilfslohn repäsentieren. Im letzten Winter betrug in Nauplion der Lohn für sieben bis acht Arbeitsstunden auf dem Bau rund 4500 Drachmen.
Ausgebildete Bauarbeiter werden natürlich eher gesucht als Hilfsarbeiter. So finden Installateure und Elektriker immer Arbeit in Hotels, die neu gebaut oder renoviert werden. Ben Nakonezki meint, daß körperlich kräftige Hilfsarbeiter auch an den unmöglichsten Orten eine Arbeit suchen können:
Eines Tages arbeitete ich in Palaeochora. Der Job wurde durch einen Mittelsmann im Kafenion arrangiert, weil mein Arbeitgeber kein Englisch verstand. Vereinbart wurden 2500 Drachmen für sechs Stunden Arbeit, von denen nur zwei Stunden Schwerstarbeit sein sollten. Mit meinem neuen Chef machte ich mich auf den Weg. Wir hielten unterwegs kurz an, um große Marmorstücke auf seinen Laster zu laden, und fuhren dann weit ins Land hinein. An einem Bergfriedhof hielten wir schließlich an. Da dämmerte mir, daß ich angeheuert war, eine kleine Grabkapelle aus Marmor zu errichten.

Bootscharterfirmen

Bootsvermieter bieten Jobmöglichkeiten zuhauf. Versuchen Sie aber schon von zuhause etwas in die Wege zu leiten; das ist wesentlich erfolgversprechender als die Suche vor Ort, auch wenn immer wieder Jobber bei Firmen oder Bootseignern durch hartnäckiges Herumfragen in Piräus unterkommen. Die meisten Charterfirmen bevorzugen englischsprachiges Personal. Britta Wörner erhielt eine Stelle in Portocheli im Süden des Peloponnes, wo sie alle vierzehn Tage die abreisenden Feriengäste auf einem Schiff mit einem Kleinbus nach Athen zum Flughafen fuhr und dort gleich die nächste Gruppe abholte. Für diese Tätigkeit erhielt sie immerhin 3000 Drachmen. In der Zwischenzeit hatte ihr Freund die Aufgabe, das Boot wieder auf Vordermann zu bringen.
Auf den Kykladen herrscht in der Hauptsaison ein stetes Kommen und Gehen von Schiffen, welches auch Stellen beschert, bei denen man auf den Schiffen wohnen kann. Maria Faller berichtet von ihren Erlebnissen auf Rhodos:
In der Bolox Bar mitten in der Altstadt versacken die meisten Skipper und Charterer. Ich verbrachte dort sowie am Kai meine Zeit bei der Jobsuche, und recht schnell fand sich ein Halbtagsjob für mich: Messingpolieren. Einem Passanten fiel mein emsiges Arbeiten auf und so bot er mir an, auf einem Schiff anzufangen. Als der französische Schiffseigner hinzukam, stellte er mich tatsächlich als Köchin für die große Fahrt entlang der türkischen Küste ein.

Landwirtschaft

Das Jobben in von Deutschen, Engländern, Amerikanern oder Skandinaviern überfüllten Gegenden entspricht Ben Nakonezkis Vorstellungen von einer angenehmen Arbeit nicht im geringsten:
Wenn ich im Ausland bin, möchte ich das entsprechende Land richtig kennenlernen. In einer Bar, die genauso aussieht wie zuhause, gelangweilten Touristen deutsches Bier zu servieren, bringt nun mal keine neuen Erfahrungen. Das ist nur was für Leute, die nicht vertrauten

Boden verlassen wollen. Meiner Meinung nach lernt man eine fremde Kultur nur dann richtig kennen, wenn man eben nicht in den bekannten Feriengebieten arbeitet.

Arbeitsmöglichkeiten in der Landwirtschaft treten genauso unregelmäßig und unvorhersehbar auf wie in Hotels und Kneipen. Die Feldarbeit ist körperlich selbstverständlich anspruchsvoller als in der Gastronomie. Bei anderen Jobbern kann man sich nach Ernteterminen und etwaigen Jobmöglichkeiten erkundigen. Findet sich kein Job an den bekannten Vermittlungsorten wie Kafenions oder Jugendherbergen, so muß das Glück eben direkt auf dem Lande herausgefordert werden. Tim Berger rät: *Am besten fragt man die Bauern selbst nach den Erntezeiten. Auch mit Hilfe der Zeichensprache kann man sich verständlich machen und bei Erfolg gleich nach Unterkunft und Verpflegung erkundigen. Allerdings ist die Chance wirklich minimal, daß ein Bauer etwas anderes als Griechisch versteht.*

Wer sich in dieser Sprache verständigen will, findet unter »Nützlichen Redewendungen« am Ende dieses Buches einige Beispielssätze. Wie schon angedeutet, findet wie bei den Bauarbeiten auch die Vermittlung von landwirtschaftlicher Arbeit in den Kafenions am Ort statt. Die Bauern kommen mit ihren Kleinlastern japanischer Bauart zwischen sechs und sieben Uhr morgens in die umliegenden Städte, um sich Aushilfen zu besorgen. Die dafür in Frage kommenden Cafés erkennt man leicht an den vielen dort geparkten Lastern. Meist ist der Treffpunkt aber auch anderweitig bekannt: das Chania-Tor in Heraklion ist nur ein Beispiel hierfür. Der Nachteil dieses Systems liegt in seiner Unwägbarkeit: man lebt sozusagen von der Hand in den Mund, ist andererseits nicht fest gebunden und bleibt flexibel für den Fall, daß sich etwas Besseres bietet. Der durchschnittliche Tageslohn beträgt bei sechs bis neun Stunden Landarbeit 3500 bis 5000 Drachmen.

Auch Griechenland wurde in den letzten Jahren von einer Welle Arbeitswilliger aus den ehemaligen Ostblockstaaten überschwemmt, welche die Löhne ziemlich drücken, so daß Ressentiments und sogar Streitigkeiten zwischen ihnen und westeuropäischen Jobbern auftreten können.

Peloponnes

Orangenplantagen prangen zwischen Korinth und Argos sowie südlich von Tolon. Das Pflücken dieser Früchte kann schwierig und ermüdend sein, wird aber dennoch von vielen den anderen Erntearbeiten vorgezogen. Das Anbauzentrum für Orangen liegt bei Nauplion, die Erntesaison dauert von Ende November bis Ende Februar, die Hauptreifezeit liegt zwischen Mitte Dezember und Mitte Januar. Lena Mergentahler beschreibt die Orangenernte:

Zur Zeit ernten ich und mein Freund Orangen bei Nauplion. In den letzten Jahren wurden die Jobs im Café Harry's vermittelt. Gezahlt werden wahlweise 3 bis 3,60 Drachmen pro Kilo (vorteilhaft bei großen Früchten) oder 2500 bis 3500 Drachmen am Tag. Es gibt jeden Abend zum guten Essen reichlich Retsina, und wie die meisten andern hier haben wir ein Mehrbettzimmer gefunden, das pro Bett zwischen 400 und 750 Drachmen kostet. Man sollte sich auf zwei Regentage in der Woche einstellen, an denen nicht gearbeitet werden kann.

Die Griechen versuchen bei der täglichen Abrechnung regelmäßig zu schummeln. Es ist daher ratsam, daß die Mitglieder eines Erntetrupps den Überblick behalten, wieviele Kisten jeden Tag gefüllt werden. Einer von ihnen sollte zur Kontrolle mit in die Fabrik fahren, in der die Lastwagen gewogen werden. Die Arbeiter bieten einen ziemlich heruntergekommenen und versoffenen Anblick. Ein paar nette Jobber sind allerdings darunter, so daß wir auch neue Freunde gewonnen haben.

Gegen Ende der Orangenernte im Februar kann man entweder versuchen, sich weiter am Ort durchzuschlagen, da die Früchte in guten Jahren noch bis Ende Mai nachreifen, oder aber weiterziehen und bei der Obst- und Gemüseernte Arbeit suchen. Viele Jobber gehen von hieraus in die Berge zwischen Argos und Tripolis oder nördlich von Nemea zur Olivenernte, die unter Insidern allerdings als reichlich unersprießlich und schrecklich langweilig gilt. Werner Meyer hat für uns einen groben Terminkalender der Erntezeiten auf dem Peloponnes zusammengestellt:

April: Kartoffelernte bei Kalamata. Hier allerdings starke Konkurrenz durch Landfahrer.

Mai/Juni: Aprikosenernte bei Nauplion und Umgebung, Dauer etwa anderthalb Monate: das Verladen der Aprikosenkisten wird zwar sehr gut entlohnt, stellt aber auch eine extrem harte Arbeit dar.

Mai: Kirschernte zwischen Argos und Tripolis, insbesondere in den Orten Stadhiou und Rizais.

Juni: Birnenernte in derselben Gegend.

Oktober: Apfelernte ab Monatsmitte, ebenfalls um Stadhiou und Rizais; Traubenernte für die Rosinenproduktion ab Monatsanfang bei Nemea, dem Dorf Stenon und in der Nähe von Tripolis; Traubenlese für die Weinerzeugung ab Mitte/Ende des Monats.

Dieser Liste sollte noch die Ernte von Wassermelonen zugefügt werden, die ab Anfang Juli im Nordwesten des Peloponnes stattfindet. Ina Karr erwähnt hierbei die Konkurrenz durch Zigeuner:

Unser Café etwas außerhalb der Ortschaft Kyparissia wurde auch von Zigeunern aufgesucht, die auf Arbeit warteten. Ich arbeitete mit ihnen auf dem Feld zusammen: sie waren sehr stolz auf ihre Kräfte und das Arbeitstempo. Für mich waren es die härtesten Tage seit langem, mußten wir doch riesige Wassermelonen auffangen und weiterreichen: mit Hilfe einer langen Menschenkette wurden diese vom Feld auf die wartenden Laster transportiert. War man einmal beim Umdrehen zu langsam und verpaßte die zugeworfene Melone, knallte sie schmerzhaft gegen Kopf oder Brust. Die Zigeuner luden mich eines Abends in ihr Lager ein, wo Gemüse gekocht und viel getrunken wurde. Als Spezialität gab es Tauben, die vor meinen Augen geschlachtet und zubereitet wurden. Aus Höflichkeit traute ich mich nicht, abzulehnen – und ich muß sagen, daß es wider Erwarten passabel schmeckte, fast wie Hähnchenfleisch.

Wassermelonen werden auch bei Lapas, westlich von Patras, angebaut. Ben Nakonezki fand dort Arbeit, bevor er nach Tragano zur Tomatenernte weiterzog. Wer erst im Mai in Griechenland eintrifft, sollte das Glück im Dorf Kalloni suchen, einer fruchtbaren Gegend südlich von Athen. Das Kafenion Maria ist dort der bekannteste Sammelplatz für Arbeitsuchende. Einem aktuellen Bericht entnehmen wir, daß im Herbst und Winter bei der Oliven- und Orangenernte in der Gegend von Githion und Skala eine gute Stange Geld winkt (bis zu 500 Drachmen pro Stunde).

Kreta

Irene Waldau mahnt eindringlich, wir sollten die Insel Kreta nicht vernachlässigen. Bei Orangen-, Zitronen-, Limonen- und Tomatenernte oder dem anschließenden Verladen und Verarbeiten des Obstes und Gemüses gebe es genügend Arbeit, auch für Zeitjobber. Auf der größten griechischen Insel biete sich somit ein breites Spektrum an Arbeitsmöglichkeiten, angefangen von den Bananenplantagen an der Südküste (übrigens den nördlichst gelegenen der Welt) bis zur Kartoffelernte im August bei Agios Georgios in der Lassithi-Ebene. Wie auf dem Peloponnes beginnt die Orangenernte Anfang Dezember und dauert bis in den April hinein. Sehen Sie sich besonders in Platanias und Gerani, 15 Kilometer westlich von Chania, um. Riesige Gewächshäuser für Tomaten stechen allüberall auf der Insel ins Auge. Der intensive Gemüseanbau soll angeblich auch bemerkenswert lohnintensiv sein: von bis zu 5500 Drachmen am Tag in Palaeochora in den Monaten April, Mai und Juni wurde des öfteren berichtet. Angenehme Jobs finden sich anscheinend in den Gewächshäusern und in der Gurkenfabrik bei Ierapetra. Wer dort nicht unterkommt, testet die Gegend um Sitia und Agios Nikolaos sowie das kleine Nest Zakro im äußersten Osten der Insel. Männer finden beim Olivenpressen Beschäftigung, wenn die schweren Kisten abgeladen werden. Die Orte Timbakin und Stamion sind bei Erntearbeitern wegen ihrer Jobmöglichkeiten ebenfalls ausgesprochen beliebt. Die Traubenlese fegt auch auf Kreta den Arbeitsmarkt zeitweilig völlig leer. An Hilfskräften mangelt es normalerweise in den Anbaugebieten rund um Heraklion und Chania. Grundsätzlich bleiben zwei Möglichkeiten, Arbeit bei der Lese zu suchen: die örtlichen Cafétreffs oder persönliche Nachfrage auf den Höfen. Im letzteren Fall sind die Chancen, neben Arbeit auch günstige Unterkunft und Verpflegung zu finden, entschieden besser. Zwei gegensätzliche Berichte erhielten wir aus Heraklion. Zuerst der von Ben Nakonezki:

Am ersten September fuhren alle zur Arbeitssuche bei der Weinlese nach Heraklion. Auf Anraten der Einheimischen stellten wir uns frühmorgens bei der »Chaniaporta«, dem alten Stadttor an der Westseite der Stadt, auf. Einen derartig großen Treffpunkt für Arbeitssuchende und Arbeitgeber habe ich noch nie gesehen: Hunderte von Arbeiter, Einheimische wie Fremde, warteten auf potentielle Arbeitgeber. Es wurde mir jedoch rasch klar, daß viele leer ausgehen würden. Erst nach einigen Tagen vergeblichen Anstehens nahm uns endlich einer der Laster mit, und wir arbeiteten einen Tag lang in einem Weinberg, mitten in einer wunderschönen Landschaft.

Martin Reubens Erfahrungen waren erfreulicher. Er half bei der Traubenernte und hatte damit nach eigener Einschätzung einen Traumjob gefunden:

Ende August kommt man auf der Fahrt von Heraklion in südlicher Richtung durch ein Tal nach dem anderen, in dessen vollen Weingärten reife Trauben nur darauf warten, geerntet zu werden. Am leichtesten besorgt man sich dabei einen Job in den Tavernen oder Cafés der Dörfer. Wenn die Warterei dort nicht weiterführt, muß man eben herumlaufen, fragen und vor allem nicht gleich aufgeben: das eine Tal kann bereits völlig abgeerntet sein, während im nächsten mit der Lese noch nicht einmal begonnen wurde. Ich arbeitete mit zwanzig anderen Erntehelfern in einem kleinen Städtchen namens Voutes. Fürs Pflücken und Umfüllen der Trauben sowie das Führen des Esels wurden 4500 Drachmen gezahlt, fürs Tragen der Behälter 5000. Das Erlebnis des Zusammenlebens im Dorf entschädigte mich für die harte Arbeit. Und der gesparte Lohn reichte anschließend für eine ausgedehnte Reise durch die Türkei.

Arbeitsbedingungen und Bezahlung scheinen besser zu sein, wenn man vor Ort im Dorf oder beim Bauern selbst anfragt und bei ihm auch wohnt. Läßt man sich hingegen in einer Stadt wie Heraklion oder Chania anheuern, werden lediglich 2500 bis 3500 Drachmen bezahlt. Wer es also auf sich nimmt, die entfernteren Dörfer und Gegenden auf dem Land abzufahren, bekommt wesentlich mehr. Frauen erhalten teilweise bis zu 500 Drachmen weniger als Männer, werden allerdings auch nicht beim schweren Heben, sondern insbesondere fürs Pflücken eingesetzt.

Kreta ist selbstverständlich nicht die einzige Insel, auf der Erntearbeiten anfallen. Anderswo ist die Konkurrenz weniger groß. Reben werden überall angebaut, auf dem griechischen Festland und auf vielen Inseln, zum Beispiel Zakinthos, Leukas oder Rhodos. An der Westküste von Rhodos werden die vorgelagerten Inseln Embona, Kalavarda und Fanes für die Weinlese im September sowie die Olivenernte im Dezember empfohlen. Auch die Dörfer Malona und Massar, beide in einer weniger fruchtbaren Gegend, wären in jenen Monaten anzusteuern. Auf Naxos liegen Erdbeerfelder, deren Früchte schon früh im Jahr nach Erntehelfern rufen.

Erntearbeiten in Nordgriechenland

Nordgriechenland ist zu weiten Teilen unwirtlich und daher dünn besiedelt. Trotzdem erregen einige Landstriche die Aufmerksamkeit des Jobbers. 30 Kilometer westlich von Thessaloniki etwa liegt bei Yiannitsa und Veria das Zentrum einer reichen Agrargegend. Im Juli und August lockt dort Arbeit bei der Pfirsichernte, im September und Oktober bei der Apfelernte rund um die Städte Skedra und Edessa. Tomaten werden bei Kavasila gepflückt. 4000 Drachmen am Tag oder 70-100 Drachmen pro Kiste sind die derzeit gängige Rate. Eine frühzeitige Anreise sei angeraten, falls man bei den Bauern auf dem Hof wohnen möchte.

Verschiedenes

Schauen Sie sich auf jeden Fall die Job- und Stellenangebote der englischsprachigen Tageszeitung *Athens News* an. Die Anzeigen hierin reichen von »Exotische Girls für Pin-up-Kalender« bis »Deutschlehrer für Sprachschule«; man kann aber auch in der Rubrik »Lessons« oder »Situation wanted« selbst inserieren; die Anzeige kostet derzeit 800 Drachmen für 15 Wörter. In den vielen billigen Herbergen Athens trifft man stets gleichgesinnte Reisende und kann leicht Erfahrungen austauschen. An den »Schwarzen Brettern« prangen manchmal Aushänge für Jobs.
Mit den Athener Vermittlungsagenturen und Zeitarbeitsfirmen sollte man vorsichtig verhandeln, da deren deftige Registrierungsgebühren noch lange keine Garantie für eine Stelle bedeuten. Einige Anschriften: *Angelos*, Socratous 79-80, 10557 Athen, Tel. 522 7554; *Intertom*, 24-26 Halkokondili Street, 10432 Athen; *Pioneer Tours*, Working Holidays Department, 11 Nikis Street, Syntagma Square, 10557 Athen, Tel. 322 4321.

Sprachunterricht

Fast jeder Ausländer darf in Griechenland Sprachunterricht erteilen, allerdings werden zumeist Englischlehrer gesucht. Vorsichtige Schätzungen gehen von über 3500 Sprachschulen in Griechenland aus, und viele von ihnen beschäftigen Lehrkräfte auch ohne akademische Qualifikation. Von Vorteil wäre absolut akzentfreies Deutsch oder Englisch. In der *Athens News* findet man unter der Spalte »Frontisteria« entsprechende Angebote, wobei die besten Zeiten um den 1. Januar liegen und nochmal im August und September. Anfangs wird niemand viele Stunden in einer Schule erhalten. Daher lohnt der Versuch, bei einer zweiten »Frontisterion« (Sprachschule) angestellt zu werden. Bezahlt werden derzeit zwischen 90.000 und 130.000 Drachmen im Monat, wozu oft weitere Vergünstigungen kommen. Für Privatstunden mit Kindern erhält man etwa 1300, mit Erwachsenen 1800 bis 2300 Drachmen. Für die Konversation mit Geschäftsleuten sollte man die entsprechenden Anzeigen in der *Financial Times* lesen.
Die Jobsuche darf sich nicht allein auf Athen beschränken, auch wenn hier der Bedarf am höchsten ist. Wir haben vom Chef einer Sprachschule auf Kreta vernommen (Peter Sfyrakis, Nikiforou Foka 21, Ierapetra 72200, Tel. (0842) 28 700), daß er Bewerbungen aus

dem Ausland gerne entgegennimmt, gutklingende Informationsbroschüren verschickt und den Lehrkräften Unterkunft und Verpflegung im Hause bietet. Letzteres wohl eher, um die ansonsten nicht so rosigen Arbeitsbedingungen zu kaschieren. Ein möglicher Vorteil des Angebotes von Herrn Sfyrakis wäre jedoch, daß er auch reine Sommerverträge für die Zeit vom 20. Juni bis 20. September zuläßt. Zusammenschlüsse griechischer Sprachschulen bieten natürlich ein erfreulich breites Stellenspektrum, so daß die Einsendung des Lebenslaufes an eine der folgenden Anschriften bestimmt nicht die schlechteste Idee wäre: *Strategakis Group*, 6 George Street, Canningos Square, 10677 Athen; *Homer Association*, 52 Academias Street, 10677 Athen; *Xemi Organisation*, 98 Academias Street, 10677 Athen; *Hambakis Schools*, 1 Filellinon Street, Syntagma Square, 10557 Athen. Aussichtsreiche Einzelkämpfer bleiben die *English Teachers for Greece*, Nikaliou Plastira 3, Rethymnon, Kreta, Tel. (0831) 20 750; *Teachers in Greece*, Taxilou 79, Zographou, 15771 Athen, Tel. 779 2587; *English Studies Advisory Centre*, 22 Belestinou Street, 11523 Athen, Tel. 691 0462.

Arbeit im Haushalt

Zahlreiche Anzeigen finden sich immer wieder in den *Athens News*, vor allem von wohlhabenden Familien aus den Vororten Kifissia, Politia, Papagaou oder Kolonaki. Das *YWCA*, 11 Amerikis, Tel. 362 6180, führt eine Kartei junger Frauen, die in der Athener Gegend eine Anstellung bei einer Familie suchen. Der Lohn sollte 25.000 bis 45.000 Drachmen im Monat nicht unterschreiten, bei freier Unterkunft, Verpflegung und mindestens einem freien Tag in der Woche. Weil Griechen eine ganz andere Einstellung zur Privatsphäre besitzen als Zentraleuropäer, ist damit zu rechnen, daß möglicherweise ein Zimmer mit den Kindern geteilt werden darf.

Eine Au Pair-Stelle in Griechenland läßt sich natürlich über die genannten Verbände und Agenturen arrangieren. Allerdings wurde Jeanette Hinrichs überall abgelehnt, weil sie keine Erfahrungen in der Kleinkinderbetreuung nachweisen konnte. Also fuhr sie einfach nach Athen, wo sie bereits in den ersten Tagen fünf Stellen angeboten bekam. Der größte Vorteil der Suche vor Ort besteht unter anderem auch darin, seinen künftigen Arbeitgeber gleich in Augenschein nehmen zu können, was unter Umständen unangenehme Überraschungen erspart. Es ist außerdem natürlich angenehmer, bei einer Tasse Kaffee über Arbeitszeit, Tätigkeit, Freizeit, Lohn und dergleichen mehr zu verhandeln, als auf schriftlichem Wege. Sechs Monate sind übrigens der vorgeschriebene Mindestaufenthalt für Au Pairs in Griechenland.

Freiwilligendienste

Die Organisation *AFS Intercultural Programs* unterhält ein Büro unter folgender Anschrift: Akademias 57, 10679 Athen, Tel. 362 8868. Freiwilligencamps werden im Sommer sowie im Dezember veranstaltet und erstrecken sich über zweieinhalb Wochen; das Alter der Teilnehmer liegt zwischen 17 und 30 Jahren. Die Teilnahmegebühr beträgt im Sommer 22.000 Drachmen; das Winterprojekt (zehn Tage lang Bäume pflanzen) ist hingegen kostenlos. Die *American Farm School*, Summer Work Activities Programm, c/o David Willis, PO Box 10140, 54110 Thessaloniki, bietet ein Farmprojekt in der Nähe der nordgriechischen Metropole. Dessen Teilnehmer erhalten Taschengeld, Kost sowie Logis und können darüberhinaus an Exkursionen teilnehmen.

Zypern

Die wirtschaftlichen Verhältnisse Zyperns gleichen im großen und ganzen den griechischen. Fremdenverkehr und Landwirtschaft stellen auch hier die wichtigsten Haupteinnahmequellen dar. Die Jobsuche sollte sich auf den griechischen Süden beschränken, da sich im türkischen Nordteil kaum Arbeitsgelegenheiten ergeben. Viele Türken arbeiten daher auch gelegentlich als Tagelöhner jenseits der Grenze. Der Weinbau ist auf Zypern sehr verbreitet; die Lese erstreckt sich üblicherweise von Anfang August bis Oktober. Wie in Griechenland verdient man dabei über 45 DM am Tag: *Haggipavlo*, eine Weinhandlung in Limassol, erteilt Auskünfte zu Anbaugebieten und Erntezeiten. Im Herbst stehen die Oliven- und zweimal im Jahr die Erdbeerernte an: einmal im Mai/Juni, sodann im November/Dezember.

Drei Monate lassen sich bei der Apfelsinenernte um Limassol verbringen, wo Robert Mallak keinerlei Schwierigkeiten hatte, auch andere Jobs in der Landwirtschaft zu bekommen. Durch Vermittlung eines Cafébesitzers machte er die Bekanntschaft eines Bauern aus Piyi im Landesinneren, dem er beim Heuen half. Bezahlt wurden zwar nur 15 DM am Tag bei freier Unterkunft und Verpflegung. Robert machte sich aber berechtigte Hoffnungen auf besser bezahlte Jobs: im Juni zog er mit einem Freund weiter nach Paphos im Südwesten der Insel. Dort mieteten sie für 75 DM zwei Wochen lang eine kleine Wohnung und verdingten sich bei der Mitte Mai beginnenden Melonenernte. Die Bezahlung war zwar erfreulicher, die Arbeit selbst ist der brütenden Hitze jedoch äußerst anstrengend, da die Melonen unter Plastikabdeckungen heranreifen. Wer gerne auf dem Bau arbeitet, sollte sich in den im Entstehen begriffenen Touristenzentren bei Agia Napa an der Südküste umsehen. Wie immer ist es ratsam, auf täglicher Ausbezahlung des Lohnes zu bestehen, um allen Eventualitäten vorzubeugen.

Frauen verdienen auch auf Zypern deutlich weniger als Männer, dürfen eher mit Anstellung in den Promenadencafés, Bars und Restaurants während der Hauptsaison von Mitte Juni bis Mitte August rechnen. Bea Phillip ergatterte problemlos eine Stelle im Hamburger-Restaurant in der Nähe von Limassols Rollschuhbahn, wo sie wöchentlich 130 bis 150 DM inklusive Trinkgeld verdiente. Hin und wieder werden Jobs im englischsprachigen *Cyprus Weekly* angeboten. Erfahrene Taucher können sich an den Ausbilder der *Cydive Limited*, 1 Poseidon Avenue, Kato Paphos, Tel. (06) 234 271 wenden. Zwar läuft ein Touristenvisum nach drei Monaten ab. Dessen Verlängerung erfolgt jedoch anstandslos, wenn genügend Geldreserven nachgewiesen werden. Im Einzelfall kann es einfacher sein, kurz die Grenze nach Griechenland oder Israel zu überqueren und sich bei der Einreise ein neues Visum in den Paß stempeln zu lassen. Es sind Fälle von konkurrierenden Barbesitzern bekannt, die sich unverzüglich an die Polizei wandten, als sie merkten, daß ein Rivale Ausländer illegal beschäftigt. Die nötige Schlußfolgerung: Schwarzarbeiter sollten sich möglichst unauffällig verhalten. Darauf weist auch Elisabeth Selbmann hin, die einen Sommer lang in dem kleinen Hotel in Paphos aushalf, in dem sie im Jahr zuvor Urlaub gemacht hatte:

Die Einwanderungspolizei hat auf Zypern tausend Augen und Ohren. Obwohl die Beamten im Grunde ziemlich freundlich sind, haben sie natürlich ihre Aufgaben zu erfüllen und verhängen drastische Strafen, wenn sie Schwarzarbeiter erwischen. Also hielt ich mich lieber etwas zurück und erzählte nicht überall herum, daß ich hier beschäftigt sei oder wieviel ich verdiente.

Wie früher in Griechenland müssen sich ausländische Jobber in Zypern auch heute noch hinter den nächsten Strauch verziehen, wenn die Polizei vorbeikommt. Englischsprachige Aushilfen sind trotz allem bei den Gastronomen beliebt, weil auf der Insel viele britische Soldaten stationiert sind. Unerfreulich sind die hohen Übernachtungskosten, zumal das Nächtigen am Strand überhaupt nicht gern gesehen wird. Selten sind Zimmer unter 20 DM zu haben, und gegenüber den noch selten auftauchenden, daher umso eindringlicher bestaunten Rucksacktouristen sind die Zyprioten überaus skeptisch. Am besten sollte man daher so unauffällig wie möglich aussehen, insbesondere als Jobsucher in der Landwirtschaft.

Italien

Das Wichtigste vorneweg: Italien ist ein grenzenlos gastfreundliches Land. Bereitwillig und schnell werden fremdländische Besucher in die örtliche Gemeinschaft eingegliedert, und Sprach- oder Nationalitätsbarrieren im Land von Vino é Amore beseitigt. Daher kann sich rasch ein Netz sozialer Kontakte entwickeln, die es erleichtern, mögliche Arbeitgeber kennenzulernen. Einem weit verbreiteten Vorurteil zufolge soll Italien ein armes und zurückgebliebenes Land sein. Inzwischen erweist sich diese Einschätzung als unberechtigt und absurd, denn besonders im Norden des Landes liegen Lebensstandard und -haltungskosten höher als in einigen Ländern Mitteleuropas. Allerdings fällt es bei einer Arbeitslosenrate von 11,5 Prozent nicht ganz einfach, auf Anhieb fündig zu werden – was vor allem für den verarmten Süden des Landes gilt.

Bestimmungen

In Italien herrschen ein beeindruckenderes Behördenwirrwarr und verschrobenere Vorschriften als in den meisten anderen EG-Staaten. Nicht wenige Jobber mußten schon die leidvolle Erfahrung machen, daß Arbeitgeber sie nicht beschäftigten, weil ihnen der damit verbundene bürokratische Aufwand zu hoch erschien. Natürlich kümmert sich ein Bauer, der für zwei Wochen eine Aushilfe braucht, nicht um Vorschriften. Sprachschulen müssen sich hingegen schon eher danach richten. Wir versuchen im folgenden einen knappen Überblick zu geben, der hauptsächlich auf dem in Konsulaten zu beziehenden und reichlich konfusen Heftchen»Allgemeine Informationen über Arbeit und Leben in Italien« beruht. Auf der örtlichen Polizeistation (*Questura*) ist unmittelbar nach der Ankunft im Land eine Aufenthaltsgenehmigung (*Permesso di Soggiorno*) zu beantragen. Die Arbeitserlaubnis (*Libretto di Lavoro*) erteilt in der Regel mit erheblicher Verzögerung das Rathaus (*Municipio* oder *Comune*) bzw. das Melderegister (*Anagrafe*). Bei Beschäftigungen zwischen drei und zwölf Monaten reicht die befristete Jahresgenehmigung aus. Wenn dieser Papierkram erstmal erledigt ist, leistet der künftige Arbeitgeber häufig erkleckliche Sonderzahlungen. Gerade für inbrünstige Europa-Befürworter hält die ganze Prozedur heftige Enttäuschungen bereit.
Nicht-EG-Angehörige bekommen eine Aufenthalts- und Arbeitsgenehmigung nur, wenn die Arbeitsstelle schon von außerhalb Italiens arrangiert wurde und das Arbeitsministerium davon überzeugt wird, daß kein Italiener den Anforderungen genügt hätte – also schier unerfüllbare Voraussetzungen. Die Durchsetzung und Einhaltung dieser Bestimmungen wird seit kurzem noch schärfer überwacht: bei der Tabakernte nahe Perugia wur-

mungen wird seit kurzem noch schärfer überwacht: bei der Tabakernte nahe Perugia wurde kürzlich eine Gruppe von Amerikanern vom Feld weg verhaftet und abgeschoben. Trotzdem muß man sich von den Bestimmungen nicht abschrecken lassen. Vor allem in Süditalien ist eine Menge inoffizieller Möglichkeiten zur *Lavoro Nero* vorhanden, die bar auf die Hand bezahlt werden. Allerdings kommt diese Variante den Weltenbummler im Krankheitsfalle teuer zu stehen, weil er nicht durch das nationale Versicherungssystem abgesichert ist. Bei der *S.A.I.* sollte er sich zumindest privat versichern.

Arbeitssuche

Ohne ausreichende Italienischkenntnisse geraten Sie den Mitkonkurrenten gegenüber rasch ins Hintertreffen. Bei ausreichendem Interesse und finanziellen Reserven sollten Sie daher unbedingt an einem Sprachkurs teilnehmen. Angebote zu Kompaktkursen existieren in zahlreichen italienischen Städten zuhauf. Das Italienische gehört zu den einfachsten Sprachen überhaupt, insbesondere wenn schon Kenntnisse in einer anderen, dem Lateinischen entsprungenen Sprache vorhanden sind. Fehlende Sprachkenntnisse sind jedoch kein unüberwindliches Hindernis, wie das Beispiel von Ian Moody beweist, der fast ohne ein Wort Italienisch englische Bücher und Sprachkurse an der Haustür verkaufte. Seine Verkaufstechnik war leider eher amüsant als erfolgreich:

Ich lernte ein paar italienische Sätze für Verkaufsgespräche auswendig, die jemand mir in Lautschrift notiert hatte. Kein Problem, das Auswendiggelernte wie ein Papagei aufzusagen – doch bei der ersten Rückfrage zog ich es zumeist vor, gleich wieder davonzurennen. Meinem Erfolg waren daher enge Grenze gesetzt, denn nur selten versprach jemand, über einen Kauf nachzudenken; dies jedoch vermutlich nur, um mich rasch wieder loszuwerden. Die Arbeitsbedingungen waren jedenfalls gut: ich war viel unterwegs und traf jede Menge Italiener, was Spaß machte, auch wenn ich sie überhaupt nicht verstand.

Die geschilderte Methode scheint des öfteren von mehreren Firmen angewendet zu werden. Wer Kinder-, Hobby- oder Sprachbücher an italienischen Haustüren verschachern will, kann sich an *Mercury Enterprises*, Via Tito Livio 1a, 24100 Bergamo, Tel. (035) 361 222 oder *F.S. International*, Via A. Maj 39, 24100 Bergamo, Tel. 222 452, wenden.

Von den Stellenanzeigen in den Zeitungen sollte man nicht allzuviel erwarten. Marc Albert registrierte in den römischen Tagesblättern grundsätzlich mehr Suchanzeigen von Ausländern, den sogenannten *Stranieri*, denn Stellengebote. Stephan Venner glaubte, sein Jobproblem gelöst zu haben, als er im Florenzer Anzeigenblatt *La Pulce* auf seitenlange Inserate stieß. Er bat einen Freund um deren Übersetzung:

Da stellte sich bald heraus, daß die Anzeigen wenig oder gar nichts brachten. Entweder wurde mein Anruf gar nicht oder nur ganz vage beantwortet. Nachdem tagelang die stereotype Auskunft gewesen war, ich solle am nächsten Tag wiederkommen, durfte ich schließlich Prospekte in Pistoia bei Florenz verteilen. Die Bezahlung richtete sich nach der Zahl der verteilten Hefte, reichte nicht zum Lebensunterhalt, und die Stelle ließ auch keine Zeit für eine weitere Beschäftigung.

Das staatliche Arbeitsamt

Eigentlich sind ausländische Jobsuchende in Italien verpflichtet, sich beim staatlichen Arbeitsamt *Ufficio di Collocamento Manodopera* registrieren zu lassen. Allerdings ist diese Behörde nur von Nutzen, wenn man fließend Italienisch spricht. Ab und an vergibt das Amt nämlich Zeitarbeit an Bewerber, die häufig genug auf dem Amt vorbeischauen. Italiener werden eindeutig bevorzugt. Die Büros in kleineren Städten versprechen daher mehr Erfolg, weil man dort nicht an ausländische Arbeitssuchende gewöhnt ist und sie wie Einheimische behandelt. In Italien sind private Vermittlungsagenturen verboten.

Kontakte knüpfen

Private Kontakte sind hier weitaus wichtiger als in anderen Ländern. Die meisten uns bekannten Jobber fanden ihre Stellen mit der Hilfe von Freunden und Bekannten; davon ausgenommen sind Toefl-Lehrkräfte und Au Pairs. Viele Reisende kannten vor der Ankunft in Italien niemanden, die Kontakte entstanden aber bald fast von selbst. Louise Rollet blieb nach ihrem Urlaub in der Nähe von Bologna anschließend als Englischlehrerin in der Stadt, zwar ohne Bezahlung, aber bei freier Unterkunft und Verpflegung. Andere kamen über Vermittlung von *Agritourist*-Verbänden nach Italien, lernten zunächst Land und Leute kennen und arrangierten erst später eine Arbeitsstelle. Jonathan Gründel empfiehlt die Schwarzen Bretter an folgenden Orten in Rom: im *English Language Lion Bookshop* und in der *Church of England*, jeweils in der Via Babuina, sowie im Studenten-Reisebüro *Centro Touristico Studentesco* in der Via Genova 15, Tel. 479 931. In der zweiwöchentlich erscheinenden, kostenlosen Zeitschrift *When in Rome* und im Anzeigenblatt *Porta Portese* finden sich Au Pair-Stellen, Jobs in Bars, Unterrichtsgelegenheiten, billige Herbergen usw.

Die in Rom tätigen Ausländer treffen sich gerne in der Club-Disco *Falcon* in der Nähe der Piazza Barberini: Krankenschwestern, Sekretärinnen, Au Pairs, Beamte der Ernährungs- und Landwirtschaftsorganisation der Vereinten Nationen usw. Wer Augen und Ohren offen hält, kann dort stets fündig werden. Ein Schwarzes Brett mit zahlreichen Aushängen existiert hier wie im Kino von Trastevere. Lorenz Kötter hatte im vorangegangenen Sommer bei seinem Job in einer Hamburger Sprachschule die Adressen seiner Schüler gesammelt. Als er im Jahr darauf nach Italien fuhr, lud ihn gleich die erste Familie in Como zum Bleiben ein, und er fand auch rasch eine Arbeit in der Stadt. Diese Erfahrung läßt ihn von der italienischen Gastfreundschaft schwärmen: eine der Töchter der Familie hatte irgendwann die Idee, ihn beim lokalen Radio unterzubringen, begleitete ihn bei seinem Termin und sprang beim Bewerbungsgespräch hilfreich ein, wenn sie ausgesprochen freizügig mit Einzelheiten über seine angebliche Vergangenheit als Disc-Jockey um sich warf. Im Nachmittagsprogramm bestand seine Hauptaufgabe darin, die korrekte Aussprache der ausländischen Musiktitel sicherzustellen. Er bekam zwar keinen regulären Lohn, die Arbeit bereitete ihm dennoch viel Spaß. Nach einer Weile war er stadtbekannt und ließ bei allen Gesprächen durchblicken, daß er ja eigentlich nach Italien gekommen sei, um Sprachen zu unterrichten. So fanden sich bald die ersten Interessenten. Man sollte prinzipiell aber nicht erwarten, in Italien auf so einfache und rasche Weise eine Beschäftigung zu finden, die gleichzeitig auch noch Freude bereitet.

Tourismus

Die Touristenmassen in Spanien, Portugal und Frankreich zieht es lediglich an die Strände. Nach Italien fahren viele Urlauber jedoch nicht zuletzt wegen der alten Kulturstädte Rom, Florenz, Venedig, Siena oder Pisa. Neben diesen traditionsbeladenen Orten liegen die bekanntesten Hauptferiengebiete an der Adria bei Rimini und Pescara, an der Riviera um Portofino und San Remo und um die Bucht von Neapel mit Capri, Sorrento und

Amalfi. Bei der Jobsuche kann man in den gerade bei Deutschen so beliebten Städten am Lago Maggiore, Stresa und Cannero, sein Glück versuchen. Allerdings ist häufig festzustellen, daß selbst in von Touristen völlig überlaufenen Zentren wie Rimini oder Manfredonia genügend arbeitswillige Einheimische der zu vergebenden Jobs harren. Wie Stephan Venner berichtet, gibt es zwar Jobmöglichkeiten, andererseits zeigen Hoteliers und Restaurantbesitzer in Rimini wenig Interesse am Papierkrieg mit den Behörden wegen der Anstellung eines Ausländers. Bekommt man tatsächlich einen Job, so sollte der Monatslohn mindestens eine Million Lire, derzeit etwa 1300 DM betragen, wovon in der Regel Unterkunft und Verpflegung abgezogen werden. Findet sich in den Hotels oder Bars am Ort nichts, so kann man vielleicht bei der Betreuung von Ferienwohnungen oder -häusern unterkommen. Haushälterinnen und Kindermädchen sind in italienischen Ferienzentren stets begehrt und werden u.a. von *Universale* (Adresse im Abschnitt »Au Pair«) vermittelt. Die Bezahlung beträgt zwischen 180 und 300 Mark pro Woche bei freier Verköstigung und Unterkunft. Wer über einen längeren Zeitraum vorausplanen kann, sollte sich bei Zeltferienveranstaltern wie *Canvas Holidays* bewerben (Adresse im Einleitungskapitel »Tourismus«). Katharina Döring gefiel der Job in einem Zeltlager bei Albenga an der italienischen Riviera, nach ihrer Meinung ein ziemlich nichtssagender Landstrich, sogar besser als die gleiche Arbeit in Frankreich im Jahr zuvor. Sie schreibt, daß die Italiener viel hilfsbereiter seien als die gerne rüpelhaften Franzosen, und das sogar im Streß der Hochsaison. Eigentlich seien ihre Kollegen ausgesprochen zuvorkommend gewesen, selbst wenn Autoprobleme in der Werkstatt oder Krankheiten beim Arzt übersetzt werden mußten. Die italienischen Zeltplätze haben einen erheblichen Personalbedarf für ihre Geschäfte, Restaurants und Bars. Stephan Venner war zu Ohren gekommen, daß die zwei größten Campingplätze in Rom, *Tiber* und *Flamingo*, schon vor Beginn der Hochsaison Aushilfen mit Englisch- und Deutschkenntnissen anstellen würden. Die Firma *Agrisport*, Viale Cassiodoro 28, 20145 Mailand, Tel. 469 4522, vermittelt in ganz Italien zahlende und arbeitende Gäste an ihre Mitglieds-Bauernhöfe.

Wintersportgebiete

Vor Ort findet man Jobs in den Wintersportgebieten der Alpen, den Dolomiten und im Appenin. Bei diesen Stellen handelt es sich allerdings überwiegend um schlecht bezahlte Teilzeitbeschäftigungen. Dafür bieten sie die Gelegenheit zum billigen Skifahren, da die Arbeitgeber häufig einen Gratis-Skipaß spendieren. Sauze d'Oulx und Courmayeur eignen sich am besten für diese Art der Jobsuche. Cortina ist zwar bekannter, mit seinem festen Stamm von ganzjährig Beschäftigten aber zu perfekt organisiert und schnieke. Sauze d'Oulx sei deswegen empfohlen, weil sich dort viele englische und deutsche Gäste einfinden, so daß jede Bar und jedes Restaurant über einen Englisch oder Deutsch parlierenden Angestellten verfügen möchte. Gewitzt durch die letzten schneearmen Winter, haben die Besitzer solcher Etablissements es sich indessen angewöhnt, zunächst nur wenig Personal einzustellen und die Zahl erst aufzustocken, wenn die erwarteten Gästeströme auch tatsächlich eintreffen.

Paul Jeversen arbeitete mehrere Sommer hintereinander in einer Bar auf Elba. Er fand jeweils anschließend eine Stelle in den italienischen Alpen, indem er sich bei großen Reiseveranstaltern bewarb. Erfolgversprechend ist es, wenn man sich mit den örtlichen Repräsentanten der einzelnen Firmen anfreunden kann. Diese erfahren nämlich schneller von freiwerdenden Stellen und sind bei den Hoteliers und Restaurantbesitzern ausgesprochen beliebt, was sich bei der Vermittlung positiv auswirkt. Außerhalb der Saison fällt in Wintersportgebieten viel Arbeit bei der Renovierung und Instandhaltung an, und dann ist auch die Konkurrenz weniger heftig. Gute Skifahrer können sich bei Reiseveranstaltern oder in den ortsansässigen Sportgeschäften als Verkäufer oder Skilehrer bewerben. Die Anreise und etwa 300 DM in der Woche sind im Schnitt allemal drin. Chalet-Betreuerinnen werden nicht in derart großer Zahl wie in den Nachbarländern gesucht. In kleinen, familienbetriebenen Hotels und Gaststätten bieten sich eher Gelegenheiten als in großen konzerneigenen, da diese ihr Personal in Süditalien rekrutieren und nach Ablauf der Sommersaison in den Wintersportgebieten einsetzen.

Tätigkeit als Au Pair

Die meisten der Familien, die sich den Luxus eines Au Pair-Mädchens leisten können, pflegen den ganzen Sommer in ihrem Ferienhaus an der italienischen Küste oder in den Bergen zu verbringen – und bieten ihren Angestellten die Chance, diese neue Umgebung kennenzulernen. Der Durchschnittsmonatslohn beträgt für Au Pairs 200.000 bis 300.000 Lire; bei Kleinkindbetreuung gibt's noch mal rund 100.000 Lire Zuschlag. Die großen Au Pair-Verbände vermitteln selbstverständlich allesamt auch nach »Bella Italia«. Am günstigsten ist die Bewerbung bei einer Vermittlungsstelle zu Hause. Wer sich seine Stelle lieber im Land selbst suchen will, halte sich an folgende Anschriften: *CISIAL*, Via Gian Giacomo Porro 18, Rom, bietet Informationen für Au Pairs auch in englischer und deutscher Sprache. *International Au Pair*, Via S. Stefano 32, 40125 Bologna, Tel. 267 575, erhebt Gebühren von 150.000 Lire (Kaution und Vermittlung). *Maria de Angelis' Amicizia*, P.O. Box 42, Succursale 1, 06100 Perugia, vermittelt vornehmlich in Mittelitalien. *Universale*, 53 Via Colserano, 00019 Tivoli, Roma, Tel. 27 862, bezeichnet sich selbst als nicht-gewinnorientiertes Kulturbüro. *Au Pairs Italy*, 46 The Rise, Sevenoaks, GB – Kent TN13 1RJ, ist seit Jahren auf Italien spezialisiert, hat zahlreiche Familien im ganzen Land karteimäßig erfaßt und meldet teilweise Bedarf auch nur für die Sommerferien. Die Agentur stellt in Abständen eine Liste freier Stellen zur freien Auswahl zusammen. Oft muß eine Gebühr entrichtet oder eine Sicherheit hinterlegt werden.

Unterrichten

Einige hundert Sprachschulen beschäftigen Deutsch- und Englischlehrer. In England kann man innerhalb von fünf Tagen das ausgesprochen nützliche Toefl-Diplom erwerben, das seine Inhaber in Italien wahrlich nicht schlecht ernährt: Jürgen Schenker, Teilnehmer an einem derartigen Kurs der Lingua-Sprachschule in Birmingham, erhielt schon nach vier Tagen ein zwölfmonatiges Vertragsangebot in Mailand zu rund 2300 DM. Noch nicht hinreichend davon überzeugt, daß er bereits nach so kurzer Kurszeit unterrichten könne, lehnte er ab und entschied sich für die Teilnahme an einem ausgedehnteren Kurs. In der *Academia Britannica*, International House, Viale Manzoni 57, 00185 Rom, hingen viele Zettel mit Jobangeboten aus, wobei Schulen in abgelegeneren Orten weniger strenge Anforderungen stellten. Jürgen bezweifelt indes, daß ein renommiertes Institut Personal ohne Universitätsabschluß einstellen würde. Die Investition von etwas Zeit und Geld in einen Toefl-Kurs lohnt sich auf jeden Fall für Jobber, die bereits einen hohen Grad von Sicherheit in der englischen Sprache haben. Zu finden sind die Schulen in den »Gelben Seiten« unter *Scuole di Lingua*.

Lorenz Kötter taumelte in Como und Lecco zunächst drei Wochen lang von einer Enttäuschung in die andere. Nach Abklappern aller Sprachschulen bekam er durch Zufall eine Krankheitsvertretung und später sogar regelmäßige Stunden. Darüberhinaus begann er mit regelmäßigen Besuchen des englischen Clubs, welcher ein guter Ort für neue Kontakte und Bekanntschaften war und wo er regelmäßig einige tausend Lire für die Beantwortung von Verständnisfragen nach Filmvorführungen erhielt. Internationale Sprachlehrinstituten, die sich auch in Italien angesiedelt haben, sind: *British Institutes*, Piazzale Cadorna 9, 20123 Milano; *Oxford Group*, Piazza San Marco 1513, 30120 Venezia; *Wall Street Institutes*, Corso V. Emanuele 30, 20122 Milano. Schulen aus dem ganzen Land fragen beim *Connor TEFL Register*, Via Settembrini 1, 20124 Milano, an, falls sie eine Stelle zu besetzen haben. Der für alle Toefl-Absolventen mögliche Eintrag lohnt sich also. Privatunterricht kann man auch per Zeitungsannonce, durch Aushänge in Supermärkten, Tabakgeschäften, Schulen usw. anbieten. Wer entsprechende Räume findet, kann sowohl Einzel- als auch Gruppenunterricht erteilen. Die übliche Bezahlung bei Privatstunden liegt zwischen 12.000 bis 23.000 Lire und ist für Schüler damit erheblich günstiger als in einer Sprachschule. Diese Zahlen gelten für Rom, anderswo erhält man weniger. Bei der Jobplanung ist aber zu berücksichtigen, daß das gesamte Leben in den italienischen Städten im August mit einem Schlag abstirbt, weil alle, die sich's irgendwie leisten können, in die Ferien fahren.

Der Grund für den hohen Bedarf an Privatstunden ist übrigens der unzulängliche Sprachunterricht an den staatlichen Schulen. Sogar die Universitäten beschäftigen viele ausländische Lehrer als sogenannte *Lettori*. Wer einen Universitätsabschluß besitzt, kann wegen einer solchen Stelle beim jeweiligen Rektor, dem *Magnifico Rettore*, einer der 31 Universitäten zwischen Cagliari auf Sardinien und Triest an der jugoslawischen Grenze vorstellig werden. Sprachunterricht ist in Universitätsstädten aber auch deswegen gefragt, weil zahlreiche Fächer Englisch- oder Deutschkenntnisse voraussetzen. Laura Leisinger stieg er auf dem akademischen Arbeitsmarkt ein, als sie nach sechs Monaten in der alten Universitätsstadt Bologna mit ihrem Hauswirt ins Gespräch kam und dieser ihr Namen und Adresse eines Universitätsassistenten nannte.

Landwirtschaft

In der italienischen Landwirtschaft fehlen eigentlich keine Arbeitskräfte, so daß es höchst unwahrscheinlich ist, etwa bei der Zitronenernte unterzukommen – es sei denn durch Beziehungen. Die meisten Arbeiten werden von eigens angereisten Nordafrikanern erledigt. So schrieb uns ein Bauer aus Siena, daß die Saisonarbeiten bei der Oliven- und Traubenernte nach einem eingefahrenen System unter Einheimischen und angeworbenen italienischen Arbeitslosen vergeben werden. Andererseits ist es nicht gänzlich unmöglich, einen Arbeitsplatz bei der Weinlese, der *Vendemmia*, zu erwischen. Italien erzeugt die größte Menge Wein in der Welt, was schon im Altertum so gewesen sein muß: die Griechen nannten Italien *Oenotria*, »Weinland«. Heutzutage gibt es kaum eine Region ohne Weinberge. Zu den berühmtesten Anbaugebieten gehört natürlich Chianti südlich von Florenz, dem seit Jahrhunderten Olivenbäume und Weinstöcke das besondere Gepräge gaben. Seit der Markt für italienische Weine expandiert, verschwinden aber immer mehr Olivenhaine. Siggi Förster findet die Weinlese in Italien attraktiver als in Frankreich: *Der vom Staat festgelegte Mindestlohn für Traubenpflücker ist um die Hälfte höher als in Frankreich. Die Weinstöcke werden höher gezogen und wachsen an Drähten entlang, wie auch in Deutschland. Dadurch muß man sich nicht so tief bücken und kommt leichter an die*

Trauben heran. In Frankreich hingegen läßt man die Pflanzentriebe einfach nicht in die Höhe. Die Trauben reifen dann zwar im geschützten Inneren des Stockes, was für die Wirbelsäule der Erntehelfer eine unglaubliche Mühsal bedeutet. Zur Zeit werden bei der Lese 60.000 bis 70.000 Lire am Tag gezahlt, wovon die Verpflegung allerdings noch abzuziehen ist. Ende September oder Anfang Oktober sollte man sich einfach mutig in den Dörfern erkundigen, nicht nur in der Chianti-Region, sondern praktisch überall. Wesentlich besser wären natürlich frühzeitigere Anfragen, da die Ernte häufig schon Ende Juli oder Anfang August einsetzt. Asti, die Gegend um Turin wird zwar in einigen Zuschriften empfohlen, die Löhne sollen dort allerdings deutlich geringer liegen als anderswo. In den meisten Weingärten dürfte es für höchstens eine Woche Arbeit geben. Im Etschtal, durch das sich auf italienisch die Adige windet, werden Äpfel angebaut. Beim Kirschenpflücken in Dänemark traf Toni Deiß Italiener, die ihn davon überzeugten, doch mit ihnen zur Apfelernte nach Cles im Trentino zu kommen: *Mit der Hilfe meiner Freunde war es kein Problem, mitten im Oktober Arbeit auf einer Apfelplantage zu finden. Ich wohnte bei einer freundlichen Familie, die mich unentwegt mit Essen und Wein versorgte, und sparte so 1800 DM in vier Wochen zusammen. Wegen der ausgesprochen günstigen Witterung gab's keinen Streß und dennoch ausreichend Gelegenheit zu Pausen. Ich war der einzige Ausländer und bekam etliche weitere Angebote.* In höheren Lagen zieht sich die Ernte oft bis in den November hinein. Die Bauern besorgen sich ihre Aushilfen meist lange vor Beginn der Reifezeit, so daß man also schon Ende August oder Anfang September bei ihnen nachfragen kann. Die größten Plantagen liegen im Non-Tal des Alto Adige bei Trento. Tomatenpflücken wird ebenfalls gut bezahlt. Und in der Emilia Romagna sollte es mit einiger Sicherheit Arbeit bei der Erdbeerernte geben. Kirschen wachsen hauptsächlich bei Vignola, südlich von Bologna. Schließlich schmückt sich auch das Valtellina-Gebiet, nahe der Schweizer Grenze, mit vielen Obstplantagen.

Freiwilligendienste

Einige Rathäuser, zum Beispiel diejenigen von Verona, Padua und Forli, verteilen Broschüren über außergewöhnliche Ferienangebote und Workcamps. Die entsprechenden Projekte der verschiedenen italienischen Verbände füllen ein breites Spektrum, von der Altpapierverwertung über Spendensammlungen für die Dritte Welt bis zu Brandwachen zur Verhütung der üblichen sommerlichen Waldbrände: *Mani Tese*, Via Cavenaghi 4, 20149 Mailand; *Emmaus Italia*, Via La Luna 1, 52020 Pergine Valdarno, Arezzo; *Kronos 1991*, Via G.B. Vico 20, 00190 Rom, veranstaltet vor allem Brandwachen in Kalabrien. Ungewöhnlich daran ist die Tatsache, daß jeder dritte Tag arbeitsfrei ist und für eigene Unternehmungen zur Verfügung steht. Über das ganze Land verstreut sind die Zweigstellen des *World Wildlife Fund*, Viale Monte Grappa 2, 20124 Mailand, dessen Camps sich größtenteils um den Tier- und Pflanzenschutz drehen. In der Regel wird eine Beteiligung an den Kosten für Unterbringung und Verpflegung erwartet. Weitere Einzelheiten auch bei *LIPU*, dem italienischen Vogelschutzbund, Corso Matteoti 169, 04100 Latina, und Via Terracina 169, 80125 Neapel.

Die *Gruppi Archeologici d'Italia*, Via Tacito 41, 00193 Rom, führen überall im Land Grabungen durch, zu denen Freiwillige herangezogen werden. Für die Teilnahme an einem zweiwöchigen Projekt werden 300.000 bis 450.000 Lire verlangt. Eine weitere lohnende Adresse ist *Italia Nostra*, Via Capelletta 3, Verona. Die Restaurierung alter Gebäude unternimmt die italienische Abteilung des *Internationalen Bauordens*, Via Cesare Battisti

3, 20071 Casalpusterlengo, MI, desgleichen in der Toskana: c/o Paola Rosetti, Piazza Municipio 1, 50050 Montaione, FI. Die Gebühr beträgt hierbei 50.000 Lire.

Die Ökumenische Gemeinschaft *Communità di Agape*, 10060 Prali, Torino, unterhält ihr Konferenzzentrum in den westitalienischen Alpen hauptsächlich durch die Mithilfe von Freiwilligen. Alle Teilnehmer sollten die italienische Sprache wenigstens ansatzweise beherrschen, wenngleich die Informationen über das Lager auf Englisch verfaßt sind. Das Büro des *Service Civil International* findet man in der Via dei Laterani 28, das des *Christlichen Friedensdienstes* in der Via Rattazzi 24, jeweils in Rom.

Malta

Zwar kleinwüchsig von Statur (gerade mal 25 mal 14 Kilometer), empfängt Malta seine Besucher mit großer Freundlichkeit. Leider läßt die vorgeschriebene Arbeitserlaubnis nicht selten eine geraume Weile auf sich warten. Der Fremdenverkehr spielt jedoch eine derartig wichtige Rolle auf Maltas Habenseite, daß man diese Erlaubnis wesentlich schneller erhält, wenn in diesem Bereich eine Anstellung nachgewiesen wird. Einen Versuch wert sind die Bars und Cafés, Hotels und Läden von Sliema, Bugibba und den Ferienzentren im Süden. Große Brötchen sind hier allerdings bei wöchentlich etwa 35 Maltesischen Pfund nicht zu verdienen.

Am billigsten kommt man in den Häusern der *Malta Youth Hostels Association* unter. Als Gegenleistung für zwanzig Stunden wöchentlicher Mitarbeit (Reparaturen, Anstreichertätigkeiten oder Büroarbeit), die auch unregelmäßig verteilt sein können, werden freie Kost und Logis geboten. Wer ein ehrliches Interesse daran bekundet, wird natürlich bevorzugt. Spätestens zwölf Wochen vor dem beabsichtigten Aufenthalt sind vier Paßfotos und zwei internationale Antwortscheine an die *MYHA*, 17 Triq Tal-Borg, Pawla, Malta, Tel. 229 261, zu senden. Bei der Bewerbung ist unbedingt zu erwähnen, ob man in der ersten oder zweiten Monatshälfte beginnen will, da MYHA dann bei der Erlangung der Arbeitserlaubnis behilflich ist. Einmal im Amt, kann die Stelle beliebig oft verlängert werden. Zu Beginn der Tätigkeit ist allerdings eine Kaution zu hinterlegen.

NSTS, ein studentischer Jugendverband, veranstaltet für junge Leute zwischen 15 und 29 Jahren einwöchige Sommerprogramme auf Malta und benötigt dazu Personal für viele Bereiche, beispielsweise in der Küche oder als Windsurflehrer. Eine Unterkunft wird im Bedarfsfalle gestellt. Bewerbungen sind bis April bei *NSTS*, 220 Paul Street, Valetta, Malta, Tel. (356) 624 983 oder 626 628, vorzulegen. Zu guter Letzt benötigt der Sportveranstalter *PGL* jeden Sommer zwei junge Leute für sein Wassersportzentrum in Gozo.

Skandinavien

Das Verhalten der Behörden gegenüber Ausländern variiert in den fünf skandinavischen Länder, von denen nur Dänemark zur EG gehört, stark. Nach Ansicht vieler Reisender verbindet diese Länder lediglich die Tatsache, daß sie allesamt irrwitzig teuer sind. Wer viel herumreisen möchte, sollte den Kauf eines »Nordturist«-Tickets in Betracht ziehen, das drei Wochen lang unbegrenzte Fahrt auf allen Eisenbahnen und vielen Fähren gestattet, dessen Kauf jedoch außerhalb Skandinaviens zu erfolgen hat.

Straßenmusik und öffentlicher Straßenverkauf sind vielerorts zwar verboten, werden aber nicht gerade streng verfolgt. In Schweden bemüht sich neuerdings eine Kampagne, die Straßenmusik zu legalisieren, und in Norwegen ist dies inzwischen geschehen. Solange keine Verkehrsbehinderung oder sonstige Belästigung stattfindet, läßt die Polizei die Musiker in Ruhe. Da ihr Treiben in den skandinavischen Ländern eher ungewohnt ist, darf mit großer Aufmerksamkeit und entsprechendem Erfolg gerechnet werden.

Angesichts der hohen Lebenshaltungskosten und der schwierig zu erhaltenden Arbeitserlaubnis ist die Resonanz bei freiwilligen Diensten und Workcamps groß, die keine Schwierigkeiten bereiten. Viele internationale Verbände betätigen sich auch in Skandinavien; deren Anschriften stehen im Einleitungskapitel »Freiwillige Dienste«. Junge volljährige Frauen können als Au Pair sechs bis zwölf Monate lang in Familien arbeiten. Allerdings ist diese britische Erfindung hierzulande noch nicht weit verbreitet. Rat und Hilfe bieten auch hier *In Via*, der *Verein für Internationale Jugendarbeit, Ökista* oder *Pro Filia*.

Finnland

Nach offiziellen Angaben bedeutet das erfreuliche Abrutschen der Arbeitslosenrate auf 3,7 Prozent einen kräftigen Anstieg der Nachfrage nach Arbeitskräften in vielen Bereichen. Ausländischen Studenten, die zwischen Anfang Mai und Ende September jobben wollen, wird eine rasche und wohlwollende Erteilung der dreimonatigen, im Lande selbst verlängerbaren Arbeitserlaubnis zugesichert, wenn diese bereits zuhause beantragt wird. Das internationale Trainee-Austauschprogramm des *Arbeitsministeriums*, Fabiankatu 32, PL 30, SF – 00101 Helsinki, ermutigt Studenten und Akademiker zu zwei- bis achtzehnmonatigen Aufenthalten und vermittelt ihnen angemessene Stellen. Die direkt anzufordernde Broschüre »Finland Welcomes Foreign Trainees« sollte bis Ende März beantragt sein, dann kann der nötige Papierkram schnell in Angriff genommen werden. Vorausgesetzt werden mindestens zwei Hochschulsemester, möglichst auch einjährige Arbeitserfahrung in einem verwandten Sachgebiet, etwa Handel, Fremdenverkehr, Wirtschaft, Forst- oder Landwirtschaft, da hier die Mehrzahl der Stellen offensteht. Trotz der Bezeichnung »Trainee« können sich die Löhne im Landesvergleich sehen lassen.

Nach längerer Pause hat das Ministerium auch sein Familienprogramm erneut aufgenommen. Dessen Teilnehmer wohnen den Sommer über oder auch länger bei einer finnischen Familie, helfen ihr im Haus oder auf dem Bauernhof und erteilen zusätzlich englischen, französischen bzw. deutschen Sprachunterricht. Jugendliche zwischen 18 und 23 Jahren, die eine der genannten Sprachen beherrschen, können sich bewerben. Plätze auf Bauernhöfen werden vorzugsweise an erfahrene Bewerber vergeben, während die anderen Interessenten bei Familien in den Städten untergebracht werden, von denen die meisten zumindest einen Teil des Sommers auf dem Land verbringen. Das Sommersemester der finnischen Studenten beginnt im August, so daß die meisten Familienaufenthalte zu diesem Zeitpunkt enden. Die Gastfamilien nehmen an diesem Programm teil, um ihre Sprachkenntnisse zu verbessern. Eine gewisse Rolle spielen dabei sicher auch die erwarteten täglich fünf Stunden Mithilfe im Haus, Garten oder bei der Kinderbetreuung. So erscheint das Programm im Grunde wie eine angenehme Variante der Au Pair-Tätigkeit, zumal auch Männer daran teilnehmen können. Der Sprachunterricht besteht in der Regel aus den täglichen Unterhaltungen bei Tisch, denn die meisten Finnen beherrschen einer der genannten Sprachen ohnehin schon hervorragend. Neben freier Unterkunft und Verpflegung winkt ein Taschengeld von 200 bis 250 Finnmark pro Woche (bis zu 100 DM).

Bewerbungen müssen spätestens Ende März beim Ministerium in Helsinki eingegangen sein. Bernd Seiffert genoß seinen Aufenthalt in Finnland außerordentlich:
Der Wohnort meiner Gastfamilie lag mitten in den nordfinnischen Wäldern, einer herrlich schönen und idyllischen Umgebung, so daß ich sogar auf Taschengeld verzichten konnte. Für mich war es Belohnung genug, dort zwei Monate kostenlos wohnen zu dürfen.

Gelegenheitsarbeiten

Was im Trainee-Programm noch ziemlich rosig aussah, wird bei Gelegenheitsjobs zum aus vielen Ländern bereits bekannten Grau: sowohl Arbeitgeber als auch -nehmer werden bei Zuwiderhandeln gegen die rechtlichen Bestimmungen streng bestraft. Auch mit einer definitiven Zusage des künftigen Arbeitgebers ist die Genehmigung noch durchaus nicht gesichert. Und wenn sie endlich erteilt ist, berechtigt sie lediglich zur Tätigkeit an der im Antrag beschriebenen Arbeitsstelle für eine Zeitdauer von drei Monaten. Danach ist eine Verlängerung neu zu beantragen. Wer in Finnland legal arbeiten will, muß also einen verständnisvollen Arbeitgeber finden. Peter Morgenschein berichtet:
Es sind zwei verschiedene Paar Stiefel: zum einen das Interesse eines Arbeitgebers wecken, dann auch die behördliche Arbeitserlaubnis bekommen. Ohne die Unterstützung meines Chefs hätte ich nicht die geringste Chance gehabt in diesem Land, das ich inzwischen lieben gelernt habe. Der Erhalt von Arbeitserlaubnis und Aufenthaltsgenehmigung gestaltet sich ungeheuer schwierig. Mein Chef nahm jedoch nicht nur den ganzen Behördenkram in die Hand, sondern verbürgte sich auch noch gegenüber meinem Vermieter in Helsinki.
Andererseits bleiben auch Berufssparten, in denen Arbeitskräfte dünn gesät sind: bei den Blumenzüchtern in der Nähe Helsinkis etwa, oder in den fünfhundert Hotels des Landes, insbesondere denjenigen in den Feriengebieten Hämeenlinna und Lahti, außerdem in Sprachschulen. Dennoch kennen wir nur einen Fall, in dem jemand ohne vorherige behördliche Genehmigung eine Anstellung gefunden hat. Natascha Finkenbeiner hat diese Erfahrung gemacht: die einzige Möglichkeit, relativ unauffällig Beschäftigung zu finden, scheint darin zu bestehen, bei einer Familie unterzukommen:
Ich erhielt dadurch eine Stelle als Kindermädchen, daß ich in einigen Kindergärten Aushänge anbrachte. Die beste Gegend dafür in Helsinki ist das wohlhabende Stadtviertel Westend Espoo. Ich erhielt 440 DM in der Woche, wofür ich täglich von 8 bis 16 Uhr arbeitete. Wer Finnen kennt, bittet diese einfach um Übersetzung der Stellenanzeigen in der Zeitung: nahezu täglich werden darin Haushaltshilfen gesucht. Bei meinen eigenen Inseraten ließ ich den Text ins Finnische übersetzen. Für die Tätigkeit selbst brauchte ich dann kein einziges Wort Finnisch, da finnische Eltern besonders darauf erpicht sind, ihre Schützlinge an Fremdsprachen heranzuführen.
Diese Vorgehensweise könnte eigentlich beinahe jeder beherzigen, zumal für Sprachunterricht. Hierfür werden gegenwärtig immerhin bis zu FIM 100 (40 DM) pro Stunde bezahlt. Wer seinen Toefl-Abschluß als Englischlehrer gewinnbringend einsetzen möchte, könnte bei der *Federation of Finnish British Societies*, Puistokatu 1b A, 00140 Helsinki, Erfolg haben. Eine weniger qualifizierte Tätigkeit empfiehlt ein ungenannter Brite: Bettler seien gerade außerhalb Helsinkis ein derart ungewohnter Anblick, der schnell öffentliches Interesse errege und entsprechende Erträge abwerfe. In seiner Freizeit sammelte er übrigens leere Pfandflaschen.

Workcamps

Hinter dem Kürzel *KVT*, Rauhanasema, Veturitori, 00520 Helsinki, verbirgt sich der finnische Partner von *Service Civil International*. Das russisch-orthodoxe Kloster *Valamo*, 79850 Uusi-Valamo, Tel. 726 1911, beschäftigt alljährlich einige hundert Freiwillige im ökumenischen Arbeitsprogramm. Mehrere Wochen lang helfen sie bei der Erhaltung der Klosterbauten und der Pflege des Geländes mit.

Norwegen

In Norwegen werden die Bestimmungen über Ausländerarbeit noch restriktiver gehandhabt als in Finnland. Bis Mitte der 70er Jahre noch wegen seiner Freizügigkeit zu rühmen, hat die wachsende Arbeitslosigkeit im Lande einen Sinneswandel erbracht. Selbst Studenten, die im Sommer von den Regelungen ausgenommen waren, müssen inzwischen für die Zeitspanne vom 1. Mai bis zum 15. Oktober eine Sommerarbeitserlaubnis im Heimatland beantragen. Nach den aktuellen Angaben von »Summer Employment in Norway«, das bei der internationalen Vermittlungsstelle des *Arbeitsdirektoratet*, Postboks 8127 Dep, N – 0032 Oslo 1, zu beziehen ist, können norwegische Arbeitgeber für ihr ausländisches Personal erst ab Anfang Mai eintreten. Einer Erlaubnis steht die Zustimmung von örtlichem Arbeitsamt und sogar Polizeidienststelle im Wege – und all das, um den ungehemmten Zustrom von Polen besser zu kontrollieren. Kristin Moen, eine junge Norwegerin, die selbst meist herumreist und -jobbt, legt einen anderen Blickwinkel frei: *Norweger lieben es, wegen der Arbeitslosenraten dicke Sorgenfalten zu demonstrieren, nach dem Motto: ich hab's immer schon gewußt, die Schwarzen nehmen unsere Stellen weg. Dabei schafft die Quote noch nicht einmal die Vier-Prozent-Hürde. Zuletzt wurde bestimmt, daß Bauernhöfe sich zuerst an die Arbeitsämter melden und damit einheimischen Jugendlichen den Vorrang geben sollten. Die Bestimmung war unsinnig: kein Norweger wollte diese Stellen, die wenigen Mutigen flüchteten nach wenigen Stunden. Wahrscheinlich ist im nächsten Sommer mit einem anderen Bürokratenstreich zu rechnen.* In den meisten Schilderungen schneiden die Norweger als freundliches und hilfsbereites Völkchen gut ab, was selbstverständlich überhaupt keinen Einfluß darauf hat, daß Ausländer außerhalb der Sommermonate nur selten eine Schwarzarbeit erhalten. In der Regel wird von den norwegischen Unternehmern versucht, Teilzeitjobs im Austausch gegen Kost und Logis zu arrangieren: immer mehr Berichte deuten auf eine steigende Zahl von Hotels, Restaurants und Bars, Geschäften und Bauernhöfen hin, die solche Vereinbarungen anbieten. Damit wird jedenfalls das Problem der ungemein hohen Lebenshaltungskosten in Norwegen umgangen. Reinhard Münchner schrieb abschließend: *Grundsätzlich mit allen Leuten reden! Die meisten Norweger sind überaus freundlich und zur Weiterhilfe immer bereit. Mit einem Mindestmaß an Charme, Erfindungsreichtum und Glück wird man als Gast gut durchschlagen.* Wer dagegen auf bezahlte Stellen stößt, darf sich außerordentlicher Löhne erfreuen: so gut wie nie werden weniger als NKr 50 (etwa DM 13) pro Stunde geboten. Peter Radonski empfiehlt als besten Weg, an derartige Stellen heranzukommen, ein eigenes Inserat in der Tageszeitung »Aften Posten«.

Tourismus

Eine erkleckliche Zahl deutsch- und englischsprachiger Touristen bereist das Land der Fjorde und Trolle jedes Jahr, so daß in dieser Branche ausländisches Personal ungemein gefragt ist. Man kann sein Glück in den beliebten Wintersportorten Lillehammer (Schauplatz der Olympischen Winterspiele 1994), Nordseter, Susjoen, Gausdal oder Voss versuchen. Winters wie sommers ist es günstiger, sich schon im voraus eine Stelle zu besorgen, etwa über die Hotelverzeichnisse des norwegischen Fremdenverkehrsamts. Besondere Aussicht auf Erfolg verspricht eine Bewerbung bei den *Norwegian Summer Hotels*, darunter das *Panorama Summer Hotel* in Oslo, das *Fantoff* in Bergen, das *Molkeholen Hotel* in Stavanger sowie das *Prestvann* in Tromsö. Wegen der Strände ist die Hoteldichte im Süden des Landes höher als im Norden: gerade um Kristiansand, an den Fjorden nördlich von Bergen, außerdem in den Gegenden um Geilo, Gol, Vaga, Lillehammer und Hardanger. Auch im Hochsommer empfangen die norwegischen Berge Besucher manchmal mit empfindlicher Kühle, so daß warme Kleidung nicht fehlen darf.

Das Anfangsgehalt eines Hotelangestellten beträgt derzeit NKr 7000 (ungefähr 1900 DM), wovon für Unterkunft und Verpflegung im Schnitt NKr 500 bis 1000 abgehen. Manche Hotels zahlen auch erheblich mehr, außerhalb der großen Städte dagegen grundsätzlich weniger. Allerdings ist die Arbeit dort möglicherweise angenehmer. Das Spektrum reicht jedenfalls von der kleinen Bauernhofpension *Loen Pensjonat*, 6878 Loen, Tel. (057) 71 000, die bei magerem Lohn eine Aushilfe mit englischen Sprachkenntnissen für Garten, Hausarbeit und Betreuung ausländischer Gäste benötigt, bis zum *Stalheim Hotel*, nordöstlich von Bergen, das seine Angestellten mit DM 2800 ködert. Die norwegischen Jugendherbergen bemühen sich ständig um Aushilfen, welche für wenig Geld hart zu arbeiten bereit sind. Beste Anlaufstelle sind die Herbergsväter, denn selbst bei Vollbeschäftigung kennen sie doch andere Herbergen, die zur Zeit jemanden suchen. Daniel Brinkmann schreibt, daß man es auch über die Hauptverwaltung des Jugendherbergsverbandes selbst versuchen kann:

Ich habe an die Verwaltungen in einigen für mich attraktiven Ländern geschrieben und dabei gleich mitgeteilt, was ich kann: kochen, kleinere Reparaturen ausführen, anstreichen, putzen. Die norwegische Antwort war dabei weitaus am freundlichsten.

In kleinen Städten sollte man beim jeweiligen Fremdenverkehrsbüro mit Nachforschungen beginnen. Nach einer Trans-Sibirien-Reise mit dem Zug fuhr David Lugendorfer im Frühling nach Lappland. Im kleinen Städtchen Karasjok im norwegischen Grenzgebiet fand er unter der Anschrift des »Fremdenverkehrsbüro« das Geschäft eines Silberschmiedes vor. Der Eigentümer fragte David, nach einer Besichtigung des Ladens, ob er nicht bleiben und dort arbeiten wolle. Begeistert nahm der Österreicher die Gelegenheit wahr.

Man muß aber nicht unbedingt so weit in den Norden ziehen, um auf eine offene Stelle zu stoßen. Kristin Moen, die von ihren ausgedehnten Reisen nur nach Hause zurückkehrt, um neues Reisekapital anzusparen, berichtet von einer amerikanischen Freundin, die ohne Genehmigung den Winter über Beschäftigung in einer Osloer Bar fand und dabei genug Geld für die geplante Weiterreise nach Indien verdiente. Reinhard Münchner lernte im Laufe mehrerer Winter in Lillehammer etliche Jobber kennen, die sich mit Schneeräumen, dem Freischaufeln von Autos, als Bedienung, Discjockey, Au Pair oder mit Sprachunterricht durchschlugen.

Unterrichten

Mehrere norwegische Sprachschulen beschäftigen auch ausländische Lehrkräfte, doch ist eine Arbeitserlaubnis auf jeden Fall zu beantragen. Ausgebildete Lehrer schreiben an das *Königliche Norwegische Erziehungsministerium*, PO Box 8119, Dep, 0032 Oslo 1, welches ein Informationsheftchen versendet. Einige Lehrer erhielten auch schon Stellen beim Erwachsenenbildungsverband *Friundervisningen*, Postboks 496, Sentrum, 0105 Oslo 1.

Landwirtschaft

Wer zwar gerne in der Landwirtschaft tätig wäre, andererseits aber nicht über die für das internationale Autauschprogramm notwendigen Erfahrungen verfügt, sollte die Teilnahme am »Programm für Arbeitende Gäste« in Erwägung ziehen. Ansonsten bleibt nur die unmittelbare Suche auf dem Lande selbst. Von Mitreisenden auf dem Fährschiff Travemünde-Oslo erfuhr Bernd Weber unter verschiedenen anderen von einer Stelle auf einem Schweinemastbetrieb, die ihm bald NKr 500 pro Woche einbrachte. In Norwegen gibt es wie in Finnland eigentlich keine ausgesprochenen Obst- oder Gemüseanbaugebiete. Die Gegend um Lier, per Bus von Drammen aus zu erreichen, bildet als ungewöhnlich fruchtbare eine Ausnahme: die Erdbeersaison beginnt dort in der ersten Juliwoche und erstreckt sich über knapp zwanzig Tage, Erntemenge und Reifezeiten fallen je nach Jahr aber recht unterschiedlich aus. Da die Löhne bekanntermaßen niedrig sind, kommen 95 Prozent der Erntehelfer aus dem Ausland. Kristin Moen konnte ihren italienischen Gästen zwar gleich auf der ersten angerufenen Plantage Stellen beschaffen, diese wurden aber nach mehrstündiger Arbeit mit NKr 60 abgespeist – und verschwanden alsbald. Weiter im Norden beginnt die Ernte mit kleiner Verzögerung: in Steinkjer, nördlich von Trondheim, währt sie von Mitte Juli bis August. Die Bezahlung ist etwas erfreulicher, die Früchte kleiner, und Unterkünfte sind häufiger vorhanden als im Süden, wo ein Zelt zur Standardausrüstung gehört. Bis die Früchte wieder nachgereift sind, muß man stets mit längeren Unterbrechungen rechnen. Und da nach Gewicht bezahlt wird, kann schlechtes Wetter durchaus problematisch werden. Ingo Hahn beschreibt seine Erfahrungen bei der Erntearbeit in Norwegen:

Ich erhielt meine Jobs oft beim Trampen, indem ich einfach Einheimische ansprach. Auf diese Art und Weise bekam ich beispielsweise den Tip, doch mal zum Storfjord zu fahren, wo ich dann auch bei der Erdbeerernte arbeitete und in der Jugendherberge von Valldal wohnte. Der Herbergsvater versuchte, mich auf einem Bauernhof unterzubringen. Tatsächlich konnte ich nach der Erdbeerernte bei einem Bauern einige Kilometer vor dem Dorf arbeiten und ganz komfortabel im Dachgeschoß seines Hauses unterkommen.

Das südlich von Romsdal gelegene Nordfjord und die Umgebung von Hamar bieten ebenfalls gute Gelegenheiten, da Kartoffeln und anderes Gemüse dort Anfang September reifen und geerntet werden müssen. In Andebu bei Tonsberg beginnt Anfang August die Himbeerernte. Einen Versuch lohnt auch das Dorf Loen. An den steilen Hängen der norwegischen Fjorde wachsen Heerscharen von Heidelbeeren, die man als selbständiger Einmannbetrieb bei den ortsansässigen Genossenschaften absetzen kann. Zu bestimmten Zeiten allerdings ist das Pflücken bestimmter Beeren in Lappland untersagt: nur die eingeborenen Lappen haben dann das Ernterecht. Bei Interesse an freiwilliger Arbeit auf biologisch-organischen Farmen wendet man sich an *APOG*, c/o Torbjörn Dahl, Lökkegt 23, 2600 Lillehammer, Tel. 625 9974. Bewerber, die sich mindestens für einen Monat verpflichten, werden an dem Verband angeschlossene Bauernhöfe vermittelt, müssen als

Touristen einreisen und dann drei bis vier Stunden täglich die üblichen Aufgaben übernehmen. Eine Mitgliederliste ist gegen Einsendung von NKr 40 erhältlich.

Das »Programm für Arbeitende Gäste«

Wer die Stelle auf einem norwegischen Bauernhof schon von zuhause aus sichern möchte, ist beim norwegischen Verband für den Austausch von Jugendlichen am besten aufgehoben: *Atlantis*, Rolf Hofmosgate 18, 0655 Oslo 6, Tel. (02) 670 043. Die Teilnehmer müssen zwischen 18 und 30 Jahren alt sein, können jeglicher Nationalität angehören, müssen aber flüssig Deutsch oder Englisch sprechen. Bezahlt wird ein Taschengeld von rund NKr 500 in der Woche; die Arbeitszeit beträgt höchstens 35 Stunden an fünf Tagen. Die dahinterstehende Idee: junge ausländische Menschen sozusagen als Familienmitglied in das tägliche Leben auf einem Bauernhof zu integrieren. Sie helfen beim Heumachen, Unkrautjäten, Melken, Beerenpflücken, Anstreichen, Saubermachen, Babysitten und dergleichen mehr. Bewerbungen mit Empfehlungsschreiben, zwei Paßfotos, einem Gesundheitszeugnis sowie der Einschreibegebühr von NKr 830 zwischen Mitte März und Mitte April absenden. Die Leiterin der ein- bis dreimonatigen Aufenthalte, Frau Karin Ramsbacher, bemüht sich, auch Sonderwünsche zu berücksichtigen: die Nähe zu Freunden etwa oder die Bereitschaft, in einer Familie zu wohnen, in der weder Englisch noch Deutsch gesprochen wird, ob man in weit abgelegenen Gegenden arbeiten möchte oder ähnliches. Achthundert Plätze stehen gegenwärtig jährlich zur Verfügung. Eine frühzeitige Bewerbung ist dennoch ratsam. Im Nichterfolgsfalle wird die Einschreibegebühr bis auf 130 Kronen erstattet. Guido Kracke nahm an dem Programm teil und genoß seinen Aufenthalt auf einem Hof in Südnorwegen offenbar:

Schwere körperliche Arbeit war für mich etwas völlig Ungewohntes. Der Tagesablauf drehte sich im wesentlichen um zwei Termine: um 8 Uhr morgens das Ausmisten, um 16 Uhr nachmittags das Füttern der Tiere. Das Essen auf dem Hof war fantastisch. Außer mir arbeiteten auf dem Hof noch ein paar andauernd zu Streichen aufgelegte Schuljungen. Ein Fahrrad wurde gestellt, und an den freien Wochenenden unternahm ich weite Ausflüge mit der Eisenbahn. Der Lohn war zwar mager, aber insgesamt kam ich voll auf meine Kosten.

Tätigkeit als Au Pair

Trotz erheblicher Formalitäten und behördlicher Erschwernisse ist Norwegen für Au Pairs ein offenes Land. Die schon erwähnte Agentur *Atlantis* bietet bislang als einzige in Norwegen solche Stellen. Die Leiterin, Frau Titti Hartmann, betont, daß die Anzahl der Vermittlungen bisher so gering sei, weil aus Furcht vor einer wahren Flut von Anfragen für das Programm bisher nicht geworben werde. Nachdem ein Antragsformular angefordert wurde, bleibt zu hoffen, daß *Atlantis* eine Familie ausfindig macht und dann vier Kopien eines Bewilligungsformulars sowie die offizielle Einladung an die Bewerberin verschickt. Die Formulare sind bei den norwegischen Botschaften im Ausland mit einem Antrag auf Arbeitserlaubnis einzureichen. Der ganze Vorgang dauert selten weniger als drei Monate! Nach der Ankunft in Norwegen müssen sich auch Au Pairs innerhalb einer Woche bei der örtlichen Polizei melden. *Atlantis* erhebt erfreulicherweise keinerlei Gebühren; durch Gesetz ist das Taschengeld für Au Pairs auf großzügige 2000 Kronen monatlich festgelegt, muß allerdings noch versteuert werden, wobei die Gastfamilie möglicherweise zusätzlich bis zu 30 Prozent für Unterkunft und Verpflegung abzieht. Au Pair-Stellen gibt es hauptsächlich in Oslo, um Oslo und um Oslo herum, in Bergen und den anderen größeren Städten Südnorwegens. Die meisten Familien verständigen sich mit ihren Au Pairs auf Englisch oder Deutsch.

Verschiedenes

Vor der norwegischen Küste liegen zwar ausgedehnte Fischgründe, die Fangquoten sinken allerdings wegen Überfischung und Umweltproblemen immer mehr. In der fischverarbeitenden Industrie sind die Löhne allgemein gut, die Jobaussichten weniger. Ob es freie Stellen gibt, kann ausschließlich vor Ort in Trondheim oder Bergen festgestellt werden. Im Sommer lohnt auch ein Versuch weiter nördlich, zum Beispiel in Vardo. Es ist in den letzten Jahren schwieriger geworden, einen Job in den Fischfabriken zu ergattern, da etliche Betriebe schließen mußten.

Der Freiwilligenverband *Internasjonal Dugnat*, Rosenkrantzgate 18, 0160 Oslo, kümmert sich um Besucher, die bereits im Lande sind und sich hier zu einem zwei- bis dreiwöchigen Arbeitscamp entschließen. Andernfalls kann man sich auch über die jeweilige Landesfiliale von *Service Civil International* um einen entsprechenden Aufenthalt bemühen. *Nansen International Childrens' Center*, Barnegorden Breivold, Nesset, 1400 Ski, Tel. (09) 946 791, beschäftigt Betreuer für verhaltensgestörte Kinder, die sich für mindestens sechs Monate verpflichten und rund 100 Mark pro Woche bei freier Kost und Logis erhalten. Ein Mindestalter von 22 Jahren und einschlägige Erfahrung werden vorausgesetzt.

Die Kosten für Reisen und Lebenshaltung sind in Norwegen ausgesprochen hoch, was generell für Skandinavien gilt. Wer auf gut Glück anreist, sollte also ein ausreichendes Finanzpolster mitführen! Trampen scheint in Skandinavien recht problemlos zu funktionieren – bis auf die Mücken im Sommer, die allzu kurzen Tage im Winter, und die Tatsache, daß nach Einbruch der Dunkelheit auch »Nordlichter« Anhalter nur noch ungern mitnehmen.

Erkleckliche Nebeneinnahmen lassen sich zu Beginn eines Norwegen-Aufenthalts durch den Verkauf mitgebrachter »Duty Free«-Produkte erzielen, ist doch bei manchen Waren eine Gewinnspanne von 400 Prozent durchaus drin. Das Päckchen Zigaretten kostet auf der Fähre nur ein Drittel des Preises im norwegischen Tabakwarenladen. Noch besser schaut es bei Alkoholika aus: ein guter Kognak kostet auf dem Schiff vielleicht 300 Kronen, an Land sind dafür schon 1200 Kronen hinzublättern. Solange Straßenmusiker noch eine besondere Sehenswürdigkeit für Einheimische darstellen, läßt sich auch hier ein guter Batzen einkassieren. David Dillmann, der in Lillehammer nach einer Stunde 200 Kronen (etwa 50 DM) in seinem Hut gesammelt hatte, nennt aber einen kleinen Nachteil: »Es war gar nicht mal so einfach, beim Gitarrenspielen Handschuhe zu tragen.«

Schweden

Die schwedischen Behörden erschweren Ausländern die Arbeitsaufnahme ganz erheblich. Für die Sommersaison zwischen dem 15. Mai und dem 15. Oktober ist zwar eine befristete Arbeitserlaubnis prinzipiell vorgesehen, in der Praxis aber ungemein schwer erhältlich. Einen entsprechenden Antrag können ohnehin nur Studenten stellen, die nicht länger als drei Monate bleiben wollen. Der Arbeitgeber muß schon vor der Einreise gefunden, die Arbeitserlaubnis ebenso außerhalb des Dreikronenlandes beantragt werden. Es gibt zudem keine den norwegischen vergleichbare Programmangebote für Ausländer. Wer sich also erst nach der Einreise zur Aufnahme einer Beschäftigung entschließt, wird sich wohl oder übel in rechtliche Grauzonen begeben müssen. Wenn die finanziellen Reserven sich erstmal erschöpft verabschiedet haben, bleibt wie überall in der ganzen Welt grundsätzlich der Versuch, als Schwarzarbeiter in einem Hotel oder gut versteckt in der Küche eines Restaurants unterzukommen. Die besten Chancen hierzu bieten die großen Hotels in Stockholm und Göteborg, daneben die an der schwedischen »Sonnenküste«, den Feriengebieten bei Malmö und Göteborg, Hälsingborg, Varberg und Falkenberg. Beliebte Urlaubsgebiete drängeln sich außerdem um Orebro, Västeras, Are, Ostersund, Jönköping und Linköping. In Malmö ist zwar die Hotel- und Restaurantdichte am größten; allgemein sind die Chancen recht gering, in diesem Bereich eine Stelle schon im voraus zu vereinbaren.

Landwirtschaftlich bedeutsam ist der südliche Landesteil, insbesondere das Gebiet von Skane: Erbsen, Gurken, Spinat und eine Vielzahl anderer Gemüse werden hier für die Konservenindustrie angebaut. Wenn man keine Arbeit auf den Feldern bekommt, klappt es vielleicht in den umliegenden Fabriken. Im östlichen Teil von Skane wachsen Erd- und Himbeeren, Äpfel-, Birn-, Pflaumen- und Kirschbäume in den Himmel. Vergleichsweise fruchtbar sind auch die Inseln Oland und Gotland. Gewitztere Waghälse können sich als Beerenpflücker selbständig machen: wilde Erd-, Blau- und Himbeeren, die in den schwedischen Wäldern zwischen Juni und September reifen, können in Jugendherbergen oder im Straßenverkauf erfolgversprechend angeboten werden. Im Spätsommer sind dann Pilze und Preiselbeeren an der Reihe, wobei man sich mit ersteren natürlich gut auskennen muß. Daneben müssen besondere Pflückrechte der Lappen beachtet werden. An dieser Stelle ein wertvoller Tip: für die Arbeit in Schweden ist das mit Abstand wichtigste Requisit ein verläßlicher Mückenschutz.

Dichte Wälder bedecken weite Gebiete im Landesinnern, wo die Holzwirtschaft eine wichtige Rolle spielt. In den letzten Jahrzehnten hat sich die ehemals arbeitsintensive Saisontätigkeit in einen lockeren Ganzjahresjob verwandelt, so daß Jobber einen schweren Stand haben – es sei denn, sie haben Erfahrung im Umgang mit Kettensägen, Spezialfahrzeugen usw. Vor einigen Jahren noch war es problemlos möglich, im Hafen von Göteborg Beschäftigung zu finden; in der letzten Zeit haben wir aber nichts mehr darüber gehört. Die Arbeit war zwar illegaler Natur, niemand machte aber viel Aufhebens um Arbeitspapiere usw. Wer mit der Lage der Kais und Werften vertraut ist, fragt nach Tagesarbeiten beim Tankschiffreinigen oder bei Reparaturen im Trockendock: je früher am Morgen, desto besser. Vor Jahren waren dabei schon mindestens 120 DM am Tag zu verdienen, und zwar bar auf die Hand. Auch auf dem Stockholmer Fischmarkt gilt die Devise: »Morgenstund hat Gold im Mund!«.

Wenn sich nicht gar in der Küche oder hinterm Tresen selbst Arbeit ergibt, ist die im englischen Stil eingerichtete Kneipe *Tudor Arms*, Grevgatan 31, in Stockholm stets eine gute Adresse für den Erfahrungsaustausch, da die Wege zahlreicher Jobber und ortsansässiger Ausländer sich hier kreuzen. Das Aushangbrett der Universität ist insbesondere für Stellen als Babysitter zu empfehlen. Fabrikjobs werden in Schweden bestens entlohnt, allerdings muß man als Schwarzarbeiter mit erheblichen Kürzungen vorliebnehmen. Über die Möglichkeiten für Sprachlehrer können wir nicht viel sagen. Einrichtungen der Erwachsenenbildung bieten in vielen größeren Städten Sprachkurse, werben Lehrer allerdings schon ausland an. Vor einiger Zeit genügte noch ein beliebiger Universitätsabschluß, während heute häufig eine Fachausbildung als Lehrer verlangt wird. Ausnahmen sind mal wieder in kleineren Städten zu finden. Zur Tätigkeit zählt normalerweise auch die Anwerbung neuer Schüler, da die Abendkurse als ausgesprochen lukratives Geschäft bekannt sind. Der übliche Grundlohn beträgt über 90 Kronen pro Stunde. Freiwillige

Dienste und Arbeitscamps veranstaltet das *Internationella Arbetslag* (IAL), Barnangsgatan 23, 11641 Stockholm.

Viele Gegenstände des täglichen Gebrauchs (wie Tabakblättchen) muten in Schweden beinahe unerschwinglich an, und daraus können Weltenbummler finanziellen Nutzen ziehen. In verzweifelter Lage lohnt der Weg zu Bahnhofscafés, die morgens bis 9 Uhr wegen der strengen Hygienevorschriften vom Vortag übrig gebliebene Nahrungsmittel billig, wenn nicht sogar kostenlos verscherbeln müssen. Das Etikett »Extra pris« bezeichnet Produkte, die wegen leichter Schäden oder Ablauf des Haltbarkeitsdatums radikal preisreduziert wurden. Die Festtage im Juli und August sind auch freudig begrüßte Geldquellen für abgebrannte Reisende mit Sammelleidenschaft für Pfandflaschen. Elfed Guyatt erbrachte die dreitägige »Kollekte« in Norrköping 400 DM.

Island

Bis vor kurzem war den 250.000 Inselinsassen das Wort »Arbeitslosigkeit« so gut wie unbekannt, viele von ihnen üben zudem mehr als eine Tätigkeit aus. Die Bevölkerung ballt sich an der Küste, über die Hälfte davon im Südwesten in und um die Hauptstadt Reykjavik. Den größten Reichtum Islands bergen seine Fischgründe, die seit dem »Kabeljaukrieg« mit Großbritannien im Jahre 1976 auf 200 Seemeilen rund um die Insel ausgedehnt wurden. Daneben besitzt Island keine nennenswerten natürlichen Schätze. Noch Mitte des letzten Jahrhunderts verließen viele Bewohner die Insel. Aushilfstätigkeiten, die auch heute noch nahezu ausschließlich beim Fischfang und in der fischverarbeitenden Industrie winken, werden selten an Ausländer vergeben. Das bestätigen auch verschiedene Schilderungen von emsigen, aber erfolglosen Jobsuchern, die sich nicht von der harschen Auskunft der Isländischen Botschaft hatten abschrecken lassen: »Für Ausländer bestehen zum gegenwärtigen Zeitpunkt keinerlei Arbeitsmöglichkeiten.« Daß wir dennoch nicht sofort zum nächsten Land übergehen, hat zum einen mit unserer unbestrittenen Sympathie für diese Insel des Eises zu tun – und zum anderen mit dem Prinzip Hoffnung auf die Zukunft.

Bestimmungen

Offiziell müssen arbeitswillige Ausländer vor der Einreise die Genehmigung einer Arbeitserlaubnis abwarten. Die Schwierigkeit, vor der Einreise einen Arbeitgeber zu finden, wurde bereits angedeutet. Falls dies dennoch gelingt, reicht den Einwanderungsbehörden ein Schreiben des künftigen Arbeitgebers. Caroline Michaelsen präsentierte den Einreisebeamten am Flughafen von Reykjavik eine in isländischer Sprache verfaßte Bestätigung einer fischverarbeitenden Firma, durfte damit einreisen, legte den Arbeitsvertrag bei den Polizeibehörden vor und erhielt eine Aufenthalts- und Arbeitserlaubnis, die ein Jahr gültig und zudem verlängerbar war:

Den Angestellten im Büro der Fabrik hat der Papierkrieg, der sie bei Anstellung eines Ausländers erwartet, gar nichts ausgemacht. Voraussetzung war für sie nur, daß ich eine gewisse Zeit bleiben würde.

Die Glücklichen, die ihren Job schon vor der Abreise nach Island fest vereinbaren konnten, holt der Arbeitgeber üblicherweise sogar vom Flughafen in Reykjavik ab. Das erleichtert die Prozedur am Zoll insbesondere, wenn man mit einem Ticket ohne festgelegten Rückflugtermin ankommt.

Eigner von Fischtrawlern und Fabrikmanager lassen den strengen Gesetzeslaut aber schon mal außer acht. Komplikationen entstehen allerdings bei Überschreitung der erlaubten drei Monate oder bei Versuchen, das in Island verdiente Geld auszuführen. Richard Grammelsbacher, der bereits in vielen Ländern fleißig war, machte jedenfalls die Erfahrung, daß peinlich genau auf die Einhaltung der Gesetze geachtet wird: sogar auf der abgelegenen Insel Vestmannaeyar wurde ihm vielerorts erklärt, daß es zwar Arbeit gebe, man ihn aber nicht einstellen könne, da die Anwerbung von Ausländern im Inland strikt verboten sei. Er hätte seinen illegalen Status nur durch Verlassen des Landes und Wiedereinreise mit dem Angebot eines Arbeitgebers in der Hand verändern können – wegen der Insellage verständlicherweise ein kostspieliger Spaß. Wer ohne Arbeitserlaubnis einreist, hat möglicherweise ein Rückflugticket vorzuweisen oder ausreichende Mittel für den Aufenthalt. Auf die hohen Lebenshaltungskosten muß man dabei eingestellt sein: 20 DM für die billigsten Weinflaschen oder vier Mark für eine Tasse Kaffee. Die Unterkünfte sind ebenfalls recht kostspielig, daher ein Lösungsvorschlag: man sucht sich eine Familie, die den Fremdling gegen Sprachunterricht oder Mithilfe im Haushalt aufnimmt und verpflegt.

Fischverarbeitende Industrie

Dieser arbeitsintensive Industriezweig beschäftigt immerhin 14 Prozent der isländischen Bevölkerung, ein weiterer Teil bezieht sein Einkommen indirekt davon. Die Fischerei und ihre Erzeugnisse erbringen drei Viertel der isländischen Wirtschaftsbilanz. Die Fänge sind saisonabhängig, deren Hauptgewicht liegt mitten im Winter, manchmal bei überaus gefährlichen Wetterbedingungen. Die Fischverarbeitung selbst ist bei den Isländern wenig beliebt, so daß der Mangel an einheimischen Arbeitskräften zur Beschäftigung vieler Ausländer führt, meist auf der Basis von Halbjahresverträgen.
Auf hoher See finden sich mehrere Schiffstypen, die von Island aus zum Fischfang eingesetzt werden. Trawler sind in den großen Häfen Reykjavik, Hafnarfjodur, Isafjordur und Akureyri beheimatet, bis zu 1000 Bruttoregistertonnen schwer, verfügen über bis zu vierzig Mann Besatzung und können zwei Wochen und länger ununterbrochen auf hoher See bleiben. Die Arbeit ist in Sechs-Stunden-Schichten rund um die Uhr eingeteilt, so daß man während der Ausfahrt kaum einmal wirklich zur Ruhe kommt. Bewerber ohne Erfahrungen können auf Trawlern Beschäftigung finden, weil die Arbeiten keine Fachausbildung erfordern, schwere monotoner Natur sind, beim Sortieren, Ausnehmen, Verpacken oder Einfrieren des Fangs. Das Essen an Bord ist gut und so reichlich wie notwendig, da die Arbeit körperlich anstrengt. Niemand sollte einen Vertrag auf einem Trawler unterschreiben, wenn er nicht zu Schwerstarbeit bereit ist. Ausnahme: wer kochen kann, kommt vielleicht als Koch unter und erhält immerhin ein Viertel mehr Lohn als die Besatzung an Deck. Die Trawler gehören zwar privaten Gesellschaften oder Genossenschaften, für das Anheuern der Besatzung ist jedoch der Kapitän allein verantwortlich. Mit ihm ist also Kontakt zu suchen, am besten in seinem Schlupfloch in den Bars und Kneipen der Hafengegend. Das *Grandagard Café* in Reykjavik ist eine ebensogute Anlaufstelle wie das noble Hotel *Borg*. Immer wieder fällt jemand aus oder heuert woanders an, so daß Ersatz gebraucht wird. Nach dem Gesetz dürfen Trawler den Hafen nur mit vollzähliger Mannschaft verlassen.
Mit der Besatzung eines Trawlers ins Gespräch zu kommen, ist recht einfach, da die meisten Isländer Englisch sprechen. Wenn sie dann den Namen eines Kapitäns herausrücken, sollte man gleich auch Telefonnummer oder Anschrift erfragen. Die isländischen

Nachnamen sind übrigens Geschlechternamen, die vom Vater auf den Sohn übergehen, weswegen das Telefonbuch nach Vornamen geordnet ist. Falls der Schiffer also mit Vornamen Gunnar heißt, so gibt es davon sicher Dutzende. Glücklicherweise sind aber auch die Berufe im Telefonbuch aufgeführt: Schiffer heißt auf isländisch »Skipstorji«. Meistens wird der Kapitän einen Termin in seinem Büro vereinbaren, nur selten aber sofort einen Job bieten, sondern sich erkundigen, wie lange man zu bleiben gedenkt, und sich dann bei Bedarf melden.

Matrosen verdienen einen fest vereinbarten Grundlohn ohne Rücksicht auf vorhandene Berufserfahrung, für besonders gefährliche Tätigkeiten einen Zuschlag und je nach den Großmarktpreisen eine Prämie. Falls die Preise in Deutschland oder England höher liegen, wird der Fang eben auch mal dort losgeschlagen. In diesen Fällen kehrt der Trawler nach dem Entladen nicht sofort in die Heimathafen zurück, sondern sticht erstmal zu einer weiteren Fangfahrt in See. Eine solche Sechswochenfahrt ist natürlich etwas ermüdend, Lohn und Prämie häufen sich allerdings erfreulich an, weil an Bord ja kein Geld ausgegeben werden kann. Die Ausrüstung (Ölzeug, hüfthohe Stiefel, Südwester, Socken und Handschuhe) muß auf eigene Kosten beim Schiffsausrüster in Reykjavik angeschafft werden. Warme Kleidung, die unter dem Ölzeug getragen werden kann, ist unverzichtbar. Dennoch wird man immer wieder so durchnäßt, daß die Zeit zwischen den Schichten nicht ausreicht, um alles rechtzeitig wieder zu trocknen. Raucher sollten reichlich Vorräte mitnehmen und bescheidene Trinker nicht gleich in Panik verfallen, wenn sie die anderen Crewmitglieder zum ersten Mal treffen: es ist vor der Fahrt durchaus üblich, daß alle erstmal »volltanken« und der Normalzustand erst nach einigen Tagen wieder einkehrt. Der Verdienst in der Fischerei liegt so hoch, daß er über die körperlichen und materiellen Unbequemlichkeiten an Bord leicht hinweggehilft.

Die großen Trawler befinden sich das ganze Jahr über auf Fahrt und liegen immer nur für drei bis vier Tage im Heimathafen. Die kleineren, bis zu hundert Tonnen schweren Küstenfangschiffe laufen nur in der Hauptsaison aus und heuern ihre Mannschaft erst kurz vor Saisonbeginn an. Der Heringsfang dauert von Oktober bis Weihnachten, die Kabeljauzeit bis April oder Anfang Mai. Garnelen werden ausschließlich im Sommer befischt. Wer sich für eine ganze Fangsaison verpflichtet und dies auch tatsächlich durchhält, darf hohe Prämien erwarten: die entsprechenden Bedingungen und Vereinbarungen weichen aber stark voneinander ab. Die Boote gehören sowohl privaten Eignern als auch weitverbreiteten Kooperativen. Letztere werben ihre Mannschaften über die Personalbüros in Reykjavik an. Die beste Zeit für entsprechende Anfragen liegt im September und Oktober. Saisonarbeiten werden nicht wie andernorts in den Zeitungen inseriert, sondern morgens um acht und nochmal mittags um zwölf im Radio bekanntgegeben. Trawler-Kapitäne, die kurzfristig Besatzungsschwierigkeiten haben, melden sich auch im Radio.

Das Leben an Bord ist äußerst beengt und riecht nach Fisch. Bei vorzeitiger Kündigung erlischt natürlich der Anspruch auf die Prämie, der vereinbarte Grundlohn wird aber auf jeden Fall bezahlt, auch wenn viel Zeit durch schlechtes Wetter auf See verloren geht: gerade im Winter besteht immer die Gefahr einer gänzlich erfolglosen Ausfahrt. Die erwähnte Fangprämie wird aufgrund der Tonnage des Schiffs und der jeweiligen Marktpreise errechnet, am Ende der Fangsaison auf einen Schlag ausbezahlt und kann in guten Jahren mehrere tausend Mark betragen.

Die Arbeit auf See ist nur die eine Seite der Fischfangindustrie. Den 5000 Seeleuten stehen nämlich 9000 Arbeitskräfte in den verarbeitenden Fabriken an Land gegenüber. Diese Stellen werden schlechter bezahlt, sind aber auch nicht so risikoreich und stellen gerade für Frauen eine wichtige Erwerbsquelle dar. Die Fischfabriken liegen meist unübersehbar- und noch weniger »überriechbar« in den Küstenorten. Viele von ihnen hängen völlig von ausländischen Arbeitskräften ab. Daher unterhalten die Betriebe in der Nähe Reykjaviks sogar eigene Kantinen und Unterkünfte für die »Utlendingar«. Die Saison in den Fabriken beginnt im Januar und dauert bis Mai. Die selteneren Neunmonatsverträge beginnen oft schon im August. Zu den Aufgaben in den Fischfabriken zählt das Sortieren, Ausnehmen, Filetieren, Wiegen, Entwurmen und Verpacken des Fangs. Äußerst unbeliebt ist das anschließende Einfrieren bei einer Raumtemperatur von minus 42°C. Die Arbeit selbst (Kistenpacken und Einräumen) wäre ohne diese Kälte gar nicht so übel, ist aber ohne warme fellgefütterte Ausrüstung und Handschuhe nicht auszuhalten. Im anderen Teil der Fabrik liegen die Temperaturen dagegen zwischen fast schon angenehmen 10 und 16°C. Fast ebenso unbeliebt wie das Einfrieren ist das Aufhängen der Fische im Freien, die Herstellung von Stockfisch. Normalerweise ist wochenlange Übung erforderlich, bevor das Filetieren und Packen korrekt beherrscht wird. Der dabei erwartete Standard ist beachtlich: entdeckt der Vorarbeiter mehr als zwei Gräten oder Würmer in einem Fisch, bekommt man die ganze Kiste wieder zurück. Da der Lohn jedoch von der bearbeiteten Stückzahl abhängt, wächst er schnell mit den Fähigkeiten.

Die gute Bezahlung relativiert sich jedoch bei Berücksichtigung der hohen Lebenshaltungskosten in Island. Verena Weier stuft ihre Arbeit in einer Fabrik bei Reykjavik als »nicht sonderlich schwierig, dafür entsetzlich langweilig« ein. Sie schickte uns einen Überblick über ihren Monatsverdienst: Stundenlohn rund 160, bei Nachtschicht 290 Kronen, übliche Wochenarbeitszeit 40 Stunden. Gesamtverdienst somit 13.140 Kronen, inklusive 4.100 Kronen Bonus. Davon Steuerabzug von 3.500 Kronen. Endsumme 9.640 Kronen. Zum damaligen Umtauschkurs entsprach das gerade mal 450 DM – und davon mußte Verena zwar keine Unterkunft, aber doch ihre Verpflegung begleichen. Immerhin belief sich die Steuerrückzahlung nach Beendigung ihrer Tätigkeit auf einige hundert Mark.

Auf den Dörfern fehlt jede Gelegenheit, das verdiente Geld rasch wieder auszugeben. Entsprechend hoch ist auch die Landflucht unter jungen Isländern. Das gesamte Leben spielt sich normalerweise im Familienkreise ab, außerhalb davon ist im Laufe der fünf langen Wintermonate absolut nichts los. Geradezu deprimierend wird es aber erst, wenn die Dörfer, wie dies ab und an mal vorkommt, völlig von der Außenwelt abgeschnitten sind. Vicki Machelt hatte einen Sechsmonatsvertrag bei einer Fischfabrik im Dorf Vopnafjörd unterschrieben:

Viele Fischerdörfer haben etwa 800 Einwohner, keine Kneipe, kein Kino und kaum eine andere Möglichkeit, auszugehen oder jemanden zu besuchen. Die Natur ist wie tot und das Wetter zwischen Dezember und Mai so schlecht, daß Erkundungstouren einfach zu riskant wären. Ich bin mir gar nicht mehr sicher, ob es wirklich lohnt, sich letztendlich für 5000 Mark sechs Monate lang lebendig begraben zu lassen. Mein Rat daher: an einem Fernkurs teilnehmen und mit einer Batterie guter Bücher, Strickwolle oder dergleichen bewaffnen. Außerdem sollte man seine Lieblingsspeisen nicht vergessen. Ich habe fast meine gesamte freie Zeit in Reisebüchern und -prospekten herumgeschmökert, um die Zivilisation nicht gänzlich zu vergessen.

Die schwierigste Hürde bleibt also das Festmachen einer Stelle vor der Einreise nach Island. Wer es leichter haben will, muß zweimal hinfahren, das erste Mal als jobsuchender »Tourist«, später dann als offiziell anerkannter Arbeitnehmer. Gegen Ende des Sommers sowie im Frühherbst werden die meisten Aushilfen eingestellt, wobei die Verträge spätestens im folgenden Mai auslaufen. Männer lassen sich schwerer vermitteln, weil die vorhandenen Firmenunterkünfte in der Regel weiblichen Angestellten vorbehalten bleiben. Der Normvertrag beinhaltet einen kostenlosen Hin- und Rückflug, wenn die vereinbarte Zeitspanne erfüllt wird. Nach Carola Mertens Erfahrung ergibt es wenig Sinn, die von der Botschaft erhaltenen Firmenadressen direkt anzuschreiben. Sie wandte sich daher an isländische Bekannte, die ihr bei einer Fabrik einen vorläufigen Arbeitsvertrag besorgten, und empfiehlt den fischverarbeitenden Betrieb *Samband of Iceland*, Samband House, Kirkjusandur, 105 Reykjavik, Tel. (1) 698 200. Diese Firma unterhält auch eine Niederlassung in London: 4 Stratford Village, Romford Road, GB – London E15 4EA, Tel. (081) 534 9904. Eine Vermittlungsagentur, die auch Ausländer betreut, ist *Frum*, Sundaborg 1, 104 Reykjavik (Ansprechpartner: Holger Torp). Arbeitsplatzwechsel sind in Island jederzeit an der Tagesordnung, so daß es durchaus nicht unüblich ist, von einer Minute auf die andere irgendwo zu kündigen und sich um eine andere Stelle zu bemühen.

Landwirtschaft

Die Landwirtschaft spielt in Island eine wichtige Rolle. Allerdings sind die Bauernhöfe häufig reine Familienbetriebe, die nur wenige Hilfskräfte beschäftigen. Den wichtigsten Erwerbszweig stellt die Schafzucht dar, da in dem kurzen Sommer verständlicherweise nur wenige Pflanzen gedeihen können. Die Heuernte zur Winterfütterung des Viehs gehört zu den wenigen Beschäftigungsmöglichkeiten: geschnitten wird mit der Sense, weil das Gelände meist für den Traktoreinsatz zu unwegsam ist. Sogar die Schulen schließen den Sommer über ihre Pforten, damit die Kinder bei der Heuernte mithelfen können – ein weiterer Grund, weshalb hierzulande nur wenige Fremdkräfte benötigt werden. Im Juli folgt dann die Schafschur. Das Zusammentreiben der Herden geschieht noch immer mit Hilfe von Ponies. Geschickte Reiter können dabei aushelfen, wie David Jeppers schreibt:
Die Schafe verstreuen sich über weite Gebiete, manche überqueren gar riesige Gletschergebiete, so daß das Zusammentreiben oftmals drei bis vier Tage dauert. Wir schliefen während dieser Zeit in Höhlen oder an anderen geschützten Plätzen. Mit einem Gefährten suchte ich ein bestimmtes Gebiet nach den Schafen ab. Beim anschließenden Zurücktreiben treffen immer mehr Gruppen zusammen, so daß die Herde beständig anschwillt. Gegen Ende sind es unter Umständen mehr als 10.000 Schafe: den Anblick der Herde, die sich über den letzten Bergkamm vor dem Heimattal wälzt, vergißt niemand so schnell wieder.
Der Schur folgt die einmonatige Arbeit in den Schlachthäusern, wenn der Magen dies durchhält. Der große Schlachthof in Reykjavik und einige kleinere Betriebe auf dem Land beschäftigen Aushilfen. Andere Jobs in der Landwirtschaft lassen sich nahezu ausschließlich über persönliche Kontake finden.

Verschiedenes

Neben Fischindustrie und Schafschur bleiben nur wenige Jobmöglichkeiten. Die Anschrift des städtischen Arbeitsamtes in Reykjavik: Borgartuni 1. Die Firma *Alafoss*, PO Box 404, 121 Reykjavik, Tel. 666 300, webt Teppiche aus der berühmten isländischen »Lopi«-Wolle, stellt des öfteren ausländische Aushilfskräfte ein und bietet diesen dann auch Unterkünfte. *Sjalfbodalidasamtok*, PO Box 8468, 128 Reykjavik, sucht für Workcamps zu Naturschutzfragen Freiwillige, die meist in Zelten untergebracht werden. Der übergeordnete Umweltverband auf der Insel, das *Nature Conservation Council*, Hverfisgata 26, 101 Reykjavik, betreibt diverse Projekte, mit deren Hilfe beispielsweise die Erosion durch den überhand nehmenden Fremdenverkehr im »Skatafell National Park« eingedämmt wird. Kostenlose und zudem komfortable Unterbringung in Berghütten ist gewährleistet. Die Heilsarmee betreibt in Reykjavik ein Gästehaus, welches eine relativ billige Bleibe für rund 300 Kronen bietet. Treffpunkt junger Isländer und in Reykjavik ansässiger Ausländer ist das Café *Hresso* in der Austurstraeti sowie das Restaurant *Hornid* in der Hafnarstraeti 15.

Anreise

Regelmäßige Direktflüge nach Island starten in Luxemburg, London, Glasgow und New York. Ein Frachtschiff mit einigen wenigen Passagierplätzen verkehrt regelmäßig zwischen Hamburg, Felixstowe und Reykjavik. Die einzige reguläre Fährschiffverbindung existiert einmal pro Woche zwischen Lerwick auf den Shetlandinseln und Seydifjordur an der isländischen Ostküste, mit einem Zwischenhalt in Thorshavn auf den Färöerinseln (unseren österreichischen Lesern wohl nicht unbekannt). Die einfache Fahrt beläuft sich derzeit auf 375 DM; Auskünfte unter der Telefonnummer (0044 224) 572 615. Fliegen ist innerhalb Islands ausgesprochen günstig, wobei die »Icelandair« Studenten unter 26 Jahren einen 25%igen Rabatt gewährt. Am zentralen Truckerparkplatz in Reykjavik kann mit den Fahrern eine Mitfahrgelegenheit abgesprochen werden. Trampen funktioniert auf der Insel verhältnismäßig problemlos.

Dänemark

Unter allen skandinavischen Ländern ist der neue Fußball-Europameister das einzige, in dem sich EG-Bürger relativ problemlos Arbeit suchen können. Aufgrund der dänischen Zugehörigkeit zur EG ist keine besondere Arbeitserlaubnis erforderlich. Die Arbeitslosenrate lag zuletzt bei 9,2 Prozent, der gesetzliche Mindestlohn bei 16 DM in der Stunde. Dänemark zahlt zudem im EG-Vergleich die höchsten Durchschnittslöhne und 12,5 Prozent Zuschlag, *Feriepenge*, für den gesetzlichen Urlaub. Arbeitsmöglichkeiten ergeben sich zur Genüge in Fabriken, Büros, Hotels und auf Bauernhöfen. Das Hauptproblem besteht meist darin, den potentiellen Arbeitgeber davon zu überzeugen, daß statt des Einheimischen auch ein Ausländer einzustellen wäre. Einem Jobber, der sich bei der Post beworben hatte, wurde mitgeteilt, er könne gerne wiederkommen, wenn er erstmal Dänisch gelernt habe. Nur in Ausnahmefällen ist dieses Manko durch Deutsch- oder Englischkenntnisse wettzumachen. Ein wenig Dänisch kann also nie schaden. Enthusiasten können es aber auch von Grund auf lernen bei der *K.I.S.S. Language School*, Norregade 20, 1165 Kopenhagen.

Kopenhagen ist nicht nur Handels- und Industriemittelpunkt des Landes, sondern zieht darüberhinaus auch zahlreiche Touristen an. Erfreuliche Folge: die Suche nach einer Anstellung im Hotel- und Gaststättengewerbe ist aussichtsreich. Die großen Hotels, wie das *Sheraton*, Nyropsgade 42, Tel. (33) 143 535, verfügen allesamt über eigene Personalbüros im Hause. Wichtig ist allein Ausdauer. Die Arbeitsbedingungen in den Fast Food-Restaurants sind in Dänemarks Hauptstadt so unattraktiv wie überall, das Personal wechselt ständig. Neben dem Arbeitsamt *Arbeitsdirektoratet*, Delgade 13, vermittelt die *Studenternes Arbejdsformidling*, Tondergade 14, Tel. (31) 214 511, ausländischen Hochschülern Jobs nach dem Prinzip »Wer zuerst kommt, arbeitet zuerst«. Wenn die eroberte Stelle im Hotel eine kostenlose Unterkunft und Verpflegung nicht miteinschließt, sollte die Entlöhnung wegen der Lebenshaltungskosten schon ziemlich hoch liegen.

Viele Reisende empfehlen das Jugend-Informationszentrum *Use it*, Rådhusstraede 13, 1466 Kopenhagen K, Tel. (33) 156 518. Dessen Heftchen »Working in Denmark« ist zwar allgemein gehalten, erklärt aber dennoch die notwendigsten Schritte, die behördliche Anmeldung usw. Das Zentrum erteilt überdies Auskunft über Adressen von Arbeitsvermittlungen (*Arbejdsformidlingen*) und von Studentenwohnheimen, in denen günstig unterzukommen ist. In den Sonntagsausgaben der *Berlingske Tidende* und der *Politiken* finden sich nicht wenige Inserate in englischer und deutscher Sprache.

Wer endlich eine Stelle gefunden hat, muß innerhalb von fünf Tagen eine persönliche Registriernummer beantragen, die dazu berechtigt, die staatliche medizinische Versorgung in Anspruch zu nehmen. Also wird flugs beim Arbeitgeber ein entsprechendes Schreiben besorgt und sogleich beim *Folkeregistret* eingereicht; in Kopenhagen befindet sich dieses in der Dahlerupsgade 6 und ist von Montag bis Freitag von 10-14, donnerstags auch von 16-18 Uhr geöffnet. Wer sich über die erlaubten drei Monate hinaus in Dänemark aufhalten will, hat vor Ablauf dieses Zeitraumes eine Aufenthaltsgenehmigung beim *Direktoratet for Udlaendinge*, Ryesgade 53, Kopenhagen, Tel. (31) 220 877, zu beantragen. In anderen Städten erledigt man die Angelegenheit einfach bei der örtlichen Polizeiwache. Sobald sich ungeachtet der Dauer eine Arbeit findet, möchte die *Skattevorwaltning*, Gyldenlovingsgade 15, 1639 Kopenhagen, Tel. (33) 140 870, Bescheid wissen, um eine Steuerkarte (Skattekart) zu erteilen. Ohne diese Karte sind nämlich prinzipiell 50 Prozent Steuern statt der möglichen dreißig fällig.

Private Arbeitsvermittlungen

Bei den privaten Agenturen (Vikarbureaux) in den größeren Städten wegen eines Jobs vorzusprechen, ist eigentlich immer eine gute Idee – auch wenn die meisten Büros auf die Vermittlung von Zeitarbeit an ausgebildete Bewerber mit Berufserfahrung spezialisiert sind. Ab und zu tauchen Gelegenheiten für unausgebildete Hilfskräfte auf: *Manpower* in Kopenhagen, Vesterbrogade 12-14, beispielsweise stellt laufend Lagerarbeiter, Kantinenhelfer, Sekretärinnen und Empfangspersonal für vertraglich gebundene Fremdfirmen ein. Drei weitere emsige Agenturen in Kopenhagen sind: *Adia*, N. Volgade 82, *Western Service*, Kobmagergade 54, und *Vikar*, Svanavej 22, 2400 NV Kopenhagen, Tel. 875 088. Einen Versuch wert ist die *Royal Service Appointments*, 28B Norregade, 1165 Kopenhagen, Tel. 133 099 / 139 083. Trotz des spektakulären Namens werden von dieser Agentur in der Regel Tellerwäscher und Reinigungskräfte an die Hotels der Hauptstadt vermittelt. Martin Rutter empfiehlt die Agentur besonders für die Suche schon vor Beginn der Fremdensaison. Angestellt werden hauptsächlich Ausländer zum Mindesttarif, die sich überdies mehrere Tage lang immer wieder melden sollten, dann aber auch auf längere oder Vollzeitstellen hoffen dürfen.

Fabrikarbeit

Dänemark nennt nur wenige Bodenschätze sein Eigen, dafür aber eine umfangreiche verarbeitende Industrie. In den Industriestandorten um Kopenhagen und Odense lassen sich daher jederzeit Jobs am Fließband oder als Hilfsarbeiter finden. Daneben hat sich eine Reihe fischverarbeitender Fabriken in der Nähe der Häfen Esbjerg, Frederikshavn, Hirtshals, Hunderstad und Skagen niedergelassen. Leider erhielten wir aber keine Zuschrift von Jobbern in diesem delikaten Bereich. Dafür teilte uns Daniel Ramsal, der Arbeit auf einer Baustelle in Kolding fand, seine überraschende Beobachtung mit, daß die dänische Tradition offenbar immer schon nach zwanzig Arbeitsminuten eine kleine Bierpause vorschreibe. Na denn prost.

Landwirtschaft

Die Landwirtschaft, äußerst wichtiger Wirtschaftszweig Dänemarks, bietet relativ viele Arbeitsgelegenheiten. Hauptsächlich werden Tomaten angebaut (Erntezeit den ganzen Sommer hindurch), daneben Erdbeeren (Juni/Juli), Kirschen (Juli/August) und Äpfel (September/Oktober). Der Mindeststundenlohn beträgt auch in der Landwirtschaft 70 Kronen. Die Obstplantagen sind nicht an bestimmten Orten konzentriert, so daß man sich darauf einstellen darf, eventuell ein wenig im Lande umherzureisen. Ein zuverlässiger Arbeitgeber, bei dem viele reisende Jobber unterkommen, ist jedes Jahr wieder die *Orbaeckgard Frugtplantage*, Odensevej 28, 5853 Orbaek, Tel. (65) 331 257, speziell für die Erdbeer- (Juli) und die Kirschenernte (August). Es empfiehlt sich, zuvor schriftlich in Kontakt zu treten. Der Stundenlohn liegt hoch; die Anzahl der tatsächlich ableistbaren Stunden ist allerdings nicht immer vorhersehbar.

Daniel Ramsal wollte lieber mit Dänen zusammenarbeiten und fand schließlich eine passende Stelle bei Anders Ploug-Sorendsen auf der Erdbeerplantage *Broholm*, Tastebjerggyden 13, Horne, 5600 Faaborg, Tel. (09) 601 028, die im Sommer und nur vormittags etwa sechzig Pflücker beschäftigt. Die Helfer erhielten 4,20 Kronen pro Kilo. Daniel beschreibt die Unterkunft und die sanitären Anlagen auf der Farm als durchaus akzeptabel.

Wer sich in der glücklichen Lage befindet, seinen Aufenthalt schon einige Zeit im voraus planen zu können, ist mit einem Inserat im landwirtschaftlichen Mitteilungsblatt *Landsbladet* gut beraten, welches vom *Landboforeningernes*, Vester Farimagsgade 6, 1606 Kopenhagen V, herausgegeben wird. Valentin Tenner investierte dafür 25 DM und war umgehend erfolgreich: er verdiente über 1000 DM im Monat nach allen Abzügen, erhielt Kost, Logis und Dänischunterricht auf Rechnung der Gemeinde. Wenn das Interesse eher der biologisch-organischen Landwirtschaft gilt, wendet man sich an den dänischem WWOOF-Zweig namens *VHH*, c/o Bent und Inga Nielsen, Asenvej 35, 9881 Bindslev. Gegen Voreinsendung von 40 Kronen wird eine Mitgliederliste verschickt, in der alle Bauern, die Deutsch oder Englisch sprechen, gesondert gekennzeichnet sind. Gegen drei bis vier Stunden Mithilfe auf dem Hof erhält man freie Kost und Logis, die aber auch nur aus einem Platz für das mitgebrachte Zelt bestehen kann. Grundsätzlich sind die Mitglieder vorher anzurufen. Ohne getroffene Abmachungen kann sowieso niemand länger als drei bis vier Tage auf einem Hof bleiben. Vor einer Zusage ist es natürlich kein Fehler, so viel wie möglich über die jeweilige Tätigkeit und die Bauersleute in Erfahrung zu bringen. Jens Andresen inserierte im *Landsbladet* und vereinbarte bald einen Job bei einem biologisch angehauchten Farmer in Mors im nördlichen Jütland. Später bedauerte er die Hast jedoch, mit der er sich entschieden hatte:

Ich kam auf dem Hof mit dem Gegenwert von 30 DM in dänischen Kronen an. Der Bauer war strenger Vegetarier und erwartete von mir dasselbe. Es gab kaum einmal heißes Wasser, ich war die einzige Aushilfe, mußte das gesamte Obst und Gemüse alleine ernten, ganz nebenbei sollte ich noch beim Bau eines Gewächshauses in Form einer Pyramide helfen! Der Bauer war offenbar davon überzeugt, daß von seiner Farm magische Kräfte ausgingen, die seinen Helfer nie müde werden ließen. Nach drei Wochen zahlte er mir meinen ersten Lohn aus. Sofort machte ich auf dem Absatz kehrt, rief ihm noch schnell meine Kündigung zu und steuerte zielstrebig den nächsten »McDonald's« in Esbjerg an.

Jens erhielt einen Wochenlohn von 150 DM, für organische Verhältnisse eher ungewöhnlich, trug aber auch einen bedenklichen Kulturschock davon. Von alternativen dänischen Gemeinschaften weiß Valentin Tenner ein anderes Lied zu singen: *Ich hatte telefonisch drei Monate bei einer Gruppe vereinbart, deren Beschreibung vielversprechend klang: Leben und Arbeiten mit jungen, linksorientierten Umweltbewegten, Raucher willkommen. Als Hippies konnten sie natürlich nicht allzu tolle Löhne zahlen, waren aber bereit, mir eine umfassende Melkausbildung zu erteilen. Und zweifelsohne hatte ich das leichtere Los gezogen als die meisten Farmhelfer.*

Freiwilligendienste

In den Sommermonaten kann man an mehrwöchigen freiwilligen Workcamp-Aufenthalten in Dänemark teilnehmen. Bewerbungen sind entweder an die (im Eingangskapitel »Freiwillige Dienste« aufgelisteten) internationalen Verbände zu richten oder an *Mellemfolketigt Samvirke*, Borgergade 10-14, 1300 Kopenhagen K. Diese zwei- bis dreiwöchigen Lager überall im Lande, über die Färöer-Inseln bis hinauf nach Grönland, befassen sich mit Aufgaben wie Spielplatzbau, Landschaftsschutz und ähnlichem. In Grönland werden sie in kleinen Siedlungen abgehalten, wobei auch die Ausbesserung von Schafzäunen oder der Bau neuer Häuser auf dem täglichen Programm stehen. Auf den Färöern werden Spielplätze und Gemeinschaftszentren angelegt. Sämtliche Camps sind kostenlos, die Anreise finanziert jeder Teilnehmer selbst.

Der dänische Ableger der »Emmaus«-Gesellschaft, die *Swallows of Denmark*, veranstalten im Juni und Juli dreiwöchige Lager, wobei verwertbare Gegenstände und Trödel gesammelt werden: einfach alles, was sich noch in irgendeiner Form zum Weiterverkauf eignet. Der Erlös geht an Projekte auf dem indischen Subkontinent. Weitere Angaben bei *U-Landsforeningen Svalerne*, Osterbrogade 49, 2100 Kopenhagen O, Tel. (01) 261 747.

Iberische Halbinsel

Spanien

Die achtziger Jahre bescherten der spanischen Wirtschaft einen ähnlichen Aufschwung, wie ihn im vorangegangenen Jahrzehnt der Fremdenverkehr erlebt hatte. Trotz recht hoher Arbeitslosigkeit im Lande (derzeit rund 17%) verbesserten sich damit die Aussichten für Ausländer, Beschäftigung zu finden. Im Zeichen des anstehenden Binnenmarkts ist vor allem Unterricht in Englisch und den anderen europäischen Sprachen angesagt.

Vorschriften

Die klischeehafte Antwort eines Spaniers, von dem eine amtliche Handlung erwartet wird, mag zwar »mañana« lauten, also morgen. Umso enttäuschender folglich, daß die spanische Polizei auf illegale ausländische Arbeitnehmer vielmehr mit »hoy« reagiert: der Jobber darf seine Arbeitswerkzeuge sofort niederlegen. Auskünfte der Botschaften müssen zwar immer mit Vorsicht genossen werden, ist es doch deren Aufgabe, die offizielle

Linie zu verkünden. Die Warnung der deutschen Botschaft in Madrid ist jedoch in solch deutlichem Ton abgefaßt, daß eine wörtliche Wiedergabe ausnahmsweise lohnt:
Jeder Ausländer, der bei der Arbeit in Spanien ohne notwendige Aufenthalts- und Arbeitserlaubnis angetroffen wird oder in Spanien wohnt, ohne den notwendigen finanziellen Rückhalt nachweisen zu können, muß mit sofortiger Verhaftung und Arrest bis zu seiner Zwangsausweisung rechnen. Die spanischen Behörden wenden diese Bestimmung besonders in den Fremdenverkehrsgebieten rigoros an und haben ihre Kontrollen überdies in den letzten Jahren erheblich verschärft.

Reisende bestätigen dieses geschilderte Durchgreifen. Die spanische Polizei verfolgt illegale Jobber insbesondere zu Beginn der Sommersaison, und auch harmlose Tätigkeiten wie etwa das Verteilen von Werbezetteln können Konsequenzen nach sich ziehen. Eine Weltenbummlerin, die jüngst in einer Disko auf den Kanarischen Inseln arbeitete, wurde von der Polizei bei einer Razzia gefaßt und mit der Auflage eines zweijährigen Einreiseverbotes ausgewiesen. Wer weitere Belege für das strikte Durchgreifen der Behörden benötigt, sei auf den Hinweis vor den Stellenanzeigen im englischsprachigen »Mallorca Daily Bulletin« verwiesen:
Jede Anzeige unter den Rubriken »Stellenangebote« und »-gesuche« muß vor der Annahme vom Arbeitsamt Officina de Empleo *registriert und genehmigt werden. Inserate aus dem Ausland werden nicht angenommen.*

Nun zu den Gegenstimmen: der Leiter des *Club de Relaçiones Culturales Internaçionales* in Madrid bewertet die Lage weniger dramatisch. Seiner Meinung nach haben junge Leute, die vor Ort Arbeit suchen, wenig zu fürchten. Sein Verband vermittelt befristete Arbeitsplätze in Kinderferienlagern, Sprachschulen und Privathaushalten. Zahlreiche Jobber bekräftigen, daß sie in Spanien unbehelligt arbeiten konnten. Das geringste Risiko bergen offensichtlich Sprachschulen, wobei vor allem in den bekannten Ferienzentren Ibiza, Mallorca, Alicante usw. keine nennenswerten Probleme mit der Arbeitserlaubnis aufzutreten scheinen.

Ausländer dürfen als Touristen bis zu drei Monaten in Spanien verweilen. Wem das nicht genügt, der reist einfach über die Grenze nach Frankreich oder Portugal und erhält so ein neues, wiederum drei Monate gültiges Visum. Bei Bürgern aus EG-Staaten ist diese Prozedur unnötig, da die Aufenthaltsdauer ohnehin nicht kontrolliert wird. Für Spanien, seit Januar 1986 Mitglied der Europäischen Gemeinschaft, gilt wie für Griechenland eine siebenjährige Übergangsfrist, bis Bürger anderer EG-Staaten ohne Arbeits- und Aufenthaltserlaubnis nach einer Stelle suchen dürfen. Bis dahin ist die entsprechende Genehmigung beim Arbeitsministerium einzuholen, dessen bürokratische Hürden schier unüberwindlich scheinen. Zunächst muß eine außerordentliche Fülle an Dokumenten dort abgeliefert werden, so unter anderem ein *Visado Especial*, das schon vor der Einreise zu besorgen ist, ein Führungszeugnis (*Antecedente Penale*), ein spanisch verfaßtes Gesundheitszeugnis und, als wichtigstes, eine beglaubigte Kopie des vorher abgeschlossenen Arbeitsvertrages. Hat man tatsächlich alle diese Dokumente beisammen, wird eine Empfangsbestätigung *Resguardo* ausgestellt, mit der man seine Beschäftigung aufnehmen kann: allerdings muß dies *Resguardo* nach jeweils sechzig Tagen erneut von der Polizei abgestempelt werden. Selbst bei Erfüllung aller Bedingungen gibt es seit neuestem Probleme, wie uns Dennis Bricault schrieb:
Die Regierung erteilt diese Genehmigungen weniger freizügig als bisher: selbst bei einfachen Verlängerungsanträgen dauert es Monate bis zur Bearbeitung, und die entsprechenden Gesetze werden auch noch laufend geändert.

Die aktuellsten Angaben über den dortigen Antragsweg und seine Bestimmungen enthält das zwölfseitige Heftchen »Employment of Foreigners in Spain« der Britischen Botschaft,

Fernando el Santo 16, 28010 Madrid. Das *Hispanic and Luso Brazilian Council*, Canning House, 2 Belgrave Square, GB – London SW1X 8PJ, verschickt für umgerechnet sechs Mark (£ 2) die Broschüre »Notes on Employment, Travel and Opportunities for Foreigners and Students«.

Sprachunterricht

Seit Spaniens EG-Beitritt steigt der Bedarf an Sprachlehrern kräftig und bietet Reisenden somit zwei Möglichkeiten, ihr Auskommen zu finden: entweder durch Anstellung bei einer Sprachschule oder durch Erteilen von Privatstunden. Sprachschulen würden selbstverständlich vorzugsweise Lehrkräfte mit abgeschlossener Ausbildung anstellen, bieten aber wegen des hohen Bedarfs vielen Bewerbern, die gewandt auftreten und einen Universitätsabschluß, möglichst in einer modernen Sprache, vorweisen, sogar Neunmonatsverträge. Hier die Anschriften einiger bekannter Sprachschulen: *Briam Instituto*, C/ Tetuan 5, 28013 Madrid; *English-American College*, C/ Obispo Hurtado 21, 1°A, 18002 Granada, Tel. (58) 262 699; *Mangold Institute*, Avenida Marques de Sotelo 5, Passaje Rex 2°, 46002 Valencia, Tel. 352 7714.

Das letztgenannte Institut beschäftigt jedes Jahr bis zu dreißig Lehrkräfte, sofern sie Unterrichtserfahrung mitbringen. Diese und alle anderen Schulen stellen jedoch auch Bewerber mit Magisterexamen ein. Auch qualifizierte Bewerber können nur mit Einkommen von 90.000 bis 120.000 Peseten pro Monat rechnen. Wer übrigens selbst einen Sprachkurs absolvieren möchte, der in Spanien preiswerter ist als zuhause, wendet sich frühzeitig (da die Kurse oft im voraus ausgebucht sind) an das *International House*, Trafalgar 14, 08010 Barcelona – oder besorgt sich im Buchhandel oder direkt beim Verlag *interconnections* für 24,80 DM das Buch »Sprachenlernen in Europa und den USA« von Antje Boesinghaus.

Die Schulen bevorzugen bei ihrer Auswahl nicht nur Bewerber mit entsprechenden Qualifikationen, sondern auch solche mit *Resguardo* oder wenigstens einem *Visado Especial*. Der Kanadier Dennis Bricault begann vor Jahren als Nebenlehrer, stieg inzwischen zum Leiter einer Sprachschule auf und kennt daher die Verhältnisse ausgezeichnet:

Alleine in Barcelona gibt es etwa 150 Sprachschulen. Der Bedarf an Lehrkräften ist so groß, daß Personal auch ohne die vorgeschriebenen Arbeitspapiere eingestellt wird. In letzter Zeit werden viele Schulen allerdings vorsichtiger, weil zu befürchten ist, daß die Behörden irgendwann härter durchgreifen.

Die Schulen sind nahezu ausschließlich an Bewerbern interessiert, die sich wenigstens für sechs, besser neun Monate verpflichten. Wer also über ausreichende Befähigungen verfügt, leitet am besten schon von zuhause aus das Notwendige in die Wege und schreibt auch die großen Sprachschulen *Inlingua* oder *Berlitz* an. Eine Adressenliste aller spanischen Sprachschulen kann vom *British Council*, Almagro 5, Madrid, angefordert werden. Lehrer mit abgeschlossener Ausbildung können sich kostenlos beim *Educational Service* unter derselben Anschrift registrieren lassen, der für Schulen im ganzen Lande vermittelt. Die Bewerbungsgespräche werden zwar schon im Heimatland des Bewerbers geführt, doch in der Regel hilft auch die Niederlassung in Madrid weiter.

Natürlich kann man auch bei den Sprachschulen selbst anfragen. Allerdings sind allein im Telefonverzeichnis von Madrid neun Seiten mit den Anschriften entsprechender Institute gefüllt. Die beste Zeit für Bewerbungen ist der späte August, etwa einen Monat vor Semesterbeginn. Spanisch wird Ausländern sicher der Stundenplan vorkommen: der Unterricht beginnt um neun Uhr morgens und endet erst abends gegen 22 Uhr, dazwischen werden Unterrichtsstunden und freie Zeit bunt gemischt. Da das Leben in Spanien ohnehin erst danach so richtig anfängt, wird man sich bald daran gewöhnen. Üblich sind 18 bis 30 Unterrichtsstunden in der Woche bei 1000 bis 1500 Pesetas pro Stunde, wobei der Arbeitgeber 8% Sozialversicherungsbeiträge abzieht, unabhängig davon, ob eine Aufenthaltsgenehmigung vorliegt oder nicht. Steuern werden bei Kurzzeitverträgen unter neun Monaten nicht fällig.

Privatunterricht

Privatstunden sind schwieriger zu beschaffen und erfordern überdies mehr persönliche Initiative als die geregelte Angestelltentätigkeit bei einer Sprachschule. Man bleibt aber flexibel und kann für einen kürzeren Zeitraum arbeiten als bei der Verpflichtung in einem Institut. Aushänge finden sich am Schwarzen Brett im *British Council*, in der Buchhandlung *Turner*, Calle de Genova (in der Nähe der Metrostation Alonso Martinez), im *Goethe-Institut* und in der Tagespresse: *El Pais* versammelt die reizvollsten Angebote in den Rubriken »Trabajo – Idiomas« und »Segundamano«. Das *British Council* führt eine Liste mit den Anschriften qualifizierter Lehrer, die Privatstunden erteilen. Auf Anfrage erhalten Schüler deren Anschriften und können sich unmittelbar an die Lehrer wenden. Also sollte man sich auch hier registrieren lassen. Die Bezahlung liegt mit 1800 bis 2300 Pesetas etwas höher als bei einer Sprachschule. Dennoch bleibt es wegen der Absagen unzufriedener oder kranker Schüler ungemein schwierig, ausschließlich vom Unterrichten zu leben. Die langen Unterrichtspausen während der Sommer-, Weihnachts- und Osterferien lassen grundsätzlich eine Vorausbezahlung ratsam erscheinen. Viele Sprachschullehrer bessern ihr Gehalt zusätzlich mit Privatstunden auf, gemäß dem Ratschlag Gudrun Schmids, eher einen Vertrag über eine geringe Stundenzahl mit der Sprachschule abzuschließen, um mit lukrativeren Privatstunden ein besseres Einkommen zu erzielen. *Relaçiones Culturales Internaçionales*, Calle Ferraz 82, 28008 Madrid, Tel. 479 6446, stellt regelmäßig Sprachlehrer für mindestens einen Monat ein. Norbert Kirow lobt deren ausgesprochene Hilfsbereitschaft:
RCI unterstützte mich während meiner Zeit in Madrid auf das Großzügigste, half mir nicht nur, eine Privatunterkunft zu finden, sondern außerdem auch Schüler. Das Büro befindet sich in der Nähe der Metrostation Arguelles.
Relaçiones beschäftigt ferner Betreuer oder Helfer für seine Kinderferienlager, wobei eine Verwaltungsgebühr zu entrichten ist. Bei erfolgreicher Vermittlung wird ein Taschengeld in Höhe von 180 bis 300 DM monatlich bezahlt. Eine vergleichbare Gesellschaft ist *Kursolan*, C/ Maria de Molina 32, 28006 Madrid, welche für ihre beiden Sommerlager außerhalb der Hauptstadt jährlich 30 bis 40 Lehrer und Betreuer, vorzugsweise mit einschlägiger Erfahrung, benötigt.

Massentourismus

Rund vierzig Millionen Touristen besuchen Spanien jedes Jahr, wallfahren nach Lloret de Mar an der Costa Brava, Benidorm an der Costa Blanca, Torremolinos an der Costa del Sol und natürlich Palma de Mallorca. Der Durchschnittsreisende sucht keine unberührten Landschaften mehr, sondern erwartet eher unter südlicher Sonne die gewohnten Bequemlichkeiten und das gleiche Essen wie zuhause. Die Fremdenverkehrsindustrie trägt den immensen Gastaufkommen im Sommer unter anderem durch verstärkte Beschäftigung ausländischer Jobber Rechnung. Die Gesetze erschwerten Hotel- und Restaurantmanagern aber von Jahr zu Jahr deren Beschäftigung, so daß mittlerweile freie Stellen rar sind. Oftmals wird allerdings den Behörden vorgespielt, die ausländische Hilfe gehöre zur Familie: Lohnzahlungen gehen dann äußerst diskret unter der Hand vonstatten. Auf den Kanaren ist auch von November bis März Hauptsaison. Zu bedenken bleibt, daß eine Beschäftigung in reinen Fremdenverkehrsgebieten keinerlei Kontakte mit dem »echten« Spanien und seiner Kultur erwarten läßt.

Entlang der gesamten spanischen Mittelmeerküste, auf den vorgelagerten Balearen- und den nach unten weggerutschten Kanarischen Inseln bieten sich Jobmöglichkeiten in Strandbars, als Küchenhilfe, beim Ausschank oder auch beim Aufräumen des Strandes am »Abend« (eigentlich gegen fünf oder sechs Uhr morgens). Dagegen darf die Hoffnung, durch den Strandverkauf von gekühlten Getränken, Eiscreme, Snacks usw. seine erste Million zu scheffeln (und seien es auch nur Peseten) getrost gestrichen werden: sämtliche hierfür geeigneten Strände, zumal an der Costa del Sol, sind überbevölkert mit Spaniern, die genau dieses Ziel verfolgen. Mit Einfallsreichtum kann auch Arbeit verschafft werden: der junge Finne Tommy Karske schrieb ein Weingut an, dessen Anschrift er auf einer spanischen Weinflasche fand. Zu seiner Überraschung erhielt er nach kurzer Zeit ein Angebot, den Sommer über Reisegruppen umherzuführen.

Auch in Spanien werden Zelt- und Clubferien durchgeführt, so unter anderem von *Eurocamp, TUI, Club Med, Canvas Holidays, Club Cantabria* und anderen (Adressen im Einleitungskapitel »Tourismus«). Deutschsprachiges Personal für seine Ferienclubs stellt auch ein: *Ibiza Club*, Apartado Correos 73, Es Cana, 07840 Santa Eulalia del Rio, Ibiza, Tel. (971) 330 650, Bewerbungsschluß für den Sommer ist Ende März. Arbeitsstellen während der Skisaison in Wintersportorten der Pyrenäen bietet *Andorra Holidays*, PO Box 2, GB – Dalbeattie DG5 4NT, und *Ski Lovers*, 11 Liston Court, High Street, Marlow, GB – Buckinghamshire SL7 1ER.

Gelegenheitsarbeiten und Kundenfang

Etwas sicherer vor dem Zugriff der Fremdenpolizei sind Stellen bei privaten Ferienhausbesitzern, wo Gartenarbeit, kleinere Reparaturarbeiten und dergleichen anfallen. Jan Moors arbeitete für einige Familien, die vor Einsetzen der Oktoberregen ihre Hausdächer frisch geteert haben wollten – eine dermaßen anstrengende Arbeit, daß die Einheimischen wenig Interesse daran haben. Die Bezahlung erfolgte bar auf die Hand. Die Werbung für Diskotheken oder Restaurants durch Verteilung von Werbezetteln ist nicht jedermanns Sache, aber leidlich einträglich. Manche Diskotheken bevorzugen für diese Jobs Frauen; abgerechnet wird entweder per Stundenlohn oder auf Kommissionsbasis.

In allen vom Fremdenverkehr beleckten Gebieten kann man sich mit dem Verkauf selbstgefertigter Gegenstände und mit Straßenmusik gut über Wasser halten. Literarisch veranlagte Naturen können darüberhinaus versuchen, Artikel abzusetzen an die Touristenzeitungen *Costa Blanca News*, Apartado 95, Benidorm, Alicante, Tel. (965) 855 286; *Lookout*, Puebla Lucia, Fuengirola, Malaga, Tel. 460 950; *Mallorca Daily Bulletin*, Calle San Felio 17, Apartado 304, Palma, oder *Iberian Daily Sun*, Zurbano 74, Madrid. Vorher lohnt sich ein flüchtiges Durchblättern dieser Magazine, um festzustellen, ob zur Zeit eher die Abenteuer eines ausländischen Trampers oder zuckersüße Berichte über Yachtkreuzfahrten gefragt sind. Ein Schwede, der mit Freunden auf einem Boot vor der portugiesischen Küste gekentert war, erhielt für die Schilderung des Desasters immerhin 200 DM. Da diese Blätter in englischer Sprache erscheinen und sich offensichtlich an Gäste wenden, versprechen auch deren Jobinserate Erfolg. Was nicht zu verachten ist: Barcelona genießt gerade seit den Olympischen Spielen bei Straßenmusikern einen ausnehmend guten Ruf, da trotz der Vielzahl der Mitbewerber gute Spieler einen ansehnlichen Tagesverdienst einfahren.

Jachten

An der Costa del Sol sowie entlang der gesamten Südküste haben unzählige Jachten ihre Heimathäfen, weswegen sich gerade dort problemlos Jobs beim Reinigen oder Bewachen der Boote ergeben. Wer hingegen höher hinaus, womöglich mitsegeln möchte, muß sich in den Stammkneipen der Bootseigner und Seeleute rund um die Jachthäfen durchfragen. Viele Schiffe legen Anfang November in Richtung Westindische Inseln ab, um dort noch vor Weihnachten einzulaufen. Machen Sie sich also im Herbst bei der Vorbereitung der Überfahrten nützlich, dann findet sich vielleicht in der Crew ein Platz. Die meisten Interessenten an einer Ozeanüberquerung versuchen ihr Glück im Hafen von Gibraltar.

Landwirtschaft

In der letzten Zeit trafen wenige Berichte von Erntehelfern aus Spanien ein. Eigentlich wäre ja eine den griechischen Verhältnissen entsprechende Situation zu erwarten, wo sich dank des traditionellen Ruhebedürfnisses und der angeborenen Scheu vor stressigen Arbeiten unterwegs reichlich Jobmöglichkeiten ergeben. In Spanien verdingt sich aber seit jeher ein hoher Anteil der ländlichen Bevölkerung als Tagelöhner bei der Orangen-, Oliven-, Trauben-, Avocado- und Wintererdbeerernte. Mit etwas Glück wird man aber einen freundlichen Bauern oder Gutsbesitzer in den berühmten Weinbaugegenden Rioja oder Jerez für sich einnehmen können. Die Städte Haro, Logroño und Alfaro am Ebro erlauben allen Traubenpflückern das kostenlose Nächtigen während der Erntezeit unter freiem Himmel, in der Stierkampfarena oder auf anderen öffentlichen Plätzen. Die Paprikaernte um Granada findet Anfang November statt, anschließend kann man sich bei Lorca den Artischocken widmen.

Der Biologisch-Organische Landwirtschaftsverband *Agricultura Ecologica*, Apdo. 2580, 08080 Barcelona, verschickt gegen Zusendung eines Internationalen Antwortscheines eine Liste aller Höfe und Betriebe, bei denen gegen ein paar Stunden Mithilfe freie Kost und Logis erhältlich sind, betont jedoch, daß viele der Bauern nur Bewerber mit ernsthaftem Interesse an der biologisch-organischen Landwirtschaft wollen und unter keinen Umständen Flippies, die lediglich ihr Spanisch aufpolieren möchten.

Ein besonderes Bonbon bietet die Firma *Sunseed Desert Technology*, PO Box 2000, GB – Cambridge CB5 8HG, Tel. (0284) 848 863, in der Sierra Nevada, im südlichen Spanien. Teilnehmer am Besuchsprogramm des kleinen abgelegenen Forschungszentrums zahlen einmalig 120 DM Kostenbeteiligung für Unterkunft und Verpflegung, tragen täglich vier Stunden lang Forschungsergebnisse über das Verhalten von Pflanzen unter wüstenähnlichen Lebensbedingungen oder alternative Energieformen zusammen, helfen bei der Erhaltung der Versuchsanlagen, der Terrassenfelder und Fußwege im Zentrum. Im allgemeinen bleiben die Teilnehmer bis zu zwölf Wochen und können Einzelheiten schriftlich gegen Antwortscheine anfordern.

Tätigkeit als Au Pair

Unwiderruflich vorbei sind die 20er und 30er Jahre, als sämtliche Au Pair-Stellen in Spanien noch von Irinnen besetzt wurden, weil sie den katholischen Idealvorstellungen der Iberer so weit entgegenkamen: die Aristokratie bezeichnete solche Angestellten damals als »Begorras«. Heutzutage werden von den entsprechenden Agenturen (Anschriften im Einleitungskapitel) selbstverständlich alle Nationalitäten vermittelt. Einige dieser Vermittlungsagenturen sind in Spanien mit Sprachschulen kombiniert, so beispielsweise *Practivox*, 93 Atocha, 28012 Madrid, oder *Centros Europeos Galve*, Calle Principe 12-6°A, 28012 Madrid. Diese Institute halten Adressen von Familien parat, die ein Au Pair-Mädchen suchen, und machen auch nähere Angaben über diese Familien. Eine der bedeutendsten ist die genannte gemeinnützige *Relaçiones Culturales Internaçionales*, die dem Kultur- und Erziehungsministerium angeschlossen ist. Ihr Leiter Michael Brasch schrieb: *Der RCI-Club vermittelt das ganze Jahr über zahlreiche Stellen für Au Pairs, alle Bewerberinnen erhalten nach Eingang ihres Antrages umgehend Antwort und entsprechende Angebote. Zuverlässigkeit und Schnelligkeit bei der Bearbeitung von Anträgen gehören zu unseren wichtigsten Zielen. Im übrigen sind in dem Verbund über 3700 Mitgliedsfamilien angeschlossen!* Die Vermittlungs- und Registrierungsgebühr, derzeit jährlich 100 DM, berechtigt gegebenenfalls auch zur mehrmaligen Inanspruchnahme der Dienste des Büros. Das Taschengeld für Au Pairs beträgt momentan mindestens 20.000 Pesetas monatlich, doch viele Familien, die nicht zentral wohnen, zahlen gerne mehr. Jetzt das Erstaunliche: vor der Einreise nach Spanien müssen Au Pairs Studentenvisa beantragt und bewilligt bekommen haben, sonst droht an der Grenze die Zurückweisung.

Freiwilligendienste

Neben den bewährten Verbänden in den deutschsprachigen Ländern (SCI, NdF, Pro International, CFD, IBG, IJGD) veranstalten in Spanien archäologische oder Umweltschutzprojekte auch *Concordia*, 8 Brunswick Place, Hove, GB – Sussex; *United Nations Association*, Temple of Peace, Cathays Park, GB – Cardiff CF1 3AP; *Quaker International Social Services*, Euston Road, GB – London NW1 2BJ. Im Lande selbst koordiniert das *Instituto de la Juventud*, José Ortega y Gasset 71, 28006 Madrid, Tel. 401 6652, als Dachverband alle Freiwilligenprojekte (unter derselben Anschrift ist übrigens auch der Jugendherbergsverband zu erreichen). Dessen Unterabteilung *Servicio Voluntario International* (SVI) gibt ein ausgezeichnetes Handbuch mit dem Titel »Campos de Trabajo« heraus, das genaue Angaben zu über hundert zweiwöchigen Freiwilligenprojekten im ganzen Land enthält. Die Tätigkeiten reichen von der Untersuchung vulkanischer Lava auf Teneriffa bis zur Aufnahme von Dinosaurierspuren in der Rioja-Ebene. Kontaktadressen für archäologische Ausgrabungen und Vorhaben im Umweltschutz wären überdies *Jordi Juan i Tresserras*, Turo e Montgat Excavations, Arqueójoue, Bailèn, 125 Entl. 1a, 08009 Barcelona, und *ACUDES*, Casa Mayor, 47830 Tordehumos, Valladolid, Tel. (83) 714 417.

Fazit

Wenn alle Stricken reißen sollten, bleibt ein Trost: das Leben in den ländlichen Teilen Spaniens ist nach wie vor sehr billig. So muß auch Jeanette Krüger bekennen:

Wir fanden niemals Arbeit in diesem Lande. Ehrlich gesagt haben wir es aber auch nie wirklich ernsthaft probiert. Spätestens nach einer Woche waren wir preisgünstig bei neuen Bekanntschaften untergekommen und erfanden immer wieder neue Überlebenstricks. Angesichts der gesetzlichen und praktischen Hürden bevorzugen nicht wenige Weltenbummler eine Aufgabentrennung. Sie verdienen zuerst ihr Geld anderswo und ziehen sich dann in den spanischen Ruhestand zurück. Der findet bekanntlich in Cafés statt und besteht aus dem Verzehr der »tapas« und dem Eintunken klebrig-süßer »churros« in süßklebrige Schokolade.

Gibraltar

Gibraltar – eine Anomalie, ein historisches Relikt. Die winzige, britische Enklave konnte sechzehn Jahre lang von spanischer Seite aus nicht betreten werden. Erst 1982 wurde die Grenze wieder geöffnet. Da Leben und Wohnen in Spanien preiswerter sind, pendeln ausländische Arbeiter mittlerweile täglich zwischen Gibraltar und dem Umland hin und her. Trotz der nunmehr normalisierten Beziehungen zu Spanien ist Gibraltar noch durch und durch britisch und gehört überdies schon solange der EG an, daß EG-Bürger ungehindert einreisen und bis zu sechs Monaten arbeiten dürfen. Nach deren Ablauf besteht ein gesetzlicher Anspruch auf eine fünf Jahre gültige Arbeits- und Aufenthaltserlaubnis. Voraussetzung ist jedoch, daß eine Arbeitsstelle gefunden wurde und über ein Jahr ununterbrochen besetzt bleibt.

In früheren Jahren konnten Jobber noch schwärmen vom reichlichen Arbeitsangebot auf dem knapp fünf Quadratkilometer großen Zipfel. Derzeit liegt die Arbeitslosenrate in Gibraltar aber weitaus höher als noch in den 80er Jahren, so daß es nahezu unmöglich ist, noch eine Arbeit, zumal eine halbwegs vernünftig bezahlte, zu finden. Im Februar und März sind die Aussichten auf Baustellen oder Booten, in Bars oder Restaurants noch am günstigsten. Übereinstimmend werden die Zeitarbeitsfirmen als wenig hilfreich beschrieben; einzig die *Main Employment Agency*, 21 Horse Barrack Lane, Tel. 73 733, und *Career Moves*, Suite 7, 1014/107 Irish Town, Tel. 79 697, haben hin und wieder Bürojobs zu vergeben. Thomas Härtlings Arbeitssuche im letzten Oktober war ein glatter Mißerfolg: *Während meiner intensiven viertägigen Suche ergab sich absolut nichts. Dabei versuchte ich es wirklich überall: in Supermärkten, am Hafen, in fast allen Hotels und Kneipen. Die Standardauskunft lautete: ohne Ausbildung keine Chance. Ich lernte sogar einige Leute kennen, die sich schon eine ganze Weile in Gibraltar befanden, doch selbst mit Beziehungen wochenlang keine Beschäftigung fanden. Natürlich ist der Oktober aber nicht gerade die günstigste Zeit für die Suche nach einer Stelle im Fremdenverkehr.*

Das Arbeitsamt *Labour Exchange*, The Haven, 23 John MacKintosh Square, Gibraltar, Tel. 75 907, behandelt Einheimische bevorzugt, die nächsten in der Hierarchie sind Briten – und erst dann kommt der Rest der Welt dran.

Im Sommer konnte man früher Unterkunftsprobleme einfach durch Zelten am »Eastern Beach« in der Nordostecke Gibraltars lösen. Dank des jüngst erlassenen Campingverbots an Stränden darf man diese Möglichkeit unterdessen getrost vergessen: die Kontrollen der örtlichen Polizei sind streng und vor allem häufig. Die billigen Pensionen von La Linea bleiben damit der einzige Anlaufpunkt für Jobber unterwegs, die sich wohl oder übel mit Ausländerfeindlichkeit, hoher Kriminalitätsrate, Prostitution und Drogenhandel einrichten müssen. Teilt man sich eine Wohnung, so sollte diese pro Person nicht mehr als 100 DM pro Woche kosten. Meist gelangt man an eine solche Unterkunft allerdins nur über einen Makler, der eine satte Gebühr (mindestens 75.000 Pesetas) für seine

Dienste abknöpft. Eine attraktive Möglichkeit ist das Wohnen auf Schiffen im Hafen »New Marina«, nachdem man erst mal einen Bootseigner von der eigenen Vertrauenswürdigkeit überzeugt hat. Im »Sheppard's Marina« liegen die Überseejachten vor Anker.

Eine ausgezeichnete Informationsquelle für Jobs und Unterkünfte ist der Zeitungsladen neben *Bianca's Bar* am New Marina, daneben die *Star Bar* sowie das *Aragon* im Stadtzentrum. Schwarze Bretter mit Aushängen stehen beim Schiffsausstatter von Sheppard's Marina, außerdem im Zeitungsladen und in *Lipton's Supermarket* an der Marina Bay. Karl Langner rät zudem, die Besucher der Kneipen *Rover's Return* und *Casablanca's Bar* in La Linea auf offene Stellen anzusprechen.

Katharina Christlein schwärmt davon, wie einfach es doch gewesen sei, in Gibraltar als Crewmitglied unterzukommen. Sie wohnt und arbeitet auf der »White Phalarope«, einer dort beheimateten Jacht. Zu den üblichen Auslaufzeiten, im Frühling Richtung Mittelmeer, im Spätherbst Richtung Karibik, sei problemlos eine Heuer zu finden, wobei Segelerfahrung normalerweise nicht vorausgesetzt wird. Entsprechende Ratschläge hält auch das Einleitungskapitel bereit. Noch begeisterter äußerte sich Mirjam Koppelaars: sie hatte eine ganze Woche gebraucht, um per Anhalter von Holland nach Gibraltar zu gelangen – aber nur wenige Stunden, um hier in die Crew eines Dreimasters aufgenommen zu werden, der, die Westindischen Inseln im Visier, bereits abfahrtbereit war.

Portugal

Portugal ist in vielen Köpfen noch das Armenhaus des Kontinents, und in vieler Hinsicht stimmt das auch, obwohl es zu Beginn der 90er Jahre eine der höchsten Zuwachsraten der europäischen Volkswirtschaften besitzt und dazu eine geradezu bescheidene Arbeitslosenrate von sechs Prozent. Dennoch ergeht es selbst weitgereisten und entsprechend erfahrenen Jobbern bei der Jobsuche wie den verdurstenden Wanderern in der Wüste Gobi: zumindest in dieser Beziehung ist Portugal wirklich noch ein völliges Entwicklungsland. Der Bedarf an Hilfsarbeitern wird durch ein großes Potential unausgebildeter Tagelöhner gedeckt und die Löhne pendeln auf einem für Mitteleuropäer erschreckend niedrigen Niveau.

Landwirtschaft

Obwohl Portugal der Welt fünftgrößter Weinproduzent ist, haben wir noch von keinem einzigen Reisenden gehört, der bei der Lese eine Arbeit gefunden hätte. Die Höfe sind meist so winzig und arm, daß keine ausländischen Helfer beschäftigt werden. Der portugiesische Arbeitsminister schildert die Problematik:

In unserem Lande werden derartig viele verschiedene Traubensorten angebaut, daß sich die Erntezeiten unregelmäßig zwischen Mai und November verteilen. Wegen der kleinen Höfe reichen lokale Arbeitskräfte aus.

Die Unterabteilung des portugiesischen Landwirtschaftsministeriums, *IROMA*, Rua Padre Antonio Vieira 1, 1000 Lisboa, veröffentlicht in der Schrift »Anuário Horto Fruticola« eine Liste der lokalen Agrarverwaltungen sowie der Obst- und Gemüsegenossenschaften. Die Chancen auf eine Arbeitsstelle sind jedoch auch hier minimal.

Sprachunterricht

Die Möglichkeiten, mit dem Erteilen von Sprachunterricht einige Extra-Escudos einzunehmen, sind in Portugal geringer einzustufen als andernorts. Sie können sich selbstverständlich trotzdem an das *British Council*, Rua de Breyner 155, 4000 Porto (versendet auch eine hilfreiche Zusammenstellung von 50 Sprachschulen in der nördlichen Landeshälfte), das *Goethe-Institut*, Rua de Louis Fernandes 3, 1000 Lisboa, oder an eine internationale Sprachschule wenden, beispielsweise *American Language Institute*, Av. Duque de Loule 22-1, 1000 Lisboa; *Bristol School Group*, PO Box 2965, 1124 Lisboa-Codex; *Inlingua*, Rua Gonçalo Cristavo 217, 4000 Porto; *Instituto Britanico*, Rua Gravador Molarinho 29, 4800 Guimaraes; *ESP*, Apartado 102, 2100 Coruche, Tel. (43) 63 977. Die meisten privaten Sprachschulen gleichen eher handgestrickten Familienbetrieben und beschäftigen Lehrkräfte in einstelliger Zahl, so daß die Perspektiven nicht umwerfend sind. Noch weniger aus der Ruhe bringt Interessenten allerdings die Bezahlung, die sich je nach Ort um 1100 Escudos einpendelt. Entsprechend ruhig und entspannt bleibt dann die Unterrichtsatmosphäre. Klagen über zuviel Streß sind von Lehrerseite jedenfalls noch nicht an unser weltweit offenes Ohr gedrungen.

Welche Aussichten tatsächlich bestehen, läßt sich nur vor Ort selbst herausfinden. Hierbei helfen auch die wöchentlich erscheinende *Anglo-Portuguese News*, Avenida de Sao Pedro 17, 2765 Monte Estoril. In der vierzehntägig erscheinenden *Algarve News* sind regelmäßig Stellenangebote angeführt. Wer das nötige Kleingeld erübrigen will, sollte eigene Anzeigen aufgeben – oder mit Phantasie und Geschick in einer der Zeitungen eigene Beiträge unterbringen.

Büroarbeit

Ohne die Fürsprache einheimischer Bekannter und Portugiesischkenntnisse bleibt eine Stelle im Büro unerreichbar. Zeitarbeit und Aushilfsjobs vermitteln private Agenturen wie die mittlerweile hinreichend bekannte *Manpower*, Praça Jose Fontana 9c, 1000 Lisboa. Die *Handelskammer*, Rua de Estrela 8, 1200 Lisboa, kann mit praktischen Hinweisen zur Hand gehen. Für Hochdruckgebiet-hungrige Soldatenköche: die Amerikaner unterhalten eine Militärbasis auf den Azoren.

Traditionell bestehen enge Verbindungen zwischen Großbritannien und Portugal, weswegen sich betuchte englische Pensionäre gerne an der Algarve oder in der Nähe Lissabons niederlassen. Anders als in vielen Ländern ist das Verhältnis zwischen Fremden und Einheimischen ausnehmend herzlich, so daß die in Portugal lebenden Ausländer für anfallende Arbeiten gerne Einheimische heranziehen, und umgekehrt. Allerdings kündigten die Behörden zuletzt an der Algarve die rigorose Verfolgung aller Fremden ohne Arbeitserlaubnis an: in der Tat wurde auch der eine oder andere erwischt und streng bestraft. Der *Hispanic and Luso Brazilian Council*, Canning House, 2 Belgrave Square, GB – London SW1, gibt zum Preis von rund 5 DM ein fünfseitiges Heft mit dem Titel »Notes on Employment, Travel and Opportunities in Portugal« heraus.

Bislang galt für Beschäftigungsverhältnisse unter 30 Tagen eine Befreiung von der Arbeitserlaubnispflicht. In neueren Bestimmungen wird diese Ausnahme jedoch nicht mehr erwähnt: vermutlich gilt sie also gar nicht mehr, denn die Deutsche Botschaft in Lissabon teilt in ihrer Informationsschrift »Arbeiten in Portugal« mit, daß auch für Teilzeitarbeit ein besonderes Arbeitsvisum benötigt wird. Dieses ist beim *Servicio de Estrangeiros*, Avenida Antonio Augusto de Aguiar 18, Lisboa, zu beantragen. Visa für Dauerbeschäfti gungen erfordern mehr behördlichen Aufwand. Die Au Pair-Tätigkeit und Privatunterricht sind hingegen genehmigungsfrei.

Tourismus

Strenge Gesetze schützen die Arbeitsplätze der Einheimischen im touristischen Bereich: so dürfen Reisegesellschaften von ausländischen Führern nur betreut werden, wenn gleichzeitig auch ein Portugiese mit dabei ist. Eine ausländische Gesellschaft darf Fremde jedoch als Betreuer oder Repräsentanten beschäftigen. David Stöckler stieß durch Zufall in das Feriendorf *Novastor Hostel*, Tel. (082) 53 787, nahe Lagoa an der Algarve. Die Anlage ist vom 1. Juli bis 15. September geöffnet. Er beschreibt seine Eindrücke: *Im großen und ganzen hat die Arbeit viel Spaß gemacht, wenn die tägliche Arbeitszeit auch sehr lang schien: zehneinhalb Stunden in stickiger Hitze, bei primitven Arbeitsbedingungen und das alles für knapp 260 DM in der Woche plus Anteil an den Trinkgeldern.* Prompt erhielten wir Post von den neuen Verwaltern des Feriendorfes: sie sichern zu, daß die langen Arbeitszeiten der Vergangenheit angehören, daß jetzt für höchstens acht Stunden täglich freie Kost, Logis und ein ansehnlicheres Taschengeld winken. Ein anderer Reisender wollte nur wenige Wochen an der Algarve bleiben, fand jedoch einen Job als Barkeeper und verbrachte schließlich einige Monate hier. Auf Sportbetreuer und Animateure warten hervorragende Aussichten in den Ferienzentren an der Atlantikküste. Die Behörden haben den Nepp bei der Kundenanwerbung für Teilzeiteigentum an Ferienwohnungen in Portugal jüngst rigoros unterbunden, wiewohl das Ganze auf Madeira offenbar noch immer praktiziert wird.

Freiwilligendienste und Au Pair-Tätigkeit

Die portugiesischen Verbände und Campveranstalter beantworten in der Regel auch Anfragen von Ausländern. Üblich ist zwar die Bewerbung bei einem der Verbände im Einleitungskapitel »Freiwillige Dienste«, doch führen wir hier fünf namhafte portugiesische Organisationen auf: *ATEJ* (Associacao de Turismo Estudentil e Juvenil), Rua Joaquim António Aguiar 255, 4300 Porto, Tel. 568 542, benötigt Freiwillige für Projekte in Landwirtschaft, Archäologie und im sozialen Bereich; Einschreibegebühr US$ 10; Au Pair-Vermittlung möglich. *Companheiros Construtores*, Rua Pedro Monteiro 3-1, Coimbra, Tel. (039) 716 747, sucht jährlich rund 200 Freiwillige für Bau-, Farm- und Sozialarbeit in benachteiligten, ärmeren Gegenden Portugals; Gebühr rund 300 DM. *FAOJ* (Fundo de Apoio aos Organizmos Juvenils, Rua Duque de Avila 137, 1097 Lisboa Codex, Tel. 535 081, wirbt jährlich tausend freiwillige Helfer über internationale Verbände an, in der Regel für Umwelt-, Landschafts- und Restaurationsprojekte. *Turicoop*, Rua Pascoal Melo 15-1°Dto, 1100 Lisboa, Tel. 531 804, veranstaltet in den Sommermonaten 15 bis 30 Camps im Landschaftsschutz, bei der Archäologie usw. und vermittelt Au Pairs. *Campo Archeulogico de Mertola*, Rua de Republica 2, 2750 Mertola, setzt ganzjährig Freiwillige bei Ausgrabungen römischer wie auch arabischer Baudenkmäler ein; Eigenbeitrag 7500 Escudos, Minimalaufenthalt zwei Wochen.

Die Au Pair-Tätigkeit ist in Portugal noch nicht weit verbreitet, vielleicht auch weil das Taschengeld gerade mal 80 DM wöchentlich beträgt und damit das niedrigste in ganz Europa ist. Die meisten Stellen werden während der Ferien zwischen Anfang Juli und Ende September vergeben. *Turicoop*, ein dem spanischen *RCI* vergleichbarer gemeinnütziger Verein, verschickt auf Anfrage eine Informationsschrift, die gleichzeitig auch

Bewerbungsformular ist. Sie muß vollständig ausgefüllt mit den üblichen Unterlagen (Paßfotos, Gesundheitszeugnis, Empfehlungsschreiben) sowie einer Einschreibegebühr von 10 US-Dollar zurückgeschickt werden. Findet sich tatsächlich eine Stelle, sind nochmals 5000 Escudos fällig. Internationale Agenturen entsenden nur ausgesprochen wenige Au Pairs nach Portugal.

Die Alpenländer

Schweiz

An sich stellt die Schweiz bei einer Arbeitslosenrate im Promillebereich und einem hohen Anteil ausländischer Arbeitnehmer ein Eldorado für reisende Jobber dar. Leider, leider ist die Arbeitssuche kein Zuckerschlecken, und die restriktiven Vorschriften hinsichtlich Aufenthalts- und Arbeitserlaubnis, das gesunde kühle Klima sowie die hohen Lebenshaltungskosten schrecken zusätzlich viele Stellensuchende ab. Wer indes längere Zeit im Land von Fonduechäschtli und Alphorn gearbeitet und dessen Ureinwohner näher kennengelernt hat, verteilt ihnen hemmungslos Komplimente. Der Australier Tony Mason pflückte vier Jahre hintereinander die hoch hängenden Trauben des Wallis und arbeitete zwischendurch auf dem Bau:
So ein ausgesprochen freundliches Volk: viele Schweizer luden uns oft nach Hause zum Essen oder zu großartigen Bergtouren ein. Das Fortkommen per Anhalter klappt nicht nur einwandfrei, sondern stellt gleichzeitig eine hervorragende Informationsmöglichkeit über Jobs dar. Ich kann die Schweizer im Grunde gar nicht genug loben!

Vorschriften

So laßt uns denn auch die andere Waagschale etwas füllen: die Schweiz wird häufig mit einem Klima der Ausländerfeindlichkeit verbunden. Ihre Bestimmungen für Fremdenarbeit würden wohl noch strenger, wäre da nicht die durchaus begründete Furcht, daß die Wirtschaft ohne die ausländische Hilfskräfte rasch ihren Kollaps erleben könnte. Die Aufenthaltsgenehmigung (*Autorisation de Séjour*) beinhaltet auch die Erlaubnis, eine Arbeit zu suchen. Jeder Arbeitgeber hat Anrecht auf eine bestimmte Anzahl solcher Genehmigungen für sein Unternehmen. Offiziell ist die Erlaubnis zwar an eine Adresse im Ausland zu senden; man kann aber die Zustellung direkt an den Arbeitgeber beantragen, weil man sie daselbst abholen will. Der Antrag kostet SFr. 75 Gebühr. Manche Arbeitgeber lassen sogar schon arbeiten, während der Antrag noch bearbeitet wird. Ausländer erhalten in der Regel zunächst eine Saisonbewilligung (*Permis A*), die für neun Monate gilt. *Permis B* und *C* werden für Dauerbeschäftigungen erteilt. Über 100.000 Saisonarbeiter (die sogenannten »Saisonniers«), vornehmlich aus Südeuropa, besitzen in der Schweiz derzeit den *Permis A*. Jeder Kanton darf eine festgelegte Zahl von Neunmonatsgenehmigungen ausgeben. Ist dieses Soll erstmal erfüllt, darf man eine solche Erlaubnis nicht mehr erwarten. Lediglich auf vier Monate befristete *Permis* werden dann noch erteilt, die durch keine Quote geregelt sind, so daß Arbeitgeber sie leichter beantragen können.

Die Arbeitserlaubnis berechtigt zur Inanspruchnahme staatlicher Versicherungen, Garantien wie dem gesetzlich festgelegten Mindestlohn und des ausgezeichneten Rechtsschutzes bei arbeitsrechtlichen Streitigkeiten (Arbeitsbedingungen, Lohnzahlung oder Kündigung). Bei Aufnahme der Tätigkeit wird prinzipiell eine Arbeitsunfallversicherung abgeschlossen, wobei der Arbeitgeber den größten Teil der Beiträge entrichtet. Wer mindestens 150 Tage lang arbeitslosenversicherungspflichtig war – was 12-15 Prozent des Lohns verschluckt – ist ungeachtet seiner Nationalität zum Bezug von Arbeitslosengeld berechtigt. Ein anderer Vorteil der Aufenthaltsbewilligung ist zudem, daß man für 7 SFr. bei der Fremdenpolizei eine *Carte d'Indigène* oder *Rote Karte* erwerben kann: diese berechtigt zur Benutzung öffentlicher Transportmittel zu den staatlich subventionierten Fahrpreisen und zum Kauf günstiger Saison-Skipässe. Hotel- und Gastronomieangestellte müssen sich vor Arbeitsantritt einer medizinischen Untersuchung unterziehen. Studenten können zeitlich befristete Arbeitsgenehmigungen als »Stagiaires« von *BIGA*, Sektion Auswanderung und Stagiaires, Bundesgasse 8, 3003 Bern, Tel. 612 942, erhalten.

Schwarzarbeit

Vielerorts ist der Bedarf an Arbeitskräften so hoch, daß Jobber eine Stelle auch ohne offizielle Bewilligung erhalten, weil deren Marsch durch die Instanzen viel zu lange dauern würde. Wird man bei der Schwarzarbeit jedoch erwischt, zahlt der Arbeitgeber bis zu 3000 SFr. Strafe, und der Arbeitnehmer selbst wird höchstwahrscheinlich des Landes verwiesen. Christoph Hartung hat mitbekommen, daß die Polizei vor der Wintersaison ständig kontrolliert und einige Reisende tatsächlich ausgewiesen wurden. Mit Beginn der Saison schwand das polizeiliche Interesse dann seltsamerweise wieder. In großen Städten fallen Schwarzarbeiter zwar weniger auf, doch wird dort härter gegen Gesetzesbrecher durchgegriffen. Ein Jobber arbeitete auf einer Baustelle bei Lausanne, wo der Dorfpolizist, der gleich gegenüber vom Bauplatz wohnte, die Frage der Arbeitsgenehmigung nie ansprach, nachdem die Bauarbeiter ihn beim Tischtennis hatten gewinnen lassen.
Die Schweiz geht zwar nicht so weit, von Straßenmusikanten eine Arbeitsgenehmigung zu verlangen. Nina Meinhardt war jedoch davon überrascht, daß die Stadt Bern genaue Bestimmungen erlassen hat, wann, wo und wie lange in ihren Mauern gespielt, gezupft und getrommelt werden darf. Und die Geschäftsleute der Stadt hatten immer Broschüren mit den entsprechenden Vorschriften zur Hand, falls diese einmal übertreten wurden.

Tourismus

Ein gewitzter Geist hat mal behauptet, die Schweiz habe den Fremdenverkehr erfunden. Und in der Tat besitzt das Land die meisten und ältesten Hotelfachschulen der Welt. Hier werden die besten Hotelmanager und Restaurantfachleute ausgebildet. Bemerkenswerterweise hängt das Hotel- und Gaststättengewerbe trotzdem jedes Jahr aufs neue völlig von der Mitwirkung von Aushilfskräften ab. Die Sommersaison erstreckt sich von Juli bis September, die Wintersaison von Dezember bis April. Die Vermittlung durch eine Agentur gehört dennoch zu den vergleichsweise einfacheren Arten, in der Schweiz eine Arbeit zu finden, meint auch Kathrin Rauland:
Ich war sehr froh darüber, daß VWI mir den ganzen Papierkrieg abnahm, denn die Schweiz scheint in ihren Behörden und den von ihnen herausgegebenen Vorschriften förmlich zu ertrinken.

Ob klein und fein oder fürstlich: jedes Schweizer Hotel und Restaurant erwartet auch von seinen ausländischen Mitarbeitern penible Reinlichkeit und geschäftigen Fleiß. Nachdem sie von der Arbeit in einer unabhängigen Jugendherberge in ein Drei-Sterne-Restaurant in Interlaken gewechselt war, entdeckte Kathrin in allen Ecken Spuren des Sauberkeitsfimmels. Dafür ist mit der korrektestmöglichen Behandlung zu rechnen. Die Arbeitgeber führen sorgfältig über alle geleisteten Überstunden Buch und achten auf pünktliche wie ordnungsgemäße Bezahlung. Simone Mays Fazit nach einem Sommer im Novotel Zürich-Flughafen:»Natürlich waren die Löhne ausgezeichnet, aber wir mußten sie uns auch ehrlich verdienen.« Das jüngste Beispiel für die guten Verdienstmöglichkeiten lieferte Michael Müller, der für Vierzigstundenwochen als Tellerwäscher in Crans Montana 450 SFr. einfuhr. Steve Rout aus Irland bringt die Vorzüge der Arbeit in einem Schweizer Feriengebiet auf den Punkt:
Meiner Ansicht nach kann die Eidgenossenschaft zumal für den Winter gar nicht lautstark genug empfohlen werden. Mit ein bißchen Glück wird man gesund und fit, lernt eine neue Sprache, verdient einen satten Batzen Franken, schließt gute Freundschaften – und das alles auch noch in einer der schönsten Gegenden der Welt.

Arbeitssuche

Im Vergleich zum gesamten Jobspektrum vermitteln Zeitarbeitsagenturen nur einen winzigen Bruchteil der Arbeitsplätze. Wertvolle Hinweise finden sich in *Ferienjobs und Praktika – Europa und Übersee*. Eine andere Möglichkeit wäre die Bewerbung bei internationalen Reiseveranstaltern. Bei der Vergabe dieser Stellen geht es allerdings reichlich rauh zu. Zudem vergüten diese Firmen nur die im Herkunftsland des Stellensuchenden üblichen, meist geringeren Löhne und nicht die höheren Schweizer Tarife. Wenn man sich unmittelbar an die Hotels wendet, verbessern sich die Chancen deutlich durch Korrespondenz in der Sprache desjenigen Landesteiles, in dem man tätig sein möchte, also Deutsch, Französisch oder Italienisch (Räto-Romanisch wird wohl kein einigermaßen vernünftiger Arbeitgeber verlangen!).
Village Camps, Chalet Seneca, 1854 Leysin, sucht im Sommer Lagerbetreuer, im Winter ausgebildete Skilehrer. Die Bewerbungsunterlagen werden auf Anforderung zugesendet, bei Einstellung winken bis zu 200 SFr. pro Woche, dazu Unterkunft und Verpflegung.
Venture Abroad, Warren House, High Street, Cranleigh, GB – Surrey GU6 8AJ, benötigt ganzjährig Betreuer für Jugendgruppen. Ähnliche Stellen hat *Eurocentres*, Seestraße 247, 8038 Zürich, zu vergeben. Das Schweizerische Studenten-Reisebüro *SSR-Reisen* stellt regelmäßig Aushilfen für seine Studentenhotels ein: für die Wintersaison muß man sich bis Mitte August, für den Sommer bis März beworben haben. Diese Gesellschaft erteilt auch Auskünfte über anderweitige Beschäftigungsmöglichkeiten. Die durchschnittliche Bezahlung im Hotel- und Gaststättengewerbe liegt derzeit ohne Trinkgelder bei etwa 2000 Franken im Monat, dafür sind pro Woche bis zu 44 Arbeitsstunden zu leisten. Beide Angaben sollten im Arbeitsvertrag genannt sein. Die Abzüge für Kost und Logis können 600 bis 700 Franken ausmachen, für Steuern sind nochmals rund 12-15% abzuziehen. Der *Schweizer Hotelverband*, Monbijoustraße 130, 3001 Bern, Tel. 507 333, vermittelt Studenten und Schüler ab 16 Jahren, die bereit sind, in einem Hotel oder Restaurant zwei bis vier Monate als angelernte Kraft auszuhelfen. Die genaueren Bedingungen werden dann mit dem jeweiligen Arbeitgeber ausgehandelt.
Die beste Methode der Stellensuche in Winterferiengebieten bleibt trotz allem immer noch die vor Ort. Tobias Rottler empfiehlt Les Portes de Soleil bei Champery, Les Croi-

sets sowie die Skigebiete von Leysin, Verbier, Thyon und Crans-Montana. Gerade das letztere Tal, an einer Hauptbahnverbindung gelegen, bietet jahraus jahrein eine ersprießliche Zahl von Stellen. Hochgeschätzt wird auch das Juragebirge zwischen La Chaux-de-Fonds und Délémont. In einigen Fällen scheint die Jobsuche vor Ort ausgezeichnet zu funktionieren, in anderen hingegen schlägt sie durchweg fehl. Günther Lieblich, der Mitte November in Verbier angekommen war, hielt es für sinnlos, seinen Namen an das Ende einer achtseitigen Liste von Leuten zu setzen, die auf einen Job warteten. Also trieb es ihn sogleich weiter nach Crans Montana und rasch war eine Arbeit als Bote und »Mädchen für Alles« im dortigen *Hotel de l'Etrier* gefunden. Robert Jefferson hatte hingegen weniger Glück und beschreibt seine Enttäuschung in folgenden Sätzen:

Mitte Dezember kamen wir nach Grindelwald und quartierten uns erstmal in der Jugendherberge ein. Nach zehn Tagen hatte gerade mal ein einziger aus unserer Gruppe einen Job gefunden. Wir riefen daraufhin verschiedene Hotels in Saas Fee an und erhielten auch einige halbherzige Zusagen, fuhren also zuversichtlich hin, wurden aber nach der Vorstellung alle abgelehnt. Nur meiner Freundin Sonja versprachen sie eine Stelle als Kellnerin für den Falle, daß jemand ausfiele. Doch selbst, wenn sie unterkäme, was würde dann mit mir passieren? Wir gaben auf.

Daraus sind zwei Lehren zu ziehen: Frauen werden in der Schweiz als Bedienungspersonal Männern generell vorgezogen. Wenn Robert so frühzeitig angekommen wäre wie Günther Lieblich, hätten seine Aussichten um ein deutliches besser gestanden. Im *Club Vagabond* in Leysin treffen sich die im Ort arbeitenden Ausländer. Für die Zeit der Jobsuche ist der Club im übrigen gleichzeitig die billigste Unterkunft weit und breit. Ein anderer Treffpunkt wird von Richard Weber empfohlen:

Das amerikanische Welcome Centre zwischen Leysin und Feyday betreibt einige Hotels und Bars in der Gegend und vergibt auch die Jobs in diesen Betrieben. Ich konnte mich des Eindrucks nicht erwehren, daß diese Firma ziemlich lax im Umgang mit den Anträgen auf Arbeitserlaubnis umgeht und die drohenden Strafen auf die leichte Schulter nimmt.

Eine ähnlich erstaunliche Entdeckung machte Layla Meredith aus San Francisco mit *Balmer's Hostel* in Interlaken:

Diese Herberge ist amerikanischer, als es die USA jemals waren. Das Personal besteht fast nur aus meinen Landsleuten, die meisten sind hängengebliebene Weltenbummler und damit wandelnde (und auskunftbereite) Lexika, selbst wenn man nicht in ihrem Haus unterkommt. Ich lernte Angehörige der verschiedensten Nationen, die allesamt innerhalb weniger Stunden Stellen in Interlakener Hotels gefunden hatten. Das war Ende August.

Wertvolle Hinweise erteilt stets die *Arbeitsgemeinschaft für Ausländerfragen*, Frongartenstraße 16, 9001 St. Gallen, Tel. 222 719 (weitere Büros im ganzen Land). Auf alle Fälle sollte man auch an den örtlichen Schwarzen Brettern und in den Zeitungen nach Stellenangeboten Ausschau halten. Ein besonderer Job wird in der Schweiz erst durch ein besonderes Gesetz, sozusagen künstlich geschaffen. Im Winter darf die Schneehöhe auf den Dächern zwei Meter nicht übersteigen – ein Umstand, der dem einen oder andern Jobber schon zu guten Franken verhalf.

Landwirtschaft

Die *Landdienst-Zentralstelle für Freiwilligenarbeit auf Bauernhöfen*, Bahnhofsplatz 1, 8001 Zürich, Tel. (01) 211 8807, vermittelt jungen Westeuropäern Zeit- und Saisonarbeit; in der deutschen Schweiz von März bis Oktober, im französischsprachigen Teil von März bis Juni sowie ab Mitte August bis Oktober. Trotz des unausrottbaren Rufes der Schweiz als ausgewachsenes High-Tech-Land sind die meisten bäuerlichen Betriebe relativ klein, in Familienbesitz und arbeiten zudem mit herkömmlichen Methoden. Maschinen können wegen der steilen Hänge auf den Bergbauernhöfen selten eingesetzt werden. Somit sind die Bauern häufig auf Aushilfen angewiesen. Zur Ernte und beim Heuen im August und September stehen die Schweizer Studenten normalerweise nicht zur Verfügung, da zu dieser Zeit an den Hochschulen Vorlesungsbetrieb herrscht. Nahezu ein Drittel aller Aushilfen in der Landwirtschaft sind somit Ausländer, zumeist Serben, Kroaten, Italiener und Spanier. Junge Leute, die Erfahrungen in der Landwirtschaft sammeln wollen, können sich bei der Zentralstelle um eine Stelle auf einem Bauernhof bemühen (Mindestaufenthalt drei Wochen). Jährlich vermittelt diese Stelle im Juni und Juli 600 Jugendliche aus vieler Herren Länder zur Kirschenernte im Baselbiet (Kanton Basel-Land) und am Zuger See.

Viele Weltenbummler, die bei einem Schweizer Bauern gearbeitet haben, berichten, daß sie wie ein richtiges Familienmitglied aufgenommen wurden. Das bedeutet zwar einerseits, wie die andern mit den Hühnern um sieben Uhr morgens aufzustehen, andererseits die selbstverständliche Teilnahme am Leben der Bauernfamilie, was in mancher Weise an eine Au Pair-Tätigkeit erinnert. Nina Wolf empfand das Leben auf dem abgelegenen Hof als überaus öde, zumal sie oft und lange mit dem Baby allein war, das sich zur Aufbesserung ihres Französisch als nur bedingt tauglich erwies. Ruth Meiers Leben in einem typischen Dorf war vielseitiger:

Meine hauptsächlichen Aufgaben auf dem Hof im Jura waren das Ausmisten des Kuhstalls, das Heuen, Grasmähen, die Geflügelfütterung, Düngerausstreuen, Obst- und Gemüseernte, Holzhacken, Korndreschen, etwas Hausarbeit, Kochen und dann auch noch die Beaufsichtigung der Kinder. Das Essen war ganz hervorragend, wurde doch vieles auf dem Hof selbst hergestellt oder geerntet: Käse, frische Kuhmilch, Marmelade, Obst und Gemüse. Die Kirchenglocken bestimmten den Tagesablauf: sie läuteten zum Aufstehen morgens um sechs und dann wieder zum Schlafengehen um neun Uhr abends. Die Kuhglocken bildeten ein ständiges Hintergrundgeräusch. Genau bedacht war eigentlich immer viel Lärm auf dem Hof, aber irgendwie fiel es mir gar nicht auf. Nachtleben? Fehlanzeige, abgesehen von den für meinen Geschmack zu kurzen Besuchen im dörflichen Gasthof. Den guten Nachtschlaf konnte man andererseits nach der harten Arbeit wirklich gebrauchen.

Abgesehen von gutem Essen und bequemem Bett mit riesiger Daunendecke werden den Teilnehmern pro Arbeitstag wenigstens 19 Franken Taschengeld ausbezahlt. An diesem Bauernhofprogramm konnten bis vor kurzem noch sämtliche Nationalitäten mitmachen. Neuerdings läßt die Fremdenpolizei nur Teilnehmer aus Westeuropa zu, die zwischen 17 und 30 Jahren alt sind und wenigstens Grundkenntnisse der deutschen oder französischen Sprache besitzen. Die tägliche Unterhaltung auf Schwyzerdütsch wird dennoch nur äußerst mühsam vorangehen.

Die meisten Bauernhöfe stellen Milch- und Käseerzeugnisse her. Obst und Gemüse werden insbesondere im Rhônetal zwischen Montreux und Sion angebaut, Tabak bei Bern, wobei dieser im August abgeerntet wird. Die Kirschenernte währt üblicherweise von Ende Juni bis Anfang August, die Pflaumen-, Äpfel- sowie Birnenernte von September bis Oktober. Hier eine Auflistung der Gegenden, in denen Arbeit winkt:

Kirschen: Bern, Aargau, Basel, Zug.

Erdbeeren: Oberes Rhônetal.

Pfirsiche: Oberes Rhônetal, Tessin an der italienischen Grenze, Waadt.

Aprikosen: Wallis, Oberes Rhônetal.

Birnen: Wallis.

Äpfel: Bern, Thurgau, Wallis, Zürich, Waadt bei Aigle.

Tomaten: Bern, Waadt, Wallis.
Salat: Tessin.
Tabak: Tessin, Rhônetal bei Montreux.
Haselnüsse: in der ganzen Schweiz.

Das Rhônetal zwischen Martigny und Saxon im Wallis wird von vielen gerade für Jobs in der Landwirtschaft empfohlen. Hier sollten Sie mal die lokalen Wochenmärkte besuchen. Stefan Pfringler jedenfalls ergatterte einen Posten auf einer Tomatenfarm bei Martigny: *Ich mußte die Stöcke einrammen, die den Stauden Halt gaben. Bezahlt wurde ich damals gleich bar auf die Kralle; neuerdings wollen aber die meisten Bauern eine Aufenthaltsbewilligung sehen. Der Lohn reichte gerade mal zum Überleben. Die Arbeit in den Tomatenpflanzungen war urplötzlich zu Ende, man versprach uns aber, daß wir in drei Tagen weiterarbeiten könnten und dann merkwürdige, für uns zunächst unerklärliche Dinge mit Karottensetzlingen veranstalten sollten. Für die zwölf Stunden Arbeit am Tag erhielt ich am Ende des Monats 1.800 Franken ausbezahlt.*

Hans Grimmigs Erfahrung: im Gasthaus unterhielt er sich mit einem Bauern und bekam von diesem Arbeit auf dem Hof mit dreizehn Kühen und zehn Pferden angeboten. Der Landwirt benötigte bis zum Einsetzen des ersten Schnees dringend Hilfe. Hans nahm sein Angebot an und fuhr den Traktor, pflügte, mistete aus und bekam dafür 50 SFr am Tag.

Paul Bartels fragte bei dem Bauern, bei dem er im Rahmen des Landdienst-Programms im Vorjahr gearbeitet hatte, an, ob er nicht auch diesen Sommer wieder für ihn tätig sein könne. Er erhielt nicht nur eine Zusage, sondern auch 1.500 Franken Lohn im Monat, nahezu dreimal soviel wie im Sommer davor. Allerdings wurde dieses Mal auch die doppelte Arbeitsleistung von ihm erwartet, teilweise bis zu 16 Stunden am Tag. So verwundert es nicht, daß Paul auf die erstaunliche Summe von 1050 Arbeitsstunden innerhalb von zehn Wochen kam. Glücklicherweise verbietet das Schweizer Gesetz, mehr als drei aufeinanderfolgende Sonntage hintereinander zu arbeiten – sonst hätte er wahrscheinlich überhaupt keinen freien Tag gehabt!

Traubenernte

Warum sollten nicht auch in der Schweiz Reben angebaut werden? Hauptanbaugebiete liegen im Waadt, nördlich des Genfer Sees, und im Wallis bei den Städten Sion und Sierre. Die Lese in diesen Gegenden beginnt mit erstaunlicher Regelmäßigkeit um den 6. Oktober. Valerie Brinkmann kann von ihren Erlebnissen berichten:
Ich hatte eine tolle Zeit auf dem Cretegny-Hof bei Bougy-Villars. Die Bauersleute waren überaus freundlich, das Essen hervorragend, Wein gab es im Überfluß und bezahlt bekam ich ordentliche 620 Franken für die siebeneinhalb Tage angenehmer Arbeit.
Johannes Schmidt bestätigt diese guten Erfahrungen:
Ich verbrachte möglicherweise die schönsten Tage meines bisherigen Lebens bei der Weinlese in der Schweiz und habe mit dem Bauern jetzt schon fest ausgemacht, daß ich nächstes Jahr wiederkomme.
Weinberge finden sich auch bei Lausanne, am nördlichen Ufer des Genfer Sees. Die Gegend zwischen Oppet und Morges, westlich von Lausanne, wird nach dem südfranzösischen Vorbild »La Côte« genannt, die 15 Kilometer zwischen Pully, den Vororten von Lausanne und der Touristenstadt Montreux, »Lavaux«. Gerade diese Landschaft ist ungemein reizvoll, denn die Rebenterrassen werden von niedrigen Steinmauern an steilen Hängen eingefaßt, so daß die gesamte Arbeit von Hand verrichtet werden muß.

Maschinen kommen dabei nicht zum Einsatz. Für das Tragen der Körbe muß man schon eine ausgezeichnete Kondition besitzen, wird aber mit atemberaubenden Panoramen auf die Alpen belohnt, die sich auf dem gegenüberliegenden Ufer aus dem See wälzen. Die Lese beginnt erst zwischen Anfang und Mitte Oktober, wenn's kalt und regnerisch wird, so daß an Tagen mit allzu schlechtem Wetter die Ernte auch mal ausfallen muß. Sie ist sowieso meist innerhalb von acht bis zehn Tagen abgeschlossen, da die Weinstöcke nur wenige Trauben tragen. Trotz einiger Nachteile ziehen viele Reisende die schweizerische *Vendange* der französischen vor: die Bezahlung ist in der Schweiz mit 80 bis 110 Franken am Tag erheblich höher, Unterkunft und Verpflegung haben hier einen höheren Standard und die Lese besitzt meist den Charakter eines Gemeindefests.

Wer Anschriften von Weinbauern besitzt, sollte sie einige Zeit im voraus anschreiben, damit diese die für die Anstellung notwendige Drei-Monats-Bewilligung beantragen können, welche normalerweise problemlos erteilt wird, wenn der Arbeitgeber die 42 Franken Gebühr entrichtet. Vor Ort in den Weingegenden findet sich leicht Arbeit, wie Richard Weber zu berichten weiß:

Am 16. Oktober kam ich in Lausanne an und fuhr mit meinem Fahrrad zunächst immer nach Osten, bis nach Chexbres, wo mir bereits die erste Stelle angeboten wurde. Die nächsten Tage arbeitete ich im Weinberg, genoß die herrlichen Spezialitäten des Waadtlandes und übernachtete auf Kosten des Winzers in einem komfortablen Hotel. Nach siebeneinhalb Tagen, nach Beendigung der Ernte, wurden mir beachtliche 630 Franken ausbezahlt. Und ich hatte darüberhinaus neue Freunde gewonnen, mein Französisch in ungeahntem Maße aufpoliert und unschätzbare Hinweise zu Winterjobs erhalten.

Günther Balbeck hatte ebenfalls von diesen Annehmlichkeiten gehört und fuhr nach der Traubenernte in Frankreich alsbald ins Nachbarland, Richtung Lausanne und Genf. Er fand jedoch trotz eifriger Bemühungen keine Beschäftigung – vielleicht weil er kein Fahrrad besaß. Bei Zürich wurde ihm gesagt, daß die Bauern eigentlich immer dieselben Aushilfen einsetzten, am liebsten Familienmitglieder.

Baustellen

Auf einem Sommerfest in Lausanne lernte Hans Grimmig einen Bauunternehmer kennen, der ihn unumwunden fragte, ob er nicht an einer Stelle interessiert sei. Hans bejahte natürlich und fand sich alsbald in einem Bautrupp wieder, der sich hauptsächlich aus südländischen Arbeitern zusammensetzte. Zu Anfang schleppte er Ziegelsteine. Nach einer Weile fielen dem Polier jedoch sein Fleiß und seine Geschicklichkeit auf. Nun wurden ihm trotz fehlender Berufserfahrung qualifiziertere Aufgaben übertragen. Hans blieb etliche Monate bei der Firma: weil er nur wenig verdiente, durfte er umsonst in einem luxuriösen Dachappartment wohnen. In den Dörfern um Lausanne bemerkte er übrigens etliche Gebäude, deren Dächer gerade neu eingedeckt wurden. Tony Mason führte für einen Architekten genau diese Arbeit durch und bekam dafür 18 SFr. pro Stunde und einen geräumigen Souterrain-Raum als Wohngelegenheit. In der Schweiz würden die Arbeitgeber eine solche Bezahlung als Hilfsarbeiterlohn einstufen, doch Tony empfand den Verdienst als üppig.

Besonders in den Wintersportgebieten fallen vor Saisonbeginn Renovierungen und Reparaturen an. Wer darauf erpicht ist, sollte die anderen Jobber auf den Baustellen ansprechen oder einfach selbst zu dem Bauunternehmer marschieren. Stefan Rottler jedenfalls verdiente als Hilfsarbeiter auf dem Bau bei freier Unterkunft und Verpflegung 1.900 Franken. Im Winter bieten sich kurze Gelegenheitsjobs wie Holzhacken, Dachreparaturen usw. an. Auf dem Gemüsegroßmarkt in Zürich, in der Nähe des Fußballstadions der »Grasshoppers«, kann man immer wieder auch kurzfristig Jobs erhalten: fürs Säckeschleppen etwa werden 10 Franken Stundenlohn gezahlt. Nichts für Langschläfer, da die Arbeit auf einem Großmarkt normalerweise schon mitten in der Nacht anfängt.

Au Pair-Tätigkeit und Freiwilligendienste

Für Au Pairs gibt es genau festgelegte Bestimmungen: erwartet werden siebzehn bis neunundzwanzig Jahre alte Bewerberinnen (keine jungen Männer), die mindestens ein Jahr im Land bleiben, eine Arbeitserlaubnis beantragen und außerdem zweimal wöchentlich an einem Sprachkurs teilnehmen. Au Pairs dürfen im Lande Wilhelm Tells nicht mehr als dreißig Wochenstunden arbeiten, höchstens ein bis zwei Abende zusätzlich Babysitten. Das monatliche Taschengeld sollte zwischen 510 und 615 Schweizer Franken betragen; vorgeschrieben ist zudem ein vier- bis fünfwöchiger bezahlter Urlaub. An freien Tagen werden 15,40 SFr. zusätzlich als Verpflegungsgeld ausgezahlt. Zwei renommierte Agenturen wären an dieser Stelle zu nennen: der *Verein der Freundinnen Junger Mädchen*, Zähringerstraße 36, 8001 Zürich, Tel. (01) 252 3840, erhebt 30 Franken Bearbeitungs-, weitere 70 SFr. Vermittlungsgebühr im Erfolgsfall. *Pro Filia*, 14 Avenue du Mail, 1205 Genf, Tel. (022) 298 462, und Beckenhofstraße 16, 8035 Zürich, Tel. (01) 363 5500.

Männer wie Frauen können Stellen als Kinderbetreuer und -betreuerin finden; entsprechende Angebote sind in allen Schweizer Tageszeitungen zu finden. Marc Steffens fielen die zahllosen Aushänge im Postamt eines bekannten Wintersportorts auf, auf denen durchweg Au Pairs und Kindermädchen gesucht wurden. Lisa Brzeski lehnte eine solche Stelle allerdings ab: die angebotenen 90 Franken pro Woche sind ihr in einem solch teuren Land einfach zu wenig. Eine andere Jobberin hängte selbst einen Zettel in der *American Library and Church*, 3 rue de Monthoux, 1201 Genf, auf und erhielt innerhalb zweier Tage sage und schreibe sieben Stellenangebote.

Auch wenn deren Notwendigkeit in einem Land wie der Schweiz nicht unbedingt sofort einleuchtet: internationale Verbände bieten auch hier freiwillige Dienstleistungen in Umwelt- oder Landschaftsschutz, Denkmalpflege usw. *IBG*, Schlosserstraße 17, D – 7000 Stuttgart 1, kümmert sich insbesondere um den Schutz der Alpenlandschaft und Belange der Bergwacht. Allerdings werden Bewerber vorgewarnt: die Arbeitseinsätze erfolgen in abgelegenen Hochgebirgsregionen, zu rechnen ist mit atemberaubenden Bergpanoramen, keinerlei Fremdenverkehr, Diskotheken oder Spiellokalen. Ein anderer Verband kümmert sich mithilfe von Freiwilligen vornehmlich um Umweltschutzanliegen der Gegenden um Zermatt und den St. Gotthard; Anfragen an *Internationales Umweltschutzkorps*, Rosengartenstraße 17, 9000 Sankt Gallen. Die Anschrift des Schweizer *SCI*-Zweiges, der sich ebenfalls im sozialen und Umweltbereich engagiert: Postfach 228, 3000 Bern 9.

Österreich

Innerhalb der österreichischen Grenzen dürfen Ausländer keine Arbeitserlaubnis beantragen. Die Konsequenz dieser Bestimmung: erhält man vor Ort einen Job, muß man ihn eben illegal antreten. Auch bei schriftlicher Übereinkunft erhält der Arbeitgeber erst dann eine entsprechende Genehmigung, wenn er zweifelsfrei nachweisen kann, daß kein Österreicher oder sonstwie Berechtigter die Stelle zur allgemeinen Zufriedenheit auszufüllen vermocht hätte. Infolge der Übersiedelwelle in den letzten Jahren sind die

Arbeitsämter zudem angehalten, letztere bevorzugt zu behandeln, was auf erhebliches Unverständnis in der Bevölkerung stößt. Die Österreichische Botschaft, Johanniterstraße 2, D – 5300 Bonn, Tel. (0228) 530 06-0, kann somit nicht mehr tun, als Zusammenstellungen der Arbeitsämter im Land zu verteilen. Daß diese Behörden dann aber für Sie tätig werden, ist mehr als unwahrscheinlich, wenn Sie nicht über eine dringend benötigte Ausbildung verfügen. In Österreich gibt es im übrigen keine privaten Arbeitsvermittlungsagenturen. Die Anschriften der Landesarbeitsämter:
Burgenland: Permayerstraße 10, 7001 Eisenstadt,
Kärnten: Kumpfgasse 25, 9010 Klagenfurt,
Niederösterreich: Hohenstaufengasse 2, 1013 Wien,
Oberösterreich: Grüberstraße 63, 4010 Linz,
Salzburg: Auerspergstraße 67, 5020 Salzburg,
Tirol: Schopfstraße 5, 6010 Innsbruck,
Vorarlberg: Rheinstraße 32, 6903 Bregenz,
Wien: Weihburggasse 30, 1011 Wien.
Für Freiwilligenprojekte mit einem Lohn von maximal 3.000 Schillingen wird hingegen problemlos eine Genehmigung erteilt. Häufig zahlt der Arbeitgeber seinen »Freiwilligen« dann doch diskret deutlich mehr als diesen eigentlich erlaubten Lohn.

Tourismus

Österreich gehört, wie ja auch die Schweiz, nicht der EG an, doch handhabten seine Behörden die gesetzlichen Bestimmungen bezüglich Ausländerarbeit früher um einiges laxer als die Schweizer. Mit Beginn der 80er Jahre griff die Fremdenpolizei dann jedoch wesentlich schärfer durch: Berichte über drakonische Strafen und Zwangsausweisungen häuften sich zusehends, den klagenden Hoteliers wurde kategorisch erklärt, daß sie fortan keine Ausländer mehr einstellen dürften. Jüngsten Berichten zufolge halten die Strafverfolgungen unvermindert an, nehmen möglicherweise sogar noch an Schärfe zu, da vor allem die osteuropäischen Armutsflüchtlinge nur allzu gerne eine schlechtbezahlte Saisonarbeit annehmen. Eine gewisse Diskretion sei daher auch weiterhin angeraten. Schließlich hat das Arbeitsamt von Kitzbühel uns kurz und bündig mitgeteilt, daß es momentan »gänzlich unmöglich ist, einen Nicht-Flüchtling zu vermitteln«. Carmen Lambert hatte dagegen weniger Steine aus dem Weg zu räumen, als sie nach Schulabschluß eine Saisonstelle im Spitzenhotel vor Brand antrat: sie hatte vor der Abreise alle Fragen geklärt, erhielt bei der Ankunft Arbeitserlaubnis und Sozialversicherungsnummer, und wurde wie vorgesehen medizinisch betreut.
Hotels, bei denen man sich für die Sommer- respektive Wintersaison bewerben kann, sind in Österreich wahrlich reich an Zahl. Entsprechende Adressenlisten versenden die örtlichen Fremdenverkehrsämtern. Die meisten freien Stellen meldet in der Regel Tirol; Vorarlberg, das westlichste Bundesland, ist aber auch jederzeit ein gutes Pflaster. Je abgelegener der Gastbetrieb, desto schwieriger die Suche nach Arbeitskräften, ergo: desto besser die Jobaussichten. Gemessen am reichen Nachbarn Schweiz fallen die Löhne im Land von Tafelspitz und Sachertorte eher bescheiden aus: von 4.000 Schillingen bei freier Kost und Logis bis zu schon eher akzeptablen 10.000 ÖS, jeweils brutto, geht das Spektrum. Carmen Lambert war insgesamt mit ihrer vorher vermittelten Stellung als Hotelkellnerin zufrieden, vermutet aber, daß ausreichend Gelegenheiten zu kurzfristigem Arbeitseinsatz bestünden:

Wenn du erst einmal in einem Ort wie Brand untergekommen bist, der in der Spitzensaison neben 600 Dauerbewohnern über 2000 Saisonkräfte und 5000 Besucher zusammenführt, tauchen immer wieder Gerüchte über freie Stellen in anderen Hotels, in Läden, als Au Pair, im Skiverleih, als Techniker oder einfach für Liftpersonal auf. Wer ohne feste Zusage eintrifft, sollte sich wohl am besten an das Fremdenverkehrsbüro wenden. Ich habe die Erfahrung gemacht, daß der Busfahrer, der täglich durch die Berge kurvt, eine unbezahlbare Informationsquelle sein kann. Dank des Servicepersonals in anderen Cafés und im englischen Pub erhielt ich bereits mehrere Stellenangebote für den nächsten Winter.
Kneipen, Gasthäuser, Nachtclubs und Discos sollte man bei der Jobsuche auf keinen Fall links liegen lassen. Karin Huber aus Zell am See schätzt, daß gerade im Winter in solchen Betrieben ein hoher Prozentsatz von Ausländern beschäftigt ist:
Vor einem Jahr verbrachte ich den Winter zuhause und jobbte in einem Nachtclub, als einzige österreichische Angestellte. Ende November, etwa drei Wochen vor Saisonstart, kamen täglich unzählige Ausländer vorbei, die sich nach den Arbeitsmöglichkeiten bei uns erkundigten. Meiner Meinung nach ist es recht einfach, hier einen Job zu bekommen – vorausgesetzt allerdings, man bemüht sich frühzeitig darum: die Chefs bevorzugen Ausländer aus verständlichen Gründen sowieso.
In diesem Ort betreibt Village Camps, Chalet Seneca, CH – 1854 Leysin, ein Sommerferienzentrum. Für arbeitswillige Weltenbummler empfehlenswert sind die Skigebiete von Mayrhofen mit seinen zahlreichen Jobmöglichkeiten, St. Johann-im-Pongau mit seiner Engländerflut in den Winterferien, wodurch englischsprechende Jobber leichter unterkommen als Mitkonkurrenten, sodann St. Johann in Tirol und St. Anton am Arlberg.
Die mühsame Durchfragerei von Tür zu Tür verspricht immer noch die besten Aussichten, freitags finden sich aber auch in der *Tiroler Zeitung* eine ganze Anzahl von Stellenangeboten. Mit Rat und Tat steht jederzeit das *Studentenbüro*, Rooseveltplatz 13, 1090 Wien, zur Seite. Ein offenbar besonders emsiger Jobsucher schrieb nicht weniger als 137 (!) Bewerbungsbriefe, bevor er endlich eine Stelle in einer Jugendherberge für Bergsteiger erhielt: der *Österreichische JH-Verband*, Gonzagagasse 22, 1010 Wien, hatte seinen Brief an die abgelegene Herberge weitergeleitet, welche ihn barmherzigerweise als »Freiwilligen Helfer« einlud. In der Regel sollte es keine Schwierigkeiten bereiten, in den Wintersportgegenden, deren Bewohnerzahl sich im Winter vervielfacht, in einem der typischen Touristenbetriebe unterzukommen.

Arbeit im Freien

Obst wird vor allem entlang der Donau angebaut, Wein wächst so ziemlich überall, von der Steiermark im Süden bis hinauf in den Wienerwald. Wir haben allerdings bedauerlicherweise noch keine Berichte erhalten, die von der Erntearbeit in Österreich zu erzählen wußten. In der Wachau, der Gegend um Dürnstein, westlich von Wien, oder am burgenländischen Neusiedler See an der Grenze zu Ungarn wartet im Herbst prinzipiell eigentlich ein Haufen Arbeit bei der Weinlese.

Sprachunterricht

Das *Österreichische Jugendferienwerk*, Alpenstraße 108a, 5020 Salzburg, Tel. (0662) 257 58, veranstaltet allsommerlich dreiwöchige Kinderferienlager. Für den dabei erteilten Sprachunterricht, täglich drei bis vier Stunden, werden etwa 30 ausgebildete Lehrer mit Unterrichtserfahrung benötigt. Eingestellt werden aber auch Betreuer für Sport- und

Veranstaltungprogramme, wobei Lehrer für die drei Wochen 5.200 ÖS erhalten, Betreuer 4.200 ÖS, jeweils bei freier Unterkunft und Verpflegung. Dazu wird mit 2.000 ÖS ein erheblicher Teil der Anreisekosten übernommen. Bewerbungen sollten bis Ende März eingegangen sein, da die Vorstellungsgespräche im Mai und Juni stattfinden. Privatstunden und Nachhilfeunterricht können selbstverständlich auch in Österreich in Zeitungen, durch Aushänge oder dergleichen annonciert werden.

Tätigkeit als Au Pair

Österreich gehörte mit der Schweiz zu den ersten Ländern überhaupt, welche Au Pair-Gäste aufnahmen. Diese große Tradition wird von zwei längst etablierten Agenturen fortgeführt, die jährlich über 500 Au Pair-Plätze vermitteln. Beide sind direkt vom Ausland aus anzuschreiben, und erheben eine Bearbeitungsgebühr von ÖS 400-600. Die meisten der nachfragenden Familien leben in Wien oder Salzburg. Zuschriften an: *Ökista*, Berggasse 4, 1090 Wien, Tel. 347 526, oder *Auslands-Sozialdienst*, Johannesgasse 16, 1010 Wien, Tel. 512 9795. Das wöchentliche Taschengeld für Au Pairs beträgt etwa 700 Schillinge und wird auf der zu beantragenden Beschäftigungsbewilligung festgehalten. Jobs für Babysitter (üblicher Stundenlohn: etwa 80 ÖS) sind besonders in Wintersportorten leicht aufzutreiben. Meist genügt eine Nachfrage in den örtlichen Hotels, ob ein entsprechender Aushang möglich sei.

Freiwilligendienste

Diese Arbeiten finden meist im Freien statt, auf Farmen, bei Friedensfestivals, im Hochgebirge usw. Plätze in österreichischen Workcamps werden von allen größeren Veranstaltern vermittelt, deren Adressen im Einleitungskapitel »Freiwillige Dienste« auftauchen. Das Wiener *SCI*-Büro befindet sich in der Schottengasse 3a/1/4/59, 1010 Wien. Der *Österreichische Bauorden*, Postfach 186, Hörnesgasse 3, 1031 Wien, benötigt für seine Projekte im Juli und August jährlich etwa 50 Freiwillige. Diese kümmern sich um Bau und Erhaltung von Altenheimen, behindertengerechten Toiletten, Sportplätzen in sozialschwachen Wohngebieten und dergleichen. Einschreibegebühr 110 DM.

Osteuropa

Ein Kapitel dieser Überschrift ist derzeit fast nicht zu schreiben: Jugoslawien und die Tschechoslowakei sind als eigenständige Staaten verschwunden, und der Grad der angestrebten Eigenständigkeit der einzelnen früheren Sowjetrepubliken ist noch nicht immer zu erkennen. Die politischen Umwälzungen, in rasantem Tempo vollzogen, haben nicht zuletzt zur Folge, daß praktisch Woche für Woche Organisationen und Verbände aufgelöst, umstrukturiert oder umbenannt werden. Das Erfreuliche daran: durch den fortschreitenden Wegfall der Barrieren zwischen Ost und West sind in der Zukunft ständig anwachsende Jobmöglichkeiten in den ehemaligen Ostblockstaaten zu erwarten. So wurden beispielsweise in Ungarn, Polen und der CSFR neue Fremdsprachenschulen gegründet, die größtenteils zu westeuropäischen Sprachlehrinstituten gehören und Muttersprachler als Unterrichtskräfte einstellen. Als Repräsentant eines westlichen Reiseveranstalters wird man problemlos eine Stelle finden. Reisende, die als Freiwillige bei Projekten mitarbeiten möchten, treffen zunehmend auf weniger Probleme bei der Visabeschaffung oder sonstigem Behördenkram.

Westliche Erzeugnisse sind vielerorts noch immer heißbegehrt wie eh und je. Selbst der bloße Kontakt mit dem ehemaligen Klassenfeind verspricht in diesen Zeiten gesellschaftliches Ansehen, was das Auffinden einer Arbeitsstelle für »Wessies« natürlich denkbar vereinfacht – die Bereitschaft wird jedoch vorausgesetzt, sich dem örtlichen Lohnniveau anzupassen. Sachdienlich wären zudem Kenntnisse der jeweiligen Landessprache. Unterrichtsgelegenheiten sucht und findet man an Universitäten oder etablierten Sprachinstituten, manchmal auch bei Verlagen. Statisten für die boomende Filmindustrie Ungarns werden vom *International House*, Bimbo utca 7, Budapest, vermittelt.

Sprachunterricht

Seit in den Schulen der Russischunterricht nicht mehr zwingend vorgeschrieben ist, steigt der Lehrkräftebedarf für westliche Sprachen, vornehmlich natürlich Englisch, in atemberaubender Weise. Fachleute äußerten bereits die Ansicht, daß nahezu jeder Westler, der seine Muttersprache in Osteuropa unterrichten will, nach kurzer Zeit und problemlos dazu Gelegenheit erhält. Der Erhalt einer Arbeits- und Aufenthaltungsgenehmigung ist nicht mehr wie früher mit erheblichen Schwierigkeiten verbunden. Naturgemäß sind Leute mit einschlägiger Ausbildung und Erfahrung im Vorteil.

Eines vorneweg: der größte Nachteil liegt in der Bezahlung. Obwohl sie für östliche Verhältnisse vielleicht angemessen erscheint, wird sie Westeuropäer lächerlich gering anmuten. Der Durchschnittsverdienst von 400-500 DM im Monat wird durch eine galoppiernde Inflation und unvermittelte Preiserhöhungen dahingerafft. Selbst wenn dann die Wohnung gestellt wird, bleibt die Tatsache, daß häufig noch das Prinzip »von der Hand in den Mund« gilt. Kompensiert wird dieses Manko durch das Bewußtsein, in einem der derzeit aufregendsten Flecken zu leben und Schüler zu unterrichten, die laut Dennis Brickow, der sich in Budapest und der CSFR aufhielt, »der Traum eines jeden Lehrers sind: aufmerksam, unglaublich lernbegierig, hochintelligent, lebenslustig und sehr freundlich.«

Bedarf besteht insbesondere an Lehrkräften, die für ein geringes Entgelt zu arbeiten bereit sind und auch kurzzeitige Verträge von ein bis drei Monaten Dauer unterschreiben würden. Bei der Zimmersuche wird in aller Regel großzügig geholfen. Freiwillige, die über internationale Verbände nach Osteuropa kommen, werden seltsamerweise besser bezahlt als Reisende, die es auf eigene Faust versuchen. Die Erklärung für diese Beobachtung: die Dachverbände erstatten nicht nur die Reisekosten, sondern übernehmen auch eine Versicherung für den Krankheitsfall und weitere Vergünstigungen.

Für Privatunterricht erhält man pro Stunde in Polen 30.000-40.000 Zloty, in der CSFR 40-80 Kronen, in Ungarn 200-600 Forint. Allerdings nimmt man als Privatlehrer den Nachteil in Kauf, im Gegensatz zu den von auswärtigen Sprachinstituten entsandten Lehrkräften sich die Unterkunft selbst besorgen zu müssen. Beim *Pädagogischen Austauschdienst*, Sekretariat der ständigen Konferenz der Kultusminister der Länder in der BRD, Nassestraße 8, D – 5300 Bonn 1, Tel. (0228) 501-1, sind die aktuellen Programme zu erfahren. Im folgenden die Anschriften wichtiger Sprachschulen:

Ungarn: *Budapest Pedagogical Institute*, Horveth Mihaly Ter 8, H – 1008 Budapest. *Ilona Jobbagy*, Tarcali utca 20, H – 1113 Budapest.

CSFR: *Pedagogicky Ustav Prahy*, Na Porici 4, CS – 11000 Prag 1. *Students for Czechoslovakia*, c/o Dum Zahranicnich Styku, Ministerstva Skolstvi, Namesti M. Gorkeho 26, CS –

11121 Prag 1. *Et Cetera*, PO Box 53, CS – 13000 Prag 3. *Prague 8 Language School*, Lindnerova 3, 18200 CS – Prag-Liben.
Polen: *Langhelp*, Al. Jerozolimskie 23/24, PL – 00508 Warschau. *Optimum*, Al. 29 Listopada 41B/21, PL – 31425 Krakau. Peter Radomski aus Warschau empfiehlt bei entsprechender Eignung die Aufnahme in die Kartei der Vermittlungsagentur für Fachkräfte, Wojewodzkie Biuro Pracy, Warschau.

In Rumänien sind zur Zeit offenbar größere Sorgen zu bewältigen als der Mangel an ausländischen Lehrern für Fremdsprachenunterricht. Jedenfalls erhielten wir keinerlei Informationen über entsprechende Lehrmöglichkeiten dort. Anders in der GUS, wo verschiedene Verbände emsig an Sprachkursen basteln, so daß Bewerber mit akademischem Hintergrund durchaus mit Lehrverträgen rechnen können. Conny Buttreit lernte auf einer Höhlenexpedition eine Gruppe junger Geologiestudenten aus Sibirien kennen, die ihn bald für Unterrichtsstunden verpflichtet hatten. Das angebotene Gehalt waren 500 Rubel pro Monat, dazu freie Unterkunft und Mahlzeiten.

Workcamps

Die Teilnahme an Freiwilligenprojekten in Bulgarien, der Tschechoslowakei, Ungarn, Polen oder der GUS kann über einen der internationalen Verbände erfolgen. Gänzlich ausgeschlossen ist dies derzeit noch in Rumänien und Albanien. Häufig sind die Arbeitscamps und Projekte nur der Vorwand, um Jugendliche aus Ost und West zwanglos zusammenzubringen und noch existierende Vorurteile abzubauen. Daher machen Diskussionsrunden und gemeinsame Exkursionen den größten Programmteil der meist drei- bis vierwöchigen Lager aus. Nicht wenige Freiwillige, die an Projekten in der GUS teilgenommen hatten, konnten erstaunt feststellen, daß die »Arbeitscamps« eher Luxusferien glichen.
Die Teilnahme an einem Osteuropa-Camp setzt Projekterfahrung voraus. Viele westeuropäische Organisationen bestehen zudem darauf, daß die Teilnehmer zuvor einen Orientierungslehrgang absolvieren. Die Projektleiter kümmern sich in aller Regel um Reise- und Versicherungskosten sowie die Beschaffung der notwendigen Visa. Die übliche Einschreibegebühr liegt bei rund 60-80 DM. Innerhalb der Gruppen wird meist englisch oder deutsch gesprochen. Die Aufgaben der Lager reichen von der Freilegung der von Bulgariens erster Hauptstadt erhaltenen Überreste bis hin zur Arbeit in einem litauischen Waisenhaus: Andreas Steimle pflückte in der Tschechoslowakei und Ungarn mehrere Prä-Glasnost-Sommer hindurch Äpfel und Tomaten, wobei er einen überaus positiven Eindruck von seinen Gastgebern gewann:
Meiner Erfahrung nach erkennen die osteuropäischen Veranstalter in Workcamps die konkrete Chance zur Herstellung guter Beziehungen zwischen Jugendlichen aus ehemals so verschiedenen politischen Sphären. Die westlichen Teilnehmer wurden wie Gäste behandelt, erhielten bei den Einsätzen beispielsweise stets die am wenigsten anstrengenden Aufgaben. Neben zahlreichen Ausflügen zu anderen Farmkooperativen in der Nähe wurden wir überdies allen wichtigen Leuten des Ortes vorgestellt: sogar dicke Parteibonzen luden uns zu Gesprächen ein. Trotz unserer offensichtlichen Bevorzugung blieben die einheimischen Projektteilnehmer ausgesprochen herzlich und freundlich – und zwar sicher nicht nur, wie sich vielleicht vermuten ließe, mit dem Hintergedanken, eventuell in den Westen eingeladen zu werden. Diese Camps sind meiner Auffassung nach eine hervorragende Gelegenheit, Land und Leute in Osteuropa wirklich kennenzulernen.

Wiederholt ertönt zwar das Lob, Osteuropäer seien gastfreundlich und großzügig, doch scheint es noch unüblich zu sein, daß Projektteilnehmer in Privathaushalte eingeladen werden. Die Bewerbungen müssen wie gesagt den Weg über westliche Verbände nehmen. Die Mehrzahl der Freiwilligenprojekte im osteuropäischen Raum wird übrigens von Schüler und -Studentenverbänden veranstaltet, in der Tschechoslowakei: *CKM*, Reisebüro der Tschechoslowakischen Jugend und der Studenten, Zitna 12, CS – 12105 Prag 2, Tel. 538 858; Ungarn: *Diak Tours*, Könyves Kálmán korut 76, H – 1087 Budapest, Tel. 133 3394; Polen: *Almatur*, ul Kopernika 23, PL – 00359 Warschau, Tel. 262 356; *OHP*, Fundacia Miedzynarodowej, ul Kosynierow 22, 04641 Warschau, Tel. 324 399; *Juventur*, Youth Travel Bureau, Malczewsksiego 54, 02622 Warschau; GUS: *KMO*, Internationales Komitee der Jugendorganisationen, 7/8 Maroseika, 101846 Moskwa, Tel. (095) 206 8542; Slowenien: *VSS*, PO Box 651, Dom Sindikatov, SL – 61000 Ljubljana, Tel. 312 281.

Neben *IBG* bemühen sich einige kleinere Agenturen, Freiwilligenaufhalte in osteuropäischen Staaten anzubieten, beispielsweise der *Deutsch-Sowjetische Austauschdienst »Okto«*, Robert-Perthel-Straße 3, D – 5000 Köln 60, Tel. (0221) 172 031, oder auch *Childcare Romania*, Muswell Hill Manor, Brill, GB – Buckinghamshire HP18 9XD. Als Folgeerscheinung der erschütternden Berichte über die Zustände in rumänischen Waisenhäusern waren verschiedene Initiativen entstanden. Allerdings sei vor blindwütiger Hilfsbereitschaft gerade in diesem Fall gewarnt:

Nach den Berichten überschwemmte eine Heerschar wohlmeinender Krankenschwestern, die ihre Sommerferien den Waisenkindern zu opfern bereit waren, das ganze Land. Ungeachtet der zielgerichteten Zusammenarbeit der bestehenden Gruppen waren sie plötzlich in Krankenhäusern zu finden, in Babystationen, wedelten mit schlecht übersetzten Referenzen vor den Nasen unvorbereiteter Heimleiter, ließen sich an Ort und Stelle nieder und verursachten ein grenzenloses Durcheinander. Sie zerstörten den gewohnten Lebensablauf der Kinder, weckten deren Hoffnungen und Erwartungen – und nach einigen Wochen mit heftigen Klagen über die Versorgungslage waren sie wieder verschwunden.

Tourismus

Der *Club Mediterranée*, Frauenstraße 32, D – 8000 München 5, Tel. (089) 223 649, benötigt allsommerlich für seine osteuropäischen Clubdörfer eine Vielzahl von Mitarbeitern. Das Einsatzland kann nicht frei gewählt werden, die finanziellen Konditionen sind sehr gut: freie Kost und Logis, Übernahme der Reisekosten, je nach Tätigkeit mindestens 1300 DM monatlich. Die Club Med-Zentrale in Frankreich: place de la Bourse, F – 75088 Paris Cedex 02, Tel. (1) 42 61 85 00, in Großbritannien: 106-108 Brompton Road, GB – London SW3 1JJ, Tel. (071) 581 1161. *TUI*, die Touristik Union International, Personalabteilung, Karl-Wichert-Allee 23, D – 3000 Hannover 61, Tel. (0511) 567-0, stellt saisonweise von März bis Oktober in osteuropäischen Ländern Reiseleiter und Animateure ein, die bei freier Kost und Logis über 1000 DM pro Moonat verdienen. Die ausführlichen Voraussetzungen für eine Einstellung werden auf frühzeitige Anfrage mitgeteilt. Einige britische Reiseveranstalter wie *Sunsail*, The Port House, Port Solent, Portsmouth, GB – Hants. PO6 4TH, oder *Eurocamp*, deutsche Zentrale: Kempener Allee 9, D – 4150 Krefeld, Tel. (02151) 757 811, benötigen ebenfalls alljährlich im Sommer Betreuer für ihre Feriendörfer.

Handel

Trotz galoppierender Preissteigerungen bleiben einige Güter unverständlich billig. Clevere Reisende können aus diesem Umstand Gewinne erzielen: einfach Bernstein, Silberschmuck oder Holzspielzeug in Polen, Kristallglas in der CSFR, Wodka oder Kaviar in einem beliebigen Land und in beliebiger Menge einkaufen, um diese Produkte dann im Westen gewinnbringend abzustoßen. Der Schwarzmarkt, der solange für Schnäppchen (und waghalsige Aktionen) gut war, funktioniert nicht mehr wie gewohnt, wenngleich Ausnahmen auch hier die Regel bestätigen.

Jobben Weltweit

Australien

Jobber sollten auf ihrem Weg rund um die Welt den Fünften Kontinent auf keinen Fall links liegen lassen. Das einst so exotische Land ist dank günstiger Pauschalangebote und Billigcharterflügen inzwischen auch für schwächer betuchte Touristen erreichbar. Die australische Wirtschaft erlebte zwar in den letzten Jahren einen kräftigen Abschwung, in dessen Folge auch die Arbeitslosigkeit enorm angestiegen ist: Gelegenheitsjobs gibt es »down under« bemerkenswerterweise jedoch immer noch zuhauf.

Wer die Voraussetzungen für das erforderliche »Working Holiday Visa« mitbringt (und das sind derzeit jedenfalls nicht allzu viele Reisende), kann damit völlig legal in Australien arbeiten. Etliche Weltenbummler, die aus Asien oder den U.S.A. mit beinahe leeren Taschen einreisten, konnten innerhalb kurzer Zeit so viel verdienen, daß es anschließend für einige Monate sorglosen Herumreisens reichte. Das muß nicht überraschen in einem Lande, in dem der durchschnittliche Wochenlohn für Männer immerhin $555 beträgt. Australien-Neulinge wundern sich immer wieder, wie sehr dieses Land doch England gleicht; Amerikaner hingegen stellen gerne eine Ähnlichkeit mit ihren heimischen Verhältnissen fest. Und tatsächlich muten viele Aspekte des täglichen Lebens, der Umgang der Menschen miteinander, sogar die Sprechweise recht englisch an. Rob Kay, der nach einer Tätigkeit als Lehrer in Japan einreiste, muß es als Brite wohl wissen:

Ob es hier nun Känguruhs gibt oder nicht: Australien kommt mir durch und durch englisch vor und ich fühle mich hier fast wie zuhause. Allerdings fehlt mir etwas der Reiz des Neuen und die bemerkenswerten Entdeckungen, die ich in Japan fast täglich machen konnte.

Vielen Australiern ist die Beziehung zu Europa sehr wichtig, daher stellen sie bevorzugt Jobber aus der Alten Welt ein. Bei der Bewerbung sollte man sich jedoch nicht unbedingt als Tourist zu erkennen geben, denn viele Arbeitgeber haben schon schlechte Erfahrungen mit »Heute hier, morgen dort«-Anhängern gemacht. Wer dies glaubhaft kann, sollte vielmehr steif und fest erklären, daß er sich für unbestimmte Zeit im Land aufhalten oder gar die Einbürgerung beantragen möchte.

Die Arbeitsstellen sind natürlich in Stadt und Land höchst verschieden. Entgegen gängiger Vorstellungen hüpfen in Sydneys oder Adelaides Stadtzentren *keine* Känguruhs herum, ganz im Gegenteil: diese erstaunlichen Beutelträger trifft man heute tatsächlich nur noch in einsamen Gebieten im Landesinnern an. Prinzipiell lohnen sich rechtzeitige Überlegungen, was man von Australien eigentlich erwartet, bevor man sich in einer bestimmten Gegend, auf dem Land, im »Outback« oder einer der Metropolen eine Arbeit sucht. Mehrere Zuschriften versichern zwar, daß Melbourne und Sydney die einzigen Orte seien, in denen eine regelmäßige Arbeit wirklich gut entlohnt würde, durchschnittlich mit $350 pro Woche. Andere Landeskenner empfehlen dagegen, nach Besuch der Oper und des Hafens sofort die Flucht ins Hinterland zu ergreifen: die abendlichen Vergnügungen seien so breitgestreut und verlockend, daß das sauer verdiente Geld unweigerlich wieder verjubelt würde.

Das »Working Holiday«-Visum

Dieses Visum ist eigentlich bis zu 25 Jahren alten Reisenden aus Großbritannien, den USA, Kanada, den Niederlanden, Neuseeland und wenigen anderen Staaten vorbehalten, die sich die nötigen finanziellen Reserven für einen anschließenden Ferienaufenthalt verdienen wollen. Es gilt ein Jahr lang und kann nicht verlängert werden. EG-Bürger und Angehörige anderer Nationalitäten müssen sich dagegen persönlich an die zuständige Botschaft in ihrem Heimatland wenden und mit Phantasie versuchen, ein solches »Working Holiday Visa« zu erhalten. Frank Schiller erschien zum Gespräch in der Bonner Botschaft adrett gekleidet, ordentlich rasiert und ausgezeichnet vorbereitet. In einem höflichen Gespräch überzeugte er den Beamten von der Dringlichkeit seines Begehrens und erhielt schließlich sein Visum. Ein unterwegs gestellter Antrag gestaltet sich in der Regel unproblematischer und wird rasch, in San Francisco, Kuala Lumpur, Beijing und Bangkok sogar deutlich schneller bearbeitet: in einigen Fällen lag das Visum schon nach knapp einer Stunde bereit. Hinzu kommt, daß hier eine geringere finanzielle Absicherung als zuhause akzeptiert wird. Alfred Jansen mußte in Bangkok lediglich 1200 DM in Traveller Cheques vorweisen. Ältere Reisende können bis zum Alter von dreißig Jahren gelegentlich (aber nur vom Heimatland aus) ebenfalls ein Visum erhalten, wenn sie ihr Anliegen plausibel darlegen. Eine Vollzeitbeschäftigung, die länger als drei Monate dauert, wird als Überschreitung der erteilten Arbeitserlaubnis gewertet und entsprechend geahndet. Der erste Schritt zum Erhalt dieses Visums besteht in der Beschaffung des Antragsformulares M418 bei einem australischen Konsulat oder einer Botschaft, der zweite, erheblich schwierigere im Nachweis eines gut bestückten Bankkontos, da bei der Visaerteilung vor allem die finanzielle Situation in Betracht gezogen wird. Der aktuelle Richtwert der Einreisebehörden liegt bei 6000 DM für ein zwölf Monate gültiges Visum. Wer allerdings Namen und Anschriften von Freunden auf dem fünften Kontinent angeben kann, kommt unter Umständen mit einer geringeren Summe davon. Wenn alle Stricke reißen, leihen Sie sich Geld von Freunden und Eltern, oder versuchen Sie Ihre Bank zu überzeugen, Ihnen einen »kurzfristigen« Kredit einzuräumen. In letzterem Fall sollten Sie sich jedoch mit einer plausiblen Erklärung für den plötzlichen Reichtum wappnen, um das Mißtrauen des Antragsbeamten zu beseitigen. Der Antrag selbst verschlingt $15. Der entscheidende Vorteil dieses Visums ist, daß die Einwanderungsbehörden bei der Einreise die finanziellen Reserven selten überprüfen und höchstwahrscheinlich auf die Vorlage eines Rückflugtickets verzichten, obwohl sie das Recht dazu besäßen. Ein Reisender berichtet, daß er mit ganzen 20 DM, aber einem gültigen Visum in der Tasche am Flughafen von Sydney eintraf, trotz dieser ungünstigen Konstellation aber keinerlei Schwierigkeiten am Zoll bekam. Die Befürchtung, daß bei einer Ablehnung des »Working Holiday Visa« auch kein Touristenvisum für Australien erteilt würde, entbehrt nach Auskunft der zuständigen Stellen jedenfalls jeglicher Grundlage.

Schwarzarbeit

Man kann die Visabestimmungen natürlich auch einfach ignorieren: vielleicht ist ja das zulässige Alter schon überschritten oder der Reisepaß nennt die »falsche« Nationalität. Die australischen Arbeitgeber kontrollieren so gut wie nie, ob man auch den »richtigen« Visumstempel erbeutet hat. Landauf, landab herrscht im Reich der Koalabären eine unbekümmerte Einstellung zu behördlichen Vorschriften. Allerdings hat die Einwanderungsbehörde in den letzten Jahren mit routinemäßigen Überprüfungen begonnen. Ar min Birrer erzählt von einer solchen Razzia auf der Zitrusplantage Mundubbera in Queensland:

Einige Schweden konnten den Polizisten nur deshalb entgingen, weil sie in die nahegelegenen Berge flüchteten und die Kondition der Beamten für eine Verfolgung zu schlecht war. Die Arbeit auf großen Farmbetrieben ist so riskant, weil die Einwanderungsbehörde regelmäßig anruft und sich die Namen der Arbeiter im Lohnverzeichnis vorlesen läßt. Wenn dann mehrere ausländisch klingende Namen darinstehen, entscheiden sich die Beamten leichter dafür, die weite Anreise auf sich zu nehmen und den Laden zu überprüfen. Am gefährlichsten sind Anfang und Ende der Erntesaison. Die Kehrseite der Medaille: wenn die Einwanderungspolizei bei diesen Einsätzen nicht genügend Ausländer erwischt, so hört man, bekommen die Beamten wegen des großen Aufwands ihrerseits Schwierigkeiten mit den Vorgesetzten.

Ähnliche Geschichten sind von den großen Obstplantagen bei Shepparton und Mildura im Staate Victoria zu hören, wo allein auf einer Farm 36 Ausländer festgenommen und deportiert wurden; außerdem aus Donnybrook in Westaustralien. Diese ablehnende Einstellung der Behörden ist nur schwer zu verstehen, da die ausländischen Kräfte den Einheimischen keine Arbeitsplätze wegnehmen. Zu bestimmten Erntezeiten herrscht sogar geradezu ein extremer Mangel an Aushilfskräften. Die Farmer geben dann in Radiosendern Aufrufe durch oder hängen in Jugendherbergen Anschläge aus. Ohne ein *Working Holiday Visa* hält man sich aber besser von allzu exponierten Farmen fern und sucht sich seine Arbeitsstelle besser im Dschungel der Großstädte oder im Hinterland, dem »Outback«, wo es schon sehr unwahrscheinlich ist, daß mal ein Einwanderungsbeamter vorbeikommt und nach dem Rechten sieht. Markus Schrade, ohne Visum eingereist, beschloß, nie in der Nähe von Schweden zu arbeiten, weil diese wegen ihres auffälligen Haarschopfes am häufigsten erwischt würden. Diese Vermutung wird von den Statistiken der Behörden übrigens bestätigt, die von rund 80.000 illegalen Bewohnern ausgehen, von denen wohl die allermeisten mit Touristen- oder Arbeitsvisum einreisten und nach dessen Ablauf einfach zu bleiben beschlossen.

Die Hawke-Regierung wollte 1987 einen Ausweis einführen, der den Beamten die Feststellung erleichtern sollte, ob jemand legal oder illegal arbeitet. Aufgrund massiver Widerstände der Opposition und aus der Bevölkerung fiel die Gesetzesvorlage jedoch durch. 1988 wurden dann allerdings Steuernummern eingeführt, die sich negativ auf die Einstellungsquote ausländischer, nicht angemeldeter Arbeitnehmer auswirken (vergleiche hierzu den nachstehenden Abschnitt »Steuern«). Inhaber des Arbeitsferienvisums sind seit den drastischen Budgetkürzungen des Jahres 1986 nicht mehr berechtigt, im Bedarfsfalle Arbeitslosenunterstützung zu beziehen.

Steuern

Die neuen Regelungen sehen vor, daß die neunstellige Steuernummer jedes Arbeitnehmers zu Beginn einer Tätigkeit dem Finanzamt gemeldet werden muß. Geschieht dies nicht innerhalb von vier Wochen, so wird grundsätzlich der Höchststeuersatz von 49% abgezogen und außerdem unnötiger Verrat erregt. Wer kürzer als diese 28 Tage zu jobben gedenkt, sollte zumindest verkünden, eine solche Nummer sei beantragt. Der Steuersatz für Nicht-Australier beträgt 29% auf alle Einkommen bis zu $20.600; Staatsangehörige zahlen weniger, und zwar erst nach Abzug eines Freibetrags von $5.200 pro Jahr. Noch billiger wird's für alle, die nördlich des 26. Breitengrades oder in der Landwirtschaft arbeiten: ihnen werden gerade noch 15% abgeknöpft.

Trotz der verschärften Steuersituation ist es einigen Besitzern von Arbeitsferien-Visa schon gelungen, Steuerrückzahlungen zu erreichen. Carole Knight, die Leiterin der Working Holiday-Herberge in Sydney, versichert, daß sich die $65 für die Dienste des Steuerberaters bei der Steuererklärung auszahlen:
Kreuzen Sie auf der Antragsform stets »Australischer Staatsbürger« an. Laut Aussage des Steuerberaters zählt man als solcher, wenn man 183 Tage lang im Land gelebt hat. Das Steuerjahr endet am 30. Juni. Anträge, die gleich im Juli gestellt werden, haben die besten Erfolgsaussichten. Clevere Reisende kommen in Australien vor dem 31. Dezember an, arbeiten bis Ende Juni, ohne dabei mehr als $5.200 zu verdienen, und stellen dann sofort einen Antrag auf Steuerrückzahlung. Mit etwas Glück liegt schon knapp vier Wochen später der entsprechende Scheck in Händen.

Jessica Heiden erhielt ohne Arbeitsvisum und nach drei Monaten auf diese Weise im August 1990 $646.60 ausbezahlt – genau der Betrag, der ihr zunächst abgezogen worden war. Aufgrund der Tatsache, daß Inhaber des Arbeitsferienvisums normalerweise nicht als australische Bürger gelten können, zahlen sie häufig mehr als Reisende ohne entsprechende Papiere. Dies jedenfalls ist die Erfahrung, die Tommy Karske gemacht hat:
Ich habe festgestellt, daß die Arbeitgeber nie nach dem Visum fragen und es sogar lieber haben, wenn man gar keines besitzt, da ihnen ein Haufen Papierkram erspart bleibt. Zum andern wird dann auch mehr ausbezahlt, rund $10 pro Stunde. Wer dagegen sein Visum vorweist, verdient nur neun Dollar – und die werden auch noch zu einem Drittel versteuert. Obwohl ich offiziell gemeldet war, bekam ich nie eine korrekte Überstundenpauschale oder Urlaubsgeld.

Mißstände und Unklarheiten sind also eher Regel denn Ausnahme. Eine Besucherin rief an einem Tag siebenmal beim Finanzamt, 7 Hunter Street, Sydney, Tel. 286 7500, an und erhielt auf die Frage nach Steuernachlässen für Urlauber sieben verschiedene Antworten: Ja, nein, vielleicht, manchmal, ich bin nicht sicher, sie sind bei mir falsch, versuchen sie's bei der Einwanderungsbehörde. Ausländer können ihre Steuernummer beim Finanzamt oder einem Postamt beantragen, wozu ein Reisepaß mit einem gültigen Arbeitsvisum vorzulegen ist. Manchmal genügt aber auch ein Kraftfahrzeugschein, ein australischer Führerschein, der Nachweis eines inländischen Kontos oder eine australische Gas-, Elektrizitäts- bzw. Telefonrechnung. Unlängst erhielt eine Weltenbummlerin auf der Hauptpost in Sydney eine Nummer, obwohl sie ihren Paß vorlegte, in dem groß und deutlich zu lesen stand: »Arbeitsaufnahme untersagt!« Es kommt aber noch besser: sie erhielt einen Job in einer Armeeküche, wurde auf strenge Geheimhaltung vereidigt und erntete das Versprechen der Mithilfe beim Ausfüllen der Steuerformulare. Weitere Belege gefällig, daß in australischen Behörden die linke Hand nicht weiß, was die rechte tut?

In letzter Zeit hat die Zahl der Betriebsprüfungen deutlich zugenommen; die Effektivität der amerikanischen Behörden bei der Verfolgung unangemeldeter Arbeitskräfte wird Australien aber hoffentlich nie erreichen. Nichtsdestotrotz haben wir von Jobbern gehört, die des Landes verwiesen wurden, nachdem man entdeckt hatte, daß ihre angebliche Steuernummer erfunden war.

Arbeitssuche

Berufserfahrung ist das entscheidende Einstellungsargument für einen australischen Arbeitgeber: das bedeutet, daß Sie bei der Bewerbung selbstverständlich kräftig übertreiben sollten, denn ihre australischen Mitbewerber tun es mit Sicherheit. Überdies ist die Zahl der Arbeitssuchenden mit »Working Holiday«-Visum nicht gerade gering zu nennen. Ein Bootsbetrieb, der Hafenrundfahrten in Sydney veranstaltet, erhielt auf ein entsprechendes Inserat 50 Bewerbungen, davon allein 42 von Besitzern dieses Visums. Gerade vor Weihnachten sieht der Arbeitsmarkt für Reisende besonders schlecht aus. Die unermüdliche Suche vor Ort und das mutige Ansprechen potentieller Arbeitgeber ist auch in Australien die erfolgversprechendste Methode, die bestimmt ein Drittel aller Jobsuchenden anwenden. Daneben gibt es noch aber auch den *Commonwealth Employment Service (Jobcenter)*, die australischen Arbeitsämter, private Vermittlungsagenturen, Zeitungsannoncen und Schwarze Bretter.

Die Mehrzahl der Leute, die in Australien jobben möchten, unterlassen es, sich schon vorab eine Stelle zu besorgen und sind dann plötzlich überrascht, wenn es mit der Suche nach einer Arbeit nicht wie vorgestellt vorangeht. Einsatz ist also angesagt, der Phantasie dabei keine Grenzen gesetzt: vor kurzem schilderte eine Zeitungsmeldung den Fall eines ausländischen Jobbers, der einfach eine Postkarte »An das Arbeitsamt oder irgendein Hotel in Neusüdwales« abgeschickt hatte. Die Karte mit der eindringlichen Bitte »Kann mir bitteschön jemand einen Job besorgen?« landete in einem Hotel in Sydney, das dem einfallsreichen jungen Mann prompt eine Stelle anbot.

Das australische Arbeitsamt

Der Name *Commonwealth Employment Service* läßt es zwar kaum vermuten, doch das Amt vermittelt tatsächlich Angehörige *aller* Nationalitäten. Man erhält von den Beamten Kärtchen ausgehändigt mit Angaben über den Arbeitgeber, die Art der Arbeit, Bezahlung, usw. Manche Büros stellen sogar ihre Telefone kostenlos zur Verfügung, so daß gleich beim Arbeitgeber nachgefragt werden kann. Wer knapp bei Kasse ist, erhält unter Umständen auch noch einen amtlichen Zuschuß zu den Fahrtkosten, falls der mögliche Arbeitgeber weit ab vom Schuß liegen sollte. Manche der C.E.S. verfügen über besondere Abteilungen, *Temp Lines*, welche die Vermittlung von Zeitarbeit übernehmen. Die Konkurrenz ist hier allerdings immer recht groß, da Aushilfsarbeiten mit $50-90 pro Tag, und zwar »cash« auf die Hand, ausgesprochen gut bezahlt sind. Der C.E.S. vermittelte auch Willi Barmer im Mai einen Job, kurz vor Beginn der Trockenperiode:
Um sechs Uhr morgens begab ich mich zum C.E.S. in Darwin und reihte mich in die Schlange von etwa 20 wartenden Australiern ein, die alle irgendwie »Crocodile Dundee« ähnlich sahen. Einige von ihnen hatten offensichtlich die Nacht vor dem Büro campiert. Erfreulicherweise besitzt dieser C.E.S. eine gesonderte Abteilung für Aushilfsjobs, denn in Darwin besteht aufgrund der hohen Bevölkerungsfluktuation ein hoher Bedarf an kurzfristig verfügbaren Arbeitskräften. Nach einigen Stunden Wartezeit wurde mir ein Tagesjob angeboten: zehn Kilo schwere Kisten mit tiefgefrorenen Krabben aus einem Fischerboot laden. Am nächsten Morgen ging ich wieder hin und wurde um 10.30 Uhr aus der Warteschlange gerufen – offenbar galt ich schon als zuverlässig! Diesmal bekam ich erfreulicherweise für zwei Wochen Arbeit.
Willis Bericht klingt doch um einiges angenehmer als das meiste, was uns vom Arbeitsamt in Sydney zu Ohren drang, wo es zum Teil zugehen soll wie auf einem Spielfeld für »Australian Football«, wohl die rauheste Mannschaftssportart der Welt. Am Seiteneingang des Gebäudes in der George Street 818 reihen sich die Arbeitssuchenden ab 5 Uhr morgens auf: bei Öffnung der Pforten um 6 Uhr setzt ein wilder Sturm auf die Listen ein, in denen Name, Adresse, besondere Fähigkeiten, gewünschte Verrichtungen, usw., einzutragen sind. Der Eintrag »mache alles« ist übrigens unerwünscht.
Lucia Schlageter charakterisiert die dortigen Beamten als grobschlächtig, unhöflich und nicht hilfsbereit. Jakob Jordan dagegen war begeistert, als er von einem offenbar überar-

beiteten Angestellten einen Gutschein im Wert von $100 für die Fahrt zu einer Farm in der Nähe von Dareton erhielt. Die *Working Holiday Visa* werden hier seit letztem Jahr überprüft. Wer ohne ein solches angetroffen wird, findet sich alsbald auf dem Polizeirevier wieder. Offener Rassismus, zumal gegenüber Asiaten, ist in Australien leider an der Tagesordnung und auch in Ämtern häufig zu beobachten. Jürgen Richter vermied die 6-Uhr-Stampede, indem er einfach etwas später im Jobcenter auftauchte:

Nach einigen Tagen fiel mir auf, daß die meisten Bewerber wieder gingen, wenn morgens um zehn Uhr die bis dahin eingegangenen Angebote verteilt waren. Danach waren wir nur noch etwa ein knappes Dutzend, anstelle der 70 bis 80 Suchenden vorher. Jobs werden dem Amt aber telefonisch den ganzen Tag über gemeldet. Prompt bekam ich dann meine nächsten zwei Jobs, als ich erst nach zehn Uhr ins Büro ging und mich anmeldete. Wenn man seinen Namen dagegen um sechs Uhr auf die Liste setzt, dauert es in der Regel Lichtjahre, bis man an die Spitze der Liste aufrückt. Mein zweiter Job, Verpackungsarbeiten in einer Damenbekleidungsfirma, dauerte drei Monate. Die Bezahlung war gut, ich konnte viele Überstunden abreißen und bekam am Schluß sogar noch ein Empfehlungsschreiben mit auf den Weg.

Die Ämter Melbourne Nord und Süd werden ausnahmslos gelobt, wohingegen diejenigen in Perth und Adelaide als durchwachsen gelten: die uns vorliegenden Beurteilungen reichen von »Hingehen und sofort vermittelt werden« bis zu »Hoffnungslos, absolut deprimierend!«. In den Büros erhält man das kostenlose Informationsheftchen mit Tabellen über Anbaugebiete und jeweilige Erntezeiten. In Perth, Inaloo, 384 Scarborough Beach Road, bietet das C.E.S. einen Rund um die Uhr-Service für freie Stellen an. Diese werden anschließend nach Wartezeiten vergeben: »wer zuerst kommt, mahlt zuerst«. Der logische Rat: man begebe sich am besten schon eine Stunde vor der Öffnung um sieben Uhr zum Amt. Wer damit nicht gleich Erfolg hat, sollte dennoch bis 11 Uhr warten, zumal sich Arbeitgeber ihre Aushilfen oft erstmal selbst anschauen möchten und etwa um jene Zeit vorbeikommen. Wer dann immer noch sein Glück beschwören muß, kann sich doch einfach mit einem Blick aus dem Fenster trösten: vom Jobcenter sind es nur wenige Meter bis zum nächsten Strand.

Hier nun die Adressen von Filialen des Arbeitsamts, die sich um Gelegenheitsjobs kümmern: Templine, 9th Floor, Santos House, 215 Adelaide Street, Brisbane, Queensland 4002, Tel. (07) 229 5188; 128 Bourke Street, Melbourne, Victoria 3000, Tel. (03) 666 1222; Templine, 2ndFloor, 45 Grenfell Street, Adelaide, South Australia 5000, Tel. (08) 224 6111; 818 George Street, Railway Square, Broadway, Sydney, New South Wales 2000, Tel. (02) 281 6088; 1st Floor, 186 St George's Terrace, Perth, Western Australia 6000, Tel. (09) 325 6155; Templine, 1st Floor, 40 Cavenagh Street, Darwin, Northern Territory 0801, Tel. (089) 464 866; 175 Collins Street, Hobart, Tasmania 7000, Tel. (002) 204 068.

Die Büros befinden sich nicht immer im Hauptgebäude des Arbeitsamts. Weitere Anschriften können mit Hilfe des Telefonbuchs gefunden werden, wobei in größeren Städten meist Dutzende von Zweigstellen über die einzelnen Bezirke verstreut sind. In kleinen Orten wird der C.E.S. auch mal durch einen Beauftragten im Postamt oder einem Geschäft vertreten. Solche Büros sind aber oft nur zu bestimmten Jahreszeiten, etwa während der Ernteperiode, besetzt.

Private Arbeitsvermittlungen

Private Agenturen sind zwar noch nicht so verbreitet wie etwa in Holland oder England, aber dennoch ergiebige Quellen für Zeitarbeit. Interessenten müssen aber eine ganze Weile für eine bestimmte Agentur arbeiten, bevor der Ruf der Zuverlässigkeit ihnen bessere und längerfristige Jobs einbringt. Simon Kannenberg, der sich vom C.E.S. und der *Drake Industrial* in Sydney vermitteln ließ, bevorzugte das größere Engagement und die wesentlich bessere Bezahlung bei der privaten Agentur. Auch andere reisende Jobber lobten *Drake*, allerdings erhielt Jan Pückler auch schon die Auskunft, daß nur Bewerber mit zweijähriger Berufserfahrung vermittelt werden könnten. Wenn das auch ein Ablenkungsmanöver in flauen Zeiten gewesen sein mag: am liebsten sehen es die Agenturen, wenn man sich für wenigstens sechs Monate verdingen will. Vor kurzem bot *Drake*, 2nd Floor, 9 Queen Street, Melbourne, sogar am Aushangbrett der dortigen Jugendherberge Ferienjobs an, bei Bruttolöhnen von 9 bis 10 Dollar pro Stunde.

Eine große Hilfe für jobbende Weltenbummler sind auch *Centacom, Western Personnel Services, Alfred Marks* und *Selective*, deren Anschriften neben denen anderer Agenturen in den Gelben Seiten unter »Employment Agencies« aufgelistet sind. Einige Agencies zahlen den Lohn an den Vermittelten selbst aus, was natürlich für den Einzelnen ungünstiger ist als die Bezahlung durch den eigentlichen Arbeitgeber. Andere haben sich auf landwirtschaftliche Jobs oder auf die Vermittlung von Arbeitswilligen in abgelegene, touristische Gebiete spezialisiert. Interessenten mit ausgezeichneten Englischkenntnissen und Büro- oder Computererfahrung sind bestens aufgehoben bei *Staffing Centre Personnel Services*, Suite 3403, 60 Margaret Street, Sydney, Tel. (021) 261 2777, oder 24th Level, State Bank Centre, 385 Bourke Street, Melbourne, Tel. (03) 613 22. Ausgebildete Sekretärinnen mit Berufserfahrung sind in ganz Australien gern gesehen, wie Hans Flemming und seine Freundin Susanne feststellen konnten:

Wer eine Arbeit im Büro sucht, sollte sich am besten gleich an die privaten Vermittlungen wenden und darf miit Recht einiges erwarten. Wir erhielten in Sydney fast schon zu viele Jobangebote. Ich verdiente schließlich $11 in der Stunde als Angestellter am Devisenschalter einer Bank, Susanne erhielt als Sekretärin sogar $13.

Die Auswahlkriterien für Sekretärinnen sind höher gesteckt als in vielen anderen Ländern: so müssen sie sich vor Antritt einer neuen Stelle einem Rechtschreib- und Schreibmaschinentest unterziehen, wobei *Drake* beispielsweise 60 bis 70 Worte pro Minute verlangt. Lucia Schlageter meint zum Thema:

Ich habe bestimmt ein Dutzend angesehener Vermittlungen in Sydney aufgesucht, doch alle bewerteten meine Fähigkeiten als unzureichend. Dann versuchte ich es bei einer Reihe kleinerer Vermittlungen, und hier fand ich viel mehr Hilfsbereitschaft. Das hochheilige Versprechen, mir eine Arbeitsstelle zu verschaffen, wurde bald eingelöst. Ich empfehle daher wärmstens die Agentur Ecco, 20th Floor, 18/20 Bent Street, Sydney. Innerhalb von drei Tagen hatte ich einen vierwöchigen Job, bei dem ich immerhin $9 pro Stunde verdiente.

In größeren Städten vermitteln zahlreiche Agenturen tage- oder wochenweise Gelegenheitsjobs, etwa Garten-, Maler-, oder Reinigungsarbeiten, die grundsätzlich bar auf die Hand bezahlt werden. Entsprechende Adressen findet man in den Gelben Seiten, zum Beispiel *Jobline* in Canberra oder *Youthlink* in Perth. Für Stellen als Kindermädchen sind Agenturen wie *Dial-an-Angel, Dial-a-Nanny* und andere zuständig, die in den Gelben Seiten unter »Domestic Services« auftauchen. Nach einem erfolgreichen Vorstellungsgespräch können Jobberinnen zwischen der Tätigkeit als Kindermädchen (bis zu $250 pro Woche) oder der australischen Version des Au Pair ($80 für eine 25-Stunden-Woche, plus Verpflegung) wählen. Verfügbar sind auch Saisonstellen von Dezember bis Februar, respektive Juli bis September.

Eine wahre Fundgrube sind die montäglichen Jobseiten (»Situations Vacant – Domestic and Rural«) des *Sydney Morning Herald* oder des *Melbourne Age*. Die meisten Stellen sind in den Städten zu bekommen, gelegentlich reiferen Semestern vorbehalten. Wer nicht in der Familie untergebracht wird, erhält für die Nebenbeschäftigung $9 pro Stunde. Wie in den Vereinigten Staaten ist auch »down under« ein Führerschein von nicht zu unterschätzender Bedeutung bei der Entscheidung, ob ein bestimmter Bewerber eingestellt wird oder nicht.

Involvement Volunteers beschafft Plätze für ausländische Freiwillige, auf Farmen und wo auch immer Not am Mann ist, so letzthin bei einer Vogelbeobachtungsstation in Queensland. Die Einschreibegebühr beträgt $300, dafür wird man am Flughafen empfangen, eingewiesen und ständig betreut. Kontaktanschrift: Tim Cox, Director, PO Box 218, Port Melbourne, Victoria 3207, oder über heimatliche Stellen (Adressen siehe oben). Praktika in verschiedenen Bereichen werden von *Australian Education Alternatives* arrangiert, einem Proogramm der *Field Biosearch*-Gesellschaft. Vermittlungsgebühr: $520, Anschrift: PO Box 185, St. Lucia, Queensland 4067, Tel. (07) 371 0545.

Anzeigen in Tageszeitungen

Die Arbeitssuche per Zeitung kann in Australien zunächst ungemein frustrierend sein, wie Sarah Schnell bestätigt:
In der Lokalzeitung von Darwin fand ich unter »Jobangeboten« das Inserat für eine Köchin auf einem Fischerboot – eine Arbeit, die, wie mir auf meinen darüber geäußerten Verdacht bestätigt wurde, vermutlich auch Aktivitäten auf außerdienstlichen Gebieten umfassen sollte. Außerdem gab es noch Stellen beim »Jillarooing«, dem Gegenteil von »Jackarooing«, also der Tätigkeit als weiblicher Cowboy auf Schafs- oder Rinderfarmen, daneben Schulungskurse zum Croupier im neueröffneten Spielcasino sowie das Aktmodell-Stehen, -Sitzen und -Liegen für hoffnungsvolle Nachwuchskünstler des örtlichen Colleges.
Die Spalte »Casual Work Available« im *Sydney Morning Herald* gibt auch nicht mehr her: Müllwagenfahrer, Flugblattverteiler, Verkaufsdienste via Telefon; »Art-Promoting« meint den Tür-zu-Tür-Verkauf von Billig-»Kunst«. Die Aufgabe als Statist bei Filmstudios, die als »Film-Extra« inseriert wird, fordert zunächst eine hohe Registrierungsgebühr in der Agentur ab, ohne irgendeine Sicherheit späterer Arbeitsvergabe. Trotzdem sollte man bei der Zeitungslektüre nicht verzagen, denn ab und an finden sich nämlich in der Spalte »Positions Vacant - Hospitality Industry« Anzeigen über rentable Jobs in Hotels, Gaststätten und Bars, manchmal auch Inserate von Farmen, die jobbende Feriengäste aufnehmen.
Besorgen Sie sich vor allem die kleinen Lokalzeitungen und nicht nur die großen, zu denen der *Sydney Morning Herald*, der *Melbourne Age*, der *West Australian* in Perth, die *Courier Mail* in Brisbane oder auch der *Adelaide Advertiser* zählen. Montags lohnt es sich, den Stellenmarkt von *Herald* und *Age* im Auge zu behalten; mittwochs denjenigen in der *Courier-Mail*, mittwochs und samstags hingegen den *West Australian* und den *Advertiser*. Gerade letztere Ausgaben sind dann randvoll mit offenen Stellen. Versuchen Sie, die Zeitungen möglichst schon am Vorabend zu kaufen, um bei Sonnenaufgang mit der Arbeitssuche zu beginnen: die meisten Jobs werden verständlicherweise an denjenigen vergeben, der als erster zur Stelle ist.
Wer sich ausreichenden Erfolg als Vertreter zutraut, findet in den Zeitungen reichlich Jobangebote. Doch müssen dann die Vorteile und guten Eigenschaften des angebotenen Produktes schon schamlos übertrieben werden, um Verkaufserfolg und damit den Verdienst erfreulich zu gestalten. Simon Waller hielt es gerade mal zwei Stunden beim Verkauf »handgemalter« Ölbilder, wohingegen Alfred Jensen mit dem allabendlichen Verkauf von sieben Bildern in einer Woche immerhin $400 einstrich. Er arbeitete dabei für die *William Street Studios*, Woolloomooloo, Sydney, Tel. 360 1300. Um seinen Heimflug

finanzieren zu können, war er anschließend im Telefonverkauf, *Direct Telephone Marketing*, Tel. 436 0199, und als Prospektverteiler für *City Tan*, Tel. 264 5713, emsig. Selbstverständlich steht auch der Weg zu einer eigenen Anzeige offen. Je witziger diese ausfällt, desto besser die Erfolgsaussichten. Dieser Schritt erfordert jedoch eine feste Adresse und Telefonnummer, unter der man ständig zu erreichen ist. Gudrun Schmids Arbeitgeber auf einer Getreidefarm im entlegenen Westaustralien durchkämmte regelmäßig die Stellengesuche der örtlichen Tageszeitung und war besonders Ausländern wohlgesonnen.

Öffentliche Aushänge und Schwarze Bretter

An den Aushangbrettern der Jugendherbergen und in den Schaufenstern von Geschäften in kleineren Orten kann man seine Fähigkeiten anpreisen; Segler sollten zudem am Hafen die dortigen Aushänge durchsehen. Markus Schrade unterrichtete an der *Pacific Sailing School*, Rushcutters Bay, Sydney, als er einen Aushang entdeckte, mit dem für ein Boot noch ein zusätzliches Besatzungsmitglied gesucht wurde. Stunden später befand er sich auf dem Weg nach Neuseeland. Eine vollständige Liste der Jugendherbergen und anderer Unterkünfte, die bei Rucksacktouristen wegen ihrer moderaten Preise beliebt sind, verschickt *Backpackers Resorts of Australia*, Headquarter, 11 William Street, Noosa, NSW 4566.

Für manchen mag die Bandbreite der angebotenen Stellen überraschend sein: in der Herberge von Cairns hingen neulich Offerten für Architekten und Strandwächter aus. Das für seine Vermittlungsdienste bekannte *Downunder Hostel*, 25 Hughes Street, Kings Cross, Sydney, fiel leider dem Großbrand von 1989 zum Opfer. Stattdessen kann jetzt das *Working Holiday Hostel*, 94 City Road, Chippendale, Sydney 2008, Tel. 698 1195 oder 660 0998, weiterhelfen, das von einer in Jobfragen versierten Engländerin geleitet wird. In Melbourne gebührt den Schwarzen Bretter des *Travellers Inn*, 2 Enfield Street, St. Kilda, und *Andy's Backpackers Hostel*, 49 James Street, Northcote, erhöhte Aufmerksamkeit. Beide behaupten, als Jobvermittlung so erfolgreich zu sein wie *Rucksackers International*, 257 Gilles Street, Adelaide. An den Universitäten lohnen sich Aushänge besonders vor der Sommerpause im November und Dezember. Jobs in ländlichen Gegenden werden häufig den landwirtschaftlichen Fakultäten mitgeteilt, und die meisten Unis besitzen sogar Schwarze Bretter für Jobangebote. Auskünfte sind in den Student Unions einzuholen. Angesichts dieser reichen Möglichkeiten sollte es ein leichtes sein, bei entsprechendem Einsatz bald eine Stelle zu finden. Die beste Variante bleibt aber der direkte Weg: einfach bei jedem Kneipen- oder Restaurantbesuch unbefangen nachfragen, ob in nächster Zeit eine freie Stelle zu erwarten ist.

Der »Outback«

Weite Teile des Fünften Kontinents sind äußerst dünn besiedelte, ausgedörrte Landstriche, die die Australier »Outback« nennen. Jenseits der fruchtbaren und dicht bevölkerten Gegenden rund um die großen Küstenstädte erstrecken sich riesige Ländereien, auf denen Rinder und vor allem Schafe gezüchtet bzw. verschiedene Getreide angebaut werden. Viele dieser »Stations« genannten Farmen sind so abgelegen, daß das Flugzeug die einzig sinnvolle Verbindung zur Außenwelt darstellt. Sandra Greil beschreibt das karge Leben in diesen entlegenen Gegenden:

Seien Sie gewarnt! Das Leben auf den »stations« kann unvorstellbar langweilig werden. Ich landete auf einer Farm im Northern Territory, wo wenig mehr zu tun war, als dem Gras beim Wachsen zuzusehen. Für den, der allerdings in kurzer Zeit viel Geld zusammensparen will, sind die Jobs auf den Stations natürlich ideal: es gibt dort nämlich beim besten Willen keine Möglichkeit, das sauer verdiente Geld sofort wieder auszugeben. *Wer meint, ein solches Leben nicht aushalten zu können, der sollte unbedingt darauf achten, daß sein Arbeitsplatz in überschaubarer Entfernung zu einer Stadt liegt, damit man wenigstens ab und zu mal Dampf ablassen kann.*

Obwohl die Viehherden schier endlos wirken, können sie doch von ein oder zwei, auch unerfahrenen Hilfskräften, beaufsichtigt und versorgt werden. Die Chancen, als »Jackaroo« oder »Jillaroo« einen Job auf einer »Station« zu bekommen, steigen in erheblichem Maße, wenn man schon bei der Schafschur oder anderweitig in der Landwirtschaft tätig war. Die Löhne fangen bei $200 für einfache Aushilfstätigkeiten an (Zuschrift aus dem Northern Territory) und gehen bis zu $500 für Traktorfahrer. Die Schur selbst wird natürlich nur von erfahrenen Landarbeitern erledigt. Als Handlanger wird man aber jederzeit einen Job erhalten. Entsprechende Anzeigen finden sich in den Zeitungsrubriken »Stock and Land«. Aus dem Bericht von David Hügels, der nach Beantwortung eines Inserats als »mulesing contractor's catcher« eingestellt wurde, ist deutlich zu entnehmen, warum es dabei so viele Stellen gibt:

Ich mußte bei der Kastrierung der männlichen Jungschafe mithelfen. Einmal tat dies einer der Arbeiter mit seinen Zähnen – ich glaube aber, nur um mich Grünschnabel zu schockieren. Nichtsdestotrotz ist das Ganze eine überaus blutige Angelegenheit und wirklich nur für abgebrühte Gemüter. Im Grunde hatte ich nur die Tiere einzufangen und sie in einen Käfig zu sperren, in dem dann die »Operation« vollzogen wurde. Man erhält dafür entweder 30 Cent pro Lamm oder 7 bis 10 Dollar pro Stunde; die Verpflegung wird üblicherweise gestellt.

In den Getreideanbaugebieten des westlichen Australien erfolgt die Aussaat zwischen April und Juni, die Ernte dann zwischen Oktober und Dezember. Eine Reisende bekam als »Mädchen für Alles« auf einer für australische Verhältnisse bescheidenen, über 10.000 Hektar (!) großen Farm einen Wochenlohn von $200, dazu freie Kost und Logis. Auf größeren Farmen kann es allerdings zu einer echten Herausforderung werden, für die ganzen Landarbeiter und Aushilfen genügend Proviant und Kaffee herbeizuschaffen. In den Städten haben sich einige Agenturen auf die Vermittlung von Arbeitskräften für Großfarmen und andere Tätigkeiten im »Outback« spezialisiert: in Westaustralien wendet man sich an *Pollit's*, 251 Adelaide Terrace, Tel. 325 2544, in Neusüdwales an *Miss Brenda McDonagh*, 17 Hakea Crescent, Halston, NSW 2159, Tel. (026) 532 320. Halten Sie auch nach Anzeigen in *Land*, dem *Queensland Country Life* oder anderen landwirtschaftlichen Zeitschriften Ausschau. Abgesehen von der stetigen Nachfrage nach Köchen und Köchinnen, die mit $250 netto gut bezahlt werden, besteht großer Bedarf an Kindermädchen und Hauslehrern für all die Kinder, die von jeglicher Schule viel zu weit entfernt wohnen. Der wöchentliche Grundlohn liegt hier bei etwa $130 netto, Kost und Logis sind inbegriffen. Arbeitsstellen auf Stations sind am leichtesten in den Northern Territories und West Queensland zu finden, vor allem im Februar und März, da zu jener Zeit die Manager der meisten Betriebe sich ihre Aushilfen aussuchen.

Zwar sind zum Abendessen bestimmt keine Flugsaurier mit zuwenig Knoblauch zu erwarten, doch das Leben im Outback hat schon gewisse Nachteile: die entsetzliche Abgelegenheit, die mörderische Hitze – und völlig gefahrlos, wie zuhause im Odenwald, lebt es sich da draußen auch nicht. Selbst wenn Sie schon Erfahrungen in abgelegenen Gebieten Europas gesammelt haben, wird Ihnen das Leben im australischen »Wilden Westen«

wohl schwerfallen. Viele Städte besitzen außer dem Postamt und einem kleinen Geschäft keine weiteren »Attraktionen«; wenn man Glück hat, vielleicht noch ein Hotel, eine Tankstelle oder, was schon wahrscheinlicher ist, eine Kneipe.

Unterschätzen Sie bloß nicht die enorme Hitze im australischen Landesinnern! Unbedingt den Kopf mit einem Sonnenhut bedecken und auf allen Wegen eine große Wasserflasche mitnehmen, da extreme Trockenperioden durchaus nicht ungewöhnlich sind. Patrizia Klanze lebte in der Nähe von Sofala in Neusüdwales auf einer Farm, die auch Gäste beherbergte. Es hatte in jener Gegend seit eineinhalb Jahren nicht mehr geregnet, so daß Gästen wie Angestellten trotz des Staubes und der mörderischen Hitze lediglich ein einziges Duschbad pro Woche gestattet war. Das Duschwasser wurde anschließend übrigens für das Waschen der Kleidung benutzt. Patrizia hatte von Kindesbeinen an stets furchtbare Angst vor Spinnen und Schlangen, was ihr in Australien nicht sonderlich gelegen kam: *Die Heuschober zogen Mäuse an, diese wiederum Schlangen. Wann immer ich die Scheunen betrat, mußte ich mit lauten Geräuschen die Tiere verscheuchen. Überall krochen riesige Spinnen, die sogenannten »Huntsmen Spiders«, herum: sie sind zwar nicht giftig, aber ihr bloßer Anblick jagte mir jedes Mal einen enormen Schrecken ein, besonders, wenn ich abends schon im Bett lag und sie plötzlich hinter den Bilderrahmen hervorkamen.*

Hat man sich aber erst einmal daran gewöhnt, vor dem Anziehen in den Schuhen, beim Toilettenbesuch unter dem Sitz nachzuschauen, verringert sich die Gefahr ernster gesundheitlicher Schäden deutlich. Der Outback wird, wie mittlerweile wohl jedem klar geworden ist, von rauhen, ungehobelten Männern vom Schlage eines Paul Hogan beherrscht und eignet sich eher weniger für sensible Persönlichkeiten.

Freiwilligendienste

Unzählige Verbände bieten dem Reisenden die ausgezeichnete Gelegenheit, den australischen Busch einmal so richtig kennenzulernen. *Australian Trust for Conservation Volunteers*, Head Office, PO Box 423, Ballarat, Victoria 3350, Tel. (053) 327 490, beispielsweise ist die führende Umweltorganisation des Landes und empfängt Freiwillige aus Übersee, die für dieses Privileg einen Obulus entrichten. Als gemeinnützig anerkannt, führt ACTV Naturschutzprojekte durch, die sich um Wiederaufforstungen, Erosions- und Versalzungskontrolle, Saatenverwaltung seltener Pflanzen, Anlage und Pflege von Buschpfaden und ähnliches drehen. Das Ausländern vorbehaltene Programmpaket »Echidna Package« umfaßt für $460 alle Fahrten innerhalb des Landes, Essen und Unterkunft sowie den sechswöchigen Aufenthalt als »Freiwilliger Helfer« in einem Camp.

Die Adresse des australischen *WWOOF*-Ablegers lautet: Mt. Murrindal Reserve, W. Tree, Via Buchan, Victoria 3885, Tel. (051) 550 235 oder 550 218. Die Worklist nennt knapp 140 Farmen, welche kurz- oder längerfristig Aushilfen suchen, und kann gegen Einsendung von $10 bezogen werden. Bevor Susanne Greil Langzeitvolontärin bei *ATCV* wurde, hatte sie auf der Basis von Mitarbeit für freie Unterkunft und Verpflegung auf verschiedenen WWOOF-Farmen gearbeitet:

Überall folgen diese Farmen den Regeln biologisch-organischen Landbaus, und zwar meist in einer wunderschönen Landschaft. Viele Farmer sind ungemein stolz auf ihre Betriebe und ihre Heimat. Die Arbeit war zwar anstrengend, beschränkte sich aber auf etwa vier Stunden pro Tag. Ich arbeitete meistens freiwillig länger und lernte so eine Menge neuer Fertigkeiten.

In einer Reihe ersprießlicher Forschungsprojekte, die derzeit in allen Landesteilen zur Durchführung gelangen, werden freiwillige Helfer eingestellt. Anne Wachtel etwa, die Meeresbiologie studiert und viel Erfahrung mit Booten hat, nahm an Projekten teil, bei denen nach ihrer Auskunft auch andere Freiwillige teilnehmen könnten, selbst ohne eine vergleichbare, einschlägige Ausbildung. Das *Australian Institute of Marine Science*, PMB 3, Townsville Mail Centre, Queensland 4810, Tel. (077) 789 325, benötigt qualifizierte Taucher für seine Untersuchungen am »Great Barrier Reef«. Die *James Cook University*, PMB 37, Cairns, Tel. (070) 603 977, sucht Helfer für Projekte auf dem Lizard Island, desgleichen und jeweils ganzjährig die *University of Brisbane*, Great Barrier Reef, via Gladstone, Queensland 4680, Tel. (079) 781 399, auf dem Heron Island. Die Anfahrt mit der Fähre ($130) muß selbst bezahlt werden, Unterkunft und Verpflegung werden aber als Gegenleistung für vier Stunden Arbeit am Tag gestellt. Durch Vermittlung des *Department of Conservation: Forests & Lands* in Perth erhielt Anne nach ihrem Wechsel vom Pazifischen an den Indischen Ozean einen Job im entlegenen Cape Range-Nationalpark in Westaustralien.

Obsternte

Australien hat selbstverständlich mehr zu bieten als seltsame Jobs, entweder in zivilisationsgeschädigten Städten oder im menschenverlassenen Hinterland. Es wird nämlich auch von zahllosen fruchtbaren Gegenden durchzogen, in denen die verschiedensten Früchte gedeihen: Trauben zum Beispiel bei Adelaide und im Hunter Valley in Neusüdwales; tropische Früchte wie Maracujas oder Mangos an der Küste von Queensland; Äpfel aus den südlichen Teilen Westaustraliens und in Tasmanien. Obwohl die Obstplantagen in der Regel nicht gar so abgelegen sind wie die Farmen des Outback, gelten dieselben Vorsichtsmaßnahmen in Bezug auf Hitze und putzige Tierwelt. Die übliche Arbeitszeit auf den Plantagen dauert von 6.30 bis 18.30 Uhr. In den Stunden der größten Mittagshitze bleiben glücklicherweise drei freie Stunden für eine ausgiebige Siesta. Wie in Europa und Nordamerika ziehen professionelle Erntearbeiterkolonnen von Anbaugebiet zu Anbaugebiet. Allerdings kann man bei der Ernte in einer Gegend wie dem Murray River Valley alleine schon sieben oder acht Monate verbringen. Fällt man gerade an den ersten Tagen mit seiner Arbeitsleistung hinter die Mitstreiter zurück, so darf man sich damit trösten, daß die anderen schließlich über jahrelange, spezifische Erfahrung verfügen. Und Rom wurde bekanntlich auch nicht an einem Tag erbaut ...

Das vom C.E.S. veröffentlichte Heftchen mit den Terminen der jeweiligen Erntezeiten ist zwar beileibe nicht vollständig, enthält andererseits aber Angaben über die ortsüblichen Löhne. Richtschnur sind die von den Gewerkschaften ausgehandelten Tarife, doch der einzelne Lohn wird mithilfe verschiedener Methoden errechnet, wobei der Stundenlohn für Aushilfen durchaus höher liegen kann als der eines Vollzeitbeschäftigten. Üblich sind derzeit etwa $7,50 pro Stunde. Die Erntezeiten schwanken aufgrund der enormen Größe des Kontinents erheblich. Getreide reift zuerst in Queensland, zuletzt in Tasmanien: je weiter vom Äquator entfernt, desto später also. Die beiden größten Traubenlesen finden in deutlichem Abstand voneinander statt. Zur schnelleren Übersicht haben wir unten eine Tabelle aller in Australien angebauten Frucht- und Gemüsesorten, ihrer Wachstumsgebiete und Reifezeiten in den wichtigsten Anbauzonen Neusüdwales, Victoria, Westaustralien und Queensland zusammengestellt, wobei die Traubenernte getrennt aufgeführt ist.

Geben Sie bloß nicht gleich die Hoffnung auf einen Job auf, wenn das örtliche C.E.S.-Büro nur entmutigende Sprüche auf Lager hat. Das Amt in Orange, einer ausgesprochen landwirtschaftlich orientierten Gegend, teilte Armin Birrer unmißverständlich mit, daß die Apfelernte gelaufen sei. Unbeirrt suchte Armin trotzdem einige Plantagen auf, unterhielt sich mit anderen Pflückern und hatte binnen kurzem für zwei Monate einen Job, bis

im Juni der erste Schnee fiel und es wirklich nichts mehr zu tun gab. Die Farmer bieten
ihren Aushilfen häufig, aber nicht immer eine Unterkunft in Scheunen oder ausgedienten
Caravans an und verlangen dafür akzeptable $10-15 pro Woche. Daher sind Jobsuchende
gut beraten, stets ein Zelt im Gepäck mitzuführen. Ebenso nützlich erweist sich schnell
ein eigenes Fortbewegungsmittel, denn die Wege zur Arbeit, später zum Einkauf, zur
Bank oder abends in die Kneipe sind nicht selten extrem weit. Ansonsten bleibt man aufs
Trampen angewiesen, und dessen Nachteile sind ja sicher einschlägig bekannt. Der »Harvest Table« der C.E.S. enthält entsprechend ausführliche Angaben.

Alleinreisende Frauen stoßen bei den Farmern, die als »Blockies«, eben als »Dickschä-
del« bekannt sind (frau kann bald feststellen, weshalb dem so ist!), auf abwehrende Skepsis. Viele der Pflücker sind nämlich griechischer oder italienischer Abkunft, und haben
die wohlbekannten Ansichten mediterraner Männer über Frauen und das von einem
»richtigen« Mann zu erwartende Verhalten bei der Überfahrt nicht abgelegt. Tätigkeiten
wie das Aprikosenschneiden oder die Arbeit in der Sortierscheune werden als reine Frau-
enarbeit betrachtet und entsprechend schlecht bezahlt. Louise Fitzgerald empört sich
über die offenkundigen Diskriminierung:

*Ich war bereits abreisefertig auf dem Sprung, um in Viktoria Obst zu ernten, doch als ich
mich bei der Farm nochmals vergewissern wollte und der Besitzer herausfand, daß ich eine
alleinreisende Frau sei, teilte er mir unverblümt mit, daß ich ohne männlichen Begleiter auf
gar keinen Fall bei ihm arbeiten könne. Dann erzählte er etwas von Gewerkschaftsvereinba-
rungen, daß Frauen nur ein bestimmtes Gewicht heben dürfen, weswegen also immer ein
Mann in der Nähe sein muß, um im Bedarfsfalle die Obstkisten fortzuschaffen. Verdammte
Chauvis!*

Traubenernte

Australische Weine haben in den letzten Jahren ungemein an Beliebtheit zugelegt. Ernte-
volumen und Qualität der einzelnen Jahrgänge nehmen ebenso wie der Verbrauch ständig zu. Davon abgesehen wird Jobsuchende viel mehr interessieren, daß es schier unüber-
sehbare Traubenmengen abzuknüpfen gibt. Die fortschreitende Mechanisierung hat zwar
die Stellenzahl reduziert. Die besseren Weinproduzenten werben inzwischen aber verstärkt mit dem Qualitätsmerkmal handgelesener Trauben, was für viele Weintrinker
offenbar einem Gütesiegel gleichkommt.

Die Hauptregionen des Weinanbaus sind Mildura in Victoria, das Riverland in Südaustralien zwischen Renmark und Waikerie und das Hunter Valley in Neusüdwales zwischen
Pokolbin und Muswellbrook. Doch auch Tasmanien ist diesbezüglich einen Abstecher
wert: versuchen Sie's in der zweiten Februarhälfte im Tamar Valley im Norden oder dem
Huon Valley im Süden. Die Traubenernte beginnt im allgemeinen etwa Mitte Februar
und dauert bis in den April hinein. Angebaut werden viele verschiedene Rebsorten, die
jeweils unterschiedliche Erntetechniken erfordern. Stefan Rottler sparte bei der Lese im
Riverland in zweieinhalb Monaten immerhin $2.000 zusammen:

*In der Regel beginnt man mit den Sultaninen und Rosinen und arbeitet sich dabei durch die
verschiedenen Weingärten, je nach Bedarf. Am einfachsten ist die Lese natürlich für die
Weinproduktion, weil es dabei nicht darauf ankommt, ob die Trauben eventuell zerquetscht
werden oder Blätter mit in den Trog fallen, wiewohl ein richtiger »Blockie« mit Sicherheit
einen Wutanfall bekäme, wenn er diese Zeilen in die Finger bekommt. Wenn die Trauben
allerdings zum Trocknen bestimmt sind, dürfen sie in keinster Weise beschädigt werden; das
gleiche gilt für Tafeltrauben, die öffentlich verkauft werden sollen. Für diese notwendige Sorg-*

falt wird auch ein deutlich besserer Lohn pro Kiste ausgezahlt. Die Bezahlung erfolgt entweder pro abgelieferte Eimer bzw. Körbe, oder nach Gewicht. Dies ist für den Helfer die fairste Methode. Pausen werden nur bei wirklich unerträglicher Hitze gemacht, d.h. wenn die geernteten Trauben – nicht etwa die Pflücker – schlapp gemacht hätten.

Ob ihre Leute die Hitze aushalten oder nicht, kümmert die Farmer dagegen weniger. Bei Perth klettert das Quecksilber schon mal auf über 40 Grad – und dann lohnen sich langsam Überlegungen, ob die Arbeit wirklich noch Spaß macht. Der zu erzielende Verdienst hängt von der Art der Weinstöcke ab, der Traubensorte, dem eigenen Arbeitstempo (Abreißen geht zwar schneller als Abschneiden, erfordert aber eine besondere Technik), auch vom Arbeitstempo der Mitstreiter (schnell arbeitende Partner motivieren mehr, als wenn man alleine rumwerkeln muß), von der körperlichen Fitneß, und nicht zuletzt davon, wie dringend man das zu verdienende Geld benötigt.

Der Bedarf an Pflückern ist zur Hauptsaison immens. Ein Weinbauer aus Dareton in Neusüdwales, dem Nachbartal von Mildura, betonte in einer Zuschrift immer wieder, wie dringend er und die anderen Farmer jener Gegend ab Januar Aushilfen bräuchten. Sein Ratschlag: statt des Umweges über das C.E.S. sollte man sich direkt an die Farmer wenden. Gleich nach der Ankunft kann man Herrn Tim Nunan, Tel. (050) 274 519, wegen Arbeitsgelegenheiten anrufen. Jakob Jordan empfiehlt auch kostenlose Anfragen bei den Zweigstellen der *Australian Dried Fruits Association*, deren Nummern im örtlichen Telefonbuch angeführt sind:

Die Farmer, die sich zusammenschlossen, um mit dieser Freefone-*Nummer ihren Arbeitskräftemangel zu beheben, schicken bereitwillige Jobsucher niemals zu ortsbekannten unfreundlichen »Blockies«. Dieser Service wird unabhängig vom C.E.S. angeboten, und in der Regel werden keine Fragen zur Person gestellt.*

Vergleichbar ist die Stellensituation jenseits des Flusses Murray um die »Weinhauptstadt« Mildura. Armin Birrer wurde nur wenige Minuten nach seiner Ankunft auf der Straße angesprochen, ob er nicht vielleicht Trauben pflücken wolle. Entlang der Straßen flatterten Schilder mit der Aufschrift»Pickers Wanted«, in den Lokalzeitungen fanden sich unzählige Gesuche gleichen Inhalts. Manchmal rückt der C.E.S. mit Freifahrscheinen in die Erntegebiete heraus, allerdings ist er nicht eben freizügig damit. Zum Teil haben die Arbeitsämter eigene Erntehilfe-Büros eingerichtet, wie etwa den *Adelaide Hills Harvest Service* im *Payneham Job Centre* von Adelaide. Einige der C.E.S.-Büros sind dagegen ausgesprochen unkooperativ: Martin Hoff fuhr einfach ins Hunter Valley, da er gehört hatte, daß dort Jobber fehlen würden. Gleich der erste Kneipenwirt drückte ihm eine Liste aller Weinbauern der Gegend in die Hand – der C.E.S. hatte das nicht für nötig befunden. Traubenpflücken ist natürlich nicht jedermanns Sache, den meisten scheint es jedoch Spaß gemacht zu haben. Zwischen Arbeitern und»Blockies« entwickelt sich in aller Regel schnell eine gute Kameradschaft. Die üblichen Quengeleien über Zahl der abgelieferten Körbe, Gewicht usw. gehören eben zum Handwerk. Etwas enttäuscht über den niedrigen Lohn, erinnert sich Armin Birrer dennoch gerne an eine schöne Zeit in Mildura:

Die Arbeitgeber waren ausgesprochen freundlich und veranstalteten am Ende der Ernteperiode sogar ein großes Fest auf ihre Rechnung. Mit einem der Chefs fuhren wir am Wochenende zum Campen, meist den Murray hinauf, wo wir auf seine Kosten grillten und literweise selbstgemachten Wein tranken.

Stefan Rottler nahm außer einem Superverdienst auch eine Menge schöner Erinnerungen mit nach Hause:

... das verzweifelte Einsammeln der Trauben unter erheblichem Zeitdruck vor einem herannahenden Sturm, die Bootsfahrt im angesäuselten Zustand am letzten Erntetag, das Campen am Fluß und noch so vieles mehr....

Jobs in den Kellereien sind erheblich schwieriger zu finden, werden aber deutlich besser bezahlt, was natürlich nicht erstaunen muß, wenn man die langen Schichten, mögliche Klaustrophobie-Anfälle oder die Klammheit und schlechte Luft in den Kellern bedenkt. Die Bewerbungen sollten spätestens zwei Monate vor der Erntezeit vorliegen.

Hier nun die angekündigte Zusammenstellung aller Gegenden und Erntezeiten, die für die Traubenlese von Belang sind:

Südaustralien: Erntetermine
Clare-Watervale: Februar bis April
Barossa Valley: Februar bis April
Adelaide und Southern Vales: Februar bis März
Coonawarr: Februar bis April
Langhorne Creek: Februar bis April
Riverland (Waikerie, Berri, Loxton, Renmark): Februar bis April

Neusüdwales:
Orchard Hills: Ende Januar bis Mitte März
Camden: Anfang Februar bis Mitte März
Wedderburn: Mitte Februar bis Mitte März
Nolong: Ende Februar bis April
Orange: März bis April
Mudgee: Ende Februar bis April
Hunter Valley (Pokolbin, Bulga, Denman, Muswellbrook): Anfang Februar bis März
Murrumbidgee Irrigation (Griffith, Leeton): Mitte Februar bis März
Dareton: Januar bis April
Curlwa: März bis April
Buronga: Februar bis Juni
Mid-Murray (Koraleigh, Goodnight): Ende Februar bis April
Corowa: Februar bis März

Victoria:
Goulburn Valley, Swan Hill, Lilydale, Mildura/Robinvale, Great Western Avoca, Drumborg, Glenrowan, Milawa, Rutherglen: Februar bis März

Western Australia:
Swan Valley (bei Perth), Margaret River, Mount Barker: Februar bis April

Apfelernte

Für den Anfänger scheint das Apfelpflücken zunächst unerträglich langsam voranzugehen. Nach ein paar Tagen jedoch beschleunigt sich das Tempo, und die Arbeit beginnt sich zu lohnen. Christoph Janzen bekam in den Plantagen um Orange pro Korb $15, konnte allerdings täglich nur vier Körbe füllen, weil die Bäume in jenem Jahr wenig trugen. Jobs bei der Apfelernte sind inbesondere gegen Ende der Saison leicht zu finden, wenn das Wetter schlechter wird und die Studenten an die Universitäten zurückkehren. Trotz ungünstiger Bedingungen konnte Christoph daher in zwei Wochen immerhin noch $500 verdienen.

Arbeit wartet zwischen März und Mai in den großen Anbaugebieten von Donnybrook und Manjimup, doch auch in der Nähe von Pemberton findet sich meist ebenso leicht

eine Stelle mit gutem Stundenlohn. Das *Australian Youth Hostel Handbook* bestätigt, daß fast alle ganze Jahr über Saisonstellen zu besetzen sind. Arbeitgeber holen sich ihre Aushilfen häufig persönlich aus der Herberge in Donnybrook. Diese Gegend wurde zwar in letzter Zeit wiederholt von der Fremdenpolizei heimgesucht. Die Farmer ziehen aber Ausländer immer noch den angeblich unzuverlässigen Einheimischen vor. Vor einigen Jahren pflückte Susanne Phillip südlich von Hobart, der Hauptstadt Tasmaniens, wo 70 Prozent der gesamten Apfelernte Australiens anfallen, genau diese Früchte:
Nachdem ich bis Ende März in Mildura Trauben geerntet hatte, zog ich nach Geeveston in Tasmanien. Die Apfelernte war anstrengender als das Traubenpflücken und brachte auch geringeren Verdienst; außerdem war es hier schon viel kälter. Wir arbeiteten den ganzen Tag von 8 bis 17 Uhr und konnten uns die Arbeit nicht einteilen, weil die großen hölzernen Behälter, die wir zu füllen hatten, jede Stunde ein Stück weitergeschoben wurden. Für diese Schwerarbeit erhielten wir gerade mal $40 am Tag, die versteuert werden mußten. Als kleine Entschädigung durften wir kostenlos einen kleinen Wohnwagen benutzen.
Steuern Sie Ende Februar das Houn Valley oder die Tasman-Peninsula an. Die neue Saison beginnt gerade und ermöglicht durchgehende Jobs bis mindestens Ende Mai.

Andere Erntearbeiten

Von Zucchini bis Spargel: auf der riesigen Fläche Australiens wächst eine Vielzahl der verschiedensten Obst- und Gemüsesorten, die in zeitlicher Abfolge geerntet werden. Allerdings hat die wirtschaftliche Rezession auch die Landwirtschaft ergriffen: in Queensland beispielsweise werden Farmen derzeit in Golfplätze verwandelt, im nördlichen Victoria mußten wegen Wettbewerbsunfähigkeit mit billigen Importfrüchten Teile der letzten Ernte noch auf den Bäumen verrotten. Gottfried Michels hat eine Route ausgearbeitet, an der man sich auch dieser Tage noch »entlangjobben« kann:
Ich war einige Jahre lang in Australien mit den unterschiedlichsten Erntearbeiten beschäftigt. Richtig verdient habe ich dabei jeweils zwischen November und Mai: zu Beginn bei der Kirschenernte in Neusüdwales in der Nähe von Young, daraufhin bei der Ernte kleinerer Kirschsorten bei Orange. Anschließend geht es in Shepparton/Victoria ab Anfang Januar den Birnen an den Kragen. Zu Beginn des Februars kommen die Sultaninen in Mildura an der Reihe. Viele Helfer bleiben jedoch in Shepparton, bis Birnen und Äpfel völlig abgeerntet sind: später, etwa Mitte März, reifen schließlich die Äpfel in Orange, wo sie bis Anfang Mai gepflückt werden. Manchmal geht es bei der Ernte ziemlich hektisch zu. Das sind dann aber die Zeiten, in denen sich der Einsatz finanziell ganz besonders lohnt.
Im Gegensatz zum tropischen Norden wachsen im südlichen Queensland auch Äpfel, Birnen und Erdbeeren, insbesondere auf den Darling Downs, rund 2200 Kilometer landeinwärts von Brisbane, sowie bei Stanthorpe an der Staatengrenze zu Neusüdwales. Je weiter nordwärts man zieht, desto tropischer werden Klima und angebaute Früchte: Zitronen, Ananas, Papayas, Mangos. Was im jeweils bereisten Landstrich angebaut wird, läßt sich bereits an den überdimensionalen, künstlichen Früchten am Straßenrand leicht erkennen. Lee Coleman aus der Ananashochburg Nambour rät von der Ananasernte ab, da sie ausgesprochen unangenehm und außerdem schlecht bezahlt sei. Wer's trotzdem versuchen will: die Saison dauert von Januar bis April.
Wesentlich angenehmer präsentiert sich da schon die Mangoernte: die Früchte werden einfach vom Boden aufgelesen, nachdem sie buchstäblich aus den Bäumen geschüttelt wurden. Gezahlt wird im Stundenlohn. Die vierwöchige Ernte in den Atherton Tablelands bei Mareeba beginnt Mitte Dezember. Gerüchte besagen aber, die besten

Mangos wüchsen bei der Küstenstadt Bowen, etwa 6000 Kilometer südlich von Cairns.
Jene Gegend ist auch für die gewaltigen Tomatenplantagen bekannt, wohin Armin Birrer
wiederholt zurückkehrte:
Das Tomatenpflücken fällt solange unheimlich schwer, bis man sich an die dauernden Rückenschmerzen gewöhnt hat. Umso leichter fällt die Stellensuche – ich hatte jeweils schon einen Tag nach meiner Ankunft einen Job.
Armin verdiente in Spitzenzeiten durchschnittlich $100 am Tag. Gleichsam willkommen
sind Rucksackreisende in Bundaberg, wo man pro Eimer Tomaten 90 Cents bzw. $9 bei
der maschinellen Ernte erhält. Das örtliche C.E.S. befindet sich an der Ecke Barolin/
Quay Street, Tel. (071) 524 377. Jobs vermittelt auch das *City Backpackers Centre*. Frank
Schiller kam in vier Wochen bei der Capsicumernte, das ist spanischer Pfeffer, auf
immerhin $1.400. Während seiner Zeit in Ayr im nördlichen Queensland vergaß er die
Tagesanstrengungen bei allabendlichen Discobesuchen. Begeistert berichtet er, daß in
jener Gegend sogar *beide* Arten von Musik beliebt seien: Country *und* Western....
Jan Minkow wurde vom nicht allzu freundlichen Arbeitsamt in Townsville nahegelegt,
nach Norden zu ziehen und auf den dortigen Zuckerrohr- und Bananenplantagen von
Cardwell und Innisfail zu jobben. Das *Backpackers Hostel* in letzterem Ort ruft für die
Reisenden bereitwillig örtliche Farmer an, und auch Jan gelangte dergestalt im September an eine Stelle, bei der er $8 pro Stunde erhielt, mit denen er ganz zufrieden war,
obwohl die Arbeit kein Zuckerschlecken war. Er konnte bis Weihnachten bleiben.
Im Januar und Februar zieht die Ernte im nördlichen Victoria stets zahlreiche junge
Leute an, die sich wenden können an: *Northern Victoria Fruitgrowers' Association*, 21
Nixon Street, PO Box 394, Shepparton, Victoria 3630, oder an *Victorian Peach and Apricot Growers' Association*, 21 Station Street, PO Box 39, Cobram, Victoria 3644. Freie Stellen sind von Ende Mai bis in den August hinein erhältlich. Am Anfang werden Einführungskurse abgehalten, die den Aushilfen schnell gute Ergebnisse ermöglichen sollen.
Nördlich von Perth, in Carnarvon, leiden über 100 Gemüse- und Bananenplantagen häufig unter Personalmangel. Da das Gebiet nördlich des 26. Breitengrades liegt, werden bei
der Besteuerung 15% abgezogen. Für das Tomatenpflücken erhält man von August bis
November stündlich $8; die Bananen wollen ab Anfang Oktober gepflückt sein. Es ist also
offenbar nicht leicht, in Victoria *keine* Arbeit zu bekommen. Schwierig wird's erst, wenn
der Wunsch nach akzeptablem Verdienst erwacht. Auf Anne Thomas wirkten die Birnenkisten zwar zunächst recht klein. Umso erstaunter war sie dann, wie lange es dauert, bis
sie endlich gefüllt sind. Tagelang fahndeten sie und ihre Mitstreiter nach Löchern im
Boden. Anne hatte auch nicht mit derlei körperlichen Anstrengungen gerechnet, und so
gab sie nach einer einzigen Woche, in der sie lediglich $100 verdient hatte, auf. Das
Gegenbeispiel liefert Oliver Herford, der es bei der Orangenernte in Muduberra in
Queensland zwar auch schwer fand, die Kisten zu füllen, sich aber ständig steigerte und
zum Schluß täglich vier oder fünf Kisten zu je $16 abliefern konnte.

New South Wales

Obst/Gemüse:	Gebiet:	Erntezeit:
Erdbeeren	Glenorie & Campbelltown	Sept. bis Dez.
Kirschen	Orange	Nov. bis Jan.
	Young	Okt. bis Dez.
Pfirsiche & Nektarinen	Glenorie	Okt. bis Jan.
	Campbelltown	Nov. bis Jan.

	Bathurst	Jan. bis März
	Young	Feb. bis März
	Leeton, Griffith, Forbes	Feb. bis Apr.
Pflaumen	Glenorie	Nov. bis Jan.
	Orange, Young	Jan. bis März
Aprikosen	Leeton, Griffith	Dez. bis Jan.
	Kurrajong	November
Äpfel & Birnen	Oakland, Glenorie, Bilpin	Jan. bis Apr.
	Griffith, Leeton	Jan. bis Apr.
	Armidale	Feb. bis März
	Forbes	Feb. bis Apr.
	Orange, Batlow	Feb. bis Mai
	Young	März bis Apr.
	Bathurst	März bis Mai
Orangen	Um Sydney, Narromine	Sept.bis Feb.
	Riverina, Mid-Murray	Sept.bis März
Zitronen	Um Sydney, Riverina	Juli bis Okt.
	Mid-Murray, Coomealla	Juli bis Okt.
Grapefruit	Mid-Murray	Nov. bis Apr.
	Curlwaa	Juni bis Feb.
Spargel	Dubbo, Bathurst, Cowra	Sept.bis Dez.
Weizen	Narrabi, Walgett	Nov. bis Dez.
Baumwolle	Warren, Nevertire, Wee Wa	Nov. bis März
Zwiebeln	Griffith	Nov. bis März

Südaustralien

Obst/Gemüse:	Gebiet:	Erntezeit:
Aprikosen	Riverland	Dez. bis Jan.
	(Waikerie, Renmark, Barmera, Berri, Loxton)	
Pfirsiche	Riverland	Jan. bis Feb.
Kürbis & Orangen	Riverland	Mai bis Juli

Victoria

Obst/Gemüse:	Gebiet:	Erntezeit:
Birnen & Pfirsiche	Shepparton, Ardmona,	Jan. bis März
	Tatura, Kyabram,	
	Invergordon, Cobram	
Tomaten	Shepparton, Ardmona,	Jan. bis Apr.
	Kyabram, Echuca, Tongala,	
	Rochester, Swan Hill, Elmore	
Tabak	Ovens, Kiewa Valley	Feb. bis Apr.
Kartoffeln	Warragul, Neerim	Feb. bis Mai
Kirschen	Wonga Park, Warburton	Nov. bis Dez.
Beeren	Sivan, Wandin,	Nov. bis Feb.
	Monbulk, Macclesfield,	

| Äpfel & Birnen | Hoddles, Creek, Daylesford Myrtleford, Mornington Goulburn Valley | März bis Mai Jan. bis Apr. |

Westaustralien

Obst/Gemüse:	Gebiet:	Erntezeit:
Äpfel & Birnen	Manjimup, Pemberton Bridgetown, Donnybrook, Balingup	März bis Mai
Orangen & Mandarinen	Bindoon, Lower Chittering	Aug.bis Sept.
Aprikosen	Kalamunda, Wallison, Pickering Brook	Dez. bis Jan.
Pfirsiche & Pflaumen	Kalamunda, Wallison, Pickering Brook	Dez. bis März
Melonen	Kununurra, Lake Argyle	Mai

Queensland

Obst/Gemüse:	Gebiet:	Erntezeit:
Bananen	Tully	Oktober
Tomaten	Bowen	Aug. bis Nov.
Pfirsiche & Pflaumen	Stanthorpe	Dez. bis März
Wassermelonen	Bundaberg	Nov. bis Dez.
Kartoffeln	Lockyer Valley	Okt.bis Dez.
Zwiebeln	Lockyer Valley	Sept.bis Okt.
Ananas	Nambour, Maryborough, Bundaberg, Yeppoon	Jan. bis Apr.
Äpfel	Stanthorpe	Febr.bis März
Zitrusfrüchte	Gayndah, Mundubbera	Mai bis Sept.
Erdbeeren	Redlands	Juli bis Nov.
Mangos	Bowen	Nov. bis Dez.
	Mareeba	Dez. bis Jan.

Tabak- und Hopfenernte

Auch bei der Tabak- und Hopfenernte läßt sich relativ leicht eine Arbeit finden. Die 20 Längengrade Unterschied zwischen den beiden Hauptanbaugebieten für Tabak, den Atherton Tablelands im nördlichen Queensland, sowie um Myrtleford im Landesinneren von Victoria, bewirken völlig unterschiedliche Erntezeiten: in Queensland wird im späten September oder frühen Oktober mit dem Pflücken begonnen und bis Weihnachten durchgearbeitet, allerdings können nur die großen Plantagen alle Pflücker die gesamten zweieinhalb bis drei Monate hindurch beschäftigen. In Victoria setzt die Ernte hingegen im späten Januar ein und dauert dann bis März. Theoretisch könnten Sie also ein halbes Jahr lang ununterbrochen bei der Tabakernte jobben.

In beiden Anbaugebieten gehören die meisten Farmen italienischen Einwanderern, die sich überwiegend antiquierte Techniken und konservative Vorstellungen über Arbeitsleistung bewahrt haben. Claudia Mansfeld reiste nach Myrtleford und bekam auch prompt eine Stelle auf einer Tabakplantage, wo Frauen jedoch nicht auf dem Feld arbeiten durften und sie die wesentlich schlechter bezahlte Tätigkeit in der Sortierscheune und beim maschinellen Zusammennähen der Tabakblätter in Kauf zu nehmen hatte. In beiden Gebieten kann die Ernte enttäuschend unregelmäßig verlaufen – wenn beispielsweise die Tabakpflanzen nicht kontinuierlich reifen oder die Erntemaschinen wieder mal kaputtgehen. Robert Kayser, der einige Monate auf Plantagen in Mareeba, Dimbulah und Chillagoe in Queensland verbrachte, schildert seine Vorgehensweise bei der Jobsuche:

Man kann einfach nur in der Dorfkneipe herumhängen und Farmer oder Arbeiter ansprechen oder den C.E.S. in Mareeba aufsuchen. Als erfolgversprechendsten Weg kann ich jedoch das Herumfahren und Nachfragen auf den Farmen selbst empfehlen. Diese Tour durch die Landschaft erweist sich übrigens als ungemein beeindruckend: Kilometer um Kilometer nähert man sich auf unasphaltierten Straßen den Farmen, die schon aus großer Entfernung leicht an den hohen Schornsteinen und den grünschimmernden Flecken der Tabakfelder zu erkennen sind.

Die Anbaugebiete sind jedoch wegen häufig auftretender Streitigkeiten und Gewalttätigkeiten verrufen. Die Stimmung erinnert ein wenig an den Wilden Westen – weswegen sich ein Besuch schon allein aus soziologischen Gesichtspunkten lohnen würde....

Obwohl in Australien schier ungeheure Mengen an Bier konsumiert werden, beschränkt sich der Hopfenanbau auf wenige Gebiete, wie das Landesinnere New Norfolks rund um die Hauptstadt Hobart, das Scottsdale in Tasmanien und die Gegend um Devonport. Tatjana Nesch verbrachte von Ende März bis Mitte April drei Wochen bei der Hopfenernte in Scottsdale, arbeitete an den Maschinen in der Hopfenscheune, wo die Blätter von den Pflanzenstengeln gezupft werden und die meisten Beschäftigten Frauen waren. Eine Unterkunft wurde nicht gestellt, so daß die Frauen für $10 pro Woche in vermieteten Campingwagen wohnten. Fast alle Aushilfen stammten aus der Gegend, kamen aus allen Altersklassen und lebten zum Teil ausschließlich von der Hopfen- und Apfelernte. Tatjana verdiente für die ermüdende Arbeit in 18 Tagen stolze $1000.

Industriearbeit

In der Konservenindustrie finden während der Erntezeiten stets auch unzählige Teilzeitkräfte eine Arbeit. Reisende empfehlen insbesondere die *Golden Circle Cannery* in der Nähe des Bindha-Bahnhofes in Brisbane. Während der Ananassaison, die von Mitte Februar bis Anfang April währt, lohnt es sich, frühmorgens in der Kantine dieser Fabrik aufzukreuzen und arbeitswillig auszusehen. Andererseits läßt Roland Höve an diesem Job kaum ein gutes Haar:

Die Arbeitsbedingungen sind geradezu entsetzlich: es stinkt erbärmlich, ist heiß und darüberhinaus noch so laut, daß überhaupt keine Unterhaltung möglich ist. Ohne Ohrenschützer bereitet der Maschinenlärm richtiggehend Schmerzen. Der Stundenlohn von $6,50 erbringt somit einen durchschnittlichen Tagesverdienst von $52, oder von $90, wenn man bereit ist, Überstunden abzuleisten.

Zu ähnlichen Bedingungen kann man auch in der *Campbell Brother's Soap Factory*, Campbell Street, Bowen Hill, Tel. 253 6111, anfangen. Der Stundenlohn betrug zuletzt $9,75 für Hilfskräfte, die älter als 21 Jahre sind. In nahezu allen Anbaugebieten haben sich verarbeitende Betriebe angesiedelt, welche wie die Farmen während der Erntezeit zusätzliche Aushilfen benötigen. Das besondere Augenmerk sollte den Marmeladenfabriken gelten: ein Job beim Mangoschälen bringt Ihnen womöglich ebensoviel ein wie Rebecca Stein, die sich nach sechs Arbeitswochen ein Flugticket auf die Fidschi-Inseln leisten konnte. Die Hochsaison in der südaustralischen Konservenindustrie dauert von Mitte Februar bis Ende März.

Arbeit in einer Fabrik ist leicht zu finden, durch Stellenanzeigen in lokalen Zeitungen oder Unterhaltungen mit anderen Reisenden. Andreas Walden befand sich gerade in der Jugendherberge in Adelaide, als er gemeinsam mit der Hälfte der anderen Herbergsbewohner bei einer Firma für Klimageräte angestellt wurde. Der Stundenlohn betrug $8.57, dank der 30%-igen Nachtzuschläge verdiente er in einer Woche mit sieben Nachtschichten beinahe $500 netto. Gelegentlich winken auch andere Sonderzahlungen. Wenn der Arbeitgeber die eingeplante Schicht erst kurz vor deren Beginn absagt, stehen dem nunmehr Beschäftigungslosen nach den australischen Bestimmungen drei volle Stundenlöhne sowie die Anfahrtskosten zu.

Beim C.E.S. kann man ab und an Jobs in Kaufhäusern bekommen. Arnfried Johner rät, bei *Glassmaster* in Sydney, 620 Botany Road, Alexandria, Tel. 693 2211, vorbeizuschauen, wo er sich für sechs Wochen als Packer verdingt hatte und dabei viele Lastwagenfahrer kennenlernte, die ihn später nach Cairns, Perth und Darwin mitnahmen.

Bergbau

Der australische Bergbau floriert nicht mehr ganz so wie noch vor zehn Jahren. Entsprechend nehmen die Stellenzahlen in diesem Bereich rapide ab. Anfang der 80er Jahre noch verdienten auch viele junge Australier in den Ferien dort ihr Geld. Mittlerweile muß man in der Eisenerzindustrie Mitglied einer Gewerkschaft sein und darf oft ohne Zahlung seines Beitrags noch nicht einmal das Firmengelände betreten, um nach Arbeit zu fragen. Übrigens gilt das auch für die geschilderten Jobs in der Konservenindustrie. Roland Höve erhielt nach Zahlung eines Vierteljahresbeitrages an die *Storeman and Packers Union* die Erlaubnis, »bevorzugt« nach einer Arbeit zu suchen. Wer eine im Bergbau sinnvoll einzusetzende Ausbildung abgeschlossen hat oder in Geologie beschlagen ist, hat natürlich bessere Chancen. Wer hingegen Erfahrungen bei der Ölförderung sein Eigen nennt, sollte versuchen, auf den Bohrinseln vor der Küste, etwa beim Barrow Island in Westaustralien unterzukommen. Hier wird derzeit gerade die Entwicklung von Bohrinseln zur Gasförderung vorangetrieben, wodurch die Küstenstädte Dampier und Karrath in der Pilbara-Region sichtlich aufgeblüht sind.

Die Zentren des Bergbaus sind Perth und Darwin. Vor einiger Zeit waren Zechenarbeiter in der nordaustralischen Stadt noch so gesucht, daß Personalchefs selbst Rucksacktouristen auf der Straße anredeten. Inzwischen muß man sich sehr anstrengen, um hierbei eine Arbeit zu finden. Nick Wetterstein suchte zunächst erfolglos die Büros der Bergwerksbetreiber auf, anschließend die auf Bergbau spezialisierten Arbeitsvermittler, welche sich in Darwin in den Verwaltungstürmen an der St. Georges Terrace zwischen Nr. 191 und 197 angesiedelt haben. Nachdem ihm auch dort kein Glück beschieden war, entschloß er sich, weiter abseits gelegene Minen zu besuchen:

Ich trampte also nach Norden und fragte in den Minen selbst nach, wo mir jedoch erklärt wurde, daß nur in Ausnahmefällen neue Arbeitskräfte eingestellt würden. Nachdem ich also immerhin zwei- bis dreitausend Meilen hierher getrampt hatte, war ich schon reichlich deprimiert. Schließlich nahm ich das Angebot als Lagerarbeiter bei der Western Mining Corporation, 181 Great Eastern Highway, Belmont, Perth, *an. Der Job, in der Zeitung von Perth ausgeschrieben, führte mich mit vielen anderen Ferienjobbern zusammen.*

Beim Bergbau blüht zur Zeit nur noch das Abraumen von Golderz. Hier muß man nicht unbedingt Gewerkschaftsmitglied sein. Neben Townsville oder Charters Towers ist Kalgoorlie in Western Australia das eigentliche Oberzentrum der Goldgewinnung, welches unter anderem von Jens Peter empfohlen wird:

Es gibt nämlich neben der reinen Minenarbeit noch unzählige weitere Arbeitsgelegenheiten: junge Leute werden eingesetzt als Hilfsarbeiter, welche übrigens »Offsider« genannt werden, bei Landbegehungen, Probebohrungen und so fort. Als ein solcher »Offsider« mußte ich einmal mit einem Walkie-Talkie, einer Axt, einem Maßband und Markierungsstangen durch den dichten Busch kriechen, während mein Boß bei den Meßgeräten blieb und lediglich darauf achtete, daß ich die Pflöcke in geraden Linien setzte. Manchmal blieben wir über Nacht draußen im Gelände, was mir gar nicht in den Kram paßte, denn für meine Arbeit bekam ich pauschal $60-75 am Tag.

Um solche Jobs zu finden, suche man aus den Gelben Seiten alle Minenbergwerke und Firmen für Probebohrungen, Landvermessungen und -begehungen heraus, die sogenannten *Mining-, Drilling-* und *Surveying-Companies* . Sodann ruft man an oder geht gleich vorbei. Auch der C.E.S. verteilt eine entsprechende Adressenliste. Die Jobs im Busch werden ausgesprochen gut bezahlt: $500 in der Woche bei freier Unterkunft im Caravan sind durchaus nicht unüblich. Ansonsten kann man in Kalgoorlie auf dem Campingplatz für knapp $20 pro Woche zelten.

Recht beliebt ist verständlicherweise die Suche nach Opalen, das Durchstöbern der Gesteinsformationen rund um Coober Pedy. Anne Weichbrodt fand in einer zweitägigen Glückssträhne sieben dieser wertvollen Steine. Einer von ihnen war immerhin $100 wert. Nach diesem »Mitbringsel« kann man übrigens auch in Mintabe, einer entlegenen Aboriginee-Gegend in Südaustralien, fahnden, deren Betreten aber nur mit $5 teuren Erlaubnisscheinen möglich ist. Die Firma *Inchcape*, 50 Murray Road, Welshpool, W.A. 6106, Tel. (09) 458 7999, bereitet in einem Vorort von Perth Gesteinsproben für die Analyse auf. Für diese Arbeit, die mitunter als äußerst dreckig und langweilig beschrieben wurde, erhalten Aushilfen durchschnittlich $9 pro Stunde. *Inchcape* betreibt im übrigen auch Zweigstellen in Kalgoorlie, Darwin, Brisbane, Burnie, Cairns, Townsville und Adelaide.

Bauarbeiten

Am Ende der Regenzeit im Mai strömen gerade seit der Fertigstellung seines neuen Flughafenterminals unzählige Arbeitsuchende nach Darwin und in die umgebenden Northern Territories, so daß es sich empfiehlt, schon einige Zeit vorher anzureisen. Dann läßt sich noch vor dem großen Ansturm eine Stelle besorgen. Auch in Broome stehen die Jobaussichten nicht schlecht. Daniel Oltmann bekam innerhalb weniger Stunden drei Jobs angeboten – ohne überhaupt danach gefragt zu haben! Er prophezeit für die nächsten Jahren dort reichlich Arbeit, zumindest auf Baustellen. Nehmen Sie nach Broome aber auf jeden Fall ein Zelt mit, da günstige Unterkünfte äußerst dünn gesät sind. Selbst Jobber, die sich schon längere Zeit dort aufhalten, leben noch immer in Zelten oder Wohnwagen.

Wer Arbeit auf einer Baustelle erhält, profitiert von den guten Konditionen, welche die starke Baugewerkschaft aushandeln konnte. So erhalten zum Beispiel Arbeiter in Gebäuden mit mehr als acht Stockwerken grundsätzlich einen Höhenzuschlag, selbst wenn sie das Erdgeschoß gar nicht verlassen. Adressen und Telefonnummern der großen Umzugsfirmen, z.B. *United* oder *TransCity*, sind den »Gelben Seiten« zu entnehmen.

Durch den touristischen Boom der letzten Jahren, unter anderem durch die »Expo 88« in Brisbane und verschiedene andere Großprojekte wie die Erweiterung des Hafens von Townville, wird es sicherlich auch in Zukunft in der Küstenregion von Queensland noch reichlich Aushilfs- und auch qualifiziertere Jobs geben. Die Entstehung neuer Yachthäfen bei Bowen und Whitsundays wirft ebenso erfreuliche Schatten voraus.

Fahrer

Nicht selten erhielten Reisende schon Stellen als Kraftfahrer, nachdem sie sich der Mühe unterzogen hatten, den besonderen australischen B-Führerschein für Überlandtrucks zu machen. Daniel Oltmann machte sich keine Sorgen über ein schlechtes Abschneiden bei der Prüfung:

Der Fahrtest besteht daraus, den Laster irgendwie um einen Häuserblock zu manövrieren, während der Prüfer gelangweilt aus dem Fenster blickt: verursacht man keinen Unfall, hat man bestanden. Allerdings kostet der Spaß inklusive einiger Fahrstunden und der Prüfungsgebühren etwa 200 Dollar. Das ist die Sache aber wert, weil es in Australien massig gutbezahlte Jobs für Kraftfahrer gibt.

Daniel gefiel es in Broome so gut, daß er eine ganze Weile für *Chinatown Taxis* unterwegs war, eine Firma, der es chronisch an Fahrern mangelte. Später nahm er im südaustralischen Ceduan am Nullarbor Highway, wiederum eine Arbeit als Taxifahrer an. Viele der Einheimischen hatten ihre Stellen nämlich wegen Alkohol am Steuer eingebüßt. Auch in den Städten kann der Führerschein den Weg zu einem Job ebnen: in Zeitungen wie *The Age* kann man regelmäßig eine Unzahl von Annoncen für Möbelwagen- und Taxifahrer, in Victoria übrigens »Jockeys« genannt, lesen.

Tourismus und Gastgewerbe

Die Palette der Jobs in diesem Bereich ist weit gestreut, von den schon erwähnten Stellen als »Smut« oder »Smutin« auf einem Fischerboot bis zur Vertretung eines erkrankten Jugendherbergsvaters irgendwo im Urwald Tasmaniens. Vielleicht finden Sie sich aber auch am Bierausschank eines Gasthauses an einer Straße im menschenverlassenen, australischen Nordwesten wieder – oder im vornehmen Restaurant des *Gallipoli Memorial Clubs* in Sydney. Die Arbeitsbedingungen sind für Aushilfen im Gastgewerbe auf dem fünften Kontinent deutlich besser als in Europa, die Löhne zudem höher: üblich sind $8,50-9 in der Stunde. Wochenenden und Feiertage werden mit einem Überstundentarif von 150% berechnet. Weil die Bezahlung im Gastronomiebereich aber so gut ist, geben Australier andererseits auch nur wenig Trinkgeld. Weit verbreitet sind in allen größeren Städten die sogenannten »Topless-Bars«, so daß sich alle Frauen ihren Arbeitsplatz vor Annahme einer Stelle sehr genau ansehen sollten!

Für die Kosten von Unterkunft und Verpflegung, die in den seltensten Fällen inbegriffen sind, muß man monatlich mit etwa $100-150 rechnen. Wie schon angedeutet, sind besonders erfahrene oder ausgebildete Köche gefragt und werden ausgesprochen gut bezahlt. $750 netto für zwei Wochen als Chefkoch einer Armeeeinheit in Sydney, oder $400 pro Woche bei freier Logis in einem Motel in Kununurra, einem typischen Outback-Weiler in Western Australia, sind jedenfalls kein Einzelfall.

Queensland

Wegen seiner besonderen Anziehungskraft auf Touristen wie auf Jobsuchende gestaltet sich unser Unterfangen in Queensland etwas schwieriger. Arbeitsplätze mit bereitgestellten Unterkünften bekommt man am wahrscheinlichsten in Ferienanlagen und -orten wie Surfer's Paradise oder Noosa Heads an der Küste und auf den vorgelagerten Inseln, wenngleich dort die Konkurrenz um die Stellen am heftigsten ist. Die Saison beginnt im März nach den letzten Stürmen, die im Winter so verheerend über das Land ziehen, und dauert bis Weihnachten. Erstaunlich viele Hotel- und Restaurantmanager sehen es gar nicht gerne, wenn ihre Aushilfen länger als drei Monate bleiben möchten, und sind überdies bekannt dafür, daß sie ihre Leute von einer Minute auf die andere an die Luft setzen, ohne Ausgleichszahlungen oder Urlaubsgeld.

Die Feriengebiete am Great Barrier Reef bis nach Port Douglas im Norden, das bereits über ein *Sheraton*-Hotel verfügt, entwickeln sich mit atemberaubender Geschwindigkeit, erfreuen sich insbesondere einer steigenden Zahl japanischer Kunden. Wer demzufolge schon einmal durch Japan gereist ist und dabei ein paar Sprachhäppchen aufgeschnappt hat, sollte die Nase vor seinen Mitbewerbern haben. Thomas Schwarz bekam seinen Job auf den Whitsunday Islands jedoch auch ohne exotische Sprachkenntnisse: *In Airlie Beach, wo ich gerne gearbeitet hätte, erhielt ich leider keinen Job. Also fuhr ich am nächsten Tag nach Hamilton Island und suchte buchstäblich jeden möglichen Arbeitgeber auf, kam aber wiederum nirgends unter. Kurz bevor ich die Waffen wirklich strecken wollte, bekam ich in einem Hotel direkt am Strand endlich einen Job als Küchenjunge. Zahllose Jobber aus aller Herren Länder arbeiteten auf dieser Insel, und auch ich verbrachte dort fast zehn Wochen, in denen ich nahezu 4.000 Dollar verdiente.*

Auf Hamilton Island wird grundsätzlich das »Working Holiday Visa« erwartet. Viele der kleineren Inseln entlang des Barrier Reef, wie Hayman, Great Keppel, Dunk oder Fitzroy Island, werden völlig von großen Hotelkomplexen beherrscht, so daß Gelegenheiten, seinen Lohn bei irgendwelchen Freizeitvergnügungen rasch wieder auszugeben, selten auftauchen. Wer also ernsthaft Geld zusammensparen möchte, ist auf diesen Inseln ausnehmend gut aufgehoben. Beim C.E.S. in Prosperpine, Cannonvale, Mackay oder Townsville sollten zuvor jedoch Erkundigungen über die jeweilige Jobsituation auf den Inseln eingezogen werden, damit die teure Überfahrt sich wirklich lohnt. Der Reiseveranstalter *Contiki* in Sydney, Tel. (02) 389 0999, stellt Aushilfen in großer Zahl ein. Kreuzfahrtschiffe wie die *Atlantic Clipper*, *Queen of the Isles* oder die *Nole Buxton*, welche alle auch befristet Personal einstellen, verkehren ab Cairns. Anne Weichbrodt erhielt als Gegenleistung für ihre Mitarbeit auf der *Clipper* die Gelegenheit, während der sechstägigen Kreuzfahrt nach Lust und Laune die Inseln zu durchstreifen oder zu schnorcheln. Wenn sie länger geblieben wäre, hätte ihr auch ein Festlohn zugestanden.

Wintersportgebiete

Wintersport in den australischen Alpen befindet sich derzeit voll im Aufwärtstrend. Touristisch reizvoll und entsprechend ausgebaut sind das Skisportzentrum Australiens, Thredbo in den Snowy Mountains, sodann Mount Buller, Falls Creek, Baw Baw und Hotham im Bundesstaat Victoria, wo die Wintersaison je nach Schneelage etwa Anfang Juni beginnt und bis in den September hinein dauert. Die dortigen Hotels haben jedoch meist das ganze Jahr über geöffnet. Auskünfte hierüber halten die C.E.S.-Büros in Wangaratta oder Cooma bereit. Um in diesen Gegenden eine Stelle zu bekommen, ist es aber immer noch am besten, unbefangen irgendwo reinzumarschieren und einfach zu fragen. Falls man selbst Ski fahren möchte, lohnt sich natürlich vor allem ein Arbeitgeber, der unter seinen Angestellten Skipässe verteilt, wie das *Alpine Hotel* in Thredbo.

Denise Kraft begab sich unmittelbar nach ihrem Job als Kellnerin in Sydney ins *Hotel Arlberg* am Mount Hotham, Tel. (057) 593 618, wo sie als Arbeitskraft im Sommer 1990 den besten Winter seit zehn Jahren miterleben durfte. Sie empfiehlt Weltenbummlern alle Touristenetablissements wie *Jack Frost's Restaurant, General Store & Bistro Tavern, BJs,*

Herbies usw. Mitte der Saison erfolgt in der Regel ein erheblicher Austausch im Personal. Dennoch bleibt die Stellensituation im Mai oder Juni immer noch erfolgsversprechender.

Städte

Insbesondere Sydney und Melbourne bieten stets und reichlich Jobmöglichkeiten, wie die Australierin Alison Baker berichtet, die zehn Jahre lang im Gastgewerbe ihres Heimatlandes tätig war und ihre dabei gesammelten Erfahrungen zusammenfaßt:

Auch gänzlich unerfahrene Neulinge können in Australien einen Job in einem Fünf-Sterne-Betrieb finden; vorausgesetzt nur, man sieht adrett und sauber aus und ist arbeitswillig. Ich selbst habe lange in der Cocktailbar des Regent Hotel in Melbourne gearbeitet, wo mir auffiel, daß die Personalleitung gerne völlige Anfänger einstellte, weil diese dann entsprechend den Vorstellungen des Hotels ausgebildet werden konnten. Für kürzerfristige Aushilfsjobs wären die renommierten Hotels wie das Hyatt oder das Hilton bessere Anlaufadressen: die Arbeitskleidung wird hier grundsätzlich gestellt, und das Trinkgeld ist in der Regel auch mehr als zufriedenstellend. Eine Unterkunft gibt es zwar nicht, man kann aber in der Personalkantine günstig und vor allem ganz hervorragend essen.

Am anderen Ende der Skala liegen die »Fast Food«-Restaurants. In Melbourne wird von vielen Jobbern speziell das *Fast Eddy's* am oberen Ende der Burke Street empfohlen, wo übrigens 95 Prozent der Belegschaft Ferienjobber sind. In Sydney lohnt sich ein Versuch im *Real Ale Café*, Tel. 262 3277, welches zuletzt pro Stunde $9 auszahlte. Gemeinhin ist die Arbeit in kleinen und überschaubaren Familienbetrieben angenehmer als in Großunternehmen, doch das muß durchaus nicht immer so sein. Louisa Fitzgerald weiß davon ein Lied zu singen:

Vereinbaren Sie vor der Arbeitsaufnahme unbedingt einen festen Lohn. Viele Bosse versuchen, die Aushilfen hereinzulegen und für soviel Leistung, wie sie nur aus ihnen herausquetschen können, Hungerlöhne zu zahlen. Ich selbst machte in einer Sandwich-Bar in Marrikville, einem westlichen Vorort von Sydney, mit solch einem Sklaventreiber schlechte Erfahrungen, denn ich erhielt pauschal 115 $ in der Woche – unabhängig davon, wieviele Stunden ich geleistet hatte. Lassen Sie sich auch nicht von vermeintlich verlockenden Angeboten wie steuerfreier Barauszahlung usw. verführen. Besonders kleine Betriebe wie Cafés und Sandwich-Bars versuchen es immer wieder damit, doch in Wirklichkeit wird das Geld dann irgendwie anderweitig abgezogen.

Ein ähnlich ausbeuterisches Verhalten stieß uns auch von einigen Arbeitgebern in Perth zu Ohren: wie er im nachhinein feststellen mußte, arbeitete Leon Sterz für 4 $ in der Stunde im *Great Western Hotel*, William Street. Achten Sie also immer darauf, daß ein akzeptabler Lohn, die Wochenstunden usw. *fest* vereinbart werden und die Bezahlung den gewerkschaftlich vorgegebenen Mindestlöhnen entspricht. In Perth finden sich die besten Jobs zur Hochsaison, also zwischen April und September, in den Bars und Restaurants der Innenstadt, in den Stadtteilen Freemantle und Northbridge, außerdem in der Gegend um die William- und James Street. Vielleicht wegen seiner geringen Einwohnerzahl (60.000) greifen Bars und Restaurants von Darwin überwiegend auf Saisonkräfte zurück. Zum unschätzbaren Vorteil, daß Arbeitsstellen dadurch leichter zu finden sind als in den Metropolen Sydney und Melbourne, kommen preisgünstigere Unterkünfte.

Großveranstaltungen

Bei Großveranstaltungen und Festen fällt normalerweise immer ein gewaltiges Spektrum von Aushilfsjobs an. In Melbourne zum Beispiel findet jährlich am ersten Dienstag im November der »Melbourne Cup« statt. An diesem Tag haben sämtliche Geschäfte, Behörden und Schulen geschlossen. Von Ende Oktober bis Anfang November bieten sich rund um diese Veranstaltung vielerlei Arbeitsmöglichkeiten, und zwar nicht nur in den hoffnungslos überfüllten Hotels, sondern auch den vielen Bewirtungsbetrieben, die händeringend Aushilfen suchen: der Traitteur *Rowland's* versorgt die besseren Leute, während *O'Brien Catering*, Tel. 338 1600, Millionen von belegten Brötchen für den Verkauf während des Cups und an der Rennbahn, dem »Flemington Race Course«, fabriziert. Eine ganze Armee an Reinigungspersonal wird nach der Veranstaltung benötigt, um den von über 15.000 Rennplatzbesuchern hinterlassenen Müll wieder wegzuräumen. Eventuell werden auch zusätzliche *Pedicab*-, also Riksha-Fahrer benötigt: Auskünfte unter der Telefonnummer 890 2991.

Ein weiterer Großkampftag im australischen Sportkalender ist der »Adelaide Grand Prix«, der ebenfalls Anfang November stattfindet. Bei den Aufräumarbeiten verdiente Andreas Wecker in fünf Stunden $41. Weniger Glück hatte er auf dem Melbourne Cricket Ground, wo er wie aufgefordert pünktlich um 7.15 Uhr auf der Matte stand, dann aber doch nicht gebraucht wurde und die $11 pro Stunde, die zu verdienen gewesen wären, in den Wind schreiben konnte. Bei einem Messeanbieter mitzuwirken, hat gewiß seine Reize. Allerdings muß man dabei auch hart und lange arbeiten, manchmal 14 Stunden am Tag. Dafür ist der Verdienst mit bis zu $100 am Tag nicht zu verachten. Die *Melbourne Show* wandert von Adelaide über Melbourne und Sydney bis hinauf zur Goldküste und bleibt an jedem Ort sechs bis zehn Tage. Näheres bei den örtlichen Tourist Offices. Die zahllosen herrlichen Strände legen die Vermutung nahe, daß man ganz prima Erfrischungen an die Sonnenanbeter verkaufen kann! Nehmen Sie jedoch die Örtlichkeiten vorher genauestens unter die Lupe, denn nicht selten wird das Verbot solchen Direktverkaufes streng überwacht von sogenannten Strandinspektoren: zwei unserer Leser wollten am Bondi Beach Obst anbieten, wurden aber schon nach 20 Minuten wieder verjagt. Unser Tip für alle, die jetzt etwas näher heranrücken und ihn nicht weitererzählen: wie wär's denn, wenn Sie sich einfach um eine Anstellung als Strandinspektor bemühen? Wer denkt denn da gleich an Bock und Gärtner?

Das Landesinnere

Zum berühmten Ayers Rock pilgern Jahr für Jahr 200.000 Touristen. Der nächstgelegene Ort ist in 20 Kilometer Entfernung Yulara: wiewohl erst 1984 gegründet, hat die Stadt sich inzwischen zur viertgrößten der Northern Territories gemausert. Ständig werden neue Hotels gebaut, die alten auf einen höheren Standard getrimmt, Pläne für die nächsten Gebäude gezeichnet und verworfen. Zwar gibt es in Yulara eine lange Warteliste von Jobsuchenden, doch die Fluktuation innerhalb des Gastronomiegewerbes ist enorm: wer es zwei Jahre durchhält, bekommt die »Long Service Award«-Prämie. Saisonpersonal wird von den Arbeitgebern untergebracht.

Alice Springs gehört nicht zuletzt wegen dieses erwähnten erstaunlichen Gesteinsklotzes zu den beliebtesten Touristenzielen in Australien. Ein Reisender, der jüngst in der dortigen *Arura Safari Lodge* gewohnt hatte, teilte uns sein Erstaunen mit, daß acht der zwölf dort Station machenden Frauen zugleich als Tischbedienung oder an der Bar angestellt waren. In Touristenorten wie Alice Springs fehlen Aushilfen oft auch in den Einzelhandelsgeschäften: Albert Grüner und Martin Spier bewarben sich kurz vor Weihnachten im *K-Mart-Store*, einem kleineren Kaufhaus, und bekamen sofort einen Job in der Haushalts- und Gartenabteilung. Ihre Löhne als Aushilfen lagen bemerkenswerterweise höher als die der Festangestellten. Michael Knöpper fand Arbeit in einem Supermarkt in Coober Pedy, der Opalmetropole des Landes im südaustralischen Outback, wo er mit mehreren anderen Aushilfen jeden Mittwochabend beim Entladen der per Schiff ankommenden Waren und dem anschließenden Einräumen in die Regale beschäftigt war. Der Lohn dafür waren allerdings nur bescheidene $6 pro Stunde.

Jobmöglichkeiten winken in den abgelegensten Winkeln dieser Welt. Adrian Mackart wurde als Koch im *Overland Motor Inn* von Kununurra übernommen, an einem Ort, der 900 km südwestlich von Darwin gelegen der gesamten Menschheit »bis dahin wohl noch gar nicht bekannt war«. Später gestand er seine Fehleinschätzung: Kununurra sei ein wundervolles Nest und wimmle während der Trockenzeit von Mai bis Oktober vor Stellen in der Tourismusbranche und auf den Feldern. Rudolf Mooshuber war dagegen von einer anderen Stadt an der Küste Westaustraliens beeindruckt:

Broome ist ein verschlafenes, fast schon asiatisch anmutendes Nest, ausgesprochen hübsch anzusehen und besitzt darüberhinaus den schönsten Strand ganz Nordwestaustraliens. Die Verwaltung des Bundesstaates hat, von Perth aus, eine durchgehend asphaltierte Straße hierher legen lassen und versucht nun, Touristen und Investoren mit der Verlockung einer neu entstehenden »Goldküste« zu ködern. Auf Frauen warten unzählige Jobs in Bars und Restaurants, besonders in der Hochsaison von Mai bis September. Kurz vor dem Einsetzen des Monsunregens Anfang September wird noch einmal ein großes Fest veranstaltet, zu dem Leute aus der ganzen Umgebung herbeieilen: danach wird das Reisen in der Gegend unwahrscheinlich mühsam, bisweilen sogar gefährlich.

Auch in Australien gilt die alte Beobachtung: je niedriger der Lohn, desto schneller dreht sich das Personalkarrussell. Der niedrige Lohn muß aber nicht durchweg der Kündigungsgrund sein. Es kann nämlich durchaus vorkommen, daß die Arbeit an einer Tankstelle in einer menschenleeren, einsamen Gegend so deprimierend ist, daß man sich bald aus dem Staub macht. Die typische Station besteht aus ein paar Spritsäulen, einem Geschäft, einer Bar – und nur alle paar hundert Kilometer findet man einen solchen Rastplatz in der schier endlosen Wüste. Im Sommer wird es zudem unerträglich heiß. Übrigens ein wohlgemeinter Ratschlag, falls Sie auf eine Stelle in Marble Bar stoßen: verzichten Sie darauf und ab durch die Mitte! Dies ist nämlich die Stadt mit den höchsten Durchschnittstemperaturen der Welt: im Sommer 50 bis 52 °C – im Schatten wohlgemerkt.

Der australische Pub

Bis vor knapp 20 Jahren noch durften die Kneipen lediglich zwischen fünf und sechs Uhr nachmittags Alkohol ausschenken, was natürlich zu barbarischen Trinkgewohnheiten führte: in erstaunlicher Wettbewerbsfreude versuchten die Leute in atemberaubend kurzer Zeit, so viel wie nur möglich in sich reinzuschütten. Das Ergebnis: eine ganze Nation torkelte mit »six o'clock swill« in den Abend. Heutzutage dürfen die Gasthäuser zwischen 10 und 22 Uhr ausschenken, freitags und samstags bis Mitternacht, und sind mittlerweile in der Regel so gut geführt, daß Angestellte zufriedenstellend behandelt werden. Der Trend zur aufgedonnerten Yuppiebar macht sich zwar schon im Hinterland breit, doch im allgemeinen wird die australische Kneipenlandschaft noch immer dominiert von Männer, von exzessivem Trinkgebaren und von hartem, aber herzlichem Spott über die

Mädchen hinter der Bar. Gelegentlich können die ewigen Gespräche über Sport oder der ewige Vergleich zwischen Australien und Europa, der selbstverständlich stets zu Ungunsten des Alten Kontinents ausfällt, den eigenen Keks ganz schön strapazieren. Selbst wenn Sie vielleicht schon in einer Kneipe gearbeitet haben, dauert es sicher eine geraume Weile, bis Sie die einzig korrekte Technik beim Einschenken des australischen »Lager«-Biers beherrschen. Daneben überraschen erstaunliche Variationsmöglichkeiten innerhalb der einzelnen Staaten und Gegenden, in Bezug auf Form und Größe von Biergläsern, von den winzigen Probiergläschen in Tasmanien bis zu den Riesenhumpen (5,7 Liter) in Neusüdwales: dazwischen liegen »Middies«, »Schooners«, »Pots« und »Butchers«. Der »Pub« ist wie überall ein geeigneter Platz, um Informationen über örtliche Arbeitsmöglichkeiten zu sammeln. In der *Animal Bar* in Karumba in Queensland treffen sich beispielsweise die Fischer des Ortes, und im *Snake Pit* kommen die Orangenpflücker von Waikerie jeweils Freitag abends zusammen.

Jugendherbergen

Die australischen Jugendherbergen können sich hinsichtlich Jobinformationen geradezu als Goldminen erweisen, denn nicht selten sind die Herbergsväter ausgesprochen hilfsbereit, wie auch Lars Steuermann bestätigt:
Der Herbergsvater des Perth Youth Hostel in der Francis Street ist äußerst nett und hilfsbereit, der örtliche C.E.S. das genaue Gegenteil davon.
Manchmal findet man in der Jugendherberge selbst eine Arbeit. Die JH-Organisationen der einzelnen Bundesstaaten sind weitgehend unabhängig voneinander, und so sind die Methoden recht unterschiedlich, mit denen während der Hochsaison zwischen Dezember und Februar oder während der Nebensaison, wenn die Herbergsväter Urlaub machen wollen, Aushilfen und Vertretungen gesucht und eingestellt werden. In der Nähe einer Jugendherbergszentrale lohnt sich also stets eine Nachfrage, ob man sich vielleicht bewerben oder wenigstens auf einer Warteliste eintragen könne.
Die Anschriften der jeweiligen JH-Verwaltungen im einzelnen: *Queensland:* 1st Floor, WestPac Bank Building, Ecke George und Herschel Sts, Brisbane 4000, Tel. (07) 236 1680. *New South Wales:* 176 Day Street, Sydney 2000, Tel. (02) 267 3044. *Victoria:* 205 King Street, Melbourne 3000, Tel. (03) 670 3802. *Tasmania:* 1st Floor, 28 Criterion Street, Hobart 7000, Tel. (002) 349 617. *Südaustralien:* 38 Sturt Street, Adelaide 5000, Tel. (08) 231 5583. *Western Australia:* 65 Francis Street, Perth 6000, Tel. (09) 227 5122. *Northern Territory:* Darwin Hostel Complex, Beaton Road, via Hidden Valley Road, Berrimah NT 0821, Tel. (089) 843 902.
Es kann durchaus mal vorkommen, daß der Herbergsvater einfach fragt, ob man nicht für ein paar Tage das Haus betreuen möchte, währenddessen er mit seiner Familie einen Kurzurlaub macht. Eine eigentliche Bezahlung erhält man zwar selten, doch der Spaß, auch mal den Boss spielen zu dürfen, wiegt diesen Nachteil voll auf. Und schließlich sind die Jugendherbergsverbände auf freiwillige Mithilfe angewiesen, weshalb Helfer, die sich mit einem Bett und freier Verköstigung zufrieden geben, stets mit offenen Armen empfangen werden.

Fischfang

In den Küstenstädten Broome, Darwin, Cairns, Townsville oder Kurumba winkt gelegentlich Arbeit auf Krabbenfischerbooten. Sie können diesbezüglich in Queensland bei den

Firmen *Raptis* oder *Toros*, auf kleineren Schiffen dagegen beim Eigner selbst nachfragen. Die Fangfahrten dauern selten länger als einen Tag.

Die Arbeit auf den Schiffen besteht aus Netzflicken oder dem Sortieren des Fanges und ist besonders während der »Banana Prawn«-Saison im März und April äußerst anstrengend. Diese Garnele lebt in großen Schwärmen. Und da meist der ganze Schwarm eingefangen wird, erfordert dessen Einholen höchste Konzentration und Anstrengung. Frauen finden auf den Schiffen gemeinhin Arbeit als Köchin, sollten jedoch schon vor dem Betreten des Schiffes beziehungsweise vor Unterzeichnung des Arbeitsvertrages klarstellen, daß sie nicht für die Gestaltung des Freizeitangebots auf dem Schiff verantwortlich sind. Diesbezüglich kursieren nämlich zahlreiche unschöne Geschichten. Doch auch Männer leben auf See nicht ganz ungefährlich: wer dem Käpt'n auf die Nerven geht und ihn zur Entscheidung treibt, ein weiteres Verbleiben auf dem Schiff sei unerträglich, wird eventuell einfach auf irgendeinem südpazifischen Atoll ausgesetzt.

Die Schiffseigner stellen verständlicherweise bevorzugt Leute mit Erfahrung auf hoher See ein. Findet man auch nach längerem Herumsuchen keine Arbeit, hat sich häufig schon der Gang zu den Schuppen als zweckmäßig erwiesen, in denen die Netze geflickt werden. Das Anerbieten, einige Tage unentgeltlich zu arbeiten, um Erfahrung zu sammeln, wird selten abgelehnt, und wenn sich auf einem Fangschiff dann eine freie Stelle ergibt, wird man zuerst davon hören und eher berücksichtigt als andere Kandidaten.

Die Garnelensaison vor Darwin beginnt am 15. April und dauert bis Weihnachten. Die Chancen, hierbei einen Job zu bekommen, sind nicht schlecht, doch sollte man ein Festgehalt statt einer Gewinnbeteiligung vereinbaren, da die Fänge nicht mehr das sind, was sie mal waren. Die Arbeitsbedingungen auf australischen Fischfangbooten sind, verglichen beispielsweise mit Island, recht idyllisch: man hat ausgesprochen viel Freizeit, während der man entlang der Korallenriffe schnorcheln oder die Inseln erobern kann.

Schaffen Sie es nicht, als reguläres Crewmitglied unterzukommen, können Sie sich immer noch eine Arbeit in der verarbeitenden Industrie suchen. Die Fischereiflotte von Bundaberg versorgt drei Fabriken mit ihrem Fang, der hauptsächlich aus Kammuscheln besteht. In der schon erwähnten Broschüre des C.E.S. findet sich auch ein Abschnitt über Garnelen- und Muschelverarbeitung von Carnarvon. Die Fangsaison dauert von März bis Oktober, Unterkünfte im Wohnwagen sind vorhanden. Auch die Langustensaison vor Geraldston oder Freemantle beginnt im März, dauert aber nur drei Monate. Gelegentlich liest man Anzeigen, in denen »Austernöffner« gesucht werden. Es lohnt auf alle Fälle, diese Fähigkeit zum Beispiel in der Gegend von Bicheno in Tasmanien zu erwerben, sei es auch nur für den Eigenbedarf. Wer die besondere Technik dann irgendwann aus dem Eff-Eff beherrscht, wird pro bearbeitetes Stück bezahlt. Allerdings gehen die Fangquoten besonders bei Kammuscheln aufgrund der jahrelangen konstanten Überfischung drastisch zurück. 1989 fanden Jobber nur noch mit Mühe und nur für kurze Zeit in diesem Bereich eine Arbeit.

Zusammenfassung

Viele ausländische Jobber haben mit ihren australischen Arbeitgebern ähnliche Erfahrungen gemacht wie Jan Flemming:
Bei vielen reisenden Jobbern entstand bald der Eindruck, daß die Chefs zwar streng, aber fair sind. Sie erwarten einen hohen Arbeitseinsatz, zahlen dann aber auch einen angemessenen Lohn dafür. Wer die einmal geweckten Erwartungen nicht erfüllt, dem wird dies ohne Umschweife auch mitgeteilt. Ausländische Arbeitskräfte genießen durchweg einen recht guten

Ruf, und so war ich doch ziemlich überrascht davon, die »Aussies« viel hilfsbereiter und freundlicher zu erleben, als ich mir das je vorgestellt hätte. Es ist somit sehr einfach, Leute kennenzulernen und Bekanntschaften und Freundschaften zu schließen.

Andere Reisende waren davon überrascht, welch hoher Lebensstandard sich mit relativ wenig Geld verwirklichen läßt: *Ist man in Europa arm, wirkt die ganze Sache reichlich aussichtslos und deprimierend. Als Armer in Australien kann man hingegen trotzdem ein recht angenehmes und lustiges Leben genießen.*

Die beschriebene Bandbreite der vorhandenen Jobs auf dem fünften Kontinent ist ungeheuer groß: zwar wird nicht jeder Reisende Sandra Greils Spitzenjob erhalten können, bei dem sie in drei Stunden $50 dafür bekam, daß sie eine bestimmte Sonnenschutzcrème auf ihrem schneeweißen Rücken testete. Doch auch auf andere Weise läßt sich in Australien gut verdienen. Jeanette Thomas hatte dabei sicher die bizarrsten Jobs: zunächst in einer Klinik für Geschlechtsumwandlungen, ein anderes Mal im Leichenschauhaus, wo sie Etiketten für herumliegende Leichenteile beschriften mußte. Auch nach etlichen Rückschlägen und Schwierigkeiten mit verschiedenen Arbeitgebern hat sich Louisa Fitzgerald ihre Begeisterung bewahrt: *Wer zögert, dorthin zu fahren, dem kann ich nur zurufen: Du bist schön dumm! Australien ist ein wunderschönes Land, die Leute dort sind ein tolles Völkchen, trotz der unübersehbaren Tendenz der Männer zum Chauvinismus. Zeigt man den Aussies, daß man sie mag, wird man überall herzlich aufgenommen.*

Neuseeland

Neuseeland ist ein landschaftlich ungemein beeindruckendes Land voller Naturschönheiten, dessen drei Millionen Einwohner den zahlenmäßigen Vorsprung ihrer Schafe wohl nie mehr aufholen werden. Reisende, die sich länger in Neuseeland aufgehalten haben, gaben durchweg positive Bewertungen ab: Trampen problemlos, Jugendherbergen angenehm sauber, Campen idyllisch, Bewohner ausgesprochen freundlich. Zwar sind die Löhne beträchtlich niedriger als in Australien, dafür liegen die Lebenshaltungskosten auch auf einem entsprechend niederen Niveau, so daß selbst für den Fall, daß man in Neuseeland nicht arbeiten und Geld verdienen sollte, das Reisen und Leben dort den Geldbeutel nicht übermäßig strapaziert. Wildes Zelten am Strand, auf Feldern oder in Wäldern ist generell erlaubt, wobei die Farmer ihre Besucher nicht selten sogar mit Wasser und landwirtschaftlichen Produkten versorgen. Neben den Jugendherbergen, in denen man stets Informationen über Jobmöglichkeiten in der jeweiligen Region erhält, gibt es eine ganze Reihe weiterer preisgünstiger Unterkunftsmöglichkeiten. »Motorcamps«, wie sich die neuseeländischen Campingplätze nennen, sind überall auf den Inseln anzutreffen, den meisten sind einfache Hütten aufgestellt, in denen die Übernachtung für zwei Personen weniger als $20 kostet. Teilnehmer eines Studienaustausches errechneten als wöchentliche Mietkosten rund $70, für Verpflegung etwa $40.

Die Arbeitslosenrate ist in den letzten Jahren zum Leidwesen aller Beteiligten kontinuierlich angestiegen und beträgt momentan 8,5 Prozent (im Süden mehr, im Norden weniger), weswegen gerade in strukturschwachen Gebieten starke Ressentiments gegenüber ausländischen Jobbern anzutreffen sind, selbst wenn die Einheimischen eine bestimmte Stelle gar nicht annehmen würden. Also sollte sich jeder Besucher eines Mindestmaßes an Takt und Höflichkeit befleißigen.

Bestimmungen

Entsprechend der oft gerühmten Offenheit und Warmherzigkeit der Neuseeländer kann sich jeder Ausländer drei Monate lang visumsfrei im Land aufhalten. Auf Antrag kann diese Spanne gar auf bis zu zwölf Monate aufgestockt werden. Falls man bei der Ankunft besonders heruntergekommen ausschaut, wird man unter Umständen Rückflugticket und für jeden Monat des beabsichtigten Aufenthalts NZ$1.000 vorzuweisen haben. Diese Maßnahmen werden umgangen, wenn man einen Einheimischen kennt, der das Formular »Sponsoring a Visitor« ausgefüllt hat. Im allgemeinen kommen manierliche Besucher aber ungeschoren davon.

Zum unerfreulicheren Teil: die Einwanderungsbehörden reagieren schon skeptischer bei Touristen mit Jobabsichten. Das reguläre »Work Permit« sollte unbedingt beantragt werden, wird aber längst nicht mehr so bereitwillig erteilt wie noch vor wenigen Jahren. Eine Genehmigung für Urlauber ist für $117 von einer der insgesamt acht Einwanderungsstellen zu beziehen; auch hier lautet die Sprachregelung: wenn weder Einheimische durch eine bestimmte Arbeitsaufnahme benachteiligt werden noch die Dauer der Beschäftigung zwölf Monate übersteigt.

Die Hauptstadt Auckland wird von einer extrem hohen Zahl von Arbeits- und Jobsuchenden überflutet, darunter eingeborenen Maoris, Samoanern und Bewohnern anderer pazifischer Inseln, so daß der Arbeitsmarkt dort angespannt ist. Kerstin Peter stieß während ihrer längeren Arbeitsferien in Neuseeland auf enorme Schwierigkeiten, in Auckland ein Visum zu erhalten:

Die Schlangen im »Department of Labour« sind so lang, daß man sich schon um fünf Uhr morgens anstellen muß, wenn man am selben Tag noch an die Reihe kommen will. Jemand erzählte mir, daß das Amt an der Nordküste weniger überlaufen sei. So fuhr ich hin und kam auch sofort dran. Ich zahlte die Vermittlungsgebühr und erfuhr so nebenbei, daß sie bei Ablehnung meines Antrags nicht erstattet würde. Am nächsten Nachmittag sollte ich nachfragen, ob er genehmigt werden könne: Gott sei Dank erhielt ich die Erlaubnis, allerdings begrenzt auf den im Vertrag genannten Arbeitgeber und die aufgeführte Tätigkeit. Außerdem wurde mit Nachdruck auf die eingeschränkte Gültigkeitsdauer hingewiesen.

Eine ausgesprochen mühsame Angelegenheit also, zumal Kerstin bald erkennen mußte, daß die meisten Unternehmer weniger auf eine korrekte Arbeitserlaubnis Wert legten als auf die vorhandene Steuernummer:

Diese IRD-Nummer erhält man bei jeder Steuerbehörde (Inland Revenue Department) innerhalb weniger Minuten. Man benötigt dazu nur eine feste Adresse und darf anschließend so ziemlich jeden erdenklichen Job annehmen. Mit dieser Nummer kann man nach getaner Arbeit eine Steuerrückzahlung beantragen.

Das IRD-Büro in Auckland befindet sich in Takapuna, Tel. 461 511. Zudem verringert sich mit einer solchen Nummer der Steuersatz von dreißig auf fünfzehn Prozent. Tausend gute Gründe also, auf diese Nummer stolz zu sein...

Wie in Australien beginnen die Behörden allmählich mit unangekündigten Razzien nach illegal Beschäftigten auf den Obstfarmen. So fand die Fremdenpolizei von Hamilton innerhalb einer einzigen Aprilwoche nicht weniger als 90 Personen ohne Arbeitserlaubnis in der Gegend von Te Puke an der Bay of Plenty. Im gleichen Zeitraum hatte die gleiche Behörde über 100 entsprechende Genehmigungen ausgestellt. Folgerung: das Risiko ist es nicht wert! Der Anlaß für die spektakuläre Polizeiaktion liegt wohl in dem starken Druck, den die vor allem in den Regionen Napier und Nelson ausgesprochen mächtigen Gewerkschaften ausüben.

Obst- und Gemüseernte

Neuseelands Klima erlaubt den Anbau vieler verschiedener Obst- und Gemüsesorten, unter anderem auch von Zitrusfrüchten und Kiwis. Arbeit bei der Ernte bekommt man üblicherweise über Aushänge, mit Hilfe der Jobcenters oder durch eigene Nachfrage auf den Farmen. Die Jugendherbergen und kleinen Geschäfte auf dem Land können häufig Namen und Adressen der großen Plantagen der Gegend nennen. Bei Überlandfahrten sollte man die Augen offenhalten, da neuerdings die Direktvermarktung der Farmprodukte am Straßenrand oder auf den Farmen deutlich zugenommen hat. Beachten Sie die entsprechenden Hinweisschilder mit der Aufschrift »Pickers Wanted«. Tina Willmann fiel der große Verkaufsstand einer biologisch-organischen Farm am Straßenrand auf:

Ich wurde eingestellt und konnte bei der Ernte verschiedener Obst- und Gemüsesorten helfen. Unterkunft und Verpflegung waren kostenlos, da ich mit der Familie zusammen wohnte. Ich erhielt $100 pro Woche plus $200 Prämie, weil ich auch über die Ostertage blieb. Meine Finanzen waren auf diese Weise rasch saniert, ich erholte mich von der anstrengenden Anreise und konnte mir sogar den Luxus eines Fluges um den Mount Cook erlauben.

Das Nachforschen vor Ort ist also bei weitem die sicherste Methode, auch während der Saison eine Arbeitsstelle zu finden. Die meisten Farmer stellen ihren Aushilfen eine Scheune, im Norden »Bach«, im Süden »Crib« genannt, als Unterkunft zur Verfügung. Das Klima im Frühjahr und Sommer eignet sich aber auch für Camping – ein regenfestes Zelt von guter Qualität vorausgesetzt. Oft stellen die Bauern Obst, Gemüse und frische Milch als Verpflegungsanteil bereit. Jobber, die vorzugsweise in Jugendherbergen logieren, sollten sich unbedingt das *New Zealand Youth Hostel Handbook* anschaffen, da darin im Gegensatz zum internationalen Führer auch zahlreiche nur zeitweise geöffnete private Herbergen aufgeführt sind. Wie Jan Flemming beobachtete, suchen die einheimischen Farmer gerne die Jugendherbergen auf, wenn ihnen saisonbedingt Arbeitskräfte fehlen:

Während meiner Fahrten auf der Nord- und Südinsel ergaben sich Arbeitschancen mehrfach von selbst. Im Juli, also außerhalb der Saison, wohnte ich in der Herberge von Kerkeri, wo die Farmer aus der Umgebung regelmäßig vorbeikamen, um Arbeitskräfte für einen oder mehrere Tage anzuwerben. Wer gerne auf einem Bauernhof jobt, muß allerdings früh aufstehen, da die Bauern ihre Suche oft schon um 8.30 Uhr in den Herberge beginnen.

Andere Farmer hängen Anschläge aus wie »Arbeit auf Obstplantage von Januar bis März, Infos im Tauranga Hostel« und bitten den Herbergsvater um Vermittlungsdienste. In der Gegend um Nelson und Motueka besteht großer Bedarf an Aushilfen für die Apfelernte und das anschließende Verpacken der Früchte in den Fabriken von Stoke. Die Gewerkschaften, in jener Gebiet traditionell mächtig, haben die Farmer längst dazu gebracht, richtige Unterkünfte zu stellen, nicht bloß primitiv ausgestattete Wohnwagen, die zuvor gang und gäbe waren. Der Unkostenbeitrag für die Unterbringung schwankt von Ort zu Ort, beträgt aber mindestens zehn Dollar in der Woche. Auch wenn die Einstellung auf den Obstplantagen nur kurze Zeit dauert, wird der Beitritt zur Gewerkschaft erwartet. Der Tariflohn beträgt $23 pro Eimer, von denen auch durchschnittliche Pflücker locker drei bis vier am Tag bewältigt. Am lautesten lachen haben natürlich Starpflücker wie Frank Schiller, der täglich zwischen sechs und acht Eimer durch die Gegend wuchtet. In diesem Gebiet bieten sich auch bei der Tabakernte im Spätsommer immer viele Jobs. Wenn Sie bereit sind, wirklich hart zu arbeiten, läßt sich hierbei ein ausgezeichneter Verdienst erzielen, zumal wenn Sie während der ganzen Saison bleiben und am Schluß die großzügig bemessene Durchhalteprämie einkassieren.

Rund um die Bay of Plenty liegen – Nomen est Omen – die meisten Kiwiplantagen Neuseelands. Allein im eigentlich kleinen Ort Te Puke halten sich während der Hauptsaison bis zu 10.000 Helfer auf. Nach Michael Knöppers Bericht bekamen praktisch alle Bewohner des *Taurunga Youth Hostel* dabei einen Job, obwohl gerade zwei von ihnen eine Arbeitserlaubnis besaßen. Für Pflücken, Sortieren, Packen und Auslagern wurden zwischen $60 und $150 am Tag gezahlt. Die Ernte beginnt traditionell am 1. Mai und dauert rund zwölf Wochen, falls die Arbeitskräfte knapp wie üblich sind. Trotz allem empfiehlt sich die Anreise bereits ein bis zwei Wochen vorher, um in Ruhe den Job dingfest zu machen. Der Verdienst (entweder stundenweise oder pro gefülltem Eimer), der »Award Rate« genannt wird, gilt als ansehnlich für diese schwere Arbeit. Die neuseeländischen Studenten können im Herbst nicht jobben. Konkurrenz entsteht dennoch durch die vielen einheimischen Arbeitslosen.

Im äußersten Norden des Landes, zugleich der heißesten Klimazone, gedeihen vor allem Zitrusfrüchte und Kiwis. Neben der Arbeit auf den Plantagen erhält man im November und Dezember auch problemlos eine Stelle in den großen Verpackungfirmen. Dank des großen Kiwi-Kreislaufs »Züchten-Anpflanzen-Ernten-Sortieren-Verpacken-Zubereiten-Ab die Post« bleibt fast das ganze Jahr über genug zu tun. Die berühmten Kiwijäger treten meist im Zehnerpack auf und erhalten Stückprämien, ihre Kollegen in der Sortierabteilung oder den Zitrushainen dagegen Stundenlöhne. Armin Birrer, der von Oktober bis Januar in Kerikeri tätig war, weiß folgendes zu berichten:

Arbeit gibt es dort oben weiß Gott das ganze Jahr über. Am besten mietet man sich ein Fahrrad und radelt von einer Plantage zur nächsten. Meist muß man nämlich für mehrere Farmer gleichzeitig arbeiten, da nicht zuviele Früchte einer einzigen Plantage auf einmal auf den Markt kommen dürfen.

Neben den Jugendherbergen von Kaitaia und Kerikeri gilt eine besondere Empfehlung der *Hideaway Lodge*, Wiroa Road, Kerkeri, da dort nicht nur die Unterkunft mit $11 pro Person relativ preiswert ist (Nachlaß bei längerem Aufenthalt), sondern zusätzlich auch noch erstklassige Informationen über freie Stellen geboten werden. Plantagenbesitzer holen sich in der *Hideaway Lodge* selbst ihre Aushilfen und organisieren sogar einen Fahrdienst; man kann in der Herberge aber auch Fahrräder mieten. Außer bei der Ernte kann man beim Zurückschneiden oder Säubern der Stöcke helfen: Frank Schiller schloß sich im November einer hierauf spezialisierten Gruppe an und verdiente so erheblich mehr als zuvor bei der Traubenlese. Im Winter werden die Stöcke übrigens ein zweites Mal geschnitten. Zudem sollte das Erntegebiet rund um Christchurch nicht unerwähnt bleiben. Das Beerenpflücken bringt nur relativ magere 30 Dollar am Tag ein, die Kartoffelernte ganz in der Nähe bei Pebbleton und Lincoln dagegen einiges mehr.

Nachstehend sind Hinweise über die neuseeländischen Anbaugebiete und die jeweiligen Erntetermine aufgelistet, wobei wir besonders die Gegenden um Motueka und Nelson, Tauranga und Kerkeri ans Herz legen wollen.

Gebiet:	Obst, Gemüse:	Erntezeit:
Nelson, Motueka	Tabak	Januar bis März
Nelson, Blenheim, Motueka	Äpfel, Birnen, Pfirsiche	Februar bis April
Wairau Valley	Kirschen, Trauben	Dezember
Nelson, Tapawera	Beeren	Dezember
Kerikeri, Bay of Islands	Pfirsiche, Aprikosen	Dezember bis Januar
	Zitrusfrüchte	Oktober bis November
	Kiwis	Ende April
Northland	Kiwis	Mai

Paiumhhue	Erdbeeren	Mitte Oktober
Poverty Bay (Gisborne)	Kiwis	Mai
Tauranga, Bay of Plenty	Kiwis	Mai
	Zitrusfrüchte	Oktober bis November
	Kiwis	Mai bis Juli
Clive, Napier (Hawke's Bay)	Äpfel, Birnen, Trauben	März, April
Martinborough	Trauben	März
Central Otago, Alexandra	Pflaumen, Aprikosen	Januar bis Februar
	Äpfel, Birnen	März bis April
Christchurch-Region	Pfirsiche	März
	Äpfel, Beeren	Januar bis Mai
	Kartoffeln	Januar bis März
Hastings	Tomaten, Äpfel	März, April
Albany	Tulpen	Juli bis Oktober

Landwirtschaft

Eigentlich müßig, besonders zu erwähnen, daß in Neuseeland unzählige Farmen, die sogenannten »Stations«, Schafzucht und Milchwirtschaft betreiben. Der zu erwartende Lohn auf den Stations ist jedoch nicht aufregend, im allgemeinen rund $250 pro Woche bei freier Unterkunft und Verpflegung. Die *International Agricultural Exchange Association* vermittelt auch in Neuseeland sechs- bis achtmonatige Aufenthalte für Bewerber mit abgeschlossener landwirtschaftlicher Ausbildung. Die zu vergebenden Plätze sind allerdings mit deutlichen Kosten verbunden, der Flug ist dann eingeschlossen.

Die Samstagsausgaben des *New Zealand Herald* und *der Waikato Times* lohnen sich wegen der darin enthaltenen Stellenanzeigen insbesondere für diejenigen, die auf dem Land eine Arbeit suchen. Sigrid Gaede entdeckte von Juli bis Weihnachten darin fast täglich Stellenangebote für erfahrene Melker. Bei ihrem Job auf einer Schaffarm mußte Gina Schubert um vier Uhr aufstehen, um fünf war Arbeitsbeginn und erst zwölf Stunden später Schluß. Einen freien Tag bescherten nur ausnahmsweise pausenlose Regenfälle. Nur die Bezahlung sorgte mit $9 pro Stunde, Kost und Logis inbegriffen, für sonnigere Aussichten.

Der *Willing Workers on Organic Farms*-Verband ist auch in Neuseeland ziemlich rege. Bei Andrew und Jane Strange, PO Box 10-037, Palmerston North, North Island, Tel. (063) 553 555, läßt sich gegen Zusendung von 7 US-$ oder 10 NZ$ eine Liste mit den Anschriften von über 100 Mitgliedsfarmen anfordern: die meisten biologisch anbauenden Landwirte bieten freie Kost und Logis für einige Stunden Mithilfe auf der Farm an. Dieser Tausch »Arbeitsleistung gegen Unterbringung« ist gerade in ärmeren Landesteilen weitverbreitet.

Tourismus

Der Fremdenverkehr ist der mit Abstand am schnellsten wachsende Wirtschaftszweig Neuseelands. Pausenlos werden irgendwo neue Riesenhotels oder Ferienzentren errichtet. Vergessen Sie bei der Verdienstabsprache in Bars oder Restaurants (üblich sind $8 pro Stunde) aber nicht, daß in Neuseeland Trinkgelder unüblich sind. In diesen Etablissements geht es wesentlich ruhiger zu als in ihren betriebsamen Pendants auf dem Alten Kontinent. Darfs nicht lieber eine aufregendere Arbeit sein, etwa als Koch oder Köchin auf einer mehrtägigen Wanderung, als Matrose auf einer Hochseeyacht oder als Skilehrer in einem der herrlichen Wintersportgebiete? Diese liegen zum einen auf der Südinsel, am Coronet Peak, in den »Remarkables«, zu deren Einzugsbereich Queenstown zählt, sowie am Mount Hutt. Auf der Nordinsel erfreuen sich die Gegenden am Mount Rapehu, einem noch tätigen Vulkan, und am Lake Taupo, gesteigerter Beliebtheit. Am Mount Rapehu wird das *Château Resort Hotel* empfohlen.

Die Seenplatte bei Queenstown, das sich selbst in atemberaubender Weise zu einem touristischen Zentrum entwickelt und dessen Bewohner überdurchschnittlich jung und unternehmungslustig sind, bietet viele Jobmöglichkeiten. In der Fußgängerzone und im *Queenstown Youth Hostel* versammeln die Schwarzen Bretter stets Stellenangebote für Bedienungen, Küchenhilfen usw. Jobber gehen nach der Arbeit gerne auf einen Schluck oder zwei in *Eichardt's Hotel*, zum Essen bevorzugt ins *Cow Pizza Restaurant* in der Cow Lane. Als Ortsansässiger auf Zeit kann man die begehrten Touristenattraktionen verbilligt oder gar kostenlos in Anspruch nehmen. Für Touristen, die dort übrigens »Loopies« gerufen werden, kostet zum Beispiel eine Wildwassertour satte $65. Da Queenstown sich als Ferienzentrum mittlerweile einen erstklassigen Ruf erobert hat und bei den Neuseeländern ungemein beliebt ist, trifft man inzwischen häufig mehr Arbeitsuchende als tatsächlich vorhandene Jobs. Nach seiner Hotelzeit in Milford Sound lautet Michael Tanners Ratschlag: auf der Suche nach einer Stelle eher abseits der Touristenpfade gelegene Orte ansteuern, von denen es in Neuseeland wahrlich wimmelt.

Fischfang

Der Fischfang gehört auch hier zu den lukrativeren Tätigkeiten und wird deshalb von allen Küstenstädten aus emsig betrieben. In Nelson, einem der Oberzentren, wird ein Großteil des Fangs gleich verarbeitet. Eine der größten Fabriken, *Sealord's*, stellt zwar bevorzugt Weltenbummler für das Zurechtschneiden, Einfrieren und Abpacken in den Kühllagern ein, bezahlt sie aber nicht sonderlich gut. Versuchen Sie daher lieber an eine Stelle als »Wharfie« heranzukommen, der den Transport der bis zu dreißig verschiedenen Fischsorten vom Schiff zu den Kühlhäusern übernimmt: diese Tätigkeit wird deutlich besser entlohnt. Einziger Haken: man muß schon vor sechs Uhr morgens die Hafendocks danach abklappern. Die Austernsaison von April bis Dezember beschert vor allem in Whangarei auf der Nordinsel und rund um Kerikeri Stellen für Aufknacker. Zuletzt hatten sich die Stundenlöhne bei $8 eingependelt, zuzüglich einer Sonderzahlung für die Anschaffung von Gummistiefeln.

Industrie und Handel

Neuseeland gehört zwar wahrlich nicht zu den Industrienationen. Trotzdem benötigen auch dort etliche Fabriken unausgebildete Hilfsarbeiter. Das übrige Personal bilden zumeist Insulaner aus dem Pazifik, Samoaner und einheimische Maoris. In den Samstags- und Mittwochsausgaben des *New Zealand Herald* verstecken sich stets zahllose Stellenangebote für Arbeiter, Büroaushilfen, Fahrer, Rezeptionisten usw., die meistens keine qualifizierte Ausbildung voraussetzen. Trotz des dringlichen Bedarfs an ausgebildeten, berufserfahrenen Sekretärinnen, zumal in Auckland und Wellington, vermitteln private Agenturen ohne gültige Arbeitserlaubnis oder ein Visum im Prinzip keine Ausländer. Davon unbeeindruckt gab die Engländerin Carolyn Edwards vor, sie besäße die neuseeländische Staatsbürgerschaft – und war plötzlich wegen ihrer Fähigkeiten umworben von

»Temp Agencies« wie *Lampen, Keller* und *Paxus,* die ihr Stundenlöhne von $12,50 boten. Zur Abrundung half sie dann noch bei *Pizza Hut* für $7,42. Michael Tanner fand dagegen seinen Teilzeitjob als Marktforscher in Auckland recht vergnüglich.

Markus Wörnhör wurde von der Vermittlungsagentur *Shamrock Labour Hire,* 2a Rocklands Avenue, Balmoral, Auckland, hervorragend betreut: für seinen Job auf einer Baustelle erhielt er immerhin $10 pro Stunde, obwohl die stagniernde Auftragslage in der neuseeländischen Bauindustrie zur Zeit wenig Raum für Neueinstellungen läßt. Immer wieder werden in Wellington das *Beethoven House Hostel,* 89 Brougham Street, Mt. Victoria, Wellington, und das zentraler gelegene *Backpackers,* 6 McDonald Crescent, Rosemere, in höchsten Tönen gelobt. Hier versammeln sich die Jobber aus aller Herren Länder, um sich gegenseitig mit Rat und Hilfe zur Seite zu stehen.

Die allerorten scheinbar unvermeidlichen Anzeigen, in denen Verkäufer und Vertreter für das Geschäft an der Haustür gesucht werden, lassen sich auch in den neuseeländischen Zeitungen nicht übersehen. Seien Sie auf der Hut! Mehr als ein vertrauensseliger Jobber ging dabei schon ohne einen Pfennig aus.

Markus Schütz verkaufte seine »Reebok«-Sportschuhe und andere Sportartikel aus Hongkong mit enormem Gewinn im *Sports Bazaar,* Karangahape Road 538, Auckland. In diesem Geschäft ersteht man gegebenfalls eine gebrauchte Campingausrüstung, verkauft sie am Ende seines Aufenthaltes wieder und hat noch einen günstigen Deal gemacht. Falls man Neuseeland irgendwann in Richtung Nordamerika verlassen will, kann man diesen Plan preiswert durchführen – indem man sich die Überfahrt erarbeitet. Näheres dazu im Einführungskapitel.

Nordamerika

Die USA

Der amerikanische Traum hat in der Vergangenheit Heerscharen von Menschen dazu verführt, ihr angestammtes Heimatland zu verlassen und in der Neuen Welt ihr Glück zu versuchen. Seit Generationen schon stellen Neu-Einwanderer einen großen Teil der amerikanischen Bevölkerung, ob es nun in der Vergangenheit Europäer waren, die im »Gelobten Land« persönliche Freiheit mittels wirtschaftlichem Erfolg suchten, oder in heutiger Zeit die Massen von Mexikanern, welche illegalerweise über die Grenzen von Kalifornien, Arizona, New Mexico und Texas strömen. Bei der augenblicklichen Arbeitslosenrate von sechseinhalb Millionen (ungefähr 5,5 Prozent der Arbeitsfähigen) kann dieser Zustrom aber nicht ewig währen. Die offizielle Politik gegenüber Einwanderern oder Reisenden, die in den Vereinigten Staaten mehr oder weniger lange arbeiten wollen, steht in krassem Gegensatz zur oft gerühmten, herzlichen und unkomplizierten Gastfreundschaft der Amerikaner selbst. Die Behörden betrachten alle Fremden, bezeichnenderweise »Aliens« genannt, mit größter Skepsis und machen es (gelinde ausgedrückt) schwierig, eine offizielle Genehmigung zur Arbeitsaufnahme zu erhalten. Selbst einer Bewerbung für ein Touristenvisum ist eine Bescheinigung über ausreichende finanzielle Mittel beizulegen und die Absichtserklärung, daß man wieder nach Hause zurückzukehren gedenkt. Wer sich von der Richtigkeit dieser Angaben selbst überzeugen möchte, der schreibe an die amerikanische Botschaft und erbitte Informationen über Immigration und Arbeitssuche! Für die amerikanische Einwanderungsbehörde gibt es offenbar lediglich zwei Kategorien von Ausländern: auf der einen Seite Touristen, denen die Aufnahme jeglicher Arbeit strikt verboten ist – auf der anderen Seite Einwanderer, die kilometerlange Voraussetzungen, Qualifikationen und Verwandtschaftsbeziehungen nachweisen müssen.

Nun zu den wenigen Ausnahmeregelungen: Studenten können sich an den *Council on International Educational Exchange* (CIEE), 205 East 42nd Street, New York NY 10017, oder an die amerikanische Botschaft wenden und um Informationen über Austauschprogramme bitten, welche die Erteilung eines befristeten Visums einschließen, mit dem legal in den Staaten gearbeitet werden kann.

Wer es illegal versucht, ohne Genehmigung oder Visum also, nimmt das nicht unerhebliche Risiko einer scharfen Bestrafung und anschließenden Ausweisung auf sich. Die entsprechenden Gesetze sind erst vor kurzem geändert worden. Arbeitgeber tragen nunmehr die alleinige Verantwortung und müssen den legalen Status ihrer Beschäftigten nachweisen, wodurch die Aussicht auf eine Schwarzarbeit sich natürlich erheblich verdüstert. Im Grunde ist zwar das einzige, was zwischen Ihnen und einer legalen Arbeit in Amerika steht, die fehlende Sozialversicherungsnummer, doch diese ist ohne gültiges Arbeitsvisum schlichtweg nicht zu bekommen. Und selbst mit einem solchen Visum kann es Wochen dauern, bevor ein Antrag bearbeitet und genehmigt wird.

Austauschprogramme

Die »Exchange Visitor Programmes« der US-Regierung beinhalten für ausgewählte Bewerber ein Visum der Kategorie J-1, welches zur völlig legalen Annahme einer bezahlten Arbeit in den Vereinigten Staaten berechtigt. Es kann nicht individuell beantragt werden, sondern über einen studentischen Verband, eine Universität oder eine von der amerikanischen Botschaft anerkannte Agentur (Vorgehensweise: das Formular IAP-66 besorgen und ausfüllen lassen). Das Visum wird nur in Verbindung mit der Bestätigung eines amerikanischen Partnerverbandes, etwa *CIEE*, *YMCA* oder *American Institute for Foreign Study*, erteilt. Dieses System basiert auf gegenseitigen Austauschprogrammen, über die alle amerikanischen Konsulate und Amerikahäuser in den größeren Städten Auskunft erteilen.

Die Programme gelten wegen ihres erzieherischen Wertes als besonders förderungswürdig: »Studenten fremder Nationalitäten erhalten die Gelegenheit, kulturelle Erfahrungen zu sammeln und die amerikanische Arbeitswelt kennenzulernen, um kulturelle, soziale und zwischenmenschliche Kontakte zu fördern«, heißt es frohgemut in einer Begleitbroschüre. Austausch und Zahl der Teilnehmer stehen unter ständiger Kontrolle der Regierung, wobei die Bedürfnisse der Wirtschaft selbstverständlich eine wichtige Rolle spielen. Es ist ungeheuer wichtig, daß die Teilnehmer sich genauestens an die Regeln und Bestimmungen der Programme halten, da ansonsten der Ruf der Austauschorganisationen leiden würde, was niemandem nützt. Falls Sie sich um eine Teilnahme bemühen wollen, stellen Sie sich auf einen verbissenen Papierkrieg, zahllose Bewerbungsgespräche und lange Vorbereitungszeiten ein!

Der *YMCA*, zu deutsch *Christlicher Verein Junger Männer*, betreibt ein Austauschprogramm für Lagerbetreuer. Zuständig ist der YMCA of Greater New York, 356 West 34th Street, 3rd Floor, New York, NY 10001. Kleinere Austauschprogramme veranstalten die *Camp Counsellors USA* (CCUSA), 26 Third Street, San Francisco, CA 94103, sowie das *International Counsellor Exchange Programme* (ICEP), 38 West 88th Street, New York, NY 10024. Die erwähnten *Camp Counselors USA* (europäische Anschriften: 5E, 99

Myrtle Road, GB – Leicester LE2 1FX, Tel. (0533) 541 653, oder 27 Woodside Gardens, Musselburgh, GB – Lothian EH21 7LG, Tel. (031) 665 5843) vermitteln jährlich ungefähr 2000 Betreuern aus allen Ländern. Das Taschengeld liegt etwas höher als üblich, und auch der Service läßt nicht zu wünschen übrig, wie Melissa Steffens betont: *Ich genoß meinen Aufenthalt im Lager nicht zuletzt wegen der hervorragenden Betreuung durch CCUSA. Während des Sommers war jemand von der Firma im Lager, dem wir unsere Problemchen schildern konnten, doch alle kümmerten sich um einen und ich schloß viele neue Freundschaften.*

Camp America, Dept. WW, 37a Queen's Gate, GB – London SW7, Tel. (071) 589 3223, mit Hauptsitz in London ist nach *BUNAC* der zweitgrößte europäische Verband, der jährlich über 8000 volljährige Campbetreuer in US-Sommerlager vermittelt. Für die Einschreibung werden 50 £ erhoben, die in zwei Raten beglichen werden können. Weiterhin hat man eine firmeneigene Kranken- und Gepäckversicherung abzuschließen, was nochmal mit 50 Pfund zu Buche schlägt. Nach einem Aufenthalt von acht Wochen im Lager erhalten die Teilnehmer je nach Alter und Tätigkeit ein Taschengeld zwischen 150 und 450 Dollar. Hannes Wohlfahrt genoß das Erlebnis seines Campaufenthalts trotz anfänglicher Zweifel:

Obwohl ich mich schon im Januar beworben hatte, kam die endgültige Zusage erst drei Wochen vor Lagerbeginn, genau zu Beginn des mündlichen Abiturs. Es klappte schließlich aber doch ganz vorzüglich und ich verbrachte einen herrlichen Sommer in einem Lager für behinderte Kinder in den Appalachen von Pennsylvania. Für mich war das Angebot von Camp America *eigentlich ideal, da ich noch nie länger alleine von zuhause weg war und die Agentur sich wirklich um alles kümmerte: Versicherung, Flugbuchung, Visum und Stelle.*

Nach Beendigung der Lager haben die Teilnehmer Gelegenheit, bis zu sechs Wochen lang die USA zu bereisen und dann mit selbstarrangierten Flügen zwischen Ende August und Ende September nach Hause zurückzukehren. Das klingt natürlich am empfehlenswertesten für alle, die gern mit Kindern umgehen, auch wenn sie von der aufmüpfigen amerikanischen Sorte sind. Camp America hat noch zwei weitere Programme anzubieten: »Campower« ist ideal für Leute, die lieber im Küchen- oder Versorgungsbereich arbeiten würden, und »Family Companion« für 18-24jährige, die zehn Wochen in einer amerikanischen Familie leben und deren Kinder betreuen möchten. Das jeweilige Taschengeld beträgt für die Gesamtdauer 350 bzw. 300 Dollar.

Andere Arbeitsvisa

Den wenigsten Jobbern ist bewußt, wie schwierig der Erhalt eines Arbeitsvisums oder der (eigentlich weißen) »Grünen Karte« ist, die ein legales Arbeiten und Wohnen in den USA ermöglicht. Zur Zeit erteilen die Behörden jährlich 475.000 unbefristete Visa, wovon die allermeisten an enge Verwandte von US-Bürgern gehen. Geld und Liebe sind somit nicht die einzigen Gründe für eine Heirat. Gerade diese angedeutete Vorgehensweise dürfte wohl für die Mehrzahl der Weltenbummler nicht in Frage kommen.

Außer dem J-1 gibt es noch die Visa H-2 »Temporary Worker« und H-3 «Industrial Trainee«. Ersteres kann nur ein amerikanischer Arbeitgeber beantragen: mit dem Formular I-129B des lokalen *Immigration & Naturalization Service* muß er nachweisen, daß es ihm unmöglich war, die freie Stelle mit einem US-Bürger zu besetzen und daß Sie einzig und allein den fraglichen Job zu seiner Zufriedenheit zu erledigen in der Lage sind. Während der Bearbeitung des Antrags, die vier bis acht Monate in Anspruch nehmen kann, ist von der Behörde übrigens absolut nichts über den Fortgang des Entscheidungsprozesses in

Erfahrung zu bringen. Das Visum H-3 setzt zum andern den Nachweis des Antragstellers voraus, daß die spezielle Ausbildung nicht im Heimatland, sondern eben nur in den USA erfolgen kann.

Beide Visa sind nicht gerade für den durchschnittlichen Jobber geeignet. Falls Sie sich aber dennoch an ein H-Visum wagen wollen, finden sich in dem Buch *Ferienjobs und Praktika – USA* aus dem Verlag *interconnections* alle nötigen Hinweise. Der Kniff bei einem erfolgreichen Antrag scheint in der Tat darin zu liegen, der Behörde plausibel zu machen, daß die Erfahrung in Amerika (Stichwort »Experimental Education«) für die Ausbildung unabdingbar ist. Die angestrebten Stellen können bezahlt oder unbezahlt sein, einen Sommer, ein Semester oder auch ein ganzes Jahr dauern. Das genannte Buch nennt Tausende von Anschriften, bietet gute Tips für die verschiedensten Berufs- oder Interessensfelder, beleuchtet die Situation in der Werbung, in Museen, beim Rundfunk, Sozialdiensten und, und, und.... Es enthält nicht zuletzt ein lesenswertes Kapitel mit Ratschlägen für die Antragstellung. Studenten im Besitz eines F-1-Visums dürfen übrigens bis zu zwanzig Stunden in der Woche gegen Bezahlung arbeiten, jedoch nur auf dem Universitätsgelände.

Gelegenheitsarbeiten

Nach der Verabschiedung des Einwanderungsgesetzes 1986, welches Arbeitgebern verbietet, illegal sich in den Staaten aufenthaltende Ausländer einzustellen und Zuwiderhandlungen mit erklecklichen Strafgeldern bedroht, redet die zuständige Behörde inzwischen offen über die Rücknahme der Anordnung. Sie kann beispielsweise in saisonalen Industrien nicht angewandt werden, wo es nicht unüblich ist, daß die Hälfte der Angestellten einen unrechtmäßigen Status besitzt. Einige Farmer und Restaurantbetreiber behaupten sogar, daß sie aus dem Rennen wären, wenn sie keine Gelegenheitsarbeiter ohne Genehmigung mehr einstellen könnten. Momentan ist das Gesetz aber noch in Kraft, und so müssen Unternehmer immer noch für jeden Beschäftigten ein Formular I-9 ausfüllen, das dessen legalen Status bestätigt. Versicherungsnachweis und »Grüne Karte« haben ebenso von ihm in Augenschein genommen und auf ihre Richtigkeit überprüft zu werden. Die Angabe der Sozialversicherungsnummer reicht alleine nicht mehr aus, was die Schwarzarbeit drastisch reduziert hat.

Illegal arbeitende Personen riskieren vom Erhalt eines amerikanischen Visums auf Dauer ausgeschlossen zu werden. In einigen Landstrichen wird das Gesetz rigoros angewandt: Jan Kemppel pflückte im Frühjahr in Florida elf Wochen lang »schwarz« Orangen, wobei er nicht schlecht verdiente. Als er im nächsten Jahr wiederum auf der Plantage arbeiten wollte, teilten ihm sein ehemaliger Arbeitgeber und alle anderen, bei denen er anfragte, mit, daß es ab sofort keine bar auf die Hand bezahlten Jobs mehr gebe, falls er nicht binnen drei Wochen die erforderlichen Dokumente vorlegen könne. Andererseits war diese Auskunft noch großzügig, denn das Gesetz verlangt die Überprüfung der Papiere innerhalb von drei Tagen. Der Grund für die vorsichtige Haltung seines vormaligen Arbeitgebers war, daß in der Zwischenzeit die Farmen der Umgebung einige Male überprüft worden waren.

Die Farmer und die Wirtschaft in Florida und Texas waren von den Kontollen am stärksten betroffen, da in jenen Staaten seit langer Zeit für bestimmte Arbeiten stets sogenannte »Wetbacks« (illegal arbeitende Ausländer, vor allem Mexikaner) beschäftigt wurden. Andererseits scheinen in von ausländischen Jobbern weniger frequentierten Gegen den dergleichen Überprüfungen nicht so streng durchgeführt zu werden. Eamon Nolan beispielsweise sammelte im Mississippi-Delta gute Erfahrungen: *In New Orleans gaben sich die Arbeitgeber mit einer erfundenen Sozialversicherungsnummer zufrieden. Ich behauptete einfach, die »Grüne Karte« sei verloren gegangen, oder daß ich sie am nächsten Tag mitbringen werde.*

Ähnlich erging es Peter Janssen, der allerdings akzentfreies Amerikanisch spricht: andauernd wurde er aufgefordert, seinen US-Reisepaß, Sozialversicherungskarte, Geburtsschein oder wenigstens einen amerikanischen Führerschein vorzulegen. Und dennoch bekam er eine Dauerstelle an der Bar eines Washingtoner Restaurants: *Ich arbeitete einige Monate in einem großen Fischrestaurant, das vermutlich wegen des uneffektiven Managements einen starken Personalwechsel zu verzeichnen hatte. Zwar wurde ich einige Male gebeten, meine Papiere abzugeben, sagte jedoch jedesmal, daß ich sie vergessen hätte, und irgendwann hörten die Nachfragen endlich auf. Alle Arbeitgeber hingegen lassen sich bei der Einstellung die neunstellige Sozialversicherungsnummer nennen, welche aus einer Abfolge von einer drei-, einer zwei- sowie einer vierstelligen Zahl besteht. Sowas sollte eigentlich jeder wohl noch zusammenkriegen. Frechheit siegt aber nicht immer: einmal ließ mich ein Arbeitgeber solange den Vertrag nicht unterschreiben, als ich nicht meine gesamten Arbeitspapiere vorlegte.*

In den Jugendherbergen und preisgünstigen Hotels für Rucksacktouristen kann man auch heute noch eindeutige Aushänge antreffen, insbesondere im *San Francisco European Guest House*, 761 Minna Street, San Francisco, Tel. 861 6634, dem *New Orleans International Hostel*, Marquette House, 2253 Carondelet Street, New Orleans, Tel. 523 3014, oder im *Boston Youth Hostel*, 12 Hemenway, Haviland, Boston, Tel. 536 9455. Rüdiger Reger wohnte kostenlos in einer Herberge in Los Angeles, erhielt noch zehn Dollar pro Stunde für die Reinigung der Toiletten und hätte in seiner Freizeit sogar noch anderen Beschäftigungen nachgehen können. In der Herberge in Washington DC (Ecke 11th und K Street) läßt sich's für drei Stunden Mitarbeit gratis knacken.

Ankunft

Die amerikanischen Einwanderungsbeamten sind dieser Tage mehr denn je für Penetranz und lästige Fragen bekannt. Obwohl viele Touristen aus Europa, darunter auch die Deutschen, seit Juli 1988 nicht mehr unbedingt ein Besuchervisum besitzen müssen, wurden die unangenehmen Kontrollen bei der Einreise nicht weniger. Miriam Koppelaar erhielt bei ihrer Ankunft ein nicht verlängerbares 90-Tagevisum und bedauerte es, nicht schon zu Hause eine Aufenthaltsgenehmigung beantragt zu haben. Dann hätte sie sich länger in den Staaten aufhalten können und den Job als Kinderfrau behalten, der ihr viel Freude bereitete. Stellen Sie sich auf ein detailliertes Frage-Antwort-Zeremoniell ein; legen Sie sich im Geiste eine Liste aller Orte und Personen zurecht, die Sie in den Staaten besuchen wollen. Sind Ihre Finanzkräfte beschränkt, sollten Sie Name und Adresse eines amerikanischen Staatsbürgers parat haben, der Sie aufnehmen werde. Carmen Thomas reiste mit $200 und einem Flugticket für die Weiterreise nach Australien ein. Zusätzlich legte sie die Einladung einer Freundin vor, die sich bereit erklärte, ihr einen Monat lang Unterkunft und Verköstigung zu gewähren. Lorenz König hatte seine Großmutter gebeten, ihm auch die weitläufigsten Verwandten in Amerika aufzuschreiben, und erzählte den Beamten die herzerweichende Geschichte, daß er schon als Junge davon geträumt habe, alleine um den Globus zu radeln. Arthur Jakob erhielt mit einem einzigen Dollar in der Tasche und der Telefonnummer des Freundes eines Freundes am New Yorker Flughafen JFK immerhin sechs Monate genehmigt. Das hatte vermutlich aber auch damit zu tun, daß er sich in einem Anzug ppräsentierte und seinen Rucksack in einem preisgünstigen, aber doch respektabel wirkenden Koffer verstaut hatte.

Damit hatte er mehr Glück als Rike Manthey, die empfiehlt, sich auf ein Spießrutenlaufen einzustellen: *Besonders Schwarze, Alleinreisende und Leute, die über drei Monate bleiben möchten, müssen folgendes griffbereit zur Hand haben: 1) wenigstens 500 Dollar für jeden Monat des Aufenthalts plus Kreditkarten. Versuchen Sie nicht zu schummeln, das Geld muß ohnehin auf den Tisch geblättert werden. 2) Namen, Adressen und Telefonnummern (privat und im Geschäft) von Bekannten oder Gastgebern. Die Beamten rufen im Zweifelsfalle dort tatsächlich an! Für den Fall, daß die zuerst angerufenen Leute verreist oder ausgegangen sind, sollten Sie unbedingt mehrere Telefonnummern nennen können. Sonst werden Sie solange festgehalten, bis jemand abnimmt. 3) Daß das Gepäck eingehend durchsucht wird, dürfte fast selbstverständlich sein. Die Jungs blättern sogar im Tagebuch oder lesen mitgeführte Briefe! Lebensläufe und Referenzen werden gleich einbehalten, weswegen man diese per Post vorausschicken sollte, falls sie noch benötigt werden. Bloß nichts dem Zufall überlassen!*

Es ist ratsam, einen kürzeren Aufenthalt zu erbitten, weil die Beamten äußerst hellhörig werden, wenn man sich für fünf Monate als Tourist im Land aufhalten will. Was auch immer Sie erzählen: niemals darf dabei erwähnt werden, daß Sie im Grunde nur eine Arbeit suchen! Besitzen Sie wenig Bargeld, so erweisen sich internationale Kreditkarten als hilfreich. Noch eins: ziehen Sie sich wenigstens für diesen einen Tag der Einreise gediegen und möglichst unauffällig an!

Selbst wenn all diese Vorsichtsmaßnahmen beachtet werden, kann es dennoch sein, daß nur einige Wochen Aufenthalt genehmigt werden. Es scheint nämlich keine allgemeingültigen Regeln zu geben, nach denen die Beamten sich bei ihren Entscheidungen zu richten haben: Markus Weber besuchte die USA dreimal. Beim ersten Versuch beantragte er zwei Monate und erhielt drei, beim zweiten wollte er drei Wochen und bekam nur zwei, beim dritten erbat er zwei Wochen und erhielt glatte sechs Monate. Eine Verlängerung des Touristenvisums ist grundsätzlich möglich, kostet aber Zeit. Zuständig ist jeweils das lokale Büro des *Immigration and Naturaliziation Service*, wo man das Formular »Application for Issuance or Extension of Permit to Re-enter the United States« ausfüllt. Für die Verlängerung müssen ausreichend finanzielle Mittel und überdies »gute Gründe« vorhanden sein. Nicht immer reicht nämlich die Angabe aus, daß man weiter in »good old America« herumreisen möchte oder daß die Eltern unerwarteterweise zu Besuch kommen. Mehrmalige Verlängerungen werden am besten bei verschiedenen Büros in Angriff genommen. Alternativ hierzu kann man auch über die kanadische oder mexikanische Grenze ausreisen und hoffen, daß der Beamte bei der Wiedereinreise das Visum entsprechend verlängert: manche Reisende konnten sich auf diese Weise schon länger als ein Jahr in Amerika aufhalten. Überzieht man die erlaubte Aufenthaltsdauer, sollte man die *Immigration Card* mit dem eingetragenen Datum aus dem Paß nehmen und Wißbegierigen zu verstehen geben, man habe sie verloren. Bei der Ausreise schaut meist nur die Fluglinie nach dieser Karte, und der sind die eingetragenen Daten gleichgültig. Der beste Ratschlag bleibt aber, nach Mexiko oder Kanada auszureisen – dort gibt es keine US-Einwanderungsbehörde...

Dokumente

Jeder amerikanische Staatsbürger kennt seine Sozialversicherungsnummer in- und auswendig, doch für Ausländer wird es zunehmend schwieriger, eine solche Nummer zu erhalten. Sogar J-1-Visainhabern wurde sie schon versagt, obwohl diese eigentlich zum Erhalt einer Nummer berechtigt sind: in solchen Fällen wurde schon eine Ersatznummer zugeteilt, die lediglich Bankgeschäfte und dergleichen ermöglicht. Einige Jobber sind mit ihren erfundenen neunstelligen Zahlen schon gut über die Runden gekommen. Aber aufgepaßt: nicht jede Zahlenzusammenstellung erfüllt ihren Zweck, weil es bestimmte Muster der Alterskennzeichnung, über Wohnsitz usw. gibt. Besser ist daher, sich die Nummer eines Freundes »auszuleihen«, vor allem wenn dieser just im Ausland weilt oder arbeitslos ist. Die vorgenommenen Sozialabzüge kommen dann wenigstens jemandem zugute. Wird die Sache mit der falschen Nummer später aufgedeckt, kann der Freund immer noch behaupten, er habe gar nicht bemerkt, daß seine Karte verloren gegangen sei, und sich über den Mißbrauch seiner Karte durch betrügerisches Ausländerpack entsprechend empört zeigen.

Der Führerschein gehört zu den wichtigsten persönlichen Dokumenten in Amerika. Karl Wintzer rät, den Fahrtest in kleineren Orten zu machen, da die Prüfungen dort um ein vielfaches leichter als etwa in Deutschland vonstatten gehen. Hat man das gute Papier (in Amerika natürlich aus Plastik), begibt man sich alsbald zum »Highways Department« einer anderen Kleinstadt und beantragt dort eine Identitätskarte (*ID-Card*). Man wird Sie zweifellos nach einer Geburtsurkunde fragen, ein Führerschein reicht aber in den meisten Fällen aus. Diese ID-Card ist zwar kein offizielles Dokument, stellt aber doch viele Arbeitgeber erstmal zufrieden.

Illegale Arbeiter sind am leichtesten zu entdecken, wenn das Finanzamt das Formular W-4 bearbeitet, das jeder in den Vereinigten Staaten Beschäftigte auszufüllen hat. Erfahrene Jobber empfehlen deswegen, für das W-4 einen falschen Namen zu benutzen. Die Gefahr des Auffliegens ist zu Beginn des Kalenderjahres am größten, wenn die Formulare zugestellt und spätestens im Laufe des April zurückgeben werden. Es empfiehlt sich somit stark, im April ausnahmsweise mal *nicht* zu arbeiten. Ein letztes Trostpflästerchen: Studenten sind in Amerika von der Steuer befreit und scheinbar wird der studentische Status so gut wie nie überprüft. Nachtigall, hör' ick dir immer noch nicht trapsen?

Tätigkeitsfelder für Jobber

In Kinderferienlagern gibt es ungezählte freie Stellen, so daß es nicht verwundern sollte, daß die Mehrheit der in *Ferienjobs und Praktika – USA* aufgeführten Tätigkeiten in diesem Bereich angesiedelt ist. Die Camps nennen sich fantasievoll *Cheerio* oder *Fresh Air Fund*. Betreuer in einem der zahllosen Lager zu spielen, gehört bei amerikanischen Jugendlichen zu den gängigen Sommerjobs, so daß man hierbei mit Leichtigkeit amerikanische Freunde kennenlernen kann und nach den Camps unter Umständen sogar nach Hause eingeladen werden wird. Andererseits gibt es in Amerika natürlich noch mehr zu tun, als jeden Morgen die Flagge zu hissen und anschließend Wasserskiunterricht zu erteilen: schaun mer also auch mal andere Jobmöglichkeiten an (und 'n Gruß an den Ex-Teamchef).

Tourismus und Gastgewerbe

Ist irgendjemand überrascht, daß es in den Staaten in der Fast-Food-Industrie die meisten Jobs gibt? Wegen der starken Fluktuation des Personals lohnt sich eine Anfrage bei *Kentucky Fried Chicken, McDonald's* oder *Pizza Hut* eigentlich immer. Diese Großfirmen werden auf jeden Fall eine Sozialversicherungsnummer sehen wollen, kleinere Familienbetriebe eventuell nicht. Begeben Sie sich unbedingt noch vor Beginn der Collegeferien, also noch vor Mai, auf Arbeitssuche. Die Arbeit im Dienstleistungsbereich hat zwei Nachteile: selten wird eine Unterkunft gestellt (manche Betriebe geizen auch mit Essen), und man kann sich nie auf die Zahl der Stunden verlassen, die gearbeitet werden können. Das erleichtert natürlich die Einteilung des Budgets keineswegs. Wer mehr arbeiten will, muß sich eben an den Manager halten und diesen ausgiebig beknien. Ein Jobber bei *Pizza Hut* schrieb neulich:

Die Fast-Food-Betriebe bieten eine exzellente Gelegenheit, sich an einem neuen Ort einzuleben. Man erhält zwar nicht gerade viel Lohn, aber vielleicht werden gerade deswegen stets Aushilfen gesucht.

Die beliebten Ferienzentren sind immer eine sichere Bank für Jobber, besonders wenn sie im April, Mai oder Mitte August dort ankommen, da sich dann die amerikanischen Studenten noch bzw. schon wieder an ihren Hochschulen aufhalten und somit als Konkurrenten wegfallen. Bezahlt wird in der Regel der gesetzlich vorgeschriebene Minimallohn von »großzügigen« \$3,85 pro Stunde. Findet man eine Arbeit in einem Restaurant oder einer Bar, kommen wenigstens noch Trinkgelder dazu. Katharina Schmidt bekam ihr J-1-Visum über ein Austauschprogramm und berichtet über die Jobmöglichkeiten in einem beliebten Ferienort an der Küste Marylands:

Ich entschied mich, den Sommer in Ocean City zu verbringen, weil es in dieser Stadt viele unterschiedliche Jobs gab. Zunächst arbeitete ich als Kellnerin in einem Steak-House, danach am Empfang eines Hotels. Die Jobsuche war ungemein einfach, ich fragte jeweils einfach den Manager nach einer Arbeit und hatte auch schon eine. Meine Tätigkeiten in Ocean Beach waren gut bezahlt und haben großen Spaß bereitet. Andere Jobs in der Stadt hätte ich problemlos auf dem Rummelplatz bekommen, als Fast-Food-Verkäuferin, Küstenwache, Küchenhilfe, Zimmermädchen und so fort. Ocean City ist in den Sommermonaten randvoll mit Ausländern. Soviel ich weiß fanden aber alle, die arbeiten wollten, auch eine Stelle. Die Arbeitgeber sind einen ständigen Wechsel beim Personal gewöhnt, weswegen man ohne Schwierigkeiten von einem Tag auf den anderen kündigen und sich eine neue Arbeit suchen kann. Und schließlich ist dies hier am Atlantik wirklich ein toller Ort, um den Sommer zu verbringen!

Ocean City gehört sicher zu den lohnenderen Städten für die Arbeitssuche, doch auch Myrtle Beach in Süd-Carolina wurde vielfach empfohlen. Daneben sollten die großen Nationalparks nicht vergessen werden, da die Arbeitgeber dort gerne Ausländer nehmen. Der Grund ist einfach: Ausländer können meist über den *Labour Day*, den Feiertag am ersten Montag im September, bleiben, an dem die amerikanischen Studenten an die Universität und in die Colleges zurückkehren müssen. Tim Pankratius arbeitete eine Saison lang in einem Urlaubsgebiet in Wisconsin:

Die besten Jobs findet man meiner Auffassung nach in den Feriengebieten: die Bezahlung ist hervorragend und außerdem gibt es in den meisten Fällen freie Unterkunft und Verpflegung dazu. Da die Amerikaner gerne in abgelegenen Gegenden Ferien machen, bleibt kaum eine Gelegenheit, das verdiente Geld gleich wieder auszugeben. Oft sind die Sporteinrichtungen des Lagers umsonst zu benutzen. Gleichgültig welchen Job man genau verpaßt bekommt: man wird auf alle Fälle eine schöne Zeit haben.

Dieter Häberle erhielt eine Stelle allein dank des Umstandes, daß er bei seinem Aufenthalt in einem israelischen Kibbutz koscher kochen gelernt hatte. Er arbeitete zunächst in einem jüdischen Hotel in Miami Beach, später in den Catskill Mountains, nördlich von New York, und hält es für ziemlich wahrscheinlich, daß er in zehn Tagen mindestens $1.000 verdienen könne. In den USA zählt die Arbeit in einer Bar oder als Kellner zu den empfehlenswerteren Tätigkeiten, denn die Trinkgelder sind für europäische Begriffe ungewöhnlich hoch, zum Teil bis zu $200 am Abend. Englisch mit britischem Akzent, der aus jeder guten deutschen Schulausbildung hängengeblieben sein sollte, unterstützt die Freigiebigkeit der meisten Amis sogar noch. Jedenfalls machte Jeanette Thomas diese Erfahrung, die von ihren amerikanischen Mitarbeitern prompt beschuldigt wurde, ihren Akzent schamlos auszunutzen. Die Arbeitgeber zahlen wegen der hohen Trinkgelder absurd niedrige Löhne: 6 Dollar für eine Nachtschicht, beziehungsweise $45 pro Woche sind durchaus branchenüblich, obwohl eine solche Summe weit unter der gesetzlich vorgeschriebenen Minimalentlöhnung liegt. Erhalten Sie also einmal keinen Job an der Bar oder als Bedienung, können Sie sich immer noch damit trösten, daß Tätigkeiten, die zwar unmittelbar kein Trinkgeld einbringen, etwa das Abräumen und Decken der Tische, wenigstens einen akzeptablen Stundenlohn einbringen. Die Bedienungen zahlen den anderen Helfern im Restaurant üblicherweise einen Anteil von ihren Trinkgeldern aus.
Immer wieder finden Weltenbummler in den Cafés und Kneipen von Los Angeles oder im New Yorker Künstlerviertel Greenwich Village eine Arbeit. Bevor Sie sich aber die Unterkunft in Manhattan leisten können, müssen Sie schon eine ganze Menge spendabler Kunden bedienen. Jeanette Thomas löste dieses Problem auf eigenwillige Art: über Bekannte lernte sie Wohnungsbesitzer und Elternpaare kennen, die nur zu froh waren, wenn eine vertrauenswürdige Person während ihrer Abwesenheit auf Haus und Hof aufpaßte, die Pflanzen goß und durch bloße Anwesenheit potentielle Einbrecher abschreckte. Im Laufe der Zeit lernte sie immer mehr Leute kennen, bei denen sie auf solch angenehme Art wohnen konnte. Unter den von ihr gehüteten Wohnungen war auch ein Luxusappartment mit Blick über den Central Park, wo die schiere Unvereinbarkeit ihrer grellroten Uniform, die sie bei der täglichen Arbeit beim Fast Food-Giganten *Burger Heaven* tragen mußte, mit der luxuriösen Eingangshalle, die sie morgens unter den mißbilligenden Blicken des Portiers durchquerte, jeden Tag aufs Neue für Aufsehen sorgte. Die Arbeitsstelle hatte Jeanette erst nach langem Suchen und dank einer übertriebenen Darstellung ihrer diesbezüglichen Berufserfahrung erhalten.
Die zahlreichen Hotels und Motels sind in der Regel Familienbetriebe mit einem geringen Bedarf an Aushilfen, so daß man recht lange herumfragen muß, bevor sich in diesem Bereich eine Arbeit findet, etwa als Zimmermädchen oder am Empfang. Heinz Lüchter beispielsweise versuchte bei sechs oder sieben ziemlich feudalen Etablissements im Herzen von Seattle unterzukommen, mußte aber rasch erkennen, daß die Manager an unkonventionell aussehenden Hippies nicht sonderlich interessiert waren.
Jobs auf Segel- und Motorjachten findet man natürlich am leichtesten in Florida. Zwischen Weihnachten und Ostern brechen unzählige Boote von den Keys an der Südspitze der Halbinsel zu Törns in die Karibik auf: siehe hierzu auch das Einleitungskapitel »Karibik«. In den Ferienorten an der Küste gibt es reichlich Stellen in Bars und Restaurants, allerdings warnt Karl Wintzer, daß die Gegend Amerikas zweitgrößtes Homosexuellenzentrum ist und manche Jobs mit ungewohnten Konditionen verbunden sein könnten. Dessen ungeachtet wird die Gegend während der Semesterferien im Frühling von Studenten überschwemmt, so daß im März und Anfang April kaum mit einer Unterkunft zu rechnen ist.

Wintersportgebiete

In den riesigen Wintersportgebieten im Bundesstaat Colorado kann die Saison mit etwas Glück von Dezember bis in die sogenannte »Schlammzeit« im Mai dauern. In Aspen, Vail und Steamboat Springs sollen Gerüchten zufolge auf zwei Bewerber drei offene Stellen fallen. Zu den größten Arbeitgebern in diesen Gebieten zählt die Firma *Ski-Corporation*, welche für ihre Lifte und Restaurants regelmäßig Saisonpersonal benötigt. Große Hotels sind in den Wintersportorten selten. Lediglich zwei Betriebe in Steamboat Springs, das *Sheraton* und das *Ptarmigan Inn*, stellen Aushilfen ein. Die meisten Urlauber wohnen nämlich in Ferienappartements. Oft gehören alle Einrichtungen eines Ortes wie Ferienhäuser, Restaurants und Lifte einer einzigen Gesellschaft, die damit auch den Arbeitsmarkt monopolistisch kontrolliert. Daniela Lovci empfiehlt ihren zeitweiligen Arbeitgeber, die *Copper Mountain Resort*, Tel. (303) 986 2882. Im größeren Vail haben die *Vail Associates*, Box 7, Vail, Colorado 81658, ihren Sitz, die jeden Winter mehr als 3000 Hilfskräfte einstellen. Im Herbst kann mit Holzhacken schnell gutes Geld gemacht werden, später mit Schneeräumen.

Aspen ist mit Abstand der teuerste Wintersportort der Vereinigten Staaten, in dem zahlreiche Jobber immer wieder Arbeit erhalten. In ihrem Treffpunkt *Cooper Street Pier Bar* erkundigt man sich am besten nach den momentan vorhandenen Möglichkeiten. Das Lohnniveau in Aspen ist allerdings äußerst niedrig: ein Bericht kam zu dem Schluß, daß nach Abzug der Kosten für Unterkunft, Verpflegung, Skipaß und Leihgebühr für die Skiausrüstung nach einem Monat vom Verdienst gerade noch $100 übrig waren. Mehr als das Doppelte hätte er jedoch erhalten, wenn er bis zum Ende der Saison geblieben wäre und dann seinen Anteil an den Trinkgeldern ausbezahlt bekommen hätte. Eine Liste aller amerikanischen Wintersportgebiete findet sich am Ende des Kapitels »Tourismus«.

Sport

Sie ist ja hinlänglich bekannt, die hoffnungslose Sportverrücktheit der Amerikaner. Besitzt man diesbezüglich einige Fertigkeiten, ergibt sich mit Sicherheit ein Job in den Ferienzentren an der Küste Floridas oder anderswo. Erfahrene Taucher beispielsweise werden fast überall als Ausbilder und Tauchbetreuer gesucht. Als Deutscher werden Sie recht bald feststellen, daß Ihnen ein Ruf als Fußballexperte vorauseilt, wie dies Stefan Meier erging:

In einer Poolbillard-Bar in Fort Myers in Florida kam ich mit einigen sportlich aussehenden Typen ins Gespräch. Als sie hörten, daß ich aus Deutschland kam, wurde ich eingeladen, mit ihnen zu trainieren. Meine Beteuerungen, daß ich seit der Schulzeit keinen Fußball mehr getreten hätte, wurden mir nicht abgenommen. Die Jungs waren davon überzeugt, daß ich ihnen ein paar Tricks beibringen könne. Als ich später beim Bier erzählte, daß ich mich um die Welt jobbte, boten sie sofort an, mir eine Arbeit auf einer Baustelle zu besorgen. Leider mußte ich das generöse Angebot aber ablehnen, weil ich weiter wollte und außerdem ungern beim American Football zermalmt worden wäre, das sie mir als freundliche Gegenleistung beibringen wollten.

Kommerzielle Vergnügungsparks

Europäer sind nicht selten überrascht vom Ausmaß amerikanischer Vergnügungsparks und der allgemeinen Ausgelassenheit auf Festen, bei denen gelegentlich bis zu 3000 Aushilfen benötigt werden. Beim *Six Flags Over Georgia*-Festival in Atlanta winken beispielsweise jährlich 2400 Jobmöglichkeiten für Aushilfen, bei der Versorgung der Besucher mit Essen und Getränken, der Parkplatzbewachung und ähnlichem. Vergnügungsparks treten in den Staaten beinahe so geballt auf wie hierzulande Spielsalons. Dagegen wirken die europäischen Pendants wie das Dorffest von Niedertutzing. Stößt Sie der unglaubliche Rummel ab, dann versuchen Sie es doch besser bei einem der kleinen reisenden Jahrmärkte, welche meist reine Familienbetriebe sind. Hilfen werden beim Auf- und Abbau, Kartenverkauf und eventuell Füttern der Tiere benötigt. Die Amerikaner saugen ihren bedingungslosen Glauben an freien Wettbewerb und persönlichen Einsatz schon mit der Muttermilch ein. Deswegen beteiligen Jahrmarktbudenbesitzer ihre Angestellten auch am Umsatz, so daß am Ende der Saison unter Umständen ein hübsches Sümmchen einzusacken ist. Christian Daniels hatte vor zwei Jahren einen solchen Job auf einem fahrenden Jahrmarkt:

Die Fahrzeugkette bot schon einen imposanten Anblick, wenn die Attraktionen unserer Messe von einer verschlafenen amerikanischen Kleinstadt zur nächsten schaukelten über endlose schnurgerade Nebenstraßen. Die scheinbare Romantik des Nomadenlebens konnte die harte Arbeitsrealität aber nicht ganz überdecken, denn bis zu 18 Stunden schwere Arbeit am Stück waren durchaus üblich, wenn es zur nächsten Stadt ging. Hinzu gesellte sich der unerfreuliche Umstand, daß die Unterbringung im Wohnwagen reichlich primitiv und der Grundlohn äußerst dürftig war.

Der Mann, der unsere Attraktion »Whirl & Tilt« betrieb, nannte sich witzigerweise »Rosebud« (Rosenblüte), obwohl er eher aussah, als ob er der Fernsehserie »Fliegende Fäuste« entsprungen wäre. Er kaute unablässig Tabak und sprach ein furchtbares Kauderwelsch. Der Jahrmarkt selbst gehörte einem älteren Gentleman, ganz Patriot und Unternehmer der ersten Stunde, der alles ganz alleine aufgebaut hatte: »from rags to riches«, wie die Amis sagen.

Weniger romantisch und wesentlich schmutziger ging es bei Robert Landwehrs Job auf einem Jahrmarkt zu. Auf den Werbeplakaten wurde zwar ein reisender Vergnügungspark angekündigt, doch in Wirklichkeit wanderte der Betrieb lediglich im Umkreis von 30 Kilometern um Detroit. Eine Unterkunft war nicht vorhanden, ebensowenig sanitäre Einrichtungen, und von den Angestellten wurde erwartet, daß sie in der Nähe der Buden im Freien schliefen und so die Gefahr von Einbrüchen reduzierten. Robert empfand die Verhältnisse als Zumutung, kündigte nach kurzer Zeit und machte sich zu neuen angenehmeren Abenteuern auf. Die Organisatoren von Austauschprogrammen warnen folgerichtig sensible Naturen vor dem »wilden, wilden Westen«, der in Amerika auch heute noch fast überall anzutreffen ist.

Nahezu übereinstimmend äußern alle Jobber, die auf reisenden Jahrmärkten gearbeitet haben, die Meinung, daß Atmosphäre und Kameradschaft unter den Mitarbeitern angenehm sind und man dabei außergewöhnliche, meist ruhelos umherziehende Menschen treffen kann, Unterbringung und sanitäre Verhältnisse aber häufig vieles zu wünschen übriglassen. Hannes Schmidt stieß auf solche Jahrmärkte auch an der kalifornischen Pazifikküste, wo das Herumtingeln noch mehr Spaß macht. Er hält Arbeiten in Kalifornien ohnehin für eine höchst erfreuliche Angelegenheit, welche man sich auf gar keinen Fall entgehen lassen sollte. Wer sich in der Lage fühlt, Kultur, Geschichte und Brauchtum seines Heimatlandes einigermaßen überzeugend zu vermitteln, sollte sich bei Walt Disney's *EPCOT-Center* in der Nähe von Orlando, Florida, bewerben. Zuschriften an die *Walt Dis-*

ney World Co., PO Box 10090, Lake Buena Vista, Florida 32830. Die eingesandten Unterlagen müssen ein aktuelles Foto sowie einen vollständigen Lebenslauf enthalten. Voraussetzung für eine Einstellung ist außerdem, daß man sich für mindestens sechs Monate, besser ein ganzes Jahr, binden kann.

Großfarmen

Einige der sogenannten »Dude-Ranches«, auf denen amerikanische Stadtneurotiker gerne ihren Urlaub verbringen, stellen im Sommer Aushilfskräfte ein, deren Aufgaben sich in der Regel mehr um die Betreuung der Gäste als um die Land- oder Viehwirtschaft drehen. Trotz poetischer Namen wie *Lazy K* oder *Drowsy Water* muß auf diesen Farmen zweifellos hart gearbeitet werden. Eine entsprechende Adressenliste bietet *Ferienjobs und Praktika – USA*, erhältlich von »interconnections« oder über den Buchhandel zum Preis von DM 34,80.

Jobs im Verkauf und als Vertreter

Amerikanische Vertreter genießen zwar den Ruf, völlig abgebrüht zu sein. Nicht wenige Weltenbummler konnten aber schon feststellen, daß ihr ausländischer Charme nicht unerhebliche Verkaufserfolge eingebracht hat – nicht zuletzt weil die amerikanische Bevölkerung dem Verkauf an der Haustür nicht so abweisend gegenübersteht, wie das in Europa die Regel ist. Stellenangebote für Vertreter und Verkäufer an der Haustür finden sich in allen Zeitungen zuhauf. Selbst in den Jugendherbergen trifft man regelmäßig auf entsprechende Aushänge. Im *European Guest House*, Minna Street, San Francisco, beispielsweise werden Verkäufer für Kunstgewerbeartikel am weltberühmten »Fisherman's Wharf« gesucht. Viele Arbeitgeber in dieser Sparte scheren sich übrigens keinen Deut um Visums- und Arbeitserlaubnisregelungen, solange sie von den Verkaufsfähigkeiten eines Bewerbers überzeugt sind. Setzen Sie aber nicht allzu hohe Erwartungen in ihren Erfolg: die Zeitungsannoncen klingen natürlich vielversprechend, doch um die in Aussicht gestellten »garantierten« $500 wirklich einstecken zu können, muß man schon ein wahres Verkaufsgenie entwickeln. Eine allgemeine Einschätzung des Pro und Contra solcher Tätigkeiten liefert das Einleitungskapitel »Geschäfte und Handel«.

Der Telefonverkauf ist normalerweise weniger anstrengend und frustrierend als der Handel an der Tür, wird aber auch schlechter bezahlt. Wer unbedingt im Gedenken an Arthur Millers »Death of a Salesman« die wahren Härten des Vertreterlebens kennenlernen möchte, sollten einen Job auf Kommissionsbasis übernehmen. Der geborene Vertreter Hans Grimmig bewarb sich auf ein Inserat in einer Zeitung in Kansas, wurde akzeptiert und verkaufte danach Reinigungsmittel. Die Unterkunft stellte die Firma, selbstverständlich in erstklassigen Hotels. Nach einigen Wochen in Kansas verfrachtete die Firma den gesamten Vertretertrupp nach Chicago. Hans vermutet das Geheimnis seines Erfolgs in seinem fremdländischen Akzent und seinen für amerikanische Verhältnisse ungewöhnlich höflichen Manieren. Verkaufserfahrungen hatte er zuvor schon bei einer Firma in Portland, Maine, gesammelt, für die er telefonisch Abonnements der örtlichen Zeitung losschlug. Er hatte im Schnitt fünf bis acht Zusagen pro Abend erhandelt, wofür er jeweils fünf Dollar erhielt.

Kaum etwas dürfte deprimierender sein als die Vorstellung, im November in einer grauen deutschen Großstadt mit dem klingelnden Eiswagen loszuziehen. Im amerikanischen Sommer an der Südküste hingegen ist der immer fröhliche Mann von der *Sweet*

Street Sales Co. oder der *Delight Wholesales Co.* stets willkommen. Auch Sie können einer der Auserwählten sein, die die pure Freude zu den Kindern und Erwachsenen der Vorstädten bringen. Um jedoch einen halbwegs akzeptablen Verdienst einzufahren, muß man unzählige Arbeitsstunden abstrampeln. Zehn bis zwölf Stunden an sechs bis sieben Tagen in der Woche sind in etwa das Branchenübliche. Der damit mögliche Lohn bewegt sich zwischen 200 und 300 Dollar in der Woche und hängt davon ab, wie gut Sie Persönlichkeit, Überzeugungskraft und Verkaufstalente einsetzen können. Das Wetter und die Gegend, in der Sie arbeiten, spielen natürlich eine nicht unerhebliche Rolle.

Die typisch amerikanische Variante des Verkaufens an der Haustür ist das Anbieten von Ideen. Eine ganze Reihe von Verbraucherverbänden, Interessengemeinschaften, politischen Gruppierungen usw. setzt Werber zu dem Zweck ein, neue Mitglieder zu gewinnen, Spenden zu sammeln, Ideen zu vermitteln oder Meinungen über ein bestimmtes Thema von Tagesinteresse zu erforschen. Sind Sie also an Politik, Umwelt, Verbraucherschutz oder dergleichen interessiert, kann es durchaus lohnend sein, sich mit einer der auf Markterhebungen und Befragungen spezialisierten Firmen in Verbindung zu setzen. Selbst wenn man zunächst nur als freiwilliger Helfer tätig ist, kann sich später ein bezahlter Job ergeben.

Markus Weber rät, in Kalifornien günstig ein Auto zu erwerben und es mit erfreulichem Gewinn im Osten der Vereinigten Staaten wieder zu verscherbeln. Diese Preisdiskrepanz erklärt sich aus der schlichten Tatsache, daß »Chevies«, »Caddies« und »Mercuries« dank des geringeren Regenaufkommens am Pazifik gemächlicher vor sich hinrosten. Ein Taxifahrer aus Madison, Wisconsin, kauft ein oder zwei Stunden vor großen sportlichen Ereignissen übriggebliebene Eintrittskarten, die dann nur noch ein Viertel des ursprünglichen Preises kosten, und gibt sie an Nichtsahnende zu 75 oder 100 Prozent weiter. Dieses Verfahren mag fragwürdig sein, ist aber vollkommen legal, solange man für zehn Dollar die jeweils einen Tag gültige Gewerbeerlaubnis für »Fliegende Händler« erwirbt.

Fischfang und Jagd

Die Teilnahme am Fischfang vor der Küste Alaska ist fast schon ein Klassiker unter den einträglichen Sommerjobs. Allerdings sei vor den Einzelheiten zur diesbezüglichen Stellensuche davor gewarnt, daß dieser Spaß auch erhebliche Nachteile in sich trägt. Nicht nur, daß der Job zermürbend und oft gefährlich ist: der Rest der Crew gehört manchmal zu einem Menschenschlag, dem man eigentlich ganz gerne aus dem Weg geht. Das Schießen auf Vögel oder Wale wird zum gängigen Zeitvertreib. Dann kommen auch regelmäßig verbotene Fangmethoden zur Anwendung, die sämtliche Meeresfauna unweigerlich vernichten. Selbst abgebrühte Reisende haben diesem Tun schon vorzeitig den Rücken gekehrt, andere wurden urplötzlich zu Vegetariern, kaum einer, der nicht nach seiner Rückkehr umgehend ein Aufnahmeformular von »Greenpeace« besorgt hätte...

Ob es dagegen aufwiegt, daß die Sache höchst lukrativ ist, mag jeder selbst entscheiden. Im Sommer 1990 jedenfalls betrug der Grundlohn für eine viertägige Fahrt 1000 Dollar, zusätzlich erhielten Teilnehmer noch einen Gewinnanteil vom Verkauf des Fangs. Ein Großteil des Geldes wird nach neuesten Beobachtungen an Land umgehend »reinvestiert«, in ausgiebige Sauftouren oder harte Drogen. Es mag nach dem Gesagten überraschend klingen, aber der Wettbewerb um Jobs auf den Schiffen ist nichtsdestotrotz hart. Wer rechtzeitig vor Beginn der ersten Heilbuttfangfahrt, die Anfang Mai gerade mal 24 Stunden dauert, in Alaska eintrifft, findet nur wenig Konkurrenz um die Jobs vor. Viele Neulinge nehmen an ihrer ersten Ausfahrt ohne Bezahlung, lediglich gegen freie Verpflegung und Unterbringung, teil. Hat man sich nämlich erstmal einen Platz auf einem Schiff gesichert, besteht eine gute Chance, daß man nach der Einarbeitung bleiben kann und einen bezahlten Job bekommt. Die Gewinnbeteiligung am Fang ist dann überwältigend. Allerdings braucht man einiges Glück oder große Überzeugungskraft, den Käpt'n davon zu überzeugen, daß er einen Grünschnabel auch ohne übermäßige Erfahrung mit an Bord nimmt. Beste Vorgehensweise: suchen Sie sich einen bestimmten Hafen und bleiben Sie dort, bis Sie wirklich jedermann und jede Schiffsratte kennen; komme, was da wolle. Kodiak, Ketchikan, Homer und Petersburg bieten sich in Alaska an, Astoria und Newport in Oregon, weiterhin San Diego und nahezu alle anderen kalifornischen Küstenstädte. Eine Stelle in den fischverarbeitenden Betrieben Alaskas zu finden, ist hingegen nicht so schwer. Die meisten Arbeitskräfte werden vor Ort eingestellt, was die Chancen für Reisende erhöht. In Kenai, südlich von Anchorage, hat sich eine beeindruckende Anzahl nahrungsmittelverarbeitender Fabriken angesiedelt, die ab Mitte Juni einige tausend Aushilfen einstellen. Versuchen Sie's bei *Kenai Packers* und *Columbia Wards Fisheries*. Der Stundenlohn beträgt während der Hauptsaison zwischen neun und zehn Dollar. Dazu besteht die berechtigte Aussicht, durch Ableistung von Überstunden noch wesentlich mehr zu verdienen. Die Unterkunft wird üblicherweise gestellt, obwohl es gerade unter Saisonhelfern gang und gäbe ist, an der zerklüfteten Pazifikküste zu zelten. Die Amerikanerin Peggy Carter berichtet von ihrer Jobsuche:

Um in einer Konservenfabrik eine Arbeit zu bekommen, bedarf es einiger Geduld und Eigeninitiative. Schon einige Zeit bevor im Anfang Juli die Lachssaison vor Kenai beginnt, muß man alle Firmen abklappern und sich bewerben. Danach kann man nur noch darauf warten, daß eine von ihnen endlich Leute einstellt, die sie wahllos aus der versammelten Menge vor den Fabriktoren herauspicken. Gute Chancen hat man erst, wenn die Fischer von ihren Fahrten zurückkehren. Bloß nicht zu früh aufgeben! Der Zeitpunkt der Lachsjagd schwankt übrigens von Gegend zu Gegend. Als Faustregel kann gelten: je weiter westlich, desto früher, am »Panhandle«, am Polarmeer, beispielsweise erst im August.

Da man prinzipiell so viele Überstunden abreißen kann, wie man nur irgendwie überlebt, gleichen einige der Beschäftigten bald eher Zombies. Auch ich habe einmal 110 Stunden in der Woche probiert. Positiv ist natürlich, daß Du Leute aus aller Welt triffst, die alle in der Nähe der Fabrik zelten, meist gemeinsam kochen und essen. Naturgemäß gab's dabei reichlich Lachs. Glücklicherweise bin ich schon vor Beginn der Arbeit in Alaska herumgereist. Mein Lohn deckte anschließend gerade mal diese Unkosten; übrig blieb leider kein Pfennig. Dieses Land ist sündhaft teuer.

Robbie Hensle erhielt eines herrlichen Sommertages die wohl einmalige Gelegenheit, Eskimos beim Lachsfang helfen zu dürfen:

Wenn man Ende Juli, Anfang August entlang der großen Flüsse reist, besteht die berechtigte Aussicht, Bekanntschaft mit einem Eskimofischer zu schließen und sich bei ihm Unterkunft und Verpflegung verdienen zu können. Solange Sie nicht alleine mit Boot und Netz auf Fang gehen, bleibt die Sache durchaus in den Grenzen der Legalität; ansonsten bräuchte man nämlich eine Lizenz.

Dieter Eisele, per Standby-Flug nach Anchorage gelangt, hatte sich gegen die Arbeit beim Fischfang entschieden und versuchte nun, einen Job bei der Jagd zu bekommen. Vom *Department of Fish and Game* besorgte er sich eine Liste aller registrierten Jäger. Da diese sich aber die meiste Zeit irgendwo im unzugänglichen Landesinneren aufhalten, fand Dieter zunächst niemanden, mit dem er über eine Stelle hätte reden können. Obwohl die Jagdsaison im Grunde längst begonnen hatte, fand er dann in der *Anchorage Times* ein Inserat, daß ein Helfer in einer der sogenannten »Hunting Lodges« gesucht werde. Er bekam den Job in der Hütte weitab jeder bewohnten Siedlung und blieb zwei

Monate dort. Die Gäste, europäische Millionäre und J.R.-Verschnitte aus Texas, reisten per Flugzeug an. Dieter hatte in der Lodge die unterschiedlichsten Arbeiten zu erledigen, kleinere Reparaturen, Putzen oder Besorgungen, und gewann den Eindruck, daß in den Hütten Alaskas besonders Köchinnen fehlten. Er sammelte auch Erfahrungen beim sogenannten »Moose-Packing«, dem Transport des geschossenen Wildes zur Lodge. Weil Bären gerne von der Beute angezogen werden, ist es überaus gefährlich, diese Arbeit unbewaffnet zu verrichten. Ende September holte Dieter seinen mageren Lohn ($25 am Tag) ab und zog weiter.

Arbeit in einem Haushalt

Jahrzehntelang schon arbeiteten Ausländerinnen, nur mit einem Touristenvisum versehen, in den Staaten als Kindermädchen oder Haushaltshilfe – bis die Situation eines Tages so unhaltbar wurde, daß die »US Information Agency« 1986 die Au Pair-Tätigkeit legalisierte. Seitdem ist es jungen Frauen mit Erfahrung in der Kinderbetreuung amtlich erlaubt, ein Jahr lang in den USA zu arbeiten und dafür ein J-1 Visum zu beantragen. Die genehmigte Quote liegt im Augenblick bei 3100 Au Pair-Stellen pro Jahr, was selbstverständlich den Gesamtbedarf bei weitem nicht deckt. Die amerikanischen Vermittlungsorganisationen erhielten schon im ersten Jahr Anfragen von 40.000 Familien und forderten deshalb eine deutliche Aufstockung der bisherigen Quote. Ob die Regierung in Zukunft aber tatsächlich mehr Visa bewilligt, wird sich zum großen Teil danach richten, wie sich die aktuellen Au Pairs im Lande verhalten. Das *American Institute for Foreign Study* (AIFS), 37 Queens Gate, GB – London SW7 5HR, organisiert das größere der beiden wichtigsten Au Pair-Austauschprogramme mit den USA. *Experiment in International Living* (EIL), West Malvern Road, Upper Wyche, Malvern, GB – Worcestershire WR14 4EN, hat ebenfalls Au Pair-Plätze in den Staaten zu vergeben, wenn auch weit weniger als die erstgenannte Agentur. Die deutsche Experiment-Filiale: Ubierstraße 30, 5300 Bonn 2, Tel. (0228) 358 242.

Bei der Bewerbung werden grundsätzlich vorausgesetzt: westeuropäische Nationalität, ausreichende Englischkenntnisse und sechsmonatige Erfahrung bei der Kinderbetreuung; außerdem daß frau Nichtraucherin, zwischen 18 und 25 Jahren alt sowie im Besitz eines Führerscheins ist. Die meisten Stellen sind lediglich für Frauen geeignet. Männer können jedoch ebenfalls vermittelt werden, wenn sie die notwendige Erfahrung besitzen, sprich: einige Zeit als Sport- oder Kinderbetreuer in einem Ferienlager gearbeitet haben. 40 bis 45 Stunden, einschließlich Babysitting am Abend, müssen in der Woche abgeleistet werden, anderthalb Tage pro Woche plus ein Wochenende im Monat sind frei. 500 $ müssen als Garantie dafür hinterlegt werden, daß frau ihren Vertrag bis zum schriftlich festgelegten Ende erfüllt. Das Taschengeld beträgt derzeit $100 in der Woche und ist damit erheblich niedriger als der in den Staaten für Kindermädchen übliche Lohn von 150 bis 400 Dollar. Zusätzliche $300 erhält man von der Gastfamilie für belegte Fortbildungskurse (bis zu vier Stunden pro Woche). Au Pairs dürfen nach Beendigung ihres Vertrags noch einen Monat lang die Staaten bereisen.

Verglichen mit den Anforderungen an Au Pairs wirken die Regeln des zehnwöchigen, von *AIFS* organisierten »Family Companion Programme« richtiggehend lasch. Ernsthaftes Interesse und eine positive Einstellung zu Kindern reichen für die Bewerbung völlig aus; der Führerschein ist nicht unbedingt notwendig, wird aber gerne gesehen. Kurzzeitangestellte erhalten einen Freiflug und am Ende der zehn Wochen eine einmalige Zahlung von $300. Insgesamt sind 500 solcher Plätze pro Jahr zu vergeben. Viele Au Pairs haben die Erfahrung gemacht, daß sie nach Beendigung der Vertragszeit relativ einfach bei der Gastfamilie weiter arbeiten konnten. Dieses Verhalten verstößt aber gegen die eingangs beschriebenen, gesetzlichen Bestimmungen und zieht im Falle des Erwischtwerdens die gleichen Strafen wie jede andere illegale Arbeit nach sich.

Freiwilligendienste

Beim *Council on International Exchange*, Publications Dept., 205 E 42nd St., New York, NY 10017, kann zum Preis von $6.95 plus Porto das Buch »Volunteer! The Comprehensive Guide to Voluntary Service in the US and Abroad« bezogen werden, welches eine schillernde Bandbreite freiwilliger Arbeitsdienste versammelt, vom Zwiebelschälen in einer Suppenküche bis zur Versorgung Obdachloser in der *Community for Creative Non-Violence*, 425 Second Street NW, Washington, DC 20001. Bei Interesse an weniger deprimierender oder tränenreicher Arbeit und an nordamerikanischer Vorgeschichte bieten sich die zahlreichen im »Archaeological Fieldwork Opportunities Bulletin« aufgelisteten Grabungen an (siehe dazu auch das Einleitungskapitel »Freiwillige Dienste«). Oder wollen Sie vielleicht die Zukunftsaussichten von unterprivilegierten Amerikanern verbessern helfen? Dann können Sie acht Wochen an der Ostküste in strukturschwachen Vorstädten verbringen, dort Kinder betreuen oder psychotherapeutische Hilfestellung leisten. Nähere Details beim Coordinator von *Winnant-Clayton Volunteers*, The Parish House, 43 Trinity Square, GB – London EC3. Die Möglichkeit, mit Siouxkindern in Reservaten zu arbeiten, vermittelt *Sioux YMCA*, Box 218, Dupree, South Dakota 57623.

Die *American Hiking Society* rekrutiert auch europäische Freiwillige für zweiwöchige Ferienlager, in denen Wanderpfade angelegt und in Nationalparks vom »Green Mountain National Forest« in Vermont bis zum »Volcanoes National Park« auf Hawaii jeweils dringliche Arbeiten verrichtet werden. Zu der Unterbringung in Zelten werden in allen Fällen die Kosten für Verpflegung, sowie ein Teil der Anreise übernommen. Die Registriergebühr beläuft sich auf $30; weitere Informationen sind erhältlich von Kay Beebe, Director, PO Box 86, North Scituate, Massachusetts 02060. *AHS* veröffentlich jeweils im Februar und August ein durchaus nützliches Heftchen mit dem Titel »Helping out in the Outdoors: A Directory of Volunteer Work and Internships on America's Public Lands«, das für $3 erhältlich ist bei *AHS*, 1015 31st Street NW, Washington, DC 20007.

Weitere Freiwilligenorganisationen, an die man sich gegebenenfalls wenden kann: *Appalachian Mountain Club*, Box 298, Gorham, New Hampshire 03581 (Unkostenbeitrag von 25 $ pro Woche) und *Sierra Club Service Trips*, 730 Polk Street, San Francisco, CA 94109. Der Trend zu biologisch-dynamischer Landwirtschaft ist auch in einigen Ecken der USA stark vertreten. Leider fällt die Arbeit auf Farmen im Tausch gegen Kost und Logis unter die restriktiven Bestimmungen der Einwanderungsbehörde. Das bedeutet nicht weniger als daß man sich bei Einigung mit einem der Landwirte um eine offizielle Arbeitsgenehmigung zu kümmern hat. Die bekannteren vermittelnden Organisationen sind: *Sativa*, Route 2, Box 242 W, Viola, Wisconsin 54664; *North East Workers on Organic Farms*, Box 937, Belchertown, Massachusetts 01007; *The Maine Organic Farmers & Gardeners Association*, Box 2176, Augusta, Maine 04330; *MAWWOOF*, 1601 Lakeside Avenue #607, Richmond, Virginia 23228; *Californian WWOOF*, 1525 Lakeside Drive, Oakland, CA 91342; *Tilth Placement Service*, Box 95261, Seattle, Washington 98145-2261. Letztere Firma publiziert in regelmäßigen Abständen das Mitteilungsblatt »Farms Needing Assistance«, das bei Bezug in Übersee zwölf Dollar kostet.

Warum sollte sich nicht auch in Amerika bei entsprechender Nachfrage ein Job in einer Jugendherberge ergeben? Die Zentrale der *American Youth Hostels*, Box 37613, Washington, DC 20013-7613, Tel. (202) 783 6161, benötigt sogar selbst gelegentlich Büroaushilfen. Die 39 Bezirksbüros der *AYH* begrüßen immer wieder Freiwillige in ihren Reihen. Bei den *Green Tortoise*-Bussen lassen sich Visumsprobleme, Spaß, Arbeit und Reisen verbinden: Leute, die den Laden, die Busse reinigen, Naturpfade säubern, Holz hacken und andere Tätigkeiten in einem Camp im südlichen Oregon verrichten, erhalten als Entschädigung meist Gratisfahrten auf Standby-Basis. Ansprechpartner: Eric Gerrick, Box 24459, San Francisco, CA 94124, und Gardner Kent, Box 302, Riddle, OR 97469.

Die Jobsuche

In Amerika fällt es ungemein schwierig, von der Hand in den Mund zu leben. Anders als in Europa, wo immer wieder kleinere Jobs das Überleben bis zur nächsten, umfassenderen Arbeitsgelegenheit sichern, führt solch ein Lebensstil in Nordamerika zielstrebig auf die Straße, wo ganz andere Gefahren lauern. Umso verständlicher Karl Wintzers Rat, als Jobsucher nicht in die Staaten zu reisen, ohne genügend Geld für einige Monate sowie den Erwerb eines Automobils mit sich zu führen. Gute Gebrauchtwagen bekommt man schon für weniger als $1000. Selbst innerhalb der Städte wird sich ein Wagen als enorme Hilfe bei der Jobsuche herausstellen, da die Entfernungen für viele Europäer zunächst unüberbrückbar wirken. Als ungemein günstig stellt sich auf der Jagd nach einem Arbeitsplatz dann auch bald der Zugang zu einem privaten Telefonanschluß heraus. Wie überall sollte man auch im Land mit den meisten Analphabeten der westlichen Hemisphäre mit den Zeitungsannoncen beginnen. Die Aufgabe eines eigenen Inserates empfiehlt sich weniger, weil hierdurch schnell die Aufmerksamkeit der Einwanderungsbehörden erregt wird. Karl Wintzer flog von Chicago nach Hawaii, nachdem er schriftlich den Job auf einer dortigen Farm abgemacht hatte. Als er jedoch auf der Insel im Pazifik ankam, mußte er zu seinem Leidwesen bald feststellen, daß er reingelegt worden war: die besagte Farmerfamilie besaß gerade zwei Obstbäume, wollte Karl aber $200 für seine Unterkunft berechnen.

Mund-zu-Mund-Propaganda und private Kontakte sind in den Staaten von ungeheurer Wichtigkeit. Thomas Paschke behauptet sogar, daß es in diesem Land nicht zählt, was man weiß, sondern allein, wen man kennt. Immer wieder bestätigen auch Reisende, daß ihnen beim Trampen eine Arbeit angeboten wurde, auf Baustellen, bei Spediteuren, im Garten usw. Thomas war im kalifornischen Huntingdon Beach erfolgreich:

Meinen ersten Job fand ich bei einem Bootshändler, nachdem ich tagelang in allen Läden, Werkstätten, Restaurants und Hafenanlagen rumgefragt hatte. Es schien mir nicht ratsam, meine Ersparnisse allzu sehr schrumpfen zu lassen. Denn das kann ganz schön deprimierend sein, überall nur Absagen einzufangen, wo man doch so dringend Geld benötigt. Ich mußte alle ausgestellten Boote sauber halten und andere Kleinigkeiten erledigen, blieb zwei Monate bei dem Job und verdiente dabei fünf Dollar die Stunde, was allgemein üblich war. Ich wohnte ziemlich günstig in der örtlichen Herberge und meine Arbeitsstelle lag direkt am Strand, so daß ich während des Geldverdienens ganz nebenbei noch schwarz wie ein Mohrenkopf wurde. Mit dieser Summe finanzierte ich die nächsten zwei Reisemonate. Später nahm ich alle möglichen Jobs, die mir angeboten wurden; auch wenn ich eigentlich gar nicht arbeiten wollte. Bei diesen Tagelöhnerdiensten putzte ich, besserte Dächer aus und arbeitete in einer Küche. Ich stellte fest, daß man speziell in Herbergen gut Jobs findet, da dort oft Zettel am Schwarzen Brett hängen oder die Angestellten Arbeitsmöglichkeiten ausplaudern. Auch die

Mitreisenden führen gern auf entsprechende Spuren; etwa wenn jemand weiterzieht und dir seinen Job überlässt. Das ist dann natürlich ziemlich bequem. Verhalten Sie sich grundsätzlich immer so, als ob gar kein Zweifel daran bestünde, daß Sie auch wirklich legal arbeiten. In den meisten Fällen empfiehlt es sich, diesen Schein den anderen Mitarbeitern gegenüber zumindest solange aufrecht zu erhalten, bis man sie besser kennengelernt hat. Selbst bei den geringfügigsten Aushilfsarbeiten haben unbedachte Mitteilungen an andere Arbeiter schon eine Hals-über-Kopf-Flucht nötig gemacht.

Manuelle Arbeiten

Private Arbeitsvermittlungen sind immer hilfreich, wenn man im glücklichen Besitz eines Visums und einer Sozialversicherungsnummer ist. Die Zahl der angebotenen Jobs variiert natürlich von einer Region zur anderen erheblich. Stets reichlich Arbeit ist beispielsweise in Salt Lake City, Atlanta und Minneapolis vorhanden. Tim Pankratius bewarb sich vor Jahresfrist bei einer Agentur in Utah:
Im Schnitt fand sich an drei Tagen in der Woche Arbeit für mich. Wer im Gegensatz zu mir ein eigenes Auto und Telefon besitzt, kann vermutlich sogar jeden Tag und selbst am Wochenende jobben. Arbeitsplätze gibt es in Utah in Fabriken, Lagerhallen, auf Baustellen usw. Mir haben die vielen unterschiedlichen Jobs eine Weile lang gut gefallen, zumal ich dadurch in keinster Weise eingeengt war. Ich brauchte mich ja nur an denjenigen Tagen bei der Vermittlung zu melden, an denen ich auch wirklich Lust und Laune zum Arbeiten verspürte. Allerdings bedeutete das dann: schon um sechs Uhr morgens auf der Matte stehen. Arbeiten, welche sich über einen längeren Zeitraum als zwei oder drei Tage hinzogen, werden erst zugeteilt, wenn man zuvor ausreichend Beweise seiner Zuverlässigkeit abgeliefert hat.
Die 19jährige Nicola Starck arbeitete in Dallas, Texas, für eine Firma mit dem Namen *Industrial Force*, die so verzweifelt Personal suchte, daß sie erfundene Sozialversicherungsnummern schweigend hinnahm. Sie fand sich in der Gebäudereinigung und in Schnellrestaurants wieder. Stefan Rottler behauptet seit seinem Dauerjob auf einer Baustelle in Alabama, Amerika sei noch immer das Land der unbegrenzten Möglichkeiten, zumindest was die Bauwirtschaft angeht. Nach einer Reihe schlecht bezahlter Jobs in der kalifornischen Landwirtschaft entschied sich auch Karl Wintzer für die Arbeit am Bau. Da er schon einige Erfahrung in dieser Branche vorweisen konnte, verdiente er bald schon über zehn Dollar pro Stunde. Unausgebildete Hilfskräfte bekommen etwas mehr als die Hälfte davon. In den Vereinigten Staaten werden viele Häuser in einer bei uns nicht bekannten, sogenannten »Fachwerktechnik« errichtet: Holzrahmenkonstruktionen, die mit Ziegelsteinwänden versehen werden. Bei den besonders gesuchten Zimmerleuten und Maurern ist eine Anstellung als sogenannter »Contract Labourer« üblich. Die Verpflichtung, Steuern und Sozialabgaben abzuführen, bleibt beim Arbeitnehmer selbst: ein entschiedener Vorteil, wenn die Arbeitspapiere nicht ganz in Ordnung sind.
Bemerkenswerterweise sind Bauarbeiten nicht ausschließlich Männerdomäne. Wanda Blumenthal half zwei Wochen auf einer Baustelle in Kalifornien, bevor sie als Köchin auf einem Boot für Sporttaucher anheuerte. Andreas Tuppen fuhr vier Monate lang kreuz und quer durch den nordamerikanischen Kontinent und war dabei unter anderem als Fahrer, Zimmermann, Dachdecker oder »Mädchen für Alles« tätig. Er meint, daß auf den Baustellen von New York und Kalifornien am leichtesten Arbeit zu bekommen sei.

Medizinische Forschung

Neben dem Blutspenden kann man auch bei Medikamententests in einem der zahllosen »Drug Research Centres« gutes Geld verdienen. Eine Krankenschwester in Portland, Maine, erzählte Hans Grimmig, daß in ihrer Klinik immer Testpersonen gesucht würden. Also wurde sein Blutdruck mehrmals gemessen, zwischendurch gab's reichlich zu essen und trinken, und außerdem konnte er sich ein Video nach dem andern reinziehen. Für seine »Mühe« konnte Hans nach dem Wochenende immerhin $75 entgegennehmen. Für längerdauernde Test stehen $200, für sogenannte »unangenehme« Versuche gar $500 in Aussicht, doch die wollen erst verdient sein.

Landwirtschaft

Möchten Sie endlich der Umzingelung durch Wolkenkratzer und der morbiden Stadtbevölkerung entfliehen? Dann bieten sich die Farmen auf dem weiten Land der mittelwestlichen Prärien förmlich an. Wie so ziemlich alles in Amerika, sind natürlich auch diese Betriebe von gigantomanischem Ausmaß, weswegen wir besser von einer »Agrarindustrie« als von bloßer »Landwirtschaft« sprechen. Sie können wahrlich nicht einfach mit dem Fahrrad durch die Felder radeln und den nächstbesten Bauern nach Arbeit fragen. Ein motorisiertes Fortbewegungsmittel ist in den USA gerade auf dem Land unverzichtbar. Viele Erntearbeiten werden traditionell zu unverschämt niedrigen Löhnen von illegal im Land anwesenden Mexikanern oder sogenannten »Chicanos«, naturalisierten Abkömmlingen spanischer Einwanderer, erledigt. Spezielle Agenten verschieben ganze Armeen dieser Arbeiter und verbauen anderen Jobbern (fast) jede Gelegenheit, bei der Ernte mitzuwirken. Mittlerweile haben Gesetzesänderungen sogar bewirkt, daß Mexikaner, Chicanos und Leute aus der Karibik dieser Tage völlig legal arbeiten können, nicht jedoch Europäer.

Erkundigen Sie sich in den landwirtschaftlichen Anbaugebieten bei allen Studenten, den anderen Arbeitern, an Verkaufsständen am Straßenrand sowie bei jedem, von dem Sie Informationen zu erhalten glauben. Sehen Sie sich das vom Landwirtschaftsministerium herausgegebene Verzeichnis »Usual Planning and Harvesting Dates« an, das in jeder öffentlichen amerikanischen Bibliothek vorhanden sein dürfte. Wenn Sie allerdings zu spät zur Ernte kommen und schon die Erntebrigaden vorfinden, was besonders in Texas häufig vorkommt, bleiben noch die Jobs in der Konservenindustrie. In Ausnahmefällen kann man sich auch einer Gruppe mexikanischer Erntearbeiter anschließen, wie es Karl Wintzer gelang. Sein Vorteil: er spricht flüssig Spanisch.

Von Anfang März bis Ende Juni findet so ziemlich überall zwischen Tampa und Seattle die Erdbeerernte statt. Bei größeren Erntemengen besteht die berechtigte Hoffnung, daß sich niemand um Ihre Papiere kümmert. Neueste Schätzungen gehen davon aus, daß die Hälfte der Erntehelfer, die sich alle Jahre wieder in den Anbaugebieten um Yakima, Chelan, Douglas und Okanoga im Staate Washington versammeln, nicht über eine offizielle Arbeitserlaubnis verfügen. Michael Pilarski, der dort schon seit fünfzehn Jahren aushilft, traut Anfängern ungefähr drei bis vier mit Äpfeln gefüllte Behälter am Tag zu, später dann bis zu acht. Pro Behälter erhält man zehn Dollar. Bei der Kartoffelernte in Idaho von Ende September bis Mitte Oktober werden soviele Hilfskräfte benötigt, daß kein Bauer überflüssige Fragen wagen wird. Gearbeitet wird in Zwölfstundenschichten; Unterkunft und Verpflegung sind selbst zu besorgen. Gezahlt werden rund 4 Dollar in der Stunde, Lastwagenfahrer erhalten geringfügig mehr. Einige Tausend Pflücker zieht die Pfirsichernte in der zweiten Augusthälfte nach Palisade, Western Colorado. Die dreiwöchige Kirschenernte bei Traverse City, Michigan, von Ende Juni bis Anfang Juli, beschäftigt ähnlich viele Aushilfen. Erwartungsgemäß führen Kalifornien und Florida im Vergleich der Bundesstaaten die Tabelle der landwirtschaftlichen Produktion mit weitem Abstand. Kalifornien allein liefert beispielsweise 87 Prozent der Pflaumenernte, 81 Prozent der Avocados, 89 Prozent der Aprikosen und 94 Prozent aller Trauben. Die größten Anbaugebiete liegen im Central Valley und im St. Joaquin Valley bei Fresno. Die kalifornische Agrarindustrie zahlt allerdings notorisch schlecht. Karl Wintzer hatte bei seiner Jobsuche in Salinas an der südkalifornischen Küste Glück, in einem Gebiet also, in dem hauptsächlich Spanisch gesprochen wird. Das »Farm Labour Office« Greenfield vermittelte ihm eine Arbeit beim Broccolischneiden, was extrem anstrengt, andererseits mit sieben Dollar in der Stunde entsprechend gut bezahlt wird. Danach pflückte er Chilischoten, und jätete abschließend Unkraut in einem Petersilienfeld für $5.50 pro Stunde. Vor zwei Jahren hatte er noch keinerlei Schwierigkeiten mit der Einwanderungsbehörde, was sich mittlerweile natürlich geändert haben kann.

Der ernsthafteste Verfolger von Spitzenreiter Kalifornien in Sachen landwirtschaftliche Ergiebigkeit ist und bleibt Florida, das unter anderem für 70 Prozent aller in den USA angebauten Zitrusfrüchte verantwortlich zeichnet. Jedes dieser Früchtchen wird von Hand abgeknüpft, weshalb auch auf den ersten Blick unglaublich viele Aushilfen eine Stelle finden. Bislang wurden in Florida keine indiskreten Fragen zu (eventuell nicht vorhandenen) Arbeitspapieren laut. Wir hoffen nicht, daß sich das in der Zwischenzeit geändert hat.

Übersicht über Anbaugebiete, Ernteobjekt und Zeitraum

Alabama	Kartoffeln, Tomaten	Mai, Juni
Arizona	Karotten, Salat	Mai, Juni
	Baumwolle	Juli, August
Arkansas	Pfirsiche	Juli, August
California	Kirschen	Mai
	Pfirsiche, Broccoli, Paprika	Juni, Juli, August
	Trauben, Äpfel	September
Colorado	Kirschen	Juli
	Aprikosen, Pfirsiche	August, September
	Erbsen, Äpfel	September, Oktober
Florida	Zitrusfrüchte und Gemüse	Winter
	Gurken	September
Georgia	Pfirsiche	Juni
	Erdnüsse	August
Idaho	Kirschen	Juli
	Zwiebeln	August
	Äpfel, Kartoffeln, Zuckerrüben	September, Oktober
Illinois	Spargel	April
	Getreide	Juni, Juli
Indiana	Maisentfaden	Mai, Juni
	Tomaten, Mais	August, September
Iowa	Spargel	Mai, Juni
	Maisentfaden	Juni
	Bohnen	Juli

Kentucky	Erdbeeren	Mai, Juni
	Tabak	August, September
Louisiana	Erdbeeren	Mai, Juni
	Zuckerrohr	September, Oktober
Maine	Spargel	April
	Heidelbeeren	August
	Äpfel	September, Oktober
Maryland	Erdbeeren, Kohl	Mai, Juni
Michigan	Erdbeeren	Juni
	Kirschen	Juli
	Heu	August
	Pfirsiche	September
	Äpfel	Oktober
Minnesota	Rote Beete, Kartoffeln	September, Oktober
Missouri	Pfirsiche, Äpfel	August
Montana	Kirschen	Juli
	Rote Beete, Kartoffeln	Oktober
New Hampshire	Äpfel	September
New Jersey	Erdbeeren	Juni, Juli
	Preiselbeeren	Juli, August
	Heidelbeeren	September
	Äpfel	Oktober
New York	Erdbeeren, Erbsen, Kirschen	Juni, Juli, August
	Äpfel	September
North Carolina	Tabak	Juli, August
North Dakota	Zuckerrüben	Juni, Juli
Pennsylvania	Pfirsiche, Äpfel, Trauben	August, September
Ohio	Feldgemüse	Juli, August
Oklahoma	Weizenschnitt	Mai
	Maisentfaden	Juli, August
Oregon	Erdbeeren, Kirschen	Mai, Juni
	Pfirsiche	Juli
	Äpfel, Nüsse, Hopfen	September, Oktober
South Carolina	Pfirsiche	Juni
South Dakota	Weizen	Juli
	Heu, Kartoffeln	August, September
Utah	Kirschen	Juni
	Aprikosen	August
	Äpfel, Zuckerrüben, Kartoffeln	September, Oktober
Vermont	Äpfel	September
Virginia	Tabak	Juli
	Äpfel, Pfirsiche	August
Washington	Kirschen	Juni
	Korn, Hopfen	Juli
	Äpfel	September
Wisconsin	Salat, Zwiebeln, Paprika	Juli, August
Wyoming	Zuckerrüben	Oktober

Zitrusernte in Florida

Einige der folgenden, hauptsächlich von Willy Evers übermittelten Informationen gelten im Prinzip auch für Erntearbeiten in anderen Staaten. Für Weltenbummler scheint die Zitrusernte in Florida allerdings noch der einfachste Weg zu einem Job zu sein. Die Hauptanbaugebiete für Zitrusfrüchte im südlichsten Bundesstaat der USA liegen in den Gebieten um Lake und Polk, landeinwärts von Tampa und nördlich von Orlando. Mehr als 25 Millionen Obstkisten werden jährlich hier gefüllt, weitere zehn bis zwanzig Millionen Kisten kommen aus den Plantagen um Marion, Volusia, Orange, Hillsborough, Hardee, De Soto, Highlands, Indian River und St. Lucie. Südlich und nördlich dieses Korridors nimmt die Zitrusproduktion deutlich an Umfang ab. Zu den besten Gegenden zählt Arcadia im De Soto County. Die Bemühungen der Farmer um eine fortschreitende Mechanisierung der Ernte waren bislang ziemlich unergiebig und dürften nach Meinung des *Department of Agriculture* auch in Zukunft nur schleppend vorankommen.

Die Erntesaison beginnt Mitte Oktober und dauert bis in den nächsten Juli hinein. Die Orangen werden ab November reif, erreichen ihre prächtigste Leibesfülle im Januar, Februar und März, im Falle der Spätzünder-Sorte Valencia im Mai. Deren gelbe Cousine, die Grapefruit, reift schon etwas früher, ab Oktober, läßt sich aber bis zur Hauptreifezeit im März und April mehr Zeit. Die Ernteperiode der außergewöhnlichen Frucht namens Temples ist deutlich kürzer, von Anfang Januar bis Anfang März. Mandarinen und Clementinen starten ab November durch und sind schon im Dezember und Januar in Höchstform. Honigmandarinen werden bis Februar oder März geerntet, während die »K-Early-Fruit«-Sorte, wie der Name andeutet, schon im Oktober und November fällig ist.

Früh am Morgen, spätestens gegen sechs Uhr, schaukeln von den Farmern gemietete Busse in die Städte und Ortschaften rund um die Anbaugebiete, und wer bei der Ernte mithelfen möchte, springt einfach auf und läßt sich zur Plantage kutschieren. Machen Sie sich in den örtlichen Kneipen über Bezahlung, Abfahrtszeiten der Busse und die bestzahlenden Pflanzungen kundig. Für den Arbeitgeber selbst sind Sie nicht mehr als eine Nummer in seiner Lohnliste: mit etwas Glück und Geschick sollten dadurch keine Visumsprobleme auftauchen. Die Löhne werden nach abgelieferten Kisten oder Eimern berechnet. Folglich kann jeder Pflücker sein eigenes Arbeitstempo bestimmen. Es ist bestimmt keiner da, der einen hetzen würde. Bezahlt wird üblicherweise am Ende des langen Tages, und zwar bar auf die Hand. Die Geschwindigkeit, mit der sich die Kiste füllt, hängt zum großen Teil davon ab, wie clever die Leiter eingesetzt wird. Gerade bei deren Umstellen gehen nämlich immer wertvolle Zeit und damit Verdienst verloren. Ein guter Pflücker kann von einer einzigen Leiterposition aus einen halben Baum leerernten. Als blutiger Anfänger sollten Sie sich zunächst mit weniger bescheiden. Am besten treten Sie mit einer Flasche Wein und einem Päckchen Zigaretten an einen der sogenannten »Winos« heran, die grundsätzlich unter irgendeinem Baum im Schatten dösen. Diese jederzeit schluckbereiten Gestalten wissen nämlich über die Erntearbeit mehr als jeder andere, so daß sich die Investition von ein paar Dollars schnell lohnen wird. In Zulieferplantagen für Saftfabriken werden die Früchte einfach von den Bäumen geschüttelt, in Säcken verpackt und anschließend in riesige Kisten entleert.

Obstpflücken kann unerwartet anstrengend sein, so daß der Verdienst nicht zuletzt vom eigenen Durchhaltewillen abhängt. Wer alleine und ohne Unterbrechungen arbeitet, hat in der Regel schon nach drei bis vier Tagen die Nase voll, und der Geldbeutel bleibt leer. Die Zusammenarbeit mit Leidensgenossen hingegen ist nicht nur motivierender, sondern erhöht überdies auch die Pflückbereitschaft und scheint weniger ermüdend zu sein. Auf einige Faktoren hat man als kleiner Helfer jedoch keinen Einfluß, etwa wenn sich frühmorgens der Arbeitsbeginn verzögert, weil die Bäume noch vom Tau naß sind oder weil die Erntekisten zu spät auf der Plantage eintreffen. Da lediglich nach effektiver Leistung bezahlt wird, geht man bei solchen Verzögerungen eben leer aus. Die Arbeitsplätze werden vom Vorarbeiter eingeteilt. Die einzelnen Reihen haben stets unterschiedlich tragende Bäume, und am besten verdient man natürlich an einem Exemplar, das sich unter der Last seiner Früchte schon dem Pflücker entgegenkrümmt. Versuchen Sie also zunächst, sich gute Reihen reservieren zu lassen: das ist leichter als erwartet, da die meisten Pflücker entweder zu gleichgültig sind oder nicht genau hingucken. Außerdem wollen viele einheimische Hilfskräfte nur soviel arbeiten, daß sie einigermaßen über die Runden kommen. Da Sie selbst als erfahrener Weltenbummler aber in kurzer Zeit gutes Geld einfahren wollen und daher zu einem hohen Arbeitseinsatz bereit sind, wird jeder Vorarbeiter, der ja seinen Abschnitt schnellstens abgeerntet wissen will, Ihnen die guten Reihen zuteilen, sobald Ihren Händen ein entsprechend emsiger Ruf vorauseilt. Die Bezahlung pro abgelieferter Kiste schwankt je nach Arbeitswoche, Plantage und Fruchtart: die höchsten Tarife (etwa $20 pro 450-Kilogramm-Kiste) winken zu Beginn der Hochsaison. Die Verpackungs- und fruchtverarbeitenden Firmen nehmen zu dieser Zeit nämlich ihre Arbeit auf, und die vertraglich ausgehandelten Lieferungen müssen auf jeden Fall eingehalten werden, da den Farmern ansonsten erhebliche Konventionalstrafen drohen. Die unterschiedlichen Löhne der einzelnen Pflanzungen kann nur ausnutzen, wer mit dem Auto herumfährt, sich erkundigt und anschließend erst anheuert. Es kann dann aber durchaus vorkommen, daß täglich bis zu 45 Kilometer zur auserwählten Plantage zurückzulegen sind.

Der letzte, jedoch äußerst wichtige Faktor für die Höhe des jeweiligen Verdienstes ist der Zeitpunkt innerhalb der Saison. Je nach dem Reifezustand dürfen in der ersten Periode nur die ganz reifen Früchte gepflückt werden, was viel Zeit kostet und zudem mies bezahlt wird. Ähnliches gilt für die späte Phase, in der nur noch die wenigen übriggebliebenen Früchte geerntet werden. Während der Hochsaison ist also das meiste Geld zu verdienen. Ein paar nackte Zahlen: in der Früh- und Spätsaison kommt ein allein und hart arbeitender Pflücker höchstens auf $35 am Tag, in der Hochsaison dagegen schon bei normalem Einsatz auf $55, bei höchster Anstrengung auf mindestens $85. Erfahrene Kräfte können sich unter Umständen täglich über $100 erschuften. Wenn man gar zu zweit den Früchten auf den Pelz rückt, sollten ohne große Mühe in der Hochsaison mehr als $65 pro Person und Tag drin sein. Gerade hier gilt schließlich Bill Treves Erkenntnis: »Du tust es ja für das Geld und nicht zum Vergnügen!« Christoph Janzen landete eines Tages in einer kleinen Stadt, 25 Kilometer landeinwärts von Boynton Beach, wo alle Erntearbeiten von einer farbigen Großfamilie erledigt wurden. Die dortige Verpackungsfirma jedoch stellte Aushilfen ein und entlohnte Hans mit $4 pro Stunde.

Gemüseernte in Florida

Zitrusfrüchte sind zwar das Rückgrat des landwirtschaftlichen Anbaus in Florida, doch zwischen September und März will auch, zumal im Collier County bei Naples, eine Reihe von Gemüsen geerntet werden: Tomaten, Paprika und Gurken. Gerade das Einfangen der Gurken im September wird in vielen Zuschriften als Höhepunkt im Jahresablauf des Florida-Erntehelfers besungen, da hierbei $100 am Tag offenbar locker drin sind. Diese Tätigkeit ist leider so anstrengend, daß viele Jobber schon am ersten Abend aufgeben. Kopfsalat und Wassermelonen sollen bei ihrer Entfernung übrigens ähnlich starken Widerstand leisten. Viele Produkte sind für Märkte außerhalb Floridas bestimmt. In den großen lokalen Verpackungsbetrieben werden daher über 2000 Arbeitnehmer beschäftigt, darunter viele Aushilfen. Die *Southwest Florida Growers Association* in Immokalle, Florida, nennt die örtlichen Erntetermine und vorhandene Jobmöglichkeiten in den Fabriken. Seitdem deren Präsident in Interviews aber immer wieder verkündet, daß in dieser Branche dringend Arbeitskräfte benötigt würden, schwindet die Zahl der offenen Stellen in beunruhigendem Maße. Karl Wintzer legt folgende Plantagen bei Arcadia an der *Route 31* ans Herz: *McBee Limited*, Tel. (813) 993 0921; *Chastiens Farms*; *Singletary Farms*, Tel. (813) 639 1548; *Hatton Desoto Farms*, Tel. (813) 637 5777.

Apfelernte in Maine

Im frühen Herbst sind die Spalten für Stellenangebote in den Zeitungen im südlichen Maine, rund um die Stadt Monmouth, immer randvoll mit Jobs für Helfer bei der anstehenden Apfelernte. Die Saison dauert annähernd zwei Monate, von September und bis zu den ersten Nachtfrösten, die meist etwa Ende Oktober eintreffen. Robert Braun gefiel seine Arbeit auf der Plantage «Chick Orchards» bei Monmouth ausgesprochen gut: *Die neueingestellten Pflücker erhalten zunächst den landwirtschaftlichen Minimallohn. Wenn sie irgendwann schneller zugange sind, werden sie wie die anderen nach Leistung bezahlt. Die Tarife sind auf allen Plantagen gleich. Wer aber die ganze Saison für denselben Pflanzer gearbeitet hat, erhält am Ende der Erntezeit einen großzügigen Treuebonus. Die Zahl der Arbeitsstunden kann man selbst bestimmen, allerdings sind Helfer, die bis zu 70 Stunden in der Woche arbeiten können, am liebsten gesehen. Die Vorarbeiter stellen Gruppen von Pflückern zusammen, die etwa gleich schnell arbeiten – wobei ich betonen muß, daß die kanadischen Professionals eine wahre Augenweide sind und entsprechend auch von Anfang an schon regelmäßig über 100 Dollar am Tag verdienen.*
Wie bei den Zitrusfrüchten in Florida, hängt auch bei der Apfelernte in Maine viel von der idealen Leiterposition ab. Neben Tempo ist große Sorgfalt gefordert, da die Äpfel nicht zusammengedrückt oder beschädigt werden dürfen: Gruppenleiter tönen schon mal gerne, daß sie Äpfel ernten wollten und keinen Apfelsaft. Nach Bewältigung der ersten Anlaufschwierigkeiten entdeckt jeder die erforderlichen Techniken und Kniffe. Und plötzlich macht Apfelpflücken in Maine beinahe schon Spaß. Robert kommentiert dieses Gefühl:
Wenn man auf der Spitze der Leiter im Baum steht, die Sonne auf der Rücken knallt und der Nachbar begeistert vom anderen Ende der Welt erzählt, verfliegen die recht angenehmen Stunden wie im Fluge. In der Spitze eines Baumes auf den Hügeln von Maine liegt Dir die Welt förmlich zu Füßen. Hinter dem Kirchturm von Monmouth ziehen endlose weiche Hügelketten los, deren herbstliche Laubfarben gerade erst aufgemalt wurden.
Robert fand an seinen amerikanischen Abenteuern so viel Gefallen, daß er bald dorthin auswanderte und inzwischen fest angestellter Mitarbeiter beim *American Journal* in Westbrook, Maine, ist.

Zusammenfassung

Die angeschnittenen Tätigkeiten umreißen selbstverständlich nur einen äußerst knappen Teil der unbegrenzten Möglichkeiten in diesem Land. Wir hoffen dennoch, wenigstens eine grobe Vorstellung vermittelt und Anstöße zu eigenen Initiativen gegeben zu haben. Wenn Sie sich jetzt noch das Buch *On the Road* von Jack Kerouac besorgen, sind Sie bestens für einen US-Aufenthalt gerüstet. Bereits dort lebende Verwandte, die in den ersten

Tagen hilfreich zur Seite stehen, sind immer noch die beste Starthilfe, wie die folgende Zuschrift beweist:

Nach unserer Ankunft fuhren wir zu den Eltern eines amerikanischen Freundes, die uns auf das Herzlichste aufnahmen. Darüber waren wir heilfroh, da uns Amerika zunächst vollkommen fremd und abweisend erschienen war. Beinahe wäre ich schon in das nächste Flugzeug nach Hause gestiegen. Alles schien so ungeheuer groß, so furchtbar kompliziert, so laut und teuer! Bisher hatten wir ja nur Länder der Dritten Welt bereist – und Amerika war eben doch ein bißchen anders.

Die deutlichsten Vorteile bieten Austauschprogramme, da dann alle Probleme mit möglicherweise fehlendem Arbeitsvisum oder der Sozialversicherungsnummer entfallen. Wer in Amerika auf sich selbst gestellt ist, sollte unbedingt für etwaige Notfälle ausreichend versichert sein, da die Kosten für medizinische Behandlungen schnell in astronomische Höhen klettern. Legen Sie sich gute Reiseführer zu, beispielsweise aus der *interconnections*-Länderreihe die beiden USA-Führer. Bei einer Reise durch die Staaten erweist sich der Balanceakt zwischen Abenteuergeist einerseits und Um-, Nach- oder Vorsicht als besonders schwierig. Können Sie einmal eine Nacht in einer Obdachlosenunterkunft oder einem Asyl der Heilsarmee verbringen, so lehnen Sie das bloß nicht ab – vielleicht ergeht es Ihnen nämlich wie Bernd Frank in Alaska und Sie machen eine Erfahrung, die Sie Ihr Leben lang nicht vergessen werden:

Ich übernachtete in Anchorage mal im Obdachlosenheim, als sich ein wahrlich denkwürdiges Spektakel bot. Ein alter Indianer oder Eskimo beichtete unter heftigen Tränenausbrüchen in seiner Muttersprache die Sünden seines Lebens. Als er sich beruhigt hatte, gab es auch noch satt was zu essen, ziemlich fürchterliches Zeugs zwar, aber kostenlos.

Natürlich winken überall Fettnäpfchen für unschöne oder schwierige Situationen. Nicht selten nimmt die Entwicklung aber kurze Zeit später einen angenehmeren Verlauf. So erfuhren wir von Jobbern, die nach erheblichen Startproblemen als Auslieferungsfahrer endeten oder als Bandmitglied einer Musikgruppe auf wilden Parties, bei der Gartenarbeit in einer kalifornischen Kommune oder dem Bau von Solarhäusern. Gehören Sie nicht zu den glücklichen Besitzern des »richtigen« Visums, so sollten Sie jede sich bietende Gelegenheit ergreifen, jetzt erst recht auch mal inoffiziell ein paar harte Dollars zu verdienen – und zwar ungeachtet dessen, wie unerfreulich der Job zu Beginn vielleicht aussehen mag. Seien Sie bloß nicht zu schüchtern, die fast sprichwörtliche amerikanische Gastfreundschaft beim Wort zu nehmen!

Letzte gedankliche Wegzehrung für alle, die in den USA ernsthaft auf Jobsuche zu gehen gedenken: zwei Dinge sind so gut wie unentbehrlich, zum einen ein Telefon, zum andern ein Wagen, beides unverzichtbare Bestandteile des »American Way of Life«. Ausgesprochen gefragt sind nach wie vor Sauberkeit und ein konservatives Erscheinungsbild. Ohne solche Äußerlichkeiten sollten sich in diesem faszinierenden Land eben die irgendwie anderen Jobs finden lassen...

Kanada

Touristen aus EG-Staaten ist es gestattet, bei Besitz eines gültigen Reisepaßes auch ohne ein spezielles Visum für drei Monate nach Kanada einzureisen. Eine Verlängerung muß vor Ablauf der Frist beantragt werden und kostet 50 Can-$. Kanada eilt der Ruf eines relativ reichen Landes mit hohem Lebensstandard voraus, zumal lange Jahre hindurch im Ausland regelrecht um Einwanderungswillige geworben wurde. Und tatsächlich lockte die Aussicht auf raschen Wohlstand, zentralgeheiztes Eigenheim und repräsentative Straßenkreuzer die Auswander in Scharen ins Land. Der Strom der Zuwanderer und eine in den letzten Jahren sprunghaft angestiegene Arbeitslosigkeit (derzeit 7,7 Prozent) haben die kanadische Regierung mittlerweile zu einer Kursänderung nach dem Motto »Kanada den Kanadiern« verleitet. Illegal arbeitenden Ausländern drohen nunmehr strenge Strafen und die Ausweisung. Otto Normaltourist gegenüber sind die Kanadier aber weiterhin äußerst gastfreundlich und sehr darum bemüht, lediglich die erfreulichen Seiten ihres Landes zu zeigen. Sogar der Zollbeamte, der einen unserer korrespondierenden Jobber des Landes verwies, drückte während der Amtshandlung sein großes Bedauern darüber aus, daß der gute Mann nicht mehr von Kanada habe sehen können!

Visum

Um in Kanada offiziell arbeiten zu dürfen, muß man eine entsprechende Genehmigung schon besitzen, wenn man zur Grenzkontrolle schreitet. Vermutlich weil zahlreiche Stellen in der Tourismusbranche in den Sommermonaten unbesetzt blieben, lockerte die kanadische Regierung indes 1987 die zuvor strikt eingehaltenen Arbeitsverbote für Studenten. Einen aktuellen Überblick über die genauen Bestimmungen, Voraussetzungen und Jobmöglichkeiten für Studenten in Kanada verschafft man sich am besten bei den jeweiligen kanadischen Botschaften. Bewerber für die staatlichen Programme müssen zwischen 18 und 30 Jahren alt sein, die Zwischenprüfung abgelegt haben und nachweisen, daß sie nach der Rückkehr vom Aufenthalt in Kanada ihr Studium fortzusetzen planen. Wer mit einem Arbeitgeber bereits eine feste Stelle arrangiert hat und über einen entsprechenden Arbeitsvertrag verfügt, beantragt bei der kanadischen Botschaft im Heimatland die maximal 20 Wochen gültige Arbeitserlaubnis (Referenznummer 1102). Diese Genehmigung ist nicht übertragbar und ausschließlich für die im Vertrag näher beschriebene Tätigkeit gültig. Die Quote wird alljährlich im Januar neu festgelegt. Eine solche Arbeitserlaubnis wird lediglich für wenige Beschäftigungsfelder erteilt, so für die Tabakernte im südlichen Ontario, die Arbeit als qualifiziertes Kindermädchen oder als Au Pair. Stellen in Kinderferienlagern bietet *Camp White Pine*, Lawrence Avenue West, Toronto, Ontario M5M 1A4, und der *YMCA*, Fairthorne Manor, Curdridge, GB – Southhampton SO3 2GH.

Gelegenheitsarbeiten

Nicht selten fällt die Entscheidung gegen den ermüdenden Kampf mit der Bürokratie und wird dadurch bestätigt, daß in Kanada Schwarzarbeit gang und gäbe ist. Allerdings lassen sich ohne Arbeitserlaubnis, Visum und Sozialversicherungsnummer nicht die Dienste der Arbeitsämter, der *Canada Employment Centres*, in Anspruch nehmen. Wer sich zur Schwarzarbeit entschließt, muß sich im klaren darüber sein, daß er kanadisches Gesetz bricht und von den offiziellen Organen dieses Landes nicht auf die leichte Schulter genommen wird. Die Tätigkeit an exponiertem Ort, etwa hinter der Bar einer Kneipe, birgt natürlich wesentlich höhere Risiken als der Job beim Anpflanzen von Baumschößlingen in abgelegenen Aufforstungsgebieten. Im Falle einer eventuellen Entdeckung wendet man sich am besten umgehend an den nächsten Rechtspfleger, den sogenannten »Legal Aid Lawyer«, dessen Dienste auch von Ausländern kostenfrei in Anspruch zu nehmen sind. Falls man keine ausreichenden finanziellen Mittel nachweisen kann, weisen die Behörden gnadenlos aus. Im günstigsten Falle erhält man lediglich eine Aufforderung zum Verlassen des Landes, eine sogenannte »Departure Notice«, welche wenigstens zur Ausreise in die USA berechtigt. Die größten Schwierigkeiten entstehen meist durch die fehlende Sozialversicherungsnummer. Etliche Jobber konnten wie in den Staaten dieses Problem umgehen, indem sie ihren Arbeitgebern eine frei erfundene neunstellige Nummer nannten. Viele Bosse geben sich damit zufrieden, nur wenige verlangen die Vorlage des eigentlichen Versicherungsscheins. Aufgepaßt: in die Ziffernfolge sind bestimmte Codes eingebaut, die Hinweise auf Geburtsort, -jahr, usw., geben. An Ausländer vergebene Nummern beginnen unfehlbar mit einer Neun, und gerade eine solche Ziffer fordert den Arbeitgeber regelrecht dazu auf, Ihre Papiere genauer zu überprüfen. Wir haben von einem Bäcker aus Hannover gehört, der beim Einstellungsgespräch stets vorgab, seine Nummer »sei unterwegs« – mit dem Effekt, daß er jeweils nach wenigen Wochen wieder rausflog, weil man Verdacht geschöpft hatte. Immerhin hatte er bis dahin Arbeit und Geld. Flexible Arbeitgeber zahlen den Lohn offiziell an einen Einheimischen aus, der ihn dem ausländischen Reisenden weitergibt. Auf diese Weise kommt der ausländische Name natürlich in keiner Gehaltsliste vor. Eine Variation hiervon wäre, sich die Nummer von einem kanadischen Freund »auszuleihen«, in bar oder per Scheck entlohnen zu lassen und letzteren über das Konto des Freundes einzureichen.

Ohne behördliche Anmeldung besteht kein Versicherungsschutz im Krankheitsfall! Die einzelnen Regierungsbezirke regeln die Versicherung auf unterschiedliche Weisen: in Manitoba zum Beispiel erlangt man auch mit einem gültigen Arbeitsvisum und einer Versicherungsnummer erst nach einem Jahr Aufenthalt die Berechtigung zur kostenlosen Krankenbehandlung, in Ontario und British Columbia hingegen schon nach drei Monaten. Da aber wohl kaum ein Jobber sich so lange in demselben Bundesstaat aufhalten dürfte, muß man sich wohl oder übel privat versichern. Das kostet zwar rund $100 im Monat, ist jedoch von der Steuer absetzbar.

Das allgemeine Lohnniveau liegt so hoch, daß der durchschnittliche Wochenlohn für Studenten sich irgendwo bei $225-300 einpendelt, natürlich abhängig davon, ob Kosten für die Unterkunft abgezogen werden. Der gesetzlich verankerte Stundenlohn wurde zuletzt mit $4,50 neu festgelegt. Bei Arbeiten jenseits eines bestimmten Längengrades wird darüber hinaus ein Härtezuschlag namens »Isolation Pay« fällig. Hans Kimmig verdiente beim Bau eines Schutzzaunes zur Verhinderung von unerwünschten Wildwechseln in Alberta überdurchschnittlich gut. Seine Arbeit bestand eigentlich nur im Schleppen von Eimern mit Zement; für die fünf Arbeitstage erhielt er stolze $450 und war damit sicher der bestbezahlte illegale Jobber des Banff Youth Hostel.

Wo suchen?

Die Feriengebiete bei Banff, Waterton, Jasper, Lake Louise und in den Sunshine Mountains zählen seit Jahren schon für viele unserer Leser zu den erfolgversprechendsten Zielorten. So beschäftigt alleine das *Banff Springs Hotel* schon 750 Arbeitnehmer. In einer Zuschrift aus dem westlichen Kanada hieß es denn auch:
Während meines Urlaubs in Banff lernte ich viele Australier, Deutsche und Briten kennen, die in der dortigen Jugendherberge wohnten. Die meisten von ihnen besaßen lediglich ein Urlaubsvisum, doch alle hatten während der Hochsaison einen Job gefunden. Mir selbst wurde eine Stelle im Hotel angeboten. Arbeit scheint also in Fülle vorhanden zu sein, wobei vor allem Männer keinerlei Schwierigkeiten haben dürften, sich ihren Aufenthalt und die Weiterreise zu finanzieren. Kanadier sind Fremden gegenüber sehr aufgeschlossen und daher viele

Arbeitgeber auch bereit, für kürzere Zeit jemanden »schwarz« zu beschäftigen, falls man auf dem bürokratischen Wege nicht weiterkommt. In der Gastronomie sind 4,50 bis 6 Dollar pro Stunde üblich, neben freier Kost und Logis.

Das erwähnte Banff zählt zu den teuren Städten im Lande; wer bereit ist, eine längere Anfahrt in Kauf zu nehmen, findet außerhalb der Stadtmitte kostenlose Campingplätze. Helen Walser war über die Entdeckung dieser Plätze recht froh, zumal sie dort den stets lärmenden kanadischen »Campern« mit ihren Stereoanlagen, Fernsehern und Mikrowellenherden entkommen konnte.

Ebenso beliebt bei Jobbern sind die Feriengebiete im Muskoka District, einem Gebiet an den Großen Seen, insbesondere am Lake Huron, sowie die Küstenstreifen an beiden Ozeanen. Allerdings muß gesagt werden, daß hier die Arbeitslosigkeit erheblich über dem Landesschnitt liegt. Da der größte Teil der Jobs für Studenten in Ontario über die offiziellen Stellen der Universitäten vermittelt wird und die Feriengebiete andererseits weit verstreut sind, ist es fast unmöglich, sich von Tür zu Tür durchzufragen. Man sollte diesbezügliche Aktivitäten also besser auf den Westen konzentrieren – und natürlich die Niagarafälle, wo die meisten nordamerikanischen Brautpaare ihre Hochzeitsferien verbringen. Für Camper ein Hinweis: versuchen Sie grundsätzlich einen Preisnachlaß herauszuhandeln, indem Sie den Besitzern ihre Mithilfe auf dem Campingplatz anbieten. Auf diese Weise schlug sich Günther Karrer durch, der später mit einem Laster die Trans-Kanada-Strecke der Eisenbahn abfuhr und herausgerissene oder liegengelassene Schwellen einsammelte, im Fachjargon »sleepers« genannt.

Die Jobmöglichkeiten im Dienstleistungsbereich sind in den kanadischen Großstädten schwer voraussehbar. In Toronto ist es offenbar einfacher, einen Job zu finden als eine Wohnung. Rechnen Sie in allen Städten mit mindestens 75 Dollar pro Woche für Lebenshaltungskosten und Miete. In Vancouver könnte sich durch die ständig wachsende Chinesengemeinde eine Chance zum privaten Sprachunterricht ergeben. Die Suche in kleineren Orten mag unter Umständen lohnenswerter sein: Günther Karrer arbeitete in Regina zunächst als *Elephant & Castle*, einer Gasthauskette mit »typisch« britischen Pubs, danach kürzere Zeit in einer Bar in Winnipeg, wo er seinen Lohn bar ausbezahlt bekam und keine neugierigen Fragen hörte. Das Magazin »Business Traveller« wählte Winnipeg in einer seiner letzten Ausgaben zum langweiligsten Ort der Welt; eine Einschätzung, welche Helen Walser, die dort knappe drei Wochen verbrachte, ohne Einschränkung teilt. Einige der aufstrebenden Städte mit förmlich explosionartiger Entwicklung sollten ebenfalls zu den Zielen eines beflissenen Jobsuchende gehören. Bis vor kurzem konnte Calgary nahezu unbegrenzte Arbeitsmöglichkeiten bieten. Mittlerweile scheint der Boom seinen Höhepunkt überschritten zu haben: in der Tageszeitung »Calgary Herald« finden sich lediglich noch Angebote in der Gastronomie. David Cookley berichtet hingegen aus Edmonton, daß die dortigen Restaurants immer noch händeringend nach Aushilfen umherspähen. In der Vergangenheit waren Reisende bei ihrer Jobsuche auch in den neuen Städtegründungen im Norden Kanadas erfolgreich, so etwa in Fort McMurray im nördlichen Alberta oder im nördlichen Manitoba. Die Entfernung dorthin ist jedoch, wie man auch der schlechtesten Karte unschwer entnehmen kann, recht groß und die Aussicht, nach einer weiten Reise per Anhalter ohne Job in einer häßlichen, aus dem Boden gestampften Glas-Betonstadt zu stecken, nicht eben verlockend. Monatelange Temperaturen um minus 30°C tragen das ihre zu dieser Schreckensvorstellung bei. Lockt die Arktis aber trotzdem, vielleicht mit ihren beeindruckenden Löhnen, sollte man sich erkundigen, welche Berg- oder Wasserkraftwerke im Moment gerade gebaut werden.

Einen Job als Vertreter kann man auch in Kanada so ziemlich überall bekommen, doch ist dies ohne Arbeitserlaubnis recht riskant. Katrin Weichbrodt schoß Porträtfotos von

Passanten, die sie dann erwerben konnten. Das funktionierte solange prächtig, bis ein Tornado die Gegend um Barrie in Ontario verwüstete und potentielle Käufer plötzlich keine Wände mehr hatten, an denen sie die Bilder hätten aufhängen können. Katrin selbst mußte daraufhin nach Toronto ziehen.

Forstwirtschaft

Der Urtyp des arbeitenden Kanadiers ist und bleibt der Holzfäller, gibt es doch in diesem Land weit mehr Bäume als Einwohner, was eigentlich ein gutes Jobangebot in diesem Bereich erwarten ließe. Leider ist dem nicht so, da der Wettbewerb um die Arbeitsplätze der »lumberjacks« wegen hervorragender Bezahlung ungemein hart ausgetragen wird. In British Columbia beispielsweise, wo die Hälfte der Landfläche bewaldet ist, liegt der Durchschnittslohn für einen Holzfäller bei rund 900 Dollar; hinzu kommen freie Unterkunft und, dem hohen Kalorienverbrauch entsprechend, reichliche Verpflegung. Ohne angemessene Ausbildung und Berufserfahrung gibt es hier für Jobber somit kaum eine Chance, vor allem weil die Holzverarbeitung in den letzten Jahren von etlichen Krisen kräftig durchgeschüttelt wurde. Erfreulicherweise erkennt ein Land, das jedes Jahr derartig viele Bäume abholzt, langsam auch die entscheidende Bedeutung des Wiederaufforstens. In abgeholzten oder abgebrannten Gebieten haben Beamte der Forstverwaltung mit massiven Neuanpflanzungen begonnen. Wen ein Tageslohn von bis zu $200 reizt, der kann sich hierbei um eine Arbeit bemühen und sich mit den »Planting Contractors« der jeweiligen Städte oder Dörfer in Verbindung sitzen, um die aktuellen Stellenaussichten zu erkunden. Entsprechende Auskünfte erteilen auch die Forstverwaltungen der einzelnen Bundesstaaten.

In British Columbia und Ontario fehlen den »Contractors« immer die meisten Arbeitskräfte, weswegen dort selten Fragen nach dem Visum oder einer behördlichen Arbeitsgenehmigung gestellt werden. Das Anpflanzen der Triebe dauert von Ende März bis Ende Juli, in Ontario rund um Fort Frances und die Thunder Bay nur von Ende April bis Anfang Juli. So richtig anstrengend wird der Job erst, wenn die Temperaturen die 30-Grad-Marke passieren und die Insekten endgültig außer Rand und Band treibt. Karl Wintzer und sein Bruder, beide eine Zeitlang bei der Baumanpflanzung im Slocan Valley tätig, teilen die Einschätzung, daß dies »möglicherweise einer der miesesten Jobs überhaupt« sei, nicht im geringsten:

Die Baumpflanzung kann sogar zum Traumjob eines jeden Reisenden werden! Zugegeben, die Arbeit ist schon hart, aber bei weitem nicht so sehr, wie immer behauptet wird: nicht härter jedenfalls als auf einer Farm. Das Essen schmeckt hier draußen nach einem langen Tag fantastisch, das Lagerleben macht viel Spaß und ist durch den Kontakt zu anderen Teilnehmern meist unterhaltsam. Manchmal kommen ganze Familien inklusive Babysitter hierher und helfen bei der Aussaat. Wenn das alles noch nicht verlockend klingt...

Diese Tätigkeit ist aber mit Sicherheit nichts für Kopfmenschen: Pflanzer in den kanadischen Wäldern müssen sich nämlich mit dem allgegenwärtigen Schlamm, Mücken, steilen Hängen, großen Anstrengungen und völliger Abgeschiedenheit abfinden. Weil die Örtlichkeiten in B.C. erheblich schwieriger begehbar sind, liegen die Löhne übrigens hier höher als in Ontario. Essen und Unterkunft werden gegen einen geringen Unkostenbeitrag bereitgestellt, so daß eingearbeitete Helfer täglich mehr als $200 verdienen können. Karls Bruder sparte in zwei Monaten immerhin $2000 zusammen. Allerdings stellen nicht alle Firmen die Ausrüstung. Und Schaufeln, Spaten und der ganze Rest sind nicht gerade billig.

Mitten im Busch oder an steilen Berghängen sind die Beamten der Einwanderungsbehörde nur selten antreffen, weswegen sich Ausländer ohne Arbeitserlaubnis sicher fühlen können. Allerdings grassierten vor kurzem unbestätigte Gerüchte, daß bei Prince George, British Columbia, einige Neuseeländer beim Baumpflanzen verhaftet worden seien.

Obsternte: Das Okanagan Valley in British Columbia

Die kanadische Obstverarbeitung hat sich hauptsächlich in der wunderbaren Gegend des Okanagan Valley im Landesinnern angesiedelt. Dieses breite Talbecken erstreckt sich über eine Länge von 200 Kilometern, von der amerikanischen Grenze bei Osoyoos bis hinauf nach Armstrong. Kirschen, Pfirsiche, Pflaumen, Birnen, Aprikosen, Trauben und Äpfel werden hauptsächlich angebaut, im Süden das weiche, im Norden das kernigere Obst. Die Ernte geht durchweg manuell vonstatten, wobei die Termine von einer Zone zur nächsten nicht unerheblich schwanken. Bei Osoyoos beginnen die Arbeiten bis zu 14 Tage früher als bei Armstrong; für Kelowna, eine Stadt ungefähr in der Mitte des Tales, gelten annähernd die folgenden Daten:

Kirschen:	ab Ende Juni bis Juli
Aprikosen:	ab Mitte Juli für rund drei Wochen
Vee-Pfirsiche:	ab Anfang August für 2-3 Wochen
Elberta-Pfirsiche:	ab Ende August für 2-3 Wochen
Red Haven-Pfirsiche:	ab Ende Juli für 2-3 Wochen
Pflaumen:	ab Mitte August für 2-3 Wochen
Bartlet-Birnen:	ab Mitte August bis Anfang Oktober
Anjou-Birnen:	ab Ende September bis Oktober
Macintosh-Äpfel:	ab Anfang September für 3-4 Wochen
Spartan- Äpfel:	ab Ende September für 3-4 Wochen
Newton-Äpfel:	ab Ende Oktober für 3-4 Wochen
Winsap-Äpfel:	ab Ende Oktober für 3-4 Wochen
Golden-Delicious-Äpfel:	ab September für 3-4 Wochen
Red-Delicious-Äpfel:	ab September für 3-4 Wochen
Rome-Beauty-Äpfel:	ab September für 3-4 Wochen.

Der Anbau von Weintrauben wird gegenwärtig stark forciert, der Mechanisierungsgrad nimmt stetig zu. Außerdem sind viele Weingärten im Okanagan-Tal so klein, daß die Winzer die meisten Arbeiten selbst ausführen können. Der örtliche Weinbauverband in Kelowna, Tel. 762 4652, hilft bereitwillig mit den Adressen der einzelnen Weinbauern weiter. Die Büros der landwirtschaftlichen Arbeitsvermittlungen in Panticton, Kelowna und Armstrong sind ebenfalls gute Quellen für vorhandene Stellen bei der Lese. Besitzt man allerdings keine offizielle Arbeitserlaubnis, so sollte man deren Dienste besser nicht in Anspruch nehmen, da man sich ansonsten unvermittelt auf einem Polizeirevier wiederfinden kann. Auf jeden Fall aber sind die in den Vermittlungsbüros herumliegenden Informationsheftchen einzusehen. Die Agenturen im Okanagan Valley vergeben die hereinkommenden Jobs auf der bewährten Basis: »Wer zuerst kommt, erntet zuerst«. Oberstes Prinzip ist also, in aller Herrgottsfrühe zu erscheinen. Gelegentlich standen um 7 Uhr morgens schon über 100 Jobsuchende an. Da es zu solchen Zeiten hektisch zugeht, wird nicht jeder ordnungsgemäß registriert und nach der Sozialversicherungsnummer befragt, sondern einfach die Adressen von Arbeitgebern ausgehändigt. Die Farmer schauen selbst oft genug bei den Büros vorbei, sammeln alle arbeitswillig dreinblickenden

Helfer ein und karren sie mit Lastern in die Einsatzgebiete.

Wenn die Vermittlungen später am Tag nicht mehr so überlastet sind, muß man vor einer eventuellen Vermittlung Namen, Versicherungsnummer und Adresse angeben, woraufhin diese Angaben überprüft werden. Christoph Janzen empfiehlt daher, diese Büros links liegen zu lassen und sich stattdessen in der Nähe der Genossenschaftszentren aufzuhalten, wo die geernteten Früchte verpackt werden. Mindestens einmal pro Woche kommt jeder Bauer dort vorbei und eröffnet somit die Gelegenheit zu einer direkten Nachfrage. Christoph erhielt auf diese Weise einen Job, gab ihn aber nach drei Wochen wieder auf, weil er den Psycho-Streß der ständigen Bedrohung durch die Behörden nicht aushielt: Überprüfungen werden in unregelmäßigen Abständen vorgenommen und können für entdeckte Schwarzarbeiter sehr unangenehme Konsequenzen bringen. Unter den Jobbern herrscht aber dennoch überwiegend die Überzeugung, daß sich das Risiko lohnt.

Karl Wintzer wurde von der Polizei um sieben Uhr morgens in seinem Zelt aufgestöbert, für ein Wochenende in eine winzige Zelle gesperrt – und ist seitdem der verständlichen Auffassung, daß die häufigen Kontrollen und die niedrigen Löhne als Gründe ausreichen, um nicht im Okanagan Valley zu arbeiten. Er wurde nach seiner Entlassung aufgefordert, das Land sofort und auf direktem Wege zu verlassen. Christine Krüger wurde ebenfalls bei der Schwarzarbeit erwischt, ausgewiesen und erhielt dazu einen Eintrag in ihren Paß, daß sie fünf Jahre lang nicht mehr nach Kanada einreisen könne. Das jüngst abgeschlossene Handelsabkommen mit den USA wird diese, für unsere Leserschaft jetzt schon schwierige Situation sicher weiter verschärfen, da die kanadischen Landwirte sich zusätzlich mit der unliebsamen Konkurrenz der großen Obstproduzenten Kaliforniens und Floridas herumschlagen müssen.

Dank des breiten Spektrums an Obstsorten und Ernteterminen ist es durchaus möglich, sich vier Monate lang kreuz und quer durch das Okanagan-Tal zu arbeiten. Unterbrechungen bis zu zwei Wochen sind allerdings dann unumgänglich, wenn die Früchte nachreifen müssen. Ernteprofis beginnen mit den Kirschen im Süden, ziehen weiter zu den ersten Pfirsichen hoch oben im Norden und anschließend geht es wieder Richtung Süden, um dort mit den Aprikosen fortzufahren. Schon traditionell erlebt das Okanagan-Tal während der Erntezeit einen großen Zustrom an Arbeitskräften aus ganz Kanada und anderen Ländern. Viele der Helfer kehren alljährlich hierher zurück, nicht wenige ohne einen Cent oder Penny in der Tasche. Die glücklicheren finden sofort einen Job mit Unterkunft, die anderen quartieren sich zunächst bei der Heilsarmee in Penticton oder der »Gospel Mission« in Kelowna ein, wo im übrigen immer auch ein warmes Essen zu haben ist. Selbstverständlich bemühen sich in den Sommermonaten auch zahlreiche kanadische Studenten und Schüler um einen Ferienjob, wodurch sie einerseits etliche Stellen in Beschlag nehmen, zum andern den Bauern eine kritischere Auswahl unter den Bewerbern ermöglichen. Erfahrene Kräfte werden natürlich bevorzugt, weil sie vorsichtiger mit den Früchten umgehen. Aus demselben Grund werden auch Frauen lieber eingestellt als Männer.

Bezahlt wird bei Kirschen nach abgeliefertem Gewicht, bei Aprikosen pro Korb. Gelegentlich werden Anfänger im Stundenlohn entgolten, um diese zu sorgfältiger und nicht überhasteter, obstschonender Arbeit zu erziehen. Erst später wird dann auf Bezahlung nach Leistung umgestellt. Da gerade Pfirsiche ungemein empfindlich sind, wird bei ihrer Ernte grundsätzlich Stundenlohn vereinbart. Die Löhne liegen zu Beginn der Hauptsaison am höchsten, wenn viele Früchte auf einen Schlag reif werden. Zu beachten wäre noch, daß Kirschen erheblich mehr einbringen als die verschiedenen Birnensorten. Am bekanntesten ist das Okanagan Valley jedoch für seine wohlschmeckenden Äpfel, die in alle Welt exportiert werden. Deren Ernte dauert von Mitte August bis Ende Oktober, wobei von den Aushilfskräften nicht unbedingt Erfahrung gefordert wird. Wer sich aber als ungeschickter, blutiger Anfänger zu erkennen gibt, darf für $5 in der Stunde Falläpfel aufsammeln – ein billiger Spaß, der dem Rücken nicht sonderlich zuträglich ist. Gegen Ende der Saison, wenn ab Mitte September die Studenten wieder zu Universität oder College zurückstreben und das Wetter kälter wird, nehmen die Farmer gezwungenermaßen so ziemlich jeden Bewerber.

Der Verdienst schwankt je nach Obstsorte und Geschwindigkeit des Pflückers. Viele Tricks lehrt eben erst die Zeit, etwa wo die Leiter am besten lehnt. Seit nicht mehr so hohe Baumsorten angepflanzt werden wie früher, können kürzere Leitern zum Einsatz kommen. Mit etwas Übung kann selbst das Kirschenpflücken ganz attraktiv sein, verdient man in der Hochsaison dabei doch bis zu $100 am Tag. Die Apfelernte dagegen geht langsam voran und wird schlecht bezahlt: die Früchte fallen dabei in einen vor den Bauch gebundenen Korb, der mit der Zeit immer schwerer und schwerer und schwerer und schwerer wird.

Mit jedem Erntehelfer vereinbaren die Farmer individuell den Bezahlungsmodus. Allgemein üblich ist der wöchentliche Scheck, wobei die Abgaben bereits verrechnet sind. Die Regelung, daß man mindestens fünf Tage hintereinander gearbeitet haben muß, bevor solche Abzüge vorgenommen werden, fordert den ständigen Wechsel des Arbeitsplatzes geradezu heraus! Einige Bauern händigen für jeden abgelieferten Korb einen Schein aus, der an legal arbeitende Pflücker weiterverkaufen kann, wodurch das namentliche Erscheinen in der Buchführung vermieden wird. Hin und wieder gibt es einen Bonus, wenn man während der gesamten Ernte einem Farmer die Treue gehalten hat. Am großzügigsten in dieser Beziehung erweisen sich die Apfelbauern, weil ihre Arbeitskräfte selten die ganze Saison hindurch zu halten sind. Die meisten Okanagan-Erntehelfer kommen nicht aus der Gegend, weswegen immer mehr Plantagenbesitzer simple Unterkünfte mit Duschen, Toiletten, Kochgelegenheit und Eisschrank aufstellen oder das Zelten auf dem Gelände gestatten. Die Apfelbauern sorgen seit kurzem sogar für die Unterbringung in Motels, um ihre Arbeitsplätze attraktiver zu gestalten.

... und der Rest von British Columbia

Bei Richmond, einer Vorstadt von Vancouver südlich des Flughafens, kann man problemlos Jobs beim Beerenpflücken bekommen. Der freundliche und auskunftbereite *Agricultural Employment Service* in Abbotsford ist ganzjährig geöffnet, die Zweigstellen in Cloverdale und Richmond von Mai bis September. Die Erdbeerernte im Delta des Fraser Flusses beginnt etwa Mitte Juni und dauert knapp einen Monat, die Himbeeren schließen sich von Mitte Juli bis Ende August an, mit Blaubeeren klingt von Ende Juli bis Anfang September der Sammelspaß aus. Nicht selten winken Unterkunft- oder Zeltmöglichkeiten, für Längerbleibende am Ende der Saison auch großzügige Gratifikationen.

Der gesetzlich vorgeschriebene Mindestlohn von 15½ Cents pro Erdbeerpfund wird von den Farmern meist überboten, wogegen im Nahkampf mit den Blaubeeren seit Jahren ungefähr 20 Cents pro Pfund zu holen sind. Da viele asiatische Einwanderer sich und ihre Familien von den Bauern willig und billig ausbeuten lassen, werden diese Quoten so bald wohl nicht erhöht. Entsprechend wenig überraschen die häufigen Schwierigkeiten des Vermittlungsbüros in Abbotsford, 33827 South Fraser Way, Tel. (112) 853 7471, alle freien Stellen zu besetzen.

Dank seines milden und regnerischen Klimas hat Vancouver Island schon immer europäische Einwanderer angezogen. Das *Empress Hotel*, weithin für seinen altbritischen

Charme bekannt, gehört leider nicht zu den Arbeitgebern, die illegale Arbeitskräfte gerne einstellen. Bessere Chancen dürften auf der Saanich-Halbinsel bei Victoria bestehen, wo im September und Oktober Äpfel, von August bis Oktober Birnen und im Juni Erdbeeren geerntet werden. Im März müssen auf Feldern und in Gewächshäusern die Osterglocken geschnitten werden.

Ontario

In der fruchtbaren Gegend um die Niagarafälle oder zwischen Hamilton und St. Catharine's entlang des Lake Ontario besteht wahrlich kein Mangel an Erntearbeiten. Das örtliche Mikroklima begünstigt das Gedeihen von Pfirsichen, Birnen, Pflaumen, Trauben und Kirschen. Daneben wäre die Tomatenernte im südwestlichen Ontario zwischen Clatham und Leamington zu erwähnen, die ab Mitte August sechs bis acht Wochen dauert. Über weitere Ernten rund um den Lake Erie gibt am besten das Heftchen »Seasonal Employment in Ontario« Auskunft, welches bei allen *Agricultural Employment Services* Ontarios erhältlich ist. Als besonders hilfsbereit gegenüber Jobbern auf Reisen wird der *AES* in St. Catharine's, 12 Grote St., Tel. 937 7604, gerühmt. Zwei weitere Broschüren, »Work in Ontario's Tomato Harvest« und »Pick Ontario's Fruit Crops«, sollen Saisonarbeiter aus anderen kanadischen Provinzen herbeilocken. Auch hier ist eine üppige Treueprämie am Ende der Saison üblich. Natürlich wollen wir auch hier die wichtigsten Erntedaten nicht verschweigen:

Spargel	Anfang Mai bis Mitte Juni
	Chatham, Aylmer, Tillsonburg, Delhi, Simcoe, Alliston;
Erdbeeren	Anfang Juni bis Mitte Juli
	Chatham, Simcoe, St. Catharine's, Hamilton, Cobourg, Trenton;
Gurken	Mitte Juni bis Mitte August
	Windsor, Leamington, Chatham, Aylmer;
Süßkirschen	Ende Juli
	Chatham, Niagara-Fälle, St. Catharine's, Hamilton;
Sauerkirschen	Ende Juli
	Chatham, Simcoe, St. Catharine's, Hamilton;
Himbeeren	Mitte Juli bis Mitte August
	St. Catharine's, Hamilton, Cobourg;
Pflaumen	August und September
	St. Catharine's, Hamilton;
Pfirsiche	Mitte August bis Ende September
	Windsor, Leamington, Chatham, Simcoe, St. Catharine's, Hamilton;
Tomaten	Mitte August bis Ende September
	Windsor, Leamington, Chatham, Simcoe, Picton;
Birnen	Anfang September bis Mitte Oktober
	Leamington, St. Catharine's, Hamilton;
Äpfel	Anfang September bis Ende Oktober
	Leamington, Simcoe, Hamilton, Owen Sound, Cobourg, Trenton, Picton;
Trauben	Mitte September bis Ende Oktober
	Niagara-Fälle, St. Catharine's, Hamilton.

Eine zeitintensive Tätigkeit, für die unzählige Aushilfen benötigt werden, ist das Entfaden der Maiskolben. Zwei bis drei Juliwochen lang finden in der Gegend um Chatham etwa 5000 Personen Arbeit. Ganze Busladungen von Studenten werden aus weit entfernten Städten herbeigeholt; wer sich an Ort und Stelle aufhält, hat natürlich bessere Chancen. Wie in den Tabakanbaugebieten ist auch bei Chatham die Arbeitslosenziffer hoch. Da alle Arbeitslosen verpflichtet sind, sich beim *AES* in Chatham, 615 Grand Avenue West, Tel. 354 8722, registrieren zu lassen, geht es beim Rennen um die Stellen ganz schön hart zur Sache. Das Arbeitsministerium von Ontario hat kürzlich die Minimallöhne in der Landwirtschaft dem allgemeinen Niveau in Kanada angeglichen ($5,40 für Erwachsene, $4,55 für minderjährige Schüler. Maximal $67 dürfen davon pro Woche für Unterkunft und Verpflegung abgezogen werden. Näheres im kostenlosen Heftchen »Employment Standards« des Arbeitsamtes.

Küstenregionen

Wer sich im August oder September an der Ostküste aufhält, endet bestimmt beim Blaubeerpflücken in den Städten Parrsboro, Minundie, Amherst oder Pugwash in Nova Scotia. Im Frühsommer, etwa ab Mitte Juni bis Mitte Juli, werden hier Erdbeeren geerntet. Im Herbst kann man bei den Äpfelfarmern an der Bay of Fundy in Nova Scotia, in Bridgetown, Annapolis Royal oder Middleton einen Job ergattern. Stephan Rössler arbeitet fast jedes Jahr in der Meeresfischerei vor den Gestaden Nova Scotias:
Ich finanziere meine Weltreisen durch Jobs beim Heringsfang, bei dem ich die Fische aufschneide und den Rogen herausnehme, den japanische Techniker dann zu »Kaviar« ummogeln. Diese Arbeit wird erfreulich gut bezahlt, wobei ich besonders Sullivan's Fisheries *oder* Deveau Fisheries *in Meteghan, Digby County, Nova Scotia, loben muß.*
Ansonsten bieten sich in jener Region nur wenige Jobmöglichkeiten, abgesehen vielleicht von der Tabakindustrie auf dem Prince Edward Island – eine Arbeit, auf die wir weiter unten näher eingehen werden. Die Arbeitslosenrate beträgt in den Küstenregionen momentan annähernd 20 Prozent, weswegen viele Einheimische auf der Suche nach Arbeit die Flucht in die großen Städte angetreten haben.

Landwirtschaft

Die *International Agricultural Exchange Association* entsendet ausgelernte Landwirte nach British Columbia, in die kanadischen Prärien sowie ins südliche Ontario. Diese Praktika dauern zwischen sieben und neun Monaten, wobei Teilnehmer über 19 Jahre alt sein und mindestens zwei Jahre lang Berufserfahrung in der Landwirtschaft gesammelt haben müssen. Bis zu 4700 DM werden als Selbstbeteiligung aufgebracht. Denen stehen andererseits rund 1100 Dollar brutto im Monat gegenüber. Das *International Farm Experience*-Programm bietet zwar selbst keine Praktikumsplätze, hilft aber bei der Beschaffung einer Arbeitserlaubnis, falls man selbst eine Stelle erobert hat. Die zur Bewerbung relevanten Adressen sind im Einleitungskapitel »Landwirtschaft« aufgeführt. Wer zwar Interesse an Farmarbeit, nicht aber die geforderten einschlägigen Kenntnisse besitzt, sollte sich an die *WWOOF* wenden, die »Willing Workers on Organic Farms«. Der rührigste Vertreter dieser Programme wohnt in einer kleinen Stadt in Küstennähe: für $10 Mitgliedsbeitrag verschickt John van den Heuvel, RR2, Carlson Road, Nelson, BC, V1L 5P5, an interessierte Freiwillige eine Liste der ansprechbaren Farmen.

Wer sich in der Landwirtschaft ein bißchen auskennt, sollte in kleinen Lokalzeitungen selbst inserieren. Markus Neumann hatte mit dieser Methode in Stonewall Argus, einer kleinen Stadt bei Winnipeg, großen Erfolg und entschied sich unter vielen Angeboten für zwei Wochen auf einer Schweinemastfarm.

Tabakernte

Nach dem Obst hat Tabak in Ontario den zweithöchsten Stellenwert. Traditionell reisen Erntehelfer von weither an, obwohl die Industrie sich aufgrund der breiten Anti-Raucherkampagnen arg gebeutelt gebärdet. Die Ende Juli beginnende Ernte kann je nach Wetterlage und eventuell einsetzendem Frost im südlichen Ontario, um London, Tillsonburg, Aylmer, Delhi und Strathroy bis Ende September dauern und wird in vielen Zuschriften als eine der anstrengendsten in der Landwirtschaft überhaupt bezeichnet. Wegen des hohen Tageslohns macht sich der Arbeitseinsatz aber trotzdem bezahlt. Das Anpflanzen des Tabaks ab Ende Mai oder Anfang Juni geht wesentlich leichter von der Hand. Thilo Keller beschreibt einen typischen Arbeitstag:

Jeden Tag wird um 5.45 Uhr aufgestanden und sofort gefrühstückt, da die Arbeit schon um 6.30 Uhr beginnt. Nach einstündiger Mittagspause wird weitergearbeitet, bis die Öfen voller Blätter sind, in der Regel bis etwa 17 Uhr. Nach dem Abendessen wurden wir oft sogar noch aufgefordert, die Öfen zu leeren, was nochmals eine Stunde harter Arbeit bedeutet. Das Pflücken der Tabakblätter, das sogenannte »priming«, ist so anstrengend, daß alle sich nach den ersten Tagen schrecklich fühlten. Morgens durchnäßt der Tau von den Blättern jedes Kleidungsstück völlig, tagsüber beißen die Mücken gnadenlos zu, die Pflanzen jucken auf der Haut, die dann auch noch samt der Kleidung mit Schwaden von Nikotinteer völlig eingedeckt wird.

Ontario ist jedoch nicht das einzige Anbaugebiet Kanadas. So wird unter anderem auf Prince Edward Island Tabak angepflanzt. Beim Trampen in jener Gegend vernahm Christoph Janzen zufällig, daß dringend 800 Helfer beim Tabakpflanzen gesucht würden. Er prahlte daraufhin vor der Schalterdame im Arbeitsamt von Montague mit dem (erlogenen) Besitz einer Arbeitserlaubnis und bekam prompt seinen Job bei einem vor Jahren aus Belgien ausgewanderten Farmer. Von 7 bis 20 Uhr mußte er im Gewächshaus am Fließband Pflanzen mit dem richtigen Wachtumsgrad heraussortieren. Dafür erhielt er $5.25 in der Stunde; Essen und Schlafplatz wurden mit $40 wöchentlich abgezogen. Die Erntesaison auf der Insel dauert etwa einen Monat.

Arbeit in einem Haushalt

Eine ganze Reihe ausgetüftelter Vorschriften regelt die zahlreichen Möglichkeiten für Ausländer, im häuslichen Bereich in Kanada Hand anzulegen. Die eigentliche Au Pair-Tätigkeit ist zwar nicht weit verbreitet, der Bedarf an Haushaltshilfen und Kindermädchen aber umso größer. Mit etwas Erfahrung sind die Anforderungen praktisch schon erfüllt, wenn man willens und in der Lage ist, sich für ein ganzes Jahr zu binden. Das von der kanadischen High Commission herausgegebene Heft »Foreign Domestic Workers in Canada« erweist sich fast als überflüssig, da die meisten Agenturen, die von Europa nach Kanada vermitteln, ohnehin bestens informiert sind und auch bereitwillig beim Ausfüllen des Antrags helfen. Das Vorstellungsgespräch und die medizinische Untersuchung bei einem Vertrauensarzt, für die $70-90 verlangt werden, sind unverzichtbarer Teil der Bewerbungsverfahren in den Bereichen Nahrung, Gesundheit und Kinderbetreuung, die zwischen zwei und vier Monate in Anspruch nehmen (wie übrigens auch die Bearbeitung des Visumsantrags).

Die Tätigkeit als Kindermädchen oder Haushaltshilfe hat in Kanada einen höheren sozialen Rang als Au Pairs in Europa, was sich auch in den Arbeitsbedingungen bestätigt findet. Die kanadische Regierung hat für dieses Jahr die Neufestsetzung von Arbeits- und Freizeit, Ferien, Mindestverdienst sowie Abgaben angekündigt. Bisher betrug das durchschnittliche Einkommen in diesem Bereich $1030, Verpflegung und Unterkunft durften mit maximal $290 in Rechnung gestellt werden; für Einkommensteuer gingen noch einmal bis zu $127, für die Arbeitslosenversicherung $23 und die Altersvorsorge $17,50 ab, so daß nach Abzug aller Positionen ein Nettoverdienst von $572,50 verbleibt – was selbst bei Berücksichtigung der hohen Lebenshaltungskosten einen akzeptablen Verdienst darstellt. Im westlichen Kanada, in British Columbia und Alberta können die Löhne sogar höher liegen, weil sich hierhin weniger Weltenbummler verirren. Kanadische Familien verbringen gerne zumindest einen Teil des Sommers im Ferienhaus an den Großen Seen. Für die ausländische Haushaltshilfe stellt diese Urlaubszeit natürlich eine wunderbare Gelegenheit zum Radfahren, Wandern oder fürs Wasserskifahren dar.

Achtzehn- bis sechsundzwanzigjährige können auch in Kanada eine Art Au Pair-Tätigkeit aufnehmen: für 25 Stunden pro Woche erhalten sie $80 Dollar Taschengeld, außerdem werden $250 zu den Kosten einer Fortbildungsveranstaltung, üblicherweise eines Sprachkurses, zugeschossen. Mira Ott besorgte sich ihren Job erst nach der Ankunft in Kanada: *Ich rief einige der Telefonnummern im* Toronto Star *an, doch die meisten wollten mich ohne offizielle Papiere nicht nehmen. Schließlich bekam ich eine Stelle als Kindermädchen und Haushälterin, bei der ich $175 pro Woche verdiente. Da ich keine Steuern zahlte und außerdem in einem Studentenwohnheim unterkam (Miete $65), konnte ich also über eine ansehnliche Summe verfügen. Die Arbeit war wirklich erträglich: wenn die Kids erstmal in der Schule waren, konnte ich stundenlang nach Herzenslust töpfern, lesen, putzen oder Fernsehglotzen. Ich bin überzeugt, daß ich wegen meiner Babysitting-Erfahrung und meiner hemmungslosen Liebe zu Kindern auserwählt wurde, zumal ich eigentlich eine erbärmliche Köchin und eine bescheidene Haushälterin bin. Dennoch standen die Eltern jederzeit zu mir, weil die Kinder mich schnell ins Herz geschlossen hatten.*

Universitätsstädte

Die rege Teilnahme am studentischen Leben einer Universitätsstadt kann zu einer ganzen Reihe von Gelegenheitsjobs verhelfen. Kanadische Studenten arbeiten in aller Regel neben ihrem Studium und überlassen eventuell ihre Jobs, wenn sie die Universität verlassen und in die wohlverdienten Ferien abdüsen. Anne Sommerlin hielt sich vier Jahre lang in Kanada auf: die meiste Zeit davon in der Industriestadt Hamilton an den Niagarafällen, in welcher sich auch die McMaster-Universität befindet. Anne, die ihren Aufenthalt durch verschiedene kleinere Jobs finanzierte, analysiert die Bandbreite des dortigen Jobangebots:

1. Jobs als Bedienung oder Tellerwäscher kann man in Teilzeitarbeit übernehmen, insbesondere, wenn man bereit ist, auch zu unsozialen Zeiten zu arbeiten. Fast-Food-Kettenrestaurants brauchen speziell an den Wochenenden viele Aushilfen, wobei sie erfreulicherweise an jedem Feierabend bar auszahlen.

2. Es gibt tolle Jobs in Studentenbars, wohingegen es in der freien Wirtschaft um einiges schwieriger ist, da die Ausländergesetze von der Hamiltoner Polizei strikt überwacht werden.

Die Bars auf dem Universitätsgelände eignen sich deswegen vorzüglich, weil der größte Teil des Tages fürs Studium oder andere Jobs frei bleibt.

3. Zimmermädchen erhalten meistens Stellen mit Unterkunft und Verpflegung, die ziemlich schlecht bezahlt sind. Hotels bevorzugen Personal, das die ganze Saison bleibt.

4. Jobs als Putzfrau oder Kinderbetreuer sind leicht über Anzeigen zu bekommen, die Bezahlung erinnert allerdings stark an Ausbeutung.

5. In Colleges oder Universitäten kann man Zettel aushängen und seine Schreibarbeitsdienste anbieten, wobei besonders ausländische Studenten gern auf solche Angebote zurückgreifen. Es lohnt sich daher, am Semesterende eine elektrische Schreibmaschine oder einen Personal Computer zu mieten, weil die Studenten dann termingerecht ihre Hausarbeiten abliefern müssen. Wer schon einmal als Sekretärin gearbeitet hat, kann selbständig für kleinere Firmen oder Organisationen die anfallendenden Schreibarbeiten übernehmen.

6. In Konferenzzentren wird selten der Schweiß fließen, dafür größtenteils ein kostenloses Mittagessen geboten. Ich habe als Hostess bei verschiedenen medizinischen Tagungen gearbeitet und bei der Versorgung und Unterhaltung der Teilnehmer mitgeholfen. Erfahrung im Umgang mit Diaprojektoren ist bei solchen Tätigkeiten erwünscht.

Neben den Großstädten und den Hauptstädten der einzelnen Provinzen locken Universitäten auch nach Windsor, Waterloo, London, St. Catharine's, Hamilton, Kingston, Belleville, Sudbury und Thunder Bay. Hier betreibt die kanadische Studentenvereinigung eigene Reisebüros, die sogenannten *Travel CUTS* (Canadian Universities Travel Service Limited), mit dreißig Zweigstellen unter anderem in Vancouver: Room 100 P, Student Union Building, University of British Columbia, BC, V6T 1W5, Tel. (604) 228 6890. Toronto: 187 College Street, Ontario M5T 1P7. Ottawa: 1 Steward Street, Suite 203, K1N 6H7, Tel. (613) 238 8222. Montreal: McGill University, 3480 Rue McTavish, Quebec H3A 1X9, Tel. (514) 398 0647.

Freiwilligendienste

Die *Frontiers Foundation*, 2615 Danforth Avenue, Suite 203, Toronto, Ontario M4C 1L6, organisiert reizvolle Projekte in Gegenden mit geringem Durchschnittseinkommen, hauptsächlich den Eskimo-Gebieten im hohen Norden. Einige Projekte, die unter dem Namen »Operation Beaver« bekannt sind, sollen Einheimischen beim Hausbau oder der Einrichtung von Gemeinschaftszentren helfen, andere wiederum veranstalten irgendwo in der Wildnis Feriencamps für deren Kinder. Bei allen diesen Vorhaben begleicht die *Frontier Foundation* die Unkosten der Betreuer, und zwar bis hin zum Duschgel und zur Zahnpasta. Ein geringfügiges Taschengeld wird gezahlt, wenn man länger als die Mindestdauer von zwei Monaten in einem Lager bleibt. Der entsprechend geneigte europäische Freiwillige hätte somit lediglich den Flug nach Kanada zu begleichen. Ein ehemaliger Teilnehmer an einem der Frontier-Lager schrieb uns:

Mir schien dieses Camp die einzige Möglichkeit, auch einmal in abgelegene Gebiete zu gelangen und am Arbeitsleben der einheimischen Eskimos teilzunehmen. Das war mir denn auch den Preis eines Fluges nach Kanada wert.

Die eigentliche Arbeit im Lager wird sicher niemandes Zeit oder Energie vollständig in Anspruch nehmen, wie auch Sarah König versichert, die genügend freie Zeit fand, um am Leben der einheimischen Bevölkerung teilzunehmen:

Der größte Vorteil meines Camps war, daß wir an den Aktivitäten der Einheimischen teilnehmen konnten: wir spielten mit ihnen Volleyball oder joggten, ritten Wildpferde ein, wir beobachteten Bären und schoben Wildbeerenkuchen in den Backofen, wir zelteten am Fluß, jag-

ten und fischten, schwammen und aßen im Lehmkrug geröstetes Stachelschwein oder als
»Delikatesse« Biberschwanz süß-sauer.
In den Badlands von Alberta liegen nach wier vor viele Dinosaurierknochen herum, die
dann im Tyrell Museum gezeigt werden. Für Ausgrabungen zwischen 6 und 14 Uhr wird
man gratis im Zelt untergebracht, mit Essen versorgt und darf die örtlichen Busse und
Bahnen benutzen. Näheres vom Volunteer Coordinator, Box 7500, Drumheller, Alberta
T0J 0Y0, Tel. (403) 823 7707.
Auch die Nationalparks in Kanada bieten (teilweise allerdings unstrukturierte) Programme für Freiwillige, die im wesentlichen von deren Eigeninitiative abhängen. Die Aufgaben reichen von der Hilfe für Behinderte beim Besuch der Parks bis zur Inventarisierung
aller Biberdämme, vom Einsammeln des unvermeidlichen Mülls bis zur Demonstration
antiquierter Brotbacktechniken. Weitere Auskünfte bei *Environment Canada*, Hull, Quebec K1A OH3. Das *Canadian Bureau for International Exchange*, Albert Street 83, 14th
Floor, Ottawa, Ontario K1P 64A, Tel. (613) 237 4820 plant als kanadische Unterabteilung
des SCI jährlich diverse Arbeitscamps, in denen u.a. blinde Kinder oder behinderte
Erwachsene zu betreuen sind.

Lateinamerika

In den meisten lateinamerikanischen Staaten werden wahrlich keine zusätzlichen Hilfsarbeiter oder Aushilfskräfte ohne Fachausbildung benötigt. Für alle anfallenden Aufgaben
in Landwirtschaft oder Dienstleistungsbereich stehen genügend einheimische Kräfte
bereit, so daß »Gringos« dafür nicht in Betracht gezogen werden. Mit Ausnahme freiwilliger Dienste muß der reisende Jobber sich in Lateinamerika also in Bereichen umschau-
en, die oberhalb des Niveaus von Obsternte oder Tellerwaschen liegen.

Sprachunterricht

Selbst Personen, die an sich noch keinerlei didaktische oder pädagogische Fähigkeiten
beobachten konnten, sollten sich überwinden und in der südlicheren der beiden Amerika-
hälften einen Job als Sprachlehrer annehmen. Englisch, wie schlecht man es auch immer
beherrscht, bleibt der Schlüssel zum Erfolg. Überall wird diese Weltsprache nämlich als
Voraussetzung für die Teilhabe am florierenden Fremdenverkehr, an geschäftlichem
oder privatem Erfolg empfunden. Viele Lateinamerikaner sind deshalb bereit, entsprechenden Unterricht teuer zu bezahlen; zumindest, wenn man die überaus niedrigen Einkommen in diesen Ländern in Betracht zieht. Für Dieter Häberle war die Suche jedenfalls kurz:
Ohne die geringste Erfahrung in diesem Bereich fand ich problemlos einen Job als Sprachleh-
rer in Brasilien, wobei ich sogar dem Eigentümer der Sprachschule Unterricht erteilte, was ja
wohl genug über den Unterrichtsstandard aussagt. Bezahlt bekam ich drei Dollar in der Stun-
de, für Brasilien ein durchaus annehmbarer Betrag, besonders wenn man bedenkt, daß die
meisten Menschen dort höchstens $50 im ganzen Monat verdienen. Gegen Ende meines Auf-
enthalts hatte ich auch leidlich Portugiesisch gelernt und konnte nunmehr Privatstunden ertei-
len, die erheblich besser bezahlt werden.
Die Tatsache, daß im *Buenos Aires Herald* regelmäßig mehr Lehrer für amerikanisches
Englisch gesucht werden als für britisches, läßt sich dadurch erklären, daß der Latino-

Kontinent kulturell und ökonomisch auf die USA ausgerichtet ist und daher eine Haßliebe zum Akzent der »Yankees« pflegt. Eine leise Ahnung der spanischen Sprache wird sich bei der Jobsuche als ungemein hilfreich herausstellen, bei Verhandlungen über die Arbeitsbedingungen ebenso wie im Gespräch mit den Schülern, die unbeeindruckt von den neuesten linguistischen Forschungsergebnissen auf dem Gebiet des axiomatischen Funktionalismus des von uns allen in höchstem Maße verehrten Prof. Dr. Dr. h.c. P. aus F. darauf bestehen könnten, daß ihnen schwierige Dinge auch in der Muttersprache erklären werden.

Stellen an Sprachschulen lassen sich prinzipiell in zwei Kategorien einteilen: zum einen sind da die »respektablen« Schulen wie die *British School* oder das *Goethe-Institut*, zum andern private Institute, die häufig einem internationalen Zusammenschluß angehören und in Collegeform organisiert sind. Der Vorteil der besseren Schulen sind die höheren Fixlöhne, die im Schnitt fünf bis sieben Dollar betragen. Die anderen Schulen zahlen zwar etwa zwei Dollar weniger, doch selbst dieser Lohn reicht völlig aus, um in einem lateinamerikanischen Land komfortabel zu leben. Nachteilig könnte sich auswirken, daß häufig auf jeglichen Qualifikationsnachweis verzichtet wird, dafür aber eine sechsmonatige oder längere Verpflichtung erwartet wird. In den Verträgen tummeln sich Klauseln, die den vorzeitigen Kontraktbruch verhindern sollen, wobei es durchaus üblich ist, einen Teil des Verdienstes erst bei termingerechter Beendigung der Tätigkeit auszuzahlen. Dafür bieten die Arbeitgeber dann auch meist die zusätzliche Übernahme der Kosten für das Rückflugticket. Schulen, die weniger gut zahlen und am unteren Rand des vielschichtigen Spektrums anzusiedeln sind, haben solche Einschränkungen und Verpflichtungen in ihren Verträgen nicht vorgesehen.

Wer die nötigen Qualifikationen als Lehrer besitzt, kann sich schon im voraus um ein entsprechendes Arrangement bemühen, wobei gerade die *Goethe-Institute* weiterhelfen, ebenso der Kulturattaché des Heimatlandes am Ort, sofern vorhanden. Die Schulen selbst bevorzugen langfristig gehaltene Arbeitsverträge und stellen besonders gerne Leute ein, die schon länger im Land leben und mit der Mentalität der Einheimischen vertraut sind. Karin Wering und Christoph Blaha entschieden sich für die Spitzengruppe der Sprachschulen, nahmen ihre Magisterzeugnisse mit, um damit ihren hohen Ausbildungsgrad zu dokumentieren (obwohl es sich nicht um Sprachdiplome handelte) und erhielten ohne Schwierigkeit mehrere Stellenangebote: nach Sichtung der Offerten entschlossen sich beide, erst an einer Nobelschule in San José, der belebten und teuren Hauptstadt Costa Ricas, später am *Instituto Anglo* im mexikanischen Guadalajara zu unterrichten.

Viele der Schulen bieten sechswöchige Kurse, für die ständig neue Lehrer benötigt werden, andere Institute, wie die Studentenvereinigung Mexikos, halten reine Sommerkurse ab, für die ebenfalls Aushilfskräfte eingestellt werden. Wer in Mexiko-City unbezahlten Sprachunterricht geben will, wende sich an den *Servicio Educativo de Tourismo de los Estudiantes y la Juventud de Mexico*, Hamburgo 273, Col. Juarez, 06000 Mexico, D.F. Um sich für deren Lehrkörper zu qualifizieren, muß man lediglich entsprechende Sprachkenntnisse nachweisen. Eine vergleichbare Aufgabe läßt sich beim *Centro de Idiomas*, Belisaro Dominguez No. 1908, Mazatlan, Sinaloa, Mexiko, übernehmen. Der Engländer Peter Dickbird berichtet aus Lima:

In der peruanischen Hauptstadt gibt es Sprachschulen wie Sand am Meer, so daß niemand, der Englisch auch nur ansatzweise beherrscht, sich in Lima unwillkommen fühlen wird. Auch wir bewarben uns bei einer Schule, nachdem uns die Botschaft ein Empfehlungsschreiben mit bloßen Floskeln mitgab. Die Schule wollte keinerlei Qualifikationen sehen, wir mußten jedoch vor Beginn des Unterrichts an einem unbezahlten Einführungskurs teilnehmen. Das fragwürdige Erlebnis des Umgangs der hoffnungsvollen peruanischen Jugend mit deiner Mut-

tersprache (»Lima sein schlecht fahrraden, weil so sehr Verkehr staust«) wird mit knapp vier DM in der Stunde bezahlt. Zusammen sparten mein Freund und ich während des dreimonatigen Semesters etwa $700 zusammen, wozu allerdings harte Selbsteinschränkung beitrug: wir hatten die Ausgaben für die tägliche Lebenshaltung für zwei Personen auf zehn Dollar festgesetzt. Es mag sein, daß die Schulen in den wohlhabenden Stadtteilen wie Miraflores besser zahlen. Dafür mußten wir dann in La Paz feststellen, daß Lehrer in Bolivien mit gerade 2,10 DM noch schlechter honoriert wurden als in Lima.

Und auch der »Hispano and Luso Brazilian Council« hat erkannt: *Es gibt in Südamerika unzählige Schulen, die an Sprachlehrern interessiert sind, wenn man sich nur unmittelbar an sie selbst wendet. Die Bezahlung ist gemessen am europäischen Standard allerorten gering.*

Jenseits der Sprachkunst reduziert sich die Jobsuche wieder einmal auf das mittlerweile gewohnte Verfahren von Tür zu Tür. Robert Becker beantwortete ein Inserat in der *Mexico-City News*, wurde zu einem formlosen Vorstellungsgespräch in ein Restaurant gebeten und legte gegen seine Gewohnheit dazu sogar eine Krawatte an. Diese Überwindung zahlte sich aus: er bekam einen Sechsmonatsvertrag mit einem Stundenlohn von umgerechnet sechs Mark angeboten, der später auf 9,50 DM angehoben wurde. In Guadalajara werden für Lehrkräfte jedenfalls erheblich niedrigere Entgelte bezahlt.

In jeder größeren lateinamerikanischen Stadt wird man auf lernwillige Einheimische treffen, denen man Englisch oder Deutsch beibringen kann. In den Hauptstädten finden sich darüberhinaus Agenturen, die Privatlehrer für Wirtschaftskapitäne vermitteln. In diesen Orten gibt es mehr Jobs für Lehrer, andererseits aber auch einen stärkeren Kampf um die besser dotierten Positionen. Auch in den großen Ferienzentren lohnt sich das Klinkenputzen, wobei insbesondere Puerto Vallerta, Acapulco und Mazatlan in Mexiko zu nennen wären. Der Grund ist einfach: die Einheimischen sind ausnehmend scharf auf Jobs in der Tourismusbranche, haben dazu aber erst einmal ausreichende Englischkenntnisse vorzuweisen.

Das Unterrichten im Institut *Culturlingua* im wunderschön gelegenen Michocan, auf halbem Weg zwischen Mexiko City und dem Pazifik, soll für Lehrkräfte in hohem Maße erfreulich sein, da sie nicht nur kostenlose Unterkunft und ein großzügiges Taschengeld erhalten, sondern zudem den Swimming Pool eines in der Nähe gelegenen Hotels ausgiebig nutzen können. Wer hieran interessiert ist, wendet sich unverzagt und formlos an die Direktorin der Schule, Sra. Olivia Ramirez, Jardinadas, Zamora, Michocan, Mexiko.

Entscheidend für eine Einstellung ist oft genug nicht die korrekte Aussprache oder eine herausragende Qualifikation, sondern die äußerliche Erscheinung. Von einem Lehrer erwartet man in Lateinamerika allerorten ein respektheischendes Auftreten, was natürlich schwerfällt, wenn sich im Rucksack zwischen Schlafsack, zwei paar Socken und Reisepaß gähnende Leere breitmacht. Wer diese Stellen ernst nimmt, verkauft also die Kamera und legt sich vom Erlös Jackett und Krawatte zu, nimmt zur Abwechslung gleich mal wieder ein Bad und entfernt auf kultiviertem Weg die Stoppeln aus dem Gesicht.

Vorschriften

Normalerweise vermeiden Leute, die in Lateinamerika Sprachunterricht geben, das unangenehme Thema der hierzu notwendigen Arbeitserlaubnis. Der Arbeitgeber sollte im Falle eines Falles jedoch weiterhelfen können, wobei es in bestimmten Länder möglich ist, kurzfristig aus dem Nachbarland eine Arbeitserlaubnis zu beantragen, sobald eine Stelle gefunden ist. In den meisten Fällen ist die Antragsprozedur so langwierig und am

Ende sowieso ergebnislos, daß die Mehrzahl der Sprachlehrinstitute Ausländern die Anstellung auch ohne Papiere nicht verweigert. Nicht selten besitzen noch nicht einmal die Schulleiter offizielle Arbeitsdokumente. In keinem Entwicklungsland sind die Behörden allzusehr daran interessiert, illegal Tätige in einem Bereich aufzuspüren, der langfristig der Verbesserung der wirtschaftlichen Bedingungen der Nation dient.

In manchen Ländern erwartet man wenigstens den Nachweis einer Sozialversicherungnummer, in Mexiko den sogenannten »Registro Federal de Contribuyentes«. Wollen Sie länger in einem bestimmten Land bleiben, achten Sie auf das Verfallsdatum Ihres Touristenvisums, das in der Regel sechzig oder neunzig Tage nicht überschreitet. Man kann dann eine Verlängerung beantragen oder die nächstgelegene Staatsgrenze überqueren und bei der Rückkehr ein neues Visum in den Paß einstempeln lassen. Erstere Methode ist aus naheliegenden Gründen solange vorzuziehen, bis die Behörden eines Tages auf den Trichter kommen und faule Geschäfte erahnen. Der zweite Weg ist gewöhnlich der schnellere.

Legen Sie Ihre Bezahlung unbedingt schriftlich fest. Die meisten südamerikanischen Währungen scheinen während eines Jahres die Hälfte ihres Wertes zu verlieren. Eine Bezahlung in US-Dollar, der inoffiziellen Zweitwährung jedes lateinamerikanischen Landes, ist somit ausgesprochen ratsam. Besteht der Arbeitgeber auf der einheimischen Währung, so vereinbaren Sie am zweckmäßigsten einen Tarif in Dollar und bestehen auf einer Umrechnung zum jeweils am Zahltag gültigen Umrechnungskurs. Das kann sich aber auch negativ auswirken, weil Banken nur dann offiziell umtauschen, wenn Quittungen ausgefüllt und vorgelegt werden können. Bei einem in Dollar gezahlten Verdienst lockt die Aussicht, auf dem Schwarzmarkt harte Devisen zu einem mehrfach besseren Kurs in die lokale Währung umzutauschen. Die Praxis des Schwarzwechsels ist in einigen dieser Staaten so verbreitet, daß sogar die Zeitungen zwei verschiedene Umtauschkurse angeben.

Reiseführer

Südamerika gewinnt auf dem Tourismussektor insbesondere durch wohlhabende Amis ständig an Bedeutung. Eine ganze Latte archäologischer Stätten warten auf den Touristen, der diese selbstverständlich detailliert erklärt haben will, vorzugsweise in seiner Muttersprache. Bei einer solchen Führertätigkeit wird mehr gefordert als bloß ein sauberes Hemd. Ein längerer Aufenthalt im Lande, Literaturkenntnisse und eine gute Beobachtungsgabe reichen hingegen meist als Qualifikation aus. Viele Reiseveranstalter, die zu den touristischen Attraktionen pilgern (nach Cuzco in Peru etwa, zu den Iguaçu-Wasserfällen im Dreiländereck zwischen Argentinien, Brasilien und Paraguay, nach Quito in Ecuador, mit Booten den Amazonas hinauf bis nach Manaus) vertreten die Auffassung, daß ein weißer ausländischer Führer ihren Reisen eher einen Hauch von Qualität verleiht, was die Chancen gegenüber dem zweisprachigen Einheimischen erhöht, selbst wenn dieser die Kunst des Feilschens auf den lokalen Märkten doppelt so gut beherrscht. Ein ordentliches Aussehen ist wichtig für die Veranstalter, die ihre reichen amerikanischen Kunden ungerne zu Tode erschrecken wollen. Wenn Nachfragen bei den Reiseveranstaltern zu keinem Ergebnis führen, bleibt der Rat des Ex-Diplomaten Wolf-Peter von Überkingen, sich einfach als freier Führer zu verselbständigen:

Ihre Zielgruppe sollten dabei nicht nur Touristen, sondern auch Journalisten sein. Passiert nämlich irgendetwas Berichtenswertes, was in Lateinamerika wahrlich keine Seltenheit ist, strömen diese sofort legionenweise herbei. Wenn Sie sich dann am Ort ein wenig auskennen

und auch noch als geistvoller Erzähler glänzen, ist es kein Problem, für ordentliches Geld als persönlicher Assistent und Führer angeheuert zu werden. Der Besitz oder wenigstens Zugang *zu einem Fahrzeug wäre diesem Vorhaben natürlich ungemein dienlich.*
Man kann sogar versuchen, sich als selbständiger Korrespondent in einem lateinamerikanischen Land niederzulassen, da das selten mehr von verlangt als gelegentlich ein R-Gespräch mit einer Zeitung oder einer Nachrichtenagentur zu Hause. Bei derlei Hintergedanken empfiehlt sich aber eine Kontaktaufnahme und genauere Klärung schon vor der Abreise. Die großen Tageszeitungen verfügen selbstverständlich über eingespielte und festgefügte Mannschaften vor Ort. Hingegen wird die »Hinterhausener Heimatpost« bereitwillig von Zeit zu Zeit Erfahrungsberichte aus diesem wilden Kontinent abdrucken. Der Veranstalter von Maultierritten durch die Sierra Madre in Mexiko bietet während des Sommers ein- bis dreimonatige Ausbildungen an. Näheres bei *Arrimate Tours*, PO Box 836, Montpelier, USA – Vermont 05602.

Freiwilligendienste

Kurzzeit-Projekte oder Workcamps sind in Südamerika angesichts der Größe des Kontinents erstaunlich rar, und nur wenige der bekannteren, internationalen Organisationen operieren in den Ländern südlich der US-Staatsgrenze. Eine Ausnahme bilden die amerikanischen Quäker mit ihrem *American Friends Service Committee*, Cherry Street 1501, Philadelphia, USA – Pennsylvania 19102, Tel. (215) 241 7105, die junge Freiwillige für siebenwöchige Projekte beim Häuserbau oder Sprachenunterricht in Mexiko anwerben. Die Teilnahmegebühr beträgt $650, Bewerbungsschluß ist Ende Februar. Die Agentur *Amigos de las Americas*, 5618 Star Lane, Houston, USA – Texas 77057, entsendet jedes Jahr 500 junge Freiwillige nach Mexiko, Costa Rica, in die Dominikanische Republik, nach Brasilien, Ecuador oder Paraguay. Die Teilnahmegebühr liegt zwischen 2000 und 2400 Dollar, Reisekosten inklusive. Teilnehmer müssen zuvor einen mehrmonatigen Trainingslehrgang absolvieren, was sich allerdings auch schriftlich, in Form eines Fernkurses, erledigen läßt. Eine lohnende Kontaktadresse ist die unter »Sprachunterricht« schon kurz erwähnte mexikanische Studentenvereinigung *SETEJ*, die jeweils sechswöchige Lager in Oxaca, Michoacan, Jalisco und Nyarit veranstaltet, deren Teilnehmer gut Spanisch sprechen müssen.
Der Verein *Genesis II Cloud Forest Project* aus Costa Rica bemüht sich um die Erhaltung des Regenwaldes einer Bergregion, beobachtet dort Vögel und führt wissenschaftliche Untersuchungen durch. Ein weitverzweigtes Wegesystem ist ständig instandzuhalten und zu erweitern, außerdem wird der Bau von Zäunen und Häusern, die Wiederaufforstung und Gartenarbeit von Freiwilligen ausgeführt. Wer mindestens einen Monat bleiben möchte und 4000 Colons in der Woche für Essen und Unterkunft aufbringt, setze sich mit folgender Adresse in Verbindung: Aptdo. 655, 7050 Cartago, Costa Rica. Auf Costa Rica verteilen sich verhältnismäßig viele Freiwilligenprojekte, weil das Land innerhalb Lateinamerikas einen guten Ruf hinsichtlich Menschenrechten, sozialem Netz und Naturschutz genießt. Das *Institute for Central American Development Studies*, Apt. 3, Sabanilla, San Jose, Costa Rica 250508, erstreckt ihre Landwirtschafts-, Umwelt- und Frauenprojekte auch auf das Nachbarland Nicaragua.
Der Verband *Voluntarios en Accion* in Bolivien wirbt Freiwillige mit Schreiner- und Zimmermannsausbildung an. Zwei bis drei Monate lang sollen im Andenstaat Schulbänke und Tische für die abgelegenen Gebiete rund um den Titicacasee auf dem Altiplano hergestellt werden. Kontaktadresse: Macario Liuca Mendoza, Casilla 3556, La Paz, Bolivien.

Man kann es andererseits auch Dietmar Schönherr nachtun und den nicaraguanischen Bauern, den sogenannten »Campesinos«, bei der Kaffee-Ernte helfen. Die *Nicaragua Solidarity Campaign*, 23 Bevenden Street, GB – London N1 6BH, Tel. (071) 608 0414, formiert Arbeitstrupps aus jeweils 30 Freiwilligen, die für einen sechswöchigen Aufenthalt etwa 1800 DM zahlen und dann solidarische Kaffeebohnen ernten dürfen. Obwohl organisierte Arbeitstrupps Einzelreisenden gegenüber favorisiert werden, erhält man normalerweise problemlos eine Arbeit auch vor Ort, zum Beispiel in El Crucer in der Nähe der Hauptstadt Managua. Die Lebensbedingungen in den ländlichen Gebieten Nicaraguas sind auch dank der jahrelangen Zerrüttungstaktik der Reagan-Admministration hart: dreimal täglich Reis mit Bohnen, schlafen in schäbigen Hütten in der ständigen Gesellschaft von Ratten, Schlangen und Skorpionen – klingt nicht gerade nach Club Mediterrannée. Das *Nicaragua Network*, 2015 I Street NW, Suite 212, USA – Washington DC 20006, stellt neben kaffeepflückenden Brigaden auch Freiwilligengruppen zur Wiederaufforstung des Regenwaldes zusammen. Dem Flüchtlingsproblem an der Grenze zu Costa Rica widmet sich das *International Rescue Committee*, 386 Park Avenue South, USA – New York NY 10016.

Im konfliktreichen Zentralamerika, hauptsächlich in Guatemala und El Savador, agieren auch *Peace Brigades International*, 345 Adelaide Street W, Toronto, Ontario, Canada M5V 1R5. Die Friedenstrupps betreuen und bewachen rund um die Uhr bedrohte Friedensaktivisten und andere politisch exponierte Persönlichkeiten. *Casa Guatemala* ist ein Waisenhaus für 50 Kinder, in dem Freiwillige gegen Kost und Logis kochen, bauen, instandhalten und zimmern müssen. Die Arbeit mit den Kindern ist Langzeitstellen vorbehalten. Das Casa-Büro befindet sich in 17 Calle 10-63, Zona 1, Guatemala City, Tel. 25 517, das Waisenhaus selbst fünf Stunden nördlich der Hauptstadt, eine kurze Bootsfahrt durch den Rio Dulce unterhalb der El Relleno-Brücke, welche den Atlantic Highway in die Gegend von Petén führt. Die Leiterin ist Angela de Galdemez, Tel. 319 408.

Eine völlig andere Aufgabe haben sich *Coral Cay Conservation Expeditions*, 19 Reading Road, Sutton, GB – Surrey SM1 4RW, gesetzt. Freiwillige mit Taucherfahrung, die für vier Wochen £1400, für zwölf Wochen £2500 berappen, erforschen den Einfluß des Massentourismus auf die Korallenriffe vor der Küste von Belize.

Ein besonderes Schmankerl bietet Mike Shawcross, der Betreiber eines Reiseladens in der schnuckligen alten Kolonialstadt Antigua. Um einer Gemeinschaft von Hochlandindianern im abgelegenen Ixil unter die flügellahmen Arme zu greifen, hat er auf eigene Faust das AID-Programm ins Leben gerufen. Alles Wissenswerte über Projekt und Stellen wird im Laden Casa Andinista, Calle 4 Poiente 5a, Antigua, mitgeteilt.

Archäologie

Die Überreste antiker Kulturen und die Hinterlassenschaften der Kolonialherren machen Lateinamerika zum El Dorado für archäologische Stätten. Beispiele für freiwillige Dienste wären Ausgrabungen von Zeugnissen der Mayas und Inkas, Untersuchungen über den spanischen Einfluß auf deren Kultur oder Untersuchungen von prähistorischer Felsenkunst auf den Osterinseln – dies allerdings nur für wenige Auserwählte. Genaueres über aktuelle Projekte im »Archaeological Field Work Opportunities Bulletin«, welches alljährlich im Februar vom *Archaeological Institute of America* herausgegeben wird. Freiwillige, die schon Grabungserfahrung besitzen und speziell an der Kultur der Inkas interessiert sind, wenden sich an Armin Kendall, Springfields, High Street, Belbroughton, Stourbridge, GB – West Midlands, und erfragen

Details über das Projekt im Patacancha Valley bei Cuzco in Peru. *Earthwatch* wirbt zahlungskräftige Freiwillige für überaus reizvolle Projekte im gesamten Lateinamerika.

Verschiedenes

Neben der Lehrtätigkeit scheinen auch die einzigen anderen Jobgelegenheiten in Lateinamerika für Zweisprachler reserviert zu sein. Eine Ausnahme bildet Peru und dessen Studentenorganisation *OTEC*, Organizacion Turistica Estudiantil y Juvenil, Avenida 3 Calle 3-5, Edificio Victoria, 2° Piso, San Jose, die vor kurzem mit einem Arbeitsferienprogramm begonnen hat, das eng mit dem »Council on International Exchange« zusammenarbeitet. Zwischen Juni und September ist es den teilnehmenden Studenten offiziell gestattet, in Hotels, Büros und sonstigen Dienstleistungsbereichen nach einer temporären Stelle zu suchen.

Der *Luso and Brazilian Council*, Canning House, 2 Belgrave Square, GB – London führt eine Vermittlungsliste für ausländische Arbeitsuchende in Südamerika. Insbesondere zwei- oder mehrsprachige Sekretärinnen, die Briefe in ordentlichem Englisch hinkriegen, werden von Firmen und Anwälten dringend gesucht. Auch Übersetzer, zumal auf wissenschaftliche, medizinische oder technische Texte spezialisierte, dürfen von Universitäten und Konzernen generöse Vergütung erwarten. Stellen dieser Art finden sich häufig in den englischsprachigen Tageszeitungen der größeren Städte. In vielen Städten Lateinamerikas haben sich Ausländergemeinden gebildet, deren Mitglieder meist bei irgendwelchen Multis tätig sind und firmeneigene Bars und Restaurants als idealen Jagdgrund für Jobs empfehlen. Das Hotel *Gran Casino* in Quito, Ecuador, verfügt über ein Schwarzes Brett, auf dem immer wieder Englischlehrer und andere Hilfskräfte gesucht werden. Die *GAP*-Projektorganisation entsendet in regelmäßigen Abständen Schulabgänger nach Südamerika, zum Beispiel auf die Estancias in Argentinien, auf daß sie den »Gauchos« bei der Farmarbeit helfen.

Offenbar kaufen ausländische Unternehmer in letzter Zeit vermehrt sanierungsbedürftige Häuser in Mexiko und renovieren diese anschließend. Mit etwas Erfahrung auf dem Bau können Sie sich hierbei vielleicht eine goldene Nase verdienen. Man kann natürlich auch Klein-Unternehmer spielen: unser Vorbild Christoph Janzen veräußerte seine Fotokamera in Brasilien mit einem Gewinn von $100 und bedauerte danach, nicht mehr High-Tech-Geräte, etwa Camcorder, in seinem Rucksack mitgeführt zu haben, da die Einfuhr für den persönlichen Gebrauch vollkommen legal ist. Karl Wintzer wurde in Mexiko über Nacht zum Straßenmusiker und verbrachte nach all den positiven Erfahrungen dabei zwei Winter dort:

Ich habe unter anderem in Acapulco, Puerto Escondido und auf der Isla Mujeres gespielt. Das ist erlaubt und amüsiert die Einheimischen. Da sich aber auf Mexikos Straßen so unglaublich viele Schau- und Bittsteller tummeln, funktioniert das Tingeln nicht ganz so gut wie etwa in Europa oder Amerika. Die größeren Hotels und Bars stellen hin und wieder für kurze Zeit einen Musiker ein, wobei aber ein hoher künstlerischer Standard erwartet wird. Mexiko ist in meinen Augen ein wunderbares Land, in dem es sich extrem günstig leben läßt. Nur leider sind keine nennenswerten Jobmöglichkeiten für ausländische Reisende gegeben.

Die Karibik

Auch dieses hauptsächlich englischsprachige Gebiet stellt mit seinem großen Potential an billigen einheimischen Arbeitskräften nicht gerade den ideale Ort für eine erfolgsgekrönte Jobsuche dar. Allerdings verspricht der rasch anwachsende Fremdenverkehr eine leuchtendere Zukunft. Natürlich wird sich für ideenreiche und begeisterungsfähige Leute auch heute schon die eine oder andere Gelegenheit auftun. Am leichtesten kommt man wahrscheinlich auf einer der zahllosen Yachten und anderen Schiffe unter, die im Sommer und Frühjahr die Karibik ansteuern. Von November bis Mai gleichen die Inseln einem einzigen Ameisenhaufen maritimer Aktivität, wobei Weihnachten sicher der beste Zeitpunkt ist, um sich nach einem Job umzuschauen. Die Löhne sind niedrig, etwa $50 im Monat, die Menschen aber glücklich. Und zumindest Bedienungen bekommen freie Unterkunft sowie Verpflegung und verdienen außerdem mit ziemlicher Sicherheit Hunderte von Dollars an Trinkgeldern. Hinzu kommt, daß diese Stellen äußerst kurzweilig und manchmal sogar richtig aufregend sein können. Wer den Film »Cocktail« mit Tom Cruise gesehen hat, weiß Bescheid.

Die Vergnügungschiffe heuern ihr gesamtes Personal bei Agenturen in Florida an. Der größte Arbeitgeber sind die *Stella Cruise Services* in Miami, die etwa 20 Schiffe versorgen, unter anderem die der »Royal Carribean Cruise Lines«, einer der größten Reedereien der Welt: die Abteilung »Poseidon« kümmert sich um die Restaurants. *Florida Exports* in Miami, ein Subunternehmer der »Greyhound Leisure«, versorgt zahlreiche Souvenirläden der Karibik mit Personal. Diane Loeb arbeitete als Leiterin eines Fitnesscenters an Bord eines großen Kreuzfahrtschiffes der *Premiere Cruise Lines*, 101 George King Boulevard, Cape Canaveral, USA – Florida 32920. Die Reederei bezeichnet sich selbst übrigens als »Offizielle Kreuzfahrtlinie der Walt-Disney-World«. Diane vermutet, daß von den 550 Angestellten auf dem Schiff nur ein geringer Teil amerikanische Bürger sind, die die Reederei selbst angeheuert hat. Ihr Freund beispielsweise wurde von einer Agentur in Florida angeworben. Die meisten Arbeitsverträge werden über sechs oder neun Monate abgeschlossen. Gearbeitet wird auf den Schiffen durchgängig, nicht selten bis zu 14 Stunden am Tag, an sieben Tagen pro Woche. Die Tätigkeit selbst bereitet allerdings, wie Diane und David einhellig erklären, unheimlichen Spaß. Hauptsächliches Kriterium für die Einstellung ist eine offene Persönlichkeit: jedenfalls scheint das den meisten Agenturen wichtiger zu sein als alle anderen Qualifikationen. Versuchen Sie es bei den *Windjammer Barefoot Cruises*, Box 120, Miami Beach FL 33139.

Der große Vorteil eines Jobs auf Hoher See ist das Vermeiden irgendwelcher Schwierigkeiten mit der Arbeitserlaubnis, denn schon auf formlosen Antrag wird ausländischen Arbeitnehmern auf der amerikanischen Botschaft ohne Wartezeit ein C1/D-Seemannsvisum zugeteilt. Marcus Funck flog über England nach St. Lucia:

Ich habe dort in der Hauptsache auf Charterbooten gearbeitet. Wenn das Schiff einmal, was zum Glück selten vorkam, unvermietet im Hafen lag, bekam ich nur freie Unterkunft und Verpflegung, doch meistens verdiente ich etwa $100 in der Woche. Hinzu kam noch einmal die gleiche Summe an Trinkgeldern. Während eines siebentägigen Törns mit Venezolanern wurde ich dreimal zum Essen eingeladen und erhielt am Schluß noch $160 an »Tips«, wohingegen sich die reichen New Yorker als extrem knauserig erwiesen.

Von Charterfirmen erhielten wir nur eine einzige positive Antwort: vorab nach einem Job zu erkundigen, würde sich nur lohnen, wenn man über Fähigkeiten wie Segeln, Kochen, als Mechaniker usw. verfüge. Die Adresse dieser Firma: *Flagship Inc.*, Yacht Haven, Anchor Way, St. Thomas, US – Virgin Islands 00802. *Nicholson Yacht Charters* im English Harbour auf Antigua, *Carribean Sailing Yachts* auf St. Vincent und *Tortola*

Marine Management in Road Town auf Tortola, British Virgin Islands, sandten jeweils die gleichlautende Mitteilung, daß die jeweiligen Inselregierungen auf korrekten Arbeitspapieren bestünden und sie selbst freie Stellen nicht öffentlich anzeigen dürften. Ob man vor Ort »schwarz« einen Job annehmen kann, läßt sich somit nur auf den Inseln selbst klären.

Findet sich an Bord eines Schiffes keine Arbeit, kann man seinen Lebensunterhalt mit dem Anstreichen und Reinigen der Yachten im Hafen verdienen. Viele Reisende fanden in der Karibik aber auch in Hotels oder Bars eine Stelle, wo die Einstellung ausländischer Angestellter als ausgesprochen »chic« gilt. Ohne entsprechende Arbeitspapiere, die aufgrund der vielen arbeitslosen Einheimischen praktisch nicht zu bekommen sind, muß man wie ein Luchs auf korrekte Behandlung und Bezahlung aufpassen. Geschichten über nicht ausbezahlten Lohn oder nicht eingehaltene Versprechungen, dem Angestellten werde der Heimflug gezahlt, kursieren unter Reisenden zuhauf! Vertrauen Sie auf Ihren guten Menschenverstand, bevor Sie einen Job annehmen. Kalkulieren Sie lieber einen gewissen Verlust ein, ehe Sie das Gefühl beschleicht, hereingelegt zu werden. Verlassen Sie in solch einem Fall besser gleich die Stätte des Zweifels. Die weite Welt hat mehr zu bieten. Freiwilligendienste sind in der Karibik nicht eben zahlreich anzutreffen: die *Operation Crossroads*, 150 Fifth Avenue, Suite 310, New York NY 10011, entsendet jeden Sommer junge Leute zwischen 15 und 18 Jahren nach Jamaica, Dominica, Anguilla, Antigua, Barbados oder Saba, wobei der sechswöchige Aufenthalt immerhin $2500 kostet. Die *Bermuda Biological Station*, Ferry Reach, GE 01, Bermuda, nimmt regelmäßig eine Handvoll Studenten für Ausbesserungsarbeiten auf, wofür diese freie Unterkunft und Verpflegung erhalten. Ein einzigartiges Programm erlaubt die Arbeit auf Kuba: Informationen darüber beim *Britain-Cuba Resource Centre*, Latin-America House, Kingsgate Place, GB – London NW6 4TA. Die Jose Marti-Arbeitsbrigade besteht aus dreißig Europäern, die einen Monat, in der Regel den September, auf der Zuckerinsel verbringen, sich das dortige Leben anschauen und eine mehr oder weniger funktionierende sozialistische Gesellschaft kennenlernen. Bewerben sollten sich verständlicherweise nur überzeugte Sozialisten, wobei die Teilnahme inklusive Aeroflot-Flug lediglich 1800 DM kostet.

Afrika

Naturgemäß scheint es unmöglich, allgemeingültige Informationen über solch unterschiedliche Länder wie Marokko, Uganda oder Südafrika zu vermitteln. Andererseits konnten wir auf dem schwarzen Kontinent leider zu wenig Jobmöglichkeiten ausmachen, um eine Unterteilung in einzelne Staaten zu rechtfertigen. Die Anforderungen und Bestimmungen der Behörden klingen zudem so entmutigend für potentielle Jobber. Vor allem die restriktiven Devisenbestimmungen der reicheren Länder wie Südafrika oder der Mittelmeer-Anrainerstaaten bereiten ernstliche Kopfschmerzen. Damit nicht genug: die Probleme beginnen schon bei der Beantragung eines Arbeitsvisums (Kosten rund DM 250). Für Nigeria beispielsweise bekommt man nur dann eines, wenn man einen Einladungsbrief eines Einheimischen vorlegen kann. Selbst wenn man tatsächlich eine Aufenthalts- oder Arbeitserlaubnis erlangt haben sollte, kann diese urplötzlich wieder zurückgezogen werden, wie es Steffen Bandel in Gabun widerfuhr:
Nachdem ich sieben Monate für eine holzverarbeitende Firma gearbeitet hatte, erhielt ich einen Brief des Innenministeriums, der mich zum sofortigen Verlassen des Landes aufforderte, weil ich ohne Arbeitsvertrag gearbeitet und deshalb die gültigen Gesetze verletzt hätte. Mei-

ne Proteste, daß ich sehr wohl einen Arbeitsvertrag besäße und sogar eine von der Behörde selbst ausgestellte Arbeitsgenehmigung, fanden kein Gehör und so geschah es, daß mich alsbald zwei Polizisten zum Rollfeld eskortierten und mir beim Abflug fröhlich zuwinkten. Beim Reisen und Arbeiten in Afrika muß man sich auf allerlei Widrigkeiten einstellen.

Ein Reisender berichtet, daß er stets eine hochamtlich wirkende Liste mit den Adressen von Organisationen freiwilliger Dienste mitgeführt habe, welche er im Bedarfsfalle Einwanderungsbeamten unter die neugierige Nase hielt. Grundsätzlich gilt: bekommt man einen Job, kommt die Arbeitserlaubnis von alleine. Dies trifft allerdings nicht gerade oft ein, da die Gesetze nahezu aller afrikanischen Staaten Ausländern grundsätzlich die Aufnahme einer Erwerbstätigkeit untersagen. Im besten Falle sollte man auf schlechte Unterbringung und andere miese Lebensumstände eingestellt sein, etwa das Wohnen in einem wanzenverseuchten Hotel in Alexandria, für das man viel zu viel Geld bezahlen muß, während man mühsam seinen Lebensunterhalt durch Sprachenunterricht verdient. Auch die zehnstündige Lkw-Fahrt in die Okawango-Sümpfe von Botswana, um dort nach Jobs in Restaurants oder Bars zu suchen, stellt kein Zuckerschlecken dar. Mehr als ein Jobber fragte sich nach der Tortur dieser Anreise ernsthaft, ob das Ganze wirklich gelohnt habe.

Unterrichten

Inzwischen haben Sie sich hoffentlich mit der Vorstellung vertraut gemacht, in Ländern der Dritten Welt Sprachunterricht zu geben. Mit Ausnahme vielleicht von Ägypten und dem Sudan scheint dies aber in Afrika nicht dieselbe problemlose Angelegenheit zu sein wie in den lateinamerikanischen und arabischen Ländern. Der Unterricht an Gymnasien und Universitäten wird nahezu ausschließlich von ausgebildeten Lehrkräften erteilt, deren Zweijahresverträge noch im Heimatland der Interessenten ausgehandelt und unterschrieben werden.

Wer hingegen ein naturwissenschaftliches Fach studiert hat, kann leichter an einer staatlichen Schule unterzukommen versuchen. Allerdings müssen Sie ziemlich sicher ohne Laboreinrichtung auskommen, es sei denn, man kann sich aus den bescheidenen Mitteln selbst etwas zusammenbasteln. Ein beglaubigtes Abschlußzeugnis der Universität sowie ein einigermaßen »korrektes« Aussehen sind in aller Regel wichtiger als die Ausbildung. Am zweckmäßigsten holt man Informationen ein über die jeweiligen Möglichkeiten bei den jeweiligen Botschaften, Erziehungsministerien oder Missionsgesellschaften mit eigenen Schulen in Afrika. Nach offenen Stellen kann man sich selbstverständlich auch vor Ort erkundigen. Wie schon angedeutet, verlangen die Bestimmungen der meisten Länder, daß Arbeitsgenehmigungen nur von außerhalb des Landes beantragt werden. In Ägypten als löblicher Ausnahme können entsprechende Anträge auch beim Innenministerium in Kairo erfolgen.

Kenia

In Kenia herrscht stets ein chronischer Mangel an Grund- und Mittelstufenlehrern, wobei 1990 vor allem in den westlichen Landesteilen angeblich über 35.000 Lehrkräfte fehlten. Nach den Zuschriften scheint es erfolgversprechend zu sein, in den Dörfern, durch die man unterwegs kommt, am besten vor dem jeweiligen Schulbeginn im September, Januar und April einfach nachzufragen, ob vielleicht ein Lehrer fehlt. Halten Sie stets einen Lebenslauf bereit, sowie vorhandene Diplome oder Empfehlungsschreiben, am besten auf Papier mit beeindruckendem Briefkopf. Jenny Meier rät dringend dazu, vor Annahme einer Stelle Erkundigungen darüber einzuholen, ob die Schule das versprochene Gehalt auch wirklich bezahlen kann, was vor allem bei den nichtstaatlichen Harambee-Schulen bedeutsam werden kann. Eine Wohnung wird den Lehrkräften üblicherweise zur Verfügung gestellt. Der Lohn sollte 1500 Schillinge im Monat nicht unterschreiten.

Zimbabwe

Das noch im Aufbau befindliche Unterrichtssystem Zimbabwes kann deutlich mehr Lehrkräfte verkraften, als im Land selbst verfügbar wären, wobei ein entsprechender Abschluß keine absolute Notwendigkeit darstellt. Während die Botschaften daher im Ausland Lehrer anwerben, kann man sich selbstverständlich auch im Land selbst um entsprechende Kontakte bemühen. Findet man eine Schule, die einen Ausländer einzustellen bereit ist, wird eine behördliche Arbeitserlaubnis problemlos erteilt. Martin Gebauer erhielt durch Vermittlung seiner heimatlichen Schule eine Stelle, bei der er 200 Zimbabwe-Dollars (etwa 450 DM im Monat) ausbezahlt bekam, allerdings mehrmals bei der zuständigen Regierungsstelle anmahnen mußte, bevor die erste Zahlung auf seinem Konto eintraf. Hätte er einen Universitätsabschluß vorweisen können, wäre sein Verdienst um das Doppelte oder Dreifache höher gewesen. So stockte er sein Einkommen eben durch Sprachunterricht an Erwachsenenschulen auf, welche die Regierung Zimbabwes momentan überall im Lande einrichtet:
Zimbabwe ist ein wunderschönes Land. Seine Einwohner sind zu 95 % extrem, und zu 5 % normal freundlich. Nahezu jeder Zimbabwer scheint über alle Maßen erfreut, wenn er ausgerechnet dich kennenlernt. Meine Zeit dort war die mit Abstand schönste meines Lebens und nur das, leider mit einem festen Termin versehene, Rückflugticket zwang mich zur Heimreise.

Sudan

In der Vergangenheit wurden im Sudan jährlich 200-300 Ausländer als Lehrer für den Englischunterricht eingestellt, wobei die anhaltenden Unruhen im Land diese Zahl inzwischen drastisch reduziert haben. Derzeit gibt es wahrlich gemütlichere Ecken dieser Welt, in denen nach Herzenslust gearbeitet und gereist werden kann.

Ägypten

Auch ohne vorhergehende Vereinbarungen sollte es möglich sein, in Kairo oder Alexandria eine Lehrerstelle zu bekommen, da in diesen Städten respektable und eher fragwürdige Schulen Tür an Tür liegen. Annette Gehri umreißt ihre Arbeit an einer Schule in Ägyptens Hauptstadt:
Jobs als Lehrer können in dieser Stadt sowohl unqualifizierte, wie auch ausgebildete Leute ausgesprochen leicht bekommen. Erstere sollten den ägyptischen Gegenwert von 10 bis 15 US-Dollar verlangen, falls sie Privatstunden geben.»Richtige« Lehrer können hingegen feste Jobs in Schulen für Kinder und Erwachsene übernehmen – wozu gesagt werden muß, daß die bestbezahlten Stellen in noblen Ortsteilen wie Mardi oder Heliopolis, weitab vom Zentrum also, angeboten werden.

Stefan Schmidt lehrte zwei Monate an der *BCC-School*, obwohl er bei seinen ersten Anfragen abgelehnt worden war. Zu jenem Zeitpunkt wurde jemand gesucht, der auch Arabisch beherrschte.

Industrie und Handel

Wer eine solide Ausbildung im Handwerk oder kaufmännischen Bereich besitzt und in Afrika arbeiten möchte, besorge sich zunächst Detailinformationen bei der Botschaft des Landes seiner Wahl. Vor Ort sind die von den jeweiligen Ausländergemeinden frequentierten Kneipen stets vielversprechende Örtlichkeiten, um sich mit Auskünften über lokale Stellenangebote einzudecken. In Kairo trifft man in den Gasthäusern des Zamalek-District meist einen Haufen ausländischer Geschäftsleute, welche nicht selten darüber Bescheid wissen, in welchem Büro gerade eine Sekretärin oder ein Angestellter fehlt. Nach Schauspieljobs kann man sich in Afrika ebenfalls umsehen. Katerina Berlani hatte eigentlich gar nicht in Ägypten zu arbeiten vor, doch dann wurden sie und ihre Freundin im Hotel darauf angesprochen, ob sie nicht eine Nebenrolle in der Fernseh-Seifenoper »Simbel After a Million« übernehmen wollten. Für die Eintagesbeschäftigung erhielten Sie 20 ägyptische Pfund und wurden noch zu einer spektakulären Dinner-Party eingeladen. Sie hätten wohl noch weiter in den Studios filmen können, wollten aber ihren Zug nach Assuan nicht verpassen.

Wer in Afrika einen Bürojob übernimmt, wird davon überrascht sein, wieviel Verantwortung ihm von Anfang an übertragen wird. Stefan Schmidt erhielt eine Stelle bei einer Kisten- und Verpackungsfabrik in Ghana, über die er vom Ortsvertreter von Amnesty International erfahren hatte. Er stellte sich dem Manager vor und mußte beinahe umgehend die Anzahl der angefertigten Kisten und die Menge der darin zu verpackenden Kokosnüsse und Ananas koordinieren. Die meisten Früchte wurden nach Südafrika oder Nordamerika exportiert, so daß die gesamte Abwicklung in Englisch vor sich ging.

Andere Jobmöglichkeiten in Afrika, vor allem in Kenia, ergeben sich bei der Übersetzung von Geschäftsbriefen und Dokumenten aus und ins Französische, Deutsche und Englische. So fand Jennifer Lübbers in Kenia beispielsweise eine Arbeit als Übersetzerin bei einer Firma, die hauptsächlich mit Ruanda und Burundi in Handelsverkehr stand. Ihr fielen die zahlreichen Zeitarbeitsagenturen in Harare und Nairobi auf, die speziell Buchhalter und Schreibkräfte suchten.

Geschäfte in Südafrika

Beinahe alle offenen Stellen werden von Johannesburg aus vermittelt, selbst solche in entfernten Städten wie Kapstadt oder Durban. Ein Teil der Jobs wird über Agenturen vergeben, die Arbeitsplätze nicht nur in Südafrika, sondern gegebenenfalls auch in Botswana und Zimbawe betreuen. Wegen der kontinuierlichen Abwanderung ausgebildeter und spezialisierter Kräfte nach Australien und Nordamerika sind Stellen in Südafrika leicht zu kriegen. Ein erhebliches Handikap für ausländische Arbeitsinteressenten wären einzig die vermutlich fehlenden Kenntnisse in der Landessprache »Afrikaans«: ein nicht geringer Teil der Geschäfte und der Behördenarbeit wird in dieser Sprache (einem Derivat des Holländischen) erledigt, welche immerhin von 60 % der weißen Bevölkerung benutzt wird. Falls die endgültigen Abschaffung der Apartheid Wirklichkeit werden sollte, könnte Südafrika zu einem sehr attraktiven Land für Jobber werden.

Fischfang

Mit Sicherheit findet man entlang der Küste Südafrikas noch mehr Arbeitsgelegenheiten als diejenigen auf den Fischereibooten der »Plettenberg Bay«. Karin Heinink und ihr Freund Maik waren hier durch puren Zufall gelandet: *Maik stand um fünf Uhr morgens auf und ging zum Strand, wo die Boote lagen. Die Fischer drückten ihm ohne lange Aufforderung Fanggerät und Köder in die Hand, und er stieg hocherfreut ins Boot. Gezahlt wurde nach der Anzahl der Kisten, die er füllen konnte. Wie die Fischer meinten, ist Ende November bis Anfang Dezember die beste Zeit für den Tintenfischfang, doch hängt dessen Aufkommen von äußeren Faktoren wie Strömung oder Klima ab.*

Der Schwarzmarkt

In manchen Ländern kann man durch ein intensives Studium der Wechselkurse auf dem Schwarzmarkt mindestens ebensoviel Geld verdienen wie mit einem regulären Job. Noch ein Grund also, immer sowohl Bargeld als auch Reiseschecks in einer stabilen Währung mitzuführen. Bis vor kurzem war es beispielsweise möglich, seine Reisekasse um bis zu 100 Prozent aufzustocken, wenn man sein Geld bei Händlern in Dar-es-Salaam in Tansania tauschte, anstatt damit zur Bank zu marschieren. Leider hat die tansanische Regierung neuerdings mehrere Kontrollen durchgeführt, was den herauszuschlagenden Profit auf dem Konsumgütermarkt vermutlich nicht unberührt ließ. In Algerien haben einige Reisende ihre Reisekasse damit geschont, indem sie mitgebrachte Kleidung und Kaffee verkauften. In Sambia, Uganda, Mauretanien, Zaire und Malawi sind Tauschgeschäfte mit amerikanischen Dollar angezeigt, die bis zu 250% Gewinn bringen. Uhren, Radios oder Kameras aus Südafrika lassen sich in jenen Ländern profitabel an den Mann bringen. In Ägypten, Zimbabwe und Kenya bringen solche Transaktionen andererseits so gut wie keinen Gewinn. Und in Botswana, Swaziland oder Ländern wie Kamerun, wo der Franc Zahlungsmittel ist, existiert praktisch überhaupt kein Schwarzmarkt.

Tourismus

Touristisch gesehen, sind die afrikanische Mittelmeerküste sowie die Länder Ost- und Südafrikas mit Wildparks wie der Serengeti als Hauptattraktion für Touristen gut erschlossen. Man findet dort ohne Probleme einen Job in Hotels, Restaurants oder Bars. Versuchen Sie es in erster Linie bei modisch-schicken Etablissements. Karin Moersken verbrachte den Winter in Marokko:
Agadir wird im Winter von europäischen Touristen überschwemmt, so daß man leicht einen Job in den dortigen Hotels, Bars und Discos erhält. Im hübschen Städtchen Essaouira etwas nördlicher machen sich in der letzten Zeit immer mehr Windsurf-Fanatiker breit. Entsprechend entwickeln sich auch touristische Etablissements, die Gelegenheit zur Arbeit bieten. Die Löhne liegen zwar niedriger als in Europa, aber andererseits bewegen sich die Lebenshaltungskosten auf solch tiefem Niveau, daß das kein Problem darstellt.
In zahlreichen Staaten Afrikas ist es gänzlich unüblich, daß Weiße Gelegenheits- oder Hilfsarbeiterjobs übernehmen, weswegen man dort durchaus die Vorreiterrolle übernehmen kann. Die südafrikanischen Gastronomen arbeiten nach dem amerikanischen System, nach dem nur niedrige Grundlöhne bezahlt werdem, zu denen sich hoffentlich ein gutes Trinkgeld gesellt. Einige Reiseveranstalter benötigen Repräsentanten am Ort, vor allem in den bekannten Feriengebieten Monastir, in Tunesien, oder Agadir in Marokko.

Taucher mit Schein können ohne weiteres in den Ferienorten wie Sharm el Sheikh und Ras Mohammed am Roten Meer unterkommen. Darin nicht ganz so Versierte erhalten zumindest kostenlosen Unterricht, wenn sie beim Füllen der Luftflaschen helfen. Für die Bewerbung in einem der südafrikanischen Ferienzentren ist erfahrungsgemäß der Dezember die beste Zeit.

Gerald Runge empfiehlt, sich nach Jobs als Kellner oder Barkeeper in den Motels bei Maun in den Okawango-Sümpfen Botswanas umzusehen, wo die Touristensaison schon im Mai beginnt. Wie überall im Hotel- und Gaststättengewerbe sind die Arbeitszeiten überaus lang, die Bezahlung dafür durchaus akzeptabel. Zudem besteht hin und wieder die Aussicht auf einen freigebliebenen Platz bei einer Fotosafari. Alternativ hierzu kann man auch eigene Safaris veranstalten, wie Jennifer Müssen in Kenia beobachtete: *Einige unternehmerisch veranlagte Reisende erzielten einen enormen Verdienst, indem sie einen Jeep mieteten und Feriengäste zu eintägigen Minisafaris anwarben. Entweder fuhren sie zu Orten, die von den anderen Veranstaltern nicht besucht wurden oder unterboten einfach deren Preise. Kunden fanden sich leicht dank Zetteln in Jugendherbergen und billigen Hotels.* Langfristige Beschäftigungen sind bei Reiseveranstaltern möglich, die oft wochenlange Rundreisen durchs Landesinnere anbieten wie etwa *Tracks*, The Flots, Brookland, Romney Marsh, GB – Kent.

Landwirtschaft

Nicht selten wird Landwirtschaft in afrikanischen Ländern von den Familien ausschließlich zur Selbstversorgung betrieben, die nur allzu oft aber auch dadurch nicht gewährleistet ist. Jobs in diesem Bereich beschränken sich daher auf die internationalen Hilfsorganisationen, welche wiederum nur ausgebildete Helfer und Spezialisten aufnehmen.

Südafrika bildet die einzige Ausnahme von diesem Schema: hier läßt es sich auf Farmen im nördlichen Transvaal, dem Oranje-Freistaat, am Kap der Guten Hoffnung und selbst in Namibia arbeiten. Falls Sie keine Kontaktadressen haben, schlagen Sie in den Telefonbüchern die Nummer der landwirtschaftlichen Verbände und Genossenschaften nach. Die meisten Farmer in Südafrika benötigen nämlich zur Erntezeit Aushilfen, die nicht notwendigerweise Erfahrungen in der Landwirtschaft mitbringen müssen. Denken Sie daran, daß die ländlichen Gegenden Südafrikas hauptsächlich von Afrikaans sprechenden »Ureinwohnern« besiedelt sind, auch wenn die meisten zumindest ein wenig Englisch sprechen und verstehen. Die Städte Stellenbosch und Paarl, östlich bzw. nördlich von Kapstadt, sind die Zentren der südafrikanischen Weinproduktion, wo während der Lese leicht Aushilfsjobs zu bekommen sind. Bei Stellenbosch beginnt die Ernte Ende Januar oder Anfang Februar und dauert vier bis fünf Wochen. Weiter landeinwärts verschieben sich die Termine jeweils um einige Wochen nach hinten, so daß die Lese bis in den März hinein dauert. Weinbauern und Weingutsbesitzer sind Ausländern gegenüber ungemein gastfreundlich und werden sicher Unterkunft und Verpflegung zum Nulltarif anbieten: dadurch lebt man mit der Familie zusammen und lernt Land und Leute wirklich kennen. Die meisten Farmer werden Weltenbummler gerne »schwarz« beschäftigen. Gerald Runge arbeitete östlich von Pietersburg in einem besonders reizvollen Landstrich des nördlichen Transvaal: *Meine Arbeit bestand darin, die Stauden auf ihren Reifegrad hin zu überprüfen und Lastwagen voller Bananen zum Verladungsdepot zu kutschieren, wo die Ware vom Aufkäufer taxiert wurde, bevor sie mittels einer Chlorgasverbindung künstlich gelb gefärbt wurde. Die Tabakpflanzen und die Avocados mußten regelmäßig auf Schädlingsbefall kontrolliert werden. Das*

Wetter war während der Zeit umwerfend und die Aufgabe gefiel mir gut. Obwohl die Bezahlung ziemlich gering ausfiel, konnte ich fast den gesamten Betrag sparen. Wenn ich wieder in die Gegend komme, werde ich versuchen, wieder auf der gleichen Farm zu arbeiten.
Erntearbeiten werden in Südafrika gemeinhin von den farbigen Einheimischen erledigt, weiße Aushilfe somit häufig wie Aufseher oder Vorarbeiter behandelt. Dennoch ist die Arbeit kein Müßiggang: Gerald arbeitete neun Stunden täglich und sollte sonntags auch noch »freiwillig« auf der Matte stehen. Der einzige andere Gelegenheitsjob in der Landwirtschaft, von dem wir in Afrika gehört haben, war bei der Tomatenernte um Agadir in Marokko, vor allem bei Ait-Mellou.

Freiwilligendienste

Viele Staaten sind noch immer stark von der Hilfe internationaler Verbände abhängig. Die meisten Hilfskräfte auf diesem Kontinent sind Ärzte, Schwestern oder landwirtschaftliche Spezialisten und Techniker, die sich verpflichtet haben, für eine dieser Organisationen zu arbeiten. Für eine entsprechende Tätigkeit bewirbt man sich bei der jeweiligen Botschaft. Kurzfristige Tätigkeiten beschränken sich auf Arbeitscamps, wobei sich die meisten Projekte um besonders unterentwickelte Regionen und den Aufbau einer effizienten Landwirtschaft kümmern. In der Regel werden Verpflegung und Unterkunft während der drei- bis sechswöchigen Aufenthalte gestellt, so daß man nur für eine geringe Registriergebühr sowie die Anreise selbst aufkommen muß. Camps werden sowohl im Winter wie auch im Sommer organisiert und beinhalten meist Bauarbeiten, das Einrichten von Wasserspeichern, den Auf- respektive Ausbau von Heimen für Behinderte oder unterprivilegierte Kinder und Erwachsene. Vor Erhalt eines Platzes in einem der Lager wird man möglicherweise erst genügend Erfahrung für das anzugehende Projekt nachzuweisen haben.
Die zahlreichsten Arbeitscamps werden in Marokko veranstaltet, wie aus nachstehender Aufzählung deutlich wird: *Chantier Jeunesse Maroc*, 24 Av. Madagascar, BP 1351, Rabat, Marokko. *Pensées et Chantiers*, BP 1423, Rabat, Marokko. *Jeunesse et Coopération*, BP 19, Safi, Marokko. *Les Amis des Chantiers Internationaux de Meknes*, BP 8, Meknes, Marokko. *Chantiers Sociaux Marocains*, 11 Rue Baht Agdal, BP 456, Rabat, Marokko. *Tunisian Association of Voluntary Work*, Maison du Parti, La Kasbah, Boulevard 9 Avril, Tunis, Tunesien, Tel. 264 899. *Alliance des Unions Chrétiennes de Jeunes Gens du Cameroun*, BP 89, Douala, Kamerun, Tel. 427 099. *Kenya Voluntary Development Association*, PO Box 48902, Nairobi, Kenia. *Lesotho Workcamps Association*, PO Box 6, Linare Road, Maseru, Lesotho, Tel. (050) 314 862. *Voluntary Workcamp Association of Nigeria*, 162 Herbert Macaulay Street, PO Box 2189, Ebute-Metta, Lagos, Nigeria. *Nigeria Voluntary Service Organisation*, PO Box 11837, Ibadan, Nigeria. *Africa Voluntary Service of Sierra Leone*, PMB 717, Freetown, Sierra Leone. *Evangelical Presbyterian Church*, Youth Department, PO Box 18, Ho, Volta Region, Ghana. *UJEC*, BP 13, Kpalimé, Togo. *Union Chrétienne de Jeunes Gens*, BP 02, Lomé, Togo, Tel. 214 669.

In der *Gormogor Agricultural Development Organisation*, Njala University College, Private Mail Bag, Freetown, Sierra Leone, werden Freiwillige benötigt, die bei der Viehzucht, in den Kliniken oder bei der Vermarktung selbsthergestellter, landwirtschaftlicher Produkte helfen mögen. Zur gleichen Universität gehört die *Kwaja Agricultural Development Association*, welche Teilnehmerinnen für ein Frauenprojekt im östlichen Sierra Leone sucht. Näheres von Joseph Saffa, Faculty of Education. Ein weiterer Verband in Sierra Leone ist die *Pa Santigie Conteh Farmers' Association* (Pasacofaas), City Road, Wellington PMB 686, Freetown, welche Freiwillige in 26 Dörfer in den nördlichen Provinzen entsendet, damit diese Hütten für die Bevölkerung errichten, lehren oder schlicht das Land bestellen. Das Projekt befindet sich derzeit allerdings in finanziellen Schwierigkeiten.

Während der Hungerkatastrophen der 80er Jahre waren hilfswillige Reisende immer wieder erstaunt, wie oft angebotene Hilfe einfach abgelehnt wurde: Durchreisende lassen sich eben nicht immer in laufende Projekte integrieren. In vielen Fällen kann ein Empfehlungsschreiben ihrer heimatlichen Kirchengemeinde einige Wege ebnen. Katharina Jung verbrachte einen Sommer in einem nigerianischen Dorf, wo der Vater eines Freundes eine Klinik einrichtete und sie selbst versuchte, eine Kinderspielgruppe aufzubauen.

Benjamin Frey reiste zum Jiropa-Krankenhaus in den höhergelegenen Regionen Ghanas und überzeugte den dessen Chef, ihn eine Weile zu beschäftigen. So erhielt er alle möglichen Arbeiten wie Putzen, Abholung von Instrumenten und Geräten vom Flughafen oder die Aufsicht in der Kinderstation. Anschließend besuchte Benjamin noch Freunde im Krankenhaus des Mole-Reservats, Ghanas größtem Park:

Mein Gastgeber arbeitete just an seiner Doktorarbeit, wobei das Thema der Arbeit Warzenschweine waren. Ich half ihm, Karten vom Busch zu zeichnen, Nummern auf Bäume zu schreiben und nach dem Dung der Tiere Ausschau zu halten. Das Ganze hat mir unheimlichen Spaß gemacht, nicht zuletzt weil die Leute in Ghana so unglaublich freundlich sind.

Je abgelegener ein Projekt, desto willkommener sind vermutlich auch zusätzliche Helfer, wobei man aber vorsichtig sein und Gastfreundschaft nicht als selbstverständlich hinnehmen sollte. Bieten Sie grundsätzlich ein Entgelt an oder verteilen Sie kleinere Geschenke.

Stefan Schmidt gelang es, in ein langfristiges meeresbiologisches Projekt vor der Elfenbeinküste einzusteigen. Er ordnete und verwertete die Protokolle der Teilnehmer und lernte während seiner fünf Monate eine Menge interessanter Dinge auf dem Gebiet der Meeresbiologie kennen. Seine einzige Beschwerde: daß die antike Schreibmaschine, die in seinem Büro zur Verfügung stand, nicht mehr über den nicht gerade selten benötigten Buchstaben »e« verfügte.

Derzeit sind auf dem schwarzen Kontinent zahlreiche weitere Untersuchungen zum Pflanz- und Tierverhalten im Gange. Mit etwas Glück kann man sich in eines dieser Projekte einklinken. Vorab wendet man sich z. B. an *Frontier*, 427 Fruit & Wool Exchange, Brushfield Street, GB – London E1 6EL, Tel. (071) 375 2390, bei der Teilnehmer umgerechnet 7200 DM plus Flugkosten aufbringen müssen, falls sie an zehn- oder mehrwöchigen Projekten in Tansania und Kamerun mitzuarbeiten gedenken. Vergleichbar auch *Foundation for Field Research*, 787 South Grade, Alpine, USA – California 92001. Die Kosten beliefen sich hier auf $1300 für zwei Wochen Esels- und Affenzählung (kein Scherz!) im »Sapo-Nationalpark« von Liberia.

Israel

Jobben in Israel wird häufig mit einem Aufenthalt im Kibbutz oder einem Moshaw gleichgesetzt, zwar die populärsten Möglichkeiten für einen Arbeitsurlaub in jenem Land, selbstverständlich aber nicht die einzigen. Die Bevölkerung in Israel heißt jobbende Reisende überall stets willkommen, zumal nach den Vorfällen auf der »West Bank« die Zahl der Touristen erheblich gesunken ist.

Bestimmungen

Das Visum stellte für nach Israel einreisewillige Ausländer früher normalerweise kein Problem dar, weder für Freiwillige noch für Jobber. Es überrascht daher, daß der jüdische Staat unterdessen eine restriktive Fremdenpolitik betreibt und zur Arbeit in einem Kibbutz oder Moshaw mittlerweile innerhalb von 15 Tagen ein meist nur sechs Monate gültiges Visum »B4« verlangt, wo bislang das »B2« genügte. Wie dem auch sei: die Einwanderungsbehörden erwarten dazu den Nachweis eines Rückflugtickets und genügend Mittel, um sich selbst finanzieren zu können. Einige Reisenden sahen sich sogar schon bohrenden Fragen ausgesetzt, bevor sie überhaupt an Bord ihres Fluges nach Haifa oder Tel Aviv gehen konnten. Nützlich ist in solchen Fällen ein Einladungsschreiben eines Kibbutz oder einer anderen offiziellen Stelle. Auch aufgrund der Schwäche der israelischen Währung empfiehlt es sich, schon mit einigen Schekeln in der Tasche anzureisen, da die Wechselstube auf den Flughäfen nicht rund um die Uhr geöffnet sind. Es dürfte keine Schwierigkeiten bereiten, Deutsche Mark oder Pfund Sterling zu vergleichsweise günstigen Kursen auf dem Schwarzmarkt umzutauschen. Ein uns bekannter Reisender wechselte sogar auf dem Friseurstuhl – bevor der Barbier sein Rasiermesser an die Kehle des Opfers gesetzt hatte.

Kibbuzim und Moshawim

Ein Kibbuz ist definitionsgemäß eine Lebens- und Arbeitsgemeinschaft auf Gleichheitsbasis, bei der die Produktionsmittel allen gemeinsam gehören. Diese Idee spricht selbstverständlich viele junge Leute an, die in die 270 Kibbuzim des Landes reisen, um ihre freiwillige Hilfe anzubieten. Für die geleistete Arbeit erhalten die Helfer freie Unterkunft und Verpflegung sowie ein Taschengeld von bis zu 70 Schekeln (45 bis 60 DM) im Monat. Den meisten gefällt dieser Aufenthalt so gut, weil sie erkennen, daß man sich sehr um die Gäste und deren Wohlbefinden bemüht, wobei die Mehrheit der Kibbutzim mindestens einmal im Monat einen Ausflug für ihre ausländischen Helfer veranstaltet. Minimal werden fünf Wochen Aufenthalt erwartet, wohingegen die eigentlich vorgeschriebene Höchstdauer von drei Monaten meist problemlos überschritten werden kann.

Moshawim unterscheiden sich von Kibbuzim dadurch, daß ihre Mitglieder eigene Maschinen und Häuser besitzen können, die erzeugten Produkte jedoch gemeinsam vermarkten. In einem Moshaw werden die Erfahrungen für einen Helfer deutlich anders ausfallen als im Kibbutz. Vor allem gestaltet sich die Arbeit anstrengender. Obwohl auch hier die Bezeichnung »Freiwilliger« verwendet wird, zahlen die Moshaws etwa 650 Schekeln Lohn im Monat. Falls man keine großen Ansprüche an den Tag legt, lassen sich davon mindestens 100 Schekel für die Weiterreise zur Seite legen. Die meisten der sogenannten »Moshawnikits« gewähren Freiwilligen, die länger bei ihnen bleiben, alle zwei Monate einen Bonus und nochmals eine Zusatzprämie, wenn die Ernte einigermaßen akzeptabel ausfällt. Auch in den Moshaws sind die Arbeitszeiten überlang, wobei das Gemeinschaftserlebnis jedoch nicht denselben Rang besitzt wie im Kibbutz. Je nach Moshaw wohnen die Freiwilligen mit den Bauersfamilien zusammen oder werden in spartanisch eingerichteten Wohnhütten untergebracht, in denen sie sich selbst versorgen können. Gelegentlich wird die Meinung geäußert, daß das Leben im Moshaw einen besseren und authentischeren Einblick in die wahre israelische Natur erlaubt, da man auf den dörflichen Markt gehen kann und teilweise in einer israelischen Familie die Mahlzeiten einnimmt.

Wir empfehlen dringend die Mitnahme leichtgewichtiger, bequem im Rucksack zu transportierender Annehmlichkeiten von zuhause (etwa einen Kassettenrekorder), um sich das oftmals eintönige Leben im Kibbuz oder Moshaw ein bißchen angenehmer zu gestalten. Ein Wecker gehört zu den absoluten Erforderlichkeiten, weil schon um 4 Uhr morgens aufgestanden wird, um der Gluthitze des Nachmittags zu entgehen. Wer seine sieben Sachen nach Beendigung des Aufenthalts nicht wieder mit nach Hause nehmen will, kann möglicherweise mit deren Verkauf noch Profit rausschlagen.

Wie komme ich in einen Kibbuz oder Moshaw?

Darauf gibt es grundsätzlich zwei Antworten. Bewerbungen können zum einen bei einem Verband im Heimatland erfolgen, oder man wartet damit bis nach der Ankunft in Israel. Ersteres hat den Vorteil, daß ein Platz garantiert ist, während die Suche vor Ort unter Umständen lange Zeit in Anspruch nimmt und dennoch erfolglos bleiben kann. In Deutschland vermitteln folgende Verbände bis zu zwölfmonatige Aufenthalte: *Vereinigte Kibbuzbewegung*, Savignystraße 49, 6000 Frankfurt/Main 17, Tel. (069) 740 154; *Nothelfergemeinschaft der Freunde*, Auf der Körnerwiese, 6000 Frankfurt 1, Tel. (069) 599 557; *Pro International*, Bahnhofstraße 26, 3550 Marburg 1, Tel. (06421) 65 277. Am ausführlichsten über alle Aspekte des Lebens in Kibbutz und Moschaw, über Bewerbung, Arbeitsbedingungen, Geschichte, Wirtschaft, geographische Lage und Freizeitwert informiert der *interconnections*-Führer »Kibbuz Konkret – Für Gast und Volontär«, der direkt beim Verlag, Schillerstraße 44, 7800 Freiburg, oder in allen Buchhandlungen zum Preis von 24,80 DM zu beziehen ist.

Jobsuche vor Ort

Am günstigsten reist man nach Israel mit einem Charterflug, der nicht mehr als 600 DM kosten und dessen Rückflug zwölf Monate lang gültig bleiben sollte. Günstiger sind die sogenannten »Last Minute«-Tickets oder Standby-Flüge, teilweise um die 200 DM. Man kann selbstverständlich auch per Bus nach Griechenland fahren (150 bis 220 DM) und von Piräus aus mit einem Fährschiff zum gleichen Preis nach Haifa übersetzen.

Des öfteren wünschten Freiwillige, die sich schon vor ihrer Abreise bei einem Kibbuz oder Moshaw angemeldet hatten, sie wären ohne konkrete Vereinbarungen nach Israel gefahren. Nicht wenige betonen, daß für einige Informationsbroschüren viel zu viel Geld verlangt und gezahlt werde. Alfons Mesler teilt uns mit:

Jetzt bin ich schon seit drei Monaten in Israel und es hat mir die ganze Zeit über eigentlich recht gut gefallen. Die Kibbuzim, in denen ich bislang gearbeitet habe, waren allesamt toll. Nach meiner Ankunft in Tel Aviv ging ich sofort zum »Kibbutz Office«, wo man mich zu meinem Erstaunen einfach fragte: »Wohin möchten Sie denn gerne hingehen?« Ich hatte mich leider schon vorab beworben, was ich jetzt ein wenig bedaure, da die Leute, die hier mit mir arbeiten, einfach losgefahren sind und genauso zuvorkommend behandelt wurden. Anscheinend sind dieses Jahr nur halb so viele Touristen nach Israel gekommen wie sonst, daher vermutlich diese Situation. Um etwaige Angsthasen gänzlich zu beruhigen: im Moment bin ich gerade in einem Kibbutz am Gaza-Streifen und warte bis zum heutigen Tag auf irgendwelche Schwierigkeiten. Die meisten Kibbuzim suchen händeringend nach Helfern. So habe ich erfahren, daß einige sogar am Ben Gurion-Flughafen und am Hafen von Haifa Werbestände aufgestellt haben.

In den Moshaws ist die Lage vergleichbar, so daß sich die derzeitige Situation doch deutlich von der vor ein paar Jahren unterscheidet. Damals wurde Israel richtiggehend überflutet von Freiwilligen und die Schlangen vor den Vermittlungsbüros waren, insbesondere in den Sommermonaten, so deprimierend lang, daß es sich ohne Empfehlungsschreiben als nahezu unmöglich erwies, einen Platz in einem Kibbuz oder Moshaw zu erhalten. Der Bedarf an Freiwilligen schwankt ziemlich stark je nach der momentanen wirtschaftlichen Lage in Israel und seiner außenpolitischen Isolation. Gehen Sie gleich nach Ihrer Ankunft ob mit oder ohne ein Empfehlungsschreiben zu einem Verteilungsbüro. Alle Kibbutzim gehören einer der drei Dachorganisationen an, die jeweils ein Zentralbüro in Tel-Aviv betreiben. Kirsten Walter behauptet in ihrer Zuschrift, daß die Kibbuzim des »Ha'artzim Movement« aufgeschlossener und lockerer seien. Die meisten anderen »Ehemaligen« haben in dieser Beziehung keine besonderern Vorlieben geäußert. Die Anschriften: *Takam*, United Kibbutz Movement, 82 Hayarkon Street, POB 26131, Tel Aviv, Tel. (03) 655 207 oder 651 710 (liegt gegenüber dem Hilton-Hotel); *Ha'kibbutz Ha'artzim*, 118 Hayarkon Street, Tel Aviv, Tel. (03) 223 703 oder 225 924; *Moshaw/Kibbutz Volunteers Centre*, 5 Tiomkin Street, Tel Aviv 65783, Tel. 625 806 (in der Nähe des zentralen Busbahnhofs, neben den Linien 4, 5, 12, 40 und 42). Am Sabbath, dem Samstag, haben die Büros geschlossen. Man kann sich zur Zeit den gewünschten Kibbutztyp aussuchen; ob klein oder groß, politisch links oder rechts, neu oder alt, Ost oder West. Ein kleiner Anhaltspunkt: Nord-Israel ist besonders im Winter kühl und regnerisch ist, wohingegen die West Bank neben dem Death Valley in den USA und der Sahel-Zone zu den heißesten und trockensten Plätzen dieser unserer Erde zählt. Die einzelnen Büros (unterschiedlich hohe Gebühren!) vermitteln übrigens auch eine günstige, freiwillige Krankenversicherung.

Eine ausführliche Liste von Kibbuzim und Moshawim findet sich im erwähnten Buch »Kibbuz Konkret«, in dem das Leben im Kibbutz ausführlicher beschrieben wird als an dieser Stelle möglich. Es bleibt natürlich die Möglichkeit, unter Umgehung der Büros in Tel Aviv in einem Kibbutz selbst vorzusprechen und sich dadurch die Vermittlungsgebühr zu sparen. Ein solches Vorgehen ist dann am erfolgversprechendsten, wenn man schon jemand im Kibbutz kennt. Grundsätzlich bedeutet es keine Schwierigkeit, den Kibbutz zu wechseln. Besorgen Sie sich dann aber auf jeden Fall ein Empfehlungsschreiben, damit der neue Kibbutz nicht irgendwelche finstere Machenschaften vermutet.

Leben im Kibbuz

Kibbuzim sind keine Ferienlager – darüber sollte sich niemand Illusionen machen. Sechs bis neun Stunden Arbeit am Tag je nach Wetter und eine Sechstagewoche sind normal. In der heißesten Jahreszeit wird weniger gearbeitet, manchmal nur von 4 bis 6 Uhr morgens und dann wieder von 19 bis 22 Uhr, doch wenn es viel zu tun gibt, muß auch schon mal länger rangeklotzt werden. Für sechs Überstunden erhält man einen ganzen Tag frei.

Gearbeitet wird im Garten, auf den Feldern, in der Wäscherei, Kantine oder Küche. Pit Senger begann seine Küchenschicht mit dem Saubermachen von 200 Transportkäfigen für Hühner und erkannte rasch, daß auch die »Kibbuzniks« die ungeliebten Jobs gerne den Neulingen überlassen. Nach einer Weile, in der unbekümmerter Arbeitseifer und guter Willen demonstriert wurde, werden anspruchsvollere Aufgaben zugeteilt. Katharina Rees hatte in den drei Kibbuzim, in denen sie sich letztes Jahr aufhielt, solch unterschiedliche Aufgaben wie Küchendienst, Schafehüten und die Assistenz bei einem Bild hauer. Das Leben in der Natur birgt natürlich auch seine Tücken: Jürgen Moninger trug nur äußerst ungern Bananenstauden, da diese nicht selten den Ratten und Spinnen als Wohnstatt dienten. Auch Daniela Hunold beschreibt ihren Kibbutz nicht gerade als Garten von Eden, wenngleich sie immer wieder schrille Schreie hörte, wenn Neulinge in den Obstbäumen auf die sich dort sonnenden Schlangen stießen.

Viele Kibbutze sind hingegen herrlich gepflegte Anlagen mit wunderschönen Gärten und ausgebauten Fahrradwegen, wobei die Freiwilligenquartiere in den Kibbutzen »Givat Hain Ichud« und »Hulada« besonders attraktiv sein sollen, seit ein talentierter Maler aus Glasgow die Wände mit Gemälden verschönert hat. Jürgen Moninger rät sowieso jedem Künstler, in einen Kibbutz zu gehen, weil dort seine Arbeit ganz besonders gewürdigt würde. Die meisten Kibbutze verfügen über großzügige sanitäre Anlagen, einige von ihnen sogar über einen richtigen Swimming Pool und eine Bücherei, viele veranstalten regelmäßig Film- und Discoabende. Auf anderen geht's karger zu, wie Karl Bundschuh berichtet:

Mein erster Kibbutz war ausgesprochen arm: die Hütten waren aus Fertigbeton produziert, die Trennwände aus Plastik. Von Privatsphäre konnte somit keine Rede sein. Außerdem war der Leiter ständig damit beschäftigt, Leute rauszuwerfen, weil sie zu spät zur Arbeit kamen oder einen über den Durst getrunken hatten.

Karl erfuhr, daß der März die beste Zeit sei für den Eintritt in einen Kibbutz, da man sich dann schon eingelebt habe, wenn im Juni und Juli Horden von Freiwilligen über die zuvor so ruhige Gemeinschaft hereinfallen.

Jüdische Feste werden stets mit einem Festessen und Tanz begangen. Diese Feierlichkeiten sind für die Freiwilligen kostenlos, so daß das Taschengeld deshalb zumeist länger reicht, als man aufgrund der Summe zunächst annehmen würde. Der Kibbutz stellt die meisten lebensnotwendigen Dinge ohnehin zur Verfügung: Schreibpapier, Toilettenartikel, selbst Zigaretten. Die ohne Profit arbeitenden Geschäfte und Bars verkaufen die meisten Sachen darüberhinaus ungemein günstig, so daß beispielsweise eine Flasche Bier gerade mal 50 Pfennige kostet. Karl Wintzer, der insgesamt vier Jahre lang in verschiedenen Kibbutzen lebte und arbeitete, faßt seine Erfahrungen zusammen:

Die einen lieben das Leben im Kibbutz, die anderen hassen es. Es gibt jedoch nur wenige Argumente, die dem ruhigen, einfachen, entspannten und unkomplizierten Leben dort entgegenhalten werden könnten: man hat keine Geldsorgen, keine Verpflichtungen, muß nicht kochen oder seine Klamotten waschen und hat einen kurzen Arbeitstag. Ich für meinen Teil jedenfalls empfand diesen Lebensstil als wohltuende Therapie. Nimmt man noch die zahlreichen Sportmöglichkeiten und die Gelegenheit, interessante Leute aus aller Herren Länder kennenzulernen, hinzu, dann kommt insgesamt eine Erfahrung heraus, die meiner Ansicht nach auch einen längeren Aufenthalt wert ist.

Viele Freiwillige im Kibbutz tauschen Adressen aus und versorgen sich gegenseitig mit Informationen über Reisen und Arbeitsgelegenheiten auch außerhalb Israels.

Leben im Moshaw

Nicht wenige ziehen einen Moshaw den Kibbutzim vor, da man besser sparen und zudem selbst kochen kann. Allerdings ist die Arbeit härter und zumeist von längerer Dauer. Überstunden werden generell mit 4,35 Schekeln pro Stunde bezahlt. Dieter Häberles Tätigkeit im Moshaw »Gitit« in den Bergen über dem Jordan stellte sich um einiges härter dar als im Kibbutz »Gezer«, was jedoch durch die traumhafte Natur und die unglaubliche Großzügigkeit der dort ansäßigen Araber überreichlich kompensiert wurde. Einer von ihnen lud Dieter eines Tages zu einem traditionellen arabischen Essen ein, ein Erlebnis, das er kaum je vergessen wird.

Arbeit in der Tourismusbranche

Israel ist ein viel zu schönes und interessantes Land, um neben der Arbeit nicht auch ein wenig durch die Gegend zu reisen. Jobs im touristischen Bereich findet man verhältnismäßig problemlos in Eilat, Tel Aviv oder Herziliya, einer wohlhabenden Vorstadt Tel Avivs, außerdem in den Städten Haifa und Jerusalem.

Allerorten trifft man auf preisgünstige Herbergen, in denen man gegen einige Stunden Hilfe beim Saubermachen, an der Rezeption usw. ein kostenloses Bett und etwas zu essen bekommt. Wer sich dabei als fleißiger Arbeiter erweist, erhält eventuell zusätzlich ein Taschengeld von 15 Schekeln am Tag. Die Vermittlung solcher Jobs erfolgt neben der direkten Bewerbung vor Ort über das *Jugendherbergsbüro*, PO Box 1075, Jerusalem 91009. Über einige preisgünstige Herbergen vernimmt man gerüchteweise von andauernden Diebstählen. Also besser eine aussuchen, die jedem Gast einen eigenen Schlüssel aushändigt. Elisabeth Jetter versteht nicht, warum christliche Herbergen bei vielen Reisenden verpönt sind, vermutet jedoch, daß fälschlicherweise unterstellt wird, man müsse religiös eingestellt sein, um in ihnen übernachten zu können. Sie machte die Entdeckung, daß es dort lediglich ruhiger und entspannter zugeht als anderswo; außerdem gab es zu ihrer Zufriedenheit keine gemischtgeschlechtlichen Schlafsäle. Meistens sind diese christlichen Herbergen sogar billiger als die anderen.

Wie in Athen werden auch in Israel Bewohner als Werber für die Herberge auf Neuankömmlinge angesetzt. Vivi Ehlers empfiehlt in dieser Hinsicht das *Edison* sowie das *Zephania* in Jerusalems Neustadt, letzteres insbesondere weil für vier Stunden Werbungstätigkeit zwölf Schekeln bezahlt werden und man gratis nächtigen kann. Viele jobben dennoch lieber auf Kommisionsbasis, vor allem während der Hochsaison im Sommer, weil sich das mehr auszahlt.

Bars und Cafés

Gelegenheitsjobs in Bars und Cafés sind in Israel relativ einfach zu erhalten, weil sie nicht eben fürstlich entlohnt werden. Versucht man ausnahmsweise nett zu sein, läßt sich das Einkommen schnell durch Trinkgelder erheblich aufstocken. Grundsätzlich ist es auch in Israel für Frauen leichter, Jobs in der Gastronomie zu bekommen. Es gibt keinen gesetzlich festgelegten Mindestlohn, so daß das Entgelt vom eigenen Verhandlungsgeschick abhängt. In zahlreichen Zuschriften wird empfohlen, täglich abzurechnen und die Herbergsrechnung selbst zu begleichen. Katharina Regitzke empfiehlt der besseren Arbeitsbedingungen wegen den Jerusalemer Vorort Herzeliya gegenüber den anderen bekannten touristischen Zentren.

Eilat

Eilat stellt für Jobber ein wahres Paradies dar; entsprechend stark ist natürlich auch die Konkurrenz und der Andrang Gleichgesinnter. Die Arbeitgeber im Ferienzentrum am Roten Meer nützen diese Situation schamlos aus und versuchen mit lächerlichen Lohnangeboten davonzukommen, insbesondere bei Anfängern mit sagenhaft frechen zwei Schekeln pro Stunde. Die hier übliche Rate liegt etwa doppelt so hoch, und dennoch schaffen es manche sogar, davon noch etwas zu sparen. Frank Remmens beispielsweise sparte in einer Woche in Eilat mehr zusammen als in einem ganzen Monat im Moshaw. Das Essen bekommt man in der Gastronomie normalerweise kostenfrei gestellt, hin und wieder auch die Unterbringung, obwohl die meisten ohnehin lieber am Strand schlafen. Treffen Sie dort unbedingt Vorkehrungen gegen Diebstahl: in Eilat wird so ziemlich alles geklaut, was nicht niet- und nagelfest ist. Michael Breick wohnte vier Monate lang im Zelt am Strand:

Im Winter müssen es Tausende von jungen Leuten gewesen sein, die am Strand von Eilat lebten, und nicht alle besaßen Zelte. Die Stadtverwaltung unternahm einmal einen halbherzigen Versuch, uns zu vertreiben, schaffte es aber nicht. Es formierte sich bald eine eng verflochtene Interessengemeinschaft, man kochte gemeinsam und ging abends zusammen aus.

Michael berichtet auch von der unter Reisenden gängigen Praxis, die Müllhalden vor den Mauern des »Club Méd« zu durchwühlen, um dadurch die Reisekasse zu schonen. Man findet dort Tüten mit Croissants, Kuchen, Braten, selbst Steaks. Katharina Regitzke bevorzugt den Red Rock-Strand gegenüber dem Jordan Beach, der zwar von den großen Hotelkomplexen weiter entfernt liegt, andererseits aber wesentlich sicherer vor Diebstahl und zudem ruhiger ist. Eilat ist ein Ferienort an der Südspitze der Sinaihalbinsel mit etlichen Hotels direkt am Strand, zumeist kleineren Etablissements. Weitere und größerere Bauten sind derzeit im Entstehen begriffen. Um Leute zu treffen, die auf dem Bau arbeiten, begebe man sich in die *Tropicana Bar* im »Shalom Centre« oder ins *Hard Rock*, Elot Street. Die Touristensaison dauert hier von Ende Oktober bis März. Die extreme Hitze im Sommer veranlasst viele Betriebe, zu schließen, so daß die meisten jobbenden Reisenden dann in Richtung Griechenland ziehen. Machen Sie die Runde bei Hotelmanagern, Restaurant-, Discotheken- oder Barbesitzern deshalb so früh in der Saison wie irgend möglich. Der Treffpunkt für arbeitssuchende Jobber ist das *Peace Café* am Rand der Stadt. Ist man spätestens um sechs Uhr in der Frühe zur Stelle, besteht eine gute Chance, daß man von irgendjemand für mindestens einen Tag etwas zu tun erhält. Die Löhne auf dem Bau sind für hiesige Verhältnisse okay, nach letztem Stand zwischen vier und fünf Schekeln die Stunde. Das *Peace Café* besitzt übrigens einen informellen Gewerkschaftscharakter; so wird dort niemand einen geringeren Lohn akzeptieren als gerade ortsüblich. Unter den unzähligen kleinen Jobs, die Michael Breick bekam, wenn er an Tagen der Arbeitslust im Café wartete, waren Umzüge, Einsortieren von Eiskrempaketen in eine Tiefkühltruhe, Abräumen von experimentellen Tomatenpflanzungen, Aufräumen am Strand für die städtischen Behörden, »Koscher«-machen einer Hotelküche u.v.m.

Hat man sich erst einmal als zuverlässige Arbeitskraft etabliert, bekommt man irgendwann auch langfristigere Aufträge und wird von den Arbeitgebern unbekannteren Gesichtern vorgezogen, wie Frank Remmens erfuhr:

Die Juden respektieren harte Arbeit sehr und das zahlt sich für nachfolgende Aufträge aus. Wenn man zusammen mit zwanzig anderen draußen auf der Mauer vor dem Café sitzt, ist es schon ein erhebendes Gefühl, wenn ein ehemaliger Arbeitgeber dich erkennt und aus der Menge herauspickt, weil du beim ersten Mal einen guten Eindruck hinterlassen hast.

Am alten Hafen, ungefähr drei Kilometer südlich der Stadt, kann man als Hilfskraft beim Be- und Entladen der Schiffe (Salz und Phosphate) unterkommen, wobei der Minimallohn vier Schekeln beträgt. Hotels rücken dagegen mindestens 400 Schekeln im Monat heraus, plus freie Unterkunft und Verpflegung. Die Arbeit, etwa 300 Betten vor der Mittagszeit abzuziehen, ist aber monoton und gleichzeitig stressig. Niemand sollte Warnungen, daß man unbedingt die allabendliche Auszahlung vereinbaren sollte, in den Wind schreiben – sonst kann man genau das mit seinen hart erschufteten Scheinen machen. Wie überall erhalten auch in Eilat am ehesten hübsche Mädchen den begehrten Job hinter dem Bartresen: sie verdienen dabei 70 Schekeln in der Woche und bis zu 100 Schekeln durch Trinkgelder. Das neue Touristenzentrum in der Nähe der Jugendherberge verfügt über jede Menge Bars, Restaurants und Stehimbisse, die eine gezielte Nachfrage wert sind. Man kann es auch im *Club Méd* am Coral Beach versuchen: der Club wirkt durch die architektonische Nachahmung einer mittelalterliche Festung recht verwunschen. Katharina Regitzke sprach die Animateure an, die am Strand unter firmeneigenen Sonnenschirmen faulenzten; diese rieten ihr, mit dem Manager selbst zu sprechen. Katharina entschied sich dann jedoch gegen eine Stelle, weil ihr die Arbeitszeiten zu lang erschienen.

Eilat ist unter anderem ein beliebtes Tauchsportzentrum. Ausgebildete Taucher finden Arbeit, wenn Sie Ihre entsprechenden Fähigkeiten beim lokalen Tauchverband unter Beweis stellen. Im Jachthafen nördlich des Badestrands bieten sich Gelegenheitsarbeiten beim Saubermachen und Renovieren der Boote. Vielleicht kommen Sie sogar auf einem der Charterboote unter, welche die Taucher hinaus aufs offene Meer bringen. Junge Frauen werden auch in Eilat gerne als Köchinnen, Putzfrauen, Au Pairs usw. angestellt.

In Eilat gibt es eine Großbäckerei, die Aushilfen nächteweise einstellt; Arbeitszeit zwischen 1 und 11 Uhr. Katharina Regitzke schloß sich eines Abends, nachdem die Bars zugemacht hatten, einfach Bekannten an und wurde auf der Stelle genommen. Ihr Job bestand hauptsächlich im Verpacken der fertigen Backerzeugnisse, sie lernte aber auch, wie ein Croissant geformt oder Teig geknetet wird. Gezahlt wurden knapp 18 DM für die Fünfstundenschicht, genug also, um sich nach einigen Tagen das Busticket nach Tel Aviv leisten zu können. Ein anderer Vorteil ihrer Tätigkeit in der Fabrik war, daß sie soviele mißratene Backwaren mitnehmen durfte, wie ihr Tagesrucksack faßte – wobei sich die alten israelischen Frauen in dieser Kunst als wahre Meisterinnen erwiesen. Was sie nicht selbst essen wollte, ließ sich am Strand für ein paar Pfennige weiterverkaufen. Und daß sie nach getaner Arbeit den ganzen lieben langen Tag in der Sonne liegen konnte, gefiel ihr besonders an diesem Job: Eilat hat im September nämlich ein Irrsinnswetter.

Einer der bestbezahlten Jobs im Hinterland Eilats hat nichts mit Fremdenverkehr zu tun. Unser zuständiger Experte Frank Remmens teilte unlängst mit, daß drei Farmen wenige Kilometer nördlich der Stadt sich allwinterlich als Arbeitgeber für einige Hundert Jobber hervortun. Diese Farmen sind, nebenbei bemerkt, Privatunternehmen, also keine Moshaws. Das Melonenpflanzen beginnt im frühen November und dauert bis Mitte Dezember; geerntet wird dann von März bis Mai. Tritt man regelmäßig und rechtzeitig zur Arbeit an, bekommt man $15 bis 20 am Tag bezahlt; Überstunden werden getrennt verrechnet. Geboten werden großzügig angelegte Appartments sowie reichliches, wohlschmeckendes Essen. Für die gesamte Erntedauer kann man mit bis zu $700 steuerfreiem Einkommen rechnen. Bei solchen Löhnen könnte man fast schon auf den Gedanken kommen, auf dem Schwarzmarkt, den es in praktisch jeder israelischen Stadt gibt, Geschäfte mit Devisen zu machen...

Tel Aviv

In Tel Aviv sind Gelegenheitsjobs zwar nicht in der großen Zahl gegeben wie in Eilat, und auch bei weitem nicht so leicht zu bekommen. Andererseits hatten Catherine Berlani und ihr Freund in Israels Hauptstadt geringe Schwierigkeiten, bei Restaurants und Bars unterzukommen. Es gab zwar keinen eigentlichen Lohn, doch die Trinkgelder reichten dicke für ein bequemes Leben. Unterhalten Sie sich aber unauffällig mit dem Personal unter vier Augen, bevor Sie einen Job ausschließlich auf Trinkgeldbasis akzeptieren.

Schwarze Bretter mit Stellenanzeigen finden sich im *Riviera Hotel*, 52 Hayarkon Street, im *Home Hostel*, der inoffiziellen Jobbörse; im *Star Hostel* und im *Hotel Josef*, Bogashov Street 15. In allen genannten Herbergen wird +ab und an selbst Hauspersonal benötigt.

Vergessen Sie nicht *The Hostel, Top Hostel* oder *Momos* in der Ben Yehuda Street, oder die *Terminal Bar* und das *White Horse Restaurant* in der Hayarkon Street, schließlich die *Bogroshov Gallery*, hatte doch jüngst Ina Karr dort eine vergnügliche Stelle als Tellerwäscherin.

Jerusalem

Jerusalem wird in einigen Zuschriften ebenfalls als lockender Ort für Hotel- und Gaststättenarbeit eingestuft. Mädchen werden des öfteren beim Schlendern durch die Basare Jobs angeboten, wiewohl solchen Offerten mit extremer Zurückhaltung begegnet werden sollte. In den jüdischen Stadtteilen Jerusalems findet sich prinzipiell leichter etwas als in den arabischen, doch auch die Herbergen im alten Teil der Stadt beschäftigen junge Leute gegen kostenlose Unterbringung. Straßenmusiker sollten sich in Richtung Ben Yehuda Street, der stets überfüllten Fußgangerzone der Neustadt, auf die Socken machen. Auskünfte über die jeweilige Stellensituation holt man bemerkenswerterweise am besten im *King George Hotel* ein, da das Management jenes Hauses sich als ungemein sachkundig erweist; außerdem am Schwarzen Brett in *Gordon's Hostel* am Bahnhof, *Richie's Plaza Shop*, ebenfalls in der King George Street, im *New Swedish Hostel*, dem *Lemon Tree Hostel* in der Altstadt und schließlich in den christlichen Herbergen *Palm* und *Fisel*. Unter Jobzettel brechen die Aushangwände der Hebräischen Universität am Scopusberg oft fast zusammen. Die Tätigkeiten in den Hotels und Hostels reichen von der Toilettenreinigung über das Bettenmachen bis zur Erstellung von Telexmeldungen. Schauen Sie zudem in die Anzeigenspalten der *Jerusalem Post*, insbesondere in die Freitagsausgabe, da an diesem Tag Sekretärinnenjobs und Au Pairs-Stellen in Scharen versammelt sind. Auch der Eigentümer der Secondhandbücherei *Book Mavin* ist mit Tips und Ratschlägen gerne zur Hand und stellt im Bedarfsfall selbst vorzugsweise Ausländer ein.

Geschäfte mit Touristen

Besonders selbstgefertigter Schmuck erfreut sich großer Beliebtheit bei Touristen. Um ins Geschäft zu kommen, frägt man einfach die anderen Verkäufer nach ihrer Bezugsadresse. Detlef Stolz beherrscht die nicht so schwer zu erlernende Kunst des Makrameé und verdiente damit etwa 18 Mark am Tag, wobei er drei Schekeln pro Stück berechnete. Am Busbahnhof in Tel Aviv und Jerusalem, sowie an allen Stränden kann man erfahrungsgemäß am meisten an den Mann bzw. die Frau bringen.

Kann man die Souvenirs nicht selbst herstellen, so bietet sich an, Schekeln an eben angereiste »Touris« zu veräußern. Stephan Henriks lernte sich hierzu am Busbahnhof aufzustellen, den Ankommenden den Kurs in der aktuellen Tageszeitung unter die Nase zu halten und selbst einen etwas besseren Kurs anzubieten. Wenn er $50 oder mehr zusammenbekommen hatte, bewegte er seine müden Glieder zum Schwarzmarkt in der Altstadt Jerusalems, am Busbahnhof in Tel Aviv oder in irgendein finster anmutendes Geschäft und handelte einen besseren Kurs heraus. Einige Ladengeschäfte stellen bevorzugt englischsprachige Aushilfen ein, um besser an Touristen verkaufen zu können – wie die Inhaber meinen.

Verschiedenes

Selbstverständlich stellen nicht nur die Eilater Bäckereien Aushilfen ein. Klopfen Sie in Jerusalem bei den beiden Großbetrieben im Industrieviertel Givat Shaul an, etwa 10 Minuten Fußweg vom zentralen Busbahnhof entfernt. Oder steigen Sie in die Buslinie 11 und bitten den Fahrer, bei *Angel's Bakery* oder *Belma's Bakery* abgesetzt zu werden. Beide Firmen backen rund um die Uhr, wobei die Chancen, einen Job zu erhalten, bei der Nachtschicht deutlich besser stehen als für die Tätigkeiten während der Tagesstunden. Putzdienste in Privathaushalten sind in ganz Israel eine lukrative Sache, wenn es auch seine Zeit dauert, bis man sich einen festen Kundenstamm aufgebaut hat. Stephan Hendriks empfiehlt deshalb, möglichst viele Zettel an Straßenlaternen oder in Geschäften auszuhängen und dazu eigene Anzeigen in den örtlichen Tageszeitungen aufzugeben. Versuchen Sie, Ihre Herberge davon zu überzeugen, daß Sie hierbei deren Telefonnummer angeben dürfen. Nach einer gewissen Zeit verdiente Stephan vier Dollar in der Stunde, das ist weit über dem Durchschnitt. Die meisten religiösen Juden wollen übrigens ihr Haus für das Passah-Fest (Ostern) im April in Schuß gebracht haben, weswegen sich gerade die Zeit davor für Putzteufel als besonders ergiebig erweist.

Sprachunterricht wird zwar mit etwa fünf Dollar in der Stunde hervorragend bezahlt, allerdings ist der Markt in diesem Bereich völlig übersättigt. Die wohlbekannte Agentur *Manpower* in Tel Aviv, 13 Idelson Street, Tel. (03) 298 877, vermittelt versierte Schreibkräfte und genießt unter ausländischen Teilzeitjobbern den Ruf außerordentlicher Hilfsbereitschaft. So wird beispielsweise keine Kenntnis des Hebräischen verlangt, und um die erforderliche Arbeitserlaubnis kümmert sich die Agentur ebenfalls. Die Bezahlung liegt zwischen 6,75 und 9 Schekeln pro Stunde, die durchschnittliche Steuerbelastung derzeit bei 25 Prozent.

Zwei außergewöhnlichere Möglichkeiten: männliche Reisende sollten sich nach den Adressen von Samenbanken erkundigen, da israelische Krankenhäuser zuverlässigen Quellen zufolge wohlwollende Spenden mit bis zu 120 DM honorieren. Offenbar werden in und um Tel Aviv ständig verschiedene, auch ausländische Filme abgedreht; in einigen Unterkünften Tel Avivs hingen deswegen schon Suchanzeigen für Statisten aus. Katherina Berlani bewarb sich auf eine Anzeige in der *Jerusalem Post* und wirkte bald darauf in der Agatha-Christie-Verfilmung »Appointment With Death« (Verabredung mit dem Tod) und anschließend in einem weiteren englischsprachigen Film mit.

Tätigkeit als Au Pair

Eine Vielzahl israelischer Familien, insbesondere aus Tel Aviv, Jerusalem, Haifa oder Eilat, benötigen Hilfen für den Haushalt und die Betreuung der minderjährigen Kinder. Die durchschnittliche Arbeitszeit liegt auf hohem Niveau, die Bezahlung ebenso. Das bedeutet einen Mindestlohn von etwa $400 im Monat. Die zwei größten Agenturen in Israel, die sich im wesentlichen auf die Vermittlung von Au Pair-Aufenthalten konzentrieren, sind *Star Au Pairs International*, (Besitzerin: Veronica Grosband), Hayarkon Street 82, Tel Aviv 63903, Tel. (03) 655 150, und *Au Pair International* in einem Vorort von Tel Aviv, 2 Desler Street, Bnei Brak 51507, Tel. (03) 790 423. Letztere Firma verlangt zunächst eine Kaution, die jedoch zurückgezahlt wird, wenn der sechs- bis zwölfmonatige Vertrag erfüllt ist, und vermittelt auch Kontakte unter den Au Pairs. Bei der weniger bekannten *Star*-Agentur ist keine Sicherheitszahlung zu leisten, erwartet wird aber ebenfalls eine wenigstens halbjährige Verpflichtung.

Archäologie

Das israelische *Department of Antiquities*, PO Box 586, Jerusalem 91004, Tel. (02) 292 607, veranstaltet alljährlich eine Anzahl von Grabungen innerhalb der Staatsgrenzen, etliche davon an alttestamentarischen Stätten. Freiwillige Helfer werden für das Ausheben und anschließende Aussieben der Funde benötigt. Die Grabungen dauern im Schnitt zwei Wochen zwischen Juni und September und bieten ausländischen Touristen die einmalige Gelegenheit, in der phantastischen Landschaft des Wüstenstaats an der frischen Luft zu arbeiten. Verpflegung und Unterkunft in Zelten sind in manchen Lagern gratis, üblich ist aber eine Selbstbeteiligung von $15-20 am Tag, zu welcher eine Anmeldegebühr von ungefähr $35 kommt. Das Department gibt jeweils im Frühjahr eine Liste aller Grabungen heraus, die auch vom *Institute of Archaeology*, Department of Classics, Universität von Tel Aviv, PO Box 586, Ramat Aviv 69978, zu beziehen ist. Eilgrabungen auf Terrains, wo Neubauten entstehen sollen, benötigen oft kurzfristig Hilfskräfte, die als Gegenleistung für freie Unterkunft und Verpflegung hart zu arbeiten bereit sind. Entsprechende Aushängen finden sich an den genannten Schwarzen Brettern oder im *Moshaw/Kibbutz Volunteers Centre* in Tel Aviv.

Jennifer Mössner jobbte in Israel im Kibbutz, in einem Hotel in Eilat und zuletzt bei einer Grabung in der Negev-Wüste, worüber sie mitzuteilen weiß:

Der Job hat mir im Grunde großen Spaß bereitet, allerdings erst nach Sonnenaufgang, da es des nachts in der Wüste unersprießlich kalt wird! Zu Beginn wirkte es irgendwie völlig verrückt, als ein Land Rover uns mitten in die Wüste karrte und wir dort, wo eine hölzerne Markierungsstange im Boden steckte, zu graben anfangen sollten. Der romantische Aspekt einer Grabung geht allerdings rasch flöten, wenn die ersten Blasen an den Händen aufplatzen: langfristige Lager sind wohl nur etwas für Archäologiefreaks.

Trotz der Widrigkeiten hat das Camp mir gut gefallen, denn die Beziehungen innerhalb der Gruppe waren ausgesprochen herzlich. Die Teilnehmer stammten aus allen Nationen. Abends wurde gemeinsam ein Feuer entfacht, die Musikinstrumente ausgepackt und zu deren Begleitung ein Liedchen geträllert. Diese Zeit in der Wüste empfinde ich im Nachhinein als wunderschön; über völlig unberührte Sanddünen zu laufen, auf die großen roten Hügel zu klettern und kein Anzeichen von Zivilisation zu entdecken... phantastisch! Praktisch gesehen war die Tätigkeit eher eine günstige Methode, für wenig Geld gut zu essen, eine unberührte Gegend kennenzulernen und den allzu kurzen Aufenthalt in Israel etwas zu verlängern.

Freiwilligendienste

Der *World University Service*, 20 Compton Terrace, GB – London N1 2UN, betreibt internationale Arbeitscamps in Zusammenarbeit mit der palästinensischen West Bank-Uni »Bir Zeit«. Die meisten Kibbutzim verwenden reichlich Chemikalien zur Düngung. Für ökologisch orientierte Freiwillige existiert eine Arbeitsgelegenheit im Dorf Clil in Nord-Israel, wo in der experimentellen Siedlung Freiwillige stets gerngesehene Gäste sind. Für freie Unterkunft und Verpflegung muß man in der Gemeinschaft allerdings mindestens sieben Stunden täglich arbeiten. Projektleiter ist Dr. Stephen Fulder, Clil, Doar Nah Oshrat, Westgaliläa, der ausdrücklich betont, daß nicht das gesellschaftliche Zusammenleben, sondern die Arbeit an erster Stelle steht.

Asien

Ein derart mageres Kapitel scheint auf den ersten Blick dem riesigen Kontinent Asien irgendwie nicht gerecht zu werden. Zu unserem Leidwesen müssen wir aber bestätigen, daß es tatsächlich nicht viele Tätigkeiten gibt, die Reisende übernehmen könnten. Die Lage ist durchaus mit Lateinamerika vergleichbar: die Staaten der Dritten Welt haben ausreichend mit dem Überleben der eigenen Bevölkerung zu kämpfen und brauchen wirklich alles andere als verwöhnte, erlebnishungrige Wohlstandskinder. Als Ausnahme kann einzig Japan gelten, das dank seiner streng marktorientierter Wirtschaft sogar Sprachlehrern Rekordlöhne zu zahlen imstande ist.

Hat man erst mal in einem vergleichsweise reichen Land ein kleines Vermögen angesammelt, vielleicht als Kellner in der Schweiz, Landvermesser im australischen »Outback« oder Sprachlehrer in Japan, sollte man problemlos in der Lage sein, sich einen mehrmonatigen Vergnügungsaufenthalt in den fernöstlichen Billigländern zu leisten. In weiten Teilen Asiens beschränkt man sich nämlich in der Tat besser auf das Reisen um seiner selbst willen. Für Unbelehrbare haben wir uns dennoch ins Zeug gelegt und wichtige Hinweise zusammengetragen, mit deren Hilfe sich das Budget aufbessern läßt, während man die Landschaft Koreas oder die Tempel Thailands bewundert.

Unterrichten

Die Tatsache, daß man eine Weltsprache wie Englisch, Französisch oder Deutsch spricht, sollte zwar nicht generell als Freibrief für einen Job angesehen werden. In Ländern wie Japan, Taiwan, Hongkong, Korea, Thailand und Indonesien läßt sich davon aber gut Gebrauch machen, da Tausende von Interessenten gerade in Englisch unterrichtet werden wollen. Auf dem indischen Subkontinent spricht die Oberschicht ohnehin von Geburt an Englisch und benötigt deswegen selten ausländische Lehrkräfte, während die anderen Kasten wahrlich von dringenderen Sorgen geplagt werden.

Grundsätzlich finden sich abseits der großen Städte bezahlte Lehrerstellen ausgesprochen selten. Möglicherweise kann der örtliche Lehrer aber vermittelnd wirken, daß man bei einer Familie wohnt und dieser als Gegenleistung ein paar Privatstunden erteilt. Stuart Tappin bereiste Südostasien auf diese Weise:

In Asien habe ich einen großen Teil meiner Zeit damit verbracht, den Leuten im Tausch für ein Bett und die Mahlzeiten englischen Sprachunterricht zu erteilen. Je weiter die Orte von den Trampelpfaden des Tourismus entfernt lagen, desto besser: in Bali oder Singapur rechnete ich mir aus diesem Grunde keine Chancen aus. Dagegen verbrachte ich auf Palembang/Sumatra eine Woche bei der Familie eines Englischlehrers, unterrichtete sie und genoß dafür eine herzliche Gastfreundlichkeit. Dasselbe wiederholte ich in Thailand. Während der drei Monate, die ich in Kanchanaburi, unweit von Bangkok, verbrachte, waren die 8 Baht für eine Tageszeitung meine einzigen festen Ausgaben.

Die Überlegung, ob man nicht lukrative Privatstunden geben möchte, sollte von einer vorzeigbaren Wohnung und einem Telefonanschluß abhängig gemacht werden. Stefan Henrich, der auf seinen langen Reisen auch in Japan und Thailand unterrichtete, nennt als Voraussetzung einen Mindestaufenthalt von sechs Monaten. In Englisch und der jeweiligen Landessprache abgefaßte Werbezettel brachte er an möglichst vielen, öffentlich zugänglichen Orten an, in Läden, Unis, Cafés usw.

Japan

Der Englischunterricht ist in Japan fast schon die klassische Weise, das Reisebudget zu strecken. Der Bedarf ist enorm, die Bezahlung gehört bei 30 bis 45 DM pro Stunde zu den besten, die wir in diesem Buch nennen können. Diesen erfreulichen Punkten sind jedoch zwei Einschränkungen entgegenzuhalten: die Konkurrenz ist inzwischen stark geworden, und die hohen Lebenshaltungskosten fressen den Großteil des Lohnes wieder auf. Viele Reisende schrecken somit vor der Arbeit in Japan zurück, weil erst nach oft monatelangem Kampf genügend Schüler und Studenten ernstzunehmende Gewinne einbringen. Sie bevorzugen daher die Nachbarländer, wo der Kampf um die Schüler mit weicheren Bandagen ausgefochten wird. Nach wie vor besteht aber kein Zweifel: wer es in Japan erstmal geschafft hat, beschert seinem Geldbeutel viel Freude. Stefan Henrich unterrichtete zehn Monate lang in Japan und konnte während dieser Zeit etwa 3000 DM zusammensparen, betont aber, daß Arbeit und Leben in Japan wahrlich kein Zuckerschlecken sind.

Allein in Tokio gibt es mehrere hundert Sprachschulen, in anderen Großstädten noch einige Tausend mehr. Die Mehrzahl dieser Institute ist durchaus bereit, Lehrkräfte auch ohne besondere Qualifikationen anzustellen, sofern ein Universitätsabschluß vorhanden ist. Abgesehen von einigen vornehmen Schulen, die ihre Lehrkräfte ausschließlich im Ausland anwerben, rekrutiert der Rest seine Unterrichtsleiter im Land selbst und inseriert dazu in den Tageszeitungen, vor allem der englischsprachigen *Japan Times*. Da derzeit schätzungsweise neun Millionen Japaner Englisch lernen, überrascht die endlose Flut solcher Anzeigen kaum.

Um sich aus der Masse seiner Konkurenten hervorzuheben, sollte man ein paar praktische Kniffe aus dem Lehreralltag beherrschen, wenn man sich bei einem Arbeitgeber vorstellt. Noch ernster wird die Sache, wenn man lieber Privatstunden erteilen möchte. Aufgepaßt: die Anfahrt innerhalb Tokyos kann selbst bis zu drei Stunden in Anspruch nehmen und kostet zudem bis zu 30 DM. In Anbetracht dieses Aufwandes wäre es dann schade, wenn man das Interview wegen schlechter Vorbereitung verpatzen würde! Ziehen Sie sich für die Vorstellung beim möglichen Arbeitgeber so unauffällig und konservativ wie möglich an. Nehmen Sie eine ordentlich aussehende Aktentasche mit, worin Sie jedes erdenkliche Zertifikat und Dokument verwahren. Die Schulen bevorzugen mittlerweile Originale, weil Fälschungen in letzter Zeit überhand genommen haben. Der maschinengeschriebene Lebenslauf sollte keinesfalls mit unnötiger Bescheidenheit glänzen. Stefan Henrich empfiehlt dafür die Umschreibung »zweijähriges Studium der asiatischen Kulturen und Sprachen« anstelle des vielleicht zutreffenderen »zweijähriges Herumreisen und Jobben«. Ähnlich unbeeindruckt kaschiert er Zeiten der Arbeitslosigkeit mit der »Gelegenheit, als freiwilliger Lehrer rassische Minderheiten zu unterrichten« aus. Offenbar werden solche Angaben niemals überprüft. Von äußerster Wichtigkeit ist beim Interview eine klare und deutliche Aussprache, wie er meint:

Wer zu schnell spricht, bekommt den Job nicht: so einfach ist das. Trotz meines starken Akzents und des nur fotokopierten Examens erhielt ich den Vorzug gegenüber einem hochqualifizierten Londoner, der lupenreines Oxford-Englisch bot. Die Leute konnten ihn einfach nicht verstehen, weil er nie gelernt hatte, sein Sprechtempo dem Gegenüber anzupassen. Zwischen gutem und schlechtem Englisch können die Japaner sowieso kaum unterscheiden.

Das muß nicht immer der Fall zu sein: andere haben durch regional geprägte Akzente schon Probleme bekommen. Grundsätzlich scheint der kanadische Tonfall in Japan am beliebtesten zu sein, und zwar vor dem britischen, dem amerikanischen und am Ende der Skala dem australischen Englisch. Einige »Aussies« wollen sich jetzt offenbar dafür rächen, indem sie an japanischen Universitäten die Landessprache erlernen. Wenn man während der kalten Jahreszeit in Japan ankommt, sollte man am besten ohne Umschweife eines der zahllosen, preisgünstigen *Gaijin Houses* für Ausländer ansteuern, deren Anschriften im schick aufgemachten *Tokyo Journal* versammelt sind. Dort findet man für rund 30 DM nicht nur ein bezahlbares Bett für die Nacht, sondern oft genug auch Informationen über Unterrichtsmöglichkeiten, weil dank der besonders in Tokyo unbezahlbaren Wohnungsmieten viele ausländische Lehrer langfristig in den *Gaijins* residieren. Beispielsweise ist eine Sechsmonatskaution durchaus die Regel. Mit etwas Glück läßt der Besitzer auch die Nutzung des Telefons zu, so daß man jederzeit erreichbar ist. Je länger man im gleichen Haus bleibt, desto größer die Wahrscheinlichkeit, daß man von anderen Lehrern, die Japan den Rücken kehren, die Schüler sozusagen »erbt«.

Alle Altersgruppen schreiben sich eifrig in die Kurse ein, die hauptsächlich abends in Schulen, Stadthallen und sogar am Arbeitsplatz abgehalten werden. Für viele Japaner sind sie jedoch eher geselliges Beisammensein als schwere Lektion, und bald stellen sich die Stunden für Lehrer wie Schüler als angenehmer Zeitvertreib heraus. Andere wiederum brauchen Englisch, um im Berufsleben voranzukommen; doch auch der Unterricht mit Geschäftsleuten kann sich als ganz spaßig herausstellen. Die meisten Ausländer, eingereist mit einem drei bzw. sechs Monate gültigen Touristenvisum, machen sich erst hier auf die Suche nach einer Arbeit, wofür die besten Zeiten Ende März und Ende Juli sind. Eine Arbeitsgenehmigung läßt sich nur von außerhalb des Landes beantragen: die meisten wählen dafür Seoul, Taipei oder Hong Kong. Deren Bearbeitung beansprucht mindestens einen Monat. Die Toefl-Ausbildung zum Lehrer für Englisch als Fremdsprache wird zwar nicht unbedingt vorausgesetzt, ist aber angesichts der restriktiven Vergabepraxis von Arbeitsgenehmigungen bei fehlendem Universitätsabschluß von Vorteil. Auch hier wimmelt es natürlich von Leuten, die sich wenig um Genehmigungen scheren und einfach von Zeit zu Zeit ihr Touristenvisum erneuern.

Eine dritte Möglichkeit, das sogenannte »Kultur-Visum«, ist den Aussichten auf eine Arbeitsstelle in Japan ungemein zuträglich. Für seine Erlangung muß man nachweisen, daß man mindestens zwanzig Stunden pro Woche studiert oder einen Kurs besucht. Ausgesprochen beliebt sind in diesem Zusammenhang immer wieder das Blumenstecken, die »Shiatsu«-Massage, asiatische Kampftechniken und außerdem Japanisch als Fremdsprache – wiewohl man bei letzterem vorsichtig sein sollte: womöglich kommen die Einwanderungsbeamten auf die erstaunliche Idee, ihre Fragen nur in der Landessprache zu stellen. Leider erhielten wir keine Bestätigung mehr, daß es immer noch leicht ist, ein solches Kulturvisum auf der Fähre von Korea nach Japan zu erhalten.

Wer seine Lehrerstelle in Japan lieber schon von zuhause aus vereinbaren möchte, wird wohl oder übel entsprechende Qualifikationen auf den Tisch legen müssen. Die japanischen Botschaften in aller Welt werben jährlich mehrere tausend Englischlehrer für Schulen im Land der aufgehenden Sonne. Das durchschnittliche Jahresgehalt beträgt 3.600.000 Yen; darüberhinaus werden nach Vertragsvollendung die Flugkosten erstattet. Wen der Unterricht in Japan ernsthaft interessiert, dem sei der amerikanische Führer *Jobs in Japan* ans Herz gelegt, für £9,95 bei *Vacation Work Publications,* 9 Park End Street, GB – Oxford OX1 1HJ, Tel. (0865) 241 978, zu besorgen. In lebhaftem, kompetentem Stil gehalten, geht diese Veröffentlichung auf all die Themen ein, die für zeitweilige Jobber in diesem Land von Belang sein können, so Arbeitsgenehmigung, Teilzeitjobs, Kulturschock und dergleichen mehr. Trotz teilweise schon angeklungener Kritik, darin würde die Arbeitssuche in Japan als zu einfach dargestellt, birgt es sicherlich mehr als einen guten Tip, der gerade zu Beginn des Aufenthalts das Leben in diesem fremden Kulturkreis erleichtert wird.

Hier die Adressen von Schulen, die auf breiter Basis Sprachlehrer einstellen und mal eben so einen Besuch lohnen könnten: *ASA Community Salon*, Hiring Division, Tanaka Building, 2-11-12 Yoyogi, Shibuya-Ku, Tokyo 151, Tel. 320 8649; *Atty Language Institute*, Osaka Ekimae Daiichi Building 5F, 1-3-1 Umeda, Kita-ku, Osaka 530, Tel. 346 2323; *ECC Foreign Language Institute*, Shikata Building 2F, 4-43 Nakazaki-Nishi, 2-chome, Kita-ku, Osaka, Tel. 359 5380.

Hong Kong

Auch Hong Kong mit seinen über 10.000 bereitwillig zahlenden Sprachschülern ist ein aussichtsreiches Pflaster für potentielle Englisch-, gelegentlich auch Deutschlehrer. Vor allem samstags tummeln sich in den einschlägigen Spalten der *South China Morning Post* Anzeigen von privaten Lehrinstituten, die selten Erfahrung für den Job fordern. Die Gelben Seiten bieten weitere Adressen von Sprachschulen. Sicher können auch die Mitbewohner im *Traveller's Hostel* im 16. Stock des Chung King Mansion, 40 Nathan Road, Kowloon, ein wenig sondieren helfen. Das Hostel selbst ist zwar etwas heruntergekommen, mit rund zehn Mark pro Nacht im Mehrbettzimmer aber vergleichsweise günstig – und es verfügt über ein Schwarzes Brett randvoll mit Informationen über Gelegenheitsarbeiten. Die Schulen verlangen in der Regel zunächst eine dreimonatige Bindung, in Hong Kong schon als »long stay« bekannt. Danach kann man unter Einhaltung der 14-tägigen Kündigungsfrist jederzeit wieder gehen. Der größte Nachteil des Unterrichtens ist die niedrige Bezahlung von HK$ 25-35, das sind DM 10-15 pro Stunde, die an den üblicherweise sechs Arbeitstagen pro Woche schon ziemlich lange Schufterei für ein vernünftiges Auskommen bedeutet. Akzeptieren Sie bloß nicht das erstbeste Angebot, denn Schulen, die einen Hungerlohn zahlen, gibt es in Hong Kong wirklich zuhauf. Außerdem sollten Sie das Gehalt in regelmäßigen Abständen einkassieren, denn diesbezüglich sind in der britischen Kronkolonie Unregelmäßigkeiten oder Nachlässigkeiten bekannt geworden.
Leslie Platt wollte sich mit Englischunterricht über Wasser halten, bis etwas Einträglicheres auftauchen würde, sah sich aber zunächst den üblichen Problemen eines Gelegenheitslehrers gegenüber: die Unsicherheit, ob und wann seine Schüler erscheinen würden, oder im *Hong Kong English Club* die Konfrontation mit einer Horde von Sieben- und Achtjährigen, die nichts anderes im Sinn haben als ihren Lehrer zu piesacken. Im *Overseas Language Centre* in Kowloon fühlte er sich wohler – bis die Schulleitung seine Stunden zusammenstrich. Wie gesagt: Alternativen bleiben in der Kronkolonie zuhauf, so daß eine Kündigung durchaus keine Tragödie darstellt.
Der neunzehnjährige Martin Oesterle hatte während seines letzten Aufenthalts nicht die geringsten Schwierigkeiten, einen Job als Englischlehrer zu ergattern und empfiehlt besonders den *English Club*, 190 Nathan Road 1F, Kowloon, Tel. 366 6961, mit verschiedenen Zweigstellen und das *First Class Languages Centre*, 22a Bank Tower, 351-353 King's Road, North Point, Tel. 887 7555.
Abgeschreckt von den Lohnperspektiven in Sprachschulen, entschloß sich der Neuseeländer Brett Muir zu Streifzügen durch den lukrativeren Privatunterricht-Markt, der vornehmlich Hausfrauen und Geschäftsleuten Gelegenheit zur Konversation bietet. Seine beste Empfehlung war ein auffällig gestaltetes Werbeflugblatt, das er in den gehobenen Appartementvierteln von Mid Levels, Jarines Lookout, Causeway Bay usw. verteilte, wo ein hoher Stundenlohn zu erwarten war. Falls die Türen wie üblich verschlossen waren, wartete er einfach, bis einer der zahllosen Bediensteten zu Botengängen oder Einkäufen aufbrach, und schlüpfte völlig unauffällig mit hinein.

Taiwan

Taiwan ist vor allem in den Sommermonaten eine schimmernde Goldmine für alle Englischsprechenden. Sogar die in Taipei erscheinende *China Post* bezeichnete den Einfall von Ausländern ins Land als einen Goldrausch, insbesondere als nach dem Massaker auf dem »Platz des Himmlischen Friedens« viele Studenten aus der Volksrepublik auf die Insel flohen. Man kann zwar eine Lehrerstelle schon vor der Einreise vereinbaren, doch auch wer eines schönen Tages mit leeren Händen auf Taiwan auftaucht, kann diesen bedauerlichen Zustand in der Regel schnell ändern. Obwohl die Wirtschaft nicht mehr ganz auf vollen Touren läuft, lassen sich zahllose wohlhabende Taiwanesen den eigenen Sprachunterricht oder den ihrer Kinder einiges kosten. Stellen werden in der englischsprachigen *China Post* oder an den bekannten Schwarzen Brettern annonciert: im *Taipei Hostel*, 6th Floor, 11 Lane 5, Lin Shen N. Road, Tel. 395 2950; *Happy Family Hostel*, 3rd Floor, 2-2 Lane, Chung Shan N. Road, Tel. 581 0716; oder im *Formosa Hostel*, 3rd Floor, 16 Lane 20, Chung Shan N. Road, Tel. 562 2035. Eines der vielseitigsten Black Boards befindet sich in der *Taiwan Normal University* an der Hoping East Road. Hier fand sich auch folgende beherzte Anzeige: »Just arrived! Don't speak any Chinese! No teaching experience! That's just the kind of Teachers we want. Call 754 8405.«

Die meisten Ausländer, die nur mit Besuchervisum einreisen, schreiben sich an der Universität für mindestens zehn Unterrichtsstunden in Chinesisch, Tai Chi usw. pro Woche ein und zahlen bereitwillig NT$ 1.500, weil sie hierdurch ein Zertifikat erhalten, mit dessen Unterstützung ein B-Visum ausgestellt wird. Dieses gilt zwei Monate und kann zweimal verlängert werden, im Gegensatz zum nicht erneuerbaren Touristenvisum A, das nur vier Wochen Gültigkeit besitzt. B-Visa werden normalerweise ohne zeitliche Verzögerung erneuert, auch wenn der eine oder andere Beamte schon mal merken läßt, was er von den hohen Lehrerlöhnen in Taiwan hält. Nach spätestens sechs Monaten muß man das Land verlassen (dabei auf keinen Fall nach Hong Kong weiterziehen) und eine neue Einreisegenehmigung beantragen.

Das Touristenvisum untersagt seinem Träger ausdrücklich, »unzulässigen«, sprich steuerfreien Tätigkeiten nachzugehen. Da die meisten Schulen (»buhshibans«) die Steuern selbst vom Gehalt abziehen, dürften hier kaum Schwierigkeiten auftauchen. Die Steuerbelastung liegt derzeit bei 20%, von denen man außer einbehaltenen sechs Prozent alles wieder zurückerhält, wenn man sich innerhalb des Steuerjahres vom 1. Januar bis 31. Dezember sechs Monate im Lande aufgehalten hat. Die früher beliebte Gewohnheit, exakt 183 Tage auf Taiwan zu bleiben, dann mehrere tausend Dollar Steuererstattung zu kassieren und sechs Monate lang durch die Weltgeschichte zu turnen, bevor erneut 183 Jobtage auf Taiwan anstanden, wurde von den Behörden abgeschafft: vor Erhalt des Geldes muß man schriftlich versichern, daß man nicht vor Ablauf von fünf Jahren nach Taiwan zurückkehren wird.

Bei der Jobsuche stellt man sich am zweckmäßigsten selbst in den einzelnen »buhshibans« vor: die besseren testen die Kompetenz des Bewerbers dann mittels einer intensiven Prüfung, andere stellen so ziemlich jeden ein, der des Lesens und Schreibens einigermaßen mächtig ist. Helga Welker, schon seit langen Jahren auf Taiwan ansässig, schlägt folgende Anschriften vor: *YES English Institute*, Room 2, 213 Fu Hsin S. Road 10F, Tel. 751 0259; *Hess*, 51 Ho Ping East Road 3F, Section 2, Taipei, Tel. 703 1118; *ELSI*, 59 Chung King S. Road, Section 2, Taipei, Tel. 321 9005; *GRAM English Institute*, 402 Tun Hwa 5th Road 7F, Taipei, Tel. 741 0970.

Die Bezahlung für Sprachlehrer liegt üblicherweise zwischen NT$350 und $400 pro Unterrichtseinheit, bis zu $800 sind aber in Sonderfällen drin. In Nationalchina kommt es

nicht wie andernorts vor, daß Schulen das Entlöhnen ihrer Angestellten schlichtweg »vergessen«. Da Privatschüler nicht nur in der restlichen Welt, sondern auch in Taiwan gerne kurzfristig absagen, verlangen viele Lehrer einen Monatslohn im voraus.
Taiwan scheint nach alldem nahezu ideal für Reisende Jobber zu sein. Das Leben in der Hauptstadt ist nicht jedermanns Sache, bei einer Luftverschmutzung, die nur noch von Mexiko-City übertroffen wird. Glücklicherweise locken aber auch die anderen Städte auf der Insel, so Kaohsiung, Taichung oder Tainan, mit Arbeitsstellen – und weitaus höheren Löhnen. Der gewitzte Neuseeländer Brett Muir zog daraus seine Konsequenz: er wohnte in einer von Taipeis preisgünstigen Herbergen und pendelte zu Unterrichtszwecken in die Vororte Tao Yuan und Chung Li.

Korea

Die Jobaussichten für Gelegenheitslehrer sind in Korea einige Zeit nach den Olympischen Spielen anhaltend gut, die Konkurrenz ist erträglicher als in Japan, die Löhne dafür geringer. Zum Haupthindernis dürfte das Arbeitsvisum werden, welches auschließlich außerhalb des Landes erhältlich ist und dessen Bearbeitung bis zu zwei Monate in Anspruch nimmt. Der Nachweis eines Universitätsabschlußes ist neben anderen Dokumenten unabdingbar. Weil überdies so viele Koreaner in den USA studieren wollen, wirkt ein amerikanischer Akzent bei der Stellensuche Wunder.
Die besten Jobaussichten bietet der Seouler Stadtteil Chongro und Pusan an der Küste am. Seine »Zelte« schlägt man am zweckmäßigsten in einer der beliebten Herbergen *Dae Won* oder *Dae Gee* auf, weil dort immer wieder Geschäftsleute auf der Suche nach Einzel- oder Gruppenunterricht erscheinen. Da Zuwiderhandlungen gegen das Verbot für Ausländer, koreanischen Studenten Sprachen beizubringen, streng bestraft werden, sollte man sich auf Erwachsenenklassen beschränken. Diese Stellen arten kaum in übermäßige Arbeit aus, da das Augenmerk auf Konversation, fast gar nicht auf Grammatik liegt. Wenn man sich geraume Zeit in Korea aufgehalten hat und einigermaßen bekannt ist, flattern gar Anfragen wegen Übersetzungen von koreanischen Dokumenten oder wegen Korrekturlesen auf den Tisch.

Volksrepublik China

Nachdem sich die Volksrepubllik über Jahrzehnte hinweg selbst ins Abseits gestellt hatte, ist man seit einigen Jahren dazu übergegangen, westliche Technologien und Lehrer zu importieren. Deren Vermittlung übernimmt die *Chinese Education Association for International Exchange* (CEAIE); näheres teilt die chinesische Botschaft auf Anfrage mit. Je nach Lehrerfahrung und Ausbildungsgrad werden erfolgreiche Bewerber schlicht als »ausländische Lehrkraft« oder pompöser als »ausländischer Experte« eingestuft. Neben gesteigertem Ansehen beziehen letztere ein besseres Gehalt, Urlaubsgeld, Hin- und Rückflug sowie weitere Vergünstigungen. Unabhängige Lehrer erhalten zwischen 500 und 800 Yuan im Monat bei freier Verpflegung und Unterkunft, Experten gut das Doppelte. Die Wochenarbeitszeit für Lehrer beträgt in der Volksrepublik 12 bis 16 Stunden, was auf den ersten Blick recht locker ausschaut – bis man plötzlich einer Gruppe von 100 Lernwilligen gegenübersteht. Ausländer wie Rachel Starling werden schon mal auf der Straße angesprochen, ob sie nicht Unterricht erteilen möchten:
Auf meinen ausgedehnten Reisen durch China bot sich mehrmals die Gelegenheit, Englisch zu unterrichten. Zwar versendet von Beijing aus eine Agentur Englischlehrer in die entlegen-

sten Winkel des Reiches. Dennoch haben spontane Anfragen in Schulen oder Universitäten oft genug Erfolg.

Die erwähnte Agentur ist das *Bureau of Foreign Affairs,* Ministry of Education, Beijing 10086, ein weiterer geeigneter Verhandlungspartner im Außenministerium die *Placement and Recruiting Division,* External Relations Secretary, Box 300, Beijing.

Südostasien

Wen die Entdeckungslust eher nach Südostasien denn in den Fernen Osten zieht, dem seien Singapur, Kuala Lumpur oder Djakarta ans Herz gelegt. In der ersten Metropole finden sich wertvolle Anzeigen in der *Straits Times* oder den Gelben Seiten, weitere Infos im *YMCA,* 1 Orchard Road, Tel. 336 6000 oder dem Büro des *British Council,* 30 Napier Road. Die Anforderungen sind in allen drei genannten Städten hoch. Gerade die indonesischen Schulen besorgen sich ihr Personal häufig direkt in Europa oder den Vereinigten Staaten, stellen nur in den seltensten Fällen Leute ein, die »mal eben so anklopfen« und erwarten Lehrer mit Toefl-Ausbildung, die sich wenigstens ein Jahr vertraglich binden.

Bangkok ist ein günstigeres, aber auch schlechter bezahltes Terrain für Aushilfslehrer: die 150 Baht, also knapp DM 9 pro Stunde decken gerade mal die Lebenshaltungskosten und übertreffen noch die 80 bis 100 Baht, die in Chiang Mai pro Unterrichtsstunde zu verdienen sind. Anzeigen finden sich in der englischsprachigen *Bangkok Post* oder dem Konkurrenzblatt *The Nation.* Selbst in der Landessprache gedruckte Zeitungen veröffentlichen Inserate, in denen Lehrer gesucht werden, in Englisch. Am leichtesten sind die Stellen im Juni und November zu ergattern.

Die meisten Rucksackreisenden wählen in Bangkok die billigen Herbergen entlang der Khao San Road, wo sich Schwarze Bretter und stets Leute auch finden, die einen beraten können. Nachdem Lorenz Kötter eine preiswerte Bleibe gefunden hatte, legte er sich anhand des Stadtplans eine Strategie zurecht: von den Sprachschulen in den Gelben Seiten konnte er täglich nur eine Handvoll aufsuchen, da in den Straßen der thailändischen Hauptstadt kaum an Vorwärtskommen zu denken ist. Also nahm er zunächst telefonischen Kontakt auf: die meisten der angerufenen Schulen zeigten Interesse. Das *British Institute* benötigte dringend Toefl-erfahrenes Personal für langfristige Verpflichtungen, doch Lorenz wurde mit dem *English Conversation Centre,* 430/19-20 Chula 64, Siam Square, Bangkok 10330, handelseinig. Er sollte Einzelpersonen unterrichteten, zum Teil in der Schule, zum Teil in der Wohnung des Schülers. Diese Hausbesuche waren zwar besser bezahlt, wegen der langwierigen Anfahrt aber auch recht zeitaufwendig. Ein australischer Mitarbeiter hatte deshalb vereinbart, nur noch in der Schule zu unterrichten und kam damit um einiges besser weg, weil das *ECC* ihn auch bezahlte, wenn die Schüler einfach wegblieben. Der Unterricht ganzer Klassen ist wegen der besseren Bezahlung ausgesprochen begehrt und daher nur schwer zu bekommen.

Versuchen Sie es in Privatschulen wie etwa *Berlitz,* 8 North Satorn Road, Bangkok 10500; *TCD,* 28 Suhkumvit Soi 24, Bangkok 10110; oder dem *American University Alumni Centre,* 179 Rajadamri Road. Den Schulen des letztgenannten Verbandes begegnet man übrigens überall in Thailand, und sie sind immer eine Anfrage wert. Falls auch diese Bemühungen fruchtlos bleiben, bieten sich selbstplazierte Zettel an den Mitteilungsbrettern von Supermärkten an, zum Beispiel im *Foodland* an der Ploenchitr Road.

Offiziell braucht man als Ausländer für Thailand eine besondere Arbeitserlaubnis. Bei Zuwiderhandlungen drücken die Behörden jedoch beide Augen zu, weil sie der zweifellos richtigen Auffassung sind, daß Sprachlehrer der Nation ja schließlich einen Dienst erweisen. Nach zwei Monaten muß man das Land verlassen, um das Visum zu erneuern; zu diesem Zweck bietet sich am ehesten ein Abstecher nach Penang/Malaysia an. Außerhalb der Hauptstadt werden die Jobaussichten natürlich dünner, obwohl Sprachschulen und Bildungsinstitute in allen Landesteilen »farangs«, womit Ausländer gemeint sind, einstellen. Für Hochschulstellen werden offiziell Studienabschlüsse oder Lehrzertifikate vorausgesetzt, praktisch aber kaum zur Kenntnis genommen. Empfehlenswerte Orte sind auch Chiang Mai, das beliebte Touristenziel im Norden, wo der Wettbewerb zwischen den Arbeitswilligen sich verschärft hat, und Hat Yai, eine aufblühende Handelsstadt im südlichen Thailand, wo Konkurrenz noch ein Fremdwort ist. Die dortige *Prince of Songkla*-Universität bietet Sprachlehrern ebenso Stundenlöhne von 100 Baht bei zehn Wochenstunden wie in Chiang Mai die von Stefan Henrich empfohlenen Sprachschulen *INLC*, die *YMCA Language School*, von deren Existenz er über das Schwarze Brett der Jugendherberge erfahren hatte, oder der *Conversation Club* gegenüber vom *Sri Tokyo Hotel*. Die Anzeige im monatlich erscheinenden Mitteilungsblatt des US-Konsulats, *About Chiang Mai*, hat schon so manchen Weg zur Arbeit geebnet. Summa summarum bleibt der Eindruck: in Thailand dürfen sich »farangs« auf gute Jobmöglichkeiten freuen.

Unterhaltungsbranche

Wem das Unterrichten nicht liegt oder dazu die notwendige Ausdauer fehlt, kann nahegelegt werden, das Geld auf weniger ausgetrampelten Pfaden einzufahren. Hollywood ist nicht der einzige Ort, an dem den Bildern das Laufen beigebracht wird; auch in der Hindi, chinesisch oder japanisch sprechenden Welt existieren Filmindustrien gigantischen Ausmaßes – und benötigen vielleicht gerade jetzt gerade *Sie*! Denn Sie wären nicht der erste Ausländer, der in der Herberge der Heilsarmee in Bombay, dem Banglamphu-Distrikt von Bangkok, im Broadlands Guest House in Madras, der Pension Malate in Manila oder im 16. Stock des Chung King Mansion in Hong Kong, von einem Filmagenten zum Mitwirken als Statist eingeladen wurde. Dergleichen kann wirklich jederzeit und überall passieren: Susan Griffith wurde – man stelle sich das vor! – im *Heaven Breeze Hotel* im nordpakistanischen Swat Valley von einem Filmregisseur gefragt, ob sie reiten könne (konnte sie nicht) und willens wäre, die Tochter eines Obersten zu mimen. Als Kristina Moen vor dem Heilsarmeegebäude von Bombay in ähnlicher Absicht angesprochen wurde, war sie von der Idee, umgerechnet 12 Mark am Tag zu verdienen, begeistert:

Bedenkt man, daß wir ein kostenloses Mittagessen bekamen und daß der Platz in einer Herberge in Bombay pro Nacht schon fünf Mark kostet, war die Bezahlung gar nicht so schlecht. Außerdem mußten wir ja praktisch nichts tun für unser Geld. Fast jeder, den ich hier traf, hatte mal für einen oder mehrere Tage beim Film gejobbt. Mir jedenfalls hat's riesig gefallen und ich warte auf weitere Filmangebote....

Ähnliche Chancen tun sich in Hong Kong auf, dem Zentrum der chinesischen Filmindustrie. Carolyn Edwards ist die neueste Entdeckung in einer langen Reihe von »Filmsternchen«, deren einzige Qualifikation die Übernachtung im *Chung King Mansion* war:

Nachdem ich schon eine Woche in Hong Kong verbracht hatte, wurde ich gefragt, ob ich in einem Film mitspielen würde. Na klar, ich war begeistert. Die Szene fand in einem Restaurant auf Hong Kong Island statt, die Dreharbeiten begannen um Mitternacht und endeten erst um 9 Uhr vormittags. Nach den Make-up- und Kostümdurchgängen hatte ich mich tatsächlich in eine Spitzenprostituierte verwandelt, und durfte neun Stunden lang lächelnd umherlaufen, falschen Champagner trinken und fortwährend »Cheers« sagen. Die Arbeit schien amateurhaft organisiert und war bald anstrengend, wir hatten bald Hunger, erhielten aber entge-

gen der Abmachung nichts zu essen. Wer gerade nicht vor der Kamera stand, legte sich in den Kulissen aufs Ohr. Gegen Ende sahen die Frisuren etwas zerfleddert aus, das Make-up hatte sich zielstrebig über das gesamte Gesicht verteilt – die Dreharbeiten gingen aber fleißig voran. *Als wir endlich gehen durften, erhielten alle Mitwirkenden HK$ 400 bar auf die Hand.*

Offensichtlich schlug sich Carolyn so prächtig, daß sie erneut eingeladen wurde, einmal eine Kußszene, ein andermal Aerobic-Vorführungen zu drehen hatte. Lorenz Kötter erkundigte sich ebenfalls in Hong Kong gerade nach einem billigen Flug über den Pazifik, als ihm angeboten wurde, bei Nachtaufnahmen auf dem Flughafen mitzuwirken. Er erhielt 45 DM für zehn Minuten Arbeit und kam genau richtig zum Abflug. Tim Wagner konnte von den 35 DM für einen vergleichbaren Job immerhin ein paar Tage leben, speiste außerdem fürstlich und kostenlos in der Studiokantine und konnte endlich ausgiebig das Geschehen vor und hinter der Kamera beobachten. Leider sind solche Jobs nicht jeden Tag zu bekommen: auf ein regelmäßiges Einkommen als Statistentalent sollte man nicht fest zählen.

Vergessen Sie bloß die anderen Massenmedien nicht, denn oft genug werden in Fernsehen und Rundfunk Muttersprachler für fremdsprachige Programme gebraucht. Als Beispiel sei *English for Today* von Japans öffentlich-rechtlichem Sender *NHK* genannt.

In Hong Kong drängeln sich Bars und Restaurants der einfachen Kategorie wie Sand am Meer. Entsprechend groß sind die Auswahlmöglichkeiten für Servicepersonal. Damen sollten sich vor Dienstantritt aber unbedingt vergewissern, daß sie nicht in einer der beliebten »Oben Ohne«-Bars gelandet sind. Diese verstecken sich gern hinter der Bezeichnung »Pub«, während sogenannte »Bars« sich nur unwesentlich von Bordellen unterscheiden. Männer werden als Barkeeper, Kellner oder Disc-Jockey angestellt, Frauen ihnen in der Regel jedoch vorgezogen. Für die Arbeitsaufnahme wie einen ruhigen Drink am Feierabend bedenkenlos zu empfehlen sind auf Hong Kong Island die im englischen Stil eingerichteten *Bull and Bear, Godown* und *1997*; in Kowloon *The Blacksmith's Arms* und *The Munich*; außerdem im Stadtzentrum *Mad Dogs*. Die Bezahlung beginnt bei HK$ 20, angesichts der Arbeitszeiten wahrlich nicht zuviel. Annehmbare Stellen in Singapur finden sich in den Hotels und Nachtclubs, die sich mit so schönen Namen schmücken wie *The Beautiful People's Lounge*.

Michael Knöpper schaffte es nach zähen Versuchen, an den Türstehern eines vornehmeren Trend-Clubs in Patpong (Bangkok) vorbei zum Geschäftsführer vorzudringen, der ihm auf die Anfrage wegen einer DJ-Stelle lapidar antwortete: er dürfe sie sofort antreten, wenn er den ganzen Laden schmeißen könne. Die menschlichen Erfahrungen, die er in den nächsten Nächten sammeln konnte, möchte er nie mehr missen.

Erstaunt waren wir über die wenigen Berichte von Straßenmusikern und -artisten, obwohl die Fußgänger in Tokyo, Singapur oder Hong Kong derlei Unterhaltung eigentlich auch zu schätzen wissen. Bemerkenswerte Ausnahme: David Dillmann lieh sich in Taipei eine Gitarre, verschwand damit in den U-Bahn-Stationen und kehrte mit steuerfreien 30 DM pro »Arbeitsstunde« wieder ans Tageslicht zurück. Wenn da nicht über Nacht an seinem angestammten Platz plötzlich ein Graffiti aufgetaucht wäre: ein Mann, der stellvertretend (für Gangster? für Straßenhändler?) zu sprechen vorgab, riet ihm, sofort mit seinen Ständchen zu beenden, bevor »etwas passiere«. Zu diesem Zeitpunkt wollte er sowieso seinen Standort wechseln und entschied sich, den »Ratschlag« unverzüglich zu befolgen.

Arbeit als Modell

Das Ansteuern von Modellagenturen in Hong Kong und Singapur lohnt sich vor allem für gutaussehende Männer und Frauen mit heller Haut und vorzugsweise blauen Augen. Wendy Chan fand heraus: *Die Nachfrage nach europäischen Gesichtszügen ist in der Werbebranche Singapurs ungeheuer groß. Wenn Sie sich bei einer der zahlreichen Modellagenturen registrieren lassen, müssen Sie Fotos von sich dabeihaben. Die Firma übernimmt dann den gesamten Papierkram.* Mehr als zwei Termine pro Woche werden im Schnitt aber nicht drin sein, und so liegt der Verdienst trotz erfreulicher Stundenlöhne nur bei 200 bis 300 DM pro Woche. Die Anschriften und Telefonnummern der von Wendy empfohlenen Agenturen: *Mannequin Studio*, No. 03-01 Singapore Shopping Centre, 190 Clemenceau Avenue, Tel. 338 0122; *IMP International*, No 05-04 Parklane Shopping Mall, Tel. 337 0740; *Elsa Yeo Agency*, 211/212 M & G Centre, Tel. 338 0740.

Die Berichte aus Bangkok klingen genauso vielversprechend. Lorenz Kötter stellte sich bei drei Werbefirmen vor, ließ jeweils Aufnahmen machen, einmal sogar ein Video, auf dem er lediglich mit Jeans bekleidet durchs Studio tänzelt. Ein anderes Mal erhielt er für eine vierstündige Aufnahmesitzung $100 und fand sein Bild vier Monate später auf der Rückseite von einer der beiden Hochglanz-Modezeitschriften Thailands. Er kann sich vorstellen, bei längerem Aufenthalt in Bangkok mit Modellstehen einen erklecklichen Lebensunterhalt zu verdienen.

Der neueste Tip für entsprechende Ambitionen lautet: Manila. Hier wurde der Finne Tommy Karske eines Abends von einem Produzentenpärchen angesprochen, die für Werbeaufnahmen, Zeitungsanzeigen und Fernsehshows nach westlichen Besuchern Ausschau hielten. Auf den Philippinen wendet man sich am besten an die *Frank Carriedo Modelling Agency*, deren Karte verspricht: »Einfach ausprobieren – Sie verdienen Geld und haben Spaß dabei«. In Hong Kong ist eine makelhafte Erscheinung durch mangelnde Bescheidenheit wettzumachen. Im *Travellers Hostel* versprechen Aushänge für drei Stunden Modellstehen HK$ 300.

Arbeit als »Begleiterin« oder Hosteß

Wir haben uns lange überlegt, ob wir auch diesen Aspekt des Geldverdienens in »Jobben Unterwegs« einfügen sollen, entschieden uns dann aber aus Gründen der Toleranz, der Offenheit und des Abbaus verbreiteter Vorurteile doch dafür.

Überall im Fernen Osten, besonders aber in Singapur, Hong Kong und Japan können Frauen auf ungewöhnliche Art und Weise ihren Reiseetat aufstocken: indem sie sich einer Agentur anschließen, die Begleiterinnen für einsame Herren vermittelt. Bei diesem Gedanken wird sicher einigen nicht ganz wohl sein, trotz guter Bezahlung und flexibler Arbeitszeiten. Wir erwähnen die Möglichkeit dennoch, weil uns mehrfach versichert wurde, daß absolut nichts Anrüchiges an der Geschichte sei und viele Jobberinnen damit vollauf zufrieden waren. Nachdem frau sich einigermaßen schick gekleidet hat, stellt sie sich bei einer der aus den Gelben Seiten ermittelten Agenturen vor und läßt sich registrieren. Sie braucht nur an den Abenden zu erscheinen, an denen sie auch wirklich Lust auf diesen Job hat, begibt sich dann in den Gastraum, wo die Kunden bei einem Cocktail »zwanglos« kennengelernt werden wollen. Irgendwann im Verlauf des Abends folgt dann die Einladung zum Weggehen. Die meisten der Kunden, vornehmlich Geschäftsleute aus Japan, Malaysia oder von den Philippinen, suchen einfach eine nette weibliche Begleitung für den Abend, führen sie in ein Restaurant oder einen Nachtclub und erwarten, daß sie sich als witzige und interessante Begleitung herausstellt. Zusätzlich zu freier Speis und Trank sowie möglichen Geschenken des Kunden erhält sie in Singapur von der Agentur rund 100 DM pro Abend.

Ähnlich verhält es sich in den sogenannten *Hostess Bars* in Japan, wo viele Firmen sich mit 5.000 Yen pro Stunde äußerst großzügig dafür zeigen, daß Begleiterinnen ihre Angestellten hauptsächlich im Stadtteil Ginza mit seinen geschätzten 3000 Bars »unterhalten«. Diese Aufgabe besteht im wesentlichen aus Small-Talk bis gegen Mitternacht – und mehr nicht! Das wissen und respektieren Hostessen wie Kunden. An Montagabenden ist übrigens immer am meisten los, weil sich viele Geschäftsleute anscheinend vom Wochenende mit der Familie erholen müssen. Fast schon selbstverständlich dann, daß der eine oder andere Abend weniger angenehm verläuft, wie Carolyn Edwards bestätigte: *Der Wettbewerb um diese Jobs ist hart, gutes Aussehen dabei letztlich ausschlaggebend. Ich verdiente zwar nicht so gut wie mit Englischunterricht, aber es war schon okay. Viele Frauen mochten diese Arbeit nicht; sie war aber die einzige, die sie bekommen konnten. Im Grunde tun sie nicht mehr, als bei den Kunden zu sitzen, zu reden und zuzuhören, was ganz anregend sein kann, wenn diese nett sind. Und die meisten sind es ja auch. Allerdings kommt es schon mal vor, daß ein Klient sturzbesoffen ist, gerade mal zehn Worte Englisch herausbringt und dir den ganzen Abend auf die Nerven geht.*

Unser Tip für Frauen, die sich in der Einschätzung dieses Jobs nicht sicher sind: setzen Sie sich einfach mal in eine der Bars im Bezirk Ginza und beobachten das ganze Treiben. Bei Interesse halten Sie anschließend Ausschau nach Anzeigen, in denen »Foreign Hostesses« gesucht werden. Aus Hong Kong drangen dagegen entmutigendere Berichte an unser Ohr: zwei eigentlich abgebrühte Weltenbummlerinnen wurden aus der Küche des *Chung King Mansion Hostel* weg als Hostessen verpflichtet. Sie sollten pro Abend 250 DM erhalten. Als die beiden herausbekamen, daß ihr Chef, Mister Chang, ein Zuhälter war, suchten sie unter Drohungen dann doch lieber das Weite. Grundsätzlich sollten Frauen sich hier nicht auf einen solchen Job einlassen, bevor sie sich nicht bei vertrauenswürdigen Angestellten im Hause erkundigt haben.

Industrie und Handel

Mit etwas Glück bekommt man in Singapur oder Hong Kong sogar eine Stelle in einem Büro; in der Regel sind dafür jedoch zu viele gutausgebildete, zweisprachige Einheimische vorhanden. Die fehlende Arbeitserlaubnis kann in Singapur ein großes Problem darstellen, in Bangkok dagegen vernachlässigt werden: der Ingenieur Stefan Rappin sandte Bewerbungsschreiben an zwei dort ansässige Baufirmen, wovon eine ihm umgehend eine Stelle mit ortsüblicher Bezahlung anbot und sich um Visum und Steuerkarte kümmerte.

Leute mit Erfahrung in der Ölindustrie sind begehrt auf Singapurs Förderplattformen vor der vietnamesischen und ost-malayischen Küste. Ein Großteil der Firmen ist in der Orchard Road in der Hauptstadt vertreten. Nach Hans Mallons Auskunft treffen sich die Förderarbeiter im *Jockey Club*, wo auch ein Mitteilungsbrett über freie Stellen auf Plattformen vor den Küsten Indonesiens (einschließlich Bali), Singapurs und der Philippinen aufklärt. Teilweise kommen die Arbeitgeber selbst in den Club. Interessierten sollten aber schon in der Ölförderung versiert sein, zumal genügend unausgebildete und damit billige, einheimische Arbeitskräfte nachdrängen. Wer das Glück hat, für eine Bohrinsel in Indonesien auserwählt zu werden, darf auf eine besondere Hürde gefaßt sein: in einem Fall waren sage und schreibe 120 Passfotos für die Erteilung eines Arbeitsvisums nötig. Inserate für Jobs auf den Plattformen findet man in den englischsprachigen Zeitungen.

In Hong Kong erwiesen sich die von Engländern geführten Arbeitsvermittlungsagenturen als ungemein sachdienlich, auch für Sekretärinnenstellen. Den Personalbedarf verwalten *Junson & Co.*, 15F Malakon Centre, 10-12 Stanley Street, Central Hong Kong, Tel. (5) 810 770, und *Persona Youth*, Room 1106, Hong Kong Bank Building, 673 Nathan Road, Mongkok, Kowloon, Tel. (3) 787 1811.

Sekretärinnen sind erstaunlicherweise sogar in Indien begehrt, dem Land, in dem es für Ausländer erfahrungsgemäß am schwersten ist, eine Arbeit zu finden: die Freundin von Jan Flemming wurde eines Tages gefragt, ob sie nicht ein paar Wochen im Büro eines wohlhabenden Geschäftsmannes tätig sein wolle.

In Japan dürften die beiden einzigen Gelegenheiten in diesem Bereich das Verteilen von Kosmetikproben an Kunden in Kaufhäusern und das Verkaufen von hierzulande äußerst beliebten Aluminiumstichen sein. Anscheinend beschränken sich einige Firmen auf die Herstellung solcher Stiche und deren Verkauf an Ausländer (denn ausschließlich Ausländer sind offenbar zu dieser Tätigkeit bereit), welche sie anschließend mit Profit weitergeben. Der Wettbewerb findet auf offener Straße statt und wird mit harten Bandagen ausgefochten: wer keinen hervorragenden Platz gefunden hat, muß nicht auf besondere Verdienste hoffen. Zum anderen setzt man sich mit diesen öffentlichen Auftritt der Gefahr aus, von der Fremdenpolizei erwischt zu werden. Und schließlich zeigt sich die japanische Version der Mafia, die »Yakusa«, nicht gerade begeistert von Eindringlingen auf ihrem ureigensten Territorium, der Straße. Wirklich gutes Geld kann man dagegen außerhalb der Städte, besonders mit einem Mietwagen, machen. Ein entsprechender Handel ist übrigens auch in Hong Kong anzutreffen.

In Indonesien oder Thailand tun sich im Fremdenverkehr immer wieder Stellen auf. Bernd Mürzenegger gab in Phuket Tauchunterricht, Michael Knöpper finanzierte seinen Aufenthalt im teuren Singapur, indem er auf Auftrag Touristen für sein Hotel köderte, andere konnten sich eine Stelle auf dem Bau in Taipei verschaffen. Der Dienst als Croupier in japanischen Spielcasinos ist dem Vernehmen nach unglaublich einträglich, dank der freigebigen Trinkgelder glücklicher Menschen. Noch bessere Stundenlöhne vermeldet jedoch ein gewisser Archie aus einem anderen Dienstleistungsbereich: als Teilnehmer an japanischen Live-Sexshows sahnt er Nacht für Nacht $300 ab. Nach einem Monat »Arbeit« kann er den Rest des Jahres gut davon leben....

Christoph Janzen erschloß den Jobbern aller Länder neue Dimensionen: als der erste ausländische Jobber in der Gegend half er eine Zeitlang in einem Restaurant in Malaysia. Wenn Sie der zweite sein möchten, unterhalten Sie sich darüber mit den Besitzern des *Napoleon's Grill House*, 513 Plaza Melaka, fünf Minuten vom Busbahnhof entfernt. Sein Bericht sollte jedenfalls dazu ermutigen:

Gleich bei meiner Ankunft mochte ich Melaka und wollte länger hierbleiben. Also durchstreifte ich die Restaurants auf der Suche nach einer Stelle. Nicht weniger als fünf suchten mit Fensteraushängen nach Kellnern, Küchenhilfen usw. Alle waren erstaunt über das Interesse eines Ausländers an ihrer Stelle, luden mich aber gerne zu Vorstellungsgesprächen ein. Gleich das erste bei Napoleon's Grill House *verdiente diesen Namen gar nicht: die Personaldecke war so dünn, daß ich schon am nächsten Abend beginnen konnte: als Barkeeper. Der Monatslohn von 240 Ringgits war zwar nicht aufregend, immerhin konnte ich essen und trinken bis zum Abwinken, und mir dazu eine freie Unterkunft in den Schlafräumen über dem Restaurant sichern. So verbrachte ich fröhliche und ausgesprochen preiswerte fünf Wochen hier – und jetzt fällt der Abschied verdammt schwer. Die Einheimischen sind wirklich so freundlich und offenherzig, daß sie immer noch mehr für dich tun wollen.*

Der Schwarzmarkt

Wem es wider Erwarten noch nicht gelungen ist, einen der genannten Jobs zu ergattern, der kann seine Finanzlage immer noch durch Marktspekulationen aufbessern. In den meisten asiatischen Ländern erzielen im »Duty-Free« erstandene Luxusartikel oder selbst »Levi 501s« unerhörte Preise. Gerade in unterentwickelten Gegenden dieses Kontinents wird man vor Hotels, in Rickschas, auf der Straße immerzu daraufhin angesprochen, ob man nicht etwas zu verkaufen habe. Um Burma, das einstige Mekka des Schwarzhandels, empfiehlt sich indes seit den politischen Unruhen der letzten Jahre ein weiter Bogen.

Von Mitreisenden kann man erstaunlich viel lernen; zum Beispiel wie Pan-Blätter und Kokosnüsse von Indien nach Pakistan geschmuggelt werden, Saris von Varanasi nach Bangladesh, billige Baumwolle die Schneider in Kathmandu erreicht, Uhren den Iran, indischer Safran den Westen oder die begehrten Mundsprays und Bananen den erwartungsfrohen Koreaner. Die skurrilste Idee darf wohl ein ungenannter Deutscher für sich beanspruchen, der aus Taipei berichtete, wie er mit einer stattlichen Anzahl von Jungkarpfen einzureisen versuchte. Er freute sich auf den enormen Wertzuwachs, wenn seine Schützlinge erstmal ausgewachsen und pfannenbereit wären – machte seine Rechnung aber ohne den Einwanderungswirt. Seine kleinen Lieblinge wurden beschlagnahmt, er ohne Alterssicherung ins Land gelassen.

Auf dem riesigen Markt am Anjuna Beach auf Goa werden Kleider und Schmuck unter die Leute gebracht. Wenn man über mehr Kapital verfügt, warten in Hong Kong oder Bangkok (leider nicht mehr in Singapur) günstige Taschenrechner, Kassettenrekorder, Kameras usw., die sich anschließend mit erheblichem Aufschlag in den Nachbarländern verkaufen lassen. Zu den aktuellen Rennern zählen Gold- und Silberschmuck aus Thailand, Kunsterzeugnisse und falsche »Markenkleider«. Wer damit sein Budget strecken möchte, sollte aber niemals die möglichen Konsequenzen außer acht lassen. David Dillmann beobachtete, daß auf Taiwan die Leute offenbar so ziemlich alles begehren: *Die Chinesen sind leidenschaftliche Käufer. Ich konnte für meine Bangkoker Ausgaben, beispielsweise Lacoste-Shirts (80 Baht), gut und gerne das Doppelte (NT$ 200) verlangen. Tibetanische und indische Handarbeiten sind beliebt, aber selten erhältlich und daher umso kostspieliger. Die besten Gewinne unter den Duty Free-Artikeln bringen Cognac Hennessy XO und teure Parfümerieartikel. Alles was man für den Verkaufsstand benötigt, ist eine Decke für den harten Boden der U-Bahn-Stationen. Sie erweist sich als überaus nützlich, wenn unvermittelt Polizei auftaucht oder ein wütender Kunde durchdreht. Die einheimische Konkurrenz tritt täglich von 11 bis 18 Uhr in Erscheinung. Also würde ich diese Zeiten möglichst meiden.*

Das Währungssystem der Volksrepublik bietet Schwarzhändlern einige Schlupflöcher. Die »Foreign Exchange«-Zertifikate, eigentlich nur für Ausländer gedacht, werden zum 1:1-Gegenwert der Landeswährung Renminbi verausgabt; viele Reisende lassen sich ihre FEC allerdings zum Kurs von 2:1 umtauschen, ungeachtet der abschreckenden Geldstrafen, die von offizieller Seite gegen Schwarzhändler verhängt werden.

Als Kurier unterwegs im Chinesischen Meer

Die »Milchfahrt«, wie man die Kleinschmuggelei zwischen Hong Kong, Korea, Japan, Taiwan und Südostasien, den Ländern mit hohen Luxussteuern, bezeichnet, ist dort alltägliche Praxis. Kristina Moen verdiente sich damit sogar einen Flug nach Paris und zurück. In der Regel wird man von »Sponsoren« (und wieder einmal erweist sich das *Traveller's Hostel* in den *Chung King Mansions* von Hong Kong als Goldgrube für einschlägige

Informationen) darauf angesprochen, ob man zu meist zweifelsfreien Kurierdiensten bereit sei. Früher bekam man sogar Geld dafür; heute muß man dagegen einen Teil des Flugpreises selbst tragen. Besondere Vorsicht ist angebracht, wenn einer der Auftraggeber das Gepäck für Sie packen möchte oder eine schon auf den ersten Blick überhöht wirkende Bezahlung für die »kleine Gefälligkeit« anbietet!

Nathalie Bleuzé kam in Taipei zufällig in Kontakt mit einer Ladenbesitzerin, die sie beauftragte, sich möglichst elegant zu kleiden und nach Seoul zu fliegen. Die Beamten am Zielflughafen nahmen ihre Sachen gründlich unter die Lupe, ein teurer Walkman, eine Golduhr, usw., schöpften aber keinen Verdacht. Das Schlimmste, was im Grunde passieren kann, ist die Beschlagnahme der Gegenstände – für den Reisenden selbst kein gravierendes Problem. Von größter Wichtigkeit bleibt aber, daß Sie nur für Auftraggeber arbeiten, die Sie den Inhalt des Koffers untersuchen und mit der Zollanmeldung vergleichen lassen. Nur dadurch entgeht man der Gefahr, womöglich als unfreiwilliger Drogenschmuggler geschnappt und eingebuchtet zu werden. Das Beispiel des Deutschen F., der für ähnliche Dienste in Malaysia zum Tode verurteilt wurde und diesem Schicksal nur durch die hart umkämpfte Abschiebung in die BRD von der Schippe springen konnte, muß als Warnung ausreichen.

Vermutlich ziehen die meisten daher die legale Art und Weise vor, durch Blutspenden im Zentralkrankenhaus von Macao Geld zu verdienen: man erhält 250 Patacas (das sind etwa 60 DM) dafür, sollte allerdings in guter gesundheitlicher Verfassung dort ankommen. Wenn der Hämoglobinspiegel einen bestimmten Wert nämlich nicht erreicht, wird verfahren wie im Falle von Tim Wagner, der abgelehnt wurde. Bedauerlicherweise akzeptiert das *Veteran's Hospital* in Taipei, das früher US$ 70 pro Spende zahlte, heute kein »Ausländerblut« mehr. Gelegentlich sind die auszuführenden Dienste aber ungewöhnlicherer Natur. Andy aus dem Londoner Vorort Brixton, der nach Auskunft seiner Freundin einem Kleiderschrank nicht unähnlich ist, verdiente sich den Flug zwischen Hong Kong und Taipei damit, daß er ein chinesisches Musikinstrument und eine Staffelei samt Malereibedarf mit sich schleppte. Auf die bohrenden Fragen des Zollbeamten antwortete er beharrlich, er sei eben ein malender Musiker – obwohl ihm noch nicht einmal der Name des Instrumentes bekannt war. In der Zwischenzeit waren die »Mitbringsel« seiner Freundin längst beschlagnahmt. Nochmals kurz zum legalen Teil: mit erlaubten Mitteln arbeitende Kurierfirmen wie *DHL* findet man in allen größeren Handelsstädten Südostasiens, wie Singapur, Hong Kong usw.

Freiwilligenarbeit

Viele der durch Asien Reisenden wollen sich mit ihrer Touristenrolle nicht zufriedengeben und suchen nach Wegen, sich nützlich zu machen. Die Hintergedanken eines solchen Vorhabens sind lobenswert, aber auch ein bißchen naiv, meint Dominique Lapierre. In seinem Buch *The City of Joy* beschreibt er zwar nur die Lebensumstände in einem Slum in Kalkutta. Ähnliche Situationen treten aber jederzeit auch andernorts in Entwicklungsländern auf:

Viele von Euch haben angeboten, nach Kalkutta zu gehen und dort zu helfen. Das ist zwar sehr großzügig, aber, wie ich fürchte, nicht unbedingt realistisch. Erstens vergeben die indischen Behörden an Ausländer nur Dreimonatsvisa – natürlich eine viel zu kurze Zeitspanne, um konkrete Erfolge zu erreichen. Zweitens ist ausschließlich spezialisierte Hilfe von wirklichem Wert. Wenn Sie nicht gerade ein erfahrener Arzt und Experte für Lepra, Tropenkrankheiten, Unterernährung, Knochen-TB, Polio oder Rehabilitation körperlich Behinderter sind, wird die großzügige Bereitschaft zur Hilfe eher zu einer schweren Bürde für die Verantwortlichen vor Ort. Überdies sollten Sie nicht aus dem Blick verlieren, daß die Lebens- und Arbeitsbedingungen in den verschiedenen Projekten für daran nicht gewöhnte Ausländer extrem schwierig sind. Natürlich gibt es genügend Ausnahmen von dieser Regel. So wird bereitwillig empfangen, wer sich zu einem langfristigen Aufenthalt verpflichtet oder entstehende Unkosten so weit wie möglich selbst decken kann. Bevor ein weltweit tätiger Workcamp-Veranstalter Interessenten in Länder der »Dritten Welt« entsendet, erwartet er von diesen ansehnliche Arbeitserfahrungen als Freiwilliger in Europa oder Nordamerika.

Im folgenden werden einige Organisationen vor Ort vorgestellt. Die *Bangladesh Workcamps Organisation,* 289/2 Work Camp Road, North Shahjahanpur, BD – Dhaka 1217, veranstaltet zwischen Oktober und März zweiwöchige Camps zur Gemeindeentwicklung. In den Kosten von $25 sind Kost und Logis enthalten. Die Workcamps des *Student Christian Movement of India,* No. 29, 11 Cross, CSI Compound, Mission Road, IND – Bangalore 560027, finden gelegentlich in abgelegenen Stammesgebieten statt. Zahllose örtliche Freiwilligenverbände in Asien sind dankbar für jede Form der Hilfsleistung und bieten dafür freie Unterkünfte. Dazu zählt Mutter Theresas *Children's Home,* Shishu Bhawan, 78 Lower Circular Road, IND – Calcutta, außerdem das *Home for Dying Destitutes,* 54a, A.J.C. Bose Road, IND – Kalighat, und andere Heime der »Missionaries of Charity«, die aber selten Unterkünfte bieten können. Lehrer oder Sozialarbeiter, die einen Einsatz in südostasiatischen Flüchtlingslagern anstreben, sollten sich an die Botschaften vor Ort oder in Singapur wenden. Philipp Helmholtz betreute in Hong Kong drei Monate lang vietnamesische »Boat people«, arbeitete dann ebensolange Waisenhäusern der Heilsarmee in Singapur und Sarawak. Seine erste Stelle hatte er bereits vor dem Hinflug durch private Kontakte vereinbart. In vielen Fällen erweist sich der praktizierte christliche Glaube als hilfreich.

Das Hauptproblem bei der Teilnahme an örtlichen Freiwilligenprojekten ist die frühzeitige Kontaktaufnahme. Wer die »Dritte Welt« noch nicht ausgiebig bereist hat, wird entsetzt sein über die chaotische Desorganisation, die vielerorts den Mangel regiert. Ein Beispiel von vielen: das *Joint Assistance Centre,* H-65 South Extension-1, IND – New Delhi 110049, Tel. 697 986. Freiwillige aus westlichen Ländern werden für verschiedene Aufgaben eingestellt, im sozialen Bereich oder der Verwaltung und zahlen für sämtliche Leistungen, darunter einfache Unterkünfte und vegetarische Verpflegung, monatlich rund 200 DM. Im Fall von Stefan Schmitt konnte sogar ohne vorherige Abmachung ein Platz eingerichtet werden: das *J.A.C.* benötigte drei Tage für seinen gesamten Papierkram, danach war er glückliche sechs Monate lang für diesen Verband tätig. Beinahe entgegengesetzte Erfahrungen sammelte ein anderer Volontär:

Nach Durchsicht der versendeten Broschüre hatte ich den Eindruck einer wohlaufgebauten Organisation mit gutgeplanten Projekten und einer einsatzbereiten Heerschar von Freiwilligen gewonnen. Umso ernüchternder, als ich herausfand, daß ein einziger Inder die alltägliche Büroarbeit erledigt. Seine Hauptaufgabe schien darin zu bestehen, europäischen Freiwilligen soviel Geld wie möglich abzuknüpfen.

Das *Samanvay Ashram,* Bodhgaya, IND – Bihar 824231, setzt Volontäre, bevorzugt mit Mechaniker-, Elektriker- oder landwirtschaftlichem Talent, in Erziehungsprogrammen für die ärmsten Kinder Indiens ein und beteiligt sie mit Kleinbeträgen an den Ausgaben für vegetarische Kost und Logis. *Bharat Sevak Samaj,* 22 Sardar Patel Road, Chanakyapuri, IND – New Delhi, vermittelt Arbeitskräfte für Entwicklungsprojekte in allen Landesteilen Indiens, in Slumgebiete, Krankenhäuser, Familienplanungszentren usw. Die Volontäre bleiben bis zu drei Monaten und müssen sich selbst finanzieren. *Lanka Jatika Sarvo-*

daya Shramadana Sangamaya, 98 Rawatawatta Road, Moratuwa, CL – Colombo, Sri Lanka, bevorzugen Bewerber mit bestimmten handwerklichen Fähigkeiten, um sie bei Aufbauarbeiten auf der vom Bürgerkrieg zerrissenen Teeinsel einzusetzen.

Viele Indienbesucher kommen in Tempeln und Klöstern, Ashrams oder Meditationszentren unter, zahlen wenig oder gar nichts dafür, sollten aber respektieren, daß diese Einladung eigentlich Gläubigen gilt. Lorenz Kötter folgte dem Ratschlag eines Freundes und besuchte offensichtlich als erster Fremder ein Kloster in einem Vorort von Bombay. Die Mönche boten ihm großzügig ihre »Luxussuite« und volle Verpflegung. Als er sich mit Arbeitsleistung für diese Gastfreundschaft bedanken wollte, winkten sie ab: lieber baten sie ihn, wann immer ihm danach sei, den »Western Way of Life« mit den Novizen des Klosters zu diskutieren.

Im Gegensatz zu dieser angedeuteten Vielzahl von sozialen hörten wir recht wenig von wissenschaftlichen oder Umweltprojekten in Asien. Der christlich ausgerichtete Verband *Trekforth*, 58 Battersea Park Road, GB – London SW11 4JP, Tel. (071) 498 0855, bietet vorwiegend zwischen Juli und September wissenschaftliche Camps im indonesischen Sulawesi, zu horrenden Selbstbeteiligungskosten allerdings. Im Auftrag des Weltkirchenrates veranstaltet das malayische *Institute for Community Education*, Rev. Wong Meng Chuo, PO Box 8, Sibu 96007, MAL – Sarawak, Landwirtschaftsworkcamps in Sarawak, mit denen organische Höfe unterstützt werden. Ebenfalls auf Borneo benötigt das *Project Barito Ulu*, Kontaktadresse: Nicholas Morse, 87 Stephendale Road, GB – London SW6 2LT, geschulte Regenwaldexperten, Naturschützer, Anthropologen, Botaniker, Zoologen usw., die finanziell auf eigenen Beinen stehen.

Stefan Henrich, der sich vorher schon ernsthaft mit Buddhismus beschäftigte, durfte auch in Japan in Buddhistentempeln übernachten und sollte nur dann dafür bezahlen, wenn er genug Geld hatte. Der *Youth Exchange Service*, Room 411, Sanno Grand Building, 2-14-2 Nagato-Cho, Chiyoda-ku, Tokyo 100, Tel. (03) 581 9500, vermittelt Reisende in japanische Familien gegen eine Monatsgebühr von 66.000 Yen. Ein weiteres Homestay-Programm bietet die *International Friendship Association*, Shibuya-Chiyoda Building, 1-10 Nanpeidai, Shibuya-ku.

Mit großer Wahrscheinlichkeit darf man Antwort auf eine schriftliche Anfrage nach Hokkaido, der nördlichsten Insel des japanischen Archipels, erwarten. Freiwillige kultivieren den organischen Garten und verteilen sich in der Gemeinde, um Englischunterricht abzuhalten. Die dabei erzielten Erlöse werden wiederum in den Garten investiert. Der Besitzer von *Shin-Shizen-Juku*, Tsurui, Akan-gun, J – Hokkaido 085-12, Tel. (0154) 642 821, bietet für acht tägliche Arbeitsstunden freie Kost und Logis, und stellt Freiwillige bevorzugt April und Oktober ein. Guy Strijbosch aus Holland kann einen Aufenthalt in Shin-Shizen-Juku trotz der im Winter etwas isolierten Lage nur wärmstens empfehlen:

Eine wunderbare Gelegenheit, die unterschiedlichsten Bewohner dieses Landes kennenzulernen. Ich unterrichtete Bauern, Studenten, Hausfrauen, Zahnärzte – und lernte viel über ihre Kultur. Zusätzlich zu Unterkunft und Verpflegung gab's monatlich ein Taschengeld von 5000 Yen.

Caroline Schoenfeld war nach der teuren Anreise (Rückflug ab Frankfurt nicht unter 4.000 DM) weniger begeistert vom Angebot, dort praktisch ohne größere Ausgaben leben zu können:

Ich hatte viel Zeit und noch mehr Geld dafür aufgebracht, nach Shin-Shizen-Juku zu gehen. Jetzt weiß ich: beides war Verschwendung. Zunächst die Ernüchterung über den vollständigen Mangel an Lebensfreude, an Begeisterung. Häufig war gar niemand zur Stelle, um Neuankömmlinge zu begrüßen. Größere Zuwendung und Freundlichkeit erfuhr ich von den Einhei mischen der Umgebung, am meisten Spaß hatte ich mit den Sprachschülern. Den Aufenthalt auf der Farm würde ich aber auf ein Mindestmaß beschränken.

Der Nahe Osten

Seit dem Golfkrieg scheint die Region für Jobber viel an Attraktivität eingebüßt zu haben – obwohl es entsprechende Stellen nach wie vor gibt. Wenn nicht gerade wieder politische Rauchschwaden die Aussicht verdüstern, finden Sprachlehrer und Kindermädchen, Arbeitskräfte in der Ölindustrie oder auf dem Bau (zumal mit einschlägiger Erfahrung) ihr Auskommen. Geschulte Kindermädchen, die sich ein relativ abgeschottetes Leben vorstellen können, wenden sich an Au Pair-Agenturen oder durchblättern die Anzeigenseiten von Zeitschriften wie *Lady*. Krankenschwestern zog es immer wieder in das Höchstlohnparadies Saudi-Arabien, wo aber häufig über gefängnisähnliche Behandlung geklagt wird. Ein weiteres Problem für Frauen: ihre westlich-saloppe Kleidung kann bei Moslems leicht zu Mißdeutungen führen. Die Präsenz so vieler amerikanischer und europäischer Truppen auf arabischem Boden könnte zwar zu einer gewissen Liberalisierung führen. Dennoch dürfte es noch ein weiter Weg sein, bis Frauen am Steuer zugelassen oder gar als vollwertige Mitglieder der Saudi-Gesellschaft anerkannt werden.

Wegen der Aussichten für Sprachlehrer wendet man sich am besten an die Botschaften der avisierten Länder. In Jordaniens Sprachschulen sammelten unsere Korrespondenten gute Erfahrungen. Zwei Postanschriften in der Hauptstadt Amman: *Sight and Sound*, PO Box 739, und *Yarmouk Cultural Center*, PO Box 960 312. Die arabischen Länder dürfen gerade auch im Hinblick auf die Durchsetzung islamischer Lebensnormen keinesfalls als monolithisch betrachtet werden. Oman beispielsweise wird von britischen Auswanderern wegen seiner entspannten Atmosphäre in hohen Tönen gelobt. Und noch ein nicht zu vernachlässigender Vorteil: wer eine Arbeitsmöglichkeit im Nahen Osten erhält, sollte sich schnell klarmachen, daß das dabei zu ersparende kleine Vermögen durchaus die Entbehrungen und Anstrengungen des Lebens in einer streng islamischen Gesellschaft aufwiegt.

Türkei

Wegen ihrer EG-Beitrittsabsichten ist die Türkei im Grunde nur bedingt in diesem Kapitel »Asien« anzuführen. Eher gerechtfertigt scheint dagegen durch die Aufrechterhaltung islamischer Glaubenstraditionen ihre Auflistung unter der Überschrift »Naher Osten«. Arbeitsmarkt und Lebensumstände unterscheiden sich von den Ölstaaten deutlich – was man auch anpackt, in der Türkei geht es zwangloser und lockerer von statten.

Sprachunterricht

Die Nachfrage nach Kursen in Fremdsprachen steigt stündlich, und so haben sich Anbieter schon längst abgeschminkt, von ihren Lehrkräften Erfahrung oder Ausbildung zu fordern. Wer dennoch darüber verfügt, sollte sich nicht unter Jahresverträgen abspeisen lassen, in denen höchstwahrscheinlich die Flugkosten inbegriffen sind. Wer dagegen seinen Toefl-Abschluß noch vor Ort nachholen will: *English Fast*, Altiyol Yogurtcu Sükrü Sokak

No 29, Kadikoy, TK – Istanbul, Tel. 338 9100, eine der renommiertesten Sprachschulen, bietet Hin- und Rückflug, Unterkunft und einen vierwöchigen Kurs für 2000 DM, die erstattet werden, wenn man sich danach umgehend einstellen läßt. Weitere ausgezeichnete Gelegenheiten für Englischlehrer: *Cinar School*, 860 Sokak No 1, Kat 4, Konak, Izmir, Tel. (51) 137 273; *Kent English*, Mithatpasa Caddesi No 46, Kat 3, Kizilay, Ankara, Tel. 134 3833; und die *English Centres* von Ankara, Istanbul und Izmir. Eine Liste der privaten Sprachschulen und aller *lises* (Oberschulen) in Istanbul verbreitet das *British Council*, Örs Turistik Is Merkezi, Istiklal Cad 251/253, Kat 2,3,5, Beyoglu, Istanbul. Noch ein kleiner Tip: wegen häufiger Liquiditätsprobleme sollten Sie unbedingt auf einer pünktlichen Auszahlung der Löhne am vereinbarten Tag bestehen. Das ist bei galoppierenden 70 Inflationsprozent eigentlich eine Frage des Anstandes. Häufige Lohnnachschläge sind daher auch die Regel.

Arbeit in der Tourismusbranche

Seit in den letzten Sommern regelmäßig eine ungeheure Menschenwelle über das Reiseboomland Türkei schwappt, nahmen auch die Gelegenheitsjobs im Bereich Fremdenverkehr zu. In den großen Ferienzentren Kusadasi, Bodrum und Marmaris an der ägäischen Küste kann man praktisch in jedem Fenster von Bars oder Teppichläden ein Schild mit der Aufschrift »Hilfe gesucht« lesen. Die Besitzer stellen gerne englisch- und deutschsprachiges Personal ein, da dies ihrem Umsatz auf die Sprünge hilft. Die allermeisten Stellen werden einfach vor Ort vergeben, zum Beispiel im *Kordon Hotel* in Fethiye, Tel. (61) 511 834, wo man in Strandhütten untergebracht wird und rund DM 300 pro Monat verdient, die dank des niedrigen Preisniveaus in der Türkei leicht und locker zum Leben reichen. Ein besondere Entdeckung machte Peter Haar:

An Orten, die von der Marlboro-, Coca Cola- und Levis-Generation beherrscht werden, besteht ein großer Bedarf an Musikern, vor allem Gitarrenspielern. Meine Freundin wurde zu diesem Zweck in Bars von Istanbul bis Ölü Deniz eingestellt. Marmaris stellte sich dabei als Goldgrube heraus: 100 DM am Abend. Das einzige Problem daran war, daß wir diese Stadt beide nicht mochten: viel zuviele blöde Touristen. Im angenehmeren Patara spielte sie in einer Bar namens Lazy Frog *für ein Bett, genug zu essen – und natürlich zu trinken.*

Einige dieser Ferienzentren verfügen über größere Yachthäfen. Nicht selten kommt es dann vor, daß sich Schiffseigner ihre Crew über öffentliche Aushänge zusammenstellen. Gerade während der Bootsausstellung in Marmaris im Mai ist es denkbar leicht, eine Arbeit bei der Reinigung der Yachten (Tagesverdienst etwa $20) oder wie Maria Faller als weiblicher »Smut« zu bekommen.

Der britische Reiseveranstalter *Sunsail Limited*, The Port House, Port Solent, Portsmouth, GB – Hants. PO6 4TH, besetzt die offenen Stellen für Skipper, Hostessen, Mechaniker, Dinghy-Segler, Köche, Barpersonal und Kindermädchen in den Clubhäusern, den Wassersportzentren von Orhaniye bei Marmaris und Yedi Buku bei Bodrum, oder an Bord der Urlaubsflotte schon vor der eigentlichen Hauptsaison. Ähnlich verfahren *Cosmos Enterprises*, 22a Frinton Road, Stanford Hill, GB – London N15 6NH, *Club 18-30* und *Mark Warner*. Die Adressen der letztgenannten finden sich im einleitenden Kapitel »Tourismus«. Für Gelegenheitsarbeiten wird normalerweise keine Arbeitserlaubnis ausgestellt, weswegen Jobber das Land alle drei Monate verlassen und sich ein neues Touristenvisum besorgen müssen, was in der Regel problemlos vonstatten geht.

Freiwilligendienste

Das Jugendreisebüro der Türkei, *Gençtur*, Yerebatan Caddesi 15/3, Sultanahmet, 34410 Istanbul, Tel. 1526 5409, veranstaltet Arbeitslager für Freiwillige, an denen man durch Vermittlung von SCI, NDF, IBG, Pro International usw. teilnehmen kann. Normalerweise wird für die zwei bis drei Wochen dauernden Sommerlager Camperfahrung vorausgesetzt. Ab und an sind schon mal Ausnahmen möglich. Eigentlich ist zwar vorgeschrieben, daß ein Teil der Campzeit als Ferienaufenthalt gestaltet wird. Jedoch zwingt *Gençtur* seine Freiwilligen nicht mit allen Mitteln, das Angebot, fünf Tage lang am Strand zu faulenzen, auch wirklich anzunehmen. Die meisten werden ohnehin ihre Reisen, vorzugsweise mit anderen Freiwilligen, lieber selbst gestalten. Maria Jellafke faßt ihre Erfahrungen in der Türkei zusammen:

Ich habe mich erst spät beworben, im Mai oder Juni, und bekam aus der Türkei erst knapp eine Woche vor Beginn Bescheid. Wir mußten einen Kanal aus den nahegelegenen Bergen bis zu einem abgelegenen Dorf in Zentral-Anatolien ausheben. Ich glaube, daß unser Camp in jenem Sommer das am weitesten östlich gelegene war, denn alle andern wurden in der West-Türkei abgehalten. Die Lebensbedingungen waren ziemlich primitiv: so schliefen wir auf dem Fußboden in einer halbfertigen Schule, und zu zu den täglichen Aufgaben zählte nicht nur, frisches Wasser von weither zu holen, sondern auch Skorpione unter den Schlafsäcken wegzu-fegen. Ein riesiger Vorteil war, daß auch türkische Freiwillige am Lager teilnahmen, denn durch sie erhielten wir Kontakt zu den Einheimischen und somit einen tieferen Einblick in die türkische Kultur. Für mich selbst hatte es auch noch den Vorteil, daß ich später in Izmir und Istanbul bei Mädchen wohnen konnte, die ich im Camp kennengelernt hatte.

Ein anderer Freiwilliger, eben erst zurückgekommen, zeigt sich in seiner Zuschrift erstaunt über die Sinnlosigkeit der Aufgabe, die sein Lager zugewiesen bekommen hatte. Er äußert den Verdacht, daß die Einheimischen das Workcamp nur aus Interesse an Ausländern eingerichtet hatten. Am Schluß verbrachten die Freiwilligen mehr Zeit beim Backgammon-Spiel als beim Grabenausheben, und fast alle waren es zufrieden.

In kleinerem Maßstab tätig wird *GSM Youth Activity Services*, Bayandir Sokak 45/7, Kizilay, Ankara, Tel. 125 7874. Für »folkloristische Workcamps« in rückständigen ländlichen Gebieten, vornehmlich Anatolien und der Osttürkei, beträgt die Anmeldegebühr umgerechnet 240 DM. Bis zu zwanzig Volontäre, die sich bis Ende Mai bewerben sollten, werden in ein- bis dreimonatigen Projekten eingesetzt und erhalten neben Unterkunft und Verpflegung ein bescheidenes Taschengeld.

Einige hilfreiche Ausdrücke

Deutsch:	**Brauchen Sie eine Hilfe/einen Assistenten für eine bestimmte Zeit?**
Englisch:	Do you need a helper/temporary assistant?
Französisch:	Avez-vous besoin d'un aide/assistant intérimaire?
Holländisch:	Kunt U een helper/tijdelike assistent gebruiken?
Spanisch:	Necesita usted un ayudante/assistente interino?
Italienisch:	Ha bisogno d'un aiutante/d'un assistente provisorio?
Griechisch:	Khriazeste ena ipallilo/prosorino voitho?

D:	**Wissen Sie, ob es in der Nachbarschaft irgendeine Arbeit gibt?**
GB:	Do you know if there's any work in the neighbourhood?
F:	Savez-vous s'il y a du travail dans les environs?
NL:	Weet U werk is in de buurt?
E:	Sabe usted si hay trabajo por aqui?
I:	Lo sa si c'e lavoro nel vicinato?
GR:	Xerete an iparghi dhoylia tin periferia?

D:	**Wo ist das Arbeitsamt?**
GB:	Where is the employment office?
F:	Où se trouve le bureau de placement?
NL:	Waar is het kantoor voor arbeidsvoorziening?
E:	Donde esta la Oficina de Emplesos?
I:	Dove sta l'agenzia di collocamento?
GR:	Poy vriskete to ghrafio evresos erghasias?

D:	**Wie hoch ist der Lohn? Ist er steuerpflichtig?**
GB:	What is the wage? Will it be taxed?
F:	Quel est le salaire? Sera-t-il imposable?
NL:	Hoe hoog is het loon? Is het belastbaar?
E:	Cuanto es el salario? Esta sujeto al pago de impuestos?
I:	Che e la paga? Sara tassata?
GR:	Poso ine to imeromisthio? Tha forologhiti?

D:	**Wo kann ich wohnen? Muß ich für Unterkunft und Verpflegung selbst zahlen?**
GB:	Where can I stay? Will there be a charge for accomodation/food?
F:	Où pourrais-je me loger? L'hébergement /les repas seront-ils payants?
NL:	Waar kan ik onderdak vinden? Moet ik betalen voor huisvesting en maaltijden?
E:	Donde puedo alojar? Hay que pagar por el alojamiento/la comida?
I:	Dove posso stare? Avra una spesa per l'alloggio/il cibo?
GR:	Poy boro na mino? Tha khreotho yia tin dhiamondi/faghito?

D:	**Gibt es Koch-/Waschgelegenheiten?**
GB:	Are there any cooking/washing facilities?
F:	Est-ce qu'il y a des aménagements pour faire la cuisine/la lessive?
NL:	Is er kook/wasgelegenheid?
E:	Se puede cocinar/lavar la ropa?
I:	Ci stanno dei mezzi per cucinare/lavorare?

GR: Iparkhoyn efkolies yia maghirevma/plismo?

D: **Wann beginnt die Ernte/Arbeit? Wie lange wird sie dauern?**
GB: When will the harvest/job begin? How long will it last?
F: Quand commençera la moisson/le travail? Combien de temps dure-t-il?
NL: Wanneer beginnt de oogst/job? Hoe lang zal het werk duren?
E: Cuando commenzara la cosecha/el trabajo? Cuanto durara?
I: Quando incomincia la messe/il lavoro? Per quanto tempo durera?
GR: Pote tharkhisi o therizmos/i dhoylia? Poso tha dhiarkesi?

D: **Wie lange ist die Arbeitszeit?**
GB: What will be the hours of work?
F: Quelles seront les heures de travail?
D: Wat zijn de werkuren?
E: Cual sera el horario de trabajo?
I: Que saranno le ore del lavoro?
GR: Pies tha ine i ores erghasias?

D: **Danke für Ihre Hilfe.**
GB: Thank you for your help.
F: Merci de votre aide.
NL: Dank U voor Uw hulp.
E: Graçias por su ayuda.
I: Grazie per la sua assistenza.
GR: Sas efkharisto poli yia tin voithia sas.